KB240617

지방자치의 회의진행과 의회관련 규정연구

전 국회의사국장 권 효 섭 감수

☆ 관련 수록법령 ☆

◎ 헌법
◎ 지방자치법
◎ 지방자치법 시행령
◎ 지방행정체제개편에 관한 특별법
◎ 지방자치단체를 당사자로 하는 계약에 관한 법률
◎ 선거관리위원회법
◎ 공직선거법
◎ 공직선거법 시행령
◎ 국민투표법

대한민국 법률지식의 중심

머 리 말

우리 나라 사람들은 어려서부터 회의(會議)에 의한 민주적인 토의(討議)의 훈련을 받고 자랄 기회가 적어, 흔히 말다툼을 잘 하면서도 토의는 서투르다는 말을 들어 왔다.

그러나 예전과는 달리, 지금에 와서는 관공서나 회사, 여러 종류의 일의 현장 등 모든 곳에서 회의가 중요한 업무의 일부인 것처럼 일상적으로 열리고 있는 것을 보게 된다. 그것은 우리의 사고(思考)가 그만큼 민주적인 토의가 가져다 주는 성과를 믿게 되었다는 것을 말해 주는 일이다.

그런데 이 회의가 각인 각색의 의견을 수렴하고 조정하여, 하나의 좋은 해답을 도출해 나가기 위해서는 그에 알맞는 규칙을 필요로 하게 된다. 마치 스포츠에 있어서의 rule과 같은 것으로서 그것이 곧 회의 규칙(會議規則), 다시 말해서 의사법(議事法)인 것이다.

주주총회(株主總會)나 대의원 대회(代議員大會), 또는 의회(議會)와 같은 큰 회의에서는 사회자(司會者)인 의장(議長)은 말할것도 없고, 그 회의에 참석한 모든 회의 구성원(會議構成員)들이 모두 의사법(議事法)을 익히 알고 있지 않으면, 결코 원활하고 능률적인 회의의 진행은 기대할 수 없으며, 따라서 소기의 결과 또한 얻어내지 못할 것이 뻔하다.

이제 우리도 많은 우여곡절을 거친끝에, 완전한 지방자치(地方自治)의 시대에 발을 들여 놓았다. 민주주의 제도의 가장 기초가 된다고 하는 지방의회(地方議會)가 구성되었고, 곧이어 그 자치단체장(自治團體長)의 선거를 눈 앞에 두고 있다. 지금부터 우리가 해야할 일은 이 지방자치의 나무가 깊이 뿌리를 내려, 잎이 하늘을 가리고, 연년세세 풍성한 열매를 거두게 하는 일일 것이다.

이와 같은 시기에 조금이나마 지방자치(地方自治)의 성장을 위하여 기여(寄與)가 되고저 하는 마음에서 감히 천학(淺學)을 무릅쓰고, 여기에 <地方自治制를 위한 議會式 會議進行法>이라는 졸서(拙書)를 엮어 내는 바이다.

엮은이 씀

監 修 者 의 말

民主主義 社會에 있어서는 政治 또는 일반 社會團體를 막론하고 여러 가지 形態의 會議가 많이 이용되고 있다.

그러나 일반적으로 會議의 올바른 指導와 進行方法, 그리고 節次, 諸規則 等을 아직 잘 알지 못하고 있으며, 따라서 이를 활용하지 못함으로써 能率的이고 圓滑한 會議運營을 期하지 못하고 있다.

이러한 現實的 事情에 비추어 볼 때, 一般的會議와 各種會議運營 全般에 걸쳐 그 本質, 指導上의 技術, 一般的 規則, 그리고 進行方法 等을 體系的으로 詳細히 著述한 本書가 改訂·增補 되어 다시 나오게 된 것은 이 방면의 切實한 要求를 채워 줄 좋은 指針이 될 것으로 確信하고, 敢히 監修를 맡은 사람으로서 기쁨을 금할 수 없으며, 아울러 編著 李合熙氏의 眞摯한 努力에 대해 致賀를 보내는 바이다.

前國會議事局長

權 孝 燮

序　論

제1장 議事法(會議法)의 原則

의사법(회의법)에 대하여

의사법(회의 규칙)의 원칙

제2장 團體와 會議

새로이 단체를 만드는 경우의 회의

위원회 회부(委員會廻付)

위원(委員)의 선출(選出)과 권한(權限)

위원회의 종류(種類)

위원회의 보고(報告)

제4장 議會式會議의 一般的形式

소집(召集)과 의사 일정(議事日程)

회의의 진행 순서(進行順序)

표결(表決)에 관하여

회의록(의사록) 쓰는법

제5장 議長·會議員이 알아야 할 사항

의장이 알아야 할 사항

회의원이 알아야 할 사항

제6장 動　議

동의(動議)란 무엇인가

동의의 형식(形式)

♣ 법령 차례 ♣

序 論

우리도 이제 본격적인 지방자치의 시대를 맞이하게 되었다.

그 동안 30여년간 중단되었던 지방자치제가 많은 시련을 거친 끝에 복원되어, 1991년 두 차례의 선거를 통하여 지방의회(地方議會)가 구성되었고, 1992년에는 지방자치단체장(地方自治團體長)이 주민 스스로의 의사에 의하여 뽑아지게 되었다. 이 나라 민주정치의 발전을 위하여 참으로 기쁜 일이 아닐 수 없다.

지방자치제는 주민의 의사를 대변하는 지방의회에서 심의 확정되는 예산을 가지고, 주민 직선에 의해 선출되는 지방자치단체장이 그 지역의 실정에 맞는 행정(行政)을 집행하는 제도로서, 지역 발전이라는 관점에서 볼 때, 실제적 성과를 기대할 수 있는 가장 책임있는 행정 제도라고 할 수 있다.

한편, 민주주의의 실천이라는 관점에서 볼 때, 이 제도는 지역 주민이 과거와 같은 지방 행정에 대한 무관심에서 깨어나, 지방정부의 정책 결정과 집행에 참여하는 기회를 확대시킴으로써, 민주주의의 지지 기반을 다져 나가는 가장 민주적인 정치 제도라고도 할 수 있다. 그러므로 국가적 민주주의의 실천은 지방자치의 실시와 서로 떼어놓고 생각할 수 없는 관계에 있다고 하겠다.

이처럼 지방자치의 실시는 우리 나라 민주 발전을 위하여 큰

의의를 가진다. 그러나 아직은 모든 것이 걸음마를 시작한 단계에 불과하다. 앞으로 이 지방자치제가 다른 선진 민주국가들처럼, 이 땅에 깊이 뿌리를 내리기 위해서는 지방의회는 의회대로, 지방자치단체는 그 나름으로, 그리고 주민은 주민대로, 저마다 처음부터 시작하여 새로 배우고, 연구하고, 노력하는 성실한 자세가 요구된다.

특히, 지방의회는 자치단체의 의사를 결정하는 최고의 의결기관(議決機關)으로서, 모든 사안(事案)을 회의(會議)를 통해서만 심의 결정하게 된다. 그러므로 만약 회의가 원활하게 운영되지 못하면 사안의 결정이 늦어지고, 그것은 결국 행정의 집행에 지장을 주어, 어떠한 불이익을 가져 올지 모를 일이다. 이와 같은 일이 없도록 하기 위해서는, 의회의 구성원인 모든 의원들이 의정(議政) 활동에 임하는 기본 자세를 견지하고, 회의의 원활한 진행에 필요한 모든 규칙을 밝게 알고 있지 않으면 안된다.

그러면 여기서, 회의 규칙이란 어떤 것이며, 무엇 때문에 그것이 필요한가를 알아보기로 한다.

어떤 문제에 대하여, 사람은 저마다 자기 나름의 의견을 가진다. 그 의견은 다른 사람의 의견과 반드시 같을 수는 없다. 경우에 따라서는 정반대일 수도 있다. 만약, 누구든지 같은 의견을 가진다면, 처음부터 대립(對立)이란 것은 있지 않을 것이고, 번거로운 회의를 열어 서로의 의견을 검토하고 조정할 필요도 없을 것이다.

그러나 실제로는 그렇지 못한 것이 현실이다. 꼭 해결해야 할 공동의 문제에 직면했을 때, 열 사람이면 열 사람이 저마다 조금씩 다른 의견을 가지는 경우가 흔히 있다. 이런 경우, 여러 사람의 다른 의견을 종합하여 조정하므로, 대다수의 사람을 만

족시키고, 소수의 사람도 어느 정도 납득할 수 있도록 하는, 하나의 의견을 도출해 나가는 것이 회의를 가지는 목적의 하나라고 말할 수 있다. 그리고 이러한 목적으로 열리는 회의에서, 최소한도의 시간을 들여 최대의 성과를 거두기 위한 방법으로 만들어진 것이, 다름 아닌「회의 규칙(會議規則)」인 것이다.

민주주의는 개인의 의견을 존중하여, 각 개인이 가진 창의(創意)와 의견을 자유롭게 발표하는 것을 보장한다. 선진 민주국가들은 수백년에 걸쳐, 그러한 민주적인 회의의 역사를 가지고 있다. 그토록 오랜 과정의 경험을 통하여, 그들은 회의를 보다 능률적이고도 합리적으로 진행시키는 방법을 만들게 된 것이다.

회의 규칙을 잘 모르고 회의에 참석하게 되면, 어떻게 해야 좋을지 우선 처신하기가 어렵게 되어, 자연 소극적이 될 수 밖에 없고, 심지어는 그 회의에 대한 흥미마저 잃게 되는 수가 있다. 유회(流會)된다는 것은 대체 무엇 때문인가? 자기의 의견을 정식으로 제안(提案)하려면 어떻게 해야 하는가? 제안이 부결(否決)되었을 때에는 다시 또, 제안 할 수 없는가? 재청(再請)이 없이도 의안(議案)이 성립되는 수는 없는가? 표결(表決)한 결과, 출석원 100명 가운데서 찬성이 25명이고, 반대도 25명이며, 나머지는 모두 기권(棄權)하였을 때, 그것은 의결(議決)된 것일까? 부결(否決)된 것일까? 의장(議長)은 어떻게 선출되며, 그는 회의중에 어떠한 권한을 가지는가? 등등. 우리들이 이른바「의회식 회의」에 참석함에 있어서 반드시 알고 있어야 할 사항은 한두 가지가 아니다.

바꾸어 말해서,「의회식 회의」가 올바르고 원활하게 진행되려면, 사회(司會)하는 의장(議長)뿐 아니라, 그 회의에 참석한 모든 사람들이 저마다 회의 규칙을 익히 알고 있어야 한다는 것이다.

이 책에서는, 제1장에서 의사법(議事法)의 일반적인 여러 원칙에 관하여 기술 하였고, 제2장 이하에서는 회의 및 회의의 진행 순서상의 여러 규칙과 지식을, 단체(團體)의 보기를 들어 기술하였으며, 특히 제6장에서는 「회의의 심장(心臟)」이라고도 할 수 있는 「동의(動議)」의 종류와 그 순위(順位)에 관하여 상세히 풀이하였다.

제 1 장 議事法(會議法)의 原則

의사법(회의법)에 대하여

한 집단(集團)의 「총의」(總意)를 결정하려고 할 경우, 그 집단 내의 모든 사람들이 똑 같은 생각을 가졌다면 그 이상 좋은 일은 없겠지만, 앞서도 말한 바와 같이 사람이란 십인십색(十人十色)인지라 여러 의견이 다 나와서 좀처럼 통일되지 않는 법이다. 이에, 저마다 다른 의견을 솜씨있게 정리하기 위하여 보다 능률적이고 효과적인 회의 진행법을 연구한다는 노력이 필요하게 된다. 이와 같은 노력이 수반된 오랜 세월에 걸친 회의의 경험에서 오늘날 의사법(회의법)으로서 인정되고 있는 여러가지 규칙이 생겨난 것이다. 의사법은 일정한 원칙(原則)을 바탕으로 하고 있으며, 또 상식(常識)과도 일치(一致)된다. 의사법은 모르고서 회의(특히 이른바 「의회식 회의」)를 하는 것은 마치 「rule」도 모르고 야구(野球)며 축구(蹴球)며 농구(籠球)를 하는 것과 마찬가지이다. 의사법은 다수파(多數派)의 횡포(橫暴)를 예방할 수가 있고 또, 다수의 사람들이 그것을 이해하고 있으면 소수파(少數派)의 지배를 막을 수도 있다. 의사법의 원칙은 또한 「민주주의의 원칙」과도 일치 되므로 의사법이 준수(遵守)되고 있는 회의는 민주적(民主的)이라고 할 수 있다.

의사법이 무시되고 있는 데에서는 소수인(少數人)이 독재를 행할 위험성이 다분히 있는 것이다.

그러나 여기서는 한 가지 주의해 두고 싶은 것은 의사법은 어디까지나 경험을 바탕으로 한 일종의 「관습」(慣習)에 의거하고 있다는 점이다. 그러므로 어떤 한 가지 규칙이 유일 절대적(唯一絶對的)인 것이라고는 할 수 없다. 이론가(理論家)라든지 학자(學者)에 따라서 여러가지로 설(設)이 갈라지는 바도 있으며 여러 나라의 노동조합(勞動組合)같은 것을 보더라도 조합에 따라서는 의사법에 상당한 차이도 있는 것이다. [물론, 대부분의 점에선 일치되고 있지만]

요컨대, 의사법은 어디까지나 「의사(회의)를 원활히 진행시키기 위한 하나의 수단」 이외의 아무것도 아닌 것이다. 의사법에 충실한 나머지, 딱딱하고 융통성이 없는 분위기를 조성(助成)한다면, 그것은 도리어 본말전도(本末顚倒)이니 필경 그 회의는 비(非)능률적이고 비(非)효과적인 것이 되고 마는 법이다. 그러므로 특히 사회(司會)를 맡아보는 의장(議長)은 의사법을 철저히 연구하여 그것을 아주 자연스럽고도 교묘히 실지에 적용·운용함으로써 회의가 부드러운 가운데에도 질서있게 진행되도록 노력할 것이 요망된다.

의사법(회의 규칙)의 원칙

앞서 말한 바와 같이, 이른바 의회식 회의는 일정한 법칙이라든지 규칙에 의하여 운영된다. 국회에 있어서의 회의가 헌법(憲法)·국회법(國會法) 등에 의거하여 행해지듯이 회사라든가 단체에서도 저마다 사칙(社則)이라든지 회칙(會則)과 함께 세칙(細則)이 마련되어 있어 총회(總會)니 대회(大會)니 위원회(委員會)니 하는 회의는 이에 의거하여 운영되는 것이다.

그런데 그러한 규칙의 배후에는 민주주의적인 회의의 운영에 있어서는 준수하지 않으면 아니 될 원칙이라고도 할 수 있는 것이 간직되어 있다.

이하 그러한 원칙 가운데서 중요한 것들을 뽑아서 기술해 두겠다. 즉, 이러한 원칙들은 의사법의 기초가 되는 가장 근본적인 것으로서 이것을 알아 둔다는 것은 회의중에 생기는 여러가지 문제를 올바르게 처리하기 위해 극히 필요한 일이라 생각한다.

1. 회의 공개(會議公開)의 원칙

지방의회는 말할 것도 없지만, 다인수(多人數)의 대표기관(代表機關)인 것의 회의는 공개(公開)된 가운데 행해져야 함을 원칙으로 하고있다. 비밀로 회의를 한다는 것은 민주주의의 본의(本義)에 어긋난다는 뜻에서이다. 따라서 지방의회의 회의는 지방자치법에 『지방의회의 회의는 공개한다』[지방자치법 제65조]고 규정되어 있으며, 이로써 사람들은 방청(傍聽)할 수가 있어서 거기서 무엇이 토의되고 있는지를 알 수 있을 뿐더러, 그 회의 자체도 일을 처리하는 데 있어서 공정(公正)을 기(期)할 수가 있는 것이다.

그러나 이 공개의 원칙은 절대적(絶對的)인 것은 아니다. 다만, 의원 3인이상의 발의로 출석의원 3분의 2 이상의 찬성이 있거나 의장이 사회의 안녕질서유지를 위하여 필요하다고 인정할 때에는 공개하지 아니 할 수 있다.

단체 등의 회의에 있어서 비밀회로 할 필요가 있는 경우는, 미리 규칙에 의하여 그것을 정해 두어야 한다.

2. 정족수(定足數)의 원칙

무릇 회의에 있어서 의안(議案)을 심의(審議)하고 그것을 의결(議決)하는 데는 일정한 수의 인원(人員)이 필요하다. 이 「일정수(一定數)의 참회자(參會者)」를 가리켜 정족수(定足數)라고 하는 것이며, 이것은 나라나 조직체에 따라 다르다.

지방자치법을 본다면, 지방의회의 정기회(定期會)는 매년 12월 1일에 집회되며 총선거 후 최초로 집회하는 임시회는 지방자치단체의 장이나 재적의원 3분의 1 이상의 요구가 있는 때에는 15일 이내에 임시회를 소집하여야 된다고 되어있으며 의결할 때의 정족수(定足數)는 특별한 경우를 제외하고는 재적의원 과반수의 출석과 출석의원 과반수의 찬성으로 의결하며 의장은 의결에 있어서 표결권을 가지며 가부동수인 때에는 부결된 것으로 본다.

일반적으로 정족수의 기준(基準)으로서는 현재의 실수(實數)인 재적수(在籍數)와, 법정(法定)의 정원수(定員數)와의 둘이 있는데, 재적수를 기준으로 한다면 결원(缺員)이 생길 때마다 정족수에 변경이 생기게 된다.

우리나라 지방의회는 위 조문을 보면 알 수 있는 바와 같이 재적수를 기준으로 하여 개의(開議)의 정족수로 하고 있다.

물론 모든 의원(회원)이 출석하여 의사(회의)에 참여한다는 것이 가장 이상적(理想的)인 일이기는 하지만, 여러가지 이유로 결석자(缺席者)가 있게 됨은 부득이한 일이다. 하지만, 총의원수(總議員數)에 비하여 말도 안 될 정도의 소수(少數)만이 출석해서 의사를 진행한다는 것은 역시 민주주의적인 운영이라고는 할 수 없으니, 이에 정족수를 정해 둘 필요가 생긴 것이다.

일반적으로, 규모가 큰 회의일수록 정족수의 비율(比率)을 낮게하고 반대로 규모가 작을수록 이 비율을 높게 하는 것을 거의 원칙으로 삼고 있는것 같다. 그러므로 단체 따위에서는 그 단체의 성질 등을 참작하여 적당히 [그러나 회의가 민주주의의 기초란 것은 충분히 염두에 두고서] 정족수를 정하면 되는 것이다.

3. 일의제(一議題)의 원칙

회의에서는 언제나 한 번에 한 의제(議題)만을 차례차례 다루어 가야 한다. 즉, 의장이 한 의제를 선포(宣布)한 다음에는 토론과 수정(修正) 등을 거쳐서, 그 채택 여부(採擇與否)가 표결(表決)로써 결정되기 전에는 다른 의제를 아울러 상정시킬 수 없는 것이 원칙이다.

이 원칙이 잘 준수되고 있다면, 토론 때에 부질없이 혼란이 생기는 일도 없을뿐더러 아주 능률적인 회의가 된다.

4. 발언 자유(發言自由)의 원칙

언론(言論)의 자유는 기본적 인권(基本的 人權)의 하나로서 헌법으로 보장되어 있음은 주지(周知)하는 바와같다. 따라서 국회는 물론이요 지방의회의 회의에 있어서 언론의 자유가 존중되어야 함은 다시 말할 필요조차 없는 일이니, 헌법에도 『국회의원은 국회에서 직무상(職務上) 행한 발언(發言)과 표결에 관하여 국회 외에서 책임을 지지 아니한다』[헌법 제45조]란 규정이 있을 정도이다.

그러나 발언 자유의 원칙도 결코 무제한적(無制限的)인 것은 아니다. 이것을 악용(惡用)·남용(濫用)해서 의사의 진행을 방해하는 따위의 일도 있으며 또, 한 의제에 대하여 한 사람이 여러번 발언한다든지, 또는 한 사람이 언제까지나 발언한다는 것도 옳은 일은 못되므로, 의사의 정리·진행상 부득이 제한하는 수가 있다. 이 제한은 단체 따위에서는 의사 세칙(議事細則)에 규정되어 있는 것이 보통이며, 국회에서도 국회법에 규정되어 있다.

5. 폭력(暴力)의 부정(否定)

폭력은 여하한 경우에도 배제(排除)되어야 한다. 사람이란 자칫하면 이성(理性)을 잃고서 폭력을 씀으로써 의사의 원활한 진행을 망쳐버리는 수가 있으니, 각자는 언제나 모든 문제는 어디까지나 이성적으로 서로 얘기함으로써 해결을 지을 수 있다는 신념을 갖고서 회의에 임해야 한다.

6. 의원 평등(議員平等)의 원칙

남녀노소(男女老少)나 부귀빈천(富貴貧賤)을 가리지 않고 일단 그 회의의 일원(一員)인 이상엔 누구나 대등하며, 아무런 차별도 있을 수 없다는 것이 의원(회원) 평등의 원칙이다. 즉, 의안을 제출하거나 발언을 요구하거나 표결을 하는 따위, 모든 활동분야에 있어서 조금도 경중(輕重)이나 우열(優劣)의 차를 두지 않는 것이다. 이른바 과반수(過半數)의 원칙도 평등을 전제로 하는 것이다. 다만, 가부(可否)가 동수(同數)인 경우에 있어서 의장에게 표결권(表決權) 이외에 결정권(決定權)이 부여된다는 것은 의원 평등의 원칙에 어긋나는 것 같으나, 문제는 가부간(可否間)에 결정을 지어야만 일을 처리해 나갈 수 있는 것이니, 다수(多數)의 의원(회원)의 지지를 받아서 선출된 의장(회장)에게 그러한 결정권을 주게 되는 것은 부득이한 일이라 할 것이다.

이 원칙은 「민주주의의 기본 원칙」에 비추어 볼 때 너무나 당연한 것이다. 그러므로, 의장은 언제나 공평무사(公平無私)해야 하며, 회의원(會議員)의 토론에 대하여서는 예의바르게 귀를 기울여야 한다. 그리고 회의원도 서로 상대방의 입장을 존중하여 조금도 실례(失禮)됨이 없도록 해야 한다.

7. 과반수(過半數 · 또는 多數決)의 원칙

이 원칙은 민주주의 국가에서는 거의 채택되고 있는 원칙으로서, 말할 나위도 없이 문제의 가부(可否)를 출석자의 반수(半數) 이상의 찬성(贊成)으로 결정함이다. 다수의 의견이 반드시 옳다고만 할 수도 없는 경우도 있으며, 우리들은 그것을 실생활(實生活)에서 이따금 경험하는 바이지만, 민주적인 회의란 수(數)의 회의라고도 할 수 있는지라, 다수의 의견을 보다 존중하기 위해서는 다수결(多數決)로써 의안(議案)을 결정해 가는 수밖에 없는 것이다. 표결에 있어서의 과반수의 기준은 출석자의 수에 두는 것이 원칙이며, 기권자(棄權者)가 많아서 찬성자가 출석자 전체의 과반수에 이르지 않을 경우는 폐기(廢棄)가 된다.

8. 소수 의견(少數意見)의 존중(尊重)

다수결(과반수)의 원칙은 그 뒷받침으로서 「소수 의견을 존중한다」는 정신이 간직되어 있어야만 한다. 소수파(少數派)의 의견을 존중하기를 잊은 다수정치(多數政治)는 일종의 폭력지배(暴力支配)가 된다. 다수결의 원칙은 비교적(比較的)·편의적(便宜的)인 「방법」으로서 인정되고 있을 따름이니, 그것은 「올바름」을 입증(立證)할 뒷받침이 될 수는 없으며, 따라서 반드시 소수 의견이 옳지 않다고만 할 수는 없는 것이다.

비록 소수파의 의견일지라도 좋은 점은 받아들이고자 노력하는 아량(雅量)이 모든 회의원에게 간직되어 있음으로써 비로소 진정한 민주적인 회의는 기대될 수 있는 것이다.

9. 일사 부재의(一事不再議)의 원칙

일사 부재의(또는 一事不再理)의 원칙이라고 하는 것은 회의에서 일단 「부결」이라 의결된 의안은 그 회기중(會期中)엔 다시금 회의에 붙이지 않음을 말하는 것이다. 그것을 하다가는 끝이 없기 때문이다. 즉, 규모가 크고 많은 회원을 가진 회의에서는 여러가지 절차를 엄격히 하여 일단 절차를 밟아서 처리된 문제는 절차상의 과오(過誤)가 없는 이상 결코 다시 상정(上程)하지 않아야만 불필요한 시간의 낭비(浪費)를 줄여, 많은 문제를 능률적으로 처리해 갈 수가 있는 것이다.

10. 회기 불계속(會期不繼續)의 원칙

회기 불계속의 원칙이라고 하는 것은 어떤 회기(會期)에서 상정된 의안(議案)이 그 회기중에 의결되지 않았을 경우, 그 의안은 다음 회기에서 계속하여 「심의」됨이 없이 폐기(廢棄)되어 버리는 것을 말한다. 따라서, 그 필요도(必要度)에 따라 다음 회기에 제출하지 않을 수 없는 의안은 새로운 의안으로서 제출해야 할 것이다.

이는 회기와 회기 사이에는 상당한 시간이 경과하는 것이므로, 다음 회기 때에는 그 의안은 상정시킬 만한 가치가 없는 것이 되는 수가 많고, 또 회의원들로 보아서도 별로 기억에 남지 않는 것이 보통인지라 그것을 다시 계속하여 심의한다는 것은 불가(不可)하다는 견지에서 나온 것이다. 그러나 이 또한 절대적인 것은 아니니, 우리나라 지방자치법엔 『회기중에 의결되지 못한 이유로 폐기되지 아니한다. 다만, 지방의회의원의 임기가 만료된 때에는 그러하지 아니하다』라고 규정되어 있어 회기 불계속의 원칙이 적용되지 않고 있다.

참고 회의용어(會議用語)에 대하여

앞으로 각 장(各章)에서 개별적으로 설명될 용어는 제외하고, 회의에서 쓰이는 용어 몇 가지를 골라서 간단히 설명해 두겠다.

① 회기(會期)……회의(會議)엔, 개회(開會)되어서 마지막으로 폐회(閉會)될 때까지 수 개월(數個月)이나 걸리는 것도 있고, 몇시간 만에 끝나는 것도 있다. 이 최초의 개회에서 최후의 폐회까지의 동안을 「회기」라고 한다.

② 개회(開會)와 개의(開議)……국회와 같이 회기가 수 개월이나 될 때는 국회가 집회(集會)되어서 활동을 개시하는 그 첫 개회를 「개회」라 하고, 매일 회의를 시작할 때의 개회를 「개의」라고 하여 구별하고 있다.

③ 폐회(閉會)와 산회(散會)……며칠 또는 수 개월 동안에 걸쳐 여는 회의에 있어서는 그날 그날의 회의를 마치는 것을 「산회」라

하고, 한 회기가 다 되어서 회의가 끝나는 것을 「폐회」라고 하여 구별한다.

④ 휴회(休會)와 정회(停會)……한 회기중에 며칠 쉬는 것을 「휴회」라 하고, 하루 회의에서 잠간 쉬는 것을 「정회」라 한다. [위의 ②·③에 있어서의 각 용어는 특별히 구별할 필요가 없을 때에는 보통 「개의」는 「개회」로, 「산회」는 「폐회」로 바꾸어 쓸 수도 있지만, 「휴회」와 「정회」는 바꾸어 쓸 수 없다. 특히, 휴회중(休會中)이란 말은 회기중(會期中)이 아니라는 뜻인 폐회중(閉會中)이란 말과 구별되어야 한다]

⑤ 제출(提出)·제안(提案)·발의(發議)와 제의(提議)……이들은 보통 같은 뜻으로 쓰이며, 어떤 의안(議案)을 회의에 내 놓는 것을 의미한다. 우리나라 국회법에는 「제출」은 행정부(行政府)가 「제안」은 위원회(委員會)가 또 「발의」는 의원(議員)이 「의안」을 내놓는 것으로 각각 구별되어 쓰이고 있으나, 결국 어떤 의안을 회의에 내 놓는다는 뜻으로 쓰는 데는 「제의」와 같이 보통 구별할 필요가 없다.

⑥ 안(案)·안건(案件)·의안(議案)과 의제(議題)……일반적으로 「안」·「안건」·「의안」은 모두 같은 뜻으로 쓰이며, 회의에서 토의될 대상(對象)을 말한다. 그리고 이들이 상정(上程)되어서 토의중(討議中)에 있을때, 그것을 「의제」라고 한다.

⑦ 채결(採決)·표결(表決)과, 표결(票決)·투표(投票)……「채결」과 「표결(表決)」이란 말은, 단지 어떤 의제에 대한 채택 여부(採擇與否)를 회의원 각자가 의사를 표시함으로써 「결정」짓는 것을 말할 뿐으로서, 그 방법은 표시되지 않는다. 그러나 「표결(票決)」이나 「투표」는 그 「방법」을 표시한다. 즉, 표결(表決)을 하는 데는 여러가지 방법이 있는데 「표결(票決)」이나 「투표」는 이 여러가지 방법 가운데의 한 방법을 말하는 것이다.

⑧ 의결(議決)·부결(否決)과 폐기(廢棄)……의결의 양태는 구체

적으로 가결·부결 등의 승인·채택 등의 용어로 표현되나 의결이 가결의 개념으로 사용되는 경우가 많다. 「부결」은 의결정족수에 미달하는 의결의 양태, 「폐기」는 계류중인 안건이 임기만료로 인하여 의결되지 못한 때, 또는 위원회에서 본회의에 부의할 필요가 없다고 결정된 의안이 본회의에 보고된 날로부터 폐회 또는 휴회중의 기간을 제외한 7일 이내에 의장 또는 재적의원 3분의 1 이상의 요구가 없는 때, 그 안건은 폐기된다. 「의결」시 가·부 어느쪽도 의결정족수를 결정하지 못한 경우 「폐기」라는 부결의 내용으로 사용된다.

제 2 장 團體와 會議

새로이 단체를 만드는 경우의 회의

1. 발기인회(發起人會)

동지(同志)·정당(政黨) 등이 모여서 새로이 단체를 결성하고자 할 경우엔, 그 가운데의 유지(有志)로써 발기인회 [또는, 설립 준비 위원회(設立準備委員會)]를 만든다. 발기인들은 때로는 여러번 회합(會合)을 거듭하여 회칙(會則) 및 세칙(細則)의 안(案)을 마련하여 둔다.

이어서 결성대회(結成大會)에 대한 준비를 해야 하는데, 먼저 결성대회의 일시(日時)와 장소(場所)를 정하여 참석할 만한 사람들[특히, 의원]에게 통지를 하여야 한다. 이 초대장 또는 통지는 개최예정일(開催豫定日)의 1주일 내지 2주일 전에 보냄으로써 참석자들에게 충분한 「시간적 여유」를 줄 필요가 있다. 그리고 될 수 있으면 회칙안(會則案)을 초대장과 함께 보내서 참석자들이 미리 검토할 수 있도록 하는 것이 좋다.

한편, 발기인회에서는 「결성대회」에 있어서 처음엔 누가 간사(幹事)를 맡을 것이며, 누가 그 회(會)나 단체의 목적(目的)을 설명할 것이며, 누구를 임시 의장(臨時議長)으로 추천할 것인가 하는 것을 미리 안(案)으로서 정해 두어야 한다. 이것은, 아직

단체가 결성되어 있는 것이 아닌만큼 준비로서 당연한 일이라 하겠으며, 그리고 참회자(參會者)들은 별다른 지장이 없는 이상은 이러한 안에 대하여 동의(同意)하는 것이 일반적인 예의가 되어있다.

2. 결성대회(結成大會)

위에서 말한 모든 준비 절차가 완료되어 마침내 결성대회가 열리면, 먼저 발기인 가운데서 대표가 나와서 개회를 선언하고, 이어서 「임시 의장」(臨時議長)과 「임시 간사」(臨時幹事)를 선거한다. 이들은 회칙에 의거한 정식(正式)의 임원(任員·또는 役員)이 선출될 때까지 그들 각자의 역할(役割)을 대행(代行)하는 것이다. 이들을 선거할 경우엔 「무기명 투표」(無記名投票)에 의하는 것이 원칙이지만 일반적으로 발기인회의 대표[또는 발기인회에서 미리 정해 둔 사람]가 참석자 과반수의 동의를 얻어서 「임시 의장」이 되는 수가 많으며, 또 「임시 간사」도, 참석자의 제안에 따라 「임시 의장」이 참석자 과반수의 동의를 얻어서 지명(指名)하는 것이 보통이다.

다음으로, 간단한 경과 보고(經過報告)와 아울러 이 대회 [단체]의 목적이 설명되며, 토론이 행하여진다. 이 경우 만일 참석자의 과반수가 제안된 바와 같은 단체를 결성하는 데 대한 결의(決議)에 반대한다면, 찬성자(贊成者)들은 다시 따로 대회를 열든지, 또는 반대자들이 돌아간 뒤에 그 자리에서 대회를 속행(續行)하면 되는 것이다.

이어서, 회칙안(會則案)의 심의(審議)에 들어간다. 「임시 간사」는 「임시 의장」의 지시에 따라서 회칙안을 낭독(朗讀)하고, 결정을 기록한다.

회칙안은 그 성질에 따라서 총괄적(總括的)으로 또는 축조적(逐條的)으로 심의된다. 그리하여 필요한 데는 수정(修正)이 가해지고, 과반수의 찬성이 있으면 의결(議決)된다. 여기서 한 가지 말해 둘 것은 회칙안의 규정에 따라서 회원 자격을 가진 참석자만이 회칙 채택(會則採擇)의 동의(動議)에 대한 표결에 참가할 수 있다는 것이다. 그리고 이리하여 결정된 회칙은 「임시 간사」가 다시 한번 낭독해서 확인 받는 것이 원칙이다.

[※ 회칙안을 미리 마련하지 않고, 이 총회에서 「회칙 기초 위원」(會則起草委員)을 임명하여 기초(起草)시키는 방법도 있다. 이런 경우엔, 다음 총회를 언제 여는지를 이(첫번째) 대회 석상에서 분명하게 정해 두어 그 때(다음 대회)까지에 회칙안의 기초를 끝마치도록 수배(手配)할 필요가 있다. 따라서, 회칙안의 심의 및 결정은 그 두번째의 대회에서 행하여진다.]

이어서, 회칙에 따른 정식적인 임원의 선거와, 세칙(細則)의 심의·채택을 행하는데 이는 협의(協議)에 따라 어느것을 먼저 행하여도 괜찮다. 만일 임원선거가 끝났다면, 이로써 「임시 의장」과 「임시 간사」의 임무도 끝나며, 이 이후는 새로 선출된 정규(正規)의 임원들이 각기 책임을 맡아서 의사를 진행시키는 것이다. 이 때 선출된 임원, 특히 의장은 취임 인사(就任人事)를 하는 것이 상례(常例)이다.

끝으로, 이 결성대회에서 할 필요가 있는 결의(決議)를 통과시키고 나서 [구체적인 일체의 문제는 회칙에 의하여 상임 위원회(常任委員會)에 위임하기로 하고] 일단 폐회한다.

이상이 「결성대회」의 일반적인 절차이며, 이로써 한 새로운 단체는 그 결성(結成)을 마치게 되는 것이다.

[※ 결성대회의 회의록(會議錄)은 「단체 등록 신고」(團體登錄

申告)의 한 요건(要件)이 되므로, 회의록을 두 통 작성하여 의장·부의장 간사 및 감사(監査)의 서명 날인(捺印)을 받아서 보관하여야 한다.]

회칙(會則)과 세칙(細則)

단체의 규칙을 「회칙」과 「세칙」과의 두 부분으로 나누어 마련한다면, 근본적(根本的)인 사항만을 회칙에 넣고 구체적인 것은 세칙에 넣을 수 있으므로, 단체의 일반적인 성질이나 사업에 영향을 주는 일이 없이 세부(細部)의 변경(變更)을 할 수가 있다는 점에 있어서 편리하다.

위에서 말한 것으로도 충분히 알 수 있는 바와 같이 회칙이란 어디까지나 그 단체의 근본이 되는 것이므로, 회칙은 세칙보다도 더 수정하기 어렵도록 만들어야 한다. 그리고 한 단체의 회칙으로서 인정된 사항은 그 단체의 그 후에 있어서의 의사의 운영 방법을 제약(制約)하는 것이 되므로, 단체는 어디까지나 실제적(實際的)인 회칙과 세칙을 제정(制定)할 필요가 있다.

1. 회칙(會則) [정관(定款)]

회칙에서 규정하는 사항은 그 단체의 대소(大小)와 성질에 따라서 다소 차이가 있겠지만, 어떠한 단체라도 최소한도 아래와 같은 여덟 항목(項目)은 꼭 필요하다.

㉠ 명칭(名稱)

㉡ 목적(目的)

ⓒ 회원(會員)

ⓔ 임원(任員·또는 役員)

ⓜ 회의(會議)

ⓑ 위원회(委員會)

ⓢ 정족수(定足數)

ⓞ 회칙(會則)의 개정(改正)

이들 가운데서 ㉠·㉡은 새삼스레 설명할 필요도 없는 것이고 ㉦에 관해서는 이미 제1장에서 설명한 바이며, ㉧에 대해서는 아래에서 설명하겠고 ㉢·㉣·㉤·㉥에 관해서도 절(節)과 장(章)을 달리하여 모두 상세히 설명하겠다.

2. 세칙(細則) [부칙(附則)]

세칙은 회칙의 불비점(不備點)을 보족(補足)하거나, 회칙에서는 일일이 규정할 수 없는 구체적인 점에 관하여 여러가지로 규정하는 것이다. 세칙에는 보통 다음과 같은 항목(項目)에 관하여 규정한다.

㉠ 회비(會費)

㉡ 임원(역원)·이사(理事)·평의원(評議員)의 의무(義務)

㉢ 위원회(委員會)·이사회(理事會)

㉣ 회의(會議)

㉤ 추천(推薦)과 선거(選擧)

㉥ 의사 규칙(議事規則)

㉦ 회칙(會則)의 정지(停止)

3. 회칙과 세칙의 개정(改正)

회칙이란 함부로 개정해서는 안되는 것이긴 하지만(세칙도 그렇지만), 실정(實情)에 맞지 않게 된 규칙을 개정한다는 것은 극히 필요한 일이다. 왜냐하면, 여러가지 환경의 변화로 말미암아 이들 규칙이 실정(實情)에 맞지 않게 되었을 경우, 그것을 개정하지 않고서 그냥둔다면 차츰 그 회칙이며 세칙은 준수(遵守)되지 않게 되며, 필경 그것은 공문화(空文化)할 뿐더러 나아가서는 단체활동(團體活動)에 중대한 영향을 가져올 것이기 때문이다.

하지만, 회칙을 변경한다는 것은 그 단체에게는 몹시 중대한 사건이므로, 일반적으로 출석자(또는 全會員)의 3분의 2 이상의 찬성이 있어야만 그것을 개정할 수 있도록 회칙에 규정해 둔다. 뿐만 아니라, 전번 회의 때에 그 다음 번 회의에서 회칙개정(會則改正)의 심의를 한다는 것이 예고(豫告)되지 않으면, 그것을 다음 번 회의에 붙일 수 없다는 것을 규정해 두는 것이 보통이다.

세칙의 개정은 그것이 규칙으로서 절차가 마련되어 있지 않을 경우엔, 위에 말한 회칙을 개정할 경우의 절차에 따라야 한다. 그런데, 세칙은 회칙만큼 영구적(永久的)인 것은 아니므로, 그 개정은 일반적으로 출석자(또는 全會員)의 과반수의 찬성으로써 할 수 있게 되어있다.

임원(任員·役員)과 회원(會員)

1. 임원(역원)의 종류와 그 임무(任務)

임원(역원)으로서는 보통 의장(議長)·부의장(副議長)·간사(幹事)·회계(會計)의 네 사람이 두어진다. 그러나 단체의 규모에 따라서는 부의장을 두 사람 이상 두는 수도 있으며, 또 간사며 회계를 각기 여러사람 두어, 기록서기(記錄書記)와 통신서기(通信書記)로 나누기도 하고, 회계주임(會計主任)을 두기도 한다.

(1) 의장(회장)

의장은 그 단체를 대표해서 그 단체의 행동에 대한 모든 책임을 지며, 그 단체의 대외적(對外的)인 모든 일은 의장의 명의(名儀)로써 행한다. 그리고 모든 회의의 의장이 되어서 [「회장」과 「의장」을 각각으로 하는 데도 있다] 다음과 같은 일을 수행한다.

㉠ 소정(所定)의 시간에 개회를 선언한다.

㉡ 회의의 질서를 유지한다.

㉢ 동의(動議)를 그 순위(順位)에 맞추어서 적절히 다룬다.

㉣ 적당한 시기에 표결에 붙인다.

㉤ 표결의 결과를 발표한다.

㉥ 의사를 원활(圓滑)히, 출석자가 만족할 만한 방법으로 진행시킨다. 또, 의장은 결의문(決議文) 기타 단체의 정식 문서(正式文書)에 서기와 더불어 서명(署名)하지 않으면 안된다.

(2) 부의장(부회장)

부의장은 의장을 보좌(補佐)하며, 의장 유고시(有故時)에는 의장을 대리(代理)한다. 회의에서 의장이 부재중(不在中)일 경우, 또는 의장이 동의(動議)의 토론에 참가하거나, 기타의 사유(事由)로 해서 사회(司會)할 수 없을 경우엔 부의장이 그 회의의 의장노릇을 한다. [이때 참회자(參會者)들은 그를 「부의장」이라 부르지 않고 「의장」이라 불러야 한다]

부의장이 의장을 대리한 때에는 의장이 한 것과 동일한 효력(效力)을 대내(對內)·대외적(對外的)으로 가진다. 따라서 부의장이 의장 대리(議長代理)로서 한 일은 회칙에 의한 정식 절차를 밟지 않고서는 의장도 이를 고칠 수 없다.

그리고 부의장이 두 사람 이상일 경우에는 의장이 유고시(有故時)엔 누가 우선적(優先的)으로 「의장 대리」가 되느냐 하는 그 순위(順位)를 미리 정해 두는 것이 옳다. 이 순위는 이를테면 선거때의 득표순(得票順)으로 하든지, 연령순(年齡順)으로 하든지 하면 될 것이다.

⑶ 서기(書記)

의장을 단체의 「머리」(頭)라고 한다면, 서기는 「오른손」(右手)이라 해도 마땅할 만큼 중요한 구실을 한다. 서기의 임무는 대략 다음과 같다.

㉠ 회의의 소집장(召集狀)을 회원에게 발송(發送)한다.

㉡ 의사일정(議事日程)의 예정표(豫定表)를 만든다.

㉢ 정·부의장(正 副議長)이 모두 부재(不在)일 경우에 개회를 선언하고, 「임시 의장」을 선출할 때까지 사회를 맡는다.

㉣ 회원의 출석 여부(출석자의 수)를 확인하기 위하여 출석을 부른다.

㉤ 점호 표결(點呼表決·또는 呼名表決)을 할 경우에 호명

(점호)를 행한다.

ⓑ 회의에 있어서의 일체의 의사(議事)를 정확하게 기록(記錄)한다. [기록엔 결코 자기의 의견을 섞어서는 안된다.]

ⓢ 표결할 때 찬부(贊否)의 수를 정확히 세어서 의장에게 보고한다.

ⓞ 통신(通信)이며 보고(報告)를 기록해 둔다.

ⓙ 서류(書類)를 잘 정리·보관하여 회의원의 요구가 있을 때에 즉시로 제출할 수 있도록 해둔다.

ⓒ 서류를 낭독(朗讀)하고, 또 의장에게 지시를 받았을 경우엔 동의(動議)를 낭독한다.

서기는 그 단체의 회원 아닌 사람이 되어도 괜찮다. 다만, 이 경우 그에겐 표결권(表決權)은 없다. 물론, 회원이 서기가 되었을 땐 투표며 그밖의 회원으로서의 모든 권리를 잃지 않는다.

서기를 기록 서기(記錄書記)와 통신 서기(通信書記)로 나누는 수도 있다. 「기록 서기」는 온갖 기록을 작성(作成)하며, 또 그것을 보관한다. 「통신 서기」는 회의라든지 입회(入會)의 통지 따위의 일을 맡는다. 이 경우 서기의 지위로서는 전자(前者)가 위이다.

(4) 회계(會計)

회계의 일엔 중대한 책임이 있으므로 착실할 뿐더러 특히 금전관계(金錢關係)의 취급에 빈틈이 없는 사람을 선출하지 않으면 안된다.

회계의 임무는 단체의 자금(資金)을 보관하는 일과, 수지 회계(收支會計)를 기록하는 일이다. 회계는, 만일 요구가 있으면 언제라도 명확히 회계보고(會計報告)를 할 수가 있도록 착실히 기록을 해 둘 필요가 있다.

또 회계는 회의 때마다 그 단체의 회계 상황을 보고한다. 그리고 적어도 1년에 한 번은 총회(總會)에서 연도회계보고(年度會計報告)를 할 필요가 있다. 이 때에는 전년도(前年度)의 결산보고(決算報告)와 본년도(本年度)의 예산안(豫算案)을 제출하는 것이다.

결산(決算)은, 총회의 개회에 앞서 감사 위원회(監査委員會…監査는 다른 임원과 마찬가지로 選出)에 넘겨지고 위원회는 그것을 검토해서 정확한지 어떤지를 총회에서 보고한다. 의장은 그것을 승인하느냐 않느냐 하는 것을 회원의 표결에 붙인다.

예산(豫算)은, 회계를 중심으로 해서 집행위원회(執行委員會·執行部)에서 원안(原案)을 만들고 총회에 제출하여 그 의결(議決)을 거쳐서 결정된다.

회계는 앞서도 말한 바와 같이 단지 금전의 보관과 수입·지출의 기록만을 할 것이며, 결코 마음대로 출납(出納)을 해서는 안된다는 것을 언제나 명심해야 한다. 출납은 반드시 회장의 승인을 얻어서 하고, 장부에는 그 때마다 회장의 인(印)을 받도록 하는 것이 좋다.

2. 임원(역원)의 선거(選擧)

임원은, 회원 전체를 대신하여 「단체의 운영」을 행하는 것이므로 그 선거는 극히 중대한 의의(意義)를 가지고 있다. 그러므로 선거는 될 수 있는대로 무기명 투표(無記名投票)에 의해야 할 것이다.

먼저, 선거에 앞서서 후보자(候補者)의 추천(推薦)[指名]을 한다. 일반적으로 그 방법엔 다음과 같은 두 가지가 있는데, 어느 방법에 의할 것인지는 회칙이나 세칙에서 규정해 두는 것이 옳다.

(1) **직접 추천법**(直接推薦法 · 口頭呼薦)

회원은 누구나 임원 후보자를 지명(指名)할 권리가 있으므로, 자기가 희망하는 인물을 직접 추천한다. 이 경우, 회원은 의장[보통 「임시 의장」]에게 발언의 허가를 얻어서 『나는 ○○○씨를 회장(의장) 후보자로 추천합니다』 또는 『회장(의장)에 ○○○씨를 추천합니다』라고 말하면 되는 것이다. 다만, 한 회원이 한 사람[한 종류의 임원에 대해서]밖에 추천하지 못한다. 그리고 이 경우에 있어서는 재청(再請 · 支持)을 필요로 하지 않는다.

의장은 잇달아 추천을 받아들여, 그때마다 『회장(의장)에 ○○○씨가 추천되었습니다』라고, 전원이 잘 알 수 있도록 똑똑히 그 이름을 알린다. 적당한 시기에 회원 한 사람이 추천 중지(推薦中止)의 동의(動議)를 내고 재청(再請)이 있으면 곧 표결한다. 이때, 출석자의 3분의 2 이상의 찬성이 있어야만 의결(議決)이 되고 그것이 가결 되었다면, 의장은 즉시 추천을 중지시키고서 추천된 사람들의 이름을 다시 한번 똑똑히 전원에게 알려야 하며, 이리하여 마침내 임원 선거에 들어가는 것이다.

이 추천을 중지시키는 문제는 처음부터 의장이 다루는 것이 훨씬 효과적인 경우가 많다. 즉, 만일 적당한 수의 후보자(候補者)가 추천되었고, 더 기다려도 별로 추천이 나올 것 같지 않을 경우에, 회원(會員)으로부터 추천 중지(推薦中止)의 동의(動議)가 나오기를 기다릴 것도 없이 의장이 『지금까지 ○○○씨와 ×××씨, 그리고 △△△씨 등 세 분이 회장(의장) 후보로 추천되었는데, 더 추천하실 분이 안 계십니까?』하는 식으로 말하고 잠시 기다려도 아무말이 없으면 『그럼 이상으로 회장(의장) 후보에 대한 추천을 끝맺겠습니다」하는 식으로 처리하는 것이 추천 중지의 동의가 나오게 하는 것보다 훨씬 자연스럽고 또한 시간적으로도 훨씬 능률적인 진행 방법이다.

그러나 의장은, 추천이 진지하게 행해지고 있는 한, 추천 중지의 동의를 너무 일찍 다루어서는 안된다. 임원의 추천은 될 수 있는대로 자유로이 행해져야 하는 것이다. 그리고 추천 중지(推薦中止)에는 동의(動議)가 필요하다고 규칙에 규정되어 있을 경우(이것이 일반적)엔 의장 마음대로 중지시킬 수(위에서 말한 것처럼)는 없다.

⑵ **간접 추천법**(間接推薦法)

이것은 회원이 직접 추천하는 것이 아니라, 먼저 회원의 선거에 의하여 「추천 위원회」(推薦委員會·또는 銓衡委員會)를 구성하는 것이다. 이 위원회는 보통 ⑴에서 말한 형식에 따라 회원의 선거에 의하여 구성한다. 그리고 위원회는 선거가 행해질 일정한 일수 전(一定日數前)에 임원 후보(任員候補)인 추천자(推薦者)를 발표한다. 추천자의 인수(人數)는 회장 1명·부회장 1명이라는 식으로, 한 종류의 임원에 한 사람씩 추천하는 것이 원칙이다.

일반 회원 가운데엔 추천 위원회가 추천한 후보자(候補者)에 대하여 불만을 가지는 사람이 있을지도 모른다. 규칙으로써 추천의 권한(權限)을 위원회에게만 한정시키고 있지 않는 한(限), 그러한 사람은 별도로 추가 추천(追加推薦)해도 괜찮은 법이다. 그리하여 추천 위원회와 개인 회원에 의하여 추천된 수명의 후보자에 대하여 선거를 하게 되는 것이다.

이상 두 가지의 추천 방법이 있지만, 일반적으로 직접 추천법 쪽이 절차도 간단하고 시간도 절약이 되며, 또 회원의 의사(意

思)도 충분히 반영(反映)할 수 있다는 점으로 널리 채용되고 있다.

그런데 선거한 결과, 당선자(當選者)의 결정은 유효 표수(有效票數)의 과반수 이상의 득표(得票)로 하느냐, 또는 단순히 득표순(得票順)으로 하는 것을 종다수결(從多數決) 또는 상대적 다수결(相對的多數決)이라 한다. 이와 같은 것을 세칙에 규정해 두어야 할 것이다. [득표수(得票數)가 같을 경우, 즉 최고 득표자(最高得票者)가 둘 이상일 경우엔 그들만을 대상으로 해서 결전 투표(決戰投票)를 행한다.]

3. 회원(會員)

회원을 규정하는 데 있어서는 그 자격을 명백히 하여야 한다. 회원의 종류에는 다음과 같은 여러가지가 있지만, 보통 「회원」이라고 하면 정회원(正會員 · 또는 一般會員)을 말한다.

(1) 정회원(正會員 · 一般會員)

그 단체의 중심적인 회원으로서 보통 「회원」이라고 하면 정회원을 말하는 것이며, 보통 회원(普通會員) 또는 일반 회원(一般會員)이라고도 일컬어진다. 이 회원은 회원으로서의 모든 권리와 의무를 가지며, 회비(會費)를 납부(納付)한다.

회원의 임무와 책임은 임원(역원)의 그것만큼 중대하지는 않다 하더라도, 회칙을 엄수(嚴守)하여 회(會)의 운영을 도와야만 한다는 점에 있어서는 마찬가지이다. 즉, 선출된 임원을 선의(善意)로써 도울 것, 회원으로서의 「예의」에 어긋나는 짓은 하지 말 것, 회의중엔 의장에게 협력하여 의사가 원활히 진행되도록 힘쓸 것, 등은 모든 회원의 중요한 임무이다.

(2) **준회원(準會員)**

나이(年齡)나 기타 여러가지 관계로 정회원이 될 자격은 아직 없으나 그 단체의 목적에 적극 찬동해서 장래 정회원이 될 가능성이 있는 사람이나, 가입 희망자(加入希望者) 등을 총회나 임원회(역원회)의 승인을 얻어서 준회원으로 삼는데, 이를 보조회원(補助會員)이라고도 한다.

물론 표결권(表決權)도 없고 임원이 될 수도 없다. 단체의 사업에 관한 책임이 없고 부담 능력이 적으므로, 회비(會費)를 적게 하는 것이 보통이다.

(3) **찬조 회원(贊助會員)**

그 단체의 목적에 찬동하는 사람 중에서 총회의 승인을 얻거나 임원회의 추천을 받아서 회장이 지명하게 된다. 회비는 안내지만, 일시에 다액(多額)의 기부를 한 사람을 이 찬조회원으로 삼는 수가 많다. 물론 표결권도 임원이 될 수도 없다.

(4) **명예 회원(名譽會員)**

그 단체에 공적(功績)이 많았던 회원이 나이가 많아져서 정회원의 자격이 없어지거나, 사정에 의하여 정회원을 사퇴하는 경우, 또는 권위(權威)있는 사람들을 총회나 임원회의 승인을 얻어서 이 명예 회원으로 추대한다. 이 역시 표결권도 임원이 될 수도 없으며, 한갓 영예(榮譽)를 주는 명목적(名目的)인 것에 지나지 않다.

4. 대의원(代議員)

「노동 조합」(勞動組合) 따위 그 조직이 몹시 큰 단체에 있어서는 아무리 「총회」라 하더라도 전체회원이 모일 수는 없다. 그

래서 각 지구(各地區) 또는 각 단위(各單位)마다 일정 인수(一定人數)에 대해서 한 사람(이를테면, 500명에 대해서 한 사람이란 식으로)이란 비율로 직접 무기명투표(直接無記名投票)에 의하여서 「대의원」이 선출된다. 그리하여 이 대의원이 총회에 참가할 자격을 얻는 것이다. 그리고 총회가 시작되기 전에, 자격 심사 위원회(資格審査委員會)가 대의원의 자격 심사를 한 뒤, 그 보고를 얻어서 총회가 열리는 것이다.

[※ 자격 심사 위원회는 세칙(의사 운영 규정)의 규정에 따라 구성되지만, 보통 각 지방본부 단위(各地方本部單位)로 한 사람씩과, 중앙 집행위원(中央執行委員) 몇 사람으로 구성된다. 그리고 위원장(委員長)은 위원의 호선(互選)으로 뽑는 것이 보통이다. 위원장은, 대의원에 대한 자격 심사의 결과를 대회(大會)에 보고하지 않으면 안된다.]

회의의 종류(種類)

1. 회의의 규모(規模)

단체의 크기에 따라서 회의의 규모도 여러가지로 달라진다. 단체의 회원수가 적을 경우에는 회원 전부가 직접 회의에 참여할 수가 있다. 그러나 규모가 크고 많은 회원을 가진 단체에서는 회원 가운데서 선출된 대의원(代議員)들로써 회의가 구성된다. 또, 그 심의(審議)될 사항이 중대하거나 전문적(專門的)인 것일 경우, 총회 이외에 위원회(委員會)라는 하부 조직(下部組織)이 마련되는 일이 많다.

그리고 그 회의가 그다지 자주 열리지 않는 경우, 이를테면

1년에 한 번, 더구나 그 회기(會期)는 며칠간(數日間)에 불과하다는 따위의 경우엔, 그 회의는 꽤 많은 사람들이 참가한 가운데 개최된다. 정당(政黨)이라든지 지방의회(地方議會) 등의 정기회(定期會) 따위가 그 좋은 예(例)이다. 이와 반대로, 자주 열어야 하는 회의[이를테면, 정당의 총무회(總務會)라든지 노조(勞組)의 집행 위원회(執行委員會)] 또는 회기(會期)가 오랜 회의는 그 규모가 작은 것이 보통이다. 만일 그렇지 않으면 회의의 운영에 지장이 있게되는 법이다.

어쨌든, 그 회의에서 심의·의결(議決)하기로 되어있는 사항이 그 단체에 있어서 중대한 것일수록 회의의 규모는 크고 복잡하게 되는 것이다.

2. 회의의 종류

⑴ 성질상(性質上)의 분류(分類)

단체의 회의는 정기회(定期會)와 임시회(臨時會)의 두 가지로 크게 나눌 수 있다.

① 정기회(定期會)

정기회는, 회칙이라든지 규약(規約)에서 정한 바에 따라 그 시기가 되면 반드시 소집(召集)해야 되는 회의로서 보통 그 회기(會期)도 정해져 있다. 이 회의에서는 그 단체의 목적과 권한의 범위 내에 있어서의 온갖 문제를 처리할 수 있다. 정례회(定例會)·통상회(通商會)·상회(商會) 따위로도 일컬어지고 있다.

② 임시회(臨時會)

임시회는, 소집권(召集權)이 있는 회장(의장)이나 집행 위원장(執行委員長)이 필요하다고 인정하였을 때, 또는 위원회나 일정수의 회원이 회칙에 정해진 절차를 밟아 정식으로 이를 요구하였을 때, 특정(特定)한 의안(議案)만을 심의하기 위하여 소집되는 회의이다.

⑵ **조직상(組織上)의 분류(分類)**

이는 총회(總會)·임원회(또는 역원회)·위원회(委員會)의 세 가지로 나눌 수 있는데, 특히 「위원회」에 관해서는 제3장에서 상술(詳述)하겠다.

① 총회(總會)

총회는 최고(最高)의 의결 기관(議決機關)으로서 임원(역원)과 대의원(규모가 작은 단체에서는 전(全)회원)으로써 구성하며, 「임원 선거」(任員選擧), 전년도 결산(前年度決算)의 승인, 본년도 예산(本年度豫算)의 결정, 회칙의 변경 따위의 중요사항을 처리한다.

그리고 정기 총회(定期總會) 이외에 임시 총회(臨時總會)도 있어, 긴급한 문제를 처리한다.

② 임원회(任員會·또는 役員會)

임원회는 임원 전부가 참석해야 할 회의이며, 회장이 소집한다.

③ 위원회(委員會)

위원장(委員長)이 소집하고 소속 위원(委員)이 참석하는 회의로서, 상임 위원회(常任委員會)·특별 위원회(特別委員會) 두 가지로 크게 나눌 수 있다.

지방의회에서는 위원회는 회기중 위원장이 필요하다고 인정하거나, 재적의원 3분의 1 이상의 요구가 있는 때에 개회한다. 다만, 폐회중에는 지방의회의· 회의의 의결이 있거나 지방자치단체의 장의 요구가 있는 때에 한하여 개회할 수 있다.

제 3 장 委員會

위원회(委員會)란 무엇인가

1. 위원회의 필요성(必要性)

위원회란 총회 밑에 속하는 것으로서, 어떠한 특정 문제(特定問題)를 조사 보고(調査報告) 또는 심의(審議)시키기 위하여 회의원(會議員) 가운데의 적임자(適任者)를 뽑아서 조직되는 기관이다.

온갖 문제를, 모든 회의원이 모이는 「총회」에서 신중히 심의하고자 하더라도 거기선 시간만 걸릴 뿐, 좀처럼 일이 진척(進陟)되지 않는 법이다. 뿐만 아니라, 단체 운영의 수뇌부(首腦部)인 회장(의장)·부회장(부의장)·서기·회계 등 이른바 임원(역원)들 만으로는 도저히 일 전체를 낱낱이 손댈 수가 없으며, 또한 될 수 있는대로 많은 의견을 반영(反映)시켜서 일을 처리해 간다는 것이 중요하다. 이에 위원회를 조직·설치할 필요성이 있는 것이다.

2. 위원회 설치의 목적(目的)

위원회를 조직·설치하는 목적은 대강 다음 세 가지로 묶을 수가 있다.

㉠ 의사의 진행을 신속히 할 수 있다.

㉡ 문제에 대한 심의를 자세하고도 전문적(專門的)으로 할 수가 있다.

㉢ 총회만큼 모든 절차가 까다롭지 않고, 참석한 위원은 몇 번이라도 발언할 수가 있어, 자유스런 분위기 가운데 토의해 나아갈 수 있다.

3. 총회와의 관계

총회(總會)는 전체 회원에 의하여 조직되는 회의일 뿐만이 아니라, 그 단체의 최고 의사(最高意思)를 결정하는 기관(機關)이다. 이에 총회가 지니는 가장 중대한 의의(意義)가 있는 것이지만, 총회는 이 밖에도 위원회의 연구·결정·보고에 대하여 최종적(最終的)인 결정을 행하는 기관이기도 하다. 위원회는 언제나 총회에서 지시된 범위내에서 활동하는 데 불과하며, 설령 무슨 의견을 구신(具申)하더라도 그 의견대로 할 것인가, 안할 것인가는 총회에서 전원(全員)의 토론에 의하여 결정되는 것이다.

위원회 회부(委員會廻付)

앞서도 말한 바와같이 문제에 따라서는 회의원 전부가 그(총회) 자리에서 심의하기보다도 소수(少數)의 위원이 신중히 연구하여서 심의하는 편이 훨씬 능률적·효과적일 경우가 있다. 그것이 특히 중대한 문제일수록 위원회에서 충분히 조사해서

위원회 원안(委員會原案)을 만들어 총회에 제출하고 그리하여 총회에서 전원이 심의하는 것이 가장 좋은 처리 방법인 것이다. 그래서 총회에서는 토론중(討論中)인 원동의(原動議)의 심의를 일단 중지하고 이를 위원회에 부탁하여 조사·연구시키는 것인데, 이것을 위원회 회부(委員會廻付) 또는 위원회 부탁(委員會付託)이라고 한다.

이 위원회 회부는 상임(常任) 위원회에 회부해도 좋은 것이며, 또 그 문제의 심의만을 목적으로 하는 특별한 위원회를 임시(臨時)로 만들어서 회부해도 괜찮은 것이다. 후자(後者)의 경우에 있어서는 먼저 「이러이러한 목적으로 위원회를 만든다」는 동의(動議)를 내고, 그것이 가결(可決)되면 제안자(提案者)는 곧 다시 발언권(發言權)을 얻어서, 그 임명 방법(任命方法)이며 위원의 수(數)며 보고의 기한(期限), 그리고 위원이 될 사람 등에 관해서 동의(動議)를 제출하여 총회의 승인을 구하는 것이다.

[※ 이 임명 방법 등 구체적인 안(案)을 특별 위원회(特別委員會)를 설치하자는 동의를 제의할 때에 한목 내어버리는 수도 있지만, 이보다는 아무래도 앞에서 말한 것처럼 두 번으로 나누어서 하는 편이 좋을 것이다. 왜냐 하면, 표결한 결과 회부안(廻付案)이 부결(否決)된다면, 세세한 점까지 생각해 둔들 소용없이 되기 때문이다.]

위원(委員)의 선출(選出)과 권한(權限)

1. 위원(委員)의 선출(選出)

회의원(會議員)은 누구나 「위원」이 될 수 있다. 다만, 그 사람의 일신상(一身上)의 문제를 심의하는 「위원회」의 위원은 될 수 없다.

위원의 선출 방법과 그 수(數) [표결 때의 편의를 생각해서 위원수(委員數)는 되도록 기수(寄數…즉, 3·5·7 따위)로 마련하는 것이 원칙]에 대해서는 단체의 회칙에 규정해 두는 것이 보통이다. 선거에 의하는 것이 원칙이지만, 의장에게 일임(一任)해서 의장이 지명(指名)하는 경우도 있다.

2. 위원회(委員會)의 권한(權限)

위원회의 권한에 관해서는 특히 다음 세 가지 점에 주의할 필요가 있다.

㉠ 총회로부터 정식으로 부탁(회부)을 받아야만 비로소 그 활동을 시작할 수 있다.

㉡ 일정(一定)한 시간 내에 보고를 정리하여 총회에 제출한다. [총회에서의 의결 전(議決前)에, 미리 그 문제를 조사·연구하는 것이 위원회의 임무이다.]

㉢ 위원회의 권한은 총회에 의하여 부여된 것 뿐으로서, 결코 그 총회로부터 위임(委任) 받은 한도를 넘어설 수는 없다.

> **참고** **지방위원회에 대하여**
>
> 지방의회의 위원회
>
> 지방자치법을 보면 지방의회는 조례가 정하는 바에 의하여 위원회를 둘 수 있다고 되어 있으며, 위원회는 소관 의안과 청원 등을 심사·처리하는 상임 위원회와 특정한 안건을 일시적으로 심사·처리하기 위한 특별위원회의 2종으로 한다. 이 경우 상임위원회는 시·도의회에 한하여 설치한다. 또한 위원회의 위원은 지방의회에서 선임한다. 위원회의 권한에 대해서는 위원회는 그 소관에 속하는 의안과 청원 또는 지방의회가 위임한 특정한 안건을 심사 한다.

위원회의 종류(種類)

제2장에서도 말한 바와같이, 위원회는 그것을 대별(大別)하면 상임(常任)·특별(特別)의 두 가지로 나눌 수 있다. 여기서는 위원회의 규칙·활동 사항 등에 관해서 기술 한다.

1. 상임 위원회(常任委員會)

「상임 위원회」는 일정(一定)한 임기(任期) 동안 특정(特定)된 전문적인 문제를 심의하기 위하여 두어지며, 그 분담(分擔)된 일의 종류에 따라서 여러가지 이름이 붙어 있다. [이를테면 「재무 위원회」(財務委員會)니 「기획(企劃) 위원회」 따위로] 이들 위원회의 임무는 회칙이나 세칙에서 명백히 규정해 둘 필요가 있다.

「상임 위원회」는, 총회로부터 부탁 받은(회부된) 일에 관해서 회의를 열어 심의하고, 때로는 전문가의 의견을 듣기도 하면서 조사·연구를 한다. 그리하여 그 결과를 보고서로 작성해서 총회에 제출하면, 일단 그 일에 대한 임무가 끝나게 되는 것이다. 다음에 위원회의 회의에 있어서의 여러가지 규칙을 들어 보겠다.

㉠ 위원회에 있어서의 회의 성립(會議成立)에 필요한 정족수(定足數)는 보통 과반수(過半數)이다.

㉡ 작은 규모의 위원회에서는 발언할 때 일일이 기립(起立)하지 않아도 괜찮다.

㉢ 위원회에서의 위원의 발언 횟수(發言回數)에는 총회에 있어서와 같은 제한은 없다.

㉣ 위원회는 다시 소위원회(小委員會)를 설치 할 수 있다.

㉤ 위원장(委員長)은 회의의 일시(日時)와 장소를 지정(指定)해야 하지만, 만일 위원장이 회의 열기를 게을리하거나 싫어하거나 하는 경우엔, 위원수(委員數) 3분의 1 이상[단체에 따라 정하기에 달렸지만]의 요구로써 회의를 소집할 수 있는 것이 보통이다.

㉥ 그 위원회에 속한 위원 이외의 사람[비록 같은 단체의 회의원(會議員)이더라도]이 회의에 열석(列席)하고 있을 땐, 그 사람은 표결권(表決權)도 없을 뿐더러 허가(許可)없이 발언할 수도 없다.

㉦ 총회가 개최중(開催中)일 땐, 위원회는 특별한 허가나 요구가 있은 경우 이외엔 열지 않는다.

㉧ 규모가 큰 위원회에서는, 서기를 임명해서 회의의 진행을 기록시킨다.

2. 특별 위원회(特別委員會)

「특별 위원회」란, 일시적(一時的)인 일을 처리하기 위하여 설치하는 위원회이다. 「특별 위원회」는, 거기에 회부된 특정 문제만을 심의하는 것이므로, 위원회가 그 문제의 심의를 끝마친 뒤, 그것을 총회에 보고하여 거기서 의결(議決)된다면 자연히 해산(解散)하게 되는 것이다. [이 경우, 해산을 위한 각별한 「동의」(動議)는 필요치 않다.] 따라서 특별 위원(特別委員)의 임기(任期)는, 그 특정 문제가 총회에서 의결될 때까지가 되는 셈이다. [특별 위원회는 보통 「○○ 조사 위원회」니 「×× 준비 위원회」니 하는 명칭이 붙는 수가 많다.]

「특별 위원회」를 만들려면, 총회에서 「이러이러한 목적으로 위원회를 만들고 싶다」는 동의(動議)를 내면 되는 것이다. 그 「동의」가 가결(可決)되면, 이어서 위원의 수(數)며 임명 방법을 결정한다. 의장에게 위원회 임명의 권한이 있다면, 의장은 그 자리에서 임명할 수도 있으며, 『의장은 나중에 위원회를 임명하겠습니다』라고 해도 괜찮다. 「특별 위원회」의 회의에 있어서의 규칙은, 앞서 말한 「상임 위원회」의 경우와 마찬가지이다.

3. 분과회(分科會)와 소위원회(小委員會)

(1) 분과회(分科會)

광범위(廣範圍)한 사항을 위원회에서 심의할 때는 위원 전체가 한목 그에 종사하기보다는, 몇 개의 「group」으로 손을 나누어서 한 부분씩 심의하는 편이 편리하다. 이 나뉜 하나 하나의 「group」을 분과회(分科會)라 일컫는다. 「특별 위원회」는, 특정된 한 가지 사항을 심의할 뿐이므로, 보통 분과회를 만들 필요는 없다. 「상임 위원회」 중에서도, 그 맡은 일의 범위가 좁거나 회기(會期)가 짧은 것은 분과회를 베풀 필요가 없다.

(2) **소위원회(小委員會)**

소위원회는 위원회에서 심의하는 일의 일부분을 담당하는 것이다. 이것은, 「상임 위원회」·「특별 위원회」는 물론이요 분과회에 있어서도 설치할 수 있다. 그리고 위원 전부가 손을 나누어서 일을 분담(分擔)하는 분과회와는 달라, 위원의 일부(一部)만이 소위원(小委員)이 된다.

4. 기타(其他)의 위원회

지금까지 말한 위원회와는 성질을 달리하는 위원회로서 「집행(執行)위원회」와 「의사 운영(議事運營) 위원회」의 둘이 있다. 「집행 위원회」는 결의 기관(決議機關)이 아니라 집행 기관(執行機關)이며, 집행 위원장(執行委員長)은 그 조직을 대표하는 것이다. 그리고 「의사 운영 위원회」는 회의(총회) 개최중에 있어서 의사(議事)의 운영을 위하여 활동한다는 점에서, 여태까지 말한 위원회와는 다른 특색이 있다.

(1) **집행 위원회(執行委員會)**

「집행 위원회」도 「상임 위원회」의 일종(一種)이긴 하지만, 일반 「상임 위원회」보다도 상위(上位)에 놓일 뿐더러 특히 중요한 것이므로, 따로 여기서 설명을 더하여 두려는 바이다.

커다란 단체에 있어서, 회의원 전부가 모여서 자주 회의를 연다는 것은 기술적(技術的)으로도 곤란할 뿐더러 능률도 오르지 않는다. 따라서 그 단체의 운영에 직접 책임이 있는 사람들만이 모여서 「긴급한 일」의 조처를 한다든지, 각가지 원안(原案)을 마련한다든지, 총회에서 결정한 일을 집행(執行)하는 데 있어서의 여러가지 일을 의논한다든지 하는 필요성이 생기게 된다. 그러한 일들을 수행하기 위하여 마련된 기관이 「집행 위원회」로서, 이것은 전 조직(全組職)을 대표하고, 전 조직의 목적 달성을 위해서 활동하는, 말하자면 「단체의 두뇌(頭腦)」라고도 할만한 기관이다. 회의원 전체의 의사가 직접 반영(反映)되는 총회 다음으로 중요한 기관이며, 단체의 운영은 모두 이를 통해서 행하여진다. 따라서 그 구성 「member」는 임원(역원) 전부, 즉 회장(의장·또는 집행 위원장)·부회장(부의장)·서기장(書記長)·서기 차장(書記次長)·각 「상임 위원회」의 위원장 및 약간명(若干名)의 집행 위원(執行委員)으로써 조직된다. 이 집행 기관의 선거는, 그 단체에겐 극히 중대한 의미를 갖는다. 정당(政黨)이라든지 노동 조합 등은 특히 이 집행 기관에 의하여 그 정당이나 조합의 성격이 거의 정해지게 되는 것이므로, 각파(各派)의 선거 운동도 활발히 행해지는 것이다.

(2) 의사 운영 위원회(議事運營委員會)

이것은 「위원회」란 이름은 붙어 있어도 지금까지 말해온 각 위원회와는 매우 다르다. 지금까지 말한 위원회는, 「특별 위원회」 이외는 원칙으로서 총회 개최중엔 열지 않도록 되어 있는데, 이 「의사 운영 위원회」는, 그 이름으로도 알 수 있는 바와 같이, 총회가 열리고 있을 때에 그 의사(議事)를 원활히 진행시키기 위하여 설치되는 위원회이다. 이 위원회가 수행하는 주된 일은, 정·부의장(正·副議長)의 선거에 관한 일, 의사 일정(議事日程)의 편성(編成)이며 변경(變更), 긴급 동의(緊急動議)의 취급, 의사가 혼란에 빠졌을 경우의 조처, 기타 의사 운영에 필요한 사항에 관해서 협의(協議)하고, 회의(총회)의 승인을 얻어서 실시한다.

위원회의 보고(報告)

1. 보고서(報告書)에 대하여

위원회는, 부탁 받은(회부된) 사항에 대해서는, 전문가의 의견을 듣고 충분히 심의한 뒤에, 「보고서(報告書)를 제출한다」는 의무를 갖고 있다. 보고서의 내용은, 위원회가 모은 자료·정보·그 간에 심의된 사항·위원회의 의견을 나타낸 구체적인 제안 등이다. 보고서에는, 위원회에 출석하여 그 보고의 내용에 찬성한 모든 위원이 서명(署名)하기로 되어 있다. 보고서는 보통 위원장이 총회에 제출하지만, 특히 위원회에 의하여 선임(選任)된 사람이 하는 수도 있다.

2. 보고서의 심의(審議)

보고서가 낭독(朗讀)되어(총회에서), 별로 이의(異議)가 없으면 보고서는 그대로 수리(受理)된다. 만일 그 내용에 대하여 변경(變更)을 가하고 싶을 때는 수정안(修正案)을 낸다. 그러나 보고서가 수리되었다 하더라도, 위원회의 의견이 그대로 총회의 그것으로서 처리되는 것은 아니다. 총회는 그 보고서를 참고로 해서 더욱 심의하여 표결에 붙이는 것이다. 만일 위원회로 회부하였을 당시에 「수정 동의」(修正動議)가 몇 가지 나왔었다면, 처음으로 되돌아가서, 「위원회 회부」의 동의는 없었던 것으로 하고 다시 심의한다.

3. 소수 의견(少數意見)의 보고

위원회 속에,「위원회 보고」와는 다른 의견을 가진 사람이 있을 때는,「소수파 보고서」(少數派報告書)를 만들어서 제출할 수 있다.「위원회 보고」는, 그것이 다수결(多數決)로써 만들어진 것인 이상, 다수파(多數派)의 의견으로 된 보고임이 틀림없으나 소수의 의견도 존중한다는 입장에서 이런 제도가 마련되어 있는 것이다. 따라서 의장은, 소수 의견자(少數意見者)한테서 미리 요구가 있었을 경우엔 이를 거부하지는 못한다. 다만 보고 시간을 제한할 수가 있을 따름이다. 소수파의 의견서에도 서명(署名)을 해서, 위원들 가운데서 누가 그 의견을 내고 있는지를 표시한다.

「위원회 보고」및「소수파 보고」는, 총회에 의하여 승인 수리(承認受理)된다. 그리하여 앞에서 말한 바와같이,「위원회 회부」로 말미암아 중단(中斷)되어 있던 동의(動議) 또는 결의에 관한 심의가 재개(再開)되는 것이다.

4. 보고서의 재회부(再廻付·再付託)

위원회에서 제출된 보고서가 만족할 만한 것이 못 될 경우엔,「보고서를 위원에게 재부탁(再付託=再廻付)한다」는 동의를 낼 수 있다. 이 경우, 그 보고서를 제출한 위원회에 다시 회부(부탁)해도 괜찮고, 또 새로 위원회를 구성해서 그에게 부탁(회부)해도 괜찮은 것이다. 재회부(재부탁)를 받은 위원회는 다시 모여야 하며, 그리하여, 만일 총회로부터 보고서의 작성에 관하여 지시가 있었을 경우는 그 지시에 따라서, 그렇지 않을 경우는 회의원의 희망을 참고로 해서 보고서를 재작성(再作成)하지 않으면 안된다. 어떠한 보고서를 요구하고 있는 것인지 잘 모를 때는 총회에 대하여 자세한 지시를 요구할 필요가 있다.

제 4 장 議會式會議의 一般的形式

소집(召集)과 의사 일정(議事日程)

1. 소집(召集)

소집이란, 전 회의원(全會議員)에게, 회의를 하기 위하여 일정한 기일(期日)·시각(時刻)에 특정장소(特定場所)에 모일 것을 요구함이다.

소집은, 상당한 기간(期間)을 두고서 의제(議題)와 함께 미리 통고(通告)되어야 한다. 지방의회의 임시회(臨時會)는 시·도에 있어서는 집회 기일(集會期日)의 7일 전에 시·군 및 자치구에 있어서는 집회일 5일 전에 공고(公告)하기로 되어 있다. 다만, 긴급을 요할 때에는 그러하지 아니하다. (지방자치법 제39조 참조) 즉, 집회 기일과 공고일(公告日)의 사이에 적어도 6일을 두어야 하는 것이다. 그리고 이 공고는, 일정한 형식에 의하여서 집회의 일시(日時)와 장소을 표시한 공고문(公告文)을 각종 신문에 게재하여 일반 국민에게 널리 알릴 뿐으로서, 의원(議員)에게 개별적으로 통지하지는 않는다. 그러나 일반 단체에 있어서는 개별적으로 통지하는 것이 옳다.

회의를 소집하는 사람은 보통 그 「의장」이지만, 집행 기관(執行機關)이 따로 있을 경우엔, 그 집행기관에게 소집권(召集權)

이 있다. 조합의 대회 따위에서는 회장이나 집행 위원장이 소집하기로 되어 있다.

소집에 응한 회의원(대의원)에 대해서는 「자격 심사」(資格審査)가 행해진다. 이는 보통, 의사 규칙(의사 운영 규정)에 따라 마련된 「자격 심사 위원회」(資格審査委員會)에 의하여 행해진다. 회의는, 「자격 심사 위원」의, 회의 성립(會議成立)의 보고가 없으면 성립되지 않는다.

2. 의사 일정(議事日程)

「의사 일정」이란, 그 기간의 회의에서 심의될 사항과 그 순서를 적은 것을 말한다. 그러나 이들 여러가지 사항이, 그 자세한 점까지도 일일이 기입되어 있어야만 하는 것은 아니다. 그 골자(骨子)만 갖추어져 있으면 될 뿐더러, 그 취지가 같은 안건(案件)은 한데 묶어놓아도 된다. 그리고 의결로써 「일정」의 변경(變更)·추가(追加)를 할 수 있다.

이 「일정」은, 될 수 있는대로 미리 출석자 전원에게 알리는 것이 좋다. 그렇게 하면, 「일정」에 실린 문제에 관해서 연구하거나 조사하거나 하여 둘 수가 있는 것이다.

회의의 진행 순서(進行順序)

의사(회의)의 진행 순서는 보통 다음과 같다.

㉠ 개회(開會) [또는 開議]

○ 정족수 확인(定足數確認)

○ 개회[개의] 선언(開會宣言)

㉡ 의사록(회의록) 통과(議事錄通過)

㉢ 특별 일정(特別日程)

㉣ 회장(의장)의 통고(通告)

㉤ 서기·회계의 보고(報告)

○ 서기(書記)의 보고

○ 회계 보고(會計報告)

㉥ 위원회 보고(委員會報告)

○ 상임(常任)위원회의 보고

○ 특별(特別)위원회의 보고

㉦ 전회(前回)의 회의에서 심의 미료(審議未了)된 의사(議事)

㉧ 새로운 의사(議事)

㉨ 폐회(閉會) [또는 散會]

1. 정족수 확인(定足數確認)과 개회 선언(開會宣言)

자격 심사(資格審査… 大會議일 경우)가 끝나면 드디어 의사일정에 들어가 개회(開會)를 하게 된다. 개회를 하는 데는 정족수(定足數)가 필요하므로 먼저, 서기가 출석자의 수(數)를 확인(確認)하여 의장에게 보고해야 하며, 그 수가 정족수에 달(達)해야만 회의는 성립(成立)된다. 즉, 의장은, 정각(定刻)이 되어서 서기한테서 회의원이 정족수에 달했다는 보고를 받으면, 자리에서 일어나서 개회를 선언(宣言)한다.

[※ 아직 의장 등이 정해져 있지 않을 경우엔, 먼저 그 선거를 해야 한다.]

만일 소집에 응한 사람의 수가 정족수에 이르지 않다면, 그 회의는 성립되지 않으며, 따라서 개회할 수는 없다. 정족수를 어느 정도로 하느냐는 회칙에 규정해 두어야 한다. 그리고 단체에 따라서는, 본인(本人)이 출석하지 않고 「위임장」(委任狀)이 나와 있는 것도 출석으로서 간주한다는 것을 회칙에 규정해 두는 수도 있다.

상당한 시간 동안 기다려도 아직 정족수에 이르지 않을 때엔, 의장은 유회(流會)를 선언한다. 그 뒤, 모인 사람들끼리 간담회(懇談會)를 열어서 여러가지로 의견을 교환하는 수도 있다. 물론 이 경우는, 회의로서의 의결은 할 수 없다. 동일한 의제에 대하여 거듭 소집하였을 경우, 이 때엔 정족수에 이르지 않더라도 회의는 성립될 수 있다는 규칙을 세칙에 마련해 둔다면, 잇달아 「유회」가 되는 일을 막을 수가 있어서 매우 편리하다.

[※ 회의중에, 퇴장(退場)하는 사람이 생겨서 정족수가 안 될 경우, 의장은 「정회」 또는 「산회」를 선포할 수 있다.]

> **참고** 유회(流會)와 산회(散會)
>
> 「유회」란 개의시로부터 1시간이 경과할 때까지 의사 정족수에 달하지 못하여 회의를 시작할 수 없을 때, 의장이 공식적으로 당일에는 본회의를 개의할 수 없음을 선포하게 되는데, 이런 경우를 유회라 한다.
>
> 「산회」란 당일의 회의가 끝나는 것을 의미한다.

2. 회의록(의사록) 통과(會議錄通過)

개회(혹은 개의) 선언을 하면, 이어서 전회(前回)의 회의록(의사록)을 「기록 서기」(記錄書記)가 낭독(朗讀)한다. 낭독이 끝나면, 의장은 회의원을 향하여『방금 낭독한 회의록에 틀린데나 빠진 것이 없습니까?』 혹은『회의록에 정정(訂正)할 점은 없습니까?』하는 식으로 말한다. 정정할 것이 없을 경우,『이의(異義) 없소!』하는 소리가 의석(議席)에서 나든지, 또는 잠시 동안 있어도 아무말이 없으면, 의장은『이의가 없으므로 전회(前回)의 회의록(의사록)은 통과(또는 승인)되었습니다』라고 선포하면 된다.

만일 틀린 것이나 누락된 것이 있을 때에는, 회의원은 그것을 지적하여 정정할 것을 요청한다. 의장은, 먼저번 회의 때의 사실에 비추어 그 정정 요구(訂正要求)가 타당할 경우엔 그와 같이 정정하고 나서 통과를 선포하고, 그 정정 요구가 타당하지 않을 때에는, 먼저번 회의 때의 사실을 지적하여 그 정정을 거부한다. 이 거부(拒否)를 받아 들일 수 없을 때에는, 회의원은 동의를 내고 표결에 붙여서 정정 여부(訂正與否)를 결정한다.

통과된 의사록에는 의장과 서기가 서명해 두어야 한다.

참고 「회의록 통과」의 시기(時期)에 대하여

회의록의 확인(통과)은, 앞에서 말한 바와같은, 전회(前回)의 회의록을 차회(次回)의 회의 개회 직후에 하는 방법 이외에, 차회로 미루지 않고서 그날 회의가 끝날 무렵에 하는 수도 있다. 어느 쪽이 좋은지는 경우에 따라 다르다. 당일 회의가 끝날 무렵, 즉 폐회(산회)되기 직전에 한다면, 이미 사람들의 긴장이 풀려서 장내(場內)가 소란해지기 마련이니, 신중한 검토를 하기 어렵다는 단점이 있을 것이며, 한편 차회(次回)의 개회 직후에 하는 방법에 있어서는, 그 동안(전회의 폐회에서 차회의 개회 때까지의 사이)이 길수록 사람들의 기억이 흐려진다는 단점이 있다. 그러므로 만일 1년에 한번밖에 열리지 않는 경우라면, 폐회하기 전에 회의록의 낭독과 승인을 해야 한다. 그렇게 할 수가 없다면, 위원회를 설치하여 승인권(承認權)을 부여하면 된다. 또 회의록을 등사(謄寫)해서 회의원에게 배부(配付)하여, 일정한 기간내에 이의(異議)가 없으면 확인(통과)된 것으로 하는 방법도 있다.

3. 특별 일정(特別日程)

특별히 중요한 문제는, 그 자리에서 당장 심의하지 않고, 동의(動議)를 내어서 다음번 회의때로 미룰수 있다. 그러한 동의에 있어서는 반드시 시간을 명시(明示)하기로 되어 있으므로 의장은 그 때가 오면 우선적(優先的)으로, 지난번 회의 때에 「특별 일정」으로 돌려 두었던, 이 중요한 의안(議案)의 심의를 선언한다.

4. 의장(회장)의 통고(通告)

의장은 동의(動議)를 낼 수도 토론(討論)을 할 수도 없지만 [중립(中立)을 지켜야 하므로], 「의장(회장)의 통고」로서, 의장 자신의 희망이랑 감상(感想)을 회원에게 진술할 수 있다. 그리고 지난번 회의가 끝난 뒤로부터 이번 회의가 시작되기까지의 사이에 긴급한 문제가 생겨서 의장(회장)이 독단(獨斷)으로 그 조처를 취하였을 경우, 그것을 이 「의장의 통고」때에 보고해서 회원의 승인을 얻어야 한다.

5. 서기 · 회계의 보고(報告)

서기(書記)의 보고— 「통신 서기」(通信書記)[통신 서기가 없을 경우는 기록 서기]가, 회(會)에 보내 온 모든 서류·통신을 낭독하여 하나 하나 처리해 간다. 그 자리에서 곧 처리할 수 없는 문제는, 위원회에 부탁(회부)하든지 보류(保留)하든지 해서, 너무 시간이 걸리지 않도록 해야 한다.

회계 보고(會計報告)― 이것은 수입(收入)과 지출(支出)에 관한 보고이며, 그 보고서는 승인된 뒤에 철(綴)해 두거나, 「회계 감사 위원회」(會計監査委員會)에 회부된다.

6. 위원회의 보고(委員會報告)

(1) 「상임 위원회」의 보고

보통, 위원장이 위원회에서 결의(決議)한 것을 보고한다. 각 「상임 위원회」로부터 여러가지 보고가 있을 경우엔, 한 위원회의 보고가 처리된 뒤에 다음 위원회의 것이 보고되곤 해야 한다. 보고에 있어서는, 위원장은 다음 두 가지 사항을 엄수(嚴守)해야 한다.

㉠ 위원장은, 이 보고에 개인적인 의견을 가(加)해서는 안된다.

㉡ 그 보고 내용(報告內容)은 위원회의 경과(經過) 및 그 결과(結果)인데, 결과에 대하여서는 특히 분명히 보고하지 않으면 안된다.

(2) 「특별 위원회」의 보고

「특별 위원회」의 보고 방식도, 「상임 위원회」의 경우와 마찬가지이다.

소수 의견자(少數意見者)가 보고를 요구하였을 경우엔, 의장은 위원장의 보고에 이어서 「소수 의견자의 보고」를 허가(許

可)해야 한다.

「위원회 보고」 및 「소수 의견자의 보고」가 낭독되고 나면, 의장은 『만일 이의가 없으시면 이상의 ……보고를 수리하겠습니다』하는 식으로 말한다. 또는 회의원 중의 한 사람이 「보고를 승인하는 동의」를 제안해도 된다. 이의가 없으면, 또는 동의에 재청(再請)이 있어서 토론·표결한 결과 과반수가 찬성이라면, 총회는 그 위원회의 보고에 만족했다는 뜻이 되며, 보고는 승인수리된다. 만일 그 보고가 만족할 수 없는 것으로서 부결(否決)되었을 경우엔, 「위원회에 재회부(再廻付)하자는 동의」를 낼 수 있다.

7. 지난번 회의에서 심의 미료(審議未了)된 의사(議事)

「위원회의 보고」에 이어서, 지난번(前回) 회의에서 예정 시간(豫定時間)이 다 되어서 부득이 중단(中斷)되었거나, 그 심의가 이번 회의로 미루어졌거나 한 동의(動議)를 심의한다. 이 때, 의장은 그 동의 내용을 다시 한번 알리고서 의제(議題)로 삼기를 선포한다.

8. 새로운 의사(議事)

미결 사항(未決事項)이 처리되고 나면, 드디어 새로운 의사에 들어간다. 그 때의 순서는 다음과 같다.

㉠ 발언권(發言權)을 얻는다.

㉡ 동의(動議)를 제안한다.

㉢ 동의를 재청(再請)한다.

㉣ 의장이 그 동의를 선포한다.

㉤ 토론(討論)한다. [질문 · 토론 · 수정 등]

㉥ 표결에 붙인다.

㉦ 의장이 표결의 결과를 발표한다.

[위의 순서 가운데 ㉠ · ㉡ · ㉢의 세 가지는, 동의(의안)가 회의 전에 미리 제출되어 그날의 「의사 일정」(議事日程)에 올라 있을 경우엔 생략된다.]

⑴ **발언권**(發言權)

발언을 하려면, 회의원은 누구나 거수(擧手) 또는 기립(起立)을 하여서 『의장!』하고 불러, 그의 허가를 얻지 않으면 안된다. 의장은 그 회의원을 지명하여 발언권을 준다. 즉, 『○○○씨 말씀하십시오』 따위로 말해서 발언하기를 허가하는 것이다. 이 때, 회의원은 자기의 소속(所屬)과 성명(姓名)을 먼저 말하고 나서 발언하는 것이 옳다. 그리고 남이 발언하고 있는 중에 선 채로 있거나, 남의 발언이 끝나기도 전에 일어서거나, 주의를 끌려고 의장석(議長席)에 접근하거나 하는 사람은, 발언권을 얻을 자격이 없을 뿐만 아니라, 그것은 의사법(회의법)에 위반(違反)되는 짓이다.

⑵ **동의**(動議)**의 제안**(提案)**과 재청**(再請)

발언권을 얻은 회의원은, 동의를 제출하고 [즉, 동의의 내용을 간단 명료하게 말하고] 자리에 앉는다.

동의가 제출되었으면, 의장은 회의원들을 향하여 이에 대한 재청 유무(再請有無)를 묻는다. 즉, 『방금 ○○○씨께서 「……을 이러이러하게 하자」는 동의를 제출하셨는데, 이에 대한 재청이 있습니까?』하는 식으로 묻는 것이다. 이에 대하여, 그 동의를 의제로 삼을 것을 찬성하는 사람은 『재청이요!』라고 소리만

지르면 된다. [의장이 재청 유무를 묻기 전에 『재청이요!』하는 회의원이 있을 땐, 의장은 재청 유무는 물을 것도 없이 바로 (3)처럼 동의를 선포하면 된다.] 웬만한 회의에서는, 재청을 하는 사람은 발언권을 얻을 필요도, 또 기립(起立)할 필요도 없으며, 위에 말한 식으로 하는 것이 보통이다.

이 「재청」이란 것은, 동의를 제안한 사람 이외에 적어도 한 사람은 그 동의에 관심을 가졌거나, 또는 지지(支持)하는 사람이 있음을 표시하는 것으로서, 회의의 능률상으로 보더라도 매우 중요한 것이다. 만일 한 사람도 재청하는 사람이 없을 땐, 그 동의는 「의제」(議題)로서 상정(上程)되지 않고 버려지며, 의사(議事)는 다음 것으로 옮겨진다. 몇명 정도가 재청해야 의제로서 채택(상정)되느냐 하면, 그것이 특히 회의 규칙에 규정되어 있는 경우 이외엔, 제안자(提案者) 이외의 한 사람만으로 된다. 또 예외(例外)로서, 전혀 재청을 필요로 하지 않는 동의도 있다.

(3) **동의**(動議)**의 선포**(宣布)

그 동의에 재청이 있으면, 의장은 곧 『재청이 있었으므로, ○○○씨가 제출한, 「……을 이러이러하게 하자」는 의안을 의제로 상정합니다』라고 선포한다. 또는 서기에게 그 기록된 동의 내용을 낭독하도록 지시한다. 「기록 서기」는 이 동의를 틀림없이 기록하고, 제안자(提案者)의 성명도 부기(付記)해 두어야 하는 것이다. 그런데 이 동의는 「기본(基本)이 되는」 동의이므로, 「원동의」(原動議) 또는 「주동의」(主動議)라 일컫는다.

(4) **토론**(討論 또는 討議)

「동의」가 의제(議題)로 상정(上程)되었으면, 먼저, 의장은 그 제안자에게 「제안 이유(提案理由)의 설명」을 요구한다. 보통, 제안자가 설명을 마치고 나면, 의장은 그 설명에 대한 질문을 회의원들에게 시키고, 그것이 끝나고 나서 찬부(贊否)의 토론을 시키며, 그리하여 마지막으로 표결에 붙인다. 이렇듯 여러 단계(段階)로 나누어서 「토론」을 진행시키면, 혼란도 일어나지 않을 뿐더러 능률도 오른다.

① 제안 이유(提案理由)의 설명

의제가 선포되면, 먼저, 의장의 지시로 제안자는 그 동의(의안)를 제안한 이유를 설명한다. 이 때 제안자는, 자기가 어째서 이 동의를 제출했느냐 하는 「목적」(目的)과, 「이점」(利點)에 대하여 분명히 말해야 한다.

② 질문(質問 또는 質疑)

이어서 의장은, 『이에 대하여 무슨 질문은 없습니까?』하는 식으로, 전원(全員)을 향하여 질문할 것을 요구한다. 이 때 주의할 것은, 질문의 형식을 빌어서 반대 의견(反對意見) 따위를 말해서는 안된다는 점이다. 이 단계에서는 정말로 잘 모르겠는 점에 대한 질문만을 해야 할 것이다.

③ 토론(討論)[討議]

의장이 『이제 더 질문이 없습니까?』라고 물어서 그 이상 질문이 없으면, 의장은 『그럼 지금부터 토론에 들어가겠습니다. 의견이 있으시면 말씀해 주십시오』라고 선포한다. 규모가 작은 웬만한 회의에서는 보통 찬성이든 반대이든 그 어느 쪽부터 먼저 발언해도 괜찮게 되어 있지만, 경우에 따라서는 찬성 의견(贊成意見)을 먼저 요구하는 편이 능률적이다. 제안자(提案者)가 빠뜨린, 더군다나 좋은 점이 남아 있을 경우에, 그것이 찬성 의견에 의하여 보족(補足)되므로, 그 안(案)의 좋은 점이 한결

뚜렷하게 되기 때문이다. 단, 규모가 큰 회의의 경우, 의사 규칙(議事規則)에 반대 의견부터 먼저 발언하기로 규정되어 있는 경우도 있다.

어쨌든, 의장은 「찬성자→ 반대자→ 찬성자…… 」의 순서로 교호(交互)로 발언시키는 것이 가장 일반적이며, 또 이 토론을 하는 데 있어서는 찬성자도 반대자도 서로 상대방의 주장(主張)의 근거는 무엇이냐를 알아내어서 논의(論議)한다는 것이 무엇보다도 중요하다.

그런데 그와 같이 찬부 양론(贊否兩論)이 토론되어 가는 동안에 여러가지 「보조(補助)동의」라든가 「임시(臨時)동의」, 「특권(特權)에 관한 동의」 등이 나오곤 해서 회의는 점점 복잡하게 되어간다. 이 경우, 장내(場內)가 혼란해지는 일이 없이 원활히 의사를 진행시키려면, 논의(토의)를 규칙대로 행한다는 것과, 동의의 순서를 올바르게 지킨다는, 이 두 가지 점에 특히 유의(留意)할 필요가 있다.

④ 수정안(修正案)

그 원동의(原動議)에 대체로 찬성은 하지만, 그러나 내용을 좀 수정(修正)하는 편이 좋겠다고 생각하였을 때엔, 「수정 동의」(修正動議)를 낼 수 있다. 만일 이 「수정 동의」에 「재청」이 있으면 즉시로 질문·토론에 들어간다.

⑤ 재수정안(再修正案)

이것은 「수정 동의」를 더욱 수정하고 싶다는 경우에 내는 동의이다. 그러나 이 「재수정안」에 대한 수정은 이젠 허용(許容) 되지 않는다.

그리고 표결하는데 있어서는, 「재수정안→ 수정안→ 원안(原案)」이란 순서로 채결(採決)해야 되며, 재수정안·수정안이 다

부결된 경우에 있어서만 마지막으로 원안을 채결할 수 있는 것이다.

⑥ 토론 종결(討論終結)

의견이 대체로 다 나왔을 즈음에 토론을 종결(終結)하고, 이어서 표결에 들어가게 된다. 이 「토론의 종결」은, 의장이 먼저 『대체로 의견이 다 나온 것 같으니, 이의가 없으시면 이상으로 토론을 끝내겠습니다. 이의가 없으십니까?』라고 하여도 좋으며, 또 회의원 가운데서 누가 「토론 종결」의 동의를 내어도 괜찮다. 이 경우, 3분의 2 이상의 찬성이 있어야만 거기서 토론은 종결되며, 토론의 종결이 가결되고 나면, 이어서 곧 토론된 의안의 표결에 들어가야 한다. 그런데 여기서(의안의 표결에 들어가기 전에) 의장은, 최후의 발언자(發言者)로서, 동의의 제안자(提案者)에게 「결론적(結論的)인 발언」을 시키는 것이 좋다. 이로써 제안자는 토론된 바를 정리하여, 그동안에 나왔던 모든 「반대의견」에 대하여 종합적으로 답할 수가 있는 것이다.

⑸ **표결**(表決) · **표결 결과**(表決結果)**의 발표**

제안자의 최종 발언(最終發言)이 끝나면, 의장은 『그럼 지금부터 「……을 이러이러하게 하자」는 의안에 대하여 표결을 하겠습니다』하는 식으로 말하고 나서, 드디어 표결에 들어간다.

서기(書記)로부터 찬부(贊否)의 각 인수(人數)를 보고 받으면, 의장은 기립(起立)해서 그 표결 결과를 발표한다. 이 때엔 찬성표수(贊成票數)를 먼저 발표하고, 반대표수(反對票數)를 나중에 발표하는데, 반드시 양편 표수를 다 발표해야 한다. 이어서, 『따라서 ○○○씨가 제출한 「……을 이러이러하게 하자」는 의안은 의결[또는 부결]되었습니다』라고 선포한다. 이로써 회의는 한 매듭이 지어지고, 다음 의제(議題)로 진행되는 것이다.

9. 폐회(閉會) [또는 散會]

이리하여 의사 일정(議事日程)을 종료(終了)하였을 때, 또는 예정된 폐회 시간이 되었을 때는, 의장은 폐회를 선언할 수 있다. [폐회 시간이 되더라도, 회의원 가운데서 회의 시간을 연장(延長)하자는 동의가 나오거나, 의장이 그에 대하여 회의원에게 의논하는 일도 있다.] 그러나 회의원 가운데서 누가 폐회의 동의를 내는 것이 보통이다. 만일, 다음 번 회의의 일시(日時)·장소를 정해두고 싶을 때엔, 회의원은 「다음 번 회의의 일시 및 장소의 결정」을 「동의」로서 제출한다. 이 동의는 다른 일체의 동의에 우선(優先)할 뿐더러 정족수(定足數)가 되지 않아도 결의할 수 있으므로, 이로써 다음 번 회의는 어느 날·몇 시에 어디서 행하느냐를 정할 수 있다.

참고 **독회(讀會)에 대하여**

「국회」 같은 데서는 「법률안」(法律案) 따위를 심의할 때는 「독회」의 절차를 밟게 되는데 [물론 내용이 간단한 것은 이 절차를 생략하고 일반 의안과 같이 처리할 수도 있지만], 일반 단체에서도 회칙안(會則案)이라든지 예산안(豫算案) 따위처럼, 그 내용이 여러 조항(條項)으로 되어 있을 뿐더러 그것을 분할(分割)해서 심의할 수는 없는, 그러한 복잡한[또는 신중을 기해야 할] 의안(議案)을 심의할 때는, 이 독회의 심의 방법을 쓰는 것이 좋다.

독회의 방식은, 심의를 「제1독회」·「제2독회」·「제3독회」의 세 단계(三段階)로 나누어서 하는 것이다. 그러나 각 단계에서 같은 일을 되풀이하는 것은 아니다.

「제1독회」에서는, 제안자(提案者)의 설명을 듣고 대체적인 질의(질문)와 토론을 한다. 그리하여 그 안(案)의 대체적인 내용을 파악해서, 「제2독회」에 넘기느냐의 여부(與否)를 결정한다. 따라서 「제2독회」에 넘기지 않고 폐기하여 버릴 수도 있다.

「제2독회」에서는, 각 조항을 축조적(逐條的)으로 심의하고 수정해서 전(全)조항을 「제3독회」에 넘긴다.

「제3독회」에서는, 「제2독회」에서 넘어온, 그 안(案) 전체에 대한 가부(可否)를 최종적으로 결정한다. 이 단계에서는, 다만 각 조항 사이에서 자귀(字句)나 구문상(構文上)에 잘못이 있으면 그것을 수정할 수 있을 뿐으로서, 「제2독회」에서와 같은 일을 되풀이할 수는 없다.

표결(表決)에 관하여

1. 표결(채결)이란 무엇인가

의제(議題)에 대하여 토론이 끝나면 마지막으로 그것을 표결에 붙이게 되는데, 표결(또는 채결)이란, 「회의원이 의제에 대하여 찬성과 반대의 의사(意思)를 표시하고, 그 수효를 집계하여 가부(可否)를 결정함」이다. 바꾸어 말하면, 표결이란 「회의의 전체 의사(全體意思)를 결정하는 유일한 방법이며 절차」이다.

2. 표결 방법(表決方法)

표결을 하는 데는, 보통 다음과 같은 다섯 가지 방법이 있다.

㉠ 묵락(默諾)에 의한 방법 [만장일치(滿場一致)의 법칙(法則)]

㉡ 발성(發聲)에 의한 방법
㉢ 거수(擧手) 또는 기립(起立)에 의한 방법
㉣ 점호(點呼)에 의한 방법
㉤ 투표(投票)에 의한 방법

[회의원으로부터 「표결 방법」에 대하여 동의(動議)가 나왔을 경우엔, 그 동의를 상정하여 그 찬부(贊否)를 회의원에게 묻고 나서 방법을 정해야 한다.]

(1) **묵락(默諾)에 의한 표결**

이것은, 중요한 문제를 표결할 때엔 쓰이지 않지만, 지극히 당연한 일에 관한 동의가 나왔을 경우, 그리고 회의록의 승인이라든지, 대다수(大多數)의 회의원이 찬성하리라고 생각되는 따위의 동의가 나왔을 경우엔, 의장은 일일이 시간을 들여서 질문·토론·표결의 복잡한 절차를 밟지 않고, 『이 동의에 대하여 이의가 없습니까? 만일 이의가 없으시면……로 결정하겠습니다』라고 말한다. 잠시 동안 기다려도 전원(全員)이 말이 없든지, 또는 『이의 없소!』하는 소리가 들리면, 『이의가 없으시므로 「……하자」는 동의는 ……로 결정되었습니다』하는 식으로 선포한다. 이것을 「만장일치(滿場一致)의 법칙(法則)」이라고도 한다. 만일 한 사람이라도 이의가 나오면, 동의는 일반적인 절차를 밟아서 정식(正式)으로 표결된다.

(2) **발성(發聲)에 의한 표결**

어떤 동의가 표결에 붙여질 단계에 이르렀을 때, 의장은 『이 동의에 찬성하시는 분은 「찬성」(또는 「예」)이라고 외쳐 주십시오』 또는 『이 동의에 찬성하시는 분은 박수(拍手)를 쳐 주십시오』라고 한다. 그리고 이어서, 『반대하시는 분은 「반대」(또는

「아니오」)라고 외쳐 주십시오』 또는 『반대하시는 분은 박수를 쳐 주십시오』라고 한다. 그 결과, 찬성[또는 반대]쪽이 우세(優勢)하다면, 의장은 『찬성[또는 반대]편이 절대 다수인 것 같습니다』라고 말하고서 이의 유무(異義有無)를 확인하기 위하여 잠시 동안 장내(議場內)를 살핀다. 아무 말이 없으면, 이어서 『그럼 이 동의는 가결[또는 부결]되었습니다』라고 선포한다. 그런데 어느 쪽이 우세한지 확실히 분간할 수 없을 때는, 다른 방법[이를테면 거수·기립 등에 의한 표결]으로 옮기는 편이 좋을 것이다.

만일 의장의 결정한 바가 옳지 않다고 생각한 사람이 있다면, 즉시로 이의를 제기 한 끝에 거수 표결(擧手表決) 따위를 요구하면 된다. 이 요구가 있으면, 의장은 반드시 그것을 받아들여야 한다.

(3) 거수(擧手) 또는 기립(起立)에 의한 표결

이것은 앞의 묵락과 발성에 의한 표결의 방법보다 정확하다. 의장은 『이 동의에 찬성하시는 분은 오른손을 들어 주십시오』 또는 『이 동의에 찬성하시는 분은 기립(起立)해 주십시오』하는 식으로 말하고, 서기더러 그 수를 세게 한 다음, 이어서 『이 동의에 반대하시는 분은 ……』하여 반대 쪽의 수도 조사해서, 그로써 결정을 내리는 방법이다.

(4) 점호(點呼)에 의한 표결

서기가 회의원의 이름을 명부(名簿)에 따라 차례로 불러 가고, 회의원은 자기가 호명(呼名) 당하였을 때, 「찬성」인지 「반대」인지 「기권」인지를 한마디로 답한다. 회의원 한사람 한사람의 찬부(贊否)를 기록하고 싶을 때에 이 방법을 쓴다.

(5) **투표(投票)에 의한 표결**

○ 무기명 투표(無記名投票)― 이 방법의 장점은, 비밀(秘密)을 지킬 수 있다는 점이다. 이를 행하는 데는 여러가지 방식이 있다. 이를테면, 임원 선거(任員選擧)를 하는 경우에 있어서, 후보자(候補者)의 이름을 전부 인쇄하여, 그 가운데서 자기가 뽑고자 하는 사람의 이름 위(또는 밑)에다가 ○이나 ×를 표하는 방식이라든지, 백지(白紙)의 투표 용지(投票用紙)에다가 투표자(投票者)가 기입(記入)하는 방식 등이다.

선거의 경우만이 아니라, 중요한 문제라든지, 이해 관계(利害關係)가 뚜렷해서 자기의 생각을 다른 사람에게 알려서는 곤란한 경우, 이 방법은 효과적이다. 전원(全員)에게 조그만 종이 조각을 주고, 찬성이면 ○표, 반대이면 ×표를 하도록 정하여, 그것을 모아서 계산하면, 꽤 간단히 된다.

○ 기명 투표(記名投票)― 이것은, 투표 용지에다 문제에 대한 찬부(贊否)와 아울러 투표자의 성명을 기입하는 방법이다.

이 「기명 투표」는, 특히 문제에 대한 각 회의원의 가부(可否)의 표결을 기록에 남겨, 그 책임을 명백히 할 필요가 있을 경우에 잘 쓰인다.

3. 표결 때의 주의점(注意點)

표결 때는 언제나 찬성자(贊成者)의 수(數)부터 먼저 세고, 이어서 반대자(反對者), 마지막으로 기권자(棄權者)의 수를 세어야 한다. 결과를 발표할 때도 이 차례대로 해야 한다.

자기의 생각이 정해지지 않을 때엔 기권할 수도 있지만, 그러나 표결에 참가하지 않는다는 것은 결국 다수파(多數派)의 편을 드는 것이 되므로, 표결에 참가하지 않는다고 해서 그 표결 결과에 대해서 전혀 책임이 없는 것은 아님을 알아야 한다.

동의의 표결 결과, 찬부(贊否)가 동수(同數)일 때엔, 그 동의(動議)는 과반수(過半數)를 얻지 못한 것이므로 부결(否決)이 된다. 그러나 회칙에서 의장에게 결정권(決定權)을 주었을 때에는 의장이 가부(可否) 어느 편이든 결정할 수 있다.

4. 투표(投票)의 계산 방법(計算方法)

개표(開票) 관계의 일은 모두 서기의 책임이며, 거기다가 의장의 지명(指名)에 의하여 2, 3명의 회의원이 입회인(立會人 또는 監票委員)으로서 나와서 개표와 계산 관계의 일을 돕는다. 개표의 방식은, 한 사람이 큰소리로 읽고, 한 사람이 기록하면 되는 것이다. 기록할 때, 계산하기에 편리하도록 「正」자(字)를 적어 나가는 것이 보통이다. 아무것도 적혀 있지 않은 표(票)나, 지정(指定)된 사항 이외의 것이 씌어 있는 표는 「무효(無效)」가 된다.

출석자가 정족수(定足數)에 이르고 있다면, 의결(議決)에 필요한 표수(票數)를 계산한다. 보통은 과반수(過半數)의 찬성이 있으면 의결되지만, 특히 중요한 문제에 대해서는 「3분의 2 이상」의 찬성을 필요로 하는 것이 일반적이다. 이런 것은 보통 「회칙」에 규정되어 있지만, 그렇지 않을 경우엔 표결에 들어가기 전에 미리 과반수인지 3분의 2 이상인지를 정해 두지 않으면 안된다.

5. 표결 결정수(表決決定數)

앞에서 말한 「과반수」니 「3분의 2 이상」이니 하는 것은, 표결한 결과 그것이 의결인지 부결인지를 결정짓는 그 기준(基準)이 되는 수(數)를 말하는 것인데, 이 「표결 결정수」로서는 일반적으로 종다수결(從多數決) 및 절대적 다수결(絶對的多數決)에 의하는 두 가지가 있다.

⑴ 종다수결(從多數決·相對的多數決)

비교적 다수(多數)의 투표를 얻은 쪽을 의결(議決)로 정하는 방법이다. 이 방법에 의하면, 가령 어떤 동의(動議)에 대하여 찬성한 사람이 한 사람 뿐이더라도, 다른 사람이 아무도 반대투표를 하지 않는 이상, 그것은 「의결」된다. 선거에 있어서도, 가령 유효 투표(有效投票)가 100표 중 한 사람이 과반수의 표가 필요한데, 51표를 얻지 못하면 당선되지 못한다. 그러나 「종다수결」(從多數決)로 한다면, 한 표씩의 득표자(得票者)가 98명 있었다고 치고, 한 후보자(候補者)가 단지 두 표를 얻더라도 그로써 당선할 수도 있는 것이다.

⑵ 절대적 다수결(絶對的多數決)

둘을 견주어서 절대적 다수를 얻은 쪽을 의결로 하는 방법으로서, 이에는 「과반수결」(過半數決)과 「3분의 2결(決)」의 두 가지가 있다.

① 과반수결(過半數決)

가장 널리 쓰이고 있는 표결법(表決法)이며, 이는 보통 「전투표수(全投票數)의 과반수」를 필요로 한다. 이 경우, 출석자(出席者)의 과반수로 하느냐, 전회원(全會員)의 과반수로 하느냐는 회칙에서 정해 두어야 한다. 이를테면, 100명의 회원을 가진 단체에 있어서, 정족수(定足數)를 과반수로 한다면 51명이 출석하면 회의는 성립된다. 그런데 꼭 51명만 출석해 있으면, 회칙에서 「전회원(全會員) [또는 在籍數]의 과반수의 찬성을 요(要)한다」고 규정되어 있는 동의(動議)는, 그날의 전출석자(全出席者)인 51명이 한 사람도 빠짐없이 모두 찬성해야만 의결되지만, 「출석자의 과반수」로 규정되어 있을 경우는, 26명만의 찬성으로 의결되는 것이다. 찬부(贊否)가 동수(同數)일 경우는, 「가부 동수(可否同數)일 때는 의장이 결정한다」는 규정이 없는 한, 그 동의는 부결된다.

② 3분의 2결(決)

이것도 출석자의 3분의 2로 하는 수도 있고, 전회원(全會員)의 3분의 2로 하는 수도 있지만, 아무튼 그 단체에 있어서 가장 중요한 문제일 경우에만 채용되는 것이 보통이다.

회의록(의사록) 쓰는 법

회의록(의사록)은 어떤 회의에 있어서도 절대로 필요한 것이다. 왜냐하면, 회의록은 회의에서 처리된 모든 사항에 대한 정식적(正式的)인 증거(證據)가 되기 때문이다. 따라서, 회의록은 의원 전부의 승인을 받은 것이 아니면 권위 있는 것이라고는 할 수 없다. 회의록에는 어떤 사항을 어떻게 기록하느냐에 대해서와 기입(記入)하는 데 있어서 주의해야 할 점을 몇 가지 말해 두겠다.

1. 기록할 사항(事項)

회의록(의사록)은 「기록 서기」(記錄書記)가 기록하는데, 보통 다음과 같은 사항들을 기재(記載)한다.

㉠ 그 회의의 정식 명칭(名稱)과 종류(種類)

㉡ 그 회의가 열린 연월 일시(年月日時)·장소(場所) 및 폐회(閉會)된 시각(時刻)

㉢ 의장·간사와 기타 출석한 의원의 성명(姓名)을 쓰고, 출석자(出席者)의 수(數)를 적는다.

㉣ 지난번 회의의 회의록에 관하여 그것이 어떻게 되었는지, 그 승인·부인·수정 여부(與否)를 적는다.

㉤ 위원회 등에서 제출한 보고(報告)의 요점(要點)과 그 승인 여부

㉥ 제안(提案)되고 재청(再請)된 모든 「의제」(議題)라든지, 토론된 내용(討論內容)과, 그 제안자(提案者)의 성명 및 그 표결 결과[즉, 정확한 찬부(贊否)의 수(數)와, 의결·부결·위원회 회부·보류(保留) 기타의 결정]에 관하여 분명히 기록한다.

㉦ 출석자로부터 각별히 「이것은 회의록에 기입하기 바란다」는 요구가 있어, 그것을 회의록에 싣기로 의결된 그 사항.

2. 기입상(記入上)의 주의점(注意點)

㉠ 회의록에는 필요한 사항은 모두 기록해 두어야 하지만, 논문(論文) 또는 신문의 논설(論說)과 같은 형식으로 써서는 안된다. 정확성(正確性)을 잃지 않는 범위 내에서 간단히 써야 한다.

㉡ 「동의」(動議)는 저마다 따로 구분(區分)을 지어서 기록할

것.

㉢ 표결의 결과도 반드시 별항(別行)으로 해서 구분을 지어 기록할 것.

㉣ 각 사항을 구분을 지어 기록할 때, 첫째 줄을 몇 자 띄어 놓고 쓰면, 나중에 무슨 사항이라도 쉽게 찾아 볼 수 있는 법이다.

㉤ 회의록 작성자(作成者)는 반드시 회의록에 서명 날인(署名捺印)해 두어야 한다.

이상이 회의록을 기입하는 데 있어서 주의할 점이다.

회의록이 승인(통과)되면, 의장과 의회에서 선출한 의원 2인 이상이 서명하여 정식으로 승인(통과)되었다는 것을 확인한다. 그리고, 회의록은 사본을 첨부하여 회의의 결과를 그 지방자치단체의 장에게 통고하여야 한다.

제 5 장 議長·會議員이 알아야 할 사항

의장이 알아야 할 사항

1. 의장의 임무와 필요한 능력

의장의 임무라든지, 의장에게 필요한 능력에 관해서는 앞에서 기술(記述)해 온 것으로 충분히 알 수 있으리라 믿으므로 여기서 새삼스레 상술(詳述)하지 않겠다. 한 마디로 말하면, 『그 단체의 회칙(규약)이라든지 회의법(의사법)에 정통(精通)한 것』이 「의회식 회의」에 있어서의 「의장」에게 가장 필요한 기본적 능력(基本的能力)이며, 『그 능력을 공평무사(公平無私)히 구사(驅使)하고, 회의장의 질서(秩序)를 유지하여, 의사(議事)를 원활히 진행시키는 일』이, 의장의 기본적 임무(基本的任務)라고 할 수 있을 것이다.

2. 의장의 권한(權限)과 주의 사항(注意事項)

일반적으로, 의장에겐 회의장(會議場)의 질서를 유지하고 의사(議事)를 정리(整理)하는 데 필요한 여러가지 권한이 부여되어 있는데, 그것을 의장의 주의 사항(注意事項) 몇 가지와 아울러 적어 보면 다음과 같다.

① 발언자(發言者)는 의장의 허가를 필요로 한다.

회의(특히, 의회식 회의)에서는 회의원이 제멋대로 발언할 수는 없다. 발언하고자 하는 사람은, 의장의 허가를 얻어야만 비로소 발언할 수가 있는 것이다. 의장은 반대론자(反對論者)에게도 기회를 주어, 공평하게 심의 토론(審議討論)되도록 힘써야 한다.

만일 두 사람 이상의 회의원이 「동시」에 발언권(發言權)을 얻고자 하였을 경우에는, 다음과 같은 요령으로 최초의 발언자를 정하는 것이 좋다.

㉠ 심의중(審議中)인 동의(動議)의 제안자(提案者)가 아직 발언하지 않았을 경우는 그 사람.

㉡ 여지껏 한 번도 발언하지 않았던 사람.

㉢ 바로 전에 발언한 사람과 반대되는 의견을 가진 듯한 사람.

㉣ 대의원(代議員)이 모인 대회에서는, 개개의 선출구(選出區)를 대표하는 사람에게 골고루.

② 토론을 의안(議案)의 범위에서 벗어나지 않게 할 것.

의장은, 토론이 의안의 범위에서 벗어난, 문제밖의 일을 논의하지 않도록 해야 한다. 논의가 의제에서 벗어났을 경우엔 발언자에게 그것을 주의시켜야 하며, 그래도 듣지 않을 경우엔 그 논의를 중지시킬 수 있다.

③ 재청(再請)된 동의(動議)는 반드시 토론 · 채결(표결)을 해야 하지만, 불법적(不法的)인 제안은 거절할 수도 있다.

동의(動議)가 제출되고 그것이 재청(再請)되었을 경우, 의장은 이를 묵살(默殺)하거나 무시(無視)할 수는 없다. 설령 그 동의가 회의의 목적에 맞지 않는 것일지라도, 일단 토론 · 채결의 절차는 밟아야 하는 것이다.

그러나 그 동의가 국법(國法)에 어긋난다든지, 공익(公益)에 해(害)가 된다든지 또는 회칙이며 회의의 목적에 어긋난다고 인정되었을 경우, 재청(再請)이 나오기 전에는 그 상정(上程)을 거절할 수도 있다. 그리고 특히, 「불법적」인 제안이 아니더라도, 순서에 맞지 않은 동의는, 그 부당(不當)함을 지적해서 각하(却下)할 수 있다.

④ 같은 회기내(回期內)의 회의에서 한 번 표결에 붙인 의안은 재상정(再上程)하지 않는다. 의장은 이 원칙(原則)의 적용(適用)에 언제나 주의하지 않으면 안된다.

⑤ 한 사람에게 여러 번 발언시키는 것은 옳지 않다.

어떠한 회의라도, 소수인(少數人)에게 발언의 기회가 독점(獨占)되어 버린다면, 그 회의는 실패이다. 의장은, 될 수 있는대로 한 사람에게 여러 번 「발언권」을 주는 일이 없도록 해야 한다. 회의는 많은 사람들의 의견을 듣는 것이 그 본지(本旨)인 것이다. 한 사람이 여러 번 발언하는 일이 없도록 하면, 발언자(發言者)는 주의해서 발언하게 되며, 단번에 자기의 의견을 명료히 발표하고자 애쓴다. 따라서 의사의 진행을 신속히 할 수 있는 것이다.

⑥ 발언권을 얻어서 발언하고 있는 사람 이외는 발언시키지 말 것.

의장의 허가를 얻어서 발언하고 있는 사람 이외는 발언시켜서는 안된다. 의장의 허가 없이 발언하는 자가 생기면, 회의장은 혼란에 빠지게 된다. 회의장이 혼란에 빠지면 의사가 진행되지 않는다는 것은 말할 것도 없다.

⑦ 의장은 토론 종결(討論終結)을 선언(宣言)할 수 있다.

어떠한 회의라도 시간에 제한이 있어, 한 의제에만 오랜 시간을 드릴 수는 없다. 그래서 의장은, 그 문제에 대하여 찬부(贊

否)의 의견이 상당히 나왔다고 인정되고, 「토론 중지(討論中止 또는 討論終結)의 동의」도 나오지 않는 경우, 의장 스스로 「토론 중지」에 대한 찬부를 회의원에게 물어서 토론의 종결을 선언할 수 있다. 그리하여 그 의안의 표결에 들어가는 것이다.

⑧ 선언(宣言 또는 宣布)은 분명하게 해야 한다.

의장은, 개회나 폐회를 선언할 때, 동의(動議)를 선포할 때, 동의를 표결할 때, 그 결과를 발표할 때는 일어서기로 되어 있다. 이러한 경우, 그 선언(선포)은 언제나 똑똑히, 모든 의원이 다 잘 알아들을 수 있도록 해야 한다. 특히 「동의(動議)를 선포」할 때에는[이것은 간사에게 시켜도 괜찮은 것이다], 『그럼 지금 ○○○씨가 제안한 「……을 이러이러하게 하자」는 동의를 의제로 상정합니다』하는 식으로, 그 동의의 내용을 다시 한 번 똑똑히 알려야 한다. [물론, 그 동의의 형식이 좀 부적당(不適當)할 때엔, 제안자의 동의(同意)를 얻어서 적당히 고쳐서 해도 괜찮다.] 그러나 「방금 제안한 동의에 대하여……」 따위로 줄여서는 안된다. 이것은 표결 때에도 마찬가지이다. 표결에 붙일 문제가 무엇인지를 똑똑히 알지 못하면, 회의원은 표결할 수가 없기 때문이다.

⑨ 의장이 무슨 발언을 할 때, 자기 자신을 가리켜 말할 경우엔 반드시 『의장은 ……』이라고 해야 한다. 『나는……』『저는……』 따위로 말해서는 안된다.

또, 의장으로서는 동의(動議)를 제출하거나 토론에 참가할 수는 없지만, 만약 그렇게 하고 싶을 때에는, 부의장(副議長)에게 사회권(司會權)을 넘기고 의장석(議長席)에서 물러나서 한낱 의원의 자격으로 의장에게 발언권을 얻어서 발언해야 한다. 그리고 그 문제의 표결이 끝날 때까지는 의장석에 돌아갈 수 없다.

⑩ 의사 진행 방해자(議事進行妨害者)에겐 퇴장(退場)을 명(命)할 수 있다.

의장의 지시에 따르지 않고서, 회의의 질서를 문란하게 하거나 장내를 소란하게 하는 자가 있을 때는 의장은 그 사람에게 퇴장을 명할 수 있다.

⑪ 회의장이 혼란에 빠졌을 때, 의장은 폐회(閉會)를 선언할 수 있다.

장내(場內)가 몹시 혼란에 빠져서, 의장의 주의(注意)며 제지(制止)도 효과가 없을 경우, 의장은 부득이한 조처로서 폐회를 선언하고, 의장석에서 물러날 수 있다. 이 의장의 폐회 선언이 있은 뒤에 무슨 결정이 행해졌다 하더라도, 그것은 일체 무효이다.

⑫ 가부(可否)가 동수(同數)일 때는 부결된 것으로 본다.

의장은, 표결권(表決權)을 가졌기는 하지만, 「무기명 투표」와 「점호(點呼)에 의한 표결」의 경우 이외엔 표결에 참가하지 않는 것이 보통이다. 그러나 거수(擧手) 기타에 의한 표결의 경우, 가부 동수(可否同數)가 되었을 땐 자신의 표결권을 행사해서 어느 쪽으로든 결정지어도 괜찮은 것이다. 만일 가부가 동수일 경우에 의장이 표결권을 행사하지 않는다면, 찬성이 「과반수」에 이르지 않는 것이므로 「부결」(否決)이 된다. 의장은, 그런 경우 찬성 투표(贊成投票)를 해서 그 문제를 「의결」 시킬 수도 있지만, 의장은 그러한 책임을 자기 혼자서 지지 않고 회의원들과 함께 지기 위하여 표결에 참가하지 않아도 괜찮은 것이다. 즉, 표결권을 행사하느냐 않느냐는 의장 자신의 자유로운 판단에 맡겨지고 있는 것이다.

이상 의장의 권한 및 의사 진행상(議事進行上)의 주의 사항(注意事項) 몇 가지를 열거(列擧)하였는데, 의장은 자기에게 부여된 그러한 직권(職權)을 남용해서 불공평(不公平)한 태도를 취하거나, 잘못 행사하거나 하는 일이 없도록 특히 주의해야 한다. 만일 의장이 그와 같은 태도를 취하거나, 의사(議事)를 규칙대로 진행시키지 않을 때는 의원 누구에게나 「이의」(異議)를 제출할 특권(特權)이 있다. [이러한 경우에는 의장의 승인을 얻지 않고도 발언할 수 있다.] 이 이의에 대해서, 의장이 회의에 붙여서 표결하지 않고 스스로 결정을 내렸을 경우, 만일 의원이 그 결정에 불만이 있으면 의원은 누구라도 그 결정에 대하여 「공소」(控訴) 할 수 있다.

그리고 「의장 불신임안」(議長不信任案)이 제출되었을 경우엔, 그 표결이 끝날 때까지 의장은 부의장에게 그 자리를 물려 주어야 한다. 그 결과, 만일 「불신임안」이 부결되면 의장은 다시 의장석에 돌아가서 사회(司會)하지만, 의결되었을 경우에는, 의장은 그 지위에서 해임된다.

회의원이 알아야 할 사항

1. 회의원으로서의 자격(資格)

「의회식 회의」에 참석하여 회의원으로서의 구실을 다하려면, 무엇보다도 먼저 회의 규칙을 잘 알아야 됨은 이에 다시 말할 필요도 없는 일이다.

이 밖에, 회의원이 어떻게 해서든지 갖추어야 할 자격으로서 다음 세 가지 점을 들 수 있다.

㉠ 회의의 여러가지 문제에 대하여, 어떠한 것에도 좌우(左右)되지 않는, 확고한 「판단력」(判斷力)을 가질 것.

㉡ 문제에 대하여 똑똑히 자기의 생각을 발표할 만한 「용기」(勇氣)를 지니고 있을 것.

㉢ 일단 자기가 의사 표시(意思表示)를 한 사항에 관해서는, 철저하게 그 「책임」(責任)을 질 것.

2. 발언(發言)의 요령(要領)

(1) 발언시(發言時)의 주의(注意)

「발언의 자유」란 것은 어떠한 경우에도 침해(侵害) 당하여서는 안 될 근본 원칙(根本原則)이다. 그러나 회의란 「평등(平等)한 권리」를 가진 다수(多數)의 회의원의 모임인 이상, 더군다나 회의를 원활히 진행시키기 위해서는, 발언하는 데 있어서 자연히 일정한 질서가 없을 수 없다. 그중 중요한 것을 몇 가지 들어 보면 다음과 같다.

① 발언은 반드시 의장의 허가를 얻어서 할 것.

의사 진행에 관한 몇 가지 예외(例外)를 빼놓고는, 발언하고 싶은 회의원은 반드시 의장의 허가를 얻어야 한다. 의장은, 허가 없이 발언한 의원에게는 주의를 시키고, 듣지 않을 경우에는 퇴장(退場)시킬 수도 있다.

② 다른 의원이 발언하고 있을 때는 발언하지 말 것.

이것도 예외는 있지만, 그러한 예외의 경우라도 참으로 부득이한 경우를 제외하고는 남의 발언중(發言中)에는 될 수 있는 대로 발언하지 않는 것이 「예의」이다.

발언중인 사람은, 만일 누구든 발언을 방해하는 자가 있으면

『발언중!』이라고 외쳐서 그를 제지(制止)할 수 있다.

그러나 의장이 의사 정리(議事整理)의 필요상(必要上), 발언을 도중에서 주의시키거나 중지시키는 것은 허용되고 있으며, 또한 그것이 의장의 「의무」이기도 하다.

③ 발언은 모두 의제의 범위내(範圍內)에서 할 것.

만일 의제의 범위를 넘어서 무제한(無制限)으로 발언하는 것이 허용(許容)된다면, 의사의 정리는 도저히 할 수 없게 된다. 그러므로, 지금 문제가 되어 있는 사항과 전혀 관계가 없는 발언을 하는 것은 허용되지 않는다. 또, 의사(議事)에는 일정한 단계(段階)가 있으므로, 설령 그 문제에 관계가 있는 일이더라도, 그 단계를 넘어선 발언은 허용되지 않는다. 「질문」의 단계인데 질문의 형식을 빌어서 「반대 의견」을 진술하는 따위의 짓은 결코 해서는 안된다.

⑵ 제안 이유(提案理由)를 설명할 때의 요령

「제안 이유의 설명」은, 『나는 이러이러하게 하고 싶다고 생각하는데 여러분도 찬성해서 이 의안(議案)을 통과시켜 달라』는 것이 목적이니만큼, 특히 다음과 같은 다섯 가지 점을 빠뜨리지 말고 말해야 한다.

첫째, 자기의 제안은, 무엇을 어떻게 하고 싶다는 것인지를 말하여, 먼저 그 의안의 제목(題目)을 분명히 인식시킨다.

둘째, 이러한 제안을 하는 이유는, 현재의 상태로서는 이러이러한 점이 불편하고 불합리(不合理)하다는 것을, 실지로 조사한 바에 의거(依據)해서 구체적으로 진술한다.

셋째, 만일 자기의 제안대로 한다면, 그 상태는 이러이러하게 개선된다는 것을 설명한다.

넷째, 만일 그 안(案)이 실행(實行)되었을 경우에는 이러이러한 불편이 새로이 생겨난다는 것을 스스로 먼저 말해 두는 것이 좋다.

다섯째, 그러한 새로운 불편은, 이러이러하게 하면 막을 수 있다는 것까지도 분명히 말하는 것이 좋다. 그리하여 마지막으로, 모든 의원이 이에 찬성해 주기를 부탁하고서 「제안 이유의 설명」을 마치는 것이다.

(3) 의견을 진술할 때의 요령

「제안 이유의 설명」이 끝나면, 이어서 질문→ 토론이란 순서로 의사(議事)가 진행되는데, 토론할 때의 찬성 또는 반대의 의견을 진술하는 방법에 대하여 약간 말해 두겠다.

우리들은 보통 얘기를 할 때, 이유를 먼저 말하고 나서 결론(結論)을 말한다. [이를테면 『오늘은 비가 내리기 때문에 소풍은 중지한다』는 식으로] 그러나 토론 때에는, 그 사람이 그 제안에 찬성이냐 반대이냐 하는 것이 가장 중요한 것이며, 듣고 있는 사람도 그 결론을 빨리 듣고 싶어하는 법이다. 그러므로 토론에서 의견을 진술할 때에는 결론부터 먼저 말하고 나서 그 근거가 되는 이유를 진술하는 편이 좋다. 그리고 그 이유도 조목별(條目別)로 간추려서, 근거가 되는 이유가 몇 가지 있는지를 미리 말하는 것이 좋다. 즉, 『나는 ……의 제안에 찬성(또는 반대)입니다. 그 이유는 세 가지 있습니다. 첫째로 ……』하는 식으로.

(4) 발언은 의장을 향해서 할 것

「원탁 회의」라든지 「훈련 회의」 등에 있어서는, 그렇지도 않지만 「의회식 회의」에 있어서는 발언자(發言者)는 언제나 의장을 향해서 얘기해야 한다. [물론, 「발언」 그 자체는 의원 전체에 대하여 행해지는 것이지만] 의원끼리 서로 얘기해서는 안된다.

⑸ **감정(感情)에 치우치지 말 것**

토론이 차츰 백열화(白熱化)해 가면, 흥분된 나머지 자신도 모르게 감정적(感情的)이 되어서 상대방을 자극할 만한 언사(言辭)를 써버리는 일이 있다. 일이 이쯤 되면 올바른 토론은 될 턱이 없다. 그러므로 발언하는 사람은 결코 다른 사람에 대한 감정적인 발언을 하지 말 것, 그리고 듣는 사람도 흥분하지 않도록 유의(留意)해야 한다.

⑹ **「memo」의 이용(利用)**

남의 발언을 들을 때에는 그 요점(要點)을 「memo」하면서 들으면 그 내용을 파악하기가 쉽다. 또 발언할 경우도, 자기가 말하고자 하는 요점을 조목별(條目別)로 미리 적어 가지고 하면, 발언 도중에 막히는 일이 없이 잘할 수 있다.

⑺ **의제(議題)에 대한 사전 연구(事前硏究)**

의원은, 미리 「의사 일정」을 보고서 그 회의에서 문제가 될 의제에 관하여 사전(事前)에 연구해 두는 일이 중요하다. 의제가 제시(提示)될 때까지 아무것도 생각해 두지 않고 있다가, 토론의 진행 상황(進行狀況)을 보고서 그 자리에서 생각난 대로 발언 해서는 안된다. 충분히 「사전 연구」(事前硏究)를 한 의견을 내도록 힘써야 한다.

제 6 장 動 議

동의(動議)란 무엇인가

회의가 시작되고서부터 끝날 때까지의 사이에는 여러가지 「동의」가 제출된다. 의장이 아무리 솜씨있는 명의장(名議長)이더라도 의원(議員)이 적당한 동의를 내어 놓지 않는다면 회의의 진행은 정지(停止)되어 버리고 만다.「회의는 동의로써 움직인다」고 하여도 과언(過言)이 아닐 것이다.

그러면 대관절「동의」란 무엇일까? 본래, 동의는 회의체의 의사 결정을 위한 제의 방법으로 활용된다. 그러나 단순히 의견을 진술할 뿐만이 아니라 어떤 행동을 취할 것을 다른 의원에게 권유(勸誘)함이다. 이를테면,『이 규칙은 현상(現狀)에 맞지 않다』고 하면, 그것은 단순한 개인의 감상(感想)·의견에 지나지 않지만,『이 규칙은 현상에 맞지 않으니 개정(改正)하자』는 식이 되면, 그것은 훌륭한「동의」가 된다.

이렇듯, 동의는 다른 사람에게 어떤 행동을 권유하는 것이므로, 자기만이 아니라 다른 사람에게도 관심이 있는 문제라야 한다. 그렇기 때문에 동의에는 [몇몇 예외(例外)는 있지만] 재청(再請)을 필요로 하는 것이다.

동의의 형식(形式)

동의는 거의 모두『나는 ……할 것을 [또는 ……하기를. ……하기로] 동의[또는 제안·제의·발의]합니다』라는 형식을 취한다.

그런데 여기서 한 가지 주의할 것은 앞에서 기술(記述)한 것으로도 알 수 있는 바와같이, 동의는 반드시「긍정형(肯定刑)으로」해야 한다는 점이다. 이것은 오해(誤解)와 쓸데 없는 혼란(混亂)을 막는다는 의미에서 극히 중요한 일이다. 왜냐하면, 가령『내일 회의를 하자』는 내용의 동의라면「찬성」도「반대」도 뚜렷이 구분할 수 있지만, 『내일은 회의를 하지 말자』는 내용의 동의를 제출할 때,『내일 회의를 열지 않기를 동의합니다』처럼 부정형(不定形)으로 동의를 내면, 이 동의에「반대」한다는 것은「내일 회의를 한다」에「찬성」한다는 결과가 되어, 뭔지 오해될 우려가 있기 때문이다. 따라서 그런 내용의 동의를 내고 싶으면,『내일의 회의는 휴회(休會)로 할 것을 동의합니다』하는 식으로「긍정형」인 용어(用語)를 골라 써야 할 것이다.

1. 동의의 분류(分類)와 순위(順位)

동의에는 여러가지 종류가 있고, 그 다루는 법도 가지각색이다. 우선, 동의를 목적(目的)에 따라서 나누어 보겠다.

⑴ 분류(分類)

Ⅰ. 원동의(原動議 또는 主動議)ㅡ 문제를 제출하는 일반

동의

Ⅱ. 보조 동의(補助動議) [※ 우선 순위(優先順位)에 따라 열기(列記)하였음. 뒤에 것일수록 우선적(優先的)임.]

① 무기 연기(無期延期)의 동의
② 수정(修正)[재수정(再修正)]의 동의
③ 위원회 회부(委員會廻付)·재회부(再廻付)의 동의
④ 기한부 연기(期限付延期)의 동의
⑤ 토론의 제한(制限)·연장(延長)의 동의
⑥ 토론 종결(討論終結)의 동의
⑦ 보류 동의(保留動議)
⑧ 보류되었던 동의의 재상정(再上程)

Ⅲ. 임시 동의(臨時動議 또는 附帶動議) [※ 우선 순위는 없음.]

① 규칙 일시 정지(規則一時停止)의 동의
② 동의(動議)의 철회(撤回)
③ 심의 반대(審議反對)의 동의
④ 서류 낭독(書類朗讀)의 요구(要求)
⑤ 문제 분할(問題分割)의 동의
⑥ 표결 방법(表決方法)에 관한 동의
⑦ 의사 진행(議事進行)에 관한 이의(異義)
⑧ 의장(議長)의 결정(決定)에 대한 공소(控訴)
⑨ 표결 재심의(表決再審議)의 동의[번안(飜案) 동의]
⑩ 무효(無效)[취소(取消)]의 동의

Ⅳ. 우선 동의(優先動議 또는 特權動議) [※ 우선 순위에 따라 열기(列記)하였음. 뒤에 것일수록 우선적임.]

① 의사 일정 변경(議事日程變更)의 동의
② 일정 촉진(日程促進)의 동의
③ 특권 문제(特權問題)에 관한 질문
④ 휴게 동의(休憩動議)
⑤ 폐회(閉會) [또는 散會]의 동의
⑥ 다음번 회의의 일시(日時)·장소(場所)를 결정하는 동의

참고 동의의 분류(分類)와 그 명칭(名稱)에 관하여

일반적으로 동의의 종류는 앞에서 말한 네 가지[즉, 원종의·보조 동의·임시 동의·우선 동의]로 분류하는데, 여기서 한 가지 말해둘 것은, 이러한 분류법은 동의의 성질을 파악하기 위한 편의에서 나온 것이지, 결코 명확한 어떤 기준(基準)이 있는 것은 아니다.

그리고 분류상(分類上)의 명칭(名稱)도 나라에 따라 저마다 다르다. 예를 들면, 우리나라에서 보통「임시(臨時)동의」또는「부대(附帶)동의」라 일컫는 것을, 일본같은 데서는「긴급(緊急)동의」라 일컫는 것이 보통[역시「부대 동의」라고도 일컬음]인데, 우리나라에서는「의사 일정 변경(議事日程變更)의 동의」를 가리켜 특히「긴급 동의」라 부르고 있다.

여기서 덧붙여 말해둘 것은「번안(飜案)동의」[또는 표결 재심의(表決再審議)의 동의]같은 것을, 우리나라에서는 보통 앞에 말한 네 종류의 동의에 속하지 않는 것이라고 해서 별도로 취급하지만, 어느모로 보더라도「임시(부대)동의」에 포함시키는 것이 타당할 것 같아서, 이 책에서는 그것에 포함시켰다.

(2) **제출 순위(提出順位)**

앞에서 열기(列記)한 Ⅰ·Ⅱ·Ⅲ·Ⅳ의 여러 동의는, 표결에

붙이는 데 있어서 「우선권」(優先權)을 가진 것일수록 뒤로 돌려서 적어 놓았다. 그리고 II의 「보조 동의」와 IV의 「우선 동의」는, 저마다 그 속에 또 순위(順位)가 정해져 있어서, 낮은 순위의 것(동의)부터 차례로 적어 놓았다. 그러니, 같은 II에 속하는 동의 가운데서는, 맨 끝에 적혀있는 것이 가장 우선적(優先的)으로 다루어지는 것이다.

이것은 무슨 뜻이냐 하면, 동의를 제출하는 데는 순서가 정해져 있어서, 어떤 한 동의가 나와 있을 때, 그 동의보다도 「순위」가 위인 것은 제출할 수 있지만, 순위가 같거나 또는 그보다 순위가 낮은 것은, 이미 나와 있는 그 동의가 처리된 뒤가 아니면 내어놓을 수 없는 것이다. 예를들면, III가운데의 어떤 동의가 제출되어서 심의(審議)하고 있을 때엔, II나 I의 동의는 내어놓을 수 없지만 IV의 동의라면 내어놓을 수 있는 것이다. 또 II 가운데의 「위원회 회부(委員會廻付)의 동의」가 나와 있을 때, 다른 원동의(原動議)라든지, II 가운데서도 「무기 연기(無期延期)의 동의」며 「수정(修正)동의」는 내어놓을 수 없다. 그러나 그 때, 「기한부 연기(期限付延期)의 동의」라든지 「보류(保留)동의」 따위, 그리고 III이며 IV의 동의라면 내어놓을 수 있는 것이다. 즉 동의는, 순위가 낮은 것으로부터 상위(上位)의 것을 차례차례로, 또는 띄엄띄엄 제출할 수는 있지마는, 일단 순위가 높은 것이 나와버린 뒤엔, 그보다 순위가 낮은 것을 제출하지는 못하는 것이다.

그런데 어떤 한 원동의(原動議)가 상정(上程)되어, 그것이 이내 「의결」 또는 「부결」되어버린다면 아무것도 문제 삼을 바는 없다. 그러나 실제에 있어서는 그렇게 쉽게 처리되는 일은 극히 드물며, 그 주동의(主動議=원동의)에 관하여 보조(補助)·임시

(臨時)·우선(優先) 등의 여러가지 동의가 잇달아 제안되는 것이 보통이다. 뿐만 아니라, 그러한 여러 동의에도 수정(修正)이 가(加)해지곤 해서 더욱 복잡해지는 수가 많다. [그러나 한 원동의가 처리되지 않고 있는 동안은 다른 원동의를 동시에 내어놓지는 못한다] 원동의는, 그러한 II·III·IV의 각 동의가 제출되었을 경우엔, 그 처리가 끝날 때까지 나중으로 미루어진다. 그리고 원동의의 표결(表決)은, 그 문제의 총결산(總決算)이므로 맨 나중에 행하여진다.

또, 보조(補助)나 임시(臨時) 동의를 표결한 결과, 원동의 그 자체가 매장되어 버리는 경우도 있다. 물론 이 경우에는 원동의에 대한 표결도 자연 소멸(自然消滅)의 형상(形狀)으로 없어져 버린다.

또, 어떤 원동의가 매우 중요한 문제라서, 더욱 시간을 들여서 상세히 연구하는 편이 좋겠다고 생각될 때에는「위원회 회부안」(委員會廻付案)을 내어서 문제를 일시 처리할 수도 있다. 이 경우는, 위원회의 보고(委員會報告)가 있은 뒤에, 중단(中斷)되고 있던 원동의의 채결(표결)을 하는 것이다.

그리고 IV의 ⑤「폐회(閉會)동의」가 제출되어서 의결(議決)되면, 그날의 일체의 의사(議事)는 종결(終結)된다.

이렇듯, 회의는 동의에 의하여 진행되고, 또 동의에 의하여 끝나는 것이다. 따라서, 어떤 동의를 언제 제출하면 되는지, 그 결과는 어떻게 되는지를 단단히 연구해 둘 필요가 있다.

2. 여러가지 동의에 대한 해설(解說)

여기서, 각 동의의「목적」(目的)과 제안할 때의「형식」(形式), 그 동의에 관한「규칙」(規則) 및「표결 결과」(表決結果)

어떻게 되느냐 하는 데 대하여 여러가지로 설명하겠다.

⑴ **원동의**(原動議) [또는 주동의(主動議)·원안(原案)]

원동의는 어떤 문제를 제출하는 가장 근본이 되는 동의이므로, 이것을 「주동의」라고도 하고 「원안」이라고도 한다. 그리고 이 「원안」에 대한 심의(審議)가 행하여지고 있는 동안에, 형편에 따라서 II·III·IV의 각 동의가 나오곤 하는 것이다.

㉠ 목적(目的)

어떤 문제를 회의에 붙여서 의논·결정하기 위한 것이다.

㉡ 형식(形式)

『나는 ……할 것을(……하기를) 동의(제안)합니다』[반드시 긍정형(肯定形)으로]

㉢ 규칙(規則)

○ 이것은 II·III·IV의 각 동의가 나오면 뒤로 돌려진다. 그러나 같은 순위(順位)에 있는 다른 원동의 I은, 이미 상정되어 있는 원동의의 표결후(表決後)가 아니면 제안할 수 없다.

○ 재청(再請)을 필요로 한다.

○ 토론(討論)할 수 있다.

○ 수정(修正)할 수 있다.

○ 의결(議決)엔 과반수(過半數)의 찬성이 필요하다.

○ 표결(表決)에 대하여 재심의(再審議)「번안(飜案)」한 수 있다.

㉣ 표결 결과(表決結果)

의결(議決)되면, 회의는 필요한 행동·조처를 취한다. 만일 구체적인 실행안(實行案)이 결정되어 있지 않을 경우엔, 곧 그것을 마련할 필요가 있다. 부결(否決)되면, 그 안(案)은 같은 회기중(會期中)에는 다시 제출할 수 없다.

⑵ 보조 동의(補助動議)

「보조 동의」는, 어떤 원동의가 이미 상정되어 있을 때, 그 동의에 관해서 수정이라든지 특별한 조처를 요구하여, 그 동의를 목적대로 능률적으로 처리하기 위하여 제출되는 동의이다. 비록 「보조」(補助)란 이름은 붙어 있으나, 그 관련되는 「원동의」보다 우선적(優先的)으로 처리하도록 되어 있다.

그리고 「보조 동의」에 속하는 여러 동의들 사이에도 저마다 상정시키는 데 있어서의 순위(順位)가 정해져 있어, 어떤 것은 다른 것보다 상위(上位=優先的)의 동의라고 하는 식으로 되어 있다. 이 II에서 설명되는 여덟 가지의 「보조 동의」는, 순위가 낮은 것부터 높은 것으로 차례대로 기술(記述)되어 있다. 다시 예를 들어 말하면, ⑤의 동의가 미결(未決)일 동안엔 ①에서 ④까지의 동의를 제출하는 것은 허용되지 않지만, ⑥이나 ⑦의 동의라면 제출할 수 있는 것이다.

① 무기 연기(無期延期)의 동의

㉠ 목적(目的)

이 동의의 목적은 원동의를 덮어두어 버리려는 데 있으니, 말하자면 원동의를 실질적(實質的)으로 부결(否決)시키려는 것이나 마찬가지이다.

㉡ 형식(形式)

『나는 이 문제[원안(原案)]의 심의를 무기 연기(無期延期)할 것을 제안합니다』

㉢ 규칙(規則)

○ 이 동의는 원동의에 대해서만 우선(優先)한다. 그러므로 「보조 동의」의 ③ 이하 및 III의 「임시 동의」며 IV의 「우선 동

의」보다도 순위(順位)가 낮은 것은 물론이다. 그리고 이것은 ②의 「수정(修正)동의」와는 같은 순위의 동의이므로, 이 동의를 심의(審議)하는 동안엔 원동의에 대한 수정안(修正案)을 내어 놓을 수는 없다.

○ 재청(再請)을 필요로 한다.

○ 토론(討論)할 수 있다. 그리고 이 동의가 상정되어 있을 땐, 지금 문제가 되어 있는 원동의에 대해서도 토론할 수 있게 되어 있다.

○ 수정(修正)은 할 수 없다.

○ 의결(議決)엔 과반수(過半數)의 찬성(贊成)을 필요로 한다.

○ 「번안 동의」(飜案動議)를 제출하여 재심의(再審議)할 수 있다.

㉣ 표결 결과(表決結果)

이 동의가 의결(議決)되면, 「원동의」 그 자체는 부결(否決)된 것이나 마찬가지가 되며, 그 원동의는 그 회기중(會期中)엔 다시금 제출할 수 없다.

부결되었을 경우, 같은 문제(원동의)에 대해서는 [그 원안(原案)이 수정(修正)되지 않는 한] 다시금 이 동의를 제출할 수 없다.

② 수정 동의(修正動議)

㉠ 목적(目的)

원동의(原動議)의 일부를 삭제(削除)하거나, 덧붙이거나, 어귀(語句)를 삽입(挿入)하거나 해서 수정(修正)하는 것이, 이 동의의 목적이다.

㉡ 형식(形式)

○『나는 원동의(원안)에다 ……란 말을 덧붙이기를 (첨가할 것을) 제안합니다』

○『나는 원동의(원안)에서 ……란 말을 삭제(削除)할 것을 제안합니다』

○『나는 원안에서 ……란 말을 삭제하고 거기에다 ……란 말을 삽입(揷入)할 것을 제안합니다』따위.

[※ 재수정 동의(再修正動議)일 경우는,「원동의」(또는 원안)를「수정안」(修正案)으로 바꾸어 생각하면 된다.]

㉢ 규칙(規則)

○ 수정은 원동의와 같은 문제에 관한 것이라야 한다. [과연 원동의와 같은 성질의 것인지 어떤지는 의장의 판단에 맡겨진다. 그러나 이 의장의 결정엔 이의(異義)를 제출할 수 있다.]

○「수정 동의」를 낼 때는, 말씨며 용어(用語)에 특히 주의해서 전체적으로 봐서 원동의와의 사이에 용어상(用語上)의 모순(矛盾)이 없도록 해야 한다.

○ 이 동의는 원동의에 대해서만 우선적(優先的)이고,「보조 동의」의 ③ 이하 및 Ⅲ·Ⅳ의 각 동의보다는 낮은 순위(順位)에 있다. 그리고 앞서도 설명한 바와같이 ①과는 같은 순위이므로, 이「수정 동의」를 심의하고 있을 땐「무기 연기(無期延期)의 동의」는 내어놓을 수 없다.

○ 재청(再請)을 필요로 한다.

○ 토론(討論)할 수 있다.

○ 재심의(再審議)할 수 있다. [즉, 번안 동의(飜案同義)를 제출할 수 있다]

○ 수정안(修正案)을 다시 수정[즉, 재수정(再修正)할 수는

있으나, 재수정(再修正)에 대한 수정(修正)은 이젠 할 수 없다.

○ 표결하는 데 있어서는, 원안(原案)과의 사이가 가장 먼 수정안[즉, 재수정안]부터 표결에 붙인다. 그 까닭은, 가령 「재수정안」(再修正案)이 의결(議決)된다면, 그 후에 「수정안」이며 「원안」에 대해서 일일이 표결을 할 필요가 없기 때문이다. 재수정안·수정안이 모두 부결(否決)되었을 때는, 원안(原案)에 되돌아가서, 심의→표결이란 절차를 밟게 된다. [동일(同一)한 의제에 대하여 여러 낱의 수정안(修正案)이 제출되었을 때는, 원안(原案)에 가장 먼 것(즉, 원안이 가장 많이 수정될 것)부터 먼저 표결한다. 그 순서는 의장이 결정한다]

○ 의결(議決)엔 과반수(過半數)의 찬성이 필요하다.

[※ 원안(원동의)를 「수정」하는 것을 「개의」(改議)라고도 하고, 「재수정」하는 것을 「재개의」(再改議)라고도 한다.]

㉣ 표결 결과(表決結果)

「의결」되면, 수정안(修正案)은 원안(原案)의 일부(一部)가 되고, 심의(審議)의 대상(對象)이 된다.

[※ 여기서 주의해야 될 것은 이 표결을 한 결과 「의결」된 것은 「원안을 수정하느냐」의 여부(與否)에 대한 「의결」이지, 결코 수정된 원안을 채택하느냐에 대한 「의결」이 아니라는 점이다. 이렇게 해서 수정된 문제의 동의 그 자체에 대한 가부(可否)는, 다시 심의된 뒤에 표결되어야 하는 것이다.]

「부결」되면, 원안에 되돌아가서 심의를 속행(續行)한다.

③ 위원회 회부(委員會廻付)와 재회부(再廻付)의 동의

㉠ 목적(目的)

지명(指名)된 「상임 위원회」(常任委員會) 또는 「특별 위원회」(特別委員會)에게 어떤 문제에 대한 조치를 취하게 한다든지, 연구시킨다든지 하는 것이 목적이다.

㉡ 형식(形式)

『나는 이 문제(안)을 「××위원회」에 부탁(회부)할 것을 제안(동의)합니다』

㉢ 규칙(規則)

○ 이 동의는, 지금 문제가 되어 있는 원동의(原動議)와, 앞서 설명한 무기연기 동의·수정 동의 보다는 우선 순위(優先順位)에 있지만, 기한부 연기 동의 이하의 「보조 동의」 및 Ⅲ·Ⅳ의 각 동의보다는 순위가 낮다.

○「상임 위원회(常任委員會)에 회부하자는 동의」는, 「특별위원회(特別委員會)에 회부하자는 동의」보다도 우선적(優先的)이다.

○ 재청(再請)을 필요로 한다.

○ 수정(修正)할 수 있다.

○ 토론(討論)할 수 있다. 그리고 원동의 그 자체에 대해서도 토론할 수 있다.

○ 과반수(過半數)의 찬성이 있으면 의결(議決)된다.

㉣ 표결 결과(表決結果)

「의결」되면, 「원동의」 및 그 때에 미결(未決)로 있던 「수정동의」는 전부 회부되고, 회의는 다음 의사(議事)로 진행된다.

「부결」되더라도, 나중에 원동의가 수정되든지 했을 경우엔 다시금 이 동의를 제출할 수 있다.

㉤ 재회부(再廻付)의 동의에 대하여

○ 위원회로 하여금 더욱 심의(審議)를 계속 시키고 싶을 때에 제출하는 동의이다.

○「의결」되면, 먼저 회부되었던 동의는 다시금 그 때와 같

은 위원회의 손으로 심의되게 된다.

○「재회부(再廻付)의 동의」 대신에, 딴「위원회에 회부하는 동의」를 제출할 수도 있다.

[※ 단지「위원회에 회부하자」는 동의만으로는 불충분할 때가 있다. 예를들면, 누구를 위원(委員)으로 하느냐, 그 임명 방법(任命方法), 그리고 보고(報告)를 언제까지 시키느냐 하는 따위의 문제가 있다. 이러한 문제들은, 만일 이 동의의 제안자(提案者)가 말하지 않는다면, 의장이 그것을 보족(補足)해서 전원(全員)에게 의논을 걸어야 할 것이다.]

④ 기한부 연기(期限付延期)의 동의

㉠ 목적(目的)

심의중(審議中)인 원동의에 대해서 충분히 생각해 볼 시간을 부여하기 위하여, 일정한 일시(日時)까지 심의를 연기하는 것이 이 동의의 목적이다. [위원회의 조언(助言)을 바라지 않고 다시금 대상에 올려서 심의하고자 하는 점에, 위에서 말한 ③과 다른 바가 있다]

㉡ 형식(形式)

『나는 이 동의 [심의중(審議中)인 원동의]의 심의를 ……[일시(日時)]……까지 연기할 것을 제안합니다』

㉢ 규칙(規則)

○ 이 동의는 무기연기 동의·수정 동의·위원회 회부와 재회부의 동의보다 우선(優先)한다. 그리고 만일「위원회 회부안」(委員會廻付案)의 심의중(審議中)에 이 기한부 연기 동의가 제출 의결되었을 경우엔,「위원회 회부안」은 그 원동의와 더불어 일정한 일시(日時)까지 토론이 연기된다.

○ 재청(再請)을 필요로 한다.

○ 회의의 기한(期限)에 대해서만이라면 토론도 수정(修正)도 할 수 있다.

○ 다음 회의 이후(以後)에까지 연기할 수는 없다.

○ 의결(議決)엔 과반수(過半數)의 찬성을 필요로 한다.

○ 재심의(번안)할 수 있다.

㉣ 표결 결과(表決結果)

만일 「의결」되면, 모든 미결(未決)된 동의는 일시적(一時的)으로 처리되는 것이 된다. 그리고 다음 회의 [이 동의에 의하여 심의를 속행(續行)하기로 지정(指定)된 회의]의 「심의 미료(審議未了)된 의사」때에, 의장이 이 연기된 동의를 의제(議題)로 상정할 것을 선언(宣言)한다. [다만, 그 때 상정되는 것은 원동의(原動議)와 수정 동의(修正動議)뿐이며, 그 밖의 「보조 동의」는 제출되지 않았던 것이나 마찬가지 결과가 된다]

「부결」되었을 경우, 원동의가 수정되지 않는 한(限), 동일한 문제에 대하여 다시금 이 동의를 제출하지 못한다.

⑤ 토론의 제한(制限)·연장(延長)의 동의

㉠ 목적(目的)

의사(議事)의 능률(能率)을 올리고, 시간을 유효(有效)하게 쓰자는 것이 이 동의의 목적이다.

㉡ 형식(形式)

○『나는 각 회의원의 발언 시간(發言時間)을 매회(每回) 몇 분(分) 이내로 제한(制限)할 것을 동의합니다』

○『나는 이 토론을 몇 분간 연장(延長)할 것을 동의합니다』 따위.

㉢ 규칙(規則)

○ 이 동의는, 회의원(會議員)의 발언 횟수(發言回數)의 제한(制限), 발언 시간(發言時間)의 제한, 회의 전체의 토론에 요(要)하는 합계 시간(合計時間)의 제한 또는 연장(延長)에 관하여 제안할 수 있다.

○ 이 동의는, 토론할 수 있는 동의의 심의중(審議中)에만 내는 것이 옳다.

○ 재청(再請)이 필요하다.

○ 수정(修正)할 수 있다.

○ 토론(討論)하지 못한다.

○ 재심의(번안)할 수 있다.

○ 의결(議決)엔 3분의 2 이상의 찬성이 필요하다. [토론의 자유(自由)를 제한하는 것은 중대한 문제이기 때문이다]

㉣ 표결 결과(表決結果)

「의결」되면, 그 문제에 대한 토론은 제안된 그대로 제한 또는 연장된다.

「부결」되면, 이 동의가 제안되지 않는 거나 마찬가지로, 다시금 토론이 계속된다.

⑥ 토론 종결(討論終結)의 동의

㉠ 목적(目的)

지금 심의되고 있는 동의에 대한 토론을 종결(終結)하고 곧 표결에 붙이자고 요구하는 것이 이 동의의 목적이다.

㉡ 형식(形式)

『나는 ……에 대하여 토론을 종결할 것을 제안합니다.』 또는 『나는 이로써 토론을 종결하고 곧 표결에 붙이기를 동의(제안)합니다.』

㉢ 규칙(規則)

○ 이 동의는, 토론할 수 있는 동의가 심의되고 있는 동안에 있어서만 내는 것이 옳다. 그리고 다음 ⑦에서 말하는 「보류동의」(保留動議)와 임시동의·우선동의의 각 동의보다는 순위(順位)가 낮다.

○ 재청(再請)을 필요로 한다.

○ 토론(討論)하지 못한다.

○ 수정(修正)하지 못한다.

○ 의결(議決)엔 3분의 2 이상의 찬성이 필요하다.

○ 이 동의는, 제안할 때 특히 「……에 대하여」란 식으로 그 적용될 범위를 표시하지 않으면, 그 때에 미결중(未決中)인 모든 동의에 적용된다. 따라서 만일 몇 가지 있는 미결(未決)된 동의의 일부(一部)만에 적용하고 싶을 때엔, 『나는 ○○와 ××의 두 동의에 대하여 토론 종결(討論終結)[문제선결]할 것을 제안합니다』하는 식으로 제안하면 되는 것이다.

○ 이 동의는, 토론을 시작하기 전에 제출할 수도 있다. 그리하여 만일 이것이 의결(議決)되면 모든 토론은 저지(沮止)된다.

○ 이것은 재심의(번안)할 수 있다. 단, 토론 종결의 동의가 가결되어서, 어떤 문제가 표결에 붙여진 다음엔 불가능하다.

㉣ 표결 결과(表決結果)

「의결」되면, 즉시로 그 때에 미결중인 동의에 대하여 각각 표결된다.

「부결」되었을 겨우에는, 원동의(原動議)가 수정(修正)되거나, 또는 이 동의보다 순위(順位)가 낮은 다른 동의가 제출된 뒤가 아니면, 다시금 같은 문제에 대하여 이 동의를 내어놓을 수는 없다.

⑦ 보류 동의(保留動議)

㉠ 목적(目的)

원동의의 심의를, 심의하기에 더욱 편리한 때까지 연기하고자 한다든가, 더욱 긴급(緊急)한 사항을 처리하기 위하여 시간을 마련한다든가 하는 것이 이 동의의 목적이다. [이것은 「위원회 회부 동의」라든지 「기한부 연기 동의」와는 달라서 수정도 토론도 할 수 없으므로, 절차상(節次上) 아주 간단한 방법이다.]

㉡ 형식(形式)

『나는 이 문제를 보류할 것을 제안합니다.』

㉢ 규칙(規則)

○ 이 동의는, 다른 모든 「보조 동의」보다 우선적(優先的)으로 다루어진다. [즉, 「보조 동의」에 있어선 가장 순위가 높다] 그러나 Ⅲ(임시동의)·Ⅳ(우선동의)의 각 동의보다는 순위가 낮다.

○ 재청(再請)을 필요로 한다.

○ 토론(討論)할 수 없다.

○ 수정(修正)도 할 수 없다.

○ 과반수(過半數)의 찬성이 있으면 「가결」된다.

㉣ 표결 결과(表決結果)

「의결」되면, 그 당시에 미결(未決)된 채로 있는 동의의 심의는 모두 보류된다. [다음에 설명하는 「보류 철회(保留撤回)의 동의」가 의결될 때까지]

[※ 단, 「의장의 결정에 대한 공소(控訴)」가 보류되었을 때는, 의장은 그 「공소」가 없었던 것이나 다름 없는 위치(位置)에서 의사

(議事)를 진행시키게 된다. 또 「긴급 문제(緊急問題)를 처리하자는 동의」가 보류되었을 때에는, 그것이 제출되었을 때에 이미 나와 있던 다른 동의는 보류되지 않는다. 그리고 「의사록 수정(議事錄修正)의 동의」가 보류되었을 때에는, 다른 수정안(修正案)의 심의라든지 회의록(의사록)의 승인이 그로 말미암아 영향을 받는 일은 없다.]

「부결」 되었을 경우, 원동의(원안)가 수정되거나 또는 다른 「보조 동의」가 제출되거나 한 뒤라면, 다시 한번 제출할 수 있다.

⑧ 보류되었던 동의의 재상정(再上程)

㉠ 목적(目的)

먼저 보류되었던 동의를 부활(復活)시키는 것이 이 동의의 목적이다.

㉡ 형식(形式)

『나는, 보류되어 있는 ……의 동의(안)를 다시 상정할 것을 제안합니다.』

㉢ 규칙(規則)

⑦의 보류 동의(保留動議)의 경우와 마찬가지이다.

㉣ 표결 결과(表決結果)

이것이 「의결」되면, 보류되어 있던 「원동의」와 그 「수정(修正)동의」는 다시금 심의(審議)에 붙여지며, 「보류 동의」가 제출되기 전의 상태로 되돌아간다. [「보류 동의」가 의결되었을 때에 나와 있던, 「위원회 회부」라든지 「토론 종결」등의 동의는 그대로 매장된다]

「부결」되더라도 부결된 직후가 아니면 다시 한번 제안할 수 있다.

⑶ **임시 동의**(臨時動議) [또는 부대 동의(附帶動議)]

「임시 동의」는, 의사(議事)의 순서며 절차에 관한 것으로서, 회의중(會議中) 다른 동의가 존재하고 있을 때에 우연히 일어난 사항에서 발생해 오는 동의를 말한다. 이 「임시 동의」에 속하는 여러 동의들 사이에는 「보조 동의」에 있어서와 같은 「우선 순위」(優先順位)는 없다. 그리고 「우선 동의」를 제외한, 다른 모든 동의보다 순위가 위이므로 이 동의가 제출되었을 때는, 그것이 처리된 뒤가 아니면 다른 의사(議事)를 진행시키지 못한다.

① 규칙 일시 정지(規則一時停止)의 동의

㉠ 목적(目的)

단체의 규칙 가운데서, 기본 법규(基本法規)[즉 회칙(會則)·정관(定款)]를 제외한 세칙(細則)이며 부칙(付則) 따위의 통용(通用)을 일시적(一時的)으로 정지(停止)시키는 것이 이 동의의 목적이다.

어떠한 단체라도, 근본적인 회칙(會則)이며 정관(定款)은, 그것을 개정(改正)하기 전에는 결코 일시적이나마 그 「효력」(效力)을 정지시키지 못한다. 그리고 비록 「세칙」이나 「부칙」 가운데의 규칙이라 할지라도, 보다 상위(上位)의 법률로써 규정되어 있거나, 불문율상(不文律上)으로 보아서 당연(當然)하다고 생각되는 것은 그 통용(通用)의 정지(停止)를 할 수 없다. 이 동의를 제출할 수 있는 것은, 이를테면 세칙 가운데서도 사무(事務)의 순서(順序)라든지 방청자(傍聽者)에 관한 것 따위이다.

㉡ 형식(形式)

『나는 ……에 관한 규칙을 일시(一時) 정지할 것을 제안합니다.』

㉢ 규칙(規則)

○ 세칙에 「규칙 정지(規則停止)에 관한 규정(規定)」이 마련되어 있지 않으면, 이 동의를 내지 못하는 것이 원칙이다.

○ 이것은 우선동의의 여러 동의에 대해서만 우선권(優先權)을 뺏긴다. [즉, 우선동의의 여러 동의만이 이보다 순위가 높다]

○ 재청(再請)을 필요로 한다.

○ 토론(討論)하지 못한다.

○ 수정(修正)하지 못한다.

○ 재심의(번안)하지 못한다.

○ 의결(議決)엔 3분의 2 이상의 찬성이 필요하다.

㉣ 표결 결과(表決結果)

「의결」되면, 그 특정(特定) 규칙은, 그 의사(議事)에 있어서만 일시 정지된다.

「부결」되면, 같은 회의에서 다시 제출하지 못한다.

② 동의(動議)의 철회(撤回)

㉠ 목적(目的)

동의의 제안자(提案者)가, 그 동의를 취하(取下)하기를 요구하는 것이 이 동의의 목적이다. [어떠한 동의라도, 의장에 의하여 일단 상정(上程)이 선포(宣布)되고 나면, 회의의 승인 없이는 철회(撤回)할 수 없게 된다. 거기에 이 동의의 의의(意義)가 있다.]

㉡ 형식(形式)

『나는 ……에 대한 동의를 철회코자 하오니, 허가(許可)해 주시기 바랍니다.』 또는 『본회원(本會員)이 제출한 ……하자는 동의의 철회를 허락해 주십시오.』

㉢ 규칙(規則)

○ 어떤 동의의 철회를 요구할 수 있는 자는, 그 동의의 제안자(提案者)뿐이다. 이 동의가 제출되면, 의장은 보통 『만일 이의(異義)가 없으면, 이 동의는 철회됩니다』하는 식으로 말한다. 그리하여 만일 이의가 나오지 않으면, 의장은 만장 일치(滿場一致)로 인정해서, 표결하지 않아도 괜찮은 것이다.

○ 재청(再請)은 필요 없다.

○ 토론(討論)하지 못한다.

○ 재심의(번안)할 수 있다.

○ 과반수의 찬성이 있으면 가결된다.

○ 한 「원동의」가 철회되면, 그에 부수(附隨)된 모든 동의도 다 같이 철회된다.

○ 「토론 종결(討論終結)의 동의」가 제안되어서 의결되고 나서는, 동의의 철회는 할 수 없다.

㉣ 표결 결과(表決結果)

「의결」되면, 결국 아무 동의도 제출되지 않았던 것과 마찬가지가 된다.

그리고 한 번 철회한 동의를 다시 제출할 수는 있다.

「부결」되면, 그 문제에 대해서는 이젠 「철회의 동의」는 제출하지 못한다.

③ 심의 반대(審議反對)의 동의

㉠ 목적(目的)

원동의(原動議)를, 표결에 붙이지 않고서 매장해 버리자는 것이 이 동의의 목적이다.

㉡ 형식(形式)

『나는 이 문제에 대하여 심의하기를 반대(反對)합니다.』

㉢ 규칙(規則)

○ 이 동의는 「원동의」에 대해서만 제출할 수 있다.

○ 이 동의의 제출은, 반드시 수정(修正)이나 토론(討論)이 개시(開始)되기 전에 해야 한다.

○ 이 동의가 미결(未決)인 동안은, 「보조 동의」는 일체 제출하지 못한다.

○ 재청(再請)은 필요 없다.

○ 발언권을 얻지 않고서도 [즉, 다른 사람의 발언중(發言中)에라도] 제안할 수 있다.

○ 토론(討論)하지 못한다.

○ 수정(修正)도 못한다.

○ 재심의(번안)도 못한다.

○ 3분의 2 이상의 찬성이 있으면 의결(議決)된다.

㉣ 표결 결과(表決結果)

「의결」되면, 원동의는 매장되어 버린다.

「부결」되면, 이 동의가 제출되지 않았던 것이나 마찬가지가 되니, 원동의는 회의에 붙여져서 심의된다. 그리고 동일(同一)한 문제에 대해서는 다시금 이 동의를 내지 못한다.

④ 서류 낭독(書類朗讀)의 요구

㉠ 목적(目的)

이 동의의 목적은, 미결중(未決中)인 동의를 심의하는 데에 필요하다고 생각되는 서류(書類)를 「낭독」할 것을 요구하는 데 있다.

[※ 의원은 누구나 심의중(審議中)인 동의와 관련이 있는 서류 – 이를테면, 통신문(通信文)·보고(報告)·결의(決議) 등에 대하여 한 번은 낭독(朗讀)을 요구할 권리를 갖고 있다. 그러나 같은 서류를 다시 낭독시키려는 경우라든지, 심의중인 동의와 관련이 없는 서류의 낭독을 요구해서 반대가 있었을 경우엔, 이 동의의 표결이 필요하다.]

㉡ 형식(形式)

『나는 서기(書記)에게 ……의 서류를 낭독시키기를 제안합니다』 따위.

㉢ 규칙(規則)

○ 심의중인 동의와 관련이 없는 서류의 낭독엔 재청(再請)이 필요하다.

○ 토론(討論)은 못한다.

○ 재심의(번안)할 수 있다.

○ 과반수(過半數)의 찬성이 있으면 의결(議決)된다.

㉣ 표결 결과(表決結果)

「의결」되면, 그 서류를 낭독하게 된다.

「부결」되었을 경우, 그 서류에 대해서는, 그 동일한 회의에서는 다시 「낭독을 요구」하는 동의를 내어놓지 못한다.

⑤ 문제 분할(問題分割)의 동의

㉠ 목적(目的)

문제를 토론하기 쉽도록, 한 동의를 둘 이상의 부분으로 분할(分割)하는 것이 목적이다. 따라서, 분할된 동의의 각 부분이 독립(獨立)된 문제로서 채용될 수 있는 성질의 것일 때에만 이 동의는 적용된다.

㉡ 형식(形式)

『난, [……하자는] 원안(原案)을, ……와 ……의 두 부분[또는 그 이상]으로 분할할 것을 제안합니다.』

㉢ 규칙(規則)

○ 어떻게 분할하는지를 분명히 표시해야 한다.

○ 「토론 종결」이 요구되고 나서도 「동의의 분할」을 요구할 수 있다.

○ 「삭제」(削除)며 「삽입」(挿入)의 동의는 분할하지 못한다.

○ 수정(修正)할 수 있다.

○ 재청(再請)은 필요 없다.

○ 토론(討論)하지 못한다.

○ 재심의(번안)도 못한다.

○ 과반수의 찬성이 있으면 의결된다.

㉣ 표결 결과(表決結果)

「의결」되어, 문제가 여러 부분으로 분할되었을 경우, 각 부분은 하나씩 차례로 심의·처리된다.

「부결」되면, 원동의는 본시 모양대로 남는다.

⑥ 표결 방법(表決方法)에 관한 동의

㉠ 목적(目的)

표결을 하는 데 있어서, 가장 적당하다고 생각되는 방법으로 할 것을 요구하는 것이 목적이다.

㉡ 형식(形式)

『나는 이 의제를 ……의 방법으로 표결할 것을 제안합니다』

㉢ 규칙(規則)

○ 표결이 행하여지기 전이면 언제라도 할 수 있다.

○ 재청(再請)을 필요로 한다.

○ 수정(修正)할 수 있다.

○ 토론(討論)할 수 있는 것이 원칙이지만, 보통 토론이 생략된다.

○ 재심의(번안)할 수 있다.

○ 과반수의 찬성이 있으면 의결된다.

㉣ 표결 결과(表決結果)

「의결」되면, 이 동의에서 제안된 방법으로 표결하게 된다.

「부결」되면, 다른 방법이 다시 제안되지 않는한, 의장의 재량으로 결정된 방법에 의하여 표결하게 된다.

⑦ 의사 진행(議事進行)에 관한 이의(異義)

㉠ 목적(目的)

의사(議事)가 규칙대로 행해지지 않을 경우, 또는 그릇된 조처가 취해졌을 경우에, 그것을 바로 잡는 것이 이 동의의 목적이다. 예를들면, 의장이 순서에 맞지 않는 동의를 채택하였거나, 수정안(修正案)이 원안(原案)에 적합하지 않을 경우, 또는 발언할 자격이 없는 사람에게 발언을 허가하거나 하였을 경우, 그자리에서 곧 이 동의를 제출한다. 나중이 되어서는 이 동의는 제출할 수 없으니, 주의할 필요가 있다.

㉡ 형식(形式)

『의장! 규칙(規則)입니다.』 또는 『나는 의사 진행(議事進行)에 관해서 이의(異義)가 있습니다.』

㉢ 규칙(規則)

○ 다른 회의원의 발언중(發言中)에도 제출할 수 있다.

○ 의장에게 발언권을 얻을 것도 없이 제출할 수 있다.

○ 의장은, 이 동의가 제출되면 우선적(優先的)으로 채택해서, 『규칙을 말씀하십시오.』[또는 『의사 진행에 관한 이의를 말씀해 주십시오』]라고 하여, 발언을 허락해야 한다.

○ 이의 제출자(異義提出者)는, 의사법(규칙) 위반(議事法違反)이라고 생각되는 점에 대하여, 분명하고도 간결(簡潔)히 설명을 해야 한다.

○ 재청(再請)은 필요 없다.

○ 토론(討論)하지 못한다.

○ 그 이의(異義)가 정당한지의 여부(與否)를 결정하는 것은 의장의 임무이다. 의장은, 이 결정을 내리기 전에 다른 의원의 의견을 구할 수도 있고 「의사법 위반」의 유무(有無)를 표결에 붙여서 결정지울 수도 있다.

○ 이에 있어서, 의장이 회의의 결정을 거치지 않고서 결정을 내렸을 때에는, 회의원은 그 결정에 대하여 공소(控訴)할 수가 있다.

⑧ 의장의 결정에 대한 공소(控訴)

㉠ 목적(目的)

의원(議員)이 전체적(全體的)으로 승인하고 있는 않는 것을, 의장이 결정한 데 대하여 이의(異義)를 제기(提起)하는 것이, 이 동의의 목적이다.

㉡ 형식(形式)

○ 제안자(提案者) ― 『나는 의장의 결정에 대하여 공소(公訴)합니다』

○ 의장(議長)[표결에 붙일 때는 다음과 같은 형식으로 말

한다.] ―『의장의 결정은 공소(控訴)되었습니다……. 「의장의 결정에 찬성」하시는 분 ……(방법)……. [사이를 두고] 「의장의 결정에 반대」하시는 분 ……(방법)…….』

㉢ 규칙(規則)

○ 승인을 얻지 않고서도 제출할 수 있다.

○ 재청(再請)을 필요로 한다.

○ 수정(修正)은 못한다.

○ 공소(控訴)의 내용이 토론할 수 있는 것이라면, 토론(討論)할 수 있다.

◎ 다음과 같은 경우엔 토론하지 못한다.

● 행동(行動)이나 발언(發言)이 부당(不當)한 데 관한 것.

● 의사(議事)의 우선 순위(優先順位)에 관한 것.

● 토론할 수 없는 의사(議事)일 경우.

○ 의장은, 토론할 수 없는 경우라도 먼저 기립(起立)해서 자기의 결정에 대한 이유를 진술할 수 있다. [이 때에는 사회(司會)를 「부의장」에게 넘기고 의장석(議長席)에서 물러날 필요는 없다.] 그러나 두 번 발언해서는 안된다.

○ 토론할 수 있는 경우, 각 회의원은 한 번 밖에 자기의 생각을 진술하지 못한다.

○ 이 동의의 표결은 「의장의 결정에 대해서 찬성이나 반대냐」란 형식으로 행해진다. 따라서 「찬성」이란, 의장의 결정을 지지(支持)하고 이의(異義)를 각하(却下)함이다.

○ 과반수의 찬성이 있으면 의결된다. 그리고 이 경우에 한(限)해서 가부 동수(可否同數)도 「의결」과 마찬가지가 된다. [즉, 의장의 1표(票)는 으레 「찬성」쪽에 들어갈 것이 예상(豫

想)되지만, 의장은 당사자(當事者)이므로, 찬·부(贊否) 어느쪽을 택하든간에 표결에 참가한다는 것은 옳지 않다는 견지(見地)에서,「공소」의 경우에 있어서만은 의장의 표결권(表決權)을 행사(行使)시키지 않고, 동수(同數)일 때는 그대로「의결」이 되는 것이다]

㉣ 표결 결과(表決結果)

「의결」된[즉, 의장의 결정이 지지되고 이의가 각하(却下)된] 경우, 의사는 먼저대로 진행된다.

의장의 결정이「부결」된[즉, 이의가 정당하다고 인정된] 경우엔, 의장은 자기가 내린 결정을 즉시로 변경해야 한다.

공소(控訴)가 처리된 뒤, 의장은 오해(誤解)를 막기 위하여, 심의중(審議中)인 동의를 다시 한번 선고(宣告)해야 한다.

⑨ 표결 재심의(表決在審議)의 동의[번안(飜案)동의]

㉠ 목적(目的)

이미 표결된 동의를 다시 한번 회의에 붙여서 심의시키는 것이 이 동의의 목적이다.

㉡ 형식(形式)

『나는 ……하자는 동의(안건)에 대한 표결을 재심의[또는 번안]할 것을 제안합니다.』[어느 동의에 대한 표결인지를 분명히 말해야 한다.]

㉢ 규칙(規則)

○ 이 동의를 제출할 수 있는 자는, 재심의될 그 동의의 표결에 있어서 다수자 쪽(多數者側)에 있었된 회의원에 한(限)한다. 그러나 이의「재청」은 아무라도 할 수 있다. 그리고 그 표결이「무기명 투표」(無記名投票)로 행해졌을 경우는 누가 어느

쪽에 투표했는지 모르므로, 아무나 제출해도 괜찮다.

○ 재청(再請)을 필요로 한다.

○ 수정(修正)하지 못한다.

○ 재심의하려는 그 원래의 동의가, 만일 토론할 수 있는 종류의 동의라면, 그 원래의 동의에 대해서 토론할 수도 있다.

○ 과반수의 찬성이 있으면 의결된다.

[지방자치법에서는, 재적의원 과반수의 출석과 출석의원 과반수의 찬성이 있어야 의결되기로 되어 있다.]

○ 한 표결에 대한 「재심의」는 한 번 밖엔 못한다. 그러나 「재심의」하고 있는 동안에 원동의(原動議)가 수정되었을 경우에는, 그 「수정 동의」는 「재심의」의 대상(對象)이 된다.

○ 연일(連日) 회의를 계속할 경우에는, 이 동의의 제출은, 표결한 당일(當日)이나 늦어도 이튿날(翌日)까진 해야 한다.

◎ 다음과 같은 경우엔 「재심의」의 요구는 할 수 없다.

● 「폐회 동의」(閉會動議)·「규칙 일시 정지(規則一時停止)의 동의」·「재심의(번안)의 동의에 대한 재심의(번안)의 요구」

● 「보류(保留)동의」나 「보류되었던 동의를 재상정(再上程)하자는 동의」에 대한 재심의(번안) ― [그것이 가결(可決)되었을 경우]

● 「토론 종결(討論終結)의 동의」에 대한 재심의(번안) ― [그것이 가결되어, 그 결과 어떤 문제가 표결에 붙여져 버렸을 경우]

● 임원 선거(任員選擧)의 표결에 대한 재심의(번안) ― [임원(역원)이 사퇴(辭退)하였을 경우는 예외]

● 먼저 결정한 사항이 도저히 변경(變更)할 수 없는 성질

의 것일 경우의 재심의(번안)

㉣ 표결 결과(表決結果)

「의결」되면, 전의 의결(議決)은 무효(無效)가 되고, 원동의는 다시금 심의된다.

「부결」되면, 같은 문제에 대하여 다시는 이 동의를 제출할 수 없다.

⑩ 무효(無效)[취소]의 동의

㉠ 목적(目的)

재심의할 수 있는 기간(期間)이 지나버린 뒤에, 먼저 의결(議決)한 문제를 무효(취소)로 하자는 것이 이 동의의 목적이다.

㉡ 형식(形式)

『나는 ……의 결정을 무효로 할 것을 제안합니다.』

㉢ 규칙(規則)

○ 재청(再請)이 필요하다.

○ 토론(討論)할 수 있다.

○ 수정(修正)하지 못한다.

○ 과반수(過半數)의 찬성이 있으면 의결된다. [정식 일정으로 상정되어 있을 경우에는 과반수의 찬성만으로 의결되고, 그렇지 않을 경우엔 3분의 2 이상의 찬성이 있어야 한다는 설(設)도 있다.]

○ 전에 결정한 사항이 도저히 변경할 수 없는 성질의 것일 때는, 이 동의는 제출할 수 없다.

㉣ 표결 결과(表決結果)

「의결」되면, 이전에 결의한 사항은 무효가 된다.

「부결」되면, 같은 회기중(會期中)엔 다시 제출하지 못한다.

(4) 우선 동의(優先動議) [또는 특권 동의(特權動議)]

우선 동의(특권 동의)는, 회의원의 권리(權利)며 특권(特權)에 관한 동의를 말하는 것으로서, 이것은 다른 동의에 구애됨이 없이 독립적(獨立的)으로 제출할 수 있다. 이 동의는 회의원의 「특권」에 관한 것이기 때문에, 앞에서 열거한 Ⅰ·Ⅱ·Ⅲ의 어느 동의보다도 우선적(優先的)으로 처리되지 않으면 안된다. 따라서, 제안되는 즉시로 심의되어야 한다. 단, 일의 시비(是非)를 논(論)하는 것이 목적이 아니므로 토론은 허락되지 않으며, 「보조 동의」의 적용(適用)도 할 수 없다. [「휴게(休憩)동의」와, 「다음번 회의의 일시(日時)와 장소(場所)를 결정하는 동의」는, 시각(時刻)에 관한 사항에 한해서 수정할 수 있다]

그리고 이에도 Ⅱ의 「보조 동의」처럼 우선 순위(優先順位)가 정해져 있는데, 그중 순위가 낮은 것부터 차례대로 설명하겠다.

① 일정 변경(日程變更)의 동의

㉠ 목적(目的)

의사 일정(議事日程)에 들어 있는 어떤 의안(議案)을, 그 순서를 당겨서 상정시켜 심의하거나, 또는 일정(日程)엔 전혀 들어 있지 않은 어떤 긴급한 의안을 새로이 제출하여, 곧 상정시켜서 심의하는 것 따위가 이 동의의 목적이다.

㉡ 형식(形式)

『의장! [긴급(緊急)이요!] 나는 ……에 관한 안건을 곧 심의하기로 [일정변경] 동의합니다.』 따위.

㉢ 규칙(規則)

○ 재청(再請)이 필요하다.

○ 토론(討論)할 수 없다.

○ 수정(修正)할 수 없다.

○ 재심의(번안)도 못한다.

○ 3분의 2 이상의 찬성이 있어야 의결된다.

○ 이 동의와, 이에 딸려서 제출된 안건이 심의중일 때엔, 「일정 촉진(日程促進)의 동의」는 제출할 수 없다. 단, 다른 특별 일정(特別日程)을 의하여 정해 놓은 시간이 되었을 경우엔 할 수 있다. 「우선 동의」중 휴게동의 · 폐회 동의 · 일시 장소 동의는 제출할 수 있다.

㉣ 표결 결과(表決結果)

「의결」되면, 일정(日程)이 변경되어, 그 긴급 안건을 상정 심의하게 된다.

「부결」되면, 정식 일정대로 의사가 진행된다.

[※ 「인정 변경의 동의」가 「부결」되었음에도 불구하고, 동일 안건(同一案件)의 「일정 변경의 동의」를 같은 날에 다시 발의(發議)할 수 있다. 즉, 몇 가지 안건을 처리하고 난 뒤거나, 그날 일정(日程)에 올랐던 안건이 철회(撤回)되었거나, 또는 의사가 의외로 빨리 진행되어서, 먼저 그 「일정 변경의 동의」가 부결될 때와는 사정이 달라졌을 경우에는, 같은 날이라도 동일 안건의 「일정 변경의 동의」를 제출할 수 있는데, 이는 결코 「일사 부재리(一事不再理)의 원칙」에 위반되는 것은 아니라고 할 수 있을 것이다. 그러나 이것은 전(全)의원이 이의(異義)가 없을 때에 할 것이지 결코 함부로 해서는 안된다.]

② 일정 촉진(日程促進)의 동의

㉠ 목적(目的)

다음 의제(議題)를 상정(上程)해야 할 시각(時刻)이 되었는데도 불구하고 그 전의 의사(議事)가 아직 끝나지 않을 때에,

의사가 예정(豫定)대로 진행되도록 촉진하는 것이 이 동의의 목적이다. 토론이 옆길로만 벗어나서 시간을 낭비(浪費)하고 있을 때, 정규(正規)의 의사를 궤도(軌道)에 올리자는 것이 이 동의의 주안점(主眼點)이다. 따라서, 의사가 예정대로 진행되고 있을 때에 이 동의가 제출되면, 의장은 그것을 각하(却下)해도 괜찮은 것이다.

㉡ 형식(形式)

『의장! 의사 일정의 상정을 요구합니다.』

㉢ 규칙(規則)

○ 재청(再請)이 필요하지 않다.

○ 의사의 진행중에도 제출할 수 있다.

○ 이 동의는, 앞서 설명한 Ⅰ·Ⅱ·Ⅲ의 각 동의보다는 순위(順位)가 위이지만, 다음에 설명되는 휴게 동의·폐회 동의·일시 장소 동의의 각 동의보다는 순위가 낮다.

○ 토론(討論)하지 못한다.

○「보조 동의」는 적용(適用)하지 못한다.

○ 과반수의 찬성이 있으면 의결된다. [그러나 우리나라에서는 보통 3분의 2 이상이 「반대」(反對)하지 않는 한(限), 의결된 것으로 삼는데, 이것은, 3분의 2 이상의 「찬성」이 없는 한,「의사 일정의 변경」도 「규칙의 일시 정지」도 하지 못한다는 이론(理論)에서이다.]

㉣ 표결 결과(表決結果)

「의결」되면, 그 때까지의 의사(議事)는 중지되고, 다음 차례의 의사 일정에 들어가게 된다. 그리고 이 중지된 의사는 다음번 회의에 있어서의 「심의 미료(審議未了)의 의사」 때에 심의된다.

「부결」되면, 그 때까지 심의되던 의사가 계속된다.

③ 특권 문제(特權問題)에 관한 요구[특청]

㉠ 목적(目的)

회의 전체(會議全體)나 의원 가운데의 어떤 사람들의 권리(權利)며 특권(特權)이 부당하게 침해(侵害)되었을 경우, 그 권리며 특권을 지키는 것이 이 동의의 목적이다. 예를들면, 사어(私語)나 기타 예의에 벗어난 행위를 한다든지, 발언자(發言者)가 폭언(暴言)을 한다든지, 또는 소리가 잘 들리지 않는다든지, 공기의 유통(流通)이 나쁘다든지 하여 회의가 몹시 불쾌한 상태여서 의원의 일부 또는 전부의 특권이 침해되고 있는 듯 할 때에 제출되는 것이다. [다른 사람의 발언중에도 제출할 수 있다.]

[※ 이 동의와, 앞서 말한 「의사 진행(議事進行)에 관한 이의」를 혼동하지 않도록 주의할 필요가 있다. 「의사 진행……」쪽은 「의사의 진행 방법」에 관하여 규칙 위반(規則違反)이 있을 때 제출하는 것이다.]

㉡ 형식(形式)

『나는 특권 문제를 제출합니다.』 [우리나라에서 보통 쓰이는 형식은 『의장! 특청(特請)이요』하고 나서 그 내용을 말한다]

㉢ 규칙(規則)

○ 의장은, 이 동의가 나오면 우선적(優先的)으로 발언시켜야 한다. 그리고 이 제안자(提案者)의 발언이 과연 「특권 문제(特權問題)인지 아닌지」를 먼저 결정짓지 않으면 안된다. 이 의장의 결정에 대해서는 공소(控訴)를 할 수 있다.

○ 재청(再請)은 필요 없다.

○ 이 동의는, 다음에 설명하는 모든 동의보다 순위가 높다.

○ 회의 전체에 관한 「특권 문제」는, 회의원 개인에 관한 문제보다도 우선적으로 처리된다.

○ 수정(修正)하지 못한다.

○ 토론(討論)하지 못한다.

○ 의결(議決)엔 과반수의 찬성이 필요하다. 그러나 표결에 붙이지 않고서 이장이 결정을 내려도 괜찮다. [그 결정에 대해서는 「공소」할 수 있다.]

㉣ 표결 결과(表決結果)

이 동의가 제출되면, 의사를 일시 중단하여 이 동의를 처리한다.

만일 「의결」되면, 이 동의에서 요구하고 있는 것은 즉시로 실시(實施)되며, 그리고 나서 중단되었던 의사를 계속한다.

「부결」되면, 중단되었던 의사는 즉시로 속행(續行)된다. 그리고 이 동의는 상황(狀況)이 바꾸어지면 다시 제출할 수 있다.

④ 휴게 동의(休憩動議)

㉠ 목적(目的)

회의를 일시 중지하여 휴게하자는 것이 이 동의의 목적이다. 예컨데, 식사(食事)때라든지, 투표의 결과를 계산하는 동안에 이 동의가 제출된다.

㉡ 형식(形式)

『나는 ○○분간 휴게할 것을 제안합니다』

㉢ 규칙(規則)

○ 이 동의는, 다음에 설명하는 폐회 동의·일시 장소 동의

이외의 모든 동의에 우선(優先)한다.

○ 얼마큼 휴게하는지[또는 재개(再開)의 시각]를 분명히 말해야 한다.

○ 재청(再請)을 필요로 한다.

○ 정족수(定足數)에 미달(未達)일 경우라도 제출할 수 있다.

○ 시간(時間)에 대해서만은 수정(修正)할 수 있다.

○ 재심의(번안)는 못한다.

○ 과반수의 찬성이 있으면 의결된다.

○ 이 동의는 투표중(投票中)에 제출할 수는 없지만, 투표가 끝난 다음, 그 결과의 발표가 있기 전이라면 제출할 수 있다. 이 경우, 휴게가 끝난 다음엔 그 투표의 결과 발표를 제일 먼저 해야 한다.

㉣ 표결 결과(表決結果)

「의결」되면, 모든 의사(議事)는 휴게 시간이 끝날 때까지 중단된다.

「부결」되었을 경우, 그 직후(直後)만 아니면 다시 한 번 제출할 수 있다. [단, 단순히 의사 진행을 방해할 목적으로 제출하는 일은 없어야 한다.]

⑤ 폐회(閉會) [또는 산회(散會)]의 동의

㉠ 목적(目的)

이 동의의 목적은 회의를 끝나게 하는 데에 있다.

㉡ 형식(形式)

『나는 폐회 [또는 산회]하기를 동의합니다.』

㉢ 규칙(規則)

○ 이 동의가 표결에 붙여지기 전에 제출할 수 있는 동의는, 「다음번 회의의 일시(日時)와 장소를 결정하는 동의」와, 그 동의에 대한 「수정(修正) 동의」, 그리고 「표결 방법(表決方法)에 관한 동의」뿐이다.

○ 재청(再請)을 필요로 한다.

○ 수정(修正)하지 못한다.

○ 토론(討論)하지 못한다.

○ 재심의(번안)할 수 없다.

○ 정족수(定足數)가 되지 않아도 제출할 수 있다.

○ 과반수의 찬성이 있으면 의결된다.

◎ 다음 경우에는 「폐회[산회] 동의」를 제출하지 못한다.

● 다른 사람이 발언중(發言中)일 때.

● 「폐회[산회] 동의」가 부결(否決)된 직후(直後).

● 「다음 번 회의의 일시·장소를 결정하는 동의」가 미결(未決)일 동안.

● 표결하고 있을 때. [그러나 표결이 끝난 뒤 그 결과를 발표하기 전에는 제출할 수 있다.]

㉣ 표결 결과(表決結果)

「의결」되면 곧 의장이 「폐회(산회) 선언」을 하게 되는데, 그 때 아직 미결된 동의가 남아 있을 경우엔, 그것은 다음번 회의에 있어서의 「심의 미료(審議未了)된 의사」때에 제일 먼저 상정된다. 이 때 상정되는 것은 원동의(原動議)와 수정 동의(修正動議) 뿐이다.

「부결」되었을 경우, 그 직후(直後)만 아니면 이 동의를 다시 제출할 수 있다.

⑥ 다음번 회의의 일시(日時)와 장소(場所)를 결정하는 동의

㉠ 목적(目的)

다음번 회의의 일시(日時)·장소(場所)를 결정하는 것이 이 동의의 목적이다.

㉡ 형식(形式)

『오늘 폐회(산회)한 뒤는 ○월 ×일 △△시(時)부터 …… [장소]……에서 심의를 속행(續行)할 것을 제안(동의)합니다.』 따위.

㉢ 규칙(規則)

○ 이 동의는, 다른 모든 동의에 우선(優先)한다.

○ 이 동의는, 「폐회 동의」가 표결된 뒤라도, 폐회(閉會)가 선언(宣言)되기 전에는 제출할 수 있다.

○ 재청(再請)이 필요하다.

○ 일시(日時)와 장소(場所)에 관해서만은 수정할 수 있다.

○ 다른 문제의 심의중(審議中)에 이 동의가 제출되었을 때는 토론할 수 없지만, 달리 아무 동의도 상정되어 있지 않을 때엔 토론할 수 있다. [이 경우엔 원동의(原動議)와 같은 취급을 받는다.]

○ 과반수의 찬성이 있으면 가결된다.

○ 재심의(번안)할 수 있다.

○ 정족수(定足數)가 되지 않아도 제출할 수 있다.

○ 다음번 회의의 일시(日時)는, 반드시 다음번 정기회(定期會)의 일시보다는 먼저가 되도록 정해야 한다.

㉣ 표결 결과(表決結果)

「의결」되면, 이 동의로 말미암아 중단되었던 의사는 속행(速行)된다.

「부결」되었을 경우, 상황(狀況)이 달라지면 다시 제출할 수 있다.

⑸ **잡동의(雜動議)**

이상 Ⅰ·Ⅱ·Ⅲ에서 기술(記述)한 동의는 일반적으로 많이 쓰이는 것들인데, 여기서는, 웬만한 회의에서는 그다지 쓰이지 않는 동의라든지, 간단한 설명으로도 알 수 있는 것들을 몇 가지 들어 두겠다.

① 공백(空白)을 메우는 동의

「공백을 메우는 동의」는 「수정 동의」와 동일한 순위(順位)이다. 동의가, 날짜(日字)·명칭(名稱)·숫자(數字) 등을 「blank」(공백)로 한 채로 제출되는 일이 있는데, 이 공백을 메우기 위하여 제안되는 것이 이 동의이다. 또 반대로, 이미 기입(記入)한 날짜나 숫자 등을 일단 지워 버리고 공백으로 해서 내놓을 수도 있다.

이 동의는 「수정 동의」와 달라서, 두 번 이상 수정(修正)해도 괜찮으며, 재청(再請)도 필요 없다. 표결 방법도, 의장이 맨 나중에 선포한 동의부터 먼저 표결에 붙인다는 일반적인 원칙에 따를 필요가 없다.

② 수리(受理)

의원(議員)한테서 제출된 보고(報告)나 통신문(通信문)은 보통 특별한 동의없이 그대로 수리(受理)되는데, 만일 이의(異義)가 있을 경우엔 이 동의를 내어서 [재청(再請)이 필요함] 수리 여부(受理與否)를 표결에 붙인다.

③ 보고(報告)의 승인(承認)

위원회(委員會)가 총회(總會)의 지시에 의하여 무슨 보고를 제출한 경우라든지, 그 보고서(報告書)의 구신(具申)에 대하여 무슨 조처를 강구(講究)하자고 할 때, 보고서가 낭독(朗讀)되고 나면 곧 이 동의를 제출한다.

토론·표결한 끝에 만일 「의결」된다면, 그것은 그 보고가 만족스런 것이었음을 표시한다. 그리하여 각 구신안(具申案)에 대해서, 하나씩 차례로 그것을 채용하도록 동의를 제출하는 것이다.

「부결」되면 「위원회 재회부(委員會再廻付)의 동의」를 제출하게 된다.

④ 철(綴)

낭독(朗讀)된 통신문(通信文)이나 보고를 그 이상 심의할 필요가 없다고 생각했을 경우에 제출되는 동의이다. [의원이나 위원회의 보고가 승인도었을 때엔, 특히 동의를 내지 않더라도, 철(綴)하든지 회의록(會議錄)에 기입(記入)하든지 해야 한다]

⑤ 회의록 기재(會議錄記載)의 동의

보고(報告)라든지 통신문(通信文) 따위의 원고(原稿)의 전문(全文)을 그대로 단체의 기록으로서 확실히 남기기 위하여 제출된다.

⑥ 회의록의 승인(承認)

이것은 회의록을 회의 경과(經過)의 정식 기록으로 삼기 위한 동의이다. 낭독된 회의록은, 정식적(正式的)인 「동의」가 나오든 안 나오든 간에, 그 승인 여부에 대하여 회의의 결정을 내려야 한다. 회의록은 의원 전부의 승인을 얻은 것이 아니면 아무런 가치(價値)도 권위(權威)도 없는 것이기 때문이다.

그러나 승인하기 전에 회의록을 수정(정정)할 수도 있고, 이 표결을 재심의(번안)할 수도 있다.

⑦ 특정 시각(特定時刻)까지 연회(延會)하자는 동의

이 동의는, 한 의결(議決)로써 두 가지 동의, 즉 「폐회(산회)」와 「다음번 회의의 일시(日時)와 장소(場所)의 결정」을 동시에 결정할 수 있다. 이 모양으로 제출되었을 때는 「우선(특권)동의」가 아니라 「원동의」의 취급을 받는다.

참고 특별한 동의(動議)의 묶음

참고로, 여태까지 기술(記述)한 동의 가운데서 특별(特別)한 것을 몇 가지 추려서 묶어 보겠다.

① 정족수(定足數)가 안 되어도 제출·결의(決議)할 수 있는 동의

○ 휴게(休憩)

○ 폐회(閉會) [산회]

○ 다음번 회의의 일시(日時)와 장소(場所)의 결정

② 남의 발언중(發言中)에도 제출할 수 있는 동의

○ 일정(日程)의 촉진(促進)

○ 심의 반대(審議反對)

○ 의사 진행(議事進行)에 관한 이의(異義)

○ 공소(控訴)

○ 특청(特請) [特權問題]

[※ 다만, 부득이한 경우 이외는, 다른 의원의 발언을 중단(中斷)하지 않는 것이 예의이다.]

③ 3분의 2 이상의 찬성을 필요로 하는 동의

○ 토론(討論)의 제한(制限)·연장(延長)

○ 토론의 종결(終結)

○ 규칙(規則)의 일시 정지(一時停止)

○ 심의 반대(審議反對)

○ 일정(日程)의 변경(變更)

♣ 법령 차례 ♣

대한민국헌법

[시행 1988. 2.25]
[헌법 제10호, 1987.10.29, 전부개정]

[전부개정 1987.10.29 제10호]
[전부개정 1980.10.27 제9호]
[전부개정 1972.12.27 제8호]
[일부개정 1969.10.21 제7호]
[전부개정 1962.12.26 제6호]
[일부개정 1960.11.29 제5호]
[일부개정 1960. 6.15 제4호]
[일부개정 1954.11.29 제3호]
[일부개정 1952. 7. 7 제2호]
[제 정 1948. 7.17 제1호]

전문

유구한 역사와 전통에 빛나는 우리 대한국민은 3·1운동으로 건립된 대한민국임시정부의 법통과 불의에 항거한 4·19민주이념을 계승하고, 조국의 민주개혁과 평화적 통일의 사명에 입각하여 정의·인도와 동포애로써 민족의 단결을 공고히 하고, 모든 사회적 폐습과 불의를 타파하며, 자율과 조화를 바탕으로 자유민주적 기본질서를 더욱 확고히 하여 정치·경제·사회·문화의 모든 영역에 있어서 각인의 기회를 균등히 하고, 능력을 최고도로 발휘하게 하며, 자유와 권리에 따르는 책임과 의무를 완수하게 하여, 안으로는 국민생활의 균등한 향상을 기하고 밖으로는 항구적인 세계평화와 인류공영에 이바지함으로써 우리들과 우리들의 자손의 안전과 자유와 행복을 영원히 확보할 것을 다짐하면서 1948년 7월 12일에 제정되고 8차에 걸쳐 개정된 헌법을 이제 국회의 의결을 거쳐 국민투표에 의하여 개정한다.

1987년 10월 29일

제1장 총강

제1조 ①대한민국은 민주공화국이다.
②대한민국의 주권은 국민에게 있고, 모든 권력은 국민으로부터 나온다.

제2조 ①대한민국의 국민이 되는 요건은 법률로 정한다.
②국가는 법률이 정하는 바에 의하여 재외국민을 보호할 의무를 진다.

제3조 대한민국의 영토는 한반도와 그 부속도서로 한다.

제4조 대한민국은 통일을 지향하며, 자유민주적 기본질서에 입각한 평화적 통일 정책을 수립하고 이를 추진한다.

제5조 ①대한민국은 국제평화의 유지에 노력하고 침략적 전쟁을 부인한다.
②국군은 국가의 안전보장과 국토방위의 신성한 의무를 수행함을 사명으로 하며, 그 정치적 중립성은 준수된다.

제6조 ①헌법에 의하여 체결·공포된 조약과 일반적으로 승인된 국제법규는 국내법과 같은 효력을 가진다.
②외국인은 국제법과 조약이 정하는 바에 의하여 그 지위가 보장된다.

제7조 ①공무원은 국민전체에 대한 봉사자이며, 국민에 대하여 책임을 진다.
②공무원의 신분과 정치적 중립성은 법률이 정하는 바에 의하여 보장된다.

제8조 ①정당의 설립은 자유이며, 복수정당제는 보장된다.
②정당은 그 목적·조직과 활동이 민주적이어야 하며, 국민의 정치적 의사형성에 참여하는데 필요한 조직을 가져야 한다.

③정당은 법률이 정하는 바에 의하여 국가의 보호를 받으며, 국가는 법률이 정하는 바에 의하여 정당운영에 필요한 자금을 보조할 수 있다.
④정당의 목적이나 활동이 민주적 기본질서에 위배될 때에는 정부는 헌법재판소에 그 해산을 제소할 수 있고, 정당은 헌법재판소의 심판에 의하여 해산된다.

제9조 국가는 전통문화의 계승·발전과 민족문화의 창달에 노력하여야 한다.

제2장 국민의 권리와 의무

제10조 모든 국민은 인간으로서의 존엄과 가치를 가지며, 행복을 추구할 권리를 가진다. 국가는 개인이 가지는 불가침의 기본적 인권을 확인하고 이를 보장할 의무를 진다.

제11조 ①모든 국민은 법 앞에 평등하다. 누구든지 성별·종교 또는 사회적 신분에 의하여 정치적·경제적·사회적·문화적 생활의 모든 영역에 있어서 차별을 받지 아니한다.
②사회적 특수계급의 제도는 인정되지 아니하며, 어떠한 형태로도 이를 창설할 수 없다.
③훈장등의 영전은 이를 받은 자에게만 효력이 있고, 어떠한 특권도 이에 따르지 아니한다.

제12조 ①모든 국민은 신체의 자유를 가진다. 누구든지 법률에 의하지 아니하고는 체포·구속·압수·수색 또는 심문을 받지 아니하며, 법률과 적법한 절차에 의하지 아니하고는 처벌·보안처분 또는 강제노역을 받지 아니한다.
②모든 국민은 고문을 받지 아니하며, 형사상 자기에게 불리한 진술을 강요당하지 아니한다.
③체포·구속·압수 또는 수색을 할 때에는 적법한 절차에 따라 검사의 신청에 의하여 법관이 발부한 영장을 제시하여야 한다. 다만, 현행범인인 경우와 장기 3년 이상의 형에 해당하는 죄를 범하고 도피 또는 증거인멸의 염려가 있을 때에는 사후에 영장을 청구할 수 있다.
④누구든지 체포 또는 구속을 당한 때에는 즉시 변호인의 조력을 받을 권리를 가진다. 다만, 형사피고인이 스스로 변호인을 구할 수 없을 때에는 법률이 정하는 바에 의하여 국가가 변호인을 붙인다.
⑤누구든지 체포 또는 구속의 이유와 변호인의 조력을 받을 권리가 있음을 고지받지 아니하고는 체포 또는 구속을 당하지 아니한다. 체포 또는 구속을 당한 자의 가족등 법률이 정하는 자에게는 그 이유와 일시·장소가 지체없이 통지되어야 한다.
⑥누구든지 체포 또는 구속을 당한 때에는 적부의 심사를 법원에 청구할 권리를 가진다.
⑦피고인의 자백이 고문·폭행·협박·구속의 부당한 장기화 또는 기망 기타의 방법에 의하여 자의로 진술된 것이 아니라고 인정될 때 또는 정식재판에 있어서 피고인의 자백이 그에게 불리한 유일한 증거일 때에는 이를 유죄의 증거로 삼거나 이를 이유로 처벌할 수 없다.

제13조 ①모든 국민은 행위시의 법률에 의하여 범죄를 구성하지 아니하는 행위로 소추되지 아니하며, 동일한 범죄에 대하여 거듭 처벌받지 아니한다.
②모든 국민은 소급입법에 의하여 참정권의 제한을 받거나 재산권을 박탈당하지 아니한다.
③모든 국민은 자기의 행위가 아닌 친족의 행위로 인하여 불이익한 처우를 받지 아니한다.

제14조 모든 국민은 거주·이전의 자유를 가진다.

제15조 모든 국민은 직업선택의 자유를 가진다.

제16조 모든 국민은 주거의 자유를 침해받지 아니한다. 주거에 대한 압수나 수색을 할 때에는 검사의 신청에 의하여 법관이 발부한 영장을 제시하여야 한다.

제17조 모든 국민은 사생활의 비밀과 자유를 침해받지 아니한다.

제18조 모든 국민은 통신의 비밀을 침해받지 아니한다.

제19조 모든 국민은 양심의 자유를 가진다.

제20조 ①모든 국민은 종교의 자유를 가진다.
②국교는 인정되지 아니하며, 종교와 정치는 분리된다.

제21조 ①모든 국민은 언론·출판의 자유와 집회·결사의 자유를 가진다.
②언론·출판에 대한 허가나 검열과 집회·결사에 대한 허가는 인정되지 아니한다.
③통신·방송의 시설기준과 신문의 기능을 보장하기 위하여 필요한 사항은 법률로 정한다.
④언론·출판은 타인의 명예나 권리 또는 공중도덕이나 사회윤리를 침해하여서는 아니된다. 언론·출판이 타인의 명예나 권리를 침해한 때에는 피해자는 이에 대한 피해의 배상을 청구할 수 있다.

제22조 ①모든 국민은 학문과 예술의 자유를 가진다.
②저작자·발명가·과학기술자와 예술가의 권리는 법률로써 보호한다.

제23조 ①모든 국민의 재산권은 보장된다. 그 내용과 한계는 법률로 정한다.
②재산권의 행사는 공공복리에 적합하도록 하여야 한다.
③공공필요에 의한 재산권의 수용·사용 또는 제한 및 그에 대한 보상은 법률로써 하되, 정당한 보상을 지급하여야 한다.

제24조 모든 국민은 법률이 정하는 바에 의하여 선거권을 가진다.

제25조 모든 국민은 법률이 정하는 바에 의하여 공무담임권을 가진다.

제26조 ①모든 국민은 법률이 정하는 바에 의하여 국가기관에 문서로 청원할 권리를 가진다.
②국가는 청원에 대하여 심사할 의무를 진다.

제27조 ①모든 국민은 헌법과 법률이 정한 법관에 의하여 법률에 의한 재판을 받을 권리를 가진다.
②군인 또는 군무원이 아닌 국민은 대한민국의 영역안에서는 중대한 군사상 기밀·초병·초소·유독음식물공급·포로·군용물에 관한 죄중 법률이 정한 경우와 비상계엄이 선포된 경우를 제외하고는 군사법원의 재판을 받지 아니한다.
③모든 국민은 신속한 재판을 받을 권리를 가진다. 형사피고인은 상당한 이유가 없는 한 지체없이 공개재판을 받을 권리를 가진다.
④형사피고인은 유죄의 판결이 확정될 때까지는 무죄로 추정된다.
⑤형사피해자는 법률이 정하는 바에 의하여 당해 사건의 재판절차에서 진

술할 수 있다.

제28조 형사피의자 또는 형사피고인으로서 구금되었던 자가 법률이 정하는 불기소처분을 받거나 무죄판결을 받은 때에는 법률이 정하는 바에 의하여 국가에 정당한 보상을 청구할 수 있다.

제29조 ①공무원의 직무상 불법행위로 손해를 받은 국민은 법률이 정하는 바에 의하여 국가 또는 공공단체에 정당한 배상을 청구할 수 있다. 이 경우 공무원 자신의 책임은 면제되지 아니한다.
②군인·군무원·경찰공무원 기타 법률이 정하는 자가 전투·훈련등 직무집행과 관련하여 받은 손해에 대하여는 법률이 정하는 보상외에 국가 또는 공공단체에 공무원의 직무상 불법행위로 인한 배상은 청구할 수 없다.

제30조 타인의 범죄행위로 인하여 생명·신체에 대한 피해를 받은 국민은 법률이 정하는 바에 의하여 국가로부터 구조를 받을 수 있다.

제31조 ①모든 국민은 능력에 따라 균등하게 교육을 받을 권리를 가진다.
②모든 국민은 그 보호하는 자녀에게 적어도 초등교육과 법률이 정하는 교육을 받게 할 의무를 진다.
③의무교육은 무상으로 한다.
④교육의 자주성·전문성·정치적 중립성 및 대학의 자율성은 법률이 정하는 바에 의하여 보장된다.
⑤국가는 평생교육을 진흥하여야 한다.
⑥학교교육 및 평생교육을 포함한 교육제도와 그 운영, 교육재정 및 교원의 지위에 관한 기본적인 사항은 법률로 정한다.

제32조 ①모든 국민은 근로의 권리를 가진다. 국가는 사회적·경제적 방법으로 근로자의 고용의 증진과 적정임금의 보장에 노력하여야 하며, 법률이 정하는 바에 의하여 최저임금제를 시행하여야 한다.
②모든 국민은 근로의 의무를 진다. 국가는 근로의 의무의 내용과 조건을 민주주의원칙에 따라 법률로 정한다.
③근로조건의 기준은 인간의 존엄성을 보장하도록 법률로 정한다.
④여자의 근로는 특별한 보호를 받으며, 고용·임금 및 근로조건에 있어서 부당한 차별을 받지 아니한다.
⑤연소자의 근로는 특별한 보호를 받는다.
⑥국가유공자·상이군경 및 전몰군경의 유가족은 법률이 정하는 바에 의하여 우선적으로 근로의 기회를 부여받는다.

제33조 ①근로자는 근로조건의 향상을 위하여 자주적인 단결권·단체교섭권 및 단체행동권을 가진다.
②공무원인 근로자는 법률이 정하는 자에 한하여 단결권·단체교섭권 및 단체행동권을 가진다.
③법률이 정하는 주요방위산업체에 종사하는 근로자의 단체행동권은 법률이 정하는 바에 의하여 이를 제한하거나 인정하지 아니할 수 있다.

제34조 ①모든 국민은 인간다운 생활을 할 권리를 가진다.
②국가는 사회보장·사회복지의 증진에 노력할 의무를 진다.
③국가는 여자의 복지와 권익의 향상을 위하여 노력하여야 한다.
④국가는 노인과 청소년의 복지향상을 위한 정책을 실시할 의무를 진다.
⑤신체장애자 및 질병·노령 기타의 사유로 생활능력이 없는 국민은 법률이 정하는 바에 의하여 국가의 보호를 받는다.

⑥국가는 재해를 예방하고 그 위험으로부터 국민을 보호하기 위하여 노력하여야 한다.

제35조 ①모든 국민은 건강하고 쾌적한 환경에서 생활할 권리를 가지며, 국가와 국민은 환경보전을 위하여 노력하여야 한다.
②환경권의 내용과 행사에 관하여는 법률로 정한다.
③국가는 주택개발정책등을 통하여 모든 국민이 쾌적한 주거생활을 할 수 있도록 노력하여야 한다.

제36조 ①혼인과 가족생활은 개인의 존엄과 양성의 평등을 기초로 성립되고 유지되어야 하며, 국가는 이를 보장한다.
②국가는 모성의 보호를 위하여 노력하여야 한다.
③모든 국민은 보건에 관하여 국가의 보호를 받는다.

제37조 ①국민의 자유와 권리는 헌법에 열거되지 아니한 이유로 경시되지 아니한다.
②국민의 모든 자유와 권리는 국가안전보장·질서유지 또는 공공복리를 위하여 필요한 경우에 한하여 법률로써 제한할 수 있으며, 제한하는 경우에도 자유와 권리의 본질적인 내용을 침해할 수 없다.

제38조 모든 국민은 법률이 정하는 바에 의하여 납세의 의무를 진다.

제39조 ①모든 국민은 법률이 정하는 바에 의하여 국방의 의무를 진다.
②누구든지 병역의무의 이행으로 인하여 불이익한 처우를 받지 아니한다.

제3장 국회

제40조 입법권은 국회에 속한다.

제41조 ①국회는 국민의 보통·평등·직접·비밀선거에 의하여 선출된 국회의원으로 구성한다.
②국회의원의 수는 법률로 정하되, 200인 이상으로 한다.
③국회의원의 선거구와 비례대표제 기타 선거에 관한 사항은 법률로 정한다.

제42조 국회의원의 임기는 4년으로 한다.

제43조 국회의원은 법률이 정하는 직을 겸할 수 없다.

제44조 ①국회의원은 현행범인인 경우를 제외하고는 회기중 국회의 동의없이 체포 또는 구금되지 아니한다.
②국회의원이 회기전에 체포 또는 구금된 때에는 현행범인이 아닌 한 국회의 요구가 있으면 회기중 석방된다.

제45조 국회의원은 국회에서 직무상 행한 발언과 표결에 관하여 국회외에서 책임을 지지 아니한다.

제46조 ①국회의원은 청렴의 의무가 있다.
②국회의원은 국가이익을 우선하여 양심에 따라 직무를 행한다.
③국회의원은 그 지위를 남용하여 국가·공공단체 또는 기업체와의 계약이나 그 처분에 의하여 재산상의 권리·이익 또는 직위를 취득하거나 타인을 위하여 그 취득을 알선할 수 없다.

제47조 ①국회의 정기회는 법률이 정하는 바에 의하여 매년 1회 집회되며, 국회의 임시회는 대통령 또는 국회재적의원 4분의 1 이상의 요구에 의하여 집회된다.
②정기회의 회기는 100일을, 임시회의

회기는 30일을 초과할 수 없다.
③대통령이 임시회의 집회를 요구할 때에는 기간과 집회요구의 이유를 명시하여야 한다.

제48조 국회는 의장 1인과 부의장 2인을 선출한다.

제49조 국회는 헌법 또는 법률에 특별한 규정이 없는 한 재적의원 과반수의 출석과 출석의원 과반수의 찬성으로 의결한다. 가부동수인 때에는 부결된 것으로 본다.

제50조 ①국회의 회의는 공개한다. 다만, 출석의원 과반수의 찬성이 있거나 의장이 국가의 안전보장을 위하여 필요하다고 인정할 때에는 공개하지 아니할 수 있다.
②공개하지 아니한 회의내용의 공표에 관하여는 법률이 정하는 바에 의한다.

제51조 국회에 제출된 법률안 기타의 의안은 회기중에 의결되지 못한 이유로 폐기되지 아니한다. 다만, 국회의원의 임기가 만료된 때에는 그러하지 아니하다.

제52조 국회의원과 정부는 법률안을 제출할 수 있다.

제53조 ①국회에서 의결된 법률안은 정부에 이송되어 15일 이내에 대통령이 공포한다.
②법률안에 이의가 있을 때에는 대통령은 제1항의 기간내에 이의서를 붙여 국회로 환부하고, 그 재의를 요구할 수 있다. 국회의 폐회중에도 또한 같다.
③대통령은 법률안의 일부에 대하여 또는 법률안을 수정하여 재의를 요구할 수 없다.
④재의의 요구가 있을 때에는 국회는 재의에 붙이고, 재적의원과반수의 출석과 출석의원 3분의 2 이상의 찬성으로 전과 같은 의결을 하면 그 법률안은 법률로서 확정된다.
⑤대통령이 제1항의 기간내에 공포나 재의의 요구를 하지 아니한 때에도 그 법률안은 법률로서 확정된다.
⑥대통령은 제4항과 제5항의 규정에 의하여 확정된 법률을 지체없이 공포하여야 한다. 제5항에 의하여 법률이 확정된 후 또는 제4항에 의한 확정법률이 정부에 이송된 후 5일 이내에 대통령이 공포하지 아니할 때에는 국회의장이 이를 공포한다.
⑦법률은 특별한 규정이 없는 한 공포한 날로부터 20일을 경과함으로써 효력을 발생한다.

제54조 ①국회는 국가의 예산안을 심의·확정한다.
②정부는 회계연도마다 예산안을 편성하여 회계연도 개시 90일전까지 국회에 제출하고, 국회는 회계연도 개시 30일전까지 이를 의결하여야 한다.
③새로운 회계연도가 개시될 때까지 예산안이 의결되지 못한 때에는 정부는 국회에서 예산안이 의결될 때까지 다음의 목적을 위한 경비는 전년도 예산에 준하여 집행할 수 있다.
1. 헌법이나 법률에 의하여 설치된 기관 또는 시설의 유지·운영
2. 법률상 지출의무의 이행
3. 이미 예산으로 승인된 사업의 계속

제55조 ①한 회계연도를 넘어 계속하여 지출할 필요가 있을 때에는 정부는 연한을 정하여 계속비로서 국회의 의결을 얻어야 한다.
②예비비는 총액으로 국회의 의결을 얻어야 한다. 예비비의 지출은 차기국회의 승인을 얻어야 한다.

제56조 정부는 예산에 변경을 가할

필요가 있을 때에는 추가경정예산안을 편성하여 국회에 제출할 수 있다.

제57조 국회는 정부의 동의없이 정부가 제출한 지출예산 각항의 금액을 증가하거나 새 비목을 설치할 수 없다.

제58조 국채를 모집하거나 예산외에 국가의 부담이 될 계약을 체결하려 할 때에는 정부는 미리 국회의 의결을 얻어야 한다.

제59조 조세의 종목과 세율은 법률로 정한다.

제60조 ①국회는 상호원조 또는 안전보장에 관한 조약, 중요한 국제조직에 관한 조약, 우호통상항해조약, 주권의 제약에 관한 조약, 강화조약, 국가나 국민에게 중대한 재정적 부담을 지우는 조약 또는 입법사항에 관한 조약의 체결·비준에 대한 동의권을 가진다.
②국회는 선전포고, 국군의 외국에의 파견 또는 외국군대의 대한민국 영역안에서의 주류에 대한 동의권을 가진다.

제61조 ①국회는 국정을 감사하거나 특정한 국정사안에 대하여 조사할 수 있으며, 이에 필요한 서류의 제출 또는 증인의 출석과 증언이나 의견의 진술을 요구할 수 있다.
②국정감사 및 조사에 관한 절차 기타 필요한 사항은 법률로 정한다.

제62조 ①국무총리·국무위원 또는 정부위원은 국회나 그 위원회에 출석하여 국정처리상황을 보고하거나 의견을 진술하고 질문에 응답할 수 있다.
②국회나 그 위원회의 요구가 있을 때에는 국무총리·국무위원 또는 정부위원은 출석·답변하여야 하며, 국무총리 또는 국무위원이 출석요구를 받은 때에는 국무위원 또는 정부위원으로 하여금 출석·답변하게 할 수 있다.

제63조 ①국회는 국무총리 또는 국무위원의 해임을 대통령에게 건의할 수 있다.
②제1항의 해임건의는 국회재적의원 3분의 1 이상의 발의에 의하여 국회재적의원 과반수의 찬성이 있어야 한다.

제64조 ①국회는 법률에 저촉되지 아니하는 범위안에서 의사와 내부규율에 관한 규칙을 제정할 수 있다.
②국회는 의원의 자격을 심사하며, 의원을 징계할 수 있다.
③의원을 제명하려면 국회재적의원 3분의 2 이상의 찬성이 있어야 한다.
④제2항과 제3항의 처분에 대하여는 법원에 제소할 수 없다.

제65조 ①대통령·국무총리·국무위원·행정각부의 장·헌법재판소 재판관·법관·중앙선거관리위원회 위원·감사원장·감사위원 기타 법률이 정한 공무원이 그 직무집행에 있어서 헌법이나 법률을 위배한 때에는 국회는 탄핵의 소추를 의결할 수 있다.
②제1항의 탄핵소추는 국회재적의원 3분의 1 이상의 발의가 있어야 하며, 그 의결은 국회재적의원 과반수의 찬성이 있어야 한다. 다만, 대통령에 대한 탄핵소추는 국회재적의원 과반수의 발의와 국회재적의원 3분의 2 이상의 찬성이 있어야 한다.
③탄핵소추의 의결을 받은 자는 탄핵심판이 있을 때까지 그 권한행사가 정지된다.
④탄핵결정은 공직으로부터 파면함에 그친다. 그러나, 이에 의하여 민사상이나 형사상의 책임이 면제되지는 아니한다.

제4장 정부

제1절 대통령

제66조 ①대통령은 국가의 원수이며, 외국에 대하여 국가를 대표한다.
②대통령은 국가의 독립·영토의 보전·국가의 계속성과 헌법을 수호할 책무를 진다.
③대통령은 조국의 평화적 통일을 위한 성실한 의무를 진다.
④행정권은 대통령을 수반으로 하는 정부에 속한다.

제67조 ①대통령은 국민의 보통·평등·직접·비밀선거에 의하여 선출한다.
②제1항의 선거에 있어서 최고득표자가 2인 이상인 때에는 국회의 재적의원 과반수가 출석한 공개회의에서 다수표를 얻은 자를 당선자로 한다.
③대통령후보자가 1인일 때에는 그 득표수가 선거권자 총수의 3분의 1 이상이 아니면 대통령으로 당선될 수 없다.
④대통령으로 선거될 수 있는 자는 국회의원의 피선거권이 있고 선거일 현재 40세에 달하여야 한다.
⑤대통령의 선거에 관한 사항은 법률로 정한다.

제68조 ①대통령의 임기가 만료되는 때에는 임기만료 70일 내지 40일전에 후임자를 선거한다.
②대통령이 궐위된 때 또는 대통령 당선자가 사망하거나 판결 기타의 사유로 그 자격을 상실한 때에는 60일 이내에 후임자를 선거한다.

제69조 대통령은 취임에 즈음하여 다음의 선서를 한다.
"나는 헌법을 준수하고 국가를 보위하며 조국의 평화적 통일과 국민의 자유와 복리의 증진 및 민족문화의 창달에 노력하여 대통령으로서의 직책을 성실히 수행할 것을 국민 앞에 엄숙히 선서합니다."

제70조 대통령의 임기는 5년으로 하며, 중임할 수 없다.

제71조 대통령이 궐위되거나 사고로 인하여 직무를 수행할 수 없을 때에는 국무총리, 법률이 정한 국무위원의 순서로 그 권한을 대행한다.

제72조 대통령은 필요하다고 인정할 때에는 외교·국방·통일 기타 국가안위에 관한 중요정책을 국민투표에 붙일 수 있다.

제73조 대통령은 조약을 체결·비준하고, 외교사절을 신임·접수 또는 파견하며, 선전포고와 강화를 한다.

제74조 ①대통령은 헌법과 법률이 정하는 바에 의하여 국군을 통수한다.
②국군의 조직과 편성은 법률로 정한다.

제75조 대통령은 법률에서 구체적으로 범위를 정하여 위임받은 사항과 법률을 집행하기 위하여 필요한 사항에 관하여 대통령령을 발할 수 있다.

제76조 ①대통령은 내우·외환·천재·지변 또는 중대한 재정·경제상의 위기에 있어서 국가의 안전보장 또는 공공의 안녕질서를 유지하기 위하여 긴급한 조치가 필요하고 국회의 집회를 기다릴 여유가 없을 때에 한하여 최소한으로 필요한 재정·경제상의 처분을 하거나 이에 관하여 법률의 효력을 가지는 명령을 발할 수 있다.
②대통령은 국가의 안위에 관계되는 중대한 교전상태에 있어서 국가를 보위하기 위하여 긴급한 조치가 필요하고 국회의 집회가 불가능한 때에 한하여 법률의 효력을 가지는 명령을 발할 수 있다.

③대통령은 제1항과 제2항의 처분 또는 명령을 한 때에는 지체없이 국회에 보고하여 그 승인을 얻어야 한다.
④제3항의 승인을 얻지 못한 때에는 그 처분 또는 명령은 그때부터 효력을 상실한다. 이 경우 그 명령에 의하여 개정 또는 폐지되었던 법률은 그 명령이 승인을 얻지 못한 때부터 당연히 효력을 회복한다.
⑤대통령은 제3항과 제4항의 사유를 지체없이 공포하여야 한다.

제77조 ①대통령은 전시·사변 또는 이에 준하는 국가비상사태에 있어서 병력으로써 군사상의 필요에 응하거나 공공의 안녕질서를 유지할 필요가 있을 때에는 법률이 정하는 바에 의하여 계엄을 선포할 수 있다.
②계엄은 비상계엄과 경비계엄으로 한다.
③비상계엄이 선포된 때에는 법률이 정하는 바에 의하여 영장제도, 언론·출판·집회·결사의 자유, 정부나 법원의 권한에 관하여 특별한 조치를 할 수 있다.
④계엄을 선포한 때에는 대통령은 지체없이 국회에 통고하여야 한다.
⑤국회가 재적의원 과반수의 찬성으로 계엄의 해제를 요구한 때에는 대통령은 이를 해제하여야 한다.

제78조 대통령은 헌법과 법률이 정하는 바에 의하여 공무원을 임면한다.

제79조 ①대통령은 법률이 정하는 바에 의하여 사면·감형 또는 복권을 명할 수 있다.
②일반사면을 명하려면 국회의 동의를 얻어야 한다.
③사면·감형 및 복권에 관한 사항은 법률로 정한다.

제80조 대통령은 법률이 정하는 바에 의하여 훈장 기타의 영전을 수여한다.

제81조 대통령은 국회에 출석하여 발언하거나 서한으로 의견을 표시할 수 있다.

제82조 대통령의 국법상 행위는 문서로써 하며, 이 문서에는 국무총리와 관계 국무위원이 부서한다. 군사에 관한 것도 또한 같다.

제83조 대통령은 국무총리·국무위원·행정각부의 장 기타 법률이 정하는 공사의 직을 겸할 수 없다.

제84조 대통령은 내란 또는 외환의 죄를 범한 경우를 제외하고는 재직중 형사상의 소추를 받지 아니한다.

제85조 전직대통령의 신분과 예우에 관하여는 법률로 정한다.

제2절 행정부

제1관 국무총리와 국무위원

제86조 ①국무총리는 국회의 동의를 얻어 대통령이 임명한다.
②국무총리는 대통령을 보좌하며, 행정에 관하여 대통령의 명을 받아 행정각부를 통할한다.
③군인은 현역을 면한 후가 아니면 국무총리로 임명될 수 없다.

제87조 ①국무위원은 국무총리의 제청으로 대통령이 임명한다.
②국무위원은 국정에 관하여 대통령을 보좌하며, 국무회의의 구성원으로서 국정을 심의한다.
③국무총리는 국무위원의 해임을 대통령에게 건의할 수 있다.
④군인은 현역을 면한 후가 아니면 국무위원으로 임명될 수 없다.

제2관 국무회의

제88조 ①국무회의는 정부의 권한에 속하는 중요한 정책을 심의한다.
②국무회의는 대통령·국무총리와 15인 이상 30인 이하의 국무위원으로 구성한다.
③대통령은 국무회의의 의장이 되고, 국무총리는 부의장이 된다.

제89조 다음 사항은 국무회의의 심의를 거쳐야 한다.
1. 국정의 기본계획과 정부의 일반정책
2. 선전·강화 기타 중요한 대외정책
3. 헌법개정안·국민투표안·조약안·법률안 및 대통령령안
4. 예산안·결산·국유재산처분의 기본계획·국가의 부담이 될 계약 기타 재정에 관한 중요사항
5. 대통령의 긴급명령·긴급재정경제처분 및 명령 또는 계엄과 그 해제
6. 군사에 관한 중요사항
7. 국회의 임시회 집회의 요구
8. 영전수여
9. 사면·감형과 복권
10. 행정각부간의 권한의 획정
11. 정부안의 권한의 위임 또는 배정에 관한 기본계획
12. 국정처리상황의 평가·분석
13. 행정각부의 중요한 정책의 수립과 조정
14. 정당해산의 제소
15. 정부에 제출 또는 회부된 정부의 정책에 관계되는 청원의 심사
16. 검찰총장·합동참모의장·각군참모총장·국립대학교총장·대사 기타 법률이 정한 공무원과 국영기업체관리자의 임명
17. 기타 대통령·국무총리 또는 국무위원이 제출한 사항

제90조 ①국정의 중요한 사항에 관한 대통령의 자문에 응하기 위하여 국가원로로 구성되는 국가원로자문회의를 둘 수 있다.
②국가원로자문회의의 의장은 직전대통령이 된다. 다만, 직전대통령이 없을 때에는 대통령이 지명한다.
③국가원로자문회의의 조직·직무범위 기타 필요한 사항은 법률로 정한다.

제91조 ①국가안전보장에 관련되는 대외정책·군사정책과 국내정책의 수립에 관하여 국무회의의 심의에 앞서 대통령의 자문에 응하기 위하여 국가안전보장회의를 둔다.
②국가안전보장회의는 대통령이 주재한다.
③국가안전보장회의의 조직·직무범위 기타 필요한 사항은 법률로 정한다.

제92조 ①평화통일정책의 수립에 관한 대통령의 자문에 응하기 위하여 민주평화통일자문회의를 둘 수 있다.
②민주평화통일자문회의의 조직·직무범위 기타 필요한 사항은 법률로 정한다.

제93조 ①국민경제의 발전을 위한 중요정책의 수립에 관하여 대통령의 자문에 응하기 위하여 국민경제자문회의를 둘 수 있다.
②국민경제자문회의의 조직·직무범위 기타 필요한 사항은 법률로 정한다.

제3관 행정각부

제94조 행정각부의 장은 국무위원 중에서 국무총리의 제청으로 대통령이 임명한다

제95조 국무총리 또는 행정각부의 장은 소관사무에 관하여 법률이나 대통령령의 위임 또는 직권으로 총리령 또는 부령을 발할 수 있다.

제96조 행정각부의 설치·조직과 직무범위는 법률로 정한다.

제4관 감사원

제97조 국가의 세입·세출의 결산, 국가 및 법률이 정한 단체의 회계검사와 행정기관 및 공무원의 직무에 관한 감찰을 하기 위하여 대통령 소속하에 감사원을 둔다.

제98조 ①감사원은 원장을 포함한 5인 이상 11인 이하의 감사위원으로 구성한다.
②원장은 국회의 동의를 얻어 대통령이 임명하고, 그 임기는 4년으로 하며, 1차에 한하여 중임할 수 있다.
③감사위원은 원장의 제청으로 대통령이 임명하고, 그 임기는 4년으로 하며, 1차에 한하여 중임할 수 있다.

제99조 감사원은 세입·세출의 결산을 매년 검사하여 대통령과 차년도국회에 그 결과를 보고하여야 한다.

제100조 감사원의 조직·직무범위·감사위원의 자격·감사대상공무원의 범위 기타 필요한 사항은 법률로 정한다.

제5장 법원

제101조 ①사법권은 법관으로 구성된 법원에 속한다.
②법원은 최고법원인 대법원과 각급법원으로 조직된다.
③법관의 자격은 법률로 정한다.

제102조 ①대법원에 부를 둘 수 있다.
②대법원에 대법관을 둔다. 다만, 법률이 정하는 바에 의하여 대법관이 아닌 법관을 둘 수 있다.
③대법원과 각급법원의 조직은 법률로 정한다.

제103조 법관은 헌법과 법률에 의하여 그 양심에 따라 독립하여 심판한다.

제104조 ①대법원장은 국회의 동의를 얻어 대통령이 임명한다.
②대법관은 대법원장의 제청으로 국회의 동의를 얻어 대통령이 임명한다.
③대법원장과 대법관이 아닌 법관은 대법관회의의 동의를 얻어 대법원장이 임명한다.

제105조 ①대법원장의 임기는 6년으로 하며, 중임할 수 없다.
②대법관의 임기는 6년으로 하며, 법률이 정하는 바에 의하여 연임할 수 있다.
③대법원장과 대법관이 아닌 법관의 임기는 10년으로 하며, 법률이 정하는 바에 의하여 연임할 수 있다.
④법관의 정년은 법률로 정한다.

제106조 ①법관은 탄핵 또는 금고 이상의 형의 선고에 의하지 아니하고는 파면되지 아니하며, 징계처분에 의하지 아니하고는 정직·감봉 기타 불리한 처분을 받지 아니한다.
②법관이 중대한 심신상의 장해로 직무를 수행할 수 없을 때에는 법률이 정하는 바에 의하여 퇴직하게 할 수 있다.

제107조 ①법률이 헌법에 위반되는 여부가 재판의 전제가 된 경우에는 법원은 헌법재판소에 제청하여 그 심판에 의하여 재판한다.
②명령·규칙 또는 처분이 헌법이나 법률에 위반되는 여부가 재판의 전제가 된 경우에는 대법원은 이를 최종적으로 심사할 권한을 가진다.
③재판의 전심절차로서 행정심판을 할 수 있다. 행정심판의 절차는 법률로 정하되, 사법절차가 준용되어야 한다.

제108조 대법원은 법률에 저촉되지

아니하는 범위안에서 소송에 관한 절차, 법원의 내부규율과 사무처리에 관한 규칙을 제정할 수 있다.

제109조 재판의 심리와 판결은 공개한다. 다만, 심리는 국가의 안전보장 또는 안녕질서를 방해하거나 선량한 풍속을 해할 염려가 있을 때에는 법원의 결정으로 공개하지 아니할 수 있다.

제110조 ①군사재판을 관할하기 위하여 특별법원으로서 군사법원을 둘 수 있다.
②군사법원의 상고심은 대법원에서 관할한다.
③군사법원의 조직·권한 및 재판관의 자격은 법률로 정한다.
④비상계엄하의 군사재판은 군인·군무원의 범죄나 군사에 관한 간첩죄의 경우와 초병·초소·유독음식물공급·포로에 관한 죄중 법률이 정한 경우에 한하여 단심으로 할 수 있다. 다만, 사형을 선고한 경우에는 그러하지 아니하다.

제6장 헌법재판소

제111조 ①헌법재판소는 다음 사항을 관장한다.
1. 법원의 제청에 의한 법률의 위헌여부 심판
2. 탄핵의 심판
3. 정당의 해산 심판
4. 국가기관 상호간, 국가기관과 지방자치단체간 및 지방자치단체 상호간의 권한쟁의에 관한 심판
5. 법률이 정하는 헌법소원에 관한 심판

②헌법재판소는 법관의 자격을 가진 9인의 재판관으로 구성하며, 재판관은 대통령이 임명한다.
③제2항의 재판관중 3인은 국회에서 선출하는 자를, 3인은 대법원장이 지명하는 자를 임명한다.
④헌법재판소의 장은 국회의 동의를 얻어 재판관중에서 대통령이 임명한다.

제112조 ①헌법재판소 재판관의 임기는 6년으로 하며, 법률이 정하는 바에 의하여 연임할 수 있다.
②헌법재판소 재판관은 정당에 가입하거나 정치에 관여할 수 없다.
③헌법재판소 재판관은 탄핵 또는 금고 이상의 형의 선고에 의하지 아니하고는 파면되지 아니한다.

제113조 ①헌법재판소에서 법률의 위헌결정, 탄핵의 결정, 정당해산의 결정 또는 헌법소원에 관한 인용결정을 할 때에는 재판관 6인 이상의 찬성이 있어야 한다.
②헌법재판소는 법률에 저촉되지 아니하는 범위안에서 심판에 관한 절차, 내부규율과 사무처리에 관한 규칙을 제정할 수 있다.
③헌법재판소의 조직과 운영 기타 필요한 사항은 법률로 정한다.

제7장 선거관리

제114조 ①선거와 국민투표의 공정한 관리 및 정당에 관한 사무를 처리하기 위하여 선거관리위원회를 둔다.
②중앙선거관리위원회는 대통령이 임명하는 3인, 국회에서 선출하는 3인과 대법원장이 지명하는 3인의 위원으로 구성한다. 위원장은 위원중에서 호선한다.
③위원의 임기는 6년으로 한다.
④위원은 정당에 가입하거나 정치에 관여할 수 없다.
⑤위원은 탄핵 또는 금고 이상의 형의 선고에 의하지 아니하고는 파면되지 아니한다.
⑥중앙선거관리위원회는 법령의 범위안에서 선거관리·국민투표관리 또는 정당사무에 관한 규칙을 제정할 수 있

으며, 법률에 저촉되지 아니하는 범위 안에서 내부규율에 관한 규칙을 제정할 수 있다.
⑦각급 선거관리위원회의 조직·직무범위 기타 필요한 사항은 법률로 정한다.

제115조 ①각급 선거관리위원회는 선거인명부의 작성등 선거사무와 국민투표사무에 관하여 관계 행정기관에 필요한 지시를 할 수 있다.
②제1항의 지시를 받은 당해 행정기관은 이에 응하여야 한다.

제116조 ①선거운동은 각급 선거관리위원회의 관리하에 법률이 정하는 범위안에서 하되, 균등한 기회가 보장되어야 한다.
②선거에 관한 경비는 법률이 정하는 경우를 제외하고는 정당 또는 후보자에게 부담시킬 수 없다.

제8장 지방자치

제117조 ①지방자치단체는 주민의 복리에 관한 사무를 처리하고 재산을 관리하며, 법령의 범위안에서 자치에 관한 규정을 제정할 수 있다.
②지방자치단체의 종류는 법률로 정한다.

제118조 ①지방자치단체에 의회를 둔다.
②지방의회의 조직·권한·의원선거와 지방자치단체의 장의 선임방법 기타 지방자치단체의 조직과 운영에 관한 사항은 법률로 정한다.

제9장 경제

제119조 ①대한민국의 경제질서는 개인과 기업의 경제상의 자유와 창의를 존중함을 기본으로 한다.
②국가는 균형있는 국민경제의 성장 및 안정과 적정한 소득의 분배를 유지하고, 시장의 지배와 경제력의 남용을 방지하며, 경제주체간의 조화를 통한 경제의 민주화를 위하여 경제에 관한 규제와 조정을 할 수 있다.

제120조 ①광물 기타 중요한 지하자원·수산자원·수력과 경제상 이용할 수 있는 자연력은 법률이 정하는 바에 의하여 일정한 기간 그 채취·개발 또는 이용을 특허할 수 있다.
②국토와 자원은 국가의 보호를 받으며, 국가는 그 균형있는 개발과 이용을 위하여 필요한 계획을 수립한다.

제121조 ①국가는 농지에 관하여 경자유전의 원칙이 달성될 수 있도록 노력하여야 하며, 농지의 소작제도는 금지된다.
②농업생산성의 제고와 농지의 합리적인 이용을 위하거나 불가피한 사정으로 발생하는 농지의 임대차와 위탁경영은 법률이 정하는 바에 의하여 인정된다.

제122조 국가는 국민 모두의 생산 및 생활의 기반이 되는 국토의 효율적이고 균형있는 이용·개발과 보전을 위하여 법률이 정하는 바에 의하여 그에 관한 필요한 제한과 의무를 과할 수 있다.

제123조 ①국가는 농업 및 어업을 보호·육성하기 위하여 농·어촌종합개발과 그 지원등 필요한 계획을 수립·시행하여야 한다.
②국가는 지역간의 균형있는 발전을 위하여 지역경제를 육성할 의무를 진다.
③국가는 중소기업을 보호·육성하여야 한다.
④국가는 농수산물의 수급균형과 유통구조의 개선에 노력하여 가격안정을

도모함으로써 농·어민의 이익을 보호한다.
⑤국가는 농·어민과 중소기업의 자조조직을 육성하여야 하며, 그 자율적 활동과 발전을 보장한다.

제124조 국가는 건전한 소비행위를 계도하고 생산품의 품질향상을 촉구하기 위한 소비자보호운동을 법률이 정하는 바에 의하여 보장한다.

제125조 국가는 대외무역을 육성하며, 이를 규제·조정할 수 있다.

제126조 국방상 또는 국민경제상 긴절한 필요로 인하여 법률이 정하는 경우를 제외하고는, 사영기업을 국유 또는 공유로 이전하거나 그 경영을 통제 또는 관리할 수 없다.

제127조 ①국가는 과학기술의 혁신과 정보 및 인력의 개발을 통하여 국민경제의 발전에 노력하여야 한다.
②국가는 국가표준제도를 확립한다.
③대통령은 제1항의 목적을 달성하기 위하여 필요한 자문기구를 둘 수 있다.

제10장 헌법개정

제128조 ①헌법개정은 국회재적의원 과반수 또는 대통령의 발의로 제안된다.
②대통령의 임기연장 또는 중임변경을 위한 헌법개정은 그 헌법개정 제안 당시의 대통령에 대하여는 효력이 없다.
제129조 제안된 헌법개정안은 대통령이 20일 이상의 기간 이를 공고하여야 한다.

제129조 제안된 헌법개정안은 대통령이 20일 이상의 기간 이를 공고하여야 한다.

제130조 ①국회는 헌법개정안이 공고 된 날로부터 60일 이내에 의결하여야 하며, 국회의 의결은 재적의원 3분의 2 이상의 찬성을 얻어야 한다.
②헌법개정안은 국회가 의결한 후 30일 이내에 국민투표에 붙여 국회의원선거권자 과반수의 투표와 투표자 과반수의 찬성을 얻어야 한다.
③헌법개정안이 제2항의 찬성을 얻은 때에는 헌법개정은 확정되며, 대통령은 즉시 이를 공포하여야 한다.

부칙

<제10호, 1987.10.29>

제1조 이 헌법은 1988년 2월 25일부터 시행한다. 다만, 이 헌법을 시행하기 위하여 필요한 법률의 제정·개정과 이 헌법에 의한 대통령 및 국회의원의 선거 기타 이 헌법시행에 관한 준비는 이 헌법시행 전에 할 수 있다.

제2조 ①이 헌법에 의한 최초의 대통령선거는 이 헌법시행일 40일 전까지 실시한다.
②이 헌법에 의한 최초의 대통령의 임기는 이 헌법시행일로부터 개시한다.

제3조 ①이 헌법에 의한 최초의 국회의원선거는 이 헌법공포일로부터 6월 이내에 실시하며, 이 헌법에 의하여 선출된 최초의 국회의원의 임기는 국회의원선거후 이 헌법에 의한 국회의 최초의 집회일로부터 개시한다.
②이 헌법공포 당시의 국회의원의 임기는 제1항에 의한 국회의 최초의 집회일 전일까지로 한다.

제4조 ①이 헌법시행 당시의 공무원과 정부가 임명한 기업체의 임원은 이 헌법에 의하여 임명된 것으로 본다. 다만, 이 헌법에 의하여 선임방법이나 임명권자가 변경된 공무원과 대법원장

및 감사원장은 이 헌법에 의하여 후임자가 선임될 때까지 그 직무를 행하며, 이 경우 전임자인 공무원의 임기는 후임자가 선임되는 전일까지로 한다.
②이 헌법시행 당시의 대법원장과 대법원판사가 아닌 법관은 제1항 단서의 규정에 불구하고 이 헌법에 의하여 임명된 것으로 본다.
③이 헌법중 공무원의 임기 또는 중임제한에 관한 규정은 이 헌법에 의하여 그 공무원이 최초로 선출 또는 임명된 때로부터 적용한다.

제5조 이 헌법시행 당시의 법령과 조약은 이 헌법에 위배되지 아니하는 한 그 효력을 지속한다.

제6조 이 헌법시행 당시에 이 헌법에 의하여 새로 설치될 기관의 권한에 속하는 직무를 행하고 있는 기관은 이 헌법에 의하여 새로운 기관이 설치될 때까지 존속하며 그 직무를 행한다.

지방자치법

[시행 2011. 10. 15]
[법률 제10827호, 2011. 7.14, 일부개정]

제1장 총강(總綱)

제1절 총칙

제1조【목적】 이 법은 지방자치단체의 종류와 조직 및 운영에 관한 사항을 정하고, 국가와 지방자치단체 사이의 기본적인 관계를 정함으로써 지방자치행정을 민주적이고 능률적으로 수행하고, 지방을 균형있게 발전시키며, 대한민국을 민주적으로 발전시키려는 것을 목적으로 한다.

제2조【지방자치단체의 종류】 ①지방자치단체는 다음의 두 가지 종류로 구분한다.

1. 특별시, 광역시, 도, 특별자치도
2. 시, 군, 구

②지방자치단체인 구(이하 "자치구"라 한다)는 특별시와 광역시의 관할 구역 안의 구만을 말하며, 자치구의 자치권의 범위는 법령으로 정하는 바에 따라 시·군과 다르게 할 수 있다.
③제1항의 지방자치단체 외에 특정한 목적을 수행하기 위하여 필요하면 따로 특별지방자치단체를 설치할 수 있다.
④특별지방자치단체의 설치·운영에 관하여 필요한 사항은 대통령령으로 정한다.

제3조【지방자치단체의 법인격과 관할】 ①지방자치단체는 법인으로 한다.
②특별시, 광역시, 도, 특별자치도(이하 "시·도"라 한다)는 정부의 직할(直轄)로 두고, 시는 도의 관할 구역 안에, 군은 광역시나 도의 관할 구역 안에 두며, 자치구는 특별시와 광역시의 관할 구역 안에 둔다.
③특별시 또는 광역시가 아닌 인구 50만 이상의 시에는 자치구가 아닌 구를 둘 수 있고, 군에는 읍·면을 두며, 시와 구(자치구를 포함한다)에는 동을, 읍·면에는 리를 둔다.
④제7조제2항에 따라 설치된 시에는 도시의 형태를 갖춘 지역에는 동을, 그 밖의 지역에는 읍·면을 두되, 자치구가 아닌 구를 둘 경우에는 그 구에 읍·면·동을 둘 수 있다.

제2절 지방자치단체의 관할 구역

제4조【지방자치단체의 명칭과 구역】 ①지방자치단체의 명칭과 구역은 종전과 같이 하고, 명칭과 구역을 바꾸거나 지방자치단체를 폐지하거나 설치하거나 나누거나 합칠 때에는 법률로 정한다. 다만, 지방자치단체의 관할 구역 경계변경과 한자 명칭의 변경은 대통령령으로 정한다. <개정 2009.4.1>
②제1항에 따라 지방자치단체를 폐지하거나 설치하거나 나누거나 합칠 때 또는 그 명칭이나 구역을 변경할 때에는 관계 지방자치단체의 의회(이하 "지방의회"라 한다)의 의견을 들어야 한다. 다만, 「주민투표법」 제8조에 따라 주민투표를 한 경우에는 그러하지 아니하다.
③제1항에도 제1항에도 불구하고 다음 각 호의 지역이 속할 지방자치단체는 제4항부터 제7항까지의 규정에 따라 행정안전부장관이 결정한다. <개정 2009.4.1, 2010.4.15, 2011.7.14>

1. 「공유수면 관리 및 매립에 관한 법률」에 따른 매립지
2. 「측량·수로조사 및 지적에 관한 법률」 제2조제19호의 지적공부(이하

"지적공부"라 한다)에 등록이 누락되어 있는 토지
④제3항제1호의 경우에는 「공유수면 관리 및 매립에 관한 법률」 제28조에 따른 면허관청 또는 관련 지방자치단체의 장이 같은 법 제45조에 따른 준공검사 전에, 제3항제2호의 경우에는 「측량·수로조사 및 지적에 관한 법률」 제2조제18호에 따른 소관청(이하 "지적소관청"이라 한다)이 지적공부에 등록하기 전에 각각 행정안전부장관에게 해당 지역이 속할 지방자치단체의 결정을 신청하여야 한다. 이 경우 제3항제1호에 따른 매립지의 매립면허를 받은 자는 면허관청에 해당 매립지가 속할 지방자치단체의 결정 신청을 요구할 수 있다. <개정 2009.4.1, 2010.4..15, 2011.7.14>
⑤행정안전부장관은 제4항에 따른 신청을 받은 후 지체 없이 그 사실을 20일 이상 관보나 인터넷 등의 방법으로 널리 알려야 한다. 이 경우 알리는 방법, 의견의 제출 등에 관하여는 「행정절차법」 제42조·제44조 및 제45조를 준용한다. <개정 2009.4.1>
⑥행정안전부장관은 제5항에 따른 기간이 끝난 후 제149조에 따른 지방자치단체중앙분쟁조정위원회(이하 이 조에서 "위원회"라 한다)의 심의·의결에 따라 제3항 각 호의 지역이 속할 지방자치단체를 결정하고, 그 결과를 면허관청이나 지적소관청, 관계 지방자치단체의 장 등에게 통보하고 공고하여야 한다. <개정 2009.4.1>
⑦위원회의 위원장은 제6항에 따른 심의과정에서 필요하다고 인정되면 관계 중앙행정기관 및 지방자치단체의 공무원 또는 관련 전문가를 출석시켜 의견을 듣거나 관계 기관이나 단체에 자료 및 의견 제출 등을 요구할 수 있다. 이 경우 관계 지방자치단체의 장에게는 의견을 진술할 기회를 주어야 한다. <신설 2009.4.1>
⑧관계 지방자치단체의 장은 제3항부터 제7항까지의 규정에 따른 행정안전부장관의 결정에 이의가 있으면 그 결과를 통보받은 날부터 15일 이내에 대법원에 소송을 제기할 수 있다. <신설 2009.4.1>
⑨행정안전부장관은 제8항에 따라 대법원의 인용결정이 있으면 그 취지에 따라 다시 결정하여야 한다. <신설 2009.4.1>

제4조의2 【자치구가 아닌 구와 읍·면·동 등의 명칭과 구역】 ①자치구가 아닌 구와 읍·면·동의 명칭과 구역은 종전과 같이 하고, 이를 폐지하거나 설치하거나 나누거나 합칠 때에는 행정안전부장관의 승인을 받아 그 지방자치단체의 조례로 정한다. 다만, 명칭과 구역의 변경은 그 지방자치단체의 조례로 정하고, 그 결과를 특별시장·광역시장·도지사에게 보고하여야 한다.
②리의 구역은 자연 촌락을 기준으로 하되, 그 명칭과 구역은 종전과 같이 하고, 명칭과 구역을 변경하거나 리를 폐지하거나 설치하거나 나누거나 합칠 때에는 그 지방자치단체의 조례로 정한다.
③인구 감소 등 행정여건 변화로 인하여 필요한 경우 그 지방자치단체의 조례로 정하는 바에 따라 2개 이상의 면을 하나의 면으로 운영하는 등 행정 운영상 면(이하 "행정면"이라 한다)을 따로 둘 수 있다.
④동·리에서는 행정 능률과 주민의 편의를 위하여 그 지방자치단체의 조례로 정하는 바에 따라 하나의 동·리를 2개 이상의 동·리로 운영하거나 2개 이상의 동·리를 하나의 동·리로 운영하는 등 행정 운영상 동·리(이하 "행정동·리"라 한다)를 따로 둘 수 있다.
⑤행정동·리에 그 지방자치단체의 조례로 정하는 바에 따라 하부 조직을 둘 수 있다.

[본조신설 2009.4.1]

제5조 【구역을 변경하거나 폐지·분합할 때의 사무와 재산의 승계】 ①지방자치단체의 구역을 변경하거나 지방자치단체를 폐지하거나 설치하거나 나누거나 합칠 때에는 새로 그 지역을 관할하게 된 지방자치단체가 그 사무와 재산을 승계한다.
②제1항의 경우에 지역에 의하여 지방자치단체의 사무와 재산을 구분하기 곤란하면 시·도에서는 행정안전부장관이, 시·군 및 자치구에서는 특별시장·광역시장·도지사·특별자치도지사(이하 "시·도지사"라 한다)가 그 사무와 재산의 한계 및 승계할 지방자치단체를 지정한다. <개정 2008.2.29, 2009.4.1>

제6조 【사무소의 소재지】 ①지방자치단체의 사무소의 소재지와 자치구가 아닌 구 및 읍·면·동의 사무소의 소재지는 종전과 같이 하고, 이를 변경하거나 새로 설정하려면 지방자치단체의 조례로 정한다. 이 경우 면·동은 제4조의2제3항 및 제4항에 따른 행정면(行政面)·행정동(行政洞)을 말한다.
<개정 2009.4.1>
②제1항의 조례는 그 지방의회의 재적의원 과반수의 찬성을 받아야 한다.

제7조 【시·읍의 설치기준 등】 ①시는 그 대부분이 도시의 형태를 갖추고 인구 5만 이상이 되어야 한다.
②다음 각 호의 어느 하나에 해당하는 지역은 도농(都農) 복합형태의 시로 할 수 있다.
1. 제1항에 따라 설치된 시와 군을 통합한 지역
2. 인구 5만 이상의 도시 형태를 갖춘 지역이 있는 군
3. 인구 2만 이상의 도시 형태를 갖춘 2개 이상의 지역의 인구가 5만 이상인 군. 이 경우 군의 인구가 15만 이상으로서 대통령령으로 정하는 요건을 갖추어야 한다.
4. 국가의 정책으로 인하여 도시가 형성되고, 제115조에 따라 도의 출장소가 설치된 지역으로서 그 지역의 인구가 3만 이상이고, 인구 15만 이상의 도농 복합형태의 시의 일부인 지역

③읍은 그 대부분이 도시의 형태를 갖추고 인구 2만 이상이 되어야 한다. 다만, 다음 각 호의 어느 하나에 해당하면 인구 2만 미만인 경우에도 읍으로 할 수 있다.
1. 군사무소 소재지의 면
2. 읍이 없는 도농 복합형태의 시에서 그 면 중 1개 면

④시·읍의 설치에 관한 세부기준은 대통령령으로 정한다.

제3절 지방자치단체의 기능과 사무

제8조 【사무처리의 기본원칙】 ①지방자치단체는 그 사무를 처리할 때 주민의 편의와 복리증진을 위하여 노력하여야 한다.
②지방자치단체는 조직과 운영을 합리적으로 하고 그 규모를 적정하게 유지하여야 한다.
③지방자치단체는 법령이나 상급 지방자치단체의 조례를 위반하여 그 사무를 처리할 수 없다.

제9조 【지방자치단체의 사무범위】
①지방자치단체는 관할 구역의 자치사무와 법령에 따라 지방자치단체에 속하는 사무를 처리한다.
②제1항에 따른 지방자치단체의 사무를 예시하면 다음 각 호와 같다. 다만, 법률에 이와 다른 규정이 있으면 그러하지 아니하다. <개정 2007.5.17, 2011.7.14>
1. 지방자치단체의 구역, 조직, 행정관리 등에 관한 사무

가. 관할 구역 안 행정구역의 명칭·위치 및 구역의 조정
나. 조례·규칙의 제정·개정·폐지 및 그 운영·관리
다. 산하(傘下) 행정기관의 조직관리
라. 산하 행정기관 및 단체의 지도·감독
마. 소속 공무원의 인사·후생복지 및 교육
바. 지방세 및 지방세 외 수입의 부과 및 징수
사. 예산의 편성·집행 및 회계감사와 재산관리
아. 행정장비관리, 행정전산화 및 행정관리개선
자. 공유재산관리(公有財産管理)
차. 가족관계등록 및 주민등록 관리
카. 지방자치단체에 필요한 각종 조사 및 통계의 작성

2. 주민의 복지증진에 관한 사무
가. 주민복지에 관한 사업
나. 사회복지시설의 설치·운영 및 관리
다. 생활이 곤궁(困窮)한 자의 보호 및 지원
라. 노인·아동·심신장애인·청소년 및 여성의 보호와 복지증진
마. 보건진료기관의 설치·운영
바. 전염병과 그 밖의 질병의 예방과 방역
사. 묘지·화장장(火葬場) 및 납골당의 운영·관리
아. 공중접객업소의 위생을 개선하기 위한 지도
자. 청소, 오물의 수거 및 처리
차. 지방공기업의 설치 및 운영

3. 농림·상공업 등 산업 진흥에 관한 사무
가. 소류지(소유지)·보(洑) 등 농업용수시설의 설치 및 관리
나. 농산물·임산물·축산물·수산물의 생산 및 유통지원
다. 농업자재의 관리
라. 복합영농의 운영·지도
마. 농업 외 소득사업의 육성·지도
바. 농가 부업의 장려
사. 공유림 관리
아. 소규모 축산 개발사업 및 낙농 진흥사업
자. 가축전염병 예방
차. 지역산업의 육성·지원
카. 소비자 보호 및 저축 장려
타. 중소기업의 육성
파. 지역특화산업의 개발과 육성·지원
하. 우수토산품 개발과 관광민예품 개발

4. 지역개발과 주민의 생활환경시설의 설치·관리에 관한 사무
가. 지역개발사업
나. 지방 토목·건설사업의 시행
다. 도시계획사업의 시행
라. 지방도(地方道), 시군도의 신설·개수(改修) 및 유지
마. 주거생활환경 개선의 장려 및 지원
바. 농촌주택 개량 및 취락구조 개선
사. 자연보호활동
아. 지방1급하천, 지방2급하천 및 소하천의 관리
자. 상수도·하수도의 설치 및 관리
차. 간이급수시설의 설치 및 관리
카. 도립공원·군립공원 및 도시공원, 녹지 등 관광·휴양시설의 설치 및 관리
타. 지방 궤도사업의 경영
파. 주차장·교통표지 등 교통편의시설의 설치 및 관리
하. 재해대책의 수립 및 집행
거. 지역경제의 육성 및 지원

5. 교육·체육·문화·예술의 진흥에 관한 사무
가. 유아원·유치원·초등학교·중학

교·고등학교 및 이에 준하는 각종 학교의 설치·운영·지도
나. 도서관·운동장·광장·체육관·박물관·공연장·미술관·음악당 등 공공교육·체육·문화시설의 설치 및 관리
다. 지방문화재의 지정·보존 및 관리
라. 지방문화·예술의 진흥
마. 지방문화·예술단체의 육성
6. 지역민방위 및 소방에 관한 사무
가. 지역 및 직장 민방위조직(의용소방대를 포함한다)의 편성과 운영 및 지도·감독
나. 지역의 화재예방 · 경계 · 진압 · 조사 및 구조 · 구급

제10조 【지방자치단체의 종류별 사무배분기준】 ①제9조에 따른 지방자치단체의 사무를 지방자치단체의 종류별로 배분하는 기준은 다음 각 호와 같다. 다만, 제9조제2항제1호의 사무는 각 지방자치단체에 공통된 사무로 한다.

1. 시·도
가. 행정처리 결과가 2개 이상의 시·군 및 자치구에 미치는 광역적 사무
나. 시·도 단위로 동일한 기준에 따라 처리되어야 할 성질의 사무
다. 지역적 특성을 살리면서 시·도 단위로 통일성을 유지할 필요가 있는 사무
라. 국가와 시·군 및 자치구 사이의 연락·조정 등의 사무
마. 시·군 및 자치구가 독자적으로 처리하기에 부적당한 사무
바. 2개 이상의 시·군 및 자치구가 공동으로 설치하는 것이 적당하다고 인정되는 규모의 시설을 설치하고 관리하는 사무
2. 시·군 및 자치구제1호에서 시·도가 처리하는 것으로 되어 있는 사무를 제외한 사무. 다만, 인구 50만 이상의 시에 대하여는 도가 처리하는 사무의 일부를 직접 처리하게 할 수 있다.

②제1항의 배분기준에 따른 지방자치단체의 종류별 사무는 대통령령으로 정한다.

③시·도와 시·군 및 자치구는 사무를 처리할 때 서로 경합하지 아니하도록 하여야 하며, 사무가 서로 경합하면 시·군 및 자치구에서 먼저 처리한다.

제11조 【국가사무의 처리제한】 지방자치단체는 다음 각 호에 해당하는 국가사무를 처리할 수 없다. 다만, 법률에 이와 다른 규정이 있는 경우에는 국가사무를 처리할 수 있다.

1. 외교, 국방, 사법(司法), 국세 등 국가의 존립에 필요한 사무
2. 물가정책, 금융정책, 수출입정책 등 전국적으로 통일적 처리를 요하는 사무
3. 농산물·임산물·축산물·수산물 및 양곡의 수급조절과 수출입 등 전국적 규모의 사무
4. 국가종합경제개발계획, 국가하천, 국유림, 국토종합개발계획, 지정항만, 고속국도·일반국도, 국립공원 등 전국적 규모나 이와 비슷한 규모의 사무
5. 근로기준, 측량단위 등 전국적으로 기준을 통일하고 조정하여야 할 필요가 있는 사무
6. 우편, 철도 등 전국적 규모나 이와 비슷한 규모의 사무
7. 고도의 기술을 요하는 검사·시험·연구, 항공관리, 기상행정, 원자력개발 등 지방자치단체의 기술과 재정능력으로 감당하기 어려운 사무

제2장 주민

제12조 【주민의 자격】 지방자치단

체의 구역 안에 주소를 가진 자는 그 지방자치단체의 주민이 된다.

제13조 【주민의 권리】 ①주민은 법령으로 정하는 바에 따라 소속 지방자치단체의 재산과 공공시설을 이용할 권리와 그 지방자치단체로부터 균등하게 행정의 혜택을 받을 권리를 가진다.
②국민인 주민은 법령으로 정하는 바에 따라 그 지방자치단체에서 실시하는 지방의회의원과 지방자치단체의 장의 선거(이하 "지방선거"라 한다)에 참여할 권리를 가진다.

제14조 【주민투표】 ①지방자치단체의 장은 주민에게 과도한 부담을 주거나 중대한 영향을 미치는 지방자치단체의 주요 결정사항 등에 대하여 주민투표에 부칠 수 있다.
②주민투표의 대상·발의자·발의요건, 그 밖에 투표절차 등에 관한 사항은 따로 법률로 정한다.

제15조 【조례의 제정과 개폐 청구】 ①19세 이상의 주민으로서 다음 각 호의 어느 하나에 해당하는 사람(「공직선거법」 제18조에 따른 선거권이 없는 자는 제외한다. 이하 이 조 및 제16조에서 "19세 이상의 주민"이라 한다)은 시·도와 제175조에 따른 인구 50만 이상 대도시에서는 19세 이상 주민 총수의 100분의 1 이상 70분의 1 이하, 시·군 및 자치구에서는 19세 이상 주민 총수의 50분의 1 이상 20분의 1 이하의 범위에서 지방자치단체의 조례로 정하는 19세 이상의 주민 수 이상의 연서(連署)로 해당 지방자치단체의 장에게 조례를 제정하거나 개정하거나 폐지할 것을 청구할 수 있다. <개정 2009.4.1>

1. 해당 지방자치단체의 관할 구역에 주민등록이 되어 있는 사람
2. 「재외동포의 출입국과 법적 지위에 관한 법률」 제6조제1항에 따라 해당 지방자치단체의 국내거소신고인명부에 올라 있는 국민
3. 「출입국관리법」 제10조에 따른 영주의 체류자격 취득일 후 3년이 경과한 외국인으로서 같은 법 제34조에 따라 해당 지방자치단체의 외국인등록대장에 올라 있는 사람

②다음 각 호의 사항은 제1항에 따른 청구대상에서 제외한다. <신설 2009.4.1>

1. 법령을 위반하는 사항
2. 지방세·사용료·수수료·부담금의 부과·징수 또는 감면에 관한 사항
3. 행정기구를 설치하거나 변경하는 것에 관한 사항이나 공공시설의 설치를 반대하는 사항

③지방자치단체의 19세 이상의 주민이 제1항에 따라 조례를 제정하거나 개정하거나 폐지할 것을 청구하려면 청구인의 대표자를 선정하여 청구인명부에 적어야 하며, 청구인의 대표자는 조례의 제정안·개정안 및 폐지안(이하 "주민청구조례안"이라 한다)을 작성하여 제출하여야 한다. <개정 2009.4.1, 2011.7.14>
④지방자치단체의 장은 제1항에 따른 청구를 받으면 청구를 받은 날부터 5일 이내에 그 내용을 공표하여야 하며, 청구를 공표한 날부터 10일간 청구인명부나 그 사본을 공개된 장소에 갖추어두어 열람할 수 있도록 하여야 한다. <개정 2009.4.1>
⑤청구인명부의 서명에 관하여 이의가 있는 자는 제4항에 따른 열람기간에 해당 지방자치단체의 장에게 이의를 신청할 수 있다. <개정 2009.4.1>
⑥지방자치단체의 장은 제5항에 따른 이의신청을 받으면 제4항에 따른 열람기간이 끝난 날부터 14일 이내에 심사·결정하되, 그 신청이 이유 있다고 결정한 때에는 청구인명부를 수정하

고, 이를 이의신청을 한 자와 제3항에 따른 청구인의 대표자에게 알려야 하며, 그 이의신청이 이유 없다고 결정한 때에는 그 뜻을 즉시 이의신청을 한 자에게 알려야 한다.
<개정 2009.4.1>

⑦지방자치단체의 장은 제5항에 따른 이의신청이 없는 경우 또는 제5항에 따라 제기된 모든 이의신청에 대하여 제6항에 따른 결정이 끝난 경우 제1항 및 제2항에 따른 요건을 갖춘 때에는 청구를 수리하고, 그러하지 아니한 때에는 청구를 각하하되, 수리 또는 각하 사실을 청구인의 대표자에게 알려야 한다. <개정 2009.4.1>

⑧지방자치단체의 장은 제7항에 따라 청구를 각하하려면 청구인의 대표자에게 의견을 제출할 기회를 주어야 한다. <개정 2009.4.1>

⑨지방자치단체의 장은 제7항에 따라 청구를 수리한 날부터 60일 이내에 주민청구조례안을 지방의회에 부의하여야 하며, 그 결과를 청구인의 대표자에게 알려야 한다. <개정 2009.4.1, 2011.7.14>

⑩제1항에 따른 19세 이상의 주민 총수는 전년도 12월 31일 현재의 주민등록표 및 재외국민국내거소신고표, 외국인등록표에 의하여 산정한다.
<개정 2009.4.1>

⑪조례의 제정·개정 및 폐지 청구에 관하여 그 밖에 필요한 사항은 대통령령으로 정한다. <개정 2009.4.1>

제15조의2【주민청구조례안의 심사절차】 ①지방자치단체의 장은 제15조에 따라 청구된 주민청구조례안에 대하여 의견이 있으면 제15조제9항에 따라 주민청구조례안을 지방의회에 부의할 때 그 의견을 첨부할 수 있다.

②지방의회는 심사 안건으로 부쳐진 주민청구조례안을 의결하기 전에 청구인의 대표자를 회의에 참석시켜 그 청구취지(청구인의 대표자와의 질의·답변을 포함한다)를 들을 수 있다.

③제2항에 따른 주민청구조례안의 심사절차에 관하여 필요한 사항은 지방의회 회의규칙으로 정한다.
[본조신설 2011.7.14]

제16조【주민의 감사청구】 ①지방자치단체의 19세 이상의 주민은 시·도는 500명, 제175조에 따른 인구 50만 이상 대도시는 300명, 그 밖의 시·군 및 자치구는 200명을 넘지 아니하는 범위에서 그 지방자치단체의 조례로 정하는 19세 이상의 주민 수 이상의 연서(連署)로, 시·도에서는 주무부장관에게, 시·군 및 자치구에서는 시·도지사에게 그 지방자치단체와 그 장의 권한에 속하는 사무의 처리가 법령에 위반되거나 공익을 현저히 해친다고 인정되면 감사를 청구할 수 있다. 다만, 다음 각 호의 어느 하나에 해당하는 사항은 감사청구의 대상에서 제외한다.

1. 수사나 재판에 관여하게 되는 사항
2. 개인의 사생활을 침해할 우려가 있는 사항
3. 다른 기관에서 감사하였거나 감사 중인 사항. 다만, 다른 기관에서 감사한 사항이라도 새로운 사항이 발견되거나 중요 사항이 감사에서 누락된 경우와 제17조제1항에 따라 주민소송의 대상이 되는 경우에는 그러하지 아니하다.
4. 동일한 사항에 대하여 제17조제2항 각 호의 어느 하나에 해당하는 소송이 진행 중이거나 그 판결이 확정된 사항

②제1항에 따른 청구는 사무처리가 있었던 날이나 끝난 날부터 2년이 지나면 제기할 수 없다.

③주무부장관이나 시·도지사는 감사청구를 수리한 날부터 60일 이내에 감사

청구된 사항에 대하여 감사를 끝내야 하며, 감사결과를 청구인의 대표자와 해당 지방자치단체의 장에게 서면으로 알리고, 공표하여야 한다. 다만, 그 기간에 감사를 끝내기가 어려운 정당한 사유가 있으면 그 기간을 연장할 수 있다. 이 경우 이를 미리 청구인의 대표자와 해당 지방자치단체의 장에게 알리고, 공표하여야 한다.

④주무부장관이나 시·도지사는 주민이 감사를 청구한 사항이 다른 기관에서 이미 감사한 사항이거나 감사 중인 사항이면 그 기관에서 실시한 감사결과 또는 감사 중인 사실과 감사가 끝난 후 그 결과를 알리겠다는 사실을 청구인의 대표자와 해당 기관에 알려야 한다.

⑤주무부장관이나 시·도지사는 주민 감사청구를 처리(각하를 포함한다)할 때 청구인의 대표자에게 반드시 증거 제출 및 의견 진술의 기회를 주어야 한다. <개정 2011.7.14>

⑥주무부장관이나 시·도지사는 제3항에 따른 감사결과에 따라 기간을 정하여 해당 지방자치단체의 장에게 필요한 조치를 요구할 수 있다. 이 경우 그 지방자치단체의 장은 이를 성실히 이행하여야 하고 그 조치결과를 지방의회와 주무부장관 또는 시·도지사에게 보고하여야 한다.

⑦주무부장관이나 시·도지사는 제6항에 따른 조치요구내용과 지방자치단체의 장의 조치결과를 청구인의 대표자에게 서면으로 알리고, 공표하여야 한다.

⑧그 밖에 19세 이상의 주민의 감사청구에 관하여 필요한 사항은 대통령령으로 정한다.

⑨19세 이상의 주민의 감사청구에 관하여는 제15조제3항부터 제7항까지의 규정을 준용한다. 이 경우 "조례를 제정하거나 개정하거나 폐지할 것을"은 "감사를"로, "지방자치단체의 장"은 "주무부장관이나 시·도지사"로 본다. <개정 2009.4.1>

제17조【주민소송】 ①제16조제1항에 따라 공금의 지출에 관한 사항, 재산의 취득·관리·처분에 관한 사항, 해당 지방자치단체를 당사자로 하는 매매·임차·도급 계약이나 그 밖의 계약의 체결·이행에 관한 사항 또는 지방세·사용료·수수료·과태료 등 공금의 부과·징수를 게을리한 사항을 감사청구한 주민은 다음 각 호의 어느 하나에 해당하는 경우에 그 감사청구한 사항과 관련이 있는 위법한 행위나 업무를 게을리 한 사실에 대하여 해당 지방자치단체의 장(해당 사항의 사무처리에 관한 권한을 소속 기관의 장에게 위임한 경우에는 그 소속 기관의 장을 말한다. 이하 이 조에서 같다)을 상대방으로 하여 소송을 제기할 수 있다.

1. 주무부장관이나 시·도지사가 감사청구를 수리한 날부터 60일(제16조제3항 단서에 따라 감사기간이 연장된 경우에는 연장기간이 끝난 날을 말한다)이 지나도 감사를 끝내지 아니한 경우
2. 제16조제3항 및 제4항에 따른 감사결과 또는 제16조제6항에 따른 조치요구에 불복하는 경우
3. 제16조제6항에 따른 주무부장관이나 시·도지사의 조치요구를 지방자치단체의 장이 이행하지 아니한 경우
4. 제16조제6항에 따른 지방자치단체의 장의 이행 조치에 불복하는 경우

②제1항에 따라 주민이 제기할 수 있는 소송은 다음 각 호와 같다.

1. 해당 행위를 계속하면 회복하기 곤란한 손해를 발생시킬 우려가 있는 경우에는 그 행위의 전부나 일부를 중지할 것을 요구하는 소송
2. 행정처분인 해당 행위의 취소 또는 변경을 요구하거나 그 행위의 효력 유무 또는 존재 여부의 확인을 요구하는 소송

3. 게을리한 사실의 위법 확인을 요구하는 소송

4. 해당 지방자치단체의 장 및 직원, 지방의회의원, 해당 행위와 관련이 있는 상대방에게 손해배상청구 또는 부당이득반환청구를 할 것을 요구하는 소송. 다만, 그 지방자치단체의 직원이 「지방재정법」 제94조나 「회계관계직원 등의 책임에 관한 법률」 제4조에 따른 변상책임을 져야 하는 경우에는 변상명령을 할 것을 요구하는 소송을 말한다.

③제2항제1호의 중지청구소송은 해당 행위를 중지할 경우 생명이나 신체에 중대한 위해가 생길 우려가 있거나 그 밖에 공공복리를 현저하게 저해할 우려가 있으면 제기할 수 없다.

④제2항에 따른 소송은 다음 각 호의 어느 하나에 해당하는 날부터 90일 이내에 제기하여야 한다.

1. 제1항제1호의 경우 : 해당 60일이 끝난 날(제16조제3항 단서에 따라 감사기간이 연장된 경우에는 연장기간이 끝난 날을 말한다)

2. 제1항제2호의 경우 : 해당 감사결과나 조치요구내용에 대한 통지를 받은 날

3. 제1항제3호의 경우 : 해당 조치를 요구할 때에 지정한 처리기간이 끝난 날

4. 제1항제4호의 경우 : 해당 이행조치결과에 대한 통지를 받은 날

⑤제2항 각 호의 소송이 진행 중이면 다른 주민은 같은 사항에 대하여 별도의 소송을 제기할 수 없다.

⑥소송의 계속(繫屬) 중에 소송을 제기한 주민이 사망하거나 제12조에 따른 주민의 자격을 잃으면 소송절차는 중단된다. 소송대리인이 있는 경우에도 또한 같다.

⑦감사청구에 연서한 다른 주민은 제6항에 따른 사유가 발생한 사실을 안 날부터 6개월 이내에 소송절차를 수계(受繼)할 수 있다. 이 기간에 수계절차가 이루어지지 아니할 경우 그 소송절차는 종료된다.

⑧법원은 제6항에 따라 소송이 중단되면 감사청구에 연서한 다른 주민에게 소송절차를 중단한 사유와 소송절차 수계방법을 지체 없이 알려야 한다. 이 경우 법원은 감사청구에 적힌 주소로 통지서를 우편으로 보낼 수 있고, 우편물이 통상 도달할 수 있을 때에 감사청구에 연서한 다른 주민은 제6항의 사유가 발생한 사실을 안 것으로 본다.

⑨제2항에 따른 소송은 해당 지방자치단체의 사무소 소재지를 관할하는 행정법원(행정법원이 설치되지 아니한 지역에서는 행정법원의 권한에 속하는 사건을 관할하는 지방법원본원을 말한다)의 관할로 한다.

⑩해당 지방자치단체의 장은 제2항제1호부터 제3호까지의 규정에 따른 소송이 제기된 경우 그 소송 결과에 따라 권리나 이익의 침해를 받을 제3자가 있으면 그 제3자에 대하여, 제2항제4호에 따른 소송이 제기된 경우 그 직원, 지방의회의원 또는 상대방에 대하여 소송고지를 하여 줄 것을 법원에 신청하여야 한다.

⑪제2항제4호에 따른 소송이 제기된 경우에 지방자치단체의 장이 한 소송고지신청은 그 소송에 관한 손해배상청구권 또는 부당이득반환청구권의 시효중단에 관하여 「민법」 제168조제1호에 따른 청구로 본다.

⑫제11항에 따른 시효중단의 효력은 그 소송이 끝난 날부터 6개월 이내에 재판상 청구, 파산절차참가, 압류 또는 가압류, 가처분을 하지 아니하면 효력이 생기지 아니한다.

⑬국가, 상급 지방자치단체 및 감사청구에 연서한 다른 주민과 제10항에 따라 소송고지를 받은 자는 법원에서 계속 중인 소송에 참가할 수 있다.

⑭제2항에 따른 소송에서 당사자는 법원의 허가를 받지 아니하고는 소의 취하, 소송의 화해 또는 청구의 포기를 할 수 없다. 이 경우 법원은 허가하기 전에 감사청구에 연서한 다른 주민에게 이를 알려야 하며, 알린 때부터 1개월 이내에 허가 여부를 결정하여야 한다. 위 통지에 관하여는 제8항 후단을 준용한다.
⑮제2항에 따른 소송은 「민사소송 등 인지법」 제2조제4항에 따른 소정의 비재산권을 목적으로 하는 소송으로 본다.
<16>소송을 제기한 주민은 승소(일부 승소를 포함한다)한 경우 그 지방자치단체에 대하여 변호사 보수 등의 소송비용, 감사청구절차의 진행 등을 위하여 사용된 여비, 그 밖에 실제로 든 비용을 보상할 것을 청구할 수 있다. 이 경우 지방자치단체는 청구된 금액의 범위에서 그 소송을 진행하는 데에 객관적으로 사용된 것으로 인정되는 금액을 지급하여야 한다.
<17>제1항에 따른 소송에 관하여는 이 법에 규정된 것 외에는 「행정소송법」에 따른다.

제18조【손해배상금 등의 지불청구 등】 ①지방자치단체의 장(해당 사항의 사무처리에 관한 권한을 소속 기관의 장에게 위임한 경우에는 그 소속 기관의 장을 말한다. 이하 이 조에서 같다)은 제17조제2항제4호 본문에 따른 소송에 대하여 손해배상청구나 부당이득반환청구를 명하는 판결이 확정되면 그 판결이 확정된 날부터 60일 이내를 기한으로 하여 당사자에게 그 판결에 따라 결정된 손해배상금이나 부당이득반환금의 지불을 청구하여야 한다. 다만, 손해배상금이나 부당이득반환금을 지불하여야 할 당사자가 지방자치단체의 장이면 지방의회 의장이 지불을 청구하여야 한다.
②지방자치단체는 제1항에 따라 지불청구를 받은 자가 같은 항의 기한 내에 손해배상금이나 부당이득반환금을 지불하지 아니하면 손해배상·부당이득반환의 청구를 목적으로 하는 소송을 제기하여야 한다. 이 경우 그 소송의 상대방이 지방자치단체의 장이면 그 지방의회 의장이 그 지방자치단체를 대표한다.

제19조【변상명령 등】 ①지방자치단체의 장은 제17조제2항제4호 단서에 따른 소송에 대하여 변상할 것을 명하는 판결이 확정되면 그 판결이 확정된 날부터 60일 이내를 기한으로 하여 당사자에게 그 판결에 따라 결정된 금액을 변상할 것을 명령하여야 한다.
②제1항에 따라 변상할 것을 명령받은 자가 같은 항의 기한 내에 변상금을 지불하지 아니하면 지방세 체납처분의 예에 따라 징수할 수 있다.
③제1항에 따라 변상할 것을 명령받은 자는 이에 불복하는 경우 행정소송을 제기할 수 있다. 다만, 「행정심판법」에 따른 행정심판청구는 제기할 수 없다.

제20조【주민소환】 ①주민은 그 지방자치단체의 장 및 지방의회의원(비례대표 지방의회의원은 제외한다)을 소환할 권리를 가진다.
②주민소환의 투표 청구권자·청구요건·절차 및 효력 등에 관하여는 따로 법률로 정한다.

제21조【주민의 의무】 주민은 법령으로 정하는 바에 따라 소속 지방자치단체의 비용을 분담하여야 하는 의무를 진다.

제3장 조례와 규칙

제22조【조례】 지방자치단체는 법

령의 범위 안에서 그 사무에 관하여 조례를 제정할 수 있다. 다만, 주민의 권리 제한 또는 의무 부과에 관한 사항이나 벌칙을 정할 때에는 법률의 위임이 있어야 한다.

제23조【규칙】 지방자치단체의 장은 법령이나 조례가 위임한 범위에서 그 권한에 속하는 사무에 관하여 규칙을 제정할 수 있다.

제24조【조례와 규칙의 입법한계】 시·군 및 자치구의 조례나 규칙은 시·도의 조례나 규칙을 위반하여서는 아니 된다.

제25조【지방자치단체를 신설하거나 격을 변경할 때의 조례·규칙의 시행】 지방자치단체를 나누거나 합하여 새로운 지방자치단체가 설치되거나 지방자치단체의 격이 변경되면 그 지방자치단체의 장은 필요한 사항에 관하여 새로운 조례나 규칙이 제정·시행될 때까지 종래 그 지역에 시행되던 조례나 규칙을 계속 시행할 수 있다.

제26조【조례와 규칙의 제정 절차 등】
①조례안이 지방의회에서 의결되면 의장은 의결된 날부터 5일 이내에 그 지방자치단체의 장에게 이를 이송하여야 한다.
②지방자치단체의 장은 제1항의 조례안을 이송받으면 20일 이내에 공포하여야 한다.
③지방자치단체의 장은 이송받은 조례안에 대하여 이의가 있으면 제2항의 기간에 이유를 붙여 지방의회로 환부(還付)하고, 재의(再議)를 요구할 수 있다. 이 경우 지방자치단체의 장은 조례안의 일부에 대하여 또는 조례안을 수정하여 재의를 요구할 수 없다.
④제3항에 따른 재의요구를 받은 지방의회가 재의에 부쳐 재적의원 과반수의 출석과 출석의원 3분의 2 이상의 찬성으로 전과 같은 의결을 하면 그 조례안은 조례로서 확정된다.
⑤지방자치단체의 장이 제2항의 기간에 공포하지 아니하거나 재의요구를 하지 아니할 때에도 그 조례안은 조례로서 확정된다.
⑥지방자치단체의 장은 제4항과 제5항에 따라 확정된 조례를 지체 없이 공포하여야 한다. 제5항에 따라 조례가 확정된 후 또는 제4항에 따른 확정조례가 지방자치단체의 장에게 이송된 후 5일 이내에 지방자치단체의 장이 공포하지 아니하면 지방의회의 의장이 이를 공포한다.
⑦제2항 및 제6항 전단에 따라 지방자치단체의 장이 조례를 공포한 때에는 즉시 해당 지방의회의 의장에게 통지하여야 하며, 제6항 후단에 따라 지방의회의 의장이 조례를 공포한 때에는 이를 즉시 해당 지방자치단체의 장에게 통지하여야 한다.
<신설 2011.7.14>
⑧조례와 규칙은 특별한 규정이 없으면 공포한 날부터 20일이 지나면 효력을 발생한다. <개정 2011.7.14>
⑨조례와 규칙의 공포에 관하여 필요한 사항은 대통령령으로 정한다.
<개정 2011.7.14>

제27조【조례위반에 대한 과태료】
①지방자치단체는 조례를 위반한 행위에 대하여 조례로써 1천만원 이하의 과태료를 정할 수 있다.
②제1항에 따른 과태료는 해당 지방자치단체의 장이나 그 관할 구역 안의 지방자치단체의 장이 부과·징수한다.
<개정 2009.4.1>
③삭제 <2009.4.1>
④삭제 <2009.4.1>
⑤삭제 <2009.4.1>

제28조【보고】 조례나 규칙을 제정

하거나 개정하거나 폐지할 경우 조례는 지방의회에서 이송된 날부터 5일 이내에, 규칙은 공포예정 15일 전에 시·도지사는 행정안전부장관에게, 시장·군수 및 자치구의 구청장은 시·도지사에게 그 전문(全文)을 첨부하여 각각 보고하여야 하며, 보고를 받은 행정안전부장관은 이를 관계 중앙행정기관의 장에게 통보하여야 한다.
<개정 2008.2.29>

제4장 선거

제29조【지방선거에 관한 법률의 제정】 지방선거에 관하여 이 법에서 정한 것 외에 필요한 사항은 따로 법률로 정한다.

제5장 지방의회

제1절 조직

제30조【의회의 설치】 지방자치단체에 의회를 둔다.

제31조【지방의회의원의 선거】 지방의회의원은 주민이 보통·평등·직접·비밀선거에 따라 선출한다.

제2절 지방의회의원

제32조【의원의 임기】 지방의회의원의 임기는 4년으로 한다.

제33조【의원의 의정활동비 등】 ① 지방의회의원에게 다음 각 호의 비용을 지급한다.

1. 의정 자료를 수집하고 연구하거나 이를 위한 보조 활동에 사용되는 비용을 보전(補塡)하기 위하여 매월 지급하는 의정활동비
2. 본회의 의결, 위원회의 의결 또는 의장의 명에 따라 공무로 여행할 때 지급하는 여비
3. 지방의회의원의 직무활동에 대하여 지급하는 월정수당

②제1항 각 호에 규정된 비용의 지급기준은 대통령령으로 정하는 범위에서 해당 지방자치단체의 의정비심의위원회에서 결정하는 금액 이내로 하여 지방자치단체의 조례로 정한다.
<개정 2009.4.1>
③의정비심의위원회의 구성·운영 등에 관하여 필요한 사항은 대통령령으로 정한다.

제34조【상해·사망 등의 보상】 ① 지방의회의원이 회기 중 직무(제61조 단서에 따라 개회된 위원회의 직무와 본회의 또는 위원회의 의결이나 의장의 명에 따른 폐회 중의 공무여행을 포함한다)로 인하여 신체에 상해를 입거나 사망한 경우와 그 상해나 직무로 인한 질병으로 사망한 경우에는 보상금을 지급할 수 있다.
②제1항의 보상금의 지급기준은 대통령령으로 정하는 범위에서 해당 지방자치단체의 조례로 정한다.

제35조【겸직 등 금지】 ①지방의회의원은 다음 각 호의 어느 하나에 해당하는 직을 겸할 수 없다.
<개정 2009.4.1>

1. 국회의원, 다른 지방의회의 의원
2. 헌법재판소재판관, 각급 선거관리위원회 위원
3. 「국가공무원법」 제2조에 규정된 국가공무원과 「지방공무원법」 제2조에 규정된 지방공무원(「정당법」 제22조에 따라 정당의 당원이 될 수 있는 교원은 제외한다)
4. 「공공기관의 운영에 관한 법률」 제4조에 따른 공공기관(한국방송공사, 한국교육방송공사 및 한국은행을 포함한다)의 임직원

5. 「지방공기업법」 제2조에 규정된 지방공사와 지방공단의 임직원

6. 농업협동조합, 수산업협동조합, 산림조합, 엽연초생산협동조합, 신용협동조합, 새마을금고(이들 조합·금고의 중앙회와 연합회를 포함한다)의 임직원과 이들 조합·금고의 중앙회장이나 연합회장

7. 「정당법」 제22조에 따라 정당의 당원이 될 수 없는 교원

8. 다른 법령에 따라 공무원의 신분을 가지는 직

9. 그 밖에 다른 법률에서 겸임할 수 없도록 정하는 직

②「정당법」 제22조에 따라 정당의 당원이 될 수 있는 교원이 지방의회의원으로 당선되면 임기 중 그 교원의 직은 휴직된다. <신설 2009.4.1>

③지방의회의원이 당선 전부터 제1항 각 호의 직을 제외한 다른 직을 가진 경우에는 임기개시 후 1개월 이내에, 임기 중 그 다른 직에 취임한 경우에는 취임 후 15일 이내에 지방의회의 의장에게 서면으로 신고하여야 하며, 그 방법과 절차는 해당 지방자치단체의 조례로 정한다. <신설 2009.4.1>

④지방의회의장은 지방의회의원이 다른 직을 겸하는 것이 제36조제2항에 위반된다고 인정될 때에는 그 겸한 직을 사임할 것을 권고할 수 있다. <신설 2009.4.1>

⑤지방의회의원은 해당 지방자치단체 및 공공단체와 영리를 목적으로 하는 거래를 할 수 없으며, 이와 관련된 시설이나 재산의 양수인 또는 관리인이 될 수 없다. <개정 2009.4.1>

⑥지방의회의원은 소관 상임위원회의 직무와 관련된 영리행위를 하지 못하며, 그 범위는 해당 지방자치단체의 조례로 정한다. <신설 2009.4.1>

제36조 【의원의 의무】 ①지방의회의원은 공공의 이익을 우선하여 양심에 따라 그 직무를 성실히 수행하여야 한다.

②지방의회의원은 청렴의 의무를 지며, 의원으로서의 품위를 유지하여야 한다.

③지방의회의원은 지위를 남용하여 지방자치단체·공공단체 또는 기업체와의 계약이나 그 처분에 의하여 재산상의 권리·이익 또는 직위를 취득하거나 타인을 위하여 그 취득을 알선하여서는 아니 된다.

제37조 【의원체포 및 확정판결의 통지】 ①체포나 구금된 지방의회의원이 있으면 관계 수사기관의 장은 지체 없이 해당 의장에게 영장의 사본을 첨부하여 그 사실을 알려야 한다.

②지방의회의원이 형사사건으로 공소(公訴)가 제기되어 그 판결이 확정되면 각급 법원장은 지체 없이 해당 의장에게 이를 알려야 한다.

제38조 【지방의회의 의무 등】 ①지방의회는 지방의회의원이 준수하여야 할 지방의회의원의 윤리강령과 윤리실천규범을 조례로 정하여야 한다.

②지방의회는 소속 의원들이 의정활동에 필요한 전문성을 확보하도록 노력하여야 한다.

제3절 권한

제39조 【지방의회의 의결사항】 ①지방의회는 다음 사항을 의결한다.

1. 조례의 제정·개정 및 폐지

2. 예산의 심의·확정

3. 결산의 승인

4. 법령에 규정된 것을 제외한 사용료·수수료·분담금·지방세 또는 가입금의 부과와 징수

5. 기금의 설치·운용

6. 대통령령으로 정하는 중요 재산의 취득·처분

7. 대통령령으로 정하는 공공시설의 설치·처분

8. 법령과 조례에 규정된 것을 제외한 예산 외의 의무부담이나 권리의 포기

9. 청원의 수리와 처리

10. 외국 지방자치단체와의 교류협력에 관한 사항

11. 그 밖에 법령에 따라 그 권한에 속하는 사항

②지방자치단체는 제1항의 사항 외에 조례로 정하는 바에 따라 지방의회에서 의결되어야 할 사항을 따로 정할 수 있다.

제40조【서류제출요구】 ①본회의나 위원회는 그 의결로 안건의 심의와 직접 관련된 서류의 제출을 해당 지방자치단체의 장에게 요구할 수 있다.

②위원회가 제1항의 요구를 할 때에는 의장에게 이를 보고하여야 한다. <개정 2011.7.14>

③제1항에도 불구하고 폐회 중에 의원으로부터 서류제출요구가 있을 때에는 의장은 이를 요구할 수 있다. <신설 2011.7.14>

④제1항에 따른 서류제출은 서면, 전자문서 또는 컴퓨터의 자기테이프·자기디스크, 그 밖에 이와 유사한 매체에 기록된 상태나 전산망에 입력된 상태로 제출할 것을 요구할 수 있다. <신설 2011.7.14>

제41조【행정사무 감사권 및 조사권】

①지방의회는 매년 1회 그 지방자치단체의 사무에 대하여 시·도에서는 14일의 범위에서, 시·군 및 자치구에서는 9일의 범위에서 감사를 실시하고, 지방자치단체의 사무 중 특정 사안에 관하여 본회의 의결로 본회의나 위원회에서 조사하게 할 수 있다.
<개정 2011.7.14>

②제1항의 조사를 발의할 때에는 이유를 밝힌 서면으로 하여야 하며, 재적의원 3분의 1 이상의 연서가 있어야 한다.

③지방자치단체 및 그 장이 위임받아 처리하는 국가사무와 시·도의 사무에 대하여 국회와 시·도의회가 직접 감사하기로 한 사무 외에는 그 감사를 각각 해당 시·도의회와 시·군 및 자치구의회가 할 수 있다. 이 경우 국회와 시·도의회는 그 감사결과에 대하여 그 지방의회에 필요한 자료를 요구할 수 있다.

④제1항의 감사 또는 조사와 제3항의 감사를 위하여 필요하면 현지확인을 하거나 서류제출을 요구할 수 있으며, 지방자치단체의 장 또는 관계 공무원이나 그 사무에 관계되는 자를 출석하게 하여 증인으로서 선서한 후 증언하게 하거나 참고인으로서 의견을 진술하도록 요구할 수 있다.

⑤제4항에 따른 증언에서 거짓증언을 한 자는 고발할 수 있으며, 제4항에 따라 서류제출을 요구받은 자가 정당한 사유 없이 서류를 정하여진 기한까지 제출하지 아니한 경우, 같은 항에 따라 출석요구를 받은 증인이 정당한 사유 없이 출석하지 아니하거나 선서 또는 증언을 거부한 경우에는 500만원 이하의 과태료를 부과할 수 있다. <개정 2011.7.14>

⑥제5항에 따른 과태료 부과절차는 제27조를 따른다.

⑦제1항의 감사 또는 조사와 제3항의 감사를 위하여 필요한 사항은 「국정감사 및 조사에 관한 법률」에 준하여 대통령령으로 정하고, 제4항과 제5항의 선서·증언·감정 등에 관한 절차는 「국회에서의 증언·감정 등에 관한 법률」에 준하여 대통령령으로 정한다.

제41조의2【행정사무 감사 또는 조사 보고에 대한 처리】

①지방의회는 본회의의 의결로 감사

또는 조사 결과를 처리한다.
②지방의회는 감사 또는 조사 결과 해당 지방자치단체나 기관의 시정을 필요로 하는 사유가 있을 때에는 그 시정을 요구하고, 그 지방자치단체나 기관에서 처리함이 타당하다고 인정되는 사항은 그 지방자치단체나 기관으로 이송한다.
③지방자치단체나 기관은 제2항에 따라 시정 요구를 받거나 이송받은 사항을 지체 없이 처리하고 그 결과를 지방의회에 보고하여야 한다.
[본조신설 2011.7.14]

제42조【행정사무처리상황의 보고와 질문응답】 ①지방자치단체의 장이나 관계 공무원은 지방의회나 그 위원회에 출석하여 행정사무의 처리상황을 보고하거나 의견을 진술하고 질문에 응답할 수 있다.
②지방자치단체의 장이나 관계 공무원은 지방의회나 그 위원회가 요구하면 출석·답변하여야 한다. 다만, 특별한 이유가 있으면 지방자치단체의 장은 관계 공무원에게 출석·답변하게 할 수 있다.
③제1항이나 제2항에 따라 지방의회나 그 위원회에 출석하여 답변할 수 있는 관계 공무원은 조례로 정한다.

제43조【의회규칙】 지방의회는 내부운영에 관하여 이 법에서 정한 것 외에 필요한 사항을 규칙으로 정할 수 있다.

제4절 소집과 회기

제44조【정례회】 ①지방의회는 매년 2회 정례회를 개최한다.
②정례회의 집회일, 그 밖에 정례회의 운영에 관하여 필요한 사항은 대통령령으로 정하는 바에 따라 해당 지방자치단체의 조례로 정한다.

제45조【임시회】 ①총선거 후 최초로 집회되는 임시회는 지방의회 사무처장·사무국장·사무과장이 지방의회의원 임기 개시일부터 25일 이내에 소집한다.
②지방의회의장은 지방자치단체의 장이나 재적의원 3분의 1 이상의 의원이 요구하면 15일 이내에 임시회를 소집하여야 한다. 다만, 의장과 부의장이 사고로 임시회를 소집할 수 없으면 의원 중 최다선의원이, 최다선의원이 2명 이상인 경우에는 그 중 연장자의 순으로 소집할 수 있다.
<개정 2011.7.14>
③ 임시회의 소집은 집회일 3일 전에 공고하여야 한다. 다만, 긴급할 때에는 그러하지 아니하다.
<개정 2011.7.14>

제46조【부의안건의 공고】 지방자치단체의 장이 지방의회에 부의할 안건은 지방자치단체의 장이 미리 공고하여야 한다. 다만, 회의 중 긴급한 안건을 부의할 때에는 그러하지 아니하다.

제47조【개회·휴회·폐회와 회의일수】
①지방의회의 개회·휴회·폐회와 회기는 지방의회가 의결로 정한다.
②연간 회의 총일수와 정례회 및 임시회의 회기는 해당 지방자치단체의 조례로 정한다.

제5절 의장과 부의장

제48조【의장·부의장의 선거와 임기】
①지방의회는 의원 중에서 시·도의 경우 의장 1명과 부의장 2명을, 시·군 및 자치구의 경우 의장과 부의장 각 1명을 무기명투표로 선거하여야 한다.
②지방의회의원 총선거 후 처음으로 선출하는 의장·부의장 선거는 최초집

회일에 실시한다. <신설 2011.7.14>
③의장과 부의장의 임기는 2년으로 한다. <개정 2011.7.14>

제49조 【의장의 직무】 지방의회의 의장은 의회를 대표하고 의사(議事)를 정리하며, 회의장 내의 질서를 유지하고 의회의 사무를 감독한다.

제50조 【의장의 위원회 출석과 발언】 지방의회의 의장은 위원회에 출석하여 발언할 수 있다.

제51조 【부의장의 의장 직무대리】 지방의회의 부의장은 의장이 사고가 있을 때에는 그 직무를 대리한다.

제52조 【임시의장】 지방의회의 의장과 부의장이 모두 사고가 있을 때에는 임시의장을 선출하여 의장의 직무를 대행하게 한다.

제53조 【보궐선거】 ①지방의회의 의장이나 부의장이 궐위(闕位)된 경우에는 보궐선거를 실시한다.
②보궐선거로 당선된 의장이나 부의장의 임기는 전임자의 남은 임기로 한다.

제54조 【의장 등을 선거할 때의 의장 직무 대행】 제48조제1항, 제52조 또는 제53조제1항에 따른 선거(이하 이 조에서 "의장등의 선거"라 한다)를 실시하는 경우에 의장의 직무를 수행할 자가 없으면 출석의원 중 최다선의원이, 최다선의원이 2명 이상인 경우에는 그 중 연장자가 그 직무를 대행한다. 이 경우 직무를 대행하는 의원이 정당한 사유 없이 의장등의 선거를 실시할 직무를 이행하지 아니할 때에는 다음 순위의 의원이 그 직무를 대행한다. <개정 2011.7.14>

제55조 【의장불신임의 의결】 ①지방의회의 의장이나 부의장이 법령을 위반하거나 정당한 사유 없이 직무를 수행하지 아니하면 지방의회는 불신임을 의결할 수 있다.
②제1항의 불신임의결은 재적의원 4분의 1 이상의 발의와 재적의원 과반수의 찬성으로 행한다.
③제2항의 불신임의결이 있으면 의장이나 부의장은 그 직에서 해임된다.

제6절 위원회

제56조 【위원회의 설치】 ①지방의회는 조례로 정하는 바에 따라 위원회를 둘 수 있다.
②위원회의 종류는 소관 의안과 청원 등을 심사·처리하는 상임위원회와 특정한 안건을 일시적으로 심사·처리하기 위한 특별위원회 두 가지로 한다.
③위원회의 위원은 본회의에서 선임한다.

제57조 【윤리특별위원회】 의원의 윤리심사 및 징계에 관한 사항을 심사하기 위하여 윤리특별위원회를 둘 수 있다.

제58조 【위원회의 권한】 위원회는 그 소관에 속하는 의안과 청원 등 또는 지방의회가 위임한 특정한 안건을 심사한다.

제59조 【전문위원】 ①위원회에는 위원장과 위원의 자치입법활동을 지원하기 위하여 의원이 아닌 전문지식을 가진 위원(이하 "전문위원"이라 한다)을 둔다.
②전문위원은 위원회에서 의안과 청원 등의 심사, 행정사무감사 및 조사, 그 밖의 소관 사항과 관련하여 검토보고 및 관련 자료의 수집·조사·연구를 한다.

③위원회에 두는 전문위원의 직급과 정수 등에 관하여 필요한 사항은 대통령령으로 정한다.

제60조【위원회에서의 방청 등】 ①위원회에서는 해당 지방의회의원이 아닌 자는 위원장의 허가를 받아 방청할 수 있다.
②위원장은 질서를 유지하기 위하여 필요할 때에는 방청인의 퇴장을 명할 수 있다.

제61조【위원회의 개회】 ① 위원회는 본회의의 의결이 있거나 의장 또는 위원장이 필요하다고 인정할 때, 재적위원 3분의 1 이상의 요구가 있는 때에 개회한다.
②폐회 중에는 지방자치단체의 장도 의장 또는 위원장에게 이유서를 붙여 위원회의 개회를 요구할 수 있다.
[전문개정 2011.7.14]

제62조【위원회에 관한 조례】 위원회에 관하여 이 법에서 정한 것 외에 필요한 사항은 조례로 정한다.

제7절 회의

제63조【의사정족수】 ①지방의회는 재적의원 3분의 1 이상의 출석으로 개의(開議)한다.
②회의 중 제1항의 정족수에 미치지 못할 때에는 의장은 회의를 중지하거나 산회(散會)를 선포한다.

제64조【의결정족수】 ①의결 사항은 이 법에 특별히 규정된 경우 외에는 재적의원 과반수의 출석과 출석의원 과반수의 찬성으로 의결한다.
②의장은 의결에서 표결권을 가지며, 찬성과 반대가 같으면 부결된 것으로 본다.

제64조의2【표결의 선포 등】 ①지방의회에서 표결할 때에는 의장이 표결할 안건의 제목을 의장석에서 선포하여야 하고, 의장이 표결을 선포한 때에는 누구든지 그 안건에 관하여 발언할 수 없다.
②표결이 끝났을 때에는 의장은 그 결과를 의장석에서 선포하여야 한다.
[본조신설 2009.4.1]

제65조【회의의 공개 등】 ①지방의회의 회의는 공개한다. 다만, 의원 3명 이상이 발의하고 출석의원 3분의 2 이상이 찬성한 경우 또는 의장이 사회의 안녕질서 유지를 위하여 필요하다고 인정하는 경우에는 공개하지 아니할 수 있다. <개정 2011.7.14>
②의장은 공개된 회의의 방청허가를 받은 장애인에게 정당한 편의를 제공하여야 한다. <신설 2011.7.14>
[제목개정 2011.7.14]

제66조【의안의 발의】 ①지방의회에서 의결할 의안은 지방자치단체의 장이나 재적의원 5분의 1 이상 또는 의원 10명 이상의 연서로 발의한다.
②위원회는 그 직무에 속하는 사항에 관하여 의안을 제출할 수 있다.
③제1항 및 제2항의 의안은 그 안을 갖추어 의장에게 제출하여야 한다.
④제1항에 따라 의원이 조례안을 발의하는 때에는 발의의원과 찬성의원을 구분하되, 해당 조례안의 제명의 부제로 발의의원의 성명을 기재하여야 한다. 다만, 발의의원이 2명 이상인 경우에는 대표발의의원 1명을 명시하여야 한다. <신설 2011.7.14>
⑤의원이 발의한 제정조례안 또는 전부개정조례안 중 의회에서 의결된 조례안을 공표 또는 홍보하는 경우에는 해당 조례안의 부제를 함께 표기할 수 있다. <신설 2011.7.14>

제66조의2【조례안예고】 ①지방의회는 심사대상인 조례안에 대하여 5일 이상의 기간을 정하여 그 취지, 주요 내용, 전문을 공보나 인터넷 홈페이지 등에 게재하는 방법으로 예고할 수 있다.
②조례안예고의 방법, 절차, 그 밖에 필요한 사항은 회의규칙으로 정한다.
[본조신설 2011.7.14]

제66조의3【의안에 대한 비용추계 자료 등의 제출】 ①지방자치단체의 장이 예산상 또는 기금상의 조치를 수반하는 의안을 발의할 경우에는 그 의안의 시행에 수반될 것으로 예상되는 비용에 대한 추계서와 이에 상응하는 재원조달방안에 관한 자료를 의안에 첨부하여야 한다.
② 제1항에 따른 비용에 대한 추계 및 재원조달방안에 대한 자료의 작성 및 제출절차 등에 관하여 필요한 사항은 해당 지방자치단체의 조례로 정한다.
[본조신설 2011.7.14]

제67조【회기계속의 원칙】 지방의회에 제출된 의안은 회기 중에 의결되지 못한 것 때문에 폐기되지 아니한다. 다만, 지방의회의원의 임기가 끝나는 경우에는 그러하지 아니하다.

제68조【일사부재의의 원칙】 지방의회에서 부결된 의안은 같은 회기 중에 다시 발의하거나 제출할 수 없다.

제69조【위원회에서 폐기된 의안】 ①위원회에서 본회의에 부칠 필요가 없다고 결정된 의안은 본회의에 부칠 수 없다. 다만, 위원회의 결정이 본회의에 보고된 날부터 폐회나 휴회 중의 기간을 제외한 7일 이내에 의장이나 재적의원 3분의 1 이상이 요구하면 그 의안을 본 회의에 부쳐야 한다.
②제1항 단서의 요구가 없으면 그 의안은 폐기된다.

제70조【의장이나 의원의 제척】 지방의회의 의장이나 의원은 본인·배우자·직계존비속(直系尊卑屬) 또는 형제자매와 직접 이해관계가 있는 안건에 관하여는 그 의사에 참여할 수 없다. 다만, 의회의 동의가 있으면 의회에 출석하여 발언할 수 있다.

제71조【회의규칙】 지방의회는 회의의 운영에 관하여 이 법에서 정한 것 외에 필요한 사항은 회의규칙으로 정한다.

제72조【회의록】 ① 지방의회는 회의록을 작성하고 회의의 진행내용 및 결과와 출석의원의 성명을 적어야 한다.
②회의록에는 의장과 의회에서 선출한 의원 2명 이상이 서명하여야 한다.
③의장은 회의록의 사본을 첨부하여 회의의 결과를 그 지방자치단체의 장에게 통고하여야 한다.
④회의록은 의원에게 배부한다. 다만, 비밀로 할 필요가 있다고 의장이 인정하거나 지방의회에서 의결한 사항은 공개하지 아니한다.

제8절 청원

제73조【청원서의 제출】 ①지방의회에 청원을 하려는 자는 지방의회의원의 소개를 받아 청원서를 제출하여야 한다.
②청원서에는 청원자의 성명(법인인 경우에는 그 명칭과 대표자의 성명) 및 주소를 적고 서명·날인하여야 한다.

제74조【청원의 불수리】 재판에 간섭하거나 법령에 위배되는 내용의 청원은 수리하지 아니한다.

제75조【청원의 심사·처리】 ①지방의회의 의장은 청원서를 접수하면 소관 위원회나 본회의에 회부하여 심사를 하게 한다.
②청원을 소개한 의원은 소관 위원회나 본회의가 요구하면 청원의 취지를 설명하여야 한다.
③위원회가 청원을 심사하여 본회의에 부칠 필요가 없다고 결정하면 그 처리 결과를 의장에게 보고하고, 의장은 청원한 자에게 알려야 한다.

제76조【청원의 이송과 처리보고】
①지방의회가 채택한 청원으로서 그 지방자치단체의 장이 처리하는 것이 타당하다고 인정되는 청원은 의견서를 첨부하여 지방자치단체의 장에게 이송한다.
②지방자치단체의 장은 제1항의 청원을 처리하고 그 처리결과를 지체 없이 지방의회에 보고하여야 한다.

제9절 의원의 사직·퇴직과 자격심사

제77조【의원의 사직】 지방의회는 그 의결로 소속 의원의 사직을 허가할 수 있다. 다만, 폐회 중에는 의장이 허가할 수 있다.

제78조【의원의 퇴직】 지방의회의 의원이 다음 각 호의 어느 하나에 해당될 때에는 의원의 직에서 퇴직된다.
1. 의원이 겸할 수 없는 직에 취임할 때
2. 피선거권이 없게 될 때(지방자치단체의 구역변경이나 없어지거나 합한 것 외의 다른 사유로 그 지방자치단체의 구역 밖으로 주민등록을 이전하였을 때를 포함한다)
3. 징계에 따라 제명될 때

제79조【의원의 자격심사】 ①지방의회의 의원은 다른 의원의 자격에 대하여 이의가 있으면 재적의원 4분의 1 이상의 연서로 의장에게 자격심사를 청구할 수 있다.
②피심의원(被審議員)은 자기의 자격심사에 관한 회의에 출석하여 변명은 할 수 있으나, 의결에는 참가할 수 없다.

제80조【자격상실의결】 ①제79조제1항의 피심의원에 대한 자격상실의결은 재적의원 3분의 2 이상의 찬성이 있어야 한다.
②피심의원은 제1항에 따라 자격상실이 확정될 때까지는 그 직을 상실하지 아니한다.

제81조【궐원의 통지】 지방의회의 의원이 궐원(闕員)되면 의장은 15일 이내에 그 지방자치단체의 장과 관할 선거관리위원회에 알려야 한다.

제10절 질서

제82조【회의의 질서유지】 ①지방의회의 의원이 본회의나 위원회의 회의장에서 이 법이나 회의규칙에 위배되는 발언이나 행위를 하여 회의장의 질서를 어지럽히면 의장이나 위원장은 경고 또는 제지하거나 그 발언의 취소를 명할 수 있다.
②제1항의 명에 따르지 아니한 의원이 있으면 의장이나 위원장은 그 의원에 대하여 당일의 회의에서 발언하는 것을 금지하거나 퇴장시킬 수 있다.
③의장이나 위원장은 회의장이 소란하여 질서를 유지하기 곤란하면 회의를 중지하거나 산회를 선포할 수 있다.

제83조【모욕 등 발언의 금지】 ①지방의회의 의원은 본회의나 위원회에서 타인을 모욕하거나 타인의 사생활에 대하여 발언하여서는 아니 된다.

②본회의나 위원회에서 모욕을 당한 의원은 모욕을 한 의원에 대하여 지방의회에 징계를 요구할 수 있다.

제84조【발언방해 등의 금지】 지방의회의 의원은 회의 중에 폭력을 행사하거나 소란한 행위를 하여 타인의 발언을 방해할 수 없으며, 의장이나 위원장의 허가 없이 연단(演壇)이나 단상(壇上)에 올라가서는 아니 된다.

제85조【방청인에 대한 단속】 ①방청인은 의안에 대하여 찬성·반대를 표명하거나 소란한 행위를 하여서는 아니 된다.
②의장은 회의장의 질서를 방해하는 방청인의 퇴장을 명할 수 있으며, 필요하면 경찰관서에 인도할 수 있다.
③방청석이 소란하면 의장은 모든 방청인을 퇴장시킬 수 있다.
④방청인에 대한 단속에 관하여 제1항부터 제3항까지에 규정된 것 외에 필요한 사항은 회의규칙으로 정한다.

제11절 징계

제86조【징계의 사유】 지방의회는 의원이 이 법이나 자치법규에 위배되는 행위를 하면 의결로써 징계할 수 있다.

제87조【징계의 요구】 ①지방의회의 의장은 제86조에 따른 징계대상 의원이 있어 징계요구가 있으면 윤리특별위원회나 본회의에 회부한다.
②제83조제1항을 위반한 의원에 대하여 모욕을 당한 의원이 징계를 요구하려면 징계사유를 적은 요구서를 의장에게 제출하여야 한다.
③의장은 제2항의 징계요구가 있으면 윤리특별위원회나 본회의에 회부한다.

제88조【징계의 종류와 의결】 ①징계의 종류는 다음과 같다.
1. 공개회의에서의 경고
2. 공개회의에서의 사과
3. 30일 이내의 출석정지
4. 제명

②제명에는 재적의원 3분의 2 이상의 찬성이 있어야 한다.

제89조【징계에 관한 회의규칙】 징계에 관하여 이 법에 규정된 것 외에 필요한 사항은 회의규칙으로 정한다.

제12절 사무기구와 직원

제90조【사무처 등의 설치】 ①시·도의회에는 사무를 처리하기 위하여 조례로 정하는 바에 따라 사무처를 둘 수 있으며, 사무처에는 사무처장과 직원을 둔다.
②시·군 및 자치구의회에는 사무를 처리하기 위하여 조례로 정하는 바에 따라 사무국이나 사무과를 둘 수 있으며, 사무국·사무과에는 사무국장 또는 사무과장과 직원을 둘 수 있다.
③제1항과 제2항에 따른 사무처장·사무국장·사무과장 및 직원(이하 이 절에서 "사무직원"이라 한다)은 지방공무원으로 보한다.

제91조【사무직원의 정원과 임명】 ①지방의회에 두는 사무직원의 정수는 조례로 정한다.
②사무직원은 지방의회의 의장의 추천에 따라 그 지방자치단체의 장이 임명한다. 다만, 지방자치단체의 장은 사무직원 중 별정직·기능직·계약직 공무원에 대한 임용권은 지방의회 사무처장·사무국장·사무과장에게 위임하여야 한다.

제92조【사무직원의 직무와 신분보장 등】 ①사무처장·사무국장 또는 사무과장은 의장의 명을 받아 의회의 사무

를 처리한다.
②사무직원의 임용·보수·복무·신분보장·징계 등에 관하여는 이 법에서 정한 것 외에는 「지방공무원법」을 적용한다.

제6장 집행기관

제1절 지방자치단체의 장

제1관 지위

제93조【지방자치단체의 장】 특별시에 특별시장, 광역시에 광역시장, 도와 특별자치도에 도지사를 두고, 시에 시장, 군에 군수, 자치구에 구청장을 둔다.

제94조【지방자치단체의 장의 선거】 지방자치단체의 장은 주민이 보통·평등·직접·비밀선거에 따라 선출한다.

제95조【지방자치단체의 장의 임기】 지방자치단체의 장의 임기는 4년으로 하며, 지방자치단체의 장의 계속 재임(在任)은 3기에 한한다.

제96조【겸임 등의 제한】 ①지방자치단체의 장은 다음 각 호의 어느 하나에 해당하는 직을 겸임할 수 없다. <개정 2009.4.1>
1. 대통령, 국회의원, 헌법재판소재판관, 각급 선거관리위원회 위원, 지방의회의원
2. 「국가공무원법」 제2조에 규정된 국가공무원과 「지방공무원법」 제2조에 규정된 지방공무원
3. 다른 법령의 규정에 따라 공무원의 신분을 가지는 직
4. 「공공기관의 운영에 관한 법률」 제4조에 따른 공공기관(한국방송공사, 한국교육방송공사 및 한국은행을 포함한다)의 임직원
5. 농업협동조합, 수산업협동조합, 산림조합, 엽연초생산협동조합, 신용협동조합 및 새마을금고(이들 조합·금고의 중앙회와 연합회를 포함한다)의 임직원
6. 교원
7. 「지방공기업법」 제2조에 규정된 지방공사와 지방공단의 임직원
8. 그 밖에 다른 법률이 겸임할 수 없도록 정하는 직

②지방자치단체의 장은 재임(在任) 중 그 지방자치단체와 영리를 목적으로 하는 거래를 하거나 그 지방자치단체와 관계있는 영리사업에 종사할 수 없다.

제97조【지방자치단체의 폐치·분합과 지방자치단체의 장】 지방자치단체를 폐지하거나 설치하거나 나누거나 합쳐 새로 지방자치단체의 장을 선거하여야 하는 경우에는 그 지방자치단체의 장이 선거될 때까지 시·도지사는 행정안전부장관이, 시장·군수 및 자치구의 구청장은 시·도지사가 각각 그 직무를 대행할 자를 지정하여야 한다. 다만, 둘 이상의 동격의 지방자치단체를 통·폐합하여 새로운 지방자치단체를 설치하는 경우에는 종전의 지방자치단체의 장 중에서 해당 지방자치단체의 장의 직무를 대행할 자를 지정한다.
<개정 2008.2.29>

제98조【지방자치단체의 장의 사임】 ①지방자치단체의 장은 그 직을 사임하려면 지방의회의 의장에게 미리 사임일을 적은 서면(이하 "사임통지서"라 한다)으로 알려야 한다.
②지방자치단체의 장은 사임통지서에 적힌 사임일에 사임된다. 다만, 사임통지서에 적힌 사임일까지 지방의회의 의장에게 사임통지가 되지 아니하면 지방의회의 의장에게 사임통지가 된

날에 사임된다.

제99조【지방자치단체의 장의 퇴직】 지방자치단체의 장이 다음 각 호의 어느 하나에 해당될 때에는 그 직에서 퇴직된다.

1. 지방자치단체의 장이 겸임할 수 없는 직에 취임할 때
2. 피선거권이 없게 될 때(지방자치단체의 구역변경이나 없어지거나 합한 것 외의 다른 사유로 그 지방자치단체의 구역 밖으로 주민등록을 이전하였을 때를 포함한다)
3. 제97조에 따라 지방자치단체의 장의 직을 상실할 때

제100조【지방자치단체의 장의 체포 및 확정판결의 통지】 ①체포 또는 구금된 지방자치단체의 장이 있으면 관계 수사기관의 장은 지체 없이 영장의 사본을 첨부하여 해당 지방자치단체에 알려야 한다. 이 경우 통지를 받은 지방자치단체는 그 사실을 즉시 행정안전부장관에게 보고하여야 한다. 시·군 및 자치구가 행정안전부장관에게 보고하는 경우에는 시·도지사를 거쳐야 한다. <개정 2008.2.29>
②지방자치단체의 장이 형사사건으로 공소가 제기되어 그 판결이 확정되면 각급 법원장은 지체 없이 해당 지방자치단체에 알려야 한다. 이 경우 통지를 받은 지방자치단체는 그 사실을 즉시 행정안전부장관에게 보고하여야 한다. 시·군 및 자치구가 행정안전부장관에게 보고하는 경우에는 시·도지사를 거쳐야 한다. <개정 2008.2.29>

제2관 권한

제101조【지방자치단체의 통할대표권】 지방자치단체의 장은 지방자치단체를 대표하고, 그 사무를 총괄한다.

제102조【국가사무의 위임】 시·도와 시·군 및 자치구에서 시행하는 국가사무는 법령에 다른 규정이 없으면 시·도지사와 시장·군수 및 자치구의 구청장에게 위임하여 행한다.

제103조【사무의 관리 및 집행권】 지방자치단체의 장은 그 지방자치단체의 사무와 법령에 따라 그 지방자치단체의 장에게 위임된 사무를 관리하고 집행한다.

제104조【사무의 위임 등】 ①지방자치단체의 장은 조례나 규칙으로 정하는 바에 따라 그 권한에 속하는 사무의 일부를 보조기관, 소속 행정기관 또는 하부행정기관에 위임할 수 있다.
②지방자치단체의 장은 조례나 규칙으로 정하는 바에 따라 그 권한에 속하는 사무의 일부를 관할 지방자치단체나 공공단체 또는 그 기관(사업소·출장소를 포함한다)에 위임하거나 위탁할 수 있다.
③지방자치단체의 장은 조례나 규칙으로 정하는 바에 따라 그 권한에 속하는 사무 중 조사·검사·검정·관리업무 등 주민의 권리·의무와 직접 관련되지 아니하는 사무를 법인·단체 또는 그 기관이나 개인에게 위탁할 수 있다.
④지방자치단체의 장이 위임받거나 위탁받은 사무의 일부를 제1항부터 제3항까지의 규정에 따라 다시 위임하거나 위탁하려면 미리 그 사무를 위임하거나 위탁한 기관의 장의 승인을 받아야 한다.

제105조【직원에 대한 임면권 등】 지방자치단체의 장은 소속 직원을 지휘·감독하고 법령과 조례·규칙으로 정하는 바에 따라 그 임면·교육훈련·복무·징계 등에 관한 사항을 처리한다.

제106조【사무인계】 지방자치단체

의 장이 퇴직할 때에는 그 소관 사무의 일체를 후임자에게 인계하여야 한다.

제3관 지방의회와의 관계

제107조 【지방의회의 의결에 대한 재의요구와 제소】 ①지방자치단체의 장은 지방의회의 의결이 월권이거나 법령에 위반되거나 공익을 현저히 해친다고 인정되면 그 의결사항을 이송받은 날부터 20일 이내에 이유를 붙여 재의를 요구할 수 있다.
②제1항의 요구에 대하여 재의한 결과 재적의원 과반수의 출석과 출석의원 3분의 2 이상의 찬성으로 전과 같은 의결을 하면 그 의결사항은 확정된다.
③지방자치단체의 장은 제2항에 따라 재의결된 사항이 법령에 위반된다고 인정되면 대법원에 소(訴)를 제기할 수 있다. 이 경우에는 제172조제3항을 준용한다.

제108조 【예산상 집행 불가능한 의결의 재의요구】 ①지방자치단체의 장은 지방의회의 의결이 예산상 집행할 수 없는 경비를 포함하고 있다고 인정되면 그 의결사항을 이송받은 날부터 20일 이내에 이유를 붙여 재의를 요구할 수 있다.
②지방의회가 다음 각 호의 어느 하나에 해당하는 경비를 줄이는 의결을 할 때에도 제1항과 같다.
1. 법령에 따라 지방자치단체에서 의무적으로 부담하여야 할 경비
2. 비상재해로 인한 시설의 응급 복구를 위하여 필요한 경비
③제1항과 제2항의 경우에는 제107조제2항을 준용한다.

제109조 【지방자치단체의 장의 선결처분】 ①지방자치단체의 장은 지방의회가 성립되지 아니한 때(의원이 구속되는 등의 사유로 제64조에 따른 의결정족수에 미달하게 될 때를 말한다)와 지방의회의 의결사항 중 주민의 생명과 재산보호를 위하여 긴급하게 필요한 사항으로서 지방의회를 소집할 시간적 여유가 없거나 지방의회에서 의결이 지체되어 의결되지 아니할 때에는 선결처분(先決處分)을 할 수 있다.
②제1항에 따른 선결처분은 지체 없이 지방의회에 보고하여 승인을 받아야 한다.
③지방의회에서 제2항의 승인을 받지 못하면 그 선결처분은 그때부터 효력을 상실한다.
④지방자치단체의 장은 제2항이나 제3항에 관한 사항을 지체 없이 공고하여야 한다.

제2절 보조기관

제110조 【부지사·부시장·부군수·부구청장】 ①특별시와 광역시에 부시장, 도와 특별자치도에 부지사, 시에 부시장, 군에 부군수, 자치구에 부구청장을 두며, 그 정수는 다음 각 호와 같다.
1. 특별시의 부시장의 정수 : 3명을 넘지 아니하는 범위에서 대통령령으로 정한다.
2. 광역시의 부시장 및 도와 특별자치도의 부지사의 정수 : 2명(인구 800만 이상의 광역시나 도는 3명)을 초과하지 아니하는 범위에서 대통령령으로 정한다.
3. 시의 부시장, 군의 부군수 및 자치구의 부구청장의 정수 : 1명으로 한다.
②특별시와 광역시의 부시장, 도와 특별자치도의 부지사는 대통령령으로 정하는 바에 따라 정무직 또는 일반직 국가공무원으로 보한다. 다만, 제1항제1호와 제2호에 따라 특별시와 광역시의 부시장, 도와 특별자치도의 부지사

를 2명이나 3명 두는 경우에 1명은 대통령령으로 정하는 바에 따라 정무직·일반직 또는 별정직 지방공무원으로 보하되, 정무직과 별정직 지방공무원으로 보할 때의 자격기준은 해당 지방자치단체의 조례로 정한다.
<개정 2009.4.1>
③제2항의 정무직 또는 일반직 국가공무원으로 보하는 부시장·부지사는 시·도지사의 제청으로 행정안전부장관을 거쳐 대통령이 임명한다. 이 경우 제청된 자에게 법적 결격사유가 없으면 30일 이내에 그 임명절차를 마쳐야 한다. <개정 2008.2.29>
④시의 부시장, 군의 부군수, 자치구의 부구청장은 일반직 지방공무원으로 보하되, 그 직급은 대통령령으로 정하며 시장·군수·구청장이 임명한다.
⑤시·도의 부시장과 부지사, 시의 부시장·부군수·부구청장은 해당 지방자치단체의 장을 보좌하여 사무를 총괄하고, 소속직원을 지휘·감독한다.
⑥제1항제1호와 제2호에 따라 시·도의 부시장과 부지사를 2명이나 3명 두는 경우에 그 사무 분장은 대통령령으로 정한다. 이 경우 부시장·부지사를 3명 두는 시·도에서는 그 중 1명에게 특정지역의 사무를 담당하게 할 수 있다.

제111조 【지방자치단체의 장의 권한대행 등】 ①지방자치단체의 장이 다음 각 호의 어느 하나에 해당되면 부지사·부시장·부군수·부구청장(이하 이 조에서 "부단체장"이라 한다)이 그 권한을 대행한다. <개정 2011.5.30>
1. 궐위된 경우
2. 공소 제기된 후 구금상태에 있는 경우
3. 「의료법」에 따른 의료기관에 60일 이상 계속하여 입원한 경우

② 지방자치단체의 장이 그 직을 가지고 그 지방자치단체의 장 선거에 입후보하면 예비후보자 또는 후보자로 등록한 날부터 선거일까지 부단체장이 그 지방자치단체의 장의 권한을 대행한다.
③ 지방자치단체의 장이 출장·휴가 등 일시적 사유로 직무를 수행할 수 없으면 부단체장이 그 직무를 대리한다.
④ 제1항부터 제3항까지의 경우에 부지사나 부시장이 2명 이상인 시·도에서는 대통령령으로 정하는 순서에 따라 그 권한을 대행하거나 직무를 대리한다.
⑤ 제1항부터 제3항까지의 규정에 따라 권한을 대행하거나 직무를 대리할 부단체장이 부득이한 사유로 직무를 수행할 수 없으면 그 지방자치단체의 규칙에 정하여진 직제 순서에 따른 공무원이 그 권한을 대행하거나 직무를 대리한다.
[2011.5.30 법률 제10739호에 의하여 2010.9.2 헌법재판소에서 헌법불합치 결정된 이 조 제1항제3호를 삭제함.]

제112조 【행정기구와 공무원】 ① 지방자치단체는 그 사무를 분장하기 위하여 필요한 행정기구와 지방공무원을 둔다.
②제1항에 따른 행정기구의 설치와 지방공무원의 정원은 인건비 등 대통령령으로 정하는 기준에 따라 그 지방자치단체의 조례로 정한다.
③행정안전부장관은 지방자치단체의 행정기구와 지방공무원의 정원이 적정하게 운영되고 다른 지방자치단체와의 균형이 유지되도록 하기 위하여 필요한 사항을 권고할 수 있다.
<개정 2008.2.29>
④지방공무원의 임용과 시험·자격·보수·복무·신분보장·징계·교육훈련 등에 관하여는 따로 법률로 정한다.
⑤지방자치단체에는 제1항에도 불구하고 법률로 정하는 바에 따라 국가공무원을 둘 수 있다.
⑥제5항에 규정된 국가공무원은 「국

가공무원법」 제32조제1항부터 제3항까지에도 불구하고 5급 이상의 국가공무원이나 고위공무원단에 속하는 공무원은 해당 지방자치단체의 장의 제청으로 소속 장관을 거쳐 대통령이 임명하고, 6급 이하의 국가공무원은 그 지방자치단체의 장의 제청으로 소속 장관이 임명한다.

제3절 소속 행정기관

제113조【직속기관】 지방자치단체는 그 소관 사무의 범위 안에서 필요하면 대통령령이나 대통령령으로 정하는 바에 따라 지방자치단체의 조례로 자치경찰기관(제주특별자치도에 한한다), 소방기관, 교육훈련기관, 보건진료기관, 시험연구기관 및 중소기업지도기관 등을 직속기관으로 설치할 수 있다.

제114조【사업소】 지방자치단체는 특정 업무를 효율적으로 수행하기 위하여 필요하면 대통령령으로 정하는 바에 따라 그 지방자치단체의 조례로 사업소를 설치할 수 있다.

제115조【출장소】 지방자치단체는 원격지 주민의 편의와 특정지역의 개발 촉진을 위하여 필요하면 대통령령으로 정하는 바에 따라 그 지방자치단체의 조례로 출장소를 설치할 수 있다.

제116조【합의제행정기관】 ①지방자치단체는 그 소관 사무의 일부를 독립하여 수행할 필요가 있으면 법령이나 그 지방자치단체의 조례로 정하는 바에 따라 합의제행정기관을 설치할 수 있다.
②제1항의 합의제행정기관의 설치·운영에 관하여 필요한 사항은 대통령령이나 그 지방자치단체의 조례로 정한다.

제116조의2【자문기관의 설치 등】 ①지방자치단체는 그 소관 사무의 범위에서 법령이나 그 지방자치단체의 조례로 정하는 바에 따라 심의회·위원회 등의 자문기관을 설치·운영할 수 있다.
②제1항에 따라 설치되는 자문기관은 해당 지방자치단체의 조례로 정하는 바에 따라 성격과 기능이 유사한 다른 자문기관의 기능을 포함하여 운영할 수 있다.
[본조신설 2009.4.1]

제4절 하부행정기관

제117조【하부행정기관의 장】 자치구가 아닌 구에 구청장, 읍에 읍장, 면에 면장, 동에 동장을 둔다. 이 경우 면·동은 제4조의2제3항 및 제4항에 따른 행정면·행정동을 말한다.
<개정 2009.4.1>

제118조【하부행정기관의 장의 임명】 ①자치구가 아닌 구의 구청장은 일반직 지방공무원으로 보하되, 시장이 임명한다.
②읍장·면장·동장은 일반직 지방공무원으로 보하되, 시장·군수 및 자치구의 구청장이 임명한다.

제119조【하부행정기관의 장의 직무권한】 자치구가 아닌 구의 구청장은 시장의, 읍장·면장은 시장이나 군수의, 동장은 시장(구가 없는 시의 시장을 말한다)이나 구청장(자치구의 구청장을 포함한다)의 지휘·감독을 받아 소관 국가사무와 지방자치단체의 사무를 맡아 처리하고 소속 직원을 지휘·감독한다.

제120조【하부행정기구】 지방자치

단체는 조례로 정하는 바에 따라 자치구가 아닌 구와 읍·면·동에 그 소관 행정사무를 분장하기 위하여 필요한 행정기구를 둘 수 있다. 이 경우 면·동은 제4조의2제3항 및 제4항에 따른 행정면·행정동을 말한다. <개정 2009.4.1>

제5절 교육·과학 및 체육에 관한 기관

제121조 【교육·과학 및 체육에 관한 기관】 ①지방자치단체의 교육·과학 및 체육에 관한 사무를 분장하기 위하여 별도의 기관을 둔다.
②제1항에 따른 기관의 조직과 운영에 관하여 필요한 사항은 따로 법률로 정한다.

제7장 재무

제1절 재정운영의 기본원칙

제122조 【건전재정의 운영】 ①지방자치단체는 그 재정을 수지균형의 원칙에 따라 건전하게 운영하여야 한다.
②국가는 지방재정의 자주성과 건전한 운영을 조장하여야 하며, 국가의 부담을 지방자치단체에 넘겨서는 아니 된다.

제123조 【국가시책의 구현】 ①지방자치단체는 국가시책을 달성하기 위하여 노력하여야 한다.
②제1항에 따라 국가시책을 달성하기 위하여 필요한 경비에 대한 국고보조율과 지방비부담률은 법령으로 정한다.

제124조 【지방채무 및 지방채권의 관리】 ①지방자치단체의 장이나 지방자치단체조합은 따로 법률로 정하는 바에 따라 지방채를 발행할 수 있다.
②지방자치단체의 장은 따로 법률로 정하는 바에 따라 지방자치단체의 채무부담의 원인이 될 계약의 체결이나 그 밖의 행위를 할 수 있다.
③지방자치단체의 장은 공익을 위하여 필요하다고 인정하면 미리 지방의회의 의결을 받아 보증채무부담행위를 할 수 있다.
④지방자치단체는 조례나 계약에 의하지 아니하고는 그 채무의 이행을 지체할 수 없다.
⑤지방자치단체는 법령이나 조례의 규정에 따르거나 지방의회의 의결을 받지 아니하고는 채권에 관하여 채무를 면제하거나 그 효력을 변경할 수 없다.

제2절 예산과 결산

제125조 【회계연도】 지방자치단체의 회계연도는 매년 1월 1일에 시작하여 그 해 12월 31일에 끝난다.

제126조 【회계의 구분】 ①지방자치단체의 회계는 일반회계와 특별회계로 구분한다.
②특별회계는 법률이나 지방자치단체의 조례로 설치할 수 있다.

제127조 【예산의 편성 및 의결】 ①지방자치단체의 장은 회계연도마다 예산안을 편성하여 시·도는 회계연도 시작 50일 전까지, 시·군 및 자치구는 회계연도 시작 40일 전까지 지방의회에 제출하여야 한다.
②제1항의 예산안을 시·도의회에서는 회계연도 시작 15일 전까지, 시·군 및 자치구의회에서는 회계연도 시작 10일 전까지 의결하여야 한다.
③지방의회는 지방자치단체의 장의 동의 없이 지출예산 각 항의 금액을 증가하거나 새로운 비용항목을 설치할 수 없다.

④지방자치단체의 장은 제1항의 예산안을 제출한 후 부득이한 사유로 그 내용의 일부를 수정하려면 수정예산안을 작성하여 지방의회에 다시 제출할 수 있다.

제128조【계속비】 지방자치단체의 장은 한 회계연도를 넘어 계속하여 경비를 지출할 필요가 있으면 그 총액과 연도별 금액을 정하여 계속비로서 지방의회의 의결을 받아야 한다.

제129조【예비비】 ①지방자치단체는 예측할 수 없는 예산 외의 지출이나 예산초과지출에 충당하기 위하여 세입·세출예산에 예비비를 계상하여야 한다.
②예비비의 지출은 다음 연도 지방의회의 승인을 받아야 한다.

제130조【추가경정예산】 ①지방자치단체의 장은 예산을 변경할 필요가 있으면 추가경정예산안을 편성하여 지방의회의 의결을 받아야 한다.
②제1항에 관하여는 제127조제3항과 제4항을 준용한다.

제131조【예산이 성립하지 아니할 때의 예산집행】 지방의회에서 새로운 회계연도가 시작될 때까지 예산안이 의결되지 못하면 지방자치단체의 장은 지방의회에서 예산안이 의결될 때까지 다음의 목적을 위한 경비는 전년도 예산에 준하여 집행할 수 있다.
1. 법령이나 조례에 따라 설치된 기관이나 시설의 유지·운영
2. 법령상 또는 조례상 지출의무의 이행
3. 이미 예산으로 승인된 사업의 계속

제131조의2【지방자치단체를 신설하는 때의 예산】 ① 지방자치단체를 폐지하거나 설치하거나 나누거나 합쳐 새로운 지방자치단체가 설치된 경우에는 지체 없이 그 지방자치단체의 예산을 편성하여야 한다.
②제1항의 경우에 해당 지방자치단체의 장은 예산이 성립될 때까지 필요한 경상적 수입과 지출을 할 수 있다. 이 경우 수입과 지출은 새로 성립될 예산에 포함시켜야 한다.
[본조신설 2011.7.14]

제132조【재정부담을 수반하는 조례 제정 등】 지방의회는 새로운 재정부담을 수반하는 조례나 안건을 의결하려면 미리 지방자치단체의 장의 의견을 들어야 한다.

제133조【예산의 이송·고시 등】 ① 지방의회의 의장은 예산안이 의결되면 3일 이내에 지방자치단체의 장에게 이송하여야 한다.
②지방자치단체의 장은 제1항에 따라 예산을 이송받으면 지체없이 시·도에서는 행정안전부장관에게, 시·군 및 자치구에서는 시·도지사에게 각각 보고하고, 그 내용을 고시하여야 한다. 다만, 제108조에 따른 재의요구를 할 때에는 그러하지 아니하다.
<개정 2008.2.29>

제134조【결산】 ①지방자치단체의 장은 출납 폐쇄 후 80일 이내에 결산서와 증빙서류를 작성하고 지방의회가 선임한 검사위원의 검사의견서를 첨부하여 다음 연도 지방의회의 승인을 받아야 한다.
②지방자치단체의 장은 제1항에 따른 승인을 받으면 5일 이내에 시·도에서는 행정안전부장관에게, 시·군 및 자치구에서는 시·도지사에게 각각 보고하고 그 내용을 고시하여야 한다.
<개정 2008.2.29>
③제1항의 검사위원의 선임과 운영에

관하여 필요한 사항은 대통령령으로 정한다.

제134조의2【지방자치단체가 없어진 때의 결산】 ①지방자치단체를 폐지하거나 설치하거나 나누거나 합쳐 없어진 지방자치단체의 수입과 지출은 없어진 날로써 마감하되, 그 지방자치단체의 장이었던 사람이 이를 결산하여야 한다.
②제1항의 결산은 제134조제1항에 따라 사무를 인수한 지방자치단체의 의회의 승인을 받아야 한다.
[본조신설 2011.7.14]

제3절 수입과 지출

제135조【지방세】 지방자치단체는 법률로 정하는 바에 따라 지방세를 부과·징수할 수 있다.

제136조【사용료】 지방자치단체는 공공시설의 이용 또는 재산의 사용에 대하여 사용료를 징수할 수 있다.

제137조【수수료】 ①지방자치단체는 그 지방자치단체의 사무가 특정인을 위한 것이면 그 사무에 대하여 수수료를 징수할 수 있다.
②지방자치단체는 국가나 다른 지방자치단체의 위임사무가 특정인을 위한 것이면 그 사무에 대하여 수수료를 징수할 수 있다.
③제2항에 따른 수수료는 그 지방자치단체의 수입으로 한다. 다만, 법령에 달리 정하여진 경우에는 그러하지 아니하다.

제138조【분담금】 지방자치단체는 그 재산 또는 공공시설의 설치로 주민의 일부가 특히 이익을 받으면 이익을 받는 자로부터 그 이익의 범위에서 분담금을 징수할 수 있다.

제139조【사용료의 징수조례 등】 ①사용료·수수료 또는 분담금의 징수에 관한 사항은 조례로 정한다. 다만, 국가가 지방자치단체나 그 기관에 위임한 사무와 자치사무의 수수료 중 전국적으로 통일할 필요가 있는 수수료에 관한 사항은 다른 법령의 규정에도 불구하고 대통령령으로 정하는 기준에 따라 조례로 정한다.
②사기나 그 밖의 부정한 방법으로 사용료·수수료 또는 분담금의 징수를 면한 자에 대하여는 그 징수를 면한 금액의 5배 이내의 과태료를, 공공시설을 부정사용한 자에 대하여는 50만원 이하의 과태료를 부과하는 규정을 조례로 정할 수 있다.
③제2항에 따른 과태료의 부과·징수, 재판 및 집행 등의 절차에 관한 사항은 「질서위반행위규제법」에 따른다.
<개정 2009.4.1>

제140조【사용료 등의 부과·징수, 이의신청】 ①사용료·수수료 또는 분담금은 공평한 방법으로 부과하거나 징수하여야 한다.
②사용료·수수료 또는 분담금의 징수는 지방세 징수의 예에 따른다.
③사용료·수수료 또는 분담금의 부과나 징수에 대하여 이의가 있는 자는 그 처분을 통지받은 날부터 90일 이내에 그 지방자치단체의 장에게 이의신청할 수 있다.
④지방자치단체의 장은 제3항의 이의신청을 받은 날부터 60일 이내에 이를 결정하여 알려야 한다.
⑤사용료·수수료 또는 분담금의 부과나 징수에 대하여 행정소송을 제기하려면 제4항에 따른 결정을 통지받은 날부터 90일 이내에 처분청을 당사자로 하여 소를 제기하여야 한다.
⑥제4항에 따른 결정기간 내에 결정의 통지를 받지 못하면 제5항에도 불구하

고 그 결정기간이 지난 날부터 90일 이내에 소를 제기할 수 있다.
⑦제3항과 제4항에 따른 이의신청의 방법과 절차 등에 관하여는 「지방세기본법」 제118조와 제121조부터 제127조까지의 규정을 준용한다.
<개정 2010.3.31>

제141조【경비의 지출】 지방자치단체는 그 자치사무의 수행에 필요한 경비와 위임된 사무에 관하여 필요한 경비를 지출할 의무를 진다. 다만, 국가사무나 지방자치단체사무를 위임할 때에는 이를 위임한 국가나 지방자치단체에서 그 경비를 부담하여야 한다.

제4절 재산 및 공공시설

제142조【재산과 기금의 설치】 ①지방자치단체는 행정목적을 달성하기 위한 경우나 공익상 필요한 경우에는 재산을 보유하거나 특정한 자금을 운용하기 위한 기금을 설치할 수 있다.
②제1항의 재산의 보유, 기금의 설치·운용에 관하여 필요한 사항은 조례로 정한다.
③제1항에서 "재산"이란 현금 외의 모든 재산적 가치가 있는 물건과 권리를 말한다.

제143조【재산의 관리와 처분】 지방자치단체의 재산은 법령이나 조례에 따르지 아니하고는 교환·양여(讓與)·대여하거나 출자 수단 또는 지급 수단으로 사용할 수 없다.

제144조【공공시설】 ①지방자치단체는 주민의 복지를 증진하기 위하여 공공시설을 설치할 수 있다.
②제1항의 공공시설의 설치와 관리에 관하여 다른 법령에 규정이 없으면 조례로 정한다.
③제1항의 공공시설은 관계 지방자치단체의 동의를 받아 그 지방자치단체의 구역 밖에 설치할 수 있다.

제5절 보칙

제145조【지방재정운영에 관한 법률의 제정】 지방자치단체의 재정에 관하여 이 법에 정한 것 외에 필요한 사항은 따로 법률로 정한다.

제146조【지방공기업의 설치·운영】 ①지방자치단체는 주민의 복지증진과 사업의 효율적 수행을 위하여 지방공기업을 설치·운영할 수 있다.
②지방공기업의 설치·운영에 관하여 필요한 사항은 따로 법률로 정한다.

제8장 지방자치단체 상호 간의 관계

제1절 지방자치단체 간의 협력과 분쟁조정

제147조【지방자치단체 상호 간의 협력】 지방자치단체는 다른 지방자치단체로부터 사무의 공동처리에 관한 요청이나 사무처리에 관한 협의·조정·승인 또는 지원의 요청을 받으면 법령의 범위에서 협력하여야 한다.

제148조【지방자치단체 상호 간의 분쟁조정】 ①지방자치단체 상호 간이나 지방자치단체의 장 상호 간 사무를 처리할 때 의견이 달라 다툼(이하 "분쟁"이라 한다)이 생기면 다른 법률에 특별한 규정이 없으면 행정안전부장관이나 시·도지사가 당사자의 신청에 따라 조정(調整)할 수 있다. 다만, 그 분쟁이 공익을 현저히 저해하여 조속한 조정이 필요하다고 인정되면 당사자의 신청이 없어도 직권으로 조정할 수 있

다. <개정 2008.2.29>
②제1항 단서에 따라 행정안전부장관이나 시·도지사가 분쟁을 조정하는 경우에는 그 취지를 미리 당사자에게 알려야 한다. <개정 2008.2.29>
③행정안전부장관이나 시·도지사가 제1항의 분쟁을 조정하고자 할 때에는 관계 중앙행정기관의 장과의 협의를 거쳐 제149조에 따른 지방자치단체중앙분쟁조정위원회나 지방자치단체지방분쟁조정위원회의 의결에 따라 조정하여야 한다. <개정 2008.2.29>
④행정안전부장관이나 시·도지사는 제1항의 조정에 대하여 결정을 하면 서면으로 지체 없이 관계 지방자치단체의 장에게 통보하여야 하며, 통보를 받은 지방자치단체의 장은 그 조정결정사항을 이행하여야 한다.
<개정 2008.2.29>
⑤제4항의 조정결정사항 중 예산이 수반되는 사항에 대하여는 관계 지방자치단체는 필요한 예산을 우선적으로 편성하여야 한다. 이 경우 연차적으로 추진하여야 할 사항은 연도별 추진계획을 행정안전부장관이나 시·도지사에게 보고하여야 한다. <개정 2008.2.29>
⑥행정안전부장관이나 시·도지사는 제1항의 조정결정에 따른 시설의 설치 또는 역무의 제공으로 이익을 받거나 그 원인을 일으켰다고 인정되는 지방자치단체에 대하여는 그 시설비나 운영비 등의 전부나 일부를 행정안전부장관이 정하는 기준에 따라 부담하게 할 수 있다. <개정 2008.2.29>
⑦행정안전부장관이나 시·도지사는 제4항부터 제6항까지의 규정에 따른 조정결정사항이 성실히 이행되지 아니하면 그 지방자치단체에 대하여 제170조를 준용하여 이행하게 할 수 있다.
<개정 2008.2.29>

제149조【지방자치단체중앙분쟁조정위원회 등의 설치와 구성 등】 ①제148조제1항에 따른 분쟁의 조정과 제156조제1항에 따른 협의사항의 조정에 필요한 사항을 심의·의결하기 위하여 행정안전부에 지방자치단체중앙분쟁조정위원회(이하 "중앙분쟁조정위원회"라 한다)와 시·도에 지방자치단체지방분쟁조정위원회(이하 "지방분쟁조정위원회"라 한다)를 둔다.
<개정 2008.2.29>
②중앙분쟁조정위원회는 다음 각 호의 분쟁을 심의·의결한다.
1. 시·도 간 또는 그 장 간의 분쟁
2. 시·도를 달리하는 시·군 및 자치구 간 또는 그 장 간의 분쟁
3. 시·도와 시·군 및 자치구 간 또는 그 장 간의 분쟁
4. 시·도와 지방자치단체조합 간 또는 그 장 간의 분쟁
5. 시·도를 달리하는 시·군 및 자치구와 지방자치단체조합 간 또는 그 장 간의 분쟁
6. 시·도를 달리하는 지방자치단체조합 간 또는 그 장 간의 분쟁

③지방분쟁조정위원회는 제2항 각 호에 해당하지 아니하는 지방자치단체·지방자치단체조합 간 또는 그 장 간의 분쟁을 심의·의결한다.
④중앙분쟁조정위원회와 지방분쟁조정위원회(이하 "분쟁조정위원회"라 한다)는 각각 위원장을 포함한 11명 이내의 위원으로 구성한다.
⑤중앙분쟁조정위원회의 위원장과 위원 중 5명은 다음 각 호에 해당하는 자 중에서 행정안전부장관의 제청으로 대통령이 임명하거나 위촉하고, 대통령령으로 정하는 중앙행정기관 소속 공무원은 당연직위원이 된다.
<개정 2008.2.29>
1. 대학에서 부교수 이상으로 3년 이상 재직 중이거나 재직한 자
2. 판사·검사 또는 변호사의 직에 6년 이상 재직 중이거나 재직한 자

3. 그 밖에 지방자치사무에 관한 학식과 경험이 풍부한 자

⑥지방분쟁조정위원회의 위원장과 위원 중 5명은 제5항 각 호에 해당하는 자 중에서 시·도지사가 임명하거나 위촉하고, 조례로 정하는 해당 지방자치단체 소속 공무원은 당연직위원이 된다.

⑦공무원이 아닌 위원장 및 위원의 임기는 3년으로 하되, 연임할 수 있다. 다만, 보궐위원의 임기는 전임자의 남은 임기로 한다.

제150조 【분쟁조정위원회의 운영 등】

①분쟁조정위원회는 위원장을 포함한 위원 7명 이상의 출석으로 개의하고, 출석위원 3분의 2 이상의 찬성으로 의결한다.

②분쟁조정위원회의 위원장은 분쟁의 조정과 관련하여 필요하다고 인정하면 관계 공무원, 지방자치단체조합의 직원 또는 관계 전문가를 출석시켜 의견을 듣거나 관계 기관이나 단체에 대하여 자료 및 의견 제출 등을 요구할 수 있다. 이 경우 분쟁의 당사자에게는 의견을 진술할 기회를 주어야 한다.

③이 법에서 정한 사항 외에 분쟁조정위원회의 구성과 운영 등에 관하여 필요한 사항은 대통령령으로 정한다.

제151조 【사무의 위탁】 ①지방자치단체나 그 장은 소관 사무의 일부를 다른 지방자치단체나 그 장에게 위탁하여 처리하게 할 수 있다. 이 경우 지방자치단체의 장은 사무 위탁의 당사자가 시·도나 그 장이면 행정안전부장관과 관계 중앙행정기관의 장에게, 시·군 및 자치구나 그 장이면 시·도지사에게 이를 보고하여야 한다. <개정 2008.2.29>

②지방자치단체나 그 장은 제1항에 따라 사무를 위탁하려면 관계 지방자치단체와의 협의에 따라 규약을 정하여 고시하여야 한다.

③제2항의 사무위탁에 관한 규약에는 다음 각 호의 사항이 포함되어야 한다.

1. 사무를 위탁하는 지방자치단체와 사무를 위탁받는 지방자치단체
2. 위탁사무의 내용과 범위
3. 위탁사무의 관리와 처리방법
4. 위탁사무의 관리와 처리에 드는 경비의 부담과 지출방법
5. 그 밖에 사무위탁에 관하여 필요한 사항

④지방자치단체나 그 장은 사무위탁을 변경하거나 해지하려면 관계 지방자치단체나 그 장과 협의하여 그 사실을 고시하고, 제1항의 예에 따라 행정안전부장관과 관계 중앙행정기관의 장 또는 시·도지사에게 보고하여야 한다. <개정 2008.2.29>

⑤사무가 위탁된 경우 위탁된 사무의 관리와 처리에 관한 조례나 규칙은 규약에 다르게 정하여진 경우 외에는 사무를 위탁받은 지방자치단체에 대하여도 적용한다.

제2절 행정협의회

제152조 【행정협의회의 구성】 ①지방자치단체는 2개 이상의 지방자치단체에 관련된 사무의 일부를 공동으로 처리하기 위하여 관계 지방자치단체 간의 행정협의회(이하 "협의회"라 한다)를 구성할 수 있다. 이 경우 지방자치단체의 장은 시·도가 구성원이면 행정안전부장관과 관계 중앙행정기관의 장에게, 시·군 또는 자치구가 구성원이면 시·도지사에게 이를 보고하여야 한다. <개정 2008.2.29>

②지방자치단체는 협의회를 구성하려면 관계 지방자치단체 간의 협의에 따라 규약을 정하여 관계 지방의회의 의결을 각각 거친 다음 고시하여야 한다.

③행정안전부장관이나 시·도지사는 공익상 필요하면 관계 지방자치단체에 대하여 협의회를 구성하도록 권고할 수 있다. <개정 2008.2.29>

제153조【협의회의 조직】 ①협의회는 회장과 위원으로 구성한다.
②회장과 위원은 규약으로 정하는 바에 따라 관계 지방자치단체의 직원 중에서 선임한다.
③회장은 협의회를 대표하며 회의를 소집하고 협의회의 사무를 총괄한다.

제154조【협의회의 규약】 협의회의 규약에는 다음 각 호의 사항이 포함되어야 한다.
1. 협의회의 명칭
2. 협의회를 구성하는 지방자치단체
3. 협의회가 처리하는 사무
4. 협의회의 조직과 회장 및 위원의 선임방법
5. 협의회의 운영과 사무 처리에 필요한 경비의 부담이나 지출방법
6. 그 밖에 협의회의 구성과 운영에 관하여 필요한 사항

제155조【협의회의 자료제출요구 등】 협의회는 사무를 처리하기 위하여 필요하다고 인정하면 관계 지방자치단체의 장에게 자료 제출, 의견 개진, 그 밖에 필요한 협조를 요구할 수 있다.

제156조【협의사항의 조정】 ①협의회에서 합의가 이루어지지 아니한 사항에 대하여 관계 지방자치단체의 장이 조정(調整) 요청을 하면 시·도 간의 협의사항에 대하여는 행정안전부장관이, 시·군 및 자치구 간의 협의사항에 대하여는 시·도지사가 조정할 수 있다. 다만, 관계되는 시·군 및 자치구가 2개 이상의 시·도에 걸치는 경우에는 행정안전부장관이 조정할 수 있다.
<개정 2008.2.29>
②행정안전부장관이나 시·도지사가 제1항에 따라 조정을 하려면 관계 중앙행정기관의 장과의 협의를 거쳐 제149조에 따른 분쟁조정위원회의 의결에 따라 조정하여야 한다.
<개정 2008.2.29>

제157조【협의회의 협의 및 사무처리의 효력】 ①협의회를 구성한 관계 지방자치단체는 협의회가 결정한 사항이 있으면 그 결정에 따라 사무를 처리하여야 한다.
②제156조제1항에 따라 행정안전부장관이나 시·도지사가 조정한 사항에 관하여는 제148조제3항부터 제6항까지의 규정을 준용한다. <개정 2008.2.29>
③협의회가 관계 지방자치단체나 그 장의 명의로 한 사무의 처리는 관계 지방자치단체나 그 장이 한 것으로 본다.

제158조【협의회의 규약변경 및 폐지】 지방자치단체가 협의회의 규약을 변경하거나 협의회를 없애려는 경우에는 제152조제1항과 제2항을 준용한다.

제3절 지방자치단체조합

제159조【지방자치단체조합의 설립】 ①2개 이상의 지방자치단체가 하나 또는 둘 이상의 사무를 공동으로 처리할 필요가 있을 때에는 규약을 정하여 그 지방의회의 의결을 거쳐 시·도는 행정안전부장관의, 시·군 및 자치구는 시·도지사의 승인을 받아 지방자치단체조합을 설립할 수 있다. 다만, 지방자치단체조합의 구성원인 시·군 및 자치구가 2개 이상의 시·도에 걸치는 지방자치단체조합은 행정안전부장관의 승인을 받아야 한다. <개정 2008.2.29>
②지방자치단체조합은 법인으로 한다.

제160조【지방자치단체조합의 조직】

①지방자치단체조합에는 지방자치단체조합회의와 지방자치단체조합장 및 사무직원을 둔다.
②지방자치단체조합회의의 위원과 지방자치단체조합장 및 사무직원은 지방자치단체조합규약으로 정하는 바에 따라 선임한다.
③관계 지방자치단체의 의회 의원과 그 지방자치단체의 장은 제35조제1항과 제96조제1항에도 불구하고 지방자치단체조합회의의 위원이나 지방자치단체조합장을 겸할 수 있다.

제161조 【지방자치단체조합회의와 지방자치단체조합장의 권한】 ①지방자치단체조합회의는 지방자치단체조합의 규약으로 정하는 바에 따라 지방자치단체조합의 중요 사무를 심의·의결한다.
②지방자치단체조합회의는 지방자치단체조합이 제공하는 역무에 대한 사용료·수수료 또는 분담금을 제139조제1항에 따른 조례의 범위 안에서 정할 수 있다.
③지방자치단체조합장은 지방자치단체조합을 대표하며 지방자치단체조합의 사무를 총괄한다.

제162조 【지방자치단체조합의 규약】 지방자치단체조합의 규약에는 다음 각 호의 사항이 포함되어야 한다.
1. 지방자치단체조합의 명칭
2. 지방자치단체조합을 구성하는 지방자치단체
3. 사무소의 위치
4. 지방자치단체조합의 사무
5. 지방자치단체조합회의의 조직과 위원의 선임방법
6. 집행기관의 조직과 선임방법
7. 지방자치단체조합의 운영 및 사무처리에 필요한 경비의 부담과 지출방법
8. 그 밖에 지방자치단체조합의 구성과 운영에 관한 사항

제163조 【지방자치단체조합의 지도·감독】 ①시·도가 구성원인 지방자치단체조합은 행정안전부장관의, 시·군 및 자치구가 구성원인 지방자치단체조합은 1차로 시·도지사의, 2차로 행정안전부장관의 지도·감독을 받는다. 다만, 지방자치단체조합의 구성원인 시·군 및 자치구가 2개 이상의 시·도에 걸치는 지방자치단체조합은 행정안전부장관의 지도·감독을 받는다.
<개정 2008.2.29>
②행정안전부장관은 공익상 필요하면 지방자치단체조합의 설립이나 해산 또는 규약의 변경을 명할 수 있다.
<개정 2008.2.29>

제164조 【지방자치단체조합의 규약 변경 및 해산】 ①지방자치단체조합의 규약을 변경하거나 지방자치단체조합을 해산하려는 경우에는 제159조제1항을 준용한다.
②지방자치단체조합을 해산한 경우에 그 재산의 처분은 관계 지방자치단체의 협의에 따른다.

제4절 지방자치단체의 장 등의 협의체

제165조 【지방자치단체의 장 등의 협의체】 ①지방자치단체의 장이나 지방의회의 의장은 상호 간의 교류와 협력을 증진하고, 공동의 문제를 협의하기 위하여 다음 각 호의 구분에 따라 각각 전국적 협의체를 설립할 수 있다.
1. 시·도지사
2. 시·도의회의 의장
3. 시장·군수·자치구의 구청장
4. 시·군·자치구의회의 의장

②제1항 각 호의 전국적 협의체가 모두 참가하는 지방자치단체 연합체를

설립할 수 있다.
③제1항에 따른 협의체나 제2항에 따른 연합체를 설립한 때에는 그 협의체의 대표자는 지체 없이 행정안전부장관에게 신고하여야 한다.
<개정 2008.2.29>
④제1항에 따른 협의체나 제2항에 따른 연합체는 지방자치에 직접적인 영향을 미치는 법령 등에 관한 의견을 행정안전부장관에게 제출할 수 있으며, 행정안전부장관은 제출된 의견을 관계 중앙행정기관의 장에게 통보하여야 한다. <개정 2008.2.29, 2011.7.14>
⑤관계 중앙행정기관의 장은 제4항에 따라 통보된 내용에 대하여 통보를 받은 날부터 2개월 이내에 타당성을 검토하여 행정안전부장관에게 그 결과를 통보하여야 하고, 행정안전부장관은 통보받은 검토 결과를 해당 협의체나 연합체에 지체 없이 통보하여야 한다. 이 경우 관계 중앙행정기관의 장은 검토 결과 타당성이 없다고 인정하면 구체적인 사유 및 내용을 명시하여 통보하여야 하며, 타당하다고 인정하면 관계 법령에 그 내용이 반영될 수 있도록 적극 협력하여야 한다. <신설 2011.7.14>
⑥제1항에 따른 협의체나 제2항에 따른 연합체는 지방자치와 관련된 법률의 제정·개정 또는 폐지가 필요하다고 인정하는 경우에는 국회에 서면으로 의견을 제출할 수 있다.
<신설 2011.7.14>
⑦제1항에 따른 협의체나 제2항에 따른 연합체의 설립신고와 운영, 그 밖에 필요한 사항은 대통령령으로 정한다. <개정 2011.7.14>

제9장 국가의 지도·감독

제166조 【지방자치단체의 사무에 대한 지도와 지원】 ①중앙행정기관의 장이나 시·도지사는 지방자치단체의 사무에 관하여 조언 또는 권고하거나 지도할 수 있으며, 이를 위하여 필요하면 지방자치단체에 자료의 제출을 요구할 수 있다.
②국가나 시·도는 지방자치단체가 그 지방자치단체의 사무를 처리하는 데에 필요하다고 인정하면 재정지원이나 기술지원을 할 수 있다.

제167조 【국가사무나 시·도사무 처리의 지도·감독】 ①지방자치단체나 그 장이 위임받아 처리하는 국가사무에 관하여 시·도에서는 주무부장관의, 시·군 및 자치구에서는 1차로 시·도지사의, 2차로 주무부장관의 지도·감독을 받는다.
②시·군 및 자치구나 그 장이 위임받아 처리하는 시·도의 사무에 관하여는 시·도지사의 지도·감독을 받는다.

제168조 【중앙행정기관과 지방자치단체 간 협의조정】 ①중앙행정기관의 장과 지방자치단체의 장이 사무를 처리할 때 의견을 달리하는 경우 이를 협의·조정하기 위하여 국무총리 소속으로 행정협의조정위원회를 둔다.
<개정 2011.7.14>
②행정협의조정위원회는 위원장 1명을 포함하여 13명 이내의 위원으로 구성한다. <개정 2011.7.14>
③행정협의조정위원회의 위원은 다음 각 호의 사람이 되고, 위원장은 제3호에 따른 위촉위원 중에서 국무총리가 위촉한다. <신설 2011.7.14>
1. 기획재정부장관, 행정안전부장관, 국무총리실장 및 법제처장
2. 안건과 관련된 중앙행정기관의 장과 시·도지사 중 위원장이 지명하는 사람
3. 그 밖에 지방자치에 관한 학식과 경험이 풍부한 사람 중에서 국무총리가 위촉하는 사람 4명
④그 밖에 행정협의조정위원회의 구성

과 운영 등에 필요한 사항은 대통령령으로 정한다. <신설 2011.7.14>

제169조【위법·부당한 명령·처분의 시정】 ①지방자치단체의 사무에 관한 그 장의 명령이나 처분이 법령에 위반되거나 현저히 부당하여 공익을 해친다고 인정되면 시·도에 대하여는 주무부장관이, 시·군 및 자치구에 대하여는 시·도지사가 기간을 정하여 서면으로 시정할 것을 명하고, 그 기간에 이행하지 아니하면 이를 취소하거나 정지할 수 있다. 이 경우 자치사무에 관한 명령이나 처분에 대하여는 법령을 위반하는 것에 한한다.
②지방자치단체의 장은 제1항에 따른 자치사무에 관한 명령이나 처분의 취소 또는 정지에 대하여 이의가 있으면 그 취소처분 또는 정지처분을 통보받은 날부터 15일 이내에 대법원에 소(訴)를 제기할 수 있다.

제170조【지방자치단체의 장에 대한 직무이행명령】 ①지방자치단체의 장이 법령의 규정에 따라 그 의무에 속하는 국가위임사무나 시·도위임사무의 관리와 집행을 명백히 게을리하고 있다고 인정되면 시·도에 대하여는 주무부장관이, 시·군 및 자치구에 대하여는 시·도지사가 기간을 정하여 서면으로 이행할 사항을 명령할 수 있다.
②주무부장관이나 시·도지사는 해당 지방자치단체의 장이 제1항의 기간에 이행명령을 이행하지 아니하면 그 지방자치단체의 비용부담으로 대집행하거나 행정상·재정상 필요한 조치를 할 수 있다. 이 경우 행정대집행에 관하여는 「행정대집행법」을 준용한다.
③지방자치단체의 장은 제1항의 이행명령에 이의가 있으면 이행명령서를 접수한 날부터 15일 이내에 대법원에 소를 제기할 수 있다. 이 경우 지방자치단체의 장은 이행명령의 집행을 정지하게 하는 집행정지결정을 신청할 수 있다.

제171조【지방자치단체의 자치사무에 대한 감사】 ①행정안전부장관이나 시·도지사는 지방자치단체의 자치사무에 관하여 보고를 받거나 서류·장부 또는 회계를 감사할 수 있다. 이 경우 감사는 법령위반사항에 대하여만 실시한다. <개정 2008.2.29, 2010.6.8>
②행정안전부장관 또는 시·도지사는 제1항에 따라 감사를 실시하기 전에 해당 사무의 처리가 법령에 위반되는지 여부 등을 확인하여야 한다.
<신설 2010.6.8>

제171조의2【지방자치단체에 대한 감사 절차 등】 ①주무부장관, 행정안전부장관 또는 시·도지사는 이미 감사원 감사 등이 실시된 사안에 대하여는 새로운 사실이 발견되거나 중요한 사항이 누락된 경우 등 대통령령으로 정하는 경우를 제외하고는 감사대상에서 제외하고 종전의 감사결과를 활용하여야 한다.
②주무부장관과 행정안전부장관은 다음 각 호의 어느 하나에 해당하는 감사를 실시하고자 하는 때에는 지방자치단체의 수감부담을 줄이고 감사의 효율성을 높이기 위하여 같은 기간 동안 함께 감사를 실시할 수 있다.
1. 제167조에 따른 주무부장관의 위임사무 감사
2. 제171조에 따른 행정안전부장관의 자치사무 감사
③제167조, 제171조 및 제2항에 따른 감사에 대한 절차·방법 등 필요한 사항은 대통령령으로 정한다.
[본조신설 2010.6.8]

제172조【지방의회 의결의 재의와 제소】 ①지방의회의 의결이 법령에 위반되거나 공익을 현저히 해친다고

판단되면 시·도에 대하여는 주무부장관이, 시·군 및 자치구에 대하여는 시·도지사가 재의를 요구하게 할 수 있고, 재의요구를 받은 지방자치단체의 장은 의결사항을 이송받은 날부터 20일 이내에 지방의회에 이유를 붙여 재의를 요구하여야 한다.
②제1항의 요구에 대하여 재의의 결과 재적의원 과반수의 출석과 출석의원 3분의 2 이상의 찬성으로 전과 같은 의결을 하면 그 의결사항은 확정된다.
③지방자치단체의 장은 제2항에 따라 재의결된 사항이 법령에 위반된다고 판단되면 재의결된 날부터 20일 이내에 대법원에 소를 제기할 수 있다. 이 경우 필요하다고 인정되면 그 의결의 집행을 정지하게 하는 집행정지결정을 신청할 수 있다.
④주무부장관이나 시·도지사는 재의결된 사항이 법령에 위반된다고 판단됨에도 불구하고 해당 지방자치단체의 장이 소(訴)를 제기하지 아니하면 그 지방자치단체의 장에게 제소를 지시하거나 직접 제소 및 집행정지결정을 신청할 수 있다.
⑤제4항에 따른 제소의 지시는 제3항의 기간이 지난 날부터 7일 이내에 하고, 해당 지방자치단체의 장은 제소지시를 받은 날부터 7일 이내에 제소하여야 한다.
⑥주무부장관이나 시·도지사는 제5항의 기간이 지난 날부터 7일 이내에 직접 제소할 수 있다.
⑦제1항에 따라 지방의회의 의결이 법령에 위반된다고 판단되어 주무부장관이나 시·도지사로부터 재의요구지시를 받은 지방자치단체의 장이 재의를 요구하지 아니하는 경우(법령에 위반되는 지방의회의 의결사항이 조례안인 경우로서 재의요구지시를 받기 전에 그 조례안을 공포한 경우를 포함한다)에는 주무부장관이나 시·도지사는 제1항에 따른 기간이 지난 날부터 7일 이내에 대법원에 직접 제소 및 집행정지결정을 신청할 수 있다.
⑧제1항에 따른 지방의회의 의결이나 제2항에 따라 재의결된 사항이 둘 이상의 부처와 관련되거나 주무부장관이 불분명하면 행정안전부장관이 재의요구 또는 제소를 지시하거나 직접 제소 및 집행정지결정을 신청할 수 있다. <개정 2008.2.29>

제10장 서울특별시 등 대도시와 제주특별자치도의 행정특례

제173조 【자치구의 재원】 특별시장이나 광역시장은 시세(市稅) 수입 중의 일정액을 확보하여 조례로 정하는 바에 따라 해당 지방자치단체의 관할구역 안의 자치구 상호 간의 재원을 조정하여야 한다.

제174조 【특례의 인정】 ①서울특별시의 지위·조직 및 운영에 대하여는 수도로서의 특수성을 고려하여 법률로 정하는 바에 따라 특례를 둘 수 있다.
②제주특별자치도의 지위·조직 및 행정·재정 등의 운영에 대하여는 행정체제의 특수성을 고려하여 법률로 정하는 바에 따라 특례를 둘 수 있다.

제175조 【대도시에 대한 특례인정】 서울특별시와 광역시를 제외한 인구 50만 이상 대도시의 행정, 재정운영 및 국가의 지도·감독에 대하여는 그 특성을 고려하여 관계 법률로 정하는 바에 따라 특례를 둘 수 있다.

부칙

<제10827호, 2011. 7.14>

제1조 【시행일】 이 법은 공포 후

3개월이 경과한 날부터 시행한다.

제2조 【조례안 예고의 적용례】 제66조의2의 개정규정은 이 법 시행 후 최초로 발의된 조례안부터 적용한다.

지방자치법 시행령

[시행 2011. 10. 15]
[대통령령 제23222호, 2011. 10.14, 일부개정]

제1장 총칙

제1조 【목적】 이 영은 지방자치법에서 위임된 사항과 그 시행에 필요한 사항을 규정함을 목적으로 한다.

제2조 【관계 지방의회】 「지방자치법」(이하 "법"이라 한다) 제4조제2항에서 "관계 지방자치단체의 의회"란 해당 지방자치단체의 의회와 그 상급 지방자치단체의 의회를 말한다.

제3조 【관할구역의 변경 등으로 인한 지방자치단체 등의 사무 인계】 법 제4조제1항 및 제4조의2제1항·제2항에 따라 지방자치단체 및 자치구가 아닌 구와 읍·면·동·리의 구역을 변경하거나 폐지하거나 설치하거나 나누거나 합치는 데에 따른 사무의 인계에 관하여는 제66조부터 제70조까지의 규정을 준용한다. <개정 2011.10.14>

제4조 삭제 <2011.10.14>

제5조 삭제 <2011.10.14>

제6조 【사무소의 소재지】 법 제6조에 따른 지방자치단체의 사무소의 소재지는 주사무소를 기준으로 결정하되, 특별시·광역시·도 및 특별자치도(이하 "시·도"라 한다)에서는 시(「제주특별자치도설치 및 국제자유도시 조성을 위한 특별법」 제15조제2항에 따른 행정시를 포함한다. 이하 이 조에서 같다)·군 또는 자치구를 단위로 결정하고, 시·군 및 자치구에서는 읍·면 또는 동을 단위로 결정한다.

제7조 【시·읍의 설치기준】 ①법 제7조제1항에 따라 시로 되려면 다음 각 호의 요건을 갖추어야 한다. <개정 2008.2.29>

1. 해당 지역의 시가지를 구성하는 지역 안에 거주하는 인구의 비율이 전체 인구의 60퍼센트 이상일 것
2. 해당 지역의 상업·공업, 그 밖의 도시적 산업에 종사하는 가구의 비율이 전체 가구의 60퍼센트 이상일 것
3. 1인당 지방세 납세액, 인구밀도 및 인구증가 경향이 행정안전부령으로 정하는 기준 이상일 것

②법 제7조제2항제2호 및 제3호에 따라 도농 복합형태의 시로 되려면 다음 각 호의 요건을 갖추어야 한다.

1. 해당 지역의 상업·공업, 그 밖의 도시적 산업에 종사하는 가구의 비율이 군 전체 가구의 45퍼센트 이상일 것
2. 다음의 식으로 계산한 해당 군의 재정자립도가 전국 군 재정자립도의 평균치 이상일 것

{(지방세＋세외수입－지방채)÷일반회계예산}×100

③법 제7조제3항 본문에 따라 읍으로 되려면 다음 각 호의 요건을 갖추어야 한다.

1. 해당 지역의 시가지를 구성하는 지역 안에 거주하는 인구의 비율이 전체 인구의 40퍼센트 이상일 것
2. 해당 지역의 상업·공업, 그 밖의 도시적 산업에 종사하는 가구의 비율이 전체 가구의 40퍼센트 이상일 것

제8조 【지방자치단체의 종류별 사무】 법 제10조제2항에 따른 지방자치단체의 종류별 사무의 예시는 별표 1과 같다. 다만, 다른 법령에 이와 다른 규정이 있는 경우에는 그러하지 아니하다.

제9조 【자치구 사무의 특례】 법 제2조제2항에 따라 시·군과 다르게 자치구에서 처리하지 아니하고 특별시·광역시에서 처리하는 사무의 예시는 별표 2와 같다. 다만, 다른 법령에 이와 다른 규정이 있는 경우에는 그러하지 아니하다.

제10조 【인구 50만 이상 시의 사무의 특례】 ①삭제 <2008.10.8>
②법 제10조제1항제2호 단서에 따른 인구 50만 이상의 시가 직접 처리할 수 있는 도의 사무의 예시는 별표 3과 같다. 다만, 다른 법령에 이와 다른 규정이 있는 경우에는 그러하지 아니하다. <개정 2008.10.8>

제11조 【주민 총수의 공표】 지방자치단체의 장은 법 제15조제1항에 따른 19세 이상의 주민(이하 "19세 이상의 주민"이라 한다)의 총수를 매년 1월 10일까지 공표하여야 한다.
[전문개정 2009.8.13]

제12조 【청구인의 대표자 증명 등】 ①법 제15조제1항에 따라 조례의 제정·개정·폐지를 청구하려는 청구인의 대표자(이하 "대표자"라 한다)는 청구의 취지와 이유 등을 적은 조례의 제정·개정·폐지 청구서(이하 "청구서"라 한다) 및 조례의 제정·개정·폐지안(이하 "주민청구조례안"이라 한다)을 첨부하여 해당 지방자치단체의 장에게 문서로 대표자증명서의 발급을 신청하여야 한다. <개정 2011.10.14>
②제1항에 따른 신청을 받으면 해당 지방자치단체의 장은 대표자가 19세 이상의 주민인 경우에만 대표자 증명서를 발급하고 그 취지를 공표하여야 한다.

제13조 【서명 요청 절차】 ①대표자는 19세 이상의 주민에게 청구인명부에 서명할 것을 요청할 수 있다. 이 경우 대표자는 청구서나 그 사본, 주민청구조례안 또는 그 사본 및 대표자증명서나 그 사본을 첨부하여야 한다. <개정 2011.10.14>
②대표자는 19세 이상의 주민에게 제1항에 따른 서명요청권을 위임할 수 있으며, 이를 위임한 경우에는 수임자(受任者)의 성명 및 위임 연월일을 해당 지방자치단체의 장에게 신고하여야 한다. 이 경우 지방자치단체의 장은 즉시 위임신고증을 발급하여야 한다.
③제2항에 따른 수임자는 19세 이상의 주민에게 청구인명부에 서명할 것을 요청할 수 있다. 이 경우 수임자는 청구서나 그 사본, 주민청구조례안 또는 그 사본, 대표자증명서나 그 사본 및 위임신고증을 첨부하여야 한다. <개정 2011.10.14>
④제1항과 제3항에 따른 서명은 제12조제2항에 따른 공표가 있은 날부터 시·도의 경우에는 6개월 이내, 시·군·자치구의 경우에는 3개월 이내에 요청하여야 한다. 다만, 서명 요청 기간을 계산할 때에 「공직선거법」 제33조에 따른 선거기간은 이를 산입하지 아니한다.
⑤누구든지 「공직선거법」 제33조에 따른 선거기간 중에는 제1항과 제3항에 따라 서명을 요청할 수 없다.

제14조 【청구인명부의 작성 등】 ①청구인명부에 서명하려는 19세 이상의 주민은 청구인명부에 다음 각 호의 사항을 적고 서명하거나 도장을 찍어야 한다. <개정 2009.8.13>
1. 성명
2. 주민등록번호·국내거소신고번호 또는 외국인등록번호
3. 주소·거소 또는 체류지
4. 서명 연월일

②서명을 한 자가 그 서명을 취소하려면 제15조제1항에 따라 대표자가 해당

지방자치단체의 장에게 청구인명부를 제출하기 전에 취소하여야 한다. 이 경우 대표자는 즉시 청구인명부에서 그 서명을 삭제하여야 한다.
③청구인명부는 시·군·자치구의 경우에는 읍·면·동별로 작성하고, 시·도의 경우에는 시·군·자치구별로 읍·면·동으로 구분하여 작성하여야 한다.

제15조【청구인명부의 제출】 ①대표자는 청구인명부에 서명한 19세 이상의 주민의 수가 법 제15조제1항에 따른 주민 수 이상이 되면 제13조제4항에 따른 서명 요청 기간이 지난 날부터 시·도의 경우에는 10일 이내에, 시·군·자치구의 경우에는 5일 이내에 해당 지방자치단체의 장에게 청구인명부를 제출하여야 한다.
②제1항에 따라 청구인명부가 제출되면 지방자치단체의 장은 대표자의 성명·주소, 청구취지 및 이유, 연서주민 수, 청구인명부 열람기간·장소 및 이의신청 방법 등을 공표하여야 한다.

제16조【청구인명부의 열람 및 이의신청 등】 ①지방자치단체의 장은 시·도의 경우에는 그 지방자치단체와 시·군·자치구별로, 시·군·자치구의 경우에는 그 지방자치단체와 읍·면·동별로 청구인명부나 그 사본을 공개된 장소에 갖추어 두어 열람하게 하여야 한다.
②지방자치단체의 장은 제1항에 따라 청구인명부나 그 사본을 열람하게 하는 경우에는 개인의 주민등록번호·국내거소신고번호 또는 외국인등록번호가 나타나지 아니하도록 필요한 조치를 하여야 한다. <개정 2009.8.13>
③법 제15조제5항에 따라 이의신청을 하려면 그 사유를 적은 서면으로 하여야 한다. <개정 2009.8.13>
④지방자치단체의 장은 청구인명부에 적힌 서명이 정당한 서명자가 아니거나 누구의 서명인가를 확인하기 어려우면 제28조에 따른 조례·규칙심의회(이하 "조례·규칙심의회"라 한다)의 심의를 거쳐 서명을 무효로 결정하고 청구인명부를 수정한 후 그 사실을 즉시 대표자에게 알려야 한다.
⑤지방자치단체의 장은 법 제15조제6항에 따라 이의신청에 대한 심사·결정을 하려는 경우에는 미리 조례·규칙심의회의 심의를 거쳐야 한다.
<개정 2009.8.13>
⑥지방자치단체의 장은 제4항과 제5항에 따른 결정으로 청구인명부에 서명한 19세 이상의 주민수가 법 제15조제1항에 따른 주민 수에 미치지 못할 때에는 대표자로 하여금 시·도의 경우에는 5일 이내에, 시·군·자치구의 경우에는 3일 이내에 이를 보정하게 할 수 있다.
⑦지방자치단체의 장은 제6항에 따라 보정된 청구인명부가 제출되면 열람기간·장소 및 이의신청 방법 등을 공표하여야 한다. 이 경우 보정된 청구인명부의 열람 및 이의신청 등의 절차에 관하여는 제1항부터 제5항까지의 규정을 적용한다.

제17조【청구요건 심사】 ①지방자치단체의 장은 법 제15조제7항에 따라 청구를 수리하거나 각하하려는 경우에는 미리 조례·규칙심의회의 심의를 거쳐야 한다. <개정 2009.8.13>
②법 제15조제8항에 따른 청구인 대표자의 의견 제출에 관하여는 「행정절차법」 제27조를 준용한다.
<개정 2009.8.13>

제18조【지방의회에 부의】 지방자치단체의 장은 법 제15조제9항에 따른 조례의 제정·개정·폐지안에 대하여 의견이 있으면 조례의 제정·개정·폐지안에 그 의견을 첨부하여 지방의회의 회의에 부칠 수 있다. <개정 2009.8.13>

제19조 【주무부장관 등】 ①지방자치단체의 19세 이상의 주민이 법 제16조제1항에 따라 감사를 청구하는 경우 그 청구 내용이 둘 이상의 부처와 관련되거나 주무부장관이 불분명한 경우에는 행정안전부장관에게 감사를 청구할 수 있다. <개정 2008.2.29>
②제1항에 따른 청구를 받으면 행정안전부장관은 관계 부처와 협의를 거쳐 처리 주무부처를 지정하고 그 부처로 하여금 관계 부처 간 협의를 통하여 주민 감사청구를 일괄 처리하도록 요청할 수 있다. <개정 2008.2.29>

제20조 【주민의 감사청구 절차】 ①19세 이상의 주민의 감사청구에 관하여는 제12조제1항, 제13조제1항부터 제3항까지 및 제5항, 제14조, 제15조제2항, 제16조제2항부터 제5항까지 및 제7항, 제17조제1항을 준용한다. 이 경우 "조례의 제정이나 개폐"는 "감사"로, "지방자치단체의 장"은 "주무부장관이나 시·도지사"로, "조례·규칙심의회"는 "감사청구심의회"로 본다.
②제1항에 따라 준용하는 제12조제1항에 따른 신청을 받으면 주무부장관이나 시·도지사는 대표자가 19세 이상의 주민인 경우에만 대표자증명서를 발급하여야 한다.
③제1항에 따라 준용하는 제13조제1항 및 제3항에 따른 서명은 제2항에 따른 증명서를 발급한 날부터 시·도의 경우에는 6개월 이내에, 시·군·자치구의 경우에는 3개월 이내에 요청하여야 한다. 이 경우 서명 요청 기간을 계산할 때에 「공직선거법」 제33조에 따른 선거기간은 이를 산입하지 아니한다.
④대표자는 청구인명부에 서명한 19세 이상의 주민 수가 법 제16조에 따른 주민 수 이상이 된 경우에는 제3항에 따른 서명 요청 기간이 지난 날부터 시·도의 경우에는 10일 이내에 주무부장관에게, 시·군·자치구의 경우에는 5일 이내에 시·도지사에게 청구인명부를 제출하여야 한다.
⑤주무부장관은 해당 부처와 시·도 및 시·군·자치구별로, 시·도지사는 해당 시·도와 시·군·자치구 및 읍·면·동별로 청구인명부나 그 사본을 공개된 장소에 갖추어 두고 열람하게 하여야 한다.
⑥주무부장관이나 시·도지사는 제1항에 따라 준용하는 제16조제4항 및 제5항에 따른 결정으로 청구인명부에 서명한 19세 이상의 주민 수가 법 제16조에 따른 주민 수에 못 미칠 때에는 대표자로 하여금 시·도의 경우에는 5일 이내에, 시·군·자치구의 경우에는 3일 이내에 이를 보정하게 할 수 있다.

제21조 【감사 절차 등】 주무부장관이나 시·도지사가 법 제16조제3항 및 제6항에 따른 감사와 감사결과에 따른 필요 조치를 요구하는 경우에는 「지방자치단체에 대한 행정감사규정」에서 정하는 바에 따라야 한다.
<개정 2010.10.13>

제22조 【감사결과의 공표】 주무부장관이나 시·도지사는 법 제16조제3항에 따른 감사가 끝나면 지체 없이 감사 실시 개요와 청구 대상 사무 처리의 적법 여부에 대한 감사결과를 공표하여야 한다.

제23조 【부처 간 협조】 ①주무부장관이나 시·도지사는 주민 감사청구를 처리할 때에 필요하면 관계 부처의 장이나 지방자치단체의 장에게 자료 요구나 관계 공무원의 지원 등 협조 요청을 할 수 있다.
②주무부장관이나 시·도지사는 다른 기관에서 이미 감사한 사항이나 감사 중인 사항에 대하여 감사가 청구된 경우에는 법 제16조제4항에 따른 감사

업무의 처리와 관련하여 그 감사기관에 감사 진행 여부를 확인할 수 있으며, 감사가 끝나면 그 감사결과에 대하여 자료의 제출 등 필요한 협조를 요청할 수 있다.
③제1항과 제2항에 따른 협조 요청을 받은 관계 부처의 장, 지방자치단체의 장 및 감사기관은 정당한 사유가 없으면 협조하여야 한다.

제24조【공표 방법 등】 법 제16조제7항, 이 영 제11조, 제12조제2항, 제15조제2항, 제16조제7항 및 제22조에 따른 관련 사항의 공표는 관보, 지방자치단체의 공보, 게시판·전산망 또는 일간신문에 게시하거나 게재하는 방법으로 한다.

제25조【보고 등】 주무부장관이나 시·도지사는 다음 각 호의 어느 하나에 해당하는 경우에는 행정안전부장관에게 그 사실을 통보하거나 보고하여야 한다. <개정 2008.2.29>
1. 법 제16조제7항, 이 영 제12조제2항, 제15조제2항, 제16조제7항 및 제22조에 따른 공표를 한 경우
2. 법 제16조제6항에 따라 감사결과에 따른 필요 조치를 요구하고 그 조치결과를 보고받은 경우

제26조【감사청구심의회】 ①지방자치단체의 19세 이상의 주민의 감사청구에 있어서 제5항에 규정된 사항을 심의·의결하기 위하여 주무부장관이나 시·도지사의 소속으로 감사청구심의회(이하 이 조에서 "심의회"라 한다)를 둔다.
②심의회는 위원장과 부위원장 각 1명을 포함하여 9명 이상 13명 이하의 위원으로 구성하되, 제3항제2호 각 목에 따라 위촉되는 위원이 2분의 1 이상이어야 한다.
③심의회의 위원장과 부위원장은 위원 중에서 호선(互選)하고, 위원은 다음 각 호의 자가 된다.
1. 주무부장관이나 시·도지사가 소속 공무원 중에서 지명하는 자
2. 다음 각 목의 어느 하나에 해당하는 자 중에서 주무부장관이나 시·도지사가 위촉하는 자
   가. 법관·검사 또는 변호사 자격이 있는 자
   나. 공인회계사·기술사·건축사 또는 세무사 자격이 있는 자
   다. 시민단체(「비영리민간단체 지원법」 제2조에 따른 비영리민간단체를 말한다)에서 추천한 자
   라. 대학에서 법학·회계학·토목공학 또는 건축공학을 담당하는 부교수 이상으로 재직 중인 자
   마. 그 밖에 감사 업무에 관하여 학식과 경험이 풍부한 자

④주무부장관이나 시·도지사가 위촉하는 위원의 임기는 2년으로 한다. <개정 2011.10.14>
⑤심의회에서 심의·의결할 사항은 다음 각 호와 같다.
1. 주민 감사청구 요건의 심사
2. 주민 감사청구인명부에 적힌 유효 서명의 확인
3. 청구인명부의 서명에 관한 이의신청의 심사·결정
4. 그 밖에 주무부장관이나 시·도지사가 주민 감사청구와 관련하여 회의에 부치는 사항

⑥심의회의 회의는 재적위원 과반수의 출석과 출석위원 과반수의 찬성으로 의결한다.
⑦위원장은 심의회의 회의에 부쳐진 안건을 효율적으로 처리하기 위하여 필요하다고 인정되면 관계 공무원과 감사청구인, 그 밖의 이해관계인을 회의에 참석시켜 의견을 진술하게 하거나 필요한 자료의 제출을 요구할 수

있다.
⑧이 영에 규정된 것 외에 심의회의 구성 및 운영 등에 관하여 필요한 사항은 주무부장관 소속인 경우에는 주무부장관이, 시·도지사 소속인 경우에는 해당 시·도의 조례로 정한다.

제27조【청구서 등의 서식】 제12조에 따른 청구서 및 대표자증명서, 제13조에 따른 위임신고서 및 신고증, 제14조에 따른 청구인명부, 제16조에 따른 이의신청서 및 제20조에 따른 대표자증명서의 서식은 행정안전부령으로 정한다. <개정 2008.2.29>

제2장 조례와 규칙

제28조【조례·규칙심의회】 ①지방자치단체의 장이 조례·규칙의 제정·개정·폐지 및 공포 등을 하려는 경우에 이를 심의·의결하기 위하여 해당 지방자치단체의 장 소속으로 조례·규칙심의회(이하 이 조에서 "심의회"라 한다)를 둔다.
②심의회는 다음 각 호의 사항을 심의·의결한다.

1. 지방자치단체의 장이 지방의회에 제출하는 조례안
2. 지방의회의 의결을 거친 조례공포안. 다만, 지방자치단체의 장이 지방의회에 제출하여 원안 의결된 조례공포안을 제외한다.
3. 주민의 조례 제정·개정·폐지 청구를 받은 경우 유효 서명의 확인, 이의신청 및 청구요건에 관한 사항
4. 지방자치단체의 장이 제정·개정·폐지하려는 규칙안
5. 예산안·결산안, 그 밖에 지방의회에 제출하는 안건 중 지방자치단체의 장이 심의회의 심의·의결이 필요하다고 인정하는 안건

③심의회의 의장은 지방자치단체의 장이 되고, 부의장은 지방자치단체의 부지사·부시장·부군수·부구청장이 되며, 위원은 실장·국장 또는 실장·과장이 된다. 다만, 제2항제3호의 사항을 심의·의결하는 경우에는 지방자치에 관하여 경험과 학식이 풍부한 변호사·대학교수 및 시민단체대표 등으로서 그 지방자치단체의 장이 위촉하는 위원이 5명 이상 포함되어야 한다.
④심의회의 회의는 의장과 부의장을 포함한 재적위원 과반수의 찬성으로 의결한다.
⑤이 영에 규정된 것 외에 심의회의 운영에 관하여 필요한 사항은 지방자치단체의 규칙으로 정한다.
<개정 2008.2.29, 2009.8.13>

제29조【조례와 규칙의 공포 절차】
①조례와 규칙의 공포문에는 전문(全文)을 붙여야 한다.
②제1항에 따른 조례와 규칙의 공포문 전문에는 제정·개정 및 폐지하는 뜻을 적어 지방자치단체의 장이 서명한 후 직인을 찍고 그 일자를 기록한다. 이 경우 조례 공포문 전문에는 지방의회의 의결을 얻은 사실을 적어야 한다.
③법 제26조제6항 후단에 따라 지방의회의 의장이 공포하는 조례의 공포문 전문에는 지방의회의 의결을 얻은 사실과 법 제26조제6항 후단에 따라 공포한다는 사실을 적고, 지방의회의 의장이 서명한 후 직인을 찍고 그 일자를 기록한다.

제30조【조례와 규칙의 공포 방법 등】 ①법 제26조에 따른 조례와 규칙의 공포는 해당 지방자치단체의 공보에 게재하는 방법으로 한다. 다만, 법 제26조제6항에 따라 지방의회의 의장이 공포하는 경우에는 공보나 일간신문에 게재하거나 게시판에 게시한다.
②지방자치단체나 그 장이 공고하거나 고시하는 경우에는 제1항 본문을 준용

하되, 법 제133조제2항에 따른 예산의 고시에 관하여는 제1항과 제29조제1항 및 제2항을 준용한다.

제31조【공포일】 제30조에 따른 조례와 규칙의 공포일과 공고·고시일은 그 조례와 규칙 등을 게재한 공보나 신문이 발행된 날이나 게시판에 게시된 날로 한다.

제32조【운영 규정】 법과 이 영에 규정된 것 외에 조례와 규칙의 공포 등에 관하여 필요한 사항은 해당 지방자치단체의 조례로 정한다.

제3장 지방의회

제33조【의정활동비·여비 및 월정수당의 지급기준 등】 ①법 제33조제2항에 따라 지방의회 의원에게 지급하는 의정활동비·여비 및 월정수당의 지급기준은 다음 각 호의 범위에서 제34조에 따른 의정비심의위원회가 해당 지방자치단체의 재정 능력 등을 고려하여 결정한 금액 이내에서 조례로 정한다. <개정 2008.10.8>

1. 의정활동비 : 별표 4에 따른 금액
2. 여비 : 별표 5와 별표 6에 따른 금액
3. 월정수당: 별표 7에 따른 금액

②제1항에 따른 의정활동비와 월정수당은 해당 지방자치단체 소속 공무원의 보수 지급일에 지급한다.

제34조【의정비심의위원회의 구성 등】 ①법 제33조제3항에 따른 의정비심의위원회(이하 이 조에서 "심의회"라 한다)는 법 제33조제1항 각 호에 따른 비용 지급기준의 결정이 필요한 경우에 10명의 위원으로 구성하되, 교육계·법조계·언론계·시민사회단체, 통·리의 장 및 지방의회 의장 등으로부터 추천을 받아 지방자치단체의 장이 위촉한다. 이 경우 지방자치단체의 장은 위원이 다양하게 구성되도록 하여야 한다. <개정 2008.10.8>

②위원이 될 수 있는 자는 위원회가 구성되는 해의 1월 1일을 기준으로 1년 이전부터 계속하여 당해 지방자치단체의 관할구역에 주민등록이 되어 있는 19세 이상인 자로 한다. 다만, 「공직선거법」 제18조에 따라 선거권이 없는 자와 그 지방자치단체의 소속 공무원·의회의원·교육위원 및 그 배우자·직계존비속·형제자매는 위원이 될 수 없다.

③위원장은 위원 중에서 호선하며, 위원의 임기는 위원으로 위촉된 날부터 1년으로 한다. <개정 2008.10.8>

④심의회에 참석한 위원에게는 해당 지방자치단체 예산의 범위에서 수당과 여비를 지급할 수 있다.

⑤심의회는 위원 위촉으로 심의회가 구성된 해의 10월 말까지 제33조제1항에 따른 금액을 결정하고, 그 금액을 해당 지방자치단체의 장과 지방의회의 의장에게 지체 없이 통보하여야 하며, 그 금액은 다음 해부터 적용한다. 이 경우 결정은 위원장을 포함한 재적위원 3분의 2 이상의 찬성으로 의결한다. <개정 2008.10.8>

⑥심의회는 제5항의 금액을 결정하려는 때에는 그 결정의 적정성과 투명성을 위하여 공청회나 객관적이고 공정한 여론조사기관을 통하여 지역주민의 의견을 수렴할 수 있는 절차를 거쳐야 하며, 그 결과를 반영하여야 한다.
<개정 2008.10.8>

⑦심의회는 지방자치단체의 장이나 지방의회의 의장에게 제5항의 결정에 필요한 자료의 제출 및 관계자의 설명을 요청할 수 있다.

⑧지방자치단체의 장은 심의회의 위원 명단, 회의록 및 제5항 전단에 따라 통보받은 사항을 지체 없이 그 지방자치단체의 인터넷 홈페이지 등에 게재

하여야 한다. <개정 2008.10.8>
⑨심의회의 회의는 공개하여야 한다. 다만, 출석위원 3분의 2 이상이 찬성한 경우에는 공개하지 아니할 수 있다. <신설 2008.10.8>
⑩그 밖에 심의회의 구성 및 운영에 필요한 사항은 해당 지방자치단체의 조례로 정한다. <개정 2008.10.8>

제35조【지방의회 의원의 직무상 상해 등에 대한 보상금의 지급기준 및 절차】 ①법 제34조제2항에 따른 보상금의 지급기준은 다음 각 호에 정하는 범위에서 해당 지방자치단체의 재정능력을 고려하여 조례로 정한다. 이 경우 제2호나 제3호에 따른 보상금을 지급받은 의원이 제1호나 제2호에 해당하게 되면 제1호나 제2호에 따른 보상금을 지급하되, 그 금액은 제2호나 제3호에 따라 이미 지급한 금액을 공제한 금액으로 한다.

1. 직무로 인한 사망, 직무상 상해·질병으로 인한 사망의 경우 : 시·도의회의원 의정활동비의 2년분 상당액
2. 직무상 상해로 인한 장애의 경우 : 시·도의회의원 의정활동비의 1년분 상당액
3. 그 밖에 직무로 인한 상해의 경우 : 치료비 전액. 다만, 제2호에 따른 지급기준을 초과할 수 없다.

②법 제34조제1항에 따라 직무로 인한 상해·사망 등의 해당 여부 및 보상금액 등을 심의하기 위하여 지방자치단체에 지방의회 의원 상해 등 보상심의회(이하 "보상심의회"라 한다)를 둔다.
③제2항의 보상심의회는 위원장을 포함하여 5명 이내로 구성하되, 위원장은 시·도의 경우에는 부시장이나 부지사, 시·군 및 자치구의 경우에는 부시장·부군수 또는 부구청장이 되고, 위원은 다음 각 호의 어느 하나에 해당하는 자 중에서 지방자치단체의 장이 임명하거나 위촉한다.

1. 해당 지방의회 의원 1명
2. 해당 지방자치단체 소속 공무원 1명
3. 의무직공무원 1명
4. 사회보장에 관한 학식과 경험이 있는 자 1명

④법 제34조에 따른 보상금은 보상금을 받을 권리가 있는 자의 신청을 받아 보상심의회의 심의를 거쳐 지방자치단체의 장이 결정하여 지급한다.
⑤보상심의회에 출석한 위원에게는 예산의 범위에서 수당을 지급할 수 있다. 다만, 해당 지방자치단체 소속 공무원인 위원의 경우에는 그러하지 아니하다.
⑥이 영에 규정된 것 외에 보상금의 지급기준과 절차 등에 관하여 필요한 사항은 해당 지방자치단체의 조례로 정한다.

제36조【중요 재산, 공공시설의 취득·설치 및 처분의 범위 등】 ①법 제39조제1항제6호에서 "대통령령으로 정하는 중요 재산의 취득·처분"이란 「공유재산 및 물품관리법 시행령」 제7조제1항에 따른 중요 재산의 취득·처분을 말한다.
②제1항에도 불구하고 「공유재산 및 물품관리법 시행령」 제7조제2항에 해당하면 중요 재산의 취득·처분에 포함하지 아니한다.
③법 제39조제1항제7호에서 "대통령령으로 정하는 공공시설의 설치·처분"이란 법 제144조에 따라 조례나 다른 법령에 따라 설치하는 공공시설의 신·증설, 용도폐지·변경 및 공공시설로서의 성질을 유지할 것을 조건으로 국가나 다른 지방자치단체에 양여(讓與)하는 경우를 말한다.
④법 제39조제1항제6호 및 제7호에 모두 해당하는 경우에는 그 중 어느 하나의 규정에 따라 지방의회의 의결이 있으면 법 제39조제1항제6호 및 제7호

에 따른 지방의회의 의결이 있은 것으로 본다.

⑤법 제39조제1항제6호 및 제7호에 따른 지방의회의 의결사항 중 중요 재산의 취득·처분이나 공공시설의 설치·처분에 관하여 다른 법령에 따라 지방의회의 의결을 받거나 의견을 청취한 경우에는 법 제39조제1항제6호 및 제7호에 따른 지방의회의 의결이 있은 것으로 본다.

제37조【교류협력의 범위】 법 제39조제1항제10호에서 "교류협력"이란 외국 지방자치단체와의 자매결연 체결이나 국제행사의 유치·개최 등을 말한다.

제38조【서류제출 요구 방법 등】 ①법 제40조에 따른 서류제출 요구는 늦어도 그 서류 제출일 3일전까지 하여야 한다.

②제1항의 요구를 받은 지방자치단체의 장은 법령이나 조례에서 특별히 규정한 경우 외에는 그에 따라야 한다.

제39조【행정사무 감사 또는 조사의 실시】 ①법 제41조에 따른 지방자치단체의 사무에 대한 감사는 그 지방자치단체의 조례에서 정하는 바에 따라 매년 제1차 또는 제2차 정례회의 회기 내에 한다.

②지방의회는 법 제41조에 따라 해당 지방자치단체의 사무 중 특정 사안에 관한 조사의 발의가 있을 경우에는 그 조사 여부에 관하여 의결을 한다. 지방의회가 폐회 중 또는 휴회 중인 경우 조사의 발의가 있으면 지방의회의 집회 또는 재개의 요구가 있는 것으로 본다.

③감사나 조사는 제41조에 따른 감사 또는 조사계획서에 의하여 한다.

④지방의회 의원은 감사 또는 조사를 할 때에 사무보조가 필요하면 지방의회사무직원의 보조를 받을 수 있다.

제40조【행정사무 감사 또는 조사위원회 등의 구성】 지방의회는 해당 지방자치단체의 사무를 감사 또는 조사하려는 경우에는 본회의에서 하거나 소관 상임위원회별로 또는 특별위원회를 구성하여 하게 할 수 있다.

제41조【행정사무 감사 또는 조사계획서】 ①제40조에 따른 소관 상임위원회나 특별위원회(이하 "감사 또는 조사위원회"라 한다)는 다음 사항을 적은 감사 또는 조사계획서를 작성하여 본회의에 제출하고 그 승인을 받아 감사나 조사를 한다.

1. 감사 또는 조사위원회의 편성
2. 감사 또는 조사일정
3. 감사 또는 조사요령
4. 조사의 경우에는 그 목적 및 범위
5. 그 밖에 조례로 정하는 사항

②본회의는 제1항의 감사 또는 조사계획서를 검토한 다음 의결로써 승인하거나 반려한다.

③의장은 감사 또는 조사계획서가 본회의에서 승인되면 지체 없이 해당 지방자치단체의 장에게 통보하여야 한다.

④제40조에 따라 본회의에서 직접 감사 또는 조사를 할 경우에는 제1항제2호부터 제5호까지의 사항을 적은 감사 또는 조사계획서를 작성하여 의결하고 지체 없이 해당 지방자치단체의 장에게 통보하여야 한다.

제42조【행정사무 감사 또는 조사의 대상 기관】 ①감사나 조사의 대상 기관은 다음 각 호와 같다.
<개정 2010.11.2>

1. 해당 지방자치단체
2. 법 제113조부터 제116조까지의 규정에 따른 해당 지방자치단체의 소속 행정기관과 법 제117조

와 제120조에 따른 하부행정기관
3. 법 제121조에 따라 설치된 교육·과학 및 체육에 관한 기관.
4. 해당 지방자치단체가 설치한 법 제146조에 따른 지방공기업
5. 법 제104조제2항과 제3항에 따라 위임·위탁된 사무(지방자치단체에 위임·위탁된 사무는 제외한다)를 처리하는 단체 또는 기관. 다만, 본회의가 특히 필요하다고 의결하는 경우만 해당한다.
6. 「지방공기업법」 제77조의3에 따른 지방공사 및 지방공단 외의 출자법인 또는 출연법인 중 지방자치단체가 4분의 1 이상 출자하거나 출연한 법인. 다만, 본회의가 특히 필요하다고 의결하는 경우에 지방자치단체의 출자 또는 출연에 관련된 업무·회계·재산에 대하여만 실시한다.

②지방의회는 제1항에 따른 감사 또는 조사 대상 기관의 사무가 둘 이상의 지방자치단체의 사무에 해당하면 이를 감사 또는 조사할 때에 관계 지방자치단체의 지방의회와 협의하여야 한다.

제43조 【행정사무 감사 또는 조사의 방법 등】 ①법 제41조제4항에 따른 현지확인의 통보 및 서류의 제출이나 지방자치단체의 장, 관계 공무원 또는 그 사무에 관계되는 자의 출석·증언 및 의견진술의 요구는 늦어도 그 현지확인일·서류제출일·출석일 등의 3일 전까지 의장을 통하여 하여야 한다.
②제1항의 요구를 받은 관계인 또는 관계 기관은 법령이나 조례에서 특별히 규정한 경우 외에는 그 요구에 따라야 하며 감사 또는 조사에 협조하여야 한다.
③제1항의 요구를 받은 지방자치단체의 장, 관계 공무원 또는 그 사무에 관계되는 자가 그 요구에 따를 수 없는 정당한 이유가 있는 경우에는 그 이유서를 출석·증언이나 의견진술일 등의 1일전까지 의장에게 제출하여야 한다.
④법 제41조제5항에 따른 과태료는 해당 지방의회 의장의 통보 등으로 지방자치단체의 장이 부과하되, 과태료의 부과기준은 그 지방자치단체의 조례로 정한다.
⑤의장이나 위원장이 증인에게 증언을 요구할 때에는 선서하게 하여야 하며, 선서 전에 의장이나 위원장은 선서의 취지를 알리고 위증을 하면 고발될 수 있음을 알려야 한다.
⑥증인 선서의 방식에 관하여는 「국회에서의 증언·감정 등에 관한 법률」 제8조를 준용한다.

제44조 【증인의 보호 및 실비 보상】 ①지방의회에서 증언·진술하는 증인·참고인이 방송·보도 등에 응하지 아니한다는 의사를 표명하거나 특별한 이유로 회의의 비공개를 요구할 때에는 본회의나 위원회의 의결로 방송·보도를 금지하거나 회의의 일부 또는 전부를 공개하지 아니할 수 있다.
②지방의회에서 증언·진술한 증인·참고인이 그 사본을 요구하면 의장의 승인을 받아 내줄 수 있다.
③법 제41조제4항에 따라 서류의 제출이나 증언·진술을 하기 위하여 지방의회나 그 밖의 장소에 출석한 자에게는 해당 지방자치단체의 조례에서 정하는 바에 따라 여비 등 실비를 지급한다.

제45조 【행정사무 감사 또는 조사의 한계】 감사 또는 조사는 개인의 사생활을 침해하거나 계속 중인 재판이나 수사 중인 사건의 소추에 관여할 목적으로 행사되어서는 아니 된다.

제46조 【제척과 회피】 ①지방의회 의원은 직접 이해관계가 있거나, 공정을 꾀할 수 없는 현저한 사유가 있는

경우 그 사안에 대한 감사 또는 조사에는 참여할 수 없다.
②본회의나 감사 또는 조사위원회는 제1항의 사유가 있다고 인정하면 그 의결로 해당 지방의회의원의 감사나 조사를 중지시키고 다른 의원에게 감사하게 하거나 조사하게 하여야 한다.
③제2항의 조치에 대하여 해당 지방의회 의원의 이의가 있으면 본회의에서 의결하는 바에 따른다.
④제1항의 사유가 있는 지방의회 의원은 그 사안에 대하여만 본회의, 감사 또는 조사위원회의 허가를 받아 감사 또는 조사를 회피할 수 있다.

제47조【주의 의무】 ①지방의회 의원은 감사 또는 조사를 하려는 때에는 그 대상 기관의 기능과 활동이 현저히 저해되거나 기밀이 누설되지 아니하도록 주의하여야 한다.
②지방의회 의원과 사무보조자는 감사 또는 조사를 통하여 알게 된 비밀을 정당한 사유 없이 누설하여서는 아니 된다.

제48조【공개 원칙】 감사나 조사는 공개한다. 다만, 본회의나 감사 또는 조사위원회의 의결로 공개하지 아니할 수 있다.

제49조【국가 및 시·도의 사무에 대한 감사의 방법 등】 ①법 제41조제3항에 따라 국가사무와 시·도의 사무에 대하여 시·도의회와 시·군 및 자치구의회가 하는 감사에 관하여는 제39조부터 제48조까지 및 제50조부터 제52조까지의 규정을 각각 준용한다.
②법 제41조제3항 후단에 따라 국회나 시·도의회가 감사를 한 지방의회에 필요한 자료를 요구하면 그에 따라야 한다.

제50조【행정사무 감사 또는 조사 결과의 보고】 ①감사 또는 조사위원회가 감사 또는 조사를 끝내면 그 위원회의 위원장은 지체 없이 의장에게 감사 또는 조사보고서를 제출하고, 본회의에 보고하여야 한다.
②의장은 위원장에게 감사 또는 조사에 관한 중간보고를 하게 할 수 있다.

제51조 삭제 <2011.10.14>

제52조【운영 규정】 법 및 이 영에 규정된 것 외에 감사 또는 조사에 필요한 사항은 해당 지방자치단체의 조례로 정한다.

제53조【대리 출석·답변의 통지】 지방자치단체의 장은 법 제42조제2항 단서에 따라 관계 공무원을 출석·답변하게 하려면 그 이유를 밝힌 서면으로 본회의나 그 위원회의 회의 시작 전까지 지방의회의 의장이나 그 위원회의 위원장에게 알려야 한다.

제54조【정례회의 집회일 등】 ①법 제44조에 따른 정례회 중 제1차 정례회는 매년 6월·7월 중에, 제2차 정례회는 11월·12월 중에 열어야 한다. 다만, 총선거가 실시되는 해의 제1차 정례회는 9월·10월 중에 열 수 있다.
②제1항에 따른 정례회에서 처리하여야 할 안건은 다음 각 호와 같다.
1. 제1차 정례회는 법 제134조에 따른 결산 승인 및 그 밖에 지방의회의 회의에 부치는 안건
2. 제2차 정례회는 법 제127조에 따른 예산안의 의결 및 그 밖에 지방의회의 회의에 부치는 안건
③법 및 이 영에서 정한 사항 외에 정례회의 집회일과 회기, 그 밖에 정례회의 운영에 관하여 필요한 사항은 해당 지방자치단체의 조례로 정한다.

제55조【불신임 의결의 통고 등】

지방의회는 법 제55조에 따라 의장이나 부의장에 대한 불신임 의결이 있으면 해당 지방자치단체의 장에게 그 내용을 지체 없이 통고하여야 하며, 그 통고를 받은 지방자치단체의 장은 시·도의 경우에는 행정안전부장관에게, 시·군 및 자치구의 경우에는 시·도지사에게 그 내용을 지체 없이 보고하여야 한다. <개정 2008.2.29>

第56조【특별위원회의 설치】 ①특별위원회는 여러 개의 상임위원회 소관과 관련되거나 특별한 사안에 대한 조사 등이 필요한 경우에 본회의의 의결로 설치할 수 있다.
②제1항에 따라 특별위원회를 설치하려는 때에는 그 활동 기간을 정하여야 한다. 이 경우 본회의의 의결로 그 활동기간을 연장할 수 있다.
③특별위원회는 활동 기간이 끝나기 전까지 활동결과보고서를 본회의에 제출하여야 한다.

第57조【지방의회의 회의록 작성 및 보고】 ①지방의회는 회의 내용을 속기나 녹음으로 기록·보존하여야 한다.
②지방의회의 의장은 법 제72조제3항에 따른 통고를 회의가 끝난 날부터 30일 이내에 하여야 하며, 그 통고를 받은 지방자치단체의 장은 행정안전부장관이나 시·도지사가 요구하면 5일 이내에 회의록 사본을 첨부하여 보고하여야 한다. <개정 2008.2.29>
③법 및 이 영에 규정한 것 외에 회의록에 관하여 필요한 사항은 회의 규칙으로 정한다.

第58조【소개의견서의 첨부】 법 제73조에 따라 지방의회에 제출하는 청원서에는 소개하는 지방의회 의원의 의견서를 첨부하여야 한다.

第59조【청원서의 보완 요구】 의장은 지방의회에 제출된 청원서가 그 요건을 갖추지 못한 경우에는 기간을 정하여 보완하도록 요구할 수 있다.

第60조【운영 규정】 법 및 이 영에 규정된 것 외에 청원에 필요한 사항은 의회 규칙으로 정한다.

第61조【의원의 사직】 ①지방의회 의원은 사직하려면 본인이 서명하거나 도장을 찍은 사직서를 의장에게 제출하여야 한다.
②지방의회는 법 제77조에 따른 사직의 허가 여부에 대하여는 토론하지 아니하고 표결에 부친다.

第62조【의원의 자격심사】 ①법 제79조에 따른 지방의회 의원의 자격심사를 청구받은 의장은 그 청구서의 부본을 피심의원에게 송달하고 기간을 정하여 답변서를 제출하게 하여야 하며, 피심의원이 정당한 이유 없이 그 기간 내에 답변서를 제출하지 아니하면 청구서만으로 의원의 자격을 심사할 수 있다.
②지방의회는 필요한 경우 청구의원과 피심의원을 회의에 출석하게 하여 질문할 수 있다.
③피심의원은 지방의회의 다른 의원으로 하여금 회의에 참석하여 변명하게 할 수 있다.

第63조【사무직원의 겸무】 법 제90조에 따라 지방의회에 두는 사무처장·사무국장·사무과장 및 직원은 그 지방자치단체의 집행기관에 소속된 공무원에게 업무를 겸하게 할 수 있다.

제4장 집행기관

第64조【지방자치단체의 장의 선서】 지방자치단체의 장은 취임에 즈음하여 다음의 선서를 한다.

"나는 법령을 준수하고 주민의 복리증진 및 지역사회의 발전과 국가시책의 구현을 위하여 시·도지사(시장·군수·구청장)로서의 직책을 성실히 수행할 것을 엄숙히 선서합니다."

제65조 【지방자치단체의 장의 사임통지의 보고】 ①법 제98조에 따른 지방자치단체의 장의 사임통지는 사임일 10일 전까지 하여야 한다. 다만, 부득이한 사유가 있는 경우에는 그러하지 아니하다.
②제1항에 따라 지방자치단체의 장이 사임통지를 하였을 때에는 시·도의 경우에는 행정안전부장관에게, 시·군 및 자치구의 경우에는 시·도지사에게 이를 즉시 보고하여야 한다.
<개정 2008.2.29>

제66조 【사무인계】 ①법 제106조에 따른 사무인계는 임기만료로 인한 퇴직의 경우에는 새로운 지방자치단체의 장의 임기가 시작되는 날에, 임기 중에 퇴직하는 경우에는 퇴직하는 날에 그 소관사무의 전부를 새로운 지방자치단체의 장 또는 그 직무나 권한을 대행하는 자에게 인계하여야 한다.
②제1항에 따라 직무나 권한을 대행하는 자가 사무를 인계받은 경우에는 새로운 지방자치단체의 장이 사무를 인수할 수 있게 될 때에 지체 없이 새로운 지방자치단체의 장에게 인계하여야 한다.

제67조 【사무인계서】 제66조에 따른 사무인계는 다음 각 호의 사항을 적은 사무인계서를 작성하고 인계자·인수자 및 참관인이 각각 이에 기명·날인하는 방법으로 하여야 한다.

1. 서류 및 장부의 목록
2. 공유재산·물품·채권·채무등 재산의 목록
3. 예산·회계의 수지현계표(收支現計表) 및 잔고증명
4. 기획 중 또는 시행 중인 중요 사업
5. 그 밖의 주요 사항

제68조 【사무인계 시의 참관】 ①사무인계를 하는 경우에는 반드시 참관인을 두어야 하며, 참관인은 인계가 끝난 즉시 인계서의 흠결 여부를 확인하여 도장을 찍어야 한다.
②사무인계 시의 참관은 부지사·부시장·부군수 또는 부구청장이 하여야 한다. 다만, 다음 각 호의 어느 하나에 해당하는 경우에는 해당 지방자치단체의 규칙으로 정하는 자가 참관한다.

1. 결원 등의 사유로 부지사·부시장·부군수 또는 부구청장이 참관할 수 없는 경우
2. 제66조에 따라 직무나 권한을 대행하는 자가 인계를 받는 경우
3. 제66조제2항에 따라 직무나 권한을 대행하는 자가 새로운 지방자치단체의 장에게 사무인계를 하는 경우

제69조 【사무인계서류의 생략】 제67조 각 호의 사항 중 인계 당시 갖추어 두고 있는 목록 또는 대장으로 현황을 확인할 수 있는 것은 그로써 사무인계서의 해당부분 작성에 갈음할 수 있다. 이 경우 그 뜻을 사무인계서에 적어야 한다.

제70조 【운영 규정】 법 및 이 영에 규정된 것 외에 지방자치단체의 장의 사무인계에 관하여 필요한 사항은 해당 지방자치단체의 규칙으로 정한다.

제71조 【지방의회의 재의 및 절차】 ①법 제26조와 법 제107조 또는 법 제108조에 따른 재의(再議)의 요구는 지방의회가 폐회 중일 때에도 할 수 있으며, 재의를 요구받은 지방의회는 부

득이한 사유가 없으면 재의요구서가 도착한 날부터 10일 이내에 재의에 부쳐야 한다. 이 경우 폐회 중 또는 휴회 중인 기간은 이를 산입하지 아니한다.
②지방자치단체의 장은 지방의회의 의결의 일부에 대하여 또는 그 의결을 수정하여 재의를 요구할 수 없다.

제72조 【선결처분】 ①법 제109조제1항에서 "주민의 생명과 재산보호를 위하여 긴급하게 필요한 사항"이란 다음 각 호의 어느 하나에 해당하는 것을 말한다. <개정 2010.12.29>

1. 천재지변이나 대형화재로 인한 피해의 복구 및 구호
2. 중요한 군사안보상의 지원
3. 급성감염병에 대한 예방조치
4. 그 밖에 긴급하게 조치하지 아니하면 주민의 생명과 재산에 중대한 피해가 발생할 우려가 있는 사항

②지방자치단체의 장은 선결처분을 하였을 때에는 시·도의 경우에는 행정안전부장관에게, 시·군 및 자치구의 경우에는 시·도지사에게 그 사실을 보고하여야 한다. <개정 2008.2.29, 2009.8.13>

제73조 【부시장·부지사 등의 수와 직급 등】 ①법 제110조제1항에 따라 특별시의 부시장은 3명, 광역시의 부시장과 도 및 특별자치도의 부지사는 2명(인구 800만 이상의 광역시 및 도는 3명)으로 한다.
②법 제110조제2항에 따라 국가공무원으로 보(補)하는 부시장·부지사(이하 "행정부시장" 또는 "행정부지사"라 한다)는 특별시의 경우에는 정무직 국가공무원으로, 광역시·도와 특별자치도의 경우에는 「국가공무원법」 제2조의2에 따라 고위공무원단에 속하는 일반직공무원으로 보하되, 그 직무등급(「국가공무원법」 제23조에 따라 행정안전부장관이 배정하는 직무등급을 말한다)은 행정안전부령으로 정한다.
<개정 2008.2.29, 2008.12.31>
③법 제110조제2항 단서에 따라 지방공무원으로 보하는 부시장·부지사(이하 "정무부시장" 또는 "정무부지사"라 한다)는 특별시의 경우에는 정무직 지방공무원으로, 광역시·도와 특별자치도의 경우에는 별정직 1급상당 지방공무원 또는 지방관리관으로 보한다.
<개정 2009.8.13>
④행정부시장·행정부지사는 시·도의 사무를 총괄하고 소속 공무원을 감독하며, 정무부시장·정무부지사는 해당 시·도지사를 보좌하여 정책과 기획의 수립에 참여하고 그 밖의 정무적 업무를 수행한다. 다만, 광역시·도 및 특별자치도의 정무부시장·정무부지사는 시·도 조례로 정하는 바에 따라 행정부시장·행정부지사의 업무를 분담하여 수행할 수 있다. <개정 2009.8.13>
⑤제4항 단서에 따라 행정부시장·행정부지사의 업무를 분담하여 수행하는 정무부시장·정무부지사에 대한 명칭은 조례로 정한다. <신설 2009.8.13>
⑥행정부시장·행정부지사를 2명 두는 시·도의 경우에는 이를 행정(1)부시장·행정(1)부지사, 행정(2)부시장·행정(2)부지사로 하고, 그 사무분장은 별표 8에서 정하는 바에 따른다.
<개정 2008.10.8, 2009.8.13>
⑦시·군과 자치구의 부시장·부군수 및 부구청장의 직급은 다음 각 호의 기준에 따른다. <개정 2009.8.13>

1. 인구 15만 미만의 시·군 및 광역시의 자치구 : 지방 서기관
2. 인구 50만 미만의 특별시의 자치구와 인구 15만 이상 50만 미만의 시·군 및 광역시의 자치구 : 지방 부이사관
3. 인구 50만 이상의 시·군 및 자치구 : 지방 이사관

⑧제7항을 적용할 때에 인구는 해당

시·군이나 자치구에 주민등록이 되어 있는 주민 수를 기준으로 한다. 인구 변동에 따른 직급 조정 등은 다음 각 호의 기준에 따른다. <개정 2009.8.13>

1. 매 해 말 인구가 해당 시·군 또는 자치구의 부시장·부군수 또는 부구청장의 직급에 해당하는 인구 기준을 2년간 연속하여 초과하면 다음 해 7월 1일에 그 직급을 상향조정한다.
2. 전년도 각 분기 말 인구를 산술평균한 인구가 해당 시·군 또는 자치구의 부시장·부군수 또는 부구청장의 직급에 해당하는 인구 기준에 2년간 연속하여 못 미치면 다음 해 7월 1일에 그 직급을 하향조정한다.
3. 시·군 또는 자치구가 신설되는 경우 신설된 시·군 또는 자치구의 부시장·부군수 또는 부구청장의 직급은 그 시·군 또는 자치구가 신설된 날 현재의 인구를 기준으로 한다.

⑨「지방행정체제 개편에 관한 특별법」 제35조제1항 후단에 따른 부시장은 지방 이사관, 별정직 2급 상당 지방공무원 또는 계약직 지방공무원으로 보한다. <신설 2010.11.2>

제74조【권한대행 및 직무대리】 ①법 제111조제1항 및 제2항에 따라 지방자치단체의 장의 권한을 대행하는 부지사·부시장·부군수·부구청장(이하 이 조에서 "부단체장"이라 한다)은 법령과 그 지방자치단체의 조례나 규칙에서 정하는 바에 따라 그 지방자치단체의 장의 권한에 속하는 사무를 처리한다.

②지방자치단체의 장은 법 제111조제3항에 따른 사유가 발생한 경우에는 부단체장이 직무를 대리할 범위와 기간을 미리 서면으로 정하여야 한다.

③법 제111조제3항에 따라 지방자치단체의 장의 직무를 대리하는 부단체장은 제2항에 따라 지방자치단체의 장이 미리 서면으로 위임하거나 지시한 사무를 처리한다. 다만, 공익상 긴급히 처리하여야 할 경우에는 위임되거나 지시된 사무 외에 지방자치단체의 장의 권한에 속하는 사무를 처리할 수 있다.

④법 제111조제1항 및 제2항에 따라 부단체장이 지방자치단체의 장의 권한대행을 하게 되거나 권한대행을 하지 아니하게 될 때에는 즉시 이를 지방의회에 통보하고, 시·도의 경우에는 행정안전부장관에게, 시·군·자치구의 경우에는 시·도지사에게 즉시 보고하여야 한다. <개정 2008.2.29>

⑤법 제110조제1항제1호 및 제2호에 따라 부시장·부지사 3명을 두는 시·도의 경우에는 행정(1)부시장·행정(1)부지사, 행정(2)부시장·행정(2)부지사, 정무부시장·정무부지사의 순으로 시·도지사의 권한을 대행하거나 직무를 대리하고, 부시장이나 부지사 2명을 두는 시·도의 경우에는 행정부시장·행정부지사, 정무부시장·정무부지사의 순으로 시·도지사의 권한을 대행하거나 직무를 대리한다. <개정 2010.11.2>

제75조【직속기관의 설치】 지방자치단체는 소관 사무의 성격상 별도의 전문기관에서 수행하는 것이 효율적인 경우에는 법 제113조에 따라 조례로 직속기관을 설치할 수 있다.

제76조【대학 및 전문대학 등의 설치】 지방자치단체가 제75조에 따라 직속기관 중 대학이나 전문대학 등을 설치하려는 경우에는 다음 각 호의 요건을 모두 갖추어야 한다.

1. 대학과 전문대학 등을 설치·운영할 만한 지방자치단체의 재정 지원 능력이 있을 것
2. 지역 내에 산업인력 수요가 있고

대학 및 전문대학 등이 그 인력을 공급할 필요성이 있을 것
3. 지역 간 균형 발전에 기여할 수 있을 것
4. 대학과 전문대학 등의 중장기 발전계획, 학과편성 및 학생정원이 적정할 것
5. 대학과 전문대학 등의 설치에 관하여 지역사회의 적극적인 지원이 있을 것

제77조【사업소의 설치】 지방자치단체는 다음 각 호의 요건을 갖춘 경우에는 법 제114조에 따라 사업소를 설치할 수 있다. 다만, 일정기간 후에 끝나는 사업을 추진하기 위한 경우에는 사업소를 한시적으로 설치한다.
1. 업무의 성격이나 업무량 등으로 보아 별도의 기관에서 업무를 수행하는 것이 효율적일 것
2. 사업장의 위치상 현장에서 업무를 추진하는 것이 효율적일 것

제78조【출장소의 설치】 ①지방자치단체는 다음 각 호의 요건을 갖춘 경우에는 법 제115조에 따라 출장소를 설치할 수 있다.
1. 원격지 주민의 편의를 위하여 소관 사무를 분장할 필요가 있을 것
2. 업무의 종합성과 계속성이 있을 것
3. 관할구역의 범위가 분명할 것

②제1항에도 불구하고 다음 각 호의 어느 하나에 해당하는 경우에는 출장소를 설치할 수 없다. <개정 2011.10.14>
1. 자치구가 아닌 구가 설치된 시(법 제7조제2항에 따른 도농 복합형태의 시는 제외한다)의 경우
2. 법 제4조의2제4항에 따라 설치된 행정동의 경우

제79조【합의제 행정기관의 설치】 지방자치단체는 다음 각 호의 어느 하나에 해당하는 경우에는 법 제116조에 따라 합의제 행정기관을 설치할 수 있다.
1. 고도의 전문지식이나 기술이 요청되는 경우
2. 중립적이고 공정한 집행이 필요한 경우
3. 주민 의사의 반영과 이해관계의 조정이 필요한 경우

제80조【자문기관의 설치요건】 ①지방자치단체는 법 제116조의2제1항에 따라 심의회·위원회 등의 자문기관(이하 "자문기관"이라 한다)을 설치할 경우에는 다음 각 호의 어느 하나에 해당하는 요건을 갖추어야 한다.
1. 업무 특성상 전문적인 지식이나 경험이 있는 사람의 의견을 들어 결정할 필요가 있을 것
2. 업무의 성질상 다양한 이해관계의 조정 등 특히 신중한 절차를 거쳐 처리할 필요가 있을 것

②해당 지방자치단체에 설치된 다른 자문기관과 심의사항이 유사하거나 중복되는 자문기관을 설치·운영하여서는 아니 된다.
[전문개정 2009.8.13]

제80조의2【자문기관의 구성】 ①자문기관은 설치 목적을 효율적으로 달성하는 데 필요한 인원으로 구성한다.
②자문기관의 위원은 비상임으로 하고, 공무원이 아닌 위원의 임기는 3년을 넘지 아니하도록 하여야 한다.
[본조신설 2009.8.13]

제80조의3【자문기관의 존속기한】 ①지방자치단체는 자문기관을 설치할 때에 계속 존속시켜야 할 명백한 사유가 없는 경우에는 해당 자문기관의 존

속기한을 조례에 명시하여야 한다.
②제1항에 따른 존속기한은 5년의 범위에서 자문기관의 목적을 달성하는 데 필요한 최소한의 기간으로 한다.
[본조신설 2009.8.13]

제81조【이장의 임명】 ①법 제4조의2제4항에 따른 읍·면의 행정리에는 이장을 둔다. <개정 2010.11.2>
②제1항에 따른 이장은 주민의 신망이 두터운 자 중에서 해당 지방자치단체의 규칙으로 정하는 바에 따라 읍장·면장이 임명한다.
③읍장·면장이 제2항에 따라 이장을 임명한 경우에는 이를 해당 시장이나 군수에게 보고하여야 한다.

제5장 재무

제82조【결산 승인】 법 제134조에 따른 지방의회의 결산 승인은 제1차 정례회의의 회기 내에 처리하여야 한다.

제83조【검사위원의 선임】 ①법 제134조에 따른 검사위원의 수는 시·도의 경우에는 5명 이상 10명 이하, 시·군 및 자치구의 경우에는 3명 이상 5명 이하로 하되, 그 수·선임방법·운영 및 실비보상에 필요한 사항은 해당 지방자치단체의 조례로 정한다.
②제1항에 따른 검사위원은 해당 지방의회 의원이나 공인회계사·세무사 등 재무관리에 관한 전문지식과 경험을 가진 자 중에서 선임한다. 이 경우 지방의회 의원은 검사위원 수의 3분의 1을 초과할 수 없다.
③지방자치단체의 상근 직원은 검사위원이 될 수 없다.

제84조【결산 검사 사항】 ①검사위원의 결산 검사 사항은 다음 각 호와 같다.
1. 세입·세출의 결산
2. 계속비·명시이월비(明示移越費) 및 사고이월비의 결산
3. 채권 및 채무의 결산
4. 재산 및 기금의 결산
5. 금고의 결산

②검사위원은 지방자치단체의 장과 금고에 대하여 검사에 필요한 자료를 요구할 수 있으며, 그 요구를 받은 지방자치단체의 장과 금고는 특별한 사유가 없으면 협조하여야 한다.
③검사위원은 결산 검사가 끝난 후 10일 이내에 검사의견서를 해당 지방자치단체의 장에게 제출하여야 하며, 지방의회는 결산심의 시 필요하다고 인정하면 검사위원을 출석시켜 설명을 들을 수 있다.

제6장 지방자치단체 상호간의 관계

제85조【분쟁조정 신청 및 직권조정 절차】 ①법 제148조제1항에 따른 분쟁의 조정 신청은 분쟁 당사자의 쌍방 또는 일방이 서면으로 행정안전부장관이나 시·도지사에게 신청하여야 한다. 이 경우 분쟁 당사자의 일방이 분쟁의 조정 신청을 하였을 때에는 행정안전부장관이나 시·도지사는 이를 다른 당사자에게 알려야 한다.
<개정 2008.2.29>
②행정안전부장관이나 시·도지사는 제1항에 따른 분쟁의 조정 신청을 받으면 이를 지체 없이 지방자치단체 중앙분쟁조정위원회나 지방자치단체 지방분쟁조정위원회(이하 이 조에서 "분쟁조정위원회"라 한다)에 회부하여야 한다. <개정 2008.2.29>
③법 제148조제1항 단서의 규정에 따라 행정안전부장관이나 시·도지사가 분쟁을 조정하는 경우에는 미리 서면으로 당사자에게 기간을 정하여 협의

하여 분쟁을 해결하거나 분쟁조정을 신청하도록 권고하여야 하며, 그 기간 내에 분쟁이 해결되지 아니하거나 분쟁조정 신청이 없는 경우에는 제2항에 따른 분쟁조정위원회에 회부할 수 있다. <개정 2008.2.29>

④제2항과 제3항에 따라 회부된 분쟁에 대하여 분쟁조정위원회가 심의·의결을 마치면 지체 없이 그 의결 내용을 행정안전부장관이나 시·도지사에게 통보하여야 한다. <개정 2008.2.29>

第86条【이행계획의 보고】 법 제148조제5항에 따라 행정안전부장관이나 시·도지사로부터 조정결정을 통보받은 지방자치단체의 장은 통보를 받은 날부터 30일 이내에 그 이행을 위한 계획을 작성하여 행정안전부장관이나 시·도지사에게 보고하여야 한다. <개정 2008.2.29>

第87条【중앙분쟁조정위원회의 위원장의 직무 및 회의 등】 ①지방자치단체 중앙분쟁조정위원회(이하 "중앙분쟁조정위원회"라 한다)의 위원장은 위원회를 대표하고, 위원회의 업무를 총괄한다.

②중앙분쟁조정위원회의 위원장은 위원회의 회의를 소집하고, 그 의장이 된다.

③중앙분쟁조정위원회의 위원장이 부득이한 사유로 직무를 수행할 수 없을 때에는 위원장이 미리 지명한 위원이 그 직무를 대행한다.

第88条【중앙분쟁조정위원회의 당연직 위원】 법 제149조제5항에 따른 중앙분쟁조정위원회의 당연직 위원은 기획재정부차관, 행정안전부차관, 지식경제부차관, 환경부차관 및 국토해양부차관이 된다. <개정 2008.2.29>

第89条【간사】 중앙분쟁조정위원회의 사무를 처리하기 위하여 중앙분쟁조정위원회에 간사 1명과 필요한 공무원을 두되, 간사는 위원장이 행정안전부 소속 공무원 중에서 임명한다. <개정 2008.2.29>

第90条【중앙분쟁조정위원회의 소위원회 등】 ①중앙분쟁조정위원회는 위원회의 심의에 앞서 안건을 전문적으로 검토하기 위하여 소위원회를 둘 수 있다.

②소위원회는 위원장 1명을 포함하여 5명의 위원으로 구성한다.

③소위원회의 위원장은 행정안전부차관이 되고, 위원은 중앙분쟁조정위원회의 위원장이 안건과 관련된 분야의 위원 중에서 지명하되, 당연직 위원과 위촉직 위원을 같은 수로 한다. <개정 2008.2.29>

④소위원회의 위원장은 업무수행을 위하여 필요하면 관계 공무원과 관계 전문가 등을 출석하게 하여 의견을 듣거나 관계 기관·단체 등에 대하여 자료 및 의견 제출 등을 요구할 수 있다.

⑤소위원회의 운영에 관하여 그 밖에 필요한 사항은 중앙분쟁조정위원회의 의결을 거쳐 위원장이 정한다.

第91条【공무원의 파견 요청 등】 ①중앙분쟁조정위원회는 위원회의 업무수행을 위하여 필요하면 관계 중앙행정기관의 장이나 지방자치단체의 장에게 소속 공무원의 파견을 요청할 수 있다.

②중앙분쟁조정위원회의 위원장은 제1항에 따라 파견받은 공무원에게 간사의 사무를 지원하게 할 수 있다.

第92条【수당 등】 중앙분쟁조정위원회 및 소위원회에 출석한 위원과 관계 공무원 또는 관계 전문가에게는 예산의 범위에서 수당을 지급할 수 있다. 다만, 공무원인 위원이나 관계 공

무원이 소관 업무와 직접 관련하여 출석한 경우에는 그러하지 아니하다.

제93조【운영 세칙】 이 영에 규정된 사항 외에 중앙분쟁조정위원회 및 소위원회의 운영에 필요한 사항은 중앙분쟁조정위원회의 의결을 거쳐 위원장이 정한다.

제94조【지방분쟁조정위원회의 구성 및 운영】 ①지방자치단체 지방분쟁조정위원회(이하 "지방분쟁조정위원회"라 한다)에 관하여는 제87조와 제92조의 규정은 준용한다.
②이 영에 규정된 것 외에 지방분쟁조정위원회의 구성 및 운영에 필요한 사항은 시·도의 조례로 정한다.

제95조【행정협의회의 구성 기준】 ①법 제152조에 따른 행정협의회(이하 "협의회"라 한다)는 광역계획 및 그 집행, 특수행정수요의 충족, 공공시설의 공동설치, 행정정보의 교환, 행정·재정업무의 조정 등의 필요를 고려하여 관계 지방자치단체 간에 구성한다.
②제1항에 따른 행정협의회 중 수도권 행정협의회와 대도시권 행정협의회는 수도권과 대도시권 행정의 특수성을 고려하여 관련 시·도로 구성한다.

제96조【협의회 사무소의 위치】 협의회 사무소는 공동으로 처리할 사무의 비중이 보다 큰 지방자치단체(이하 "중심지방자치단체"라 한다)에 둔다.

제97조【협의회 구성 보고】 중심지방자치단체의 장은 법 제152조제1항에 따라 협의회를 구성하면 10일 이내에 다음 각 호의 사항을 보고하여야 한다.

1. 협의회의 명칭
2. 가입한 지방자치단체명
3. 구성목적
4. 구성일자
5. 협의회의 규약 사본

제98조【회장】 법 제153조제1항에 따른 협의회의 회장은 1명으로 하되, 회장이 부득이한 사유로 직무를 수행할 수 없을 때에는 협의회의 규약에서 정하는 바에 따라 그 직무를 대행할 자를 선임한다.

제99조【회의】 ①협의회는 정기 또는 수시로 회의를 개최한다.
②정기회는 상·하반기로 나누어 연 2회 소집하고 임시회는 규약에서 정하는 바에 따라 관계 지방자치단체의 장이 요구할 때에 회장이 소집한다.
③행정안전부장관이나 시·도지사는 개최할 필요성이 있다고 인정되는 협의회에 대하여 시·도가 구성원인 경우에는 행정안전부장관이, 시·군 또는 자치구가 구성원인 경우에는 시·도지사가 그 개최를 권고할 수 있다.
<개정 2008.2.29>
④회장은 회의가 있을 때마다 협의회의 안건을 준비하여 관계 지방자치단체의 장에게 미리 배포하여야 한다.
⑤협의회를 개최한 때에는 회의록을 작성하여야 한다.
⑥회장은 협의회 개최 후 14일 이내에 시·도가 구성원인 경우에는 행정안전부장관에게, 시·군 또는 자치구가 구성원인 경우에는 시·도지사에게 협의회 개최 상황을 보고하여야 한다.
<개정 2008.2.29>

제100조【자문위원】 ①협의회는 그 협의 사항에 관하여 자문하기 위하여 자문위원을 둘 수 있다.
②자문위원은 국가의 특별행정기관의 장, 지방의회 의원, 관련 공공단체의 장 및 관계 전문가 중에서 협의회의 승인을 받아 회장이 위촉한다.

제101조 【운영 규정】 법 및 이 영에 규정된 것 외에 협의회의 운영에 필요한 사항은 행정안전부령으로 정한다. <개정 2008.2.29>

제102조 【협의체의 설립 신고 등】
①법 제165조에 따라 지방자치단체의 장이나 지방의회의 의장이 전국적 협의체를 설립하였을 때에는 다음 각 호의 사항을 행정안전부장관에게 신고하여야 한다. 신고한 사항을 변경하였을 때에도 또한 같다. <개정 2008.2.29>

1. 설립취지
2. 협의체의 명칭
3. 협의체의 조직과 운영 등에 관한 사항
4. 창립총회의 회의록
5. 대표자·임원 및 회원의 성명

②제1항에 따른 신고는 행정안전부령으로 정하는 서식에 따른다.
<개정 2008.2.29>

제7장 국가의 지도 · 감독

제103조 【지방자치단체의 사무에 대한 지원 및 보고 청취】 ①중앙행정기관의 장이나 시·도지사는 법 제166조와 제167조에 따른 조언·권고 또는 지도를 위하여 필요하다고 인정하면 지방자치단체의 장이나 관계 공무원의 회의를 소집할 수 있다.
②중앙행정기관의 장이나 시·도지사는 국가나 지방자치단체의 중요정책이나 시책수립·결정·집행과정 등에서 정책이나 시책의 실효성을 높이기 위하여 필요하다고 인정하면 지방자치단체의 장에게 지역주민의 여론이나 지역실태 등에 관하여 보고하게 할 수 있다.

제104조 【행정협의조정위원회의 설치 및 구성】 ①법 제168조제1항에 따라 중앙행정기관의 장과 지방자치단체의 장이 사무를 처리할 때에 의견을 달리하는 경우 이를 협의·조정하기 위하여 국무총리 소속으로 중앙행정기관과 지방자치단체 간의 행정협의조정위원회(이하 "행정협의조정위원회"라 한다)를 둔다.
②행정협의조정위원회는 위원장 1명을 포함하여 13명 이내의 위원으로 구성한다.
③행정협의조정위원회의 위원은 다음 각 호의 자가 된다. <개정 2008.2.29>

1. 기획재정부장관, 행정안전부장관, 국무총리실장 및 법제처장
2. 안건과 관련된 중앙행정기관의 장과 시·도지사 중 위원장이 지명하는 자
3. 그 밖에 지방자치에 관한 학식과 경험이 풍부한 자 중에서 국무총리가 위촉하는 자 4명

④행정협의조정위원회의 위원장은 제3항제3호에 따른 위촉위원 중에서 국무총리가 위촉한다.
⑤위원장과 위촉위원의 임기는 2년으로 하되, 연임할 수 있다. 다만, 보궐위원의 임기는 전임자의 임기 중 남은 기간으로 한다.

제105조 【행정협의조정위원회의 기능 및 협의조정 절차】 ①행정협의조정위원회는 중앙행정기관의 장이나 지방자치단체의 장의 신청에 의하여, 당사자간에 사무를 처리할 때에 의견을 달리하는 사항에 대하여 협의·조정한다.
②제1항에 따른 협의·조정의 신청은 당사자의 쌍방 또는 일방이 서면으로 행정협의조정위원회의 위원장에게 신청하여야 한다. 이 경우 시·도지사는 행정안전부장관을, 시장·군수·구청장은 시·도지사와 행정안전부장관을 거쳐야 한다. <개정 2008.2.29>
③행정협의조정위원회의 위원장은 제2항에 따른 신청을 받으면 이를 지체 없이 국무총리에게 보고하고 행정안전부장관, 관계 중앙행정기관의 장 및

해당 지방자치단체의 장에게 통보하여야 한다. <개정 2008.2.29>
④행정협의조정위원회의 위원장은 제1항에 따른 협의·조정사항에 관한 결정을 하면 지체 없이 서면으로 국무총리에게 보고하고 행정안전부장관·관계 중앙행정기관의 장 및 해당 지방자치단체의 장에게 통보하여야 하며, 통보를 받은 관계 중앙행정기관의 장과 그 지방자치단체의 장은 그 협의·조정 결정사항을 이행하여야 한다.
<개정 2008.2.29>

제106조【회의】 행정협의조정위원회는 재적위원 과반수의 출석으로 개의하고, 출석위원 3분의 2 이상의 찬성으로 의결한다.

제107조【실무위원회】 ①행정협의조정위원회(이하 이 조에서 "위원회"라 한다)는 심의에 앞서 당사자 간의 긴밀한 협조 및 의견 조정과 위원회로부터 위임받은 사무를 처리하기 위하여 위원회에 행정협의조정위원회 실무위원회(이하 "실무위원회"라 한다)를 둔다.
②실무위원회는 위원장 1명을 포함하여 9명 이내의 실무위원으로 구성한다.
③실무위원회의 위원장은 국무총리실장이 되고, 실무위원은 기획재정부차관, 행정안전부차관, 법제처차장, 안건과 관련된 중앙행정기관의 차관 및 지방자치단체의 행정부시장·부지사가 된다. <개정 2008.2.29>
④실무위원회의 운영에 필요한 사항은 위원회의 의결을 거쳐 위원장이 정한다.

제108조【간사】 ①행정협의조정위원회와 실무위원회의 사무를 처리하기 행정협의조정위원회와 실무위원회에 각각 간사 1명과 필요한 공무원을 둔다.
②행정협의조정위원회의 간사는 행정안전부 지방행정국장이 되고, 실무위원회의 간사는 행정안전부 소속 2급부터 5급까지의 공무원 중에서 실무위원장이 지명한다.
<개정 2008.2.29, 2008.12.31>

제109조【관계 기관에 대한 협조 요청】 행정협의조정위원회와 실무위원회의 위원장은 업무수행을 위하여 필요하면 관계 공무원과 관계 전문가 등을 출석하게 하여 의견을 듣거나 관계 기관·단체 등에 대하여 자료 및 의견 제출 등을 요구할 수 있다.

제110조【준용】 행정협의조정위원회에 관하여는 제87조 및 제91조부터 제93조까지의 규정을 준용한다. 이 경우 "중앙분쟁조정위원회"는 "행정협의조정위원회"로, "소위원회"는 "실무위원회"로 본다.

제111조【명령·처분의 취소·정지 등의 보고】 주무부장관이나 지방자치단체의 장은 다음 각 호의 어느 하나에 해당하는 사항이 있으면 즉시 행정안전부장관에게 통보하거나 보고하여야 한다. 이 경우 시장·군수 및 자치구의 구청장은 시·도지사를 거쳐 보고하여야 한다. <개정 2008.2.29>
1. 법 제169조제1항에 따라 주무부장관이나 시·도지사가 시정명령을 한 경우와 명령·처분을 취소하거나 정지한 경우
2. 법 제169조제2항에 따라 대법원에 소를 제기한 경우 또는 그에 따른 대법원의 판결이 있는 경우

제112조【직무이행명령 등의 통보 및 보고】 법 제170조에 따라 주무부장관(제1호와 제2호의 경우만 해당한다)이나 지방자치단체의 장은 다음 각

호의 어느 하나에 해당하는 사항이 있으면 행정안전부장관에게 즉시 통보하거나 보고하여야 한다. 이 경우 시장·군수 및 자치구의 구청장은 시·도지사를 거쳐 보고하여야 한다. <개정 2008.2.29>

1. 법 제170조제1항에 따라 주무부장관이나 시·도지사가 이행명령을 한 경우
2. 법 제170조제2항에 따라 주무부장관이나 시·도지사가 대집행(代執行)하거나 행정·재정상 필요한 조치를 한 경우
3. 법 제170조제3항에 따라 대법원에 소를 제기하거나 집행정지결정을 신청한 경우 또는 그에 따른 대법원의 판결·결정이 있는 경우
4. 지방자치단체의 장이 이행명령을 이행한 경우

제113조 삭제 <2010.10.13>

제114조 【지방의회 의결의 재의 및 제소 등의 보고】 지방자치단체의 장은 다음 각 호의 어느 하나에 해당하는 경우에는 행정안전부장관과 주무부장관에게 즉시 그 내용을 보고하여야 한다. 이 경우 시장·군수 및 자치구의 구청장은 시·도지사를 거쳐 보고하여야 한다. <개정 2008.2.29>

1. 법 제26조제3항, 법 제107조제1항 또는 법 제108조제1항에 따라 해당 지방자치단체의 장이 재의를 요구한 경우 또는 그에 따른 지방의회의 의결이 있는 경우
2. 법 제172조제1항 및 제2항에 따라 시·도지사가 시·군 및 자치구의 지방의회 의결에 대하여 재의를 요구하게 한 경우 또는 그에 따른 지방의회의 의결이 있는 경우
3. 법 제107조제3항 및 법 제172조제3항에 따라 지방자치단체의 장이 재의결된 사항에 대하여 대법원에 소를 제기하거나 집행정지결정을 신청한 경우 또는 그에 따른 대법원의 판결·결정이 있는 경우
4. 법 제172조제4항에 따라 시·도지사가 시장·군수 및 자치구의 구청장에게 제소를 지시한 경우나 직접 제소하거나 집행정지결정을 신청한 경우 또는 그에 따른 대법원의 판결·결정이 있는 경우
5. 법 제172조제7항에 따라 시·도지사가 대법원에 직접 제소하거나 집행정지결정을 신청한 경우 또는 그에 따른 대법원의 판결·결정이 있는 경우

제115조 【주무부장관의 통보】 주무부장관은 다음 각 호의 어느 하나에 해당하는 경우에는 행정안전부장관에게 즉시 그 내용을 통보하여야 한다. <개정 2008.2.29>

1. 법 제172조제1항에 따라 주무부장관이 시·도지사에게 재의를 요구하게 한 경우
2. 법 제172조제4항에 따라 주무부장관이 시·도지사에게 제소를 지시하거나 직접 제소하거나 집행정지결정을 신청한 경우나 그에 따른 대법원의 판결·결정이 있는 경우
3. 법 제172조제7항에 따라 주무부장관이 대법원에 직접 제소 및 집행정지결정을 신청한 경우와 그에 따른 대법원의 판결·결정이 있는 경우

제116조 【판결 등의 공시】 제114조제3호·제4호 및 제5호에 따른 대법원의 판결·결정이 있는 경우에는 해당 지방자치단체의 장은 공보·게시판·전산망 또는 일간신문에 그 사실을 즉시

공시하여야 한다.

제8장 대도시 행정의 특례

제117조 【자치구의 재원 조정】 법 제173조에 따른 자치구 상호간의 조정 재원은 해당 시세(市稅)중 취득세로 하며, 자치구 상호간의 재원 조정 방법을 정하는 조례에는 조정교부금의 교부율·산정방법 및 교부시기 등이 포함되어야 한다. <개정 2010.9.20>

제118조 【대도시 인정 기준】 법 제175조에 따라 특례를 둘 수 있는 인구 50만 이상 대도시는 해당 관할 구역에 전년도 말일 주민등록이 되어 있는 주민 수를 기준으로 2년 간 연속하여 매해 말일 인구가 50만 이상인 시를 말한다. 다만, 인구 50만 이상 대도시가 된 이후에 인구가 감소하여 전년도 각 분기 말일 인구를 산술평균한 인구가 2년 간 연속하여 50만에 미치지 아니하면 그 다음 해부터 인구 50만 이상 대도시에서 제외한다.
[본조신설 2008.10.8]

부칙

<제23222호, 2011.10.14>

제1조 【시행일】 이 영은 2011년 10월 15일부터 시행한다. 다만, 제6조 및 제13조제4항의 개정규정은 2012년 7월 1일부터 시행한다.

지방행정체제 개편에 관한 특별법

[시행 2011.8. 4]
[법률 제10992호, 2011.8.4, 일부개정]

제1장 총칙

제1조 【목적】 이 법은 행정환경의 급속한 변화에 부응하여 현행 지방행정체제를 개편하기 위한 추진기구 및 절차, 기준과 범위, 국가의 지원 등을 규정함으로써 지방의 역량 강화, 국가경쟁력 제고, 주민의 편의와 복리 증진에 이바지함을 목적으로 한다.

제2조 【정의】 이 법에서 사용하는 용어의 정의는 다음과 같다.

1. "지방행정체제"란 지방자치 및 지방행정의 계층구조, 지방자치단체의 관할구역, 국가와 지방자치단체 및 특별시·광역시·도(이하 "시·도"라 한다)와 시·군·구 간의 기능배분 등과 관련한 일련의 체제를 말한다.
2. "지방자치단체의 통합"이란 「지방자치법」 제2조제1항제2호에서 정한 지방자치단체 중에서 2개 이상의 지방자치단체가 통합하여 새로운 지방자치단체를 설치하는 것을 말한다.
3. "통합 지방자치단체"란 「지방자치법」 제2조제1항제2호에서 정한 지방자치단체 중에서 2개 이상의 지방자치단체가 통합하여 설치된 지방자치단체를 말한다.

제3조 【지방행정체제 개편의 기본방향】 지방행정체제 개편은 주민의 편익증진, 국가 및 지방의 경쟁력 강화를 위하여 다음 각 호의 사항이 반영되도록 추진하여야 한다.

1. 지방자치 및 지방행정계층의 적정화
2. 주민생활 편익증진을 위한 자치구역의 조정
3. 지방자치단체의 규모와 자치역량에 부합하는 역할과 기능의 부여
4. 주거단위의 근린자치 활성화

제4조 【국가와 지방자치단체의 책무】 ①국가는 각계각층의 의견을 수렴하여 지방행정체제 개편에 필요한 법적·제도적 조치를 마련하여야 한다.
②지방자치단체는 국가가 추진하는 지방행정체제 개편에 적극 협조하여야 한다.
③국가는 2014년에 실시하는 「공직선거법」 제203조제1항에 따른 임기만료에 의한 지방의회의원 및 지방자치단체의 장의 선거일 이전까지 지방행정체제 개편을 완료하도록 노력하여야 한다.

제5조 【다른 법률과의 관계】 지방자치제도의 개편과 지방자치단체의 사무배분, 지방분권 등에 관하여 이 법에 규정이 있는 경우에는 다른 법률에 우선하여 적용한다.

제2장 지방행정체제 개편추진위원회 등

제6조 【지방행정체제 개편추진위원회의 설치】 ①지방행정체제 개편을 추진하기 위하여 대통령 소속으로 지방행정체제 개편추진위원회(이하 "개편위원회"라 한다)를 둔다.
②개편위원회는 다음 각 호의 사항을 심의·의결한다.

1. 지방행정체제 개편의 기본계획 및 추진계획 수립에 관한 사항
2. 지방자치단체 통합을 위한 기준·통합방안·조정에 관한 사항

3. 국가와 지방자치단체 간, 시·도와 시·군·구 간의 사무 및 재원 배분에 관한 사항
4. 통합 지방자치단체에 대한 국가의 지원 및 특례에 관한 사항
5. 교육자치, 자치경찰, 특별지방행정기관 사무의 이양 등 자치사무 정비에 관한 사항
6. 지방행정체제 개편 관련 지방자치단체 및 주민의 의견수렴에 관한 사항
7. 읍·면·동의 주민자치기구의 설치, 기능 및 운영에 관한 사항
8. 그 밖에 지방행정체제 개편의 추진을 위하여 필요하다고 위원장이 인정하는 사항

제7조 【구성】 ①개편위원회는 위원장 1명과 부위원장 2명을 포함한 27명의 위원으로 구성하며, 위원은 당연직위원과 위촉위원으로 구성한다.
②당연직위원은 기획재정부장관, 행정안전부장관, 국무총리실장으로 한다.
③위촉위원은 학식과 경험이 풍부하고 국민의 신망이 두터운 사람 중에서 대통령이 추천하는 6명, 국회의장이 추천하는 10명 및 「지방자치법」 제165조에 따른 4대 협의체의 대표자가 각각 2명씩 추천하는 8명으로 하되, 대통령이 위촉한다.
④위원장 및 부위원장 1명은 위촉위원 중에서 대통령이 위촉하고, 부위원장 중 1명은 행정안전부장관으로 한다.
⑤위촉위원의 임기는 2년으로 하며 연임할 수 있다. 다만, 위원의 사임 등으로 인하여 새로 위촉된 위원의 임기는 전임위원 임기의 남은 기간으로 한다.
⑥개편위원회의 업무를 효율적으로 심의하기 위하여 개편위원회에 분과위원회를 둘 수 있다.
⑦개편위원회의 사무를 효율적으로 지원하기 위하여 개편위원회 소속으로 전담지원기구 및 전문요원을 둘 수 있다.
⑧개편위원회의 회의, 분과위원회 및 전담지원기구의 구성과 운영 등 개편위원회의 구성 및 운영에 필요한 사항은 대통령령으로 정한다.

제8조 【관계 기관 등에의 협조요청 등】 ①개편위원회는 그 업무를 수행하기 위하여 필요하면 해당 지방자치단체, 지역주민 등의 의견을 청취하거나, 관계 기관·법인·단체 등에 대하여 자료 및 의견의 제출 등 필요한 협조를 요청할 수 있다.
②개편위원회는 개편위원회의 업무를 수행하는 데 필요한 전문적 지식 또는 경험을 가지고 있다고 인정되는 사람에게 출석을 요구하여 그 진술을 들을 수 있다.
③제1항에 따른 의견청취, 자료제출 요구 등 협조요청을 받은 기관·법인·단체 등은 지체 없이 이에 응하여야 한다.

제9조 【보고】 개편위원회는 대통령과 국회에 지방행정체제 개편 관련 활동경과를 보고하여야 하며, 특별한 사유가 없는 한 2012년 6월 30일까지 지방행정체제 개편에 관한 종합적인 기본계획(이하 "기본계획"이라 한다)을 대통령과 국회에 제출하여야 한다.

제10조 【개편위원회의 존속기한】 개편위원회는 2014년 12월 31일까지 존속한다.

제11조 【국회의 입법조치】 국회는 제9조에 따라 제출된 기본계획을 토대로 지방행정체제 개편 관련 법률을 제정 또는 개정하되, 이 경우 개편위원회의 의견을 존중하여야 한다.

제3장 지방행정체제 개편의 기준과 범위

제1절 특별시 및 광역시의 개편

제12조【과소 구의 통합】 특별시 및 광역시는 지방자치단체로서 존치하되, 특별시 및 광역시의 관할구역 안에 두고 있는 구 중에서 인구 또는 면적이 과소한 구는 적정 규모로 통합한다.

제13조【특별시 및 광역시 관할구역 안에 두고 있는 구와 군의 지위 등】 개편위원회는 특별시 및 광역시의 관할구역 안에 두고 있는 구와 군의 지위, 기능 등에 관한 개편방안을 제9조에 따른 기본계획에 포함하여 대통령과 국회에 보고하여야 한다.

제2절 도의 지위 및 기능 재정립

제14조【도의 지위 및 기능 재정립】 ①도는 지방자치단체로서 존치하되, 개편위원회는 이 법에 따른 시·군의 통합 등과 관련하여 도의 지위 및 기능 재정립 등을 포함한 도의 개편방안을 마련하여 2014년에 실시되는 「공직선거법」 제203조제1항에 따른 임기만료에 의한 지방의회의원 및 지방자치단체의 장의 선거일 1년 전까지 대통령 및 국회에 보고하여야 한다.
②도의 지위 및 기능 재정립에 관하여는 따로 법률로 정한다.

제3절 시·군·구의 개편

제15조【시·군·구의 개편】 ①국가는 시·군·구의 인구, 지리적 여건, 생활권·경제권, 발전가능성, 지역의 특수성, 역사적·문화적 동질성 등을 종합적으로 고려하여 통합이 필요한 지역에 대하여는 지방자치단체 간 통합을 지원하여야 한다.
②제1항에 따른 시·군·구의 통합에 있어서는 시·도 및 시·군·구 관할구역의 경계에 제한을 받지 아니한다.

제16조【통합 지방자치단체의 설치】 ①통합 지방자치단체는 「지방자치법」 제2조제1항제2호에 따른 시·군·구로 설치한다.
②통합 지방자치단체는 통합으로 인하여 폐지되는 지방자치단체의 구역에 관계 법령으로 정하는 바에 따라 자치구가 아닌 구 또는 출장소 등을 둘 수 있다.
③통합 지방자치단체에는 도시의 형태를 갖춘 지역에는 동을 두고, 그 밖의 지역에는 읍·면을 두되, 「지방자치법」 제3조제3항에도 불구하고 자치구가 아닌 구에 읍·면·동을 둘 수 있다.

제17조【시·군·구의 통합절차】 ①제6조에 따른 개편위원회는 시·군·구의 통합을 위한 기준을 작성하여 공표하여야 한다.
②대통령령으로 정하는 바에 따라 지방자치단체의 장, 지방의회 또는 「주민투표법」 제5조에 따른 주민투표권자 총수의 100분의 1 이상 50분의 1 이하의 범위에서 대통령령으로 정하는 일정 수 이상의 주민은 인근 지방자치단체와의 통합을 개편위원회에 건의할 수 있다.
③개편위원회는 시·군·구 통합방안을 마련하되, 제2항에 따른 건의가 있는 경우에는 이를 참고하여야 한다.
④개편위원회는 제3항에 따른 시·군·구 통합방안을 제9조에 따른 기본계획에 포함하여 대통령 및 국회에 보고하여야 한다.
⑤행정안전부장관은 제4항에 따른 시·군·구 통합방안에 따라 지방자치단체 간 통합을 해당 지방자치단체의 장에게 권고할 수 있다.
⑥행정안전부장관은 제5항에 따른 지방자치단체 간 통합 권고안에 관하여

해당 지방의회의 의견을 들어야 한다. 다만, 행정안전부장관이 필요하다고 인정하여 관계 지방자치단체의 장에게 주민투표를 요구하여 실시한 경우에는 그러하지 아니하다.
⑦제6항에 따라 주민투표를 실시한 경우에는 「주민투표법」 제8조에 따라 주민투표를 실시한 것으로 본다.
⑧지방자치단체의 장은 이 법에 따른 시·군·구 통합과 관련하여 주민투표의 실시 요구를 받은 때에는 「주민투표법」 제8조제2항·제3항 및 제13조제1항제1호에도 불구하고 지체 없이 이를 공표하고 주민투표를 실시하여야 한다.
⑨제6항에 따른 주민투표에 관하여 이 법에서 규정한 사항을 제외하고는 「주민투표법」을 적용한다.

제18조【통합추진공동위원회】 ①제17조에 따라 지방의회 의견청취 또는 주민투표 등을 통하여 지방자치단체의 통합의사가 확인되면 통합대상인 관계 지방자치단체의 장은 명칭, 청사 소재지, 지방자치단체의 사무 등 통합에 관한 세부사항을 심의하기 위하여 공동으로 통합추진공동위원회를 설치하여야 한다.
②제1항에 따른 통합추진공동위원회의 위원은 관계 지방자치단체의 장 및 그 지방의회가 추천하는 자로 구성하고, 위원은 관계 지방자치단체 간에 동수로 구성한다.
③위원은 관계 지방자치단체의 장이 공동으로 위촉하고, 위원장은 위원 중에서 호선한다.
④통합추진공동위원회는 사무를 처리하기 위하여 사무기구를 둘 수 있다.
⑤통합추진공동위원회의 구성, 심의사항, 운영 및 사무기구 등에 관하여 필요한 사항은 대통령령으로 정한다.

제19조【통합 지방자치단체의 명칭 등】 ①제18조에 따른 통합추진공동위원회는 구성된 날부터 60일 이내에 통합 지방자치단체의 명칭 및 청사 소재지를 심의·의결하고 이를 행정안전부장관에게 제출하여야 한다.
②통합추진공동위원회가 제1항에 따른 기간 내에 통합 지방자치단체의 명칭 및 청사 소재지를 의결하지 못할 경우 개편위원회는 이에 관한 권고안을 해당 통합추진공동위원회에 제시할 수 있다.
③제2항에 따라 통합추진공동위원회가 권고안을 제시받은 날부터 30일 이내에 통합 지방자치단체의 명칭 및 청사 소재지를 의결하지 못할 경우 개편위원회는 대통령령으로 정하는 기준에 따라 이를 조정할 수 있다.
④개편위원회의 권고와 조정의 기준 및 절차 등에 관하여 필요한 사항은 대통령령으로 정한다.

제4절 읍·면·동 주민자치

제20조【주민자치회의 설치】 풀뿌리자치의 활성화와 민주적 참여의식 고양을 위하여 읍·면·동에 해당 행정구역의 주민으로 구성되는 주민자치회를 둘 수 있다.

제21조【주민자치회의 기능】 ①제20조에 따라 주민자치회가 설치되는 경우 읍·면·동의 행정기능을 지방자치단체가 직접 수행하되, 관계 법령, 조례 또는 규칙으로 정하는 바에 따라 지방자치단체 사무의 일부를 주민자치회에 위임 또는 위탁할 수 있다.
②주민자치회는 다음 각 호의 업무를 수행한다.
1. 주민자치회 구역 내의 주민화합 및 발전을 위한 사항
2. 지방자치단체가 위임 또는 위탁하는 사무의 처리에 관한 사항
3. 그 밖에 관계 법령, 조례 또는 규

칙으로 위임 또는 위탁한 사항

제22조【주민자치회의 구성 등】 ①주민자치회의 위원은 조례로 정하는 바에 따라 지방자치단체의 장이 위촉한다.
②주민자치회의 설치 시기, 구성, 재정 등 주민자치회의 설치 및 운영에 관하여 필요한 사항은 따로 법률로 정한다.

제4장 통합 지방자치단체 및 대도시에 대한 특례 등

제1절 통합 지방자치단체에 대한 특례

제23조【불이익배제의 원칙】 지방자치단체의 통합으로 인하여 종전의 지방자치단체 또는 특정 지역의 행정상·재정상 이익이 상실되거나 그 지역 주민에게 새로운 부담이 추가되어서는 아니 된다.

제24조【공무원에 대한 공정한 처우 보장】 ①지방자치단체의 통합으로 초과되는 공무원 정원에 대하여는 정원 외로 인정하되, 지방자치단체는 이의 조속한 해소를 위하여 적극 노력하여야 한다.
②통합 지방자치단체는 폐지되는 지방자치단체 소속 공무원에 대하여 인사상 동등하게 처우하여야 한다.

제25조【예산에 관한 지원 및 특례】 ①국가는 지방자치단체의 통합에 직접 사용된 비용을 예산의 범위에서 통합 추진 과정에 있는 지방자치단체 또는 통합 지방자치단체에 지원할 수 있다.
②국가는 지방자치단체의 통합에 따라 절감되는 운영경비 등(국가가 부담하는 예산에 한정한다)의 일부를 통합 지방자치단체에 지원할 수 있다.
③통합 지방자치단체의 최초의 예산은 종전의 지방자치단체가 각각 편성·의결하여 성립한 예산을 회계별·예산항목별로 합친 것으로 한다.

제26조【통합 지방자치단체에 대한 특별지원】 ①중앙행정기관의 장 및 특별시장·광역시장·도지사(이하 "시·도지사"라 한다)는 대통령령으로 정하는 바에 따라 통합 지방자치단체에 대하여 보조금의 지급, 재정투융자 등 재정상 특별한 지원을 할 수 있다.
②중앙행정기관의 장은 「지역균형개발 및 지방중소기업 육성에 관한 법률」에 따른 개발촉진지구 및 「신발전지역 육성을 위한 투자촉진 특별법」에 따른 신발전지역발전촉진지구 및 신발전지역투자촉진지구 등 특정지역의 개발을 위한 지구·지역 등의 지정에 있어서 통합 지방자치단체 또는 그 관할구역 안의 일부 지역을 대통령령으로 정하는 바에 따라 우선적으로 지정할 수 있다.
③중앙행정기관의 장 및 시·도지사는 각종 시책사업 등을 시행하는 경우 통합 지방자치단체를 대통령령으로 정하는 바에 따라 우선적으로 지원할 수 있다.

제27조【지방교부세 산정에 관한 특례】 ①통합 지방자치단체에 교부하는 보통교부세는 「지방교부세법」 제7조에도 불구하고 통합 지방자치단체가 설치된 해의 폐지되는 각 지방자치단체의 재정부족액(같은 법에 따라 산정한 기준재정수입액이 기준재정수요액에 미달하는 금액을 말한다)을 합한 금액보다 통합 지방자치단체의 재정부족액이 적을 때에는 그 차액을 통합 지방자치단체가 설치된 후 최초로 개시되는 회계연도(통합 지방자치단체가 1월 1일에 설치되는 경우에는 다음 연

도를 말한다)부터 4년 동안 통합 지방자치단체의 기준재정수요액에 매년 보정할 수 있다.
②제1항에 따른 기준재정수요액 보정의 요건·기간·기준과 그 밖에 필요한 사항은 행정안전부령으로 정한다.

제28조【통합 지방자치단체에 대한 재정지원】 국가는 「지방교부세법」 제4조제2항제1호에 따른 보통교부세액과 별도로 통합 지방자치단체가 설치된 해의 직전 연도의 폐지되는 각 지방자치단체의 보통교부세 총액의 100분의 6을 대통령령으로 정하는 바에 따라 10년간 매년 통합 지방자치단체에 추가로 지원하여야 한다. <개정 2011.8.4>

제29조【예산에 관한 특례】 통합 지방자치단체의 예산은 통합 지방자치단체가 설치된 날부터 대통령령으로 정하는 일정 기간 동안 폐지되는 각 지방자치단체 간의 세출예산의 비율이 유지되도록 노력하여야 한다.

제30조【지방의회의 부의장 정수 등에 관한 특례】 ①통합 지방자치단체를 설치하는 경우에는 해당 지방자치단체가 설치된 후 최초로 실시하는 임기만료에 의한 선거에 의하여 새로운 지방의회가 구성될 때까지 「지방자치법」 제48조제1항에도 불구하고 해당 지방의회에 의장 1명과 폐지 지방자치단체의 수만큼의 부의장을 무기명투표로 선거하여야 한다. 이 경우 부의장은 폐지 지방자치단체의 지방의회의원 중에서 폐지 지방자치단체별로 각 1명을 선출하여야 한다.
②제1항에 따라 선출된 최초의 의장 및 부의장의 임기는 폐지 지방자치단체의 지방의회 의장 및 부의장의 남은 임기로 한다.

제31조【의원정수에 관한 특례】 통합 지방자치단체의 의회를 구성하기 위한 최초 선거에서 지역선거구를 획정함에 있어 폐지되는 각 지방자치단체의 관할구역에서 선출할 의원정수는 인구의 등가성이 반영될 수 있도록 정하여야 한다.

제32조【「여객자동차 운수사업법」에 관한 특례】 ①통합 지방자치단체의 여객자동차운송사업에 대하여 적용할 「여객자동차 운수사업법」 제8조에 따른 운임과 요금에 대한 기준 및 요율은 폐지 지방자치단체의 여객자동차운송사업에 대하여 적용한 기준 및 요율에 따른다. 다만, 통합 지방자치단체가 설치된 날부터 1년 이내에 이를 조정하여야 한다.
②제1항에도 불구하고 통합 지방자치단체의 택시운송사업에 있어서 통합 전의 지방자치단체 간에 적용되던 시계외 할증요금은 통합 지방자치단체가 설치된 날부터 이를 폐지한다.
③폐지 지방자치단체의 군 지역에서 「여객자동차 운수사업법」 제4조에 따라 면허를 받거나 등록을 한 여객자동차운송사업자에 대하여 적용할 같은 법 제5조에 따른 면허 또는 등록의 기준은 통합 지방자치단체가 설치된 후에도 군 지역에 적용되는 기준으로 한다.
④통합 지방자치단체가 설치되기 전에 「여객자동차 운수사업법」 제4조에 따라 여객자동차운송사업의 면허를 받은 자가 통합 지방자치단체의 설치로 인하여 여객자동차운송사업의 세부업종을 변경하여야 하는 경우에는 같은 법 제7조에도 불구하고 통합 지방자치단체가 설치된 날에 그 업종이 변경된 것으로 본다. 이 경우 관할 관청은 통합 지방자치단체가 설치된 날부터 1개월 이내에 해당 여객자동차운송사업자에게 새로운 면허증을 교부하여야 한

다.

제2절 대도시에 대한 특례

제33조【대도시에 대한 사무특례】 ①특별시와 광역시가 아닌 인구 50만 및 100만 이상 대도시의 행정·재정운영 및 지도·감독에 대하여는 그 특성을 고려하여 관계 법률에서 정하는 바에 따라 특례를 둘 수 있다. 다만, 인구 30만 이상인 지방자치단체로서 면적이 1천제곱킬로미터 이상인 경우 이를 인구 50만 이상 대도시로 본다.
②개편위원회는 제1항에 따른 특례를 발굴하여 제9조에 따른 기본계획에 반영하여야 한다.

제34조【인구 100만 이상 대도시의 사무특례】 특별시와 광역시가 아닌 인구 100만 이상 대도시의 장은 관련 법률의 규정에도 불구하고 다음 각 호의 사무를 처리할 수 있다.

1. 「지방공기업법」 제19조제2항에 따른 지역개발채권의 발행. 이 경우 미리 지방의회의 승인을 받아야 한다.
2. 「건축법」 제11조제2항제1호에 따른 건축물에 대한 허가. 다만, 다음 각 목의 어느 하나에 해당하는 건축물의 경우에는 미리 도지사의 승인을 받아야 한다.
   가. 51층 이상인 건축물(연면적의 100분의 30 이상을 증축하여 층수가 51층 이상이 되는 경우를 포함한다)
   나. 연면적 합계가 20만제곱미터 이상인 건축물(연면적의 100분의 30 이상을 증축하여 연면적 합계가 20만제곱미터 이상이 되는 경우를 포함한다)
3. 「택지개발촉진법」 제3조제1항에 따른 예정지구의 지정(도지사가 지정하는 경우에 한정한다). 이 경우 미리 관할 도지사와 협의하여야 한다.
4. 「도시재정비 촉진을 위한 특별법」 제4조 및 제12조에 따른 재정비촉진지구의 지정 및 재정비촉진계획의 결정
5. 「박물관 및 미술관 진흥법」 제18조에 따른 사립 박물관 및 사립 미술관 설립 계획의 승인
6. 「소방기본법」 제3조 및 제6조에 따른 화재 예방·경계·진압 및 조사와 화재, 재난·재해, 그 밖의 위급한 상황에서의 구조·구급 등의 업무
7. 도지사를 경유하지 아니하고 「농지법」 제34조에 따른 농지전용허가 신청서의 제출
8. 「지방자치법」 제112조에 따라 지방자치단체별 정원의 범위에서 정하는 5급 이하 직급별·기관별 정원의 책정
9. 도지사를 경유하지 아니하고 「개발제한구역의 지정 및 관리에 관한 특별조치법」 제4조에 따른 개발제한구역의 지정 및 해제에 관한 도시관리계획 변경 결정 요청. 이 경우 미리 관할 도지사와 협의하여야 한다.

[시행일 : 2012.1.1] 제34조제6호

제35조【인구 100만 이상 대도시의 보조기관 등】 ①「지방자치법」 제110조제1항에도 불구하고 인구 100만 이상 대도시의 부시장은 2명으로 한다. 이 경우 부시장 1명은 같은 법 제110조제4항에도 불구하고 일반직, 별정직 또는 계약직 지방공무원으로 보(補)할 수 있다.
②제1항에 따라 부시장 2명을 두는 경우에 명칭은 각각 제1부시장 및 제2부시장으로 하고, 그 사무 분장은 해당 지방자치단체의 조례로 정한다.
③「지방자치법」 제59조, 제90조 및

제112조에도 불구하고 인구 100만 이상 대도시의 행정기구 및 정원은 인구, 도시 특성, 면적 등을 고려하여 대통령령으로 정할 수 있다.

제36조【대도시에 대한 재정특례】 ①도지사는 「지방재정법」 제29조에 따라 배분되는 재정보전금과 별도로 제33조제1항에 따른 대도시의 경우에는 해당 시에서 징수하는 도세(원자력발전에 대한 지역자원시설세, 특정부동산에 대한 지역자원시설세 및 지방교육세를 제외한다) 중 100분의 10 이하의 범위에서 일정 비율을 추가로 확보하여 해당 시에 직접 교부하여야 한다.
②제1항에 따라 대도시에 추가로 교부하는 도세의 비율은 사무이양 규모 및 내용 등을 고려하여 대통령령으로 정한다.
③인구 100만 이상 대도시의 경우 「지방세법」 제11장에 따른 소방시설에 충당하는 지역자원시설세는 「지방세기본법」 제8조제2항제2호가목에도 불구하고 시세로 한다.

제3절 지방분권의 강화

제37조【지방분권의 촉진】 국가는 이 법에 따른 지방행정체제 개편의 목적 달성을 위하여 「지방분권촉진에 관한 특별법」 제10조부터 제16조까지의 규정에 따른 지방분권 추진과제를 차질 없이 추진하여야 한다.

제38조【사무배분의 원칙】 지방행정체제 개편에 따라 이루어지는 국가와 지방자치단체 간, 시·도와 시·군·구 간 사무배분은 중복되지 아니하여야 한다.

제39조【특별지방행정기관 사무의 이양 특례】 특별지방행정기관을 관장하는 중앙행정기관의 장은 이 법 시행일부터 1년 이내에 특별지방행정기관의 사무를 지방자치단체에 이양하기 위한 사무이양계획을 개편위원회에 제출하여야 한다.

제40조【교육자치와 자치경찰】 ①국가는 교육자치와 지방자치의 통합을 위하여 노력하여야 한다.
②국가는 지방행정과 치안행정의 연계성을 확보하고 지역특성에 적합한 치안서비스를 제공하기 위하여 자치경찰제를 실시하여야 한다.
③교육자치와 자치경찰의 실시에 관하여는 따로 법률로 정한다.

부칙

<제10992호, 2011.8.4>

제1조【시행일】 이 법은 공포한 날부터 시행한다.

제2조【적용례】 제28조의 개정규정은 2011년 1월 1일 이전에 설치된 통합 지방자치단체에 한하여 적용한다.

지방자치단체를 당사자로 하는 계약에 관한 법률

[시행 2009.11.22]
[법률 제9685호, 2009. 5.21, 타법개정]

제1조 【목적】 이 법은 지방자치단체를 당사자로 하는 계약에 관한 기본적인 사항을 정함으로써 계약업무를 원활하게 수행할 수 있도록 함을 목적으로 한다. [전문개정 2009.2.6]

제2조 【적용 범위】 이 법은 지방자치단체(「지방자치법」 제2조에 따른 지방자치단체를 말한다. 이하 같다)가 계약상대자와 체결하는 수입 및 지출의 원인이 되는 계약 등에 대하여 적용한다. [전문개정 2009.2.6]

제3조 【교육·과학 및 체육에 관한 사항의 적용】 이 법에서 교육·과학 및 체육에 관한 사항에 관하여는 "지방자치단체의 장" 또는 "특별시장·광역시장·도지사"는 "교육감"으로, "행정안전부장관"은 "교육과학기술부장관"으로, "행정안전부"는 "교육과학기술부"로 각각 본다. <개정 2008.2.29>

제4조 【다른 법률과의 관계】 지방자치단체를 당사자로 하는 계약에 관하여는 다른 법률에 특별한 규정이 있는 경우 외에는 이 법에서 정하는 바에 따른다. [전문개정 2009.2.6]

제5조 【국제입찰에 의한 지방자치단체 계약의 범위】 ①국제입찰에 의한 지방자치단체 계약은 지방자치단체가 체결하는 공사·물품·용역의 계약 중에서 대한민국이 당사자인 정부조달에 관한 조약·협약·협정 등이나 그 밖의 국제규범(이하 "정부조달협정등"이라 한다)에 따라 행정안전부장관이 그 적용 대상인 지방자치단체, 대상 금액, 공사·물품·용역의 범위를 정하여 고시한다. 다만, 다음 각 호의 어느 하나에 해당하는 경우에는 국제입찰에 의한 지방자치단체 계약의 대상에서 제외한다. <개정 2009.5.21>

1. 재판매 또는 판매를 위한 생산에 필요한 물품과 용역을 조달하는 경우
2. 「중소기업제품 구매촉진 및 판로지원에 관한 법률」에 따라 중소기업 제품을 제조·구매하는 경우
3. 「양곡관리법」, 「농수산물유통 및 가격안정에 관한 법률」 및 「축산법」에 따라 농·수·축산물을 구매하는 경우
4. 그 밖에 정부조달협정등에 규정된 내용으로서 대통령령으로 정한 경우

②제1항 본문에 따른 지방자치단체의 국제입찰의 원칙, 입찰공고, 입찰방법, 낙찰자 결정 등을 위하여 필요한 사항에 대하여는 대통령령으로 정한다.
③지방자치단체의 장 또는 제7조제1항에 따라 계약사무를 처리하기 위하여 위임이나 위탁을 받은 자(이하 "계약담당자"라 한다)는 계약의 목적과 성질 등을 고려하여 필요하다고 인정되면 제1항에 따른 국제입찰의 대상이 아닌 경우에도 대통령령으로 정하는 바에 따라 국제입찰에 의하여 계약을 체결할 수 있다.
[전문개정 2009.2.6]

제6조 【계약의 원칙】 ①계약은 상호 대등한 입장에서 당사자의 합의에 따라 체결되어야 하고, 당사자는 계약의 내용을 신의성실의 원칙에 따라 이행하여야 하며, 지방자치단체의 장 또는 계약담당자는 이 법 및 관계 법령에 규정된 계약상대자의 계약상 이익

을 부당하게 제한하는 특약이나 조건을 정하여서는 아니 된다.
②지방자치단체의 장 또는 계약담당자는 제5조제1항에 따른 국제입찰의 경우에는 호혜(互惠)의 원칙에 따라 정부조달협정등에 가입한 국가의 국민과 이들 국가에서 생산되는 물품이나 용역에 대하여 대한민국의 국민과 대한민국에서 생산되는 물품이나 용역과 차별되는 특약이나 조건을 정하여서는 아니 된다.
[전문개정 2009.2.6]

제7조 【계약사무의 위임·위탁】 ①지방자치단체의 장은 다른 법령에서 정한 경우 외에는 그 소관 계약사무를 처리하기 위하여 필요하다고 인정되면 그 사무의 전부 또는 일부를 「지방재정법」에 따른 회계관계공무원, 중앙행정기관의 장, 다른 지방자치단체의 장 또는 대통령령으로 정하는 전문기관에 위임하거나 위탁하여 처리하게 할 수 있다.
②제1항에 따라 계약사무를 위임 또는 위탁받는 기관의 계약담당자는 다른 법률에 특별한 규정이 없으면 이 법에서 정하는 바에 따라 계약사무를 처리하여야 한다. 다만, 「국가를 당사자로 하는 계약에 관한 법률」의 적용을 받는 중앙행정기관의 장 또는 전문기관에 위임 또는 위탁하는 경우에는 이 법에서 정하는 바에 따라 계약사무를 처리하여야 한다.
③제1항에 따른 계약사무의 위탁·위탁 절차와 위탁 수수료, 그 밖에 필요한 사항은 대통령령으로 정한다.
[전문개정 2009.2.6]

제8조 【계약의 대행】 ①지방자치단체의 장은 그 관할 행정구역의 시설물 설치 및 유지·관리와 물품 구매 등을 위하여 그 지역 주민들의 대행 요구가 있는 등 특히 필요하다고 인정되면 그 지방자치단체 외의 자로부터 계약 대행을 요청받아 대행할 수 있다.
②제1항에 따라 계약을 대행하는 지방자치단체의 장은 계약 이행에 드는 직접경비와 그 사무관리에 필요한 경비를 계약 이행 전에 대행을 요청한 자에게 청구하고 이를 사후정산(事後精算)하여야 한다.
③제2항에 따라 지방자치단체의 장이 청구하여 지급받은 경비는 「지방재정법」에도 불구하고 세입·세출예산 외로 처리할 수 있다.
[전문개정 2009.2.6]

제9조 【계약의 방법】 ①지방자치단체의 장 또는 계약담당자는 계약을 체결하려는 경우에는 이를 공고하여 일반입찰에 부쳐야 한다. 다만, 계약의 목적·성질·규모 및 지역특수성 등을 고려하여 필요하다고 인정되면 참가자를 지명(指名)하여 입찰에 부치거나 수의계약(隨意契約)을 할 수 있다.
②제1항 본문에 따라 일반입찰에 부치는 경우 대통령령으로 정하는 바에 따라 입찰 참가자격을 사전심사하여 적격자만을 입찰에 참가하게 하거나 시공능력, 실적, 기술보유상황, 재무상태, 주된 영업소의 소재지 등으로 입찰 참가자격을 제한하여 입찰에 부칠 수 있다.
③제1항 단서에 따른 지명기준 및 지명절차, 수의계약의 대상범위 및 수의계약상대자의 선정절차, 그 밖에 필요한 사항은 대통령령으로 정한다.
④지방자치단체의 장 또는 계약담당자는 제1항 단서에 따라 수의계약을 체결한 경우 대통령령으로 정하는 바에 따라 수의계약 내용을 공개하여야 한다.
[전문개정 2009.2.6]

제10조 【입찰공고】 ①지방자치단체의 장 또는 계약담당자는 입찰에 부

치는 경우에는 입찰에 관한 사항을 공고하거나 통지하여야 한다.
②제1항에 따른 입찰공고 또는 통지의 방법·내용·시기, 그 밖에 필요한 사항은 대통령령으로 정한다.
[전문개정 2009.2.6]

제11조 【예정가격의 작성】 ①지방자치단체의 장 또는 계약담당자는 입찰 또는 수의계약 등에 부칠 사항에 대하여 해당 규격서 및 설계서 등에 따라 예정가격을 작성하여야 한다. 다만, 다른 지방자치단체와 계약을 체결하는 경우 등 대통령령으로 정하는 경우에는 예정가격을 작성하지 아니하거나 생략할 수 있다.
②제1항 본문에 따른 예정가격의 작성시기, 결정방법, 기준, 그 밖에 필요한 사항은 대통령령으로 정한다.
[전문개정 2009.2.6]

제12조 【입찰보증금】 ①지방자치단체의 장 또는 계약담당자는 입찰에 참가하려는 자로 하여금 입찰보증금을 내도록 하여야 한다. 다만, 다른 지방자치단체, 「공공기관의 운영에 관한 법률」에 따른 공공기관(이하 "공공기관"이라 한다) 및 「지방공기업법」에 따른 지방공기업(이하 "지방공기업"이라 한다) 등 대통령령으로 정하는 입찰참가자에 대하여는 입찰보증금의 납부를 면제할 수 있다.
②제1항에 따른 입찰보증금의 금액·납부방법, 그 밖에 필요한 사항은 대통령령으로 정한다.
③지방자치단체의 장 또는 계약담당자는 낙찰자가 계약을 체결하지 아니한 경우에는 그 입찰보증금을 해당 지방자치단체에 귀속시켜야 한다. 다만, 제1항 단서에 따라 입찰보증금의 납부를 면제한 경우에는 대통령령으로 정하는 바에 따라 낙찰자로 하여금 입찰보증금에 해당하는 금액을 해당 지방자치단체에 내도록 하여야 한다.
[전문개정 2009.2.6]

제13조 【낙찰자 결정】 ①지방자치단체 수입의 원인이 되는 입찰에서는 최고가격의 입찰자를 낙찰자로 한다. 다만, 계약의 목적, 입찰가격 및 수량 등을 고려하여 대통령령으로 기준을 정한 경우에는 그에 따른다.
②지방자치단체 재정지출의 부담이 되는 입찰에서는 다음 각 호의 어느 하나에 해당하는 입찰자를 낙찰자로 한다.

1. 최저가격으로 입찰한 자. 다만, 최저가격으로 입찰한 자 중 계약이행능력 또는 입찰금액의 적정성을 심사하여 낙찰자를 결정할 수 있다.
2. 입찰가격, 품질, 기술력, 제안서 내용, 계약기간 등을 종합적으로 고려하여 해당 지방자치단체에 가장 유리하게 입찰한 자
3. 상징성, 기념성, 예술성 등의 창의성이 요구되는 설계용역을 할 때에는 설계공모에 당선된 자
4. 그 밖에 계약의 성질·규모 등을 고려하여 대통령령으로 기준을 정한 경우에는 그 기준에 가장 맞게 입찰한 자

③제2항에 따른 적용대상, 낙찰자 선정기준 및 선정절차, 그 밖에 필요한 사항은 대통령령으로 정한다.
[전문개정 2009.2.6]

제14조 【계약서의 작성 및 계약의 성립】 ①지방자치단체의 장 또는 계약담당자는 계약을 체결하려는 경우에는 계약의 목적, 계약금액, 이행기간, 계약보증금, 위험부담, 지연배상금(遲延賠償金), 그 밖에 필요한 사항을 명백히 적은 계약서(「전자서명법」 제2조제1호에 따른 전자문서에 의한 계약서를 포함한다. 이하 같다)를 작성하여

야 한다. 다만, 대통령령으로 정하는 경우에는 계약서의 작성을 생략할 수 있다.
②제1항 본문에 따라 계약서를 작성하는 경우에는 그 지방자치단체의 장 또는 계약담당자와 계약상대자가 계약서에 기명·날인하거나 서명함으로써 계약이 확정된다.
[전문개정 2009.2.6]

제15조 【계약보증금】 ①지방자치단체의 장 또는 계약담당자는 지방자치단체와 계약을 체결하려는 자로 하여금 계약보증금을 내도록 하여야 한다. 다만, 다른 지방자치단체, 공공기관 및 지방공기업 등 대통령령으로 정하는 계약상대자에 대하여는 계약보증금의 납부를 면제할 수 있다.
②제1항에 따른 계약보증금의 금액·납부방법, 그 밖에 필요한 사항은 대통령령으로 정한다.
③지방자치단체의 장 또는 계약담당자는 계약상대자가 계약상의 의무를 이행하지 아니하면 그 계약보증금을 해당 지방자치단체에 귀속시켜야 한다. 다만, 제1항 단서에 따라 계약보증금의 납부를 면제한 경우에는 대통령령으로 정하는 바에 따라 계약상대자로 하여금 계약보증금에 해당하는 금액을 해당 지방자치단체에 내도록 하여야 한다.
[전문개정 2009.2.6]

제16조 【감독】 ①지방자치단체의 장 또는 계약담당자는 공사·물품·용역 등의 계약을 체결한 경우에 그 계약을 적절하게 이행하도록 하기 위하여 필요하다고 인정하면 계약서·설계서 및 그 밖의 관계 서류에 따라 감독하거나 소속 공무원 등에게 그 사무를 위임하여 감독하게 하여야 한다. 다만, 대통령령으로 정하는 계약의 경우에는 전문기관을 따로 지정하여 감독하게 할 수 있다.
②지방자치단체의 장 또는 계약담당자는 상·하수도 사업, 마을 진입로 개설 등 주민생활과 관련이 있는 공사에 대하여는 제1항에 따른 감독 외에 그 공사와 관련이 있는 주민대표자 또는 주민대표자가 추천하는 자를 감독자(이하 "주민참여감독자"라 한다)로 위촉하여 감독하게 하여야 한다.
③주민참여감독자는 해당 지방자치단체의 장 또는 계약담당자에게 공사계약의 이행과정에서 그 공사와 관련하여 지역 주민들의 건의사항을 전달하거나 공사계약 이행상의 불법·부당 행위 등에 대하여 시정을 요구할 수 있다.
④지방자치단체의 장 또는 계약담당자는 대통령령으로 정하는 바에 따라 그 감독업무 수행에 따른 실비(實費)를 주민참여감독자에게 지급할 수 있다.
⑤주민참여감독자의 감독 대상 공사, 감독범위, 자격기준, 그 밖에 필요한 사항은 대통령령으로 정한다.
⑥제1항과 제2항에 따라 감독을 하는 자는 감독조서(監督調書)를 작성하여야 한다.
[전문개정 2009.2.6]

제17조 【검사】 ①지방자치단체의 장 또는 계약담당자는 계약상대자가 계약의 전부 또는 일부의 이행을 끝내면 이를 확인하기 위하여 계약서·설계서 및 그 밖의 관계 서류에 따라 이를 검사하거나 소속 공무원 등에게 위임하여 검사하게 하여야 한다. 다만, 다음 각 호의 어느 하나에 해당하는 계약의 경우에는 전문기관을 따로 지정하여 검사하게 할 수 있다.
1. 「건설기술관리법」 제27조에 따른 책임감리 대상 공사
2. 재질·성능 또는 규격 등의 검사를 위하여 전문적인 지식이나 기술이 필요하다고 인정되는 계약

②제1항에 따라 검사를 하는 자는 검사조서를 작성하여야 한다. 다만, 대통령령으로 정하는 금액 미만의 계약 또는 매각계약, 전기·가스·수도의 공급 등 검사조서의 작성이 성질상 불필요한 경우에는 검사조서의 작성을 생략할 수 있다.
[전문개정 2009.2.6]

제18조 【대가의 지급】 ①지방자치단체의 장 또는 계약담당자는 공사·물품·용역, 그 밖에 재정지출의 부담이 되는 계약에서는 검사한 후 또는 검사조서를 작성한 후에 그 대가를 지급하여야 한다. 다만, 「지방재정법」에 따라 선금급(선김급)을 지급하거나 국제관례 등 부득이한 사유가 있다고 인정되는 경우에는 그러하지 아니하다.
②제1항에 따른 대가는 계약상대자로부터 대가 지급의 청구를 받은 날부터 대통령령으로 정하는 기한까지 지급하여야 하며, 그 기한까지 지급할 수 없으면 대통령령으로 정하는 바에 따라 해당 지체일수에 따른 이자를 지급하여야 한다. 다만, 제24조제2항에 따라 해당 연도 예산의 범위를 초과하여 시공한 부분에 대한 대가는 계약당사자간에 합의한 바에 따라 지급한다.
③동일한 계약에서 제2항에 따른 이자와 제30조에 따른 지연배상금은 상계(相計)할 수 있다.
[전문개정 2009.2.6]

제19조 【대가의 선납】 지방자치단체의 장 또는 계약담당자는 재산의 매각·임대, 용역의 제공, 그 밖에 수입의 원인이 되는 계약에서는 다른 법령에 특별한 규정이 없으면 계약상대자로 하여금 그 대가를 미리 내도록 하여야 한다. 이 경우 계약상대자는 제15조에 따른 계약보증금을 내지 아니할 수 있다. [전문개정 2009.2.6]

제20조 【계약의 담보책임】 ①지방자치단체의 장 또는 계약담당자는 공사의 도급계약을 체결할 때에는 그 담보책임의 존속기간을 정하여야 한다.
②지방자치단체의 장 또는 계약담당자는 물품 및 용역 등의 계약을 체결할 때에는 그 계약의 성질상 필요한 경우 담보책임의 존속기간을 정할 수 있다.
③지방자치단체의 장 또는 계약담당자는 담보책임의 존속기간 중 목적물에 하자가 발생한 때에는 적절한 기간을 정하여 그 하자의 보수를 요구하거나 보수를 하여야 한다.
④제1항과 제2항에 따른 담보책임의 존속기간은 「민법」에서정한 기간을 초과할 수 없다.
⑤제1항과 제2항에 따른 담보책임의 존속기간, 하자 검사의 절차와 방법, 그 밖에 필요한 사항은 대통령령으로 정한다.
[전문개정 2009.2.6]

제21조 【하자보수보증금】 ①지방자치단체의 장 또는 계약담당자는 제20조제1항 및 제2항에 따라 담보책임의 존속기간을 정한 경우에는 계약상대자로 하여금 그 계약의 하자보수를 보증하기 위하여 하자보수보증금을 내도록 하여야 한다. 다만, 다른 지방자치단체, 공공기관 및 지방공기업 등 대통령령으로 정하는 계약상대자에 대하여는 하자보수보증금의 납부를 면제할 수 있다.
②제1항에 따른 하자보수보증금의 금액, 납부시기, 납부방법, 예치기간, 금액산정, 그 밖에 필요한 사항은 대통령령으로 정한다.
③지방자치단체의 장 또는 계약담당자는 계약상대자가 하자보수 의무를 이행하지 아니한 경우에는 그 하자보수보증금 중 하자보수에 필요한 금액을 해당 지방자치단체에 귀속시켜야 한다. 다만, 제1항 단서에 따라 하자보수

보증금의 납부를 면제한 경우에는 대통령령으로 정하는 바에 따라 면제받은 자로 하여금 하자보수에 필요한 금액을 해당 지방자치단체에 내도록 하여야 한다.
④제3항에도 불구하고 지방자치단체의 장 또는 계약담당자는 그 하자의 보수를 위한 예산이 없거나 부족한 경우에는 지방자치단체에 귀속시키지 아니하고 직접 사용할 수 있다.
[전문개정 2009.2.6]

제22조 【물가 변동 등에 따른 계약금액의 조정】 지방자치단체의 장 또는 계약담당자는 공사·물품·용역, 그 밖에 재정지출의 원인이 되는 계약을 체결한 후 물가 변동 및 설계 변경, 그 밖에 계약내용의 변경으로 인하여 계약금액을 조정할 필요가 있으면 대통령령으로 정하는 바에 따라 그 계약금액을 조정한다.
[전문개정 2009.2.6]

제23조 【회계연도 시작 전 또는 예산배정 전의 계약체결】 지방자치단체의 장 또는 계약담당자는 그 지방자치단체의 긴급한 재해복구계약 또는 임차·운송·보관 계약 등 그 성질상 중단할 수 없는 계약에서는 대통령령으로 정하는 바에 따라 회계연도 시작 전 또는 예산배정 전이라도 그 회계연도의 확정된 예산의 범위에서 미리 계약을 체결할 수 있다.
[전문개정 2009.2.6]

제24조 【장기계속계약 및 계속비계약】 ①지방자치단체의 장 또는 계약담당자는 이행에 수년이 걸리는 공사·제조 또는 용역 등의 계약은 다음 각 호의 구분에 따라 체결한다.

1. 총액으로 입찰하여 각 회계연도 예산의 범위에서 낙찰된 금액의 일부에 대하여 연차별로 계약을 체결하는 장기계속계약
2. 「지방재정법」 제42조에 따라 계속비로 예산을 편성하여 낙찰된 금액의 총액에 대하여 계약을 체결하는 계속비계약

②제1항제2호의 계속비계약으로 집행하는 공사이행 중 계약상대자의 신청이 있는 경우에는 해당 연도 예산의 범위를 초과하여 연차별 공사를 이행하도록 할 수 있다.
③지방자치단체의 장과 계약담당자는 이행에 수년이 필요한 계약을 체결할 때에는 계약이 지연되지 아니하도록 노력하여야 한다.
[전문개정 2009.2.6]

제25조 【단가계약】 ①지방자치단체의 장 또는 계약담당자는 일정한 기간 계속하여 제조·구매·수리·보수·복구·가공·매매·공급·사용 등의 계약을 체결할 필요가 있을 때에는 해당 회계연도 예산의 범위에서 미리 단가(單價)에 대하여 계약을 체결할 수 있다.
②제1항에 따른 단가계약의 범위·절차·기준, 그 밖에 필요한 사항은 대통령령으로 정한다.
[전문개정 2009.2.6]

제26조 【제3자를 위한 단가계약】 ①특별시장·광역시장·도지사는 관할 구역 안에 있는 시·군·구(자치구를 말한다. 이하 같다)에 공통적으로 필요한 물자로서 제조·구매 및 가공 등의 계약에 관하여 시·군·구의 요청이 있는 경우에는 미리 단가만을 정하고 그 물자의 납품요구 및 그 대금지급은 각 시·군·구에서 직접 처리할 수 있도록 하는 계약(이하 이 조에서 "제3자를 위한 단가계약"이라 한다)을 체결할 수 있다.
②제3자를 위한 단가계약의 절차·기준, 그 밖에 필요한 사항은 대통령령으로 정한다.

[전문개정 2009.2.6]

제27조 【개산계약】 ①지방자치단체의 장 또는 계약담당자는 다음 각 호의 어느 하나에 해당되는 계약으로서 미리 가격을 정할 수 없을 때에는 대통령령으로 정하는 바에 따라 개산계약(概算契約)을 체결할 수 있다.

1. 개발시제품(開發試製品)의 제조계약
2. 시험·조사·연구용역의 계약
3. 중앙행정기관, 다른 지방자치단체, 공공기관, 지방공기업, 지방자치단체 출연·출자기관 또는 「지방자치법」 제159조에 따른 지방자치단체조합(이하 "지방자치단체조합"이라 한다)과의 관계 법령에 따른 위탁 또는 대행 등의 계약

②제1항에도 불구하고 지방자치단체의 장 또는 계약담당자는 시간적 여유가 없는 긴급한 재해복구를 위한 경우에는 개산계약을 체결할 수 있다. 이 경우 그 계약의 대상·입찰방법, 그 밖에 필요한 사항은 대통령령으로 정한다.

③제1항에도 불구하고 지방자치단체의 장 또는 계약담당자는재정·경제정책상 예산을 조기에 긴급하게 집행할 필요가 인정되면 다음 각 호에 해당하는 공사 또는 용역을 개산계약으로 체결할 수 있다. 이 경우 입찰방법과 그 밖에 필요한 사항은 대통령령으로 정한다.

1. 개산가격 20억원 미만인 공사로서 다음 각 목에 해당하는 공사. 다만 개산가격 20억 이상의 동일 구조물공사 및 단일공사를 시기적으로 분할하여 계약하거나 공사량을 분할하여 계약하는 경우에는 이를 적용하지 아니한다.
   가. 도로개설 및 확장·포장공사
   나. 하천공사
   다. 상·하수도 관로공사
2. 제1호와 관련된 개산가격 2억원 미만인 설계 및 감리용역

④지방자치단체의 장 또는 계약담당자는 제1항부터 제3항까지의 규정에 따른 개산계약을 체결하는 경우 대통령령으로 정하는 사후정산에 필요한 절차·기준 등에 대하여 입찰공고 등을 통하여 입찰참가자에게 미리 알려주어야 한다.

[전문개정 2009.2.6]

[법률 제9423호(2009.2.6) 부칙 제2항의 규정에 의하여 이 조 제3항은 2009년 10월 31일까지 유효함]

제28조 【종합계약】 ①지방자치단체의 장 또는 계약담당자는 중앙행정기관, 다른 지방자치단체, 「공공기관의 운영에 관한 법률」에 따른 공기업 및 준정부기관, 지방공기업, 지방자치단체 출연·출자기관 또는 지방자치단체조합 등과 관련되는 공사 등에 대하여 관련 기관과 공동으로 종합계약을 체결할 수 있다.

②제1항에 따른 종합계약을 체결하는 데에 관련되는 기관의 장은 그 계약의 체결에 필요한 사항에 관하여 협조하여야 한다.

[전문개정 2009.2.6]

제29조 【공동계약】 ①지방자치단체의 장 또는 계약담당자는 필요하다고 인정하면 계약상대자를 2명 이상으로 하는 공동계약을 체결할 수 있다.

②지역 간의 균형 있는 발전과 건설공사 등의 효율적인 수행을 위하여 제1항에 따른 공동계약 중 대기업과 중소기업 간 또는 중소기업 간의 공동계약에 관하여 필요한 사항은 대통령령으로 정한다.

③제1항에 따라 공동계약을 체결하는 경우에는 해당 지방자치단체의 장 또는 계약담당자와 계약상대자 모두가 계약서에 기명·날인하거나 서명함으로써 계약이 확정된다.

[전문개정 2009.2.6]

제30조 【지연배상금】 ①지방자치단체의 장 또는 계약담당자는 정당한 사유 없이 계약의 이행을 지체한 계약상대자로 하여금 지연배상금을 내도록 하여야 한다.
②제1항에 따른 지연배상금의 금액·납부방법과 그 밖에 필요한 사항은 대통령령으로 정한다.
③지방자치단체의 장 또는 계약담당자는 계약상대자가 지연배상금을 내지 아니하면 제18조에 따른 대가의 지급과 상계 처리할 수 있다.
[전문개정 2009.2.6]

제31조 【부정당업자의 입찰 참가자격 제한】 ①지방자치단체의 장은 대통령령으로 정하는 바에 따라 경쟁의 공정한 집행 또는 계약의 적정한 이행을 해칠 염려가 있거나 그 밖에 입찰에 참가시키는 것이 부적합하다고 인정되는 자(이하 "부정당업자"라 한다)에 대하여는 제32조에 따른 계약심의위원회의 심의를 거쳐 2년 이내의 범위에서 입찰 참가자격을 제한하여야 한다. 다만, 대통령령으로 정하는 사유가 있는 경우에는 계약심의위원회의 심의를 거치지 아니하고 입찰 참가자격을 제한할 수 있다.
②제1항에 따라 입찰 참가자격을 제한받은 자는 그 제한기간 동안 각 지방자치단체에서 시행하는 모든 입찰에 대하여 참가자격이 제한된다. 다른 법령에 따라 입찰 참가자격의 제한을 받은 자도 또한 같다.
[전문개정 2009.2.6]

제32조 【계약심의위원회의 설치·운영】 ①지방자치단체의 장은 대통령령으로 정하는 규모 이상의 계약과 관련하여 다음 각 호에 해당하는 사항의 적절성과 적법성을 심의하기 위하여 계약심의위원회를 설치·운영한다.

1. 입찰에서 입찰참가자의 자격제한에 관한 사항
2. 계약체결 방법에 관한 사항
3. 낙찰자 결정방법에 관한 사항
4. 부정당업자의 입찰 참가자격 제한에 관한 사항
5. 그 밖에 지방자치단체의 장이 심의가 필요하다고 인정하는 사항

②제1항에 따른 계약심의위원회는 그 심의 결과를 지방자치단체의 장에게 지체 없이 통지하여야 하며, 지방자치단체의 장은 특별한 사유가 없으면 그 심의 결과를 입찰 및 계약체결, 부정당업자의 입찰 참가자격 제한 등에 반영하여야 한다.
③계약심의위원회의 구성·운영과 그 밖에 필요한 사항은 대통령령으로 정하는 범위에서 해당 지방자치단체의 조례로 정한다.
[전문개정 2009.2.6]

제33조 【입찰 및 계약체결의 제한】 ①지방자치단체의 장 또는 지방의회의원은 그 지방자치단체와 영리를 목적으로 하는 계약을 체결할 수 없다.
②다음 각 호의 어느 하나에 해당하는 자가 사업자(법인의 경우 대표자를 말한다)인 경우에는 그 지방자치단체와 영리를 목적으로 하는 수의계약을 체결할 수 없다.

1. 지방자치단체의 장의 배우자
2. 지방자치단체의 지방의회의원의 배우자
3. 지방자치단체의 장 또는 그 배우자의 직계 존속·비속
4. 지방자치단체의 지방의회의원 또는 그 배우자의 직계 존속·비속
5. 지방자치단체의 장 또는 지방의회의원과 다음 각 목의 관계에 있는 사업자(법인을 포함한다. 이하 같다)
   가. 「독점규제 및 공정거래에 관

한 법률」 제2조제3호에 따른 계열회사
나. 「공직자윤리법」 제4조제1항에 따른 등록대상으로서 소유명의와 관계없이 지방자치단체의 장 또는 지방의회의원이 사실상 소유하는 재산이 자본금 총액의 100분의 50 이상인 사업자

6. 지방자치단체의 장과 제1호·제3호·제5호에 해당하는 자가 소유하는 자본금 합산금액이 자본금 총액의 100분의 50 이상인 사업자
7. 지방자치단체의 지방의회의원과 제2호·제4호·제5호에 해당하는 자가 소유하는 자본금 합산금액이 자본금 총액의 100분의 50 이상인 사업자

③제1항과 제2항에 따른 입찰참가 및 계약체결의 금지 등에 필요한 사항은 대통령령으로 정한다.
[전문개정 2009.2.6]

제34조 【이의신청】 ①국제입찰에 의한 지방자치단체 계약 또는 대통령령으로 정하는 규모 이상의 입찰에 의한 계약과정에서 다음 각 호의 어느 하나에 해당하는 사항으로 인하여 불이익을 받은 자는 해당 지방자치단체의 장에게 그 행위의 취소 또는 시정을 위한 이의신청을 제기할 수 있다.

1. 제5조제1항의 국제입찰에 의한 지방자치단체 계약의 범위와 관련된 사항
2. 제9조에 따른 입찰 참가자격과 관련된 사항
3. 제10조에 따른 입찰공고와 관련된 사항
4. 제13조제2항에 따른 낙찰자 결정과 관련된 사항
5. 그 밖에 대통령령으로 정하는 사항

②이의신청은 제1항 각 호의 어느 하나에 해당하는 사항으로 인하여 불이익을 받은 날부터 15일 이내 또는 그 불이익을 받았음을 안 날부터 10일 이내에 해당 지방자치단체의 장에게 하여야 한다.
③해당 지방자치단체의 장은 이의신청을 받은 날부터 10일 이내에 이를 심사하여 시정 등 필요한 조치를 하고 지체 없이 그 결과를 신청인에게 통지하여야 한다.
④제3항에 따른 조치에 대하여 이의가 있는 자는 그 통지를 받은 날부터 15일 이내에 제35조에 따른 지방자치단체 계약분쟁조정위원회에 조정을 위한 재심을 청구할 수 있다.
[전문개정 2009.2.6]

제35조 【지방자치단체 계약분쟁조정위원회의 설치】 ①제34조제4항에 따른 재심청구를 심사·조정하기 위하여 행정안전부에 지방자치단체 계약분쟁조정위원회(이하 "위원회"라 한다)를 둔다.
②위원회의 구성·운영과 그 밖에 필요한 사항은 대통령령으로 정한다.
[전문개정 2009.2.6]

제36조 【계약절차 등의 중지】 ①위원회는 심사·조정에 착수하는 경우 청구인 및 해당 지방자치단체의 장에게 그 사실을 통지하여야 한다.
②위원회는 당사자의 신청 또는 위원회의 직권에 의하여 필요하다고 인정되면 조정이 끝날 때까지 그 입찰절차를 연기하거나 계약체결 및 이행을 중지할 것을 명할 수 있다. 이 경우 해당 지방자치단체의 장의 의견을 고려하여야 한다.
[전문개정 2009.2.6]

제37조 【심사·조정】 ①위원회는 특별한 사유가 없으면 재심청구를 받은 날부터 50일 이내에 심사·조정하여

야 한다.
②위원회는 제1항에 따른 심사·조정을 한 경우에는 지체 없이 그 결과를 청구인과 해당 지방자치단체의 장에게 통지하여야 한다.
③청구인과 해당 지방자치단체의 장이 제2항에 따른 통지를 받은 날부터 15일 이내에 위원회에 이의를 제기하지 아니하면 조정에 대한 합의가 성립된 것으로 본다.
[전문개정 2009.2.6]

제38조 【벌칙 적용 시의 공무원 의제】 제7조제1항에 따른 전문기관의 계약담당자, 제16조제2항에 따른 주민참여감독자 및 제32조제1항에 따른 계약심의위원회의 위원은 그 업무에 관하여 「형법」이나 그 밖의 법률에 따른 벌칙을 적용할 때에는 공무원으로 본다. [전문개정 2009.2.6]

제39조 【지방계약담당공무원의 교육】 행정안전부장관은 지방계약담당공무원의 자질을 높이기 위하여 필요한 교육을 실시할 수 있다.
[전문개정 2009.2.6]

제40조 【계약실적보고서의 제출】 지방자치단체의 장은 대통령령으로 정하는 바에 따라 계약실적보고서를 행정안전부장관에게 제출하여야 한다.
[전문개정 2009.2.6]

제41조 【계약에 관한 법령에 대한 협의】 중앙행정기관의 장은 지방자치단체의 계약에 관한 법령을 입안(立案)할 때에는 행정안전부장관과 미리 협의하여야 한다.
[전문개정 2009.2.6]

제42조 【평가】 ①지방자치단체의 장은 지방자치단체에서 체결하는 계약 중 다음 각 호에 해당하는 경우에는 시공과정·시공품질 등에 대하여 평가를 실시하거나 전문기관에 평가를 의뢰할 수 있다.
1. 대통령령으로 정하는 규모 이상의 물품 및 용역 제공
2. 대통령령으로 정하는 규모 이상의 공사. 다만, 「건설기술관리법」 제36조에 따른 시공평가를 실시하는 경우를 제외한다.

②제1항에 따른 평가는 계약의 이행이 완료된 이후에 실시하는 것을 원칙으로 한다. 다만, 대통령령으로 정하는 경우에는 그러하지 아니하다.
③지방자치단체의 장 또는 계약담당자는 다음 각 호의 어느 하나에 해당하는 행위를 할 때에는 제1항에 따른 평가결과와 「건설기술관리법」 제36조에 따른 시공평가 결과를 반영할 수 있다.
1. 제9조제2항에 따른 입찰 참가자격의 사전심사
2. 제9조제3항에 따른 입찰참가자의 지명과 수의계약상대자의 선정
3. 제13조에 따른 낙찰자의 결정

④제1항에 따른 평가기준·평가방법과 그 밖에 필요한 사항은 대통령령으로 정한다.
[본조신설 2009.2.6]

부칙

<제9685호, 2009. 5.21>

(중소기업제품 구매촉진 및 판로지원에 관한 법률)

제1조 【시행일】 이 법은 공포 후 6개월이 경과한 날부터 시행한다.

제2조부터 제6조까지 생략

제7조 【다른 법률의 개정】
①부터 <31>까지 생략
<32>법률 제9423호 지방자치단체를

당사자로 하는 계약에 관한 법률 일부개정법률 일부를 다음과 같이 개정한다.

제5조제1항제2호 중 "「중소기업진흥 및 제품구매촉진에 관한 법률」"을 "「중소기업제품 구매촉진 및 판로지원에 관한 법률」"로 한다.

<33>부터 <37>까지 생략

제8조 생략

선거관리위원회법

[시행 2010.11.18]
[법률 제10303호, 2010. 5.17, 타법개정]

제1조 【목적】 이 법은 선거와 국민투표의 공정한 관리 및 정당에 관한 사무를 관장하는 선거관리위원회의 조직과 직무를 규정함을 목적으로 한다.

제2조 【설치】 ①선거관리위원회의 종류와 위원회별위원의 정수는 다음과 같다. <개정 1997.12.13, 2005.8.4>

1. 중앙선거관리위원회 9인
2. 특별시·광역시·도선거관리위원회 9인
3. 구·시·군선거관리위원회 9인
4. 읍·면·동선거관리위원회 7인

②특별시·광역시·도(이하 "시·도"라 한다)와 구·시(구가 설치된 시는 제외한다)·군 및 읍·면(「지방자치법」 제4조의2제3항에 따른 행정면을 말한다. 이하 같다)·동(「지방자치법」 제4조의2제4항에 따른 행정동을 말한다. 이하 같다)에 각각 이에 대응하여 특별시·광역시·도선거관리위원회(이하 "시·도선거관리위원회"라 한다)와 구·시·군선거관리위원회 및 읍·면·동선거관리위원회를 둔다. 다만, 구·시·군에는 인구수·투표구수·교통 기타 여건을 감안하여 중앙선거관리위원회규칙이 정하는 바에 따라 그 구역안에 2개이상의 구·시·군선거관리위원회를 둘 수 있다.
<개정 1994.3.16, 1997.12.13, 2005.8.4, 2009.4.1>

③시·도선거관리위원회, 구·시·군선거관리위원회 및 읍·면·동선거관리위원회의 관할 구역은 각각 당해 행정구역으로 한다. 다만, 제2항 단서의 규정에 따라 1개의 구·시·군안에 2개이상의 구·시·군선거관리위원회를 두는 경우의 각 관할 구역은 중앙선거관리위원회규칙으로 정한다.
<개정 2005.8.4>

④시·도선거관리위원회, 구·시·군선거관리위원회 및 읍·면·동선거관리위원회의 명칭은 당해 행정구역명을 붙여 표시한다. 다만, 1개의 구·시·군의 관할 구역안에 2개 이상의 구·시·군선거관리위원회가 있을 때에는 구·시·군의 행정구역명 다음에 갑·을·병 등을 붙여 표시한다.
<개정 2005.8.4>

⑤시·도선거관리위원회와 구·시·군선거관리위원회의 사무소는 그 관할하는 행정구역의 안에 두고, 읍·면·동선거관리위원회의 사무소는 당해 읍·면·동의 사무소 소재지에 둔다. 이 경우 시·도선거관리위원회와 구·시·군선거관리위원회의 사무소는 다른 선거관리위원회와 청사의 공동사용 등 특별한 사유가 있는 때에는 그 관할하는 행정구역의 밖에 둘 수 있다.
<개정 2005.8.4>

⑥중앙선거관리위원회는 각종 선거(전국 또는 시·도를 선거구로 하는 선거는 제외한다. 이하 이 항에서는 같다)에 있어 1개의 선거구의 구역안에 2개 이상의 구·시·군선거관리위원회가 있거나, 1선거구의 구역이 2개이상의 구·시·군선거관리위원회의 관할구역에 걸치는 경우에는 당해 선거구의 선거사무를 행할 구·시·군선거관리위원회를 지정하여야 한다. 이 경우 선거구선거사무를 행하는 구·시·군선거관리위원회는 당해 선거에 있어서 그 선거구안의 다른 구·시·군선거관리위원회의 직근 상급선거관리위원회가 된다.

제3조 【위원회의 직무】 ①선거관리위원회는 법령이 정하는 바에 의하여 다음 각호의 사무를 행한다.

1. 국가 및 지방자치단체의 선거에 관한 사무
2. 국민투표에 관한 사무
3. 정당에 관한 사무
4. 제1호에 규정된 선거 이외에 법령의 규정에 따라 이 법에 의한 선거관리위원회가 관리하는 공공단체의 선거(이하 "위탁선거"라 한다)에 관한 사무
5. 기타 법령으로 정하는 사무

②선거관리위원회는 법령을 성실히 준수함으로써 선거 및 국민투표의 관리와 정당에 관한 사무의 처리에 공정을 기하여야 한다.

③중앙선거관리위원회는 제1항의 사무를 통할·관리하며, 각급선거관리위원회는 제1항의 사무를 수행함에 있어 하급선거관리위원회를 지휘·감독한다.

④선거관리위원회는 제1항제1호·제2호의 규정에 의한 선거 및 국민투표와 위탁선거의 선거일정이 서로 중첩되는 경우에는 중앙선거관리위원회규칙이 정하는 바에 따라 당해 공공단체와 협의하여 위탁선거의 선거일정을 조정하거나 당해 공공단체로 하여금 직접 관리하게 할 수 있다.

⑤위탁선거의 위탁절차 기타 그 관리에 필요한 사항은 중앙선거관리위원회규칙으로 정한다.

제4조【위원의 임명 및 위촉】 ①중앙선거관리위원회는 대통령이 임명하는 3인, 국회에서 선출하는 3인과 대법원장이 지명하는 3인의 위원으로 구성한다. 이 경우 위원은 국회의 인사청문을 거쳐 임명·선출 또는 지명하여야 한다. <개정 2005.7.28>

②시·도선거관리위원회의 위원은 국회의원의 선거권이 있고 정당원이 아닌 자중에서 국회에 교섭단체를 구성한 정당이 추천한 사람과 당해 지역을 관할하는 지방법원장이 추천하는 법관 2인을 포함한 3인과 교육자 또는 학식과 덕망이 있는 자중에서 3인을 중앙선거관리위원회가 위촉한다.
<개정 1989.3.25>

③구·시·군선거관리위원회의 위원은 그 구역안에 거주하는 국회의원의 선거권이 있고 정당원이 아닌 자중에서 국회에 교섭단체를 구성한 정당이 추천한 사람과 법관·교육자 또는 학식과 덕망이 있는 자중에서 6인을 시·도선거관리위원회가 위촉한다. 다만, 정당이 추천하는 위원은 선거기간개시일(위탁선거는 제외한다. 이하 같다) 또는 국민투표안공고일후에는 당해 구·시·군선거관리위원회가 위촉할 수 있다. <개정 1989.3.25, 1994.3.16>

④읍·면·동선거관리위원회의 위원은 그 읍·면·동의 구역안에 거주하는 국회의원의 선거권이 있고 정당원이 아닌 자중에서 국회에 교섭단체를 구성한 정당이 추천한 사람과 학식과 덕망이 있는 자중에서 4인을 구·시·군선거관리위원회가 위촉한다. 다만, 읍·면의 구역안에 군인을 제외한 선거권자가 없는 경우에는 그 읍·면·동선거관리위원회의 위원은 그 읍·면·동을 관할하는 구·시·군선거관리위원회의 구역안에 거주하는 국회의원선거권자중에서 이를 위촉할 수 있다.
<개정 1989.3.25, 1994.12.22, 2005.8.4>

⑤구·시·군선거관리위원회와 읍·면·동선거관리위원회의 위원이 될 법관과 법원공무원 및 교육공무원은 거주요건의 제한을 받지 아니하며 법관을 우선하여 위촉하여야 한다.
<개정 2005.8.4>

⑥법관과 법원공무원 및 교육공무원 이외의 공무원은 각급선거관리위원회의 위원이 될 수 없다.

⑦제2항 내지 제4항의 규정에 따라 정당에서 추천하는 위원(이하 "정당추천위원"이라 한다)은 국회에 교섭단체를 구성한 정당(1정당이 1교섭단체를 구

성한 경우를 말한다. 이하 같다)이 각 1인씩 서면으로 추천한다. 이 경우 국회에 교섭단체를 구성한 정당이 3을 초과하거나 그 미만이 되어 제2조제1항제2호 내지 제4호에 정한 위원의 정수를 초과하거나 부족하게 되는 경우에는 그 현원을 위원정수로 본다. <개정 1989.3.25>

⑧제7항의 규정에 의한 정당추천위원의 추천은 당해 당부가 추천정당의 당원이 아님을 증명하는 서류와 본인승낙서 및 주민등록표 초본을 첨부하여 서면으로 제출한다. 다만, 국회의원선거권이 있는지의 여부에 대하여는 중앙선거관리위원회규칙이 정하는 바에 따라 위촉후에 조사할 수 있다. 이 경우 "당부"라 함은 정당법 제3조의 규정에 의한 중앙당과 시·도당을 말하며 추천할 당해 당부가 없을 때에는 그 상급 당부가 추천한다. <개정 1989.3.25, 2004.3.12>

⑨정당추천위원에 결원이 생긴 때에는 관계선거관리위원회는 제8항의 규정에 의한 당해 당부에 이를 통지하여야 한다.

⑩국회의장은 제7항의 규정에 의한 교섭단체를 구성한 정당에 변동이 있을 때에는 이를 중앙선거관리위원회에 통보하여야 하며, 중앙선거관리위원회는 당해 정당과 그 하급선거관리위원회에 이를 즉시 통지하여야 한다. <개정 1989.3.25>

⑪제7항의 규정에 따라 위원을 추천한 정당이 국회에 교섭단체를 구성할 수 없는 정당이 되고 새로 교섭단체를 구성하게 된 정당이 있는 경우에는 그 정당에서 추천한 자가 위원으로 위촉될 때까지 재임한다. <개정 1989.3.25>

⑫구·시·군선거관리위원회는 선거기간개시일 또는 국민투표안공고일후에 당해 또는 읍·면·동선거관리위원회의 정당추천위원의 추천서를 접수한 때에는 제3항 단서의 규정에 따라 24시간이내에 위촉하여야 하며, 24시간이내에 위촉하지 아니할 때에는 구·시·군선거관리위원회위원장이 이를 위촉하고 각 상급선거관리위원회에 보고하여야 한다. 다만, 투표일 또는 개표개시일 직전에 교체하고자 할 때에는 늦어도 투표일 또는 개표개시일 2일전에 당해 정당의 교체추천이 있어야 하며 투표일 또는 개표기간중에는 이를 교체할 수 없다. <개정 1994.3.16, 2005.8.4>

⑬공직선거및선거부정방지법 제173조(개표소)제2항의 규정에 의하여 하나의 구·시·군선거관리위원회가 2개이상의 개표소를 설치하는 경우 구·시·군선거관리위원회의 개표사무를 보조하기 위한 보조위원은 선거기간개시일 현재 국회에 교섭단체를 둔 정당이 개표소마다 각 3인이내에서 추천한 자를 구·시·군선거관리위원회가 위촉한다. 이 경우 정당추천보조위원의 신분보장에 관하여는 제13조(위원의 신분보장)의 규정을 준용하며, 그 근무기간·실비보상 및 위촉절차 기타 필요한 사항은 중앙선거관리위원회규칙으로 정한다. <신설 1994.3.16, 2000.2.16>

제5조 【위원장】 ①각급선거관리위원회에 위원장 1인을 둔다.

②각급선거관리위원회의 위원장은 당해 선거관리위원회위원중에서 호선한다.

③위원장은 위원회를 대표하고 그 사무를 통할한다.

④구·시·군선거관리위원회와 읍·면·동선거관리위원회에 부위원장 1인을 두며 당해 선거관리위원회위원중에서 호선한다. 다만, 구·시·군선거관리위원회는 「공직선거법」 제173조(개표소)제2항의 규정에 의하여 하나의 구·시·군선거관리위원회가 2개이상의 개표소를 설치하는 경우의 선거관리를 위하여 제4조(위원의 임명 및 위촉)제

3항의 위원정수에 불구하고 개표소마다 지방법원장 또는 지원장이 추천하는 법관 1인을 당해 구·시·군선거관리위원회 부위원장으로 위촉할 수 있다. 이 경우 근무기간, 실비보상 및 위촉절차 기타 필요한 사항은 중앙선거관리위원회규칙으로 정한다.
<개정 1995.5.10, 2000.2.16, 2005.8.4>
⑤위원장이 사고가 있을 때에는 상임위원 또는 부위원장이 그 직무를 대행하며 위원장·상임위원·부위원장이 모두 사고가 있을 때에는 위원중에서 임시위원장을 호선하여 위원장의 직무를 대행하게 한다.

제6조【상임위원】 ①중앙선거관리위원회와 시·도선거관리위원회에 위원장을 보좌하고 그 명을 받아 소속사무처의 사무를 감독하게 하기 위하여 각 1인의 상임위원을 둔다.
<개정 1992.11.11, 2010.1.25>
②중앙선거관리위원회의 상임위원은 위원중에서 호선한다.
③시·도선거관리위원회의 상임위원은 당해 선거관리위원회의 위원중 다음 각호의 1에 해당하고 선거 및 정당사무에 관한 식견이 풍부한 자중에서 중앙선거관리위원회가 지명하되 상임위원으로서의 근무상한은 60세로 한다.
<개정 1998.12.31>

1. 법관·검사 또는 변호사의 직에 5년이상 근무한 자
2. 대학에서 행정학·정치학 또는 법률학을 담당한 부교수이상의 직에 5년이상 근무한 자
3. 3급이상 공무원으로서 2년이상 근무한 자

제7조【정당추천위원의 상근】 구·시·군선거관리위원회의 정당추천위원은 선거기간개시일 또는 국민투표안공고일로부터 개표종료시까지 상근할 수 있다. <개정 1994.3.16>

제8조【위원의 임기】 각급선거관리위원회위원의 임기는 6년으로 한다.

제9조【위원의 해임사유】 각급선거관리위원회의 위원은 다음 각호의 1에 해당할 때가 아니면 해임·해촉 또는 파면되지 아니한다.
<개정 1989.3.25, 1997.12.13>

1. 정당에 가입하거나 정치에 관여한 때
2. 탄핵결정으로 파면된 때
3. 금고이상의 형의 선고를 받은 때
4. 정당추천위원으로서 그 추천정당의 요구가 있거나 추천정당이 국회에 교섭단체를 구성할 수 없게 된 때와 국회의원선거권이 없음이 발견된 때
5. 시·도선거관리위원회의 상임위원인 위원으로서 국가공무원법 제33조 각호의 1에 해당하거나 상임위원으로서의 근무상한에 달하였을 때

제10조【위원회의 의결정족수】 ①각급선거관리위원회는 위원과반수의 출석으로 개의하고 출석위원 과반수의 찬성으로 의결한다.
②위원장은 표결권을 가지며 가부동수인 때에는 결정권을 가진다.

제11조【회의소집】 ①각급선거관리위원회의 회의는 당해 위원장이 소집한다. 다만, 위원 3분의 1이상의 요구가 있을 때에는 위원장은 회의를 소집하여야 하며 위원장이 회의소집을 거부할 때에는 회의소집을 요구한 3분의 1이상의 위원이 직접 회의를 소집할 수 있다.
②법령의 개정 또는 위원의 임기만료 등으로 새로이 구성된 위원회의 최초의 회의소집에 관하여는 사무총장, 사무처장, 사무국장, 사무과장, 위촉간사

가 각각 당해 위원장의 직무를 대행한다. <개정 2010.1.25>
③구·시·군선거관리위원회와 읍·면·동선거관리위원회의 위원장과 부위원장이 모두 궐위 또는 사고가 있을 경우 위원장·부위원장 또는 임시위원장을 호선하기 위한 회의소집은 사무국장·사무과장 또는 위촉간사가 이를 대행한다. <개정 1992.11.11, 2005.8.4>

제12조【위원의 대우】 ①각급선거관리위원회위원중 상임이 아닌 위원은 명예직으로 한다. 다만, 일당·여비 기타의 실비보상을 받을 수 있다.
②중앙선거관리위원회의 상임위원은 정무직으로 하고 그 보수는 국무위원의 보수와 동액으로 하며, 시·도선거관리위원회의 상임위원은 별정직으로 하고 그 보수는 1급 국가공무원의 보수와 동액으로 한다. <개정 2002.1.19>
③각급선거관리위원회의 위원 및 위촉직원에 대한 일당·여비 기타의 실비보상에 관하여는 중앙선거관리위원회규칙으로 정한다.

제13조【위원의 신분보장】 각급선거관리위원회의 위원은 선거인명부작성기준일 또는 국민투표안공고일로부터 개표종료시까지 내란·외환·국교·폭발물·방화·마약·통화·유가증권·우표·인장·살인·폭행·체포·감금·절도·강도 및 국가보안법위반의 범죄에 해당하는 경우를 제외하고는 현행범인이 아니면 체포 또는 구속되지 아니하며 병역소집의 유예를 받는다. <개정 1994.3.16>

제14조【선거계도】 ①각급선거관리위원회는 선거권자의 주권의식의 앙양을 위하여 상시계도를 실시하여야 한다. <개정 2005.8.4>
②선거 또는 국민투표가 있을 때에는 각급선거관리위원회는 그 주관하에 문서·도화·시설물·신문·방송등의 방법으로 투표방법·기권방지 기타 선거 또는 국민투표에 관하여 필요한 계도를 실시하여야 한다.
<개정 2005.8.4>
③중앙선거관리위원회는 제1항의 상시계도를 위한 사업을 적당하다고 인정하는 단체에 위탁하여 행하게 할 수 있다.

제14조의2【선거법위반행위에 대한 중지·경고등】 각급선거관리위원회의 위원·직원은 직무수행중에 선거법위반행위를 발견한 때에는 중지·경고 또는 시정명령을 하여야 하며, 그 위반행위가 선거의 공정을 현저하게 해치는 것으로 인정되거나 중지·경고 또는 시정명령을 불이행하는 때에는 관할수사기관에 수사의뢰 또는 고발할 수 있다. [본조신설 1992.11.11]

제15조【사무기구등】 ①중앙선거관리위원회에 사무처를 둔다.
②사무처에 사무총장 1인과 사무차장 1인을 둔다.
③사무총장은 위원장의 지휘를 받아 처무를 장리하며 소속공무원을 지휘·감독한다.
④사무총장은 정무직으로 하고 보수는 국무위원의 보수와 동액으로 한다.
<개정 1992.11.11>
⑤사무차장은 사무총장을 보좌하며 사무총장이 사고가 있을 때에는 그 직무를 대행한다.
⑥사무차장은 정무직으로 하고 보수는 차관의 보수와 동액으로 한다.
<개정 1992.11.11>
⑦사무처에 실·국 및 과를 두며, 실에는 실장, 국에는 국장, 과에는 과장을 둔다. 다만, 실장·국장의 명칭은 중앙선거관리위원회규칙이 정하는 바에 따라 본부장·단장·부장·팀장 등(이하 "본부장등"이라 한다)으로 달리

정할 수 있으며, 이 경우 명칭을 달리 정한 본부장등은 이 법을 적용함에 있어서 실장·국장으로 본다.
<개정 2005.5.31>
⑧사무총장·사무차장·실장 또는 국장 밑에 정책의 기획, 계획의 입안, 연구·조사, 심사·평가 및 홍보업무 등을 보좌하는 보좌기관을 둘 수 있다.
<개정 2005.5.31>
⑨실장은 1급, 국장은 2급 또는 3급, 보좌기관은 2급 내지 4급, 과장은 3급 또는 4급인 일반직국가공무원으로 보한다. 다만, 보좌기관 중 1인은 3급 상당 또는 4급 상당인 별정직국가공무원으로 보할 수 있다. <신설 2005.5.31>
⑩시·도선거관리위원회에 사무처와 필요한 과를 두며 처장은 2급 또는 3급, 과장은 4급 또는 5급인 일반직국가공무원으로 보한다. <개정 2010.1.25>
⑪구·시·군선거관리위원회에 사무국 또는 사무과를 두며 국장은 4급, 과장은 4급 또는 5급인 일반직국가공무원으로 보한다.
<개정 1989.3.25, 1992.11.11>
⑫5급이상 공무원의 임면은 중앙선거관리위원회의 의결을 거쳐 중앙선거관리위원회위원장이 행하고 6급이하 및 기능직공무원의 임면은 사무총장이 행한다.
⑬각급선거관리위원회에 두는 조직·직무범위 및 공무원의 정원 그 밖의 필요한 사항은 중앙선거관리위원회규칙으로 정한다. <개정 2005.5.31>
⑭각급선거관리위원회의 소속공무원에 대하여 이 법에 특별한 규정이 없는 경우에는 「국가공무원법」중 행정부 소속공무원에 관한 규정을 적용한다.
<개정 1997.12.13, 2005.8.4>
⑮각급선거관리위원회는 선거·국민투표사무를 수행하기 위하여 필요한 경우에 국가기관 또는 지방자치단체에 대하여 그 소속공무원의 파견근무를 요청할 수 있다. <신설 1990.4.7>
<16>각급선거관리위원회위원장은 선거사무를 담당하는 공무원중에서 그 소속행정기관의 장과 협의하여 간사·서기·선거사무종사원 각 약간인을 위촉할 수 있다.
<17>제10항의 사무처장 및 제11항의 사무국장 또는 사무과장과 제16항의 위촉간사는 당해 위원장의 명을 받아 소관사무를 장리하고 소속직원을 지휘·감독한다.
[제목개정 1990.4.7]

제15조의2【선거연수원】 ①선거·정당사무에 관한 공무원의 교육과 선거·정당관계자에 대한 연수를 위하여 사무처에 선거연수원을 둘 수 있다.
②선거연수원에 원장 1인을 두며, 2급 또는 3급인 일반직국가공무원으로 보한다.
③선거연수원의 조직과 운영에 관하여 필요한 사항은 중앙선거관리위원회규칙으로 정한다.
[본조신설 1992.11.11]

제15조의3【공무원의 채용등】 ①선거관리위원회소속 공무원의 임용을 위한 채용시험·승진시험·기타 시험은 「국가공무원법」을 적용하여 사무총장이 실시하되, 시험의 일부 또는 전부를 총무처장관에게 위탁하여 실시할 수 있다. <개정 1997.12.13, 2005.8.4>
②국회·법원 및 행정부 소속 공무원을 전입임용하고자 할 때에는 시험을 거쳐 임용하여야 한다. 다만, 해당 직급에 대한 임용자격요건 또는 승진소요최저년수·시험과목이 동일할 때에는 그 시험의 일부 또는 전부를 면제할 수 있다.
[본조신설 1992.11.11]

제16조【선거사무등에 대한 지시·협조요구】 ①각급선거관리위원회는 선거인명부의 작성등 선거사무와 국민

투표사무에 관하여 관계행정기관에 필요한 지시를 할 수 있다.
②각급선거관리위원회는 선거사무를 위하여 인원·장비의 지원등이 필요한 경우에는 행정기관에 대하여는 지시 또는 협조요구를, 공공단체 및 「은행법」 제2조에 따른 은행(개표사무종사원을 위촉하는 경우에 한한다)에 대하여는 협조요구를 할 수 있다.
<개정 1992.11.11, 1998.1.13, 2005.8.4, 2010.5.17>
③제1항 및 제2항의 규정에 의하여 지시를 받거나 협조요구를 받은 행정기관·공공단체등은 우선적으로 이에 응하여야 한다. <개정 1992.11.11>
[제목개정 1992.11.11]

제17조【법령에 관한 의견표시등】
①행정기관이 선거(위탁선거를 포함한다. 이하 이 조에서 같다)·국민투표 및 정당관계법령을 제정·개정 또는 폐지하고자 할 때에는 미리 당해 법령안을 중앙선거관리위원회에 송부하여 그 의견을 구하여야 한다.
<개정 1992.11.11>
②중앙선거관리위원회는 선거·국민투표 및 정당관계법률의 제정·개정 등이 필요하다고 인정하는 경우에는 국회에 그 의견을 서면으로 제출할 수 있다. <신설 1992.11.11>

제18조【중앙선거관리위원회의 경비】
①중앙선거관리위원회의 경비는 독립하여 국가예산에 이를 계상하여야 한다.
②제1항의 경비중에는 예비금을 둔다.
③중앙선거관리위원회의 예비금은 중앙선거관리위원회의 의결을 거쳐 지출한다.
[본조신설 1990.4.7]

제19조【경비의 부담】 ①선거관리위원회의 직무에 요하는 다음 각호의 경비는 국가가 부담하고 그 사무의 수행에 지장이 없도록 중앙선거관리위원회에 지출하여야 한다.
<개정 1994.3.16>
1.선거관리위원회의 운영과 선거·국민투표·정당 및 정치자금제도의 연구에 필요한 경비
2.국민투표의 준비·실시·결과자료정리·계도·홍보 및 단속사무에 필요한 경비
3.국민투표에 관한 소송에 필요한 경비 및 소송의 결과로 부담하여야 할 경비
4.정당에 관한 사무 및 정당지원에 필요한 경비
5.공명선거에 관한 연수·교육·훈련에 필요한 경비
②위탁선거를 위한 다음 각호의 경비는 당해 공공단체가 부담하고 선거의 실시에 지장이 없도록 늦어도 선거일공고일전일까지 당해 선거관리위원회에 기탁하여야 한다.
<개정 1994.3.16, 2010.1.25>
1.위탁선거의 준비 및 실시에 필요한 경비
2.위탁선거에 관한 계도·홍보에 필요한 경비
3.위탁선거에 관한 소송에 필요한 경비
4.위탁선거에 관한 소송의 결과로 부담하여야 할 경비
5.위탁선거결과에 대한 자료의 정리에 필요한 경비
6. 위탁선거에 관한 선거범죄의 단속 및 조사에 필요한 경비
③제2항의 규정에 의한 납부금 또는 기탁금은 체납처분이나 강제집행의 대상으로 할 수 없으며 그 경비의 산출기준, 납부 또는 기탁절차와 방법, 집행, 검사, 반환등에 필요한 사항은 중앙선거관리위원회규칙으로 정한다.
[전문개정 1990.4.7]

제19조의2 【특별정려금 지급】 ①각종 선거 및 국민투표기간(준비기간을 포함한다)중 선거관리위원회 소속 공무원 및 파견·위촉공무원에 대하여는 예산의 범위안에서 특별정려금을 지급할 수 있다.
②제1항의 규정에 의하여 지급하는 특별정려금은 국가가 실시하는 선거 및 국민투표의 경우에는 국가가, 지방자치단체의 선거의 경우에는 당해 지방자치단체가 각각 이를 부담하되, 그 지방자치단체의 구역을 관할하는 선거관리위원회의 상급선거관리위원회 소속 공무원등에 지급하는 특별정려금은 국가가 부담한다.
③제1항 및 제2항의 규정에 의한 특별정려금은 선거실시가능기간의 개시일전 3월부터 선거일후 1월의 범위내에서 지급하되, 선거유형별 지급대상·지급기간 및 지급액등에 관하여 필요한 사항은 중앙선거관리위원회규칙으로 정한다.
[본조신설 1992.11.11]

제20조 【시행규칙】 이 법의 시행에 관하여 필요한 사항은 중앙선거관리위원회규칙으로 정한다.
[본조신설 1990.4.7]

부칙

<제10303호, 2010. 5.17>

(은행법)

제1조 【시행일】 이 법은 공포 후 6개월이 경과한 날부터 시행한다.
<단서 생략>

제2조부터 제8조까지 생략

제9조 【다른 법률의 개정】
①부터 <43>까지 생략
<44>선거관리위원회법 일부를 다음과 같이 개정한다.
제16조제2항 중 "「은행법」 제2조의 규정에 의한 김융기관"을 "「은행법」 제2조에 따른 은행"으로 한다.
<45>부터 <86>까지 생략

제10조 생략

공직선거법

[시행 2011.11.7]
[법률 제11071호, 2011.11.7, 일부개정]

제1장 총칙

제1조【목적】 이 법은 「대한민국헌법」과 「지방자치법」에 의한 선거가 국민의 자유로운 의사와 민주적인 절차에 의하여 공정히 행하여지도록 하고, 선거와 관련한 부정을 방지함으로써 민주정치의 발전에 기여함을 목적으로 한다. <개정 2005.8.4>

제2조【적용범위】 이 법은 대통령선거·국회의원선거·지방의회의원 및 지방자치단체의 장의 선거에 적용한다.

제3조【선거인의 정의】 이 법에서 "선거인"이란 선거권이 있는 사람으로서 선거인명부 또는 재외선거인명부에 올라 있는 사람을 말한다.
[전문개정 2009.2.12]

제4조【인구의 기준】 이 법에서 선거사무관리의 기준이 되는 인구는 「주민등록법」에 따른 주민등록표와 「재외동포의 출입국과 법적 지위에 관한 법률」에 따른 국내거소신고대장에 따라 조사한 국민의 최근 인구통계에 의한다. 이 경우 지방자치단체의 의회의원 및 장의 선거에서는 제15조제2항제3호에 따라 선거권이 있는 외국인의 수를 포함한다.
[전문개정 2009.2.12]

제5조【선거사무협조】 관공서 기타 공공기관은 선거사무에 관하여 선거관리위원회의 협조요구를 받은 때에는 우선적으로 이에 따라야 한다.
<개정 2000.2.16>

제6조【선거권행사의 보장】 ①국가는 선거권자가 선거권을 행사할 수 있도록 필요한 조치를 취하여야 한다.
②각급선거관리위원회(읍·면·동선거관리위원회는 제외한다)는 선거인의 투표참여를 촉진하기 위하여 교통이 불편한 지역에 거주하는 선거인 또는 노약자·장애인 등 거동이 불편한 선거인에게 교통편의를 제공하거나, 투표를 마친 선거인에게 국공립 유료시설의 이용요금을 면제·할인하는 등의 필요한 대책을 수립·시행할 수 있다. 이 경우 공정한 실시방법 등을 정당·후보자와 미리 협의하여야 한다.
<신설 2008.2.29>
③공무원·학생 또는 다른 사람에게 고용된 자가 선거인명부를 열람하거나 투표하기 위하여 필요한 시간은 보장되어야 하며, 이를 휴무 또는 휴업으로 보지 아니한다. <개정 2008.2.29>
④선거권자는 성실하게 선거에 참여하여 선거권을 행사하여야 한다.
<개정 2008.2.29>

제7조【정당·후보자 등의 공정경쟁의무】 ①선거에 참여하는 정당·후보자(후보자가 되고자 하는 자를 포함한다. 이하 이 조에서 같다) 및 후보자를 위하여 선거운동을 하는 자는 선거운동을 함에 있어 이 법을 준수하고 공정하게 경쟁하여야 하며, 정당의 정강·정책이나 후보자의 정견을 지지·선전하거나 이를 비판·반대함에 있어 선량한 풍속 기타 사회질서를 해하는 행위를 하여서는 아니된다.
<개정 2004.3.12, 2008.2.29>
②각급선거관리위원회(읍·면·동선거관리위원회는 제외한다)는 정책선거의 촉진을 위하여 필요한 사항을 적극적으로 홍보하여야 하며, 중립적으로 정책선거 촉진활동을 추진하는 단체에

그 활동에 필요한 경비를 지원할 수 있다. <신설 2008.2.29, 2010.1.25>

제8조【언론기관의 공정보도의무】 방송·신문·통신·잡지 기타의 간행물을 경영·관리하거나 편집·취재·집필·보도하는 자와 제8조의5(인터넷선거보도심의위원회)제1항의 규정에 따른 인터넷 언론사가 정당의 정강·정책이나 후보자(후보자가 되고자 하는 자를 포함한다. 이하 이 조에서 같다)의 정견 기타 사항에 관하여 보도·논평을 하는 경우와 정당의 대표자나 후보자 또는 그의 대리인을 참여하게 하여 대담을 하거나 토론을 행하고 이를 방송·보도하는 경우에는 공정하게 하여야 한다.
<개정 1997.11.14, 2005.8.4>

제8조의2【선거방송심의위원회】 ①「방송통신위원회의 설치 및 운영에 관한 법률」 제18조제1항에 따른 방송통신심의위원회(이하 "방송통신심의위원회"라 한다)는 선거방송의 공정성을 유지하기 위하여 다음 각 호의 구분에 따른 기간 동안 선거방송심의위원회를 설치·운영하여야 한다.
<개정 2010.1.25>

1. 임기만료에 의한 선거
   제60조의2제1항에 따른 예비후보자등록신청개시일 전일부터 선거일 후 30일까지
2. 보궐선거등
   선거일 전 60일(선거일 전 60일 후에 실시사유가 확정된 보궐선거등의 경우에는 그 선거의 실시사유가 확정된 후 5일)부터 선거일 후 30일까지

②선거방송심의위원회는 국회에 교섭단체를 구성한 정당과 중앙선거관리위원회가 추천하는 각 1명, 방송사(제70조제1항에 따른 방송시설을 경영 또는 관리하는 자를 말한다. 이하 이 조 및 제8조의4에서 같다)·방송학계·대한변호사협회·언론인단체 및 시민단체 등이 추천하는 사람을 포함하여 9명 이내의 위원으로 구성한다. 이 경우 선거방송심의위원회를 구성한 후에 국회에 교섭단체를 구성한 정당의 수가 증가하여 위원정수를 초과하게 되는 경우에는 현원을 위원정수로 본다.
<개정 2010.1.25>

③선거방송심의위원회의 위원은 정당에 가입할 수 없다.

④선거방송심의위원회는 선거방송의 정치적 중립성·형평성·객관성 및 제작기술상의 균형유지와 권리구제 기타 선거방송의 공정을 보장하기 위하여 필요한 사항을 정하여 이를 공표하여야 한다.

⑤선거방송심의위원회는 선거방송의 공정여부를 조사하여야 하고, 조사결과 선거방송의 내용이 공정하지 아니하다고 인정되는 경우에는 「방송법」 제100조제1항 각 호에 따른 제재조치 등을 정하여 이를 「방송통신위원회의 설치 및 운영에 관한 법률」 제3조제1항에 따른 방송통신위원회에 통보하여야 하며, 방송통신위원회는 불공정한 선거방송을 한 방송사에 대하여 통보받은 제재조치 등을 지체없이 명하여야 한다. <개정 2000.2.16, 2005.8.4, 2008.2.29, 2010.1.25>

⑥후보자 및 후보자가 되려는 사람은 제1항에 따라 선거방송심의위원회가 설치된 때부터 선거방송의 내용이 불공정하다고 인정되는 경우에는 선거방송심의위원회에 그 시정을 요구할 수 있고, 선거방송심의위원회는 지체없이 이를 심의·의결하여야 한다.
<개정 2010.1.25>

⑦선거방송심의위원회의 구성과 운영 그 밖에 필요한 사항은 방송통신심의위원회규칙으로 정한다.
<개정 2010.1.25>
[본조신설 1997.11.14]

제8조의3 【선거기사심의위원회】 ①「언론중재 및 피해구제 등에 관한 법률」 제7조에 따른 언론중재위원회(이하 "언론중재위원회"라 한다)는 선거기사(사설·논평·광고 그 밖에 선거에 관한 내용을 포함한다. 이하 이 조에서 같다)의 공정성을 유지하기 위하여 제8조의2제1항 각 호의 구분에 따른 기간 동안 선거기사심의위원회를 설치·운영하여야 한다.
<개정 2005.8.4, 2010.1.25>
②선거기사심의위원회는 국회에 교섭단체를 구성한 정당과 중앙선거관리위원회가 추천하는 각 1명, 언론학계·대한변호사협회·언론인단체 및 시민단체 등이 추천하는 사람을 포함하여 9명 이내의 위원으로 구성한다. 이 경우 위원정수에 관하여는 제8조의2제2항 후단을 준용한다. <개정 2010.1.25>
③선거기사심의위원회는 「신문 등의 진흥에 관한 법률」 제2조에 따른 신문, 「잡지 등 정기간행물의 진흥에 관한 법률」 제2조제1호에 따른 잡지·정보간행물·전자간행물·기타간행물 및 「뉴스통신진흥에 관한 법률」 제2조제1호에 따른 뉴스통신(이하 이 조 및 제8조의4에서 "정기간행물등"이라 한다)에 게재된 선거기사의 공정 여부를 조사하여야 하고, 조사결과 선거기사의 내용이 공정하지 아니하다고 인정되는 경우에는 해당 기사의 내용에 관한 사과문 또는 정정보도문의 게재를 결정하여 이를 언론중재위원회에 통보하여야 하며, 언론중재위원회는 불공정한 선거기사를 게재한 정기간행물등을 발행한 자(이하 이 조 및 제8조의4에서 "언론사"라 한다)에 대하여 그 사과문 또는 정정보도문의 게재를 지체 없이 명하여야 한다.
<개정 2008.2.29, 2009.7.31>
④정기간행물등을 발행하는 자가 제1항에 규정된 선거기사심의위원회의 운영기간중에 「신문 등의 진흥에 관한 법률」 제2조제1호가목 또는 다목의 규정에 따른 일반일간신문 또는 일반주간신문을 발행하는 때에는 그 정기간행물등 1부를, 그 외의 정기간행물등을 발행하는 때에는 선거기사심의위원회의 요청이 있는 경우 1부를 지체없이 선거기사심의위원회에 제출하여야 한다. <신설 2002.3.7, 2005.8.4, 2008.2.29, 2009.7.31>
⑤제4항의 규정에 의하여 정기간행물등을 제출한 자의 요구가 있는 때에는 선거기사심의위원회는 정당한 보상을 하여야 한다.
<신설 2002.3.7, 2008.2.29>
⑥제8조의2(선거방송심의위원회)제3항·제4항 및 제6항의 규정은 선거기사심의위원회에 관하여 이를 준용한다.
⑦선거기사심의위원회의 구성과 운영에 관하여 필요한 사항은 언론중재위원회가 정한다.
[전문개정 2000.2.16]

제8조의4 【선거보도에 대한 반론보도청구】 ①선거방송심의위원회 또는 선거기사심의위원회가 설치된 때부터 선거일까지 방송 또는 정기간행물등에 공표된 인신공격, 정책의 왜곡선전 등으로 피해를 받은 정당(중앙당에 한한다. 이하 이 조에서 같다) 또는 후보자(후보자가 되고자 하는 자를 포함한다. 이하 이 조에서 같다)는 그 방송 또는 기사게재가 있음을 안 날부터 10일 이내에 서면으로 당해 방송을 한 방송사에 반론보도의 방송을, 당해 기사를 게재한 언론사에 반론보도문의 게재를 각각 청구할 수 있다. 다만, 그 방송 또는 기사게재가 있은 날부터 30일이 경과한 때에는 그러하지 아니하다.
<개정 2002.3.7, 2008.2.29, 2010.1.25>
②방송사 또는 언론사는 제1항의 청구를 받은 때에는 지체없이 당해 정당, 후보자 또는 그 대리인과 반론보도의 내용·크기·횟수 등에 관하여 협의한

후, 방송에 있어서는 이를 청구받은 때부터 48시간 이내에 무료로 반론보도의 방송을 하여야 하며, 정기간행물등에 있어서는 편집이 완료되지 아니한 같은 정기간행물등의 다음 발행호에 무료로 반론보도문의 게재를 하여야 한다. 이 경우 정기간행물등에 있어서 다음 발행호가 선거일후에 발행·배부되는 경우에는 반론보도의 청구를 받은 때부터 48시간 이내에 당해 정기간행물등이 배부된 지역에 배부되는 「신문 등의 진흥에 관한 법률」 제2조(정의)제1호가목에 따른 일반일간신문에 이를 게재하여야 하며, 그 비용은 당해 언론사의 부담으로 한다.
<개정 2002.3.7, 2005.8.4, 2008.2.29, 2009.7.31>
③제2항의 규정에 의한 협의가 이루어지지 아니한 때에는 당해 정당, 후보자, 방송사 또는 언론사는 선거방송심의위원회 또는 선거기사심의위원회에 지체없이 이를 회부하고, 선거방송심의위원회 또는 선거기사심의위원회는 회부받은 때부터 48시간 이내에 심의하여 각하·기각 또는 인용결정을 한 후 지체없이 이를 당해 정당 또는 후보자와 방송사 또는 언론사에 통지하여야 한다. 이 경우 반론보도의 인용결정을 하는 때에는 반론방송 또는 반론보도문의 내용·크기 ·횟수 기타 반론보도에 필요한 사항을 함께 결정하여야 한다. <개정 2002.3.7>
④「언론중재 및 피해구제 등에 관한 법률」 제15조(정정보도청구권의 행사)제1항·제4항 내지 제7항의 규정은 반론보도청구에 이를 준용한다. 이 경우 "정정보도청구"는 "반론보도청구"로, "정정"은 "반론"으로, "정정보도청구권"은 "반론보도청구권"으로, "정정보도"는 "반론보도"로, "정정보도문"은 "반론보도문"으로 본다.
<개정 2005.8.4>
[전문개정 2000.2.16]

제8조의5 【인터넷선거보도심의위원회】 ①중앙선거관리위원회는 인터넷언론사[「신문 등의 진흥에 관한 법률」 제2조(정의)제4호에 따른 인터넷신문사업자 그 밖에 정치·경제·사회·문화·시사 등에 관한 보도·논평·여론 및 정보 등을 전파할 목적으로 취재·편집·집필한 기사를 인터넷을 통하여 보도·제공하거나 매개하는 인터넷홈페이지를 경영·관리하는 자와 이와 유사한 언론의 기능을 행하는 인터넷홈페이지를 경영·관리하는 자를 말한다. 이하 같다]의 인터넷홈페이지에 게재된 선거보도[사설·논평·사진·방송·동영상 기타 선거에 관한 내용을 포함한다. 이하 이 조 및 제8조의6(인터넷언론사의 정정보도 등)에서 같다]의 공정성을 유지하기 위하여 인터넷선거보도심의위원회를 설치·운영하여야 한다.
<개정 2005.8.4, 2009.7.31>
②인터넷선거보도심의위원회는 국회에 교섭단체를 구성한 정당이 추천하는 각 1인과 방송통신심의위원회, 언론중재위원회, 학계, 법조계, 인터넷 언론단체 및 시민단체 등이 추천하는 자를 포함하여 중앙선거관리위원회가 위촉하는 11인 이내의 위원으로 구성하며, 위원의 임기는 3년으로 한다. 이 경우 위원정수에 관하여는 제8조의2제2항 후단을 준용한다. <개정 2010.1.25>
③인터넷선거보도심의위원회에 위원장 1인을 두되, 위원장은 위원중에서 호선한다.
④인터넷선거보도심의위원회에 상임위원 1인을 두되, 중앙선거관리위원회가 인터넷선거보도심의위원회의 위원중에서 지명한다.
⑤정당의 당원은 인터넷선거보도심의위원회의 위원이 될 수 없다.
⑥인터넷선거보도심의위원회는 인터넷선거보도의 정치적 중립성·형평성·객관성 및 권리구제 기타 선거보도의 공

정을 보장하기 위하여 필요한 사항을 정하여 이를 공표하여야 한다.
⑦인터넷선거보도심의위원회는 업무수행을 위하여 필요하다고 인정하는 때에는 관계 공무원 또는 전문가를 초청하여 의견을 듣거나 관련 기관·단체 등에 자료 및 의견제출 등 협조를 요청할 수 있다.
⑧인터넷선거보도심의위원회의 사무를 처리하기 위하여 선거관리위원회 소속 공무원으로 구성하는 사무국을 둔다.
⑨인터넷선거보도심의위원회의 구성·운영, 위원 및 상임위원의 대우, 사무국의 조직·직무범위 기타 필요한 사항은 중앙선거관리위원회규칙으로 정한다.
[본조신설 2004.3.12]

제8조의6【인터넷언론사의 정정보도 등】
①인터넷선거보도심의위원회는 인터넷언론사의 인터넷홈페이지에 게재된 선거보도의 공정 여부를 조사하여야 하며, 조사결과 선거보도의 내용이 공정하지 아니하다고 인정되는 때에는 당해 인터넷언론사에 대하여 해당 선거보도의 내용에 관한 정정보도문의 게재 등 필요한 조치를 명하여야 한다.
<신설 2005.8.4>
②정당 또는 후보자(후보자가 되고자 하는 자를 포함한다. 이하 이 조에서 같다)는 인터넷언론사의 선거보도가 불공정하다고 인정되는 때에는 그 보도가 있음을 안 날부터 10일 이내에 인터넷선거보도심의위원회에 서면으로 이의신청을 할 수 있다.
③인터넷선거보도심의위원회는 제2항의 규정에 의한 이의신청을 받은 때에는 지체없이 이의신청 대상이 된 선거보도의 공정여부를 심의하여야 하며, 심의결과 선거보도가 공정하지 아니하다고 인정되는 때에는 당해 인터넷언론사에 대하여 해당 선거보도의 내용에 관한 정정보도문의 게재 등 필요한 조치를 명하여야 한다.
<개정 2005.8.4>
④인터넷언론사의 왜곡된 선거보도로 인하여 피해를 받은 정당 또는 후보자는 그 보도의 공표가 있음을 안 날부터 10일 이내에 서면으로 당해 인터넷언론사에 반론보도의 방송 또는 반론보도문의 게재(이하 이 조에서 "반론보도"라 한다)를 청구할 수 있다. 이 경우 그 보도의 공표가 있은 날부터 30일이 경과한 때에는 반론보도를 청구할 수 없다.
⑤인터넷언론사는 제4항의 청구를 받은 때에는 지체없이 당해 정당이나 후보자 또는 그 대리인과 반론보도의 형식·내용·크기 및 횟수 등에 관하여 협의한 후, 이를 청구받은 때부터 12시간 이내에 당해 인터넷언론사의 부담으로 반론보도를 하여야 한다.
<개정 2005.8.4>
⑥제5항의 규정에 의한 반론보도 협의가 이루어지지 아니하는 경우에 당해 정당 또는 후보자는 인터넷선거보도심의위원회에 즉시 반론보도청구를 할 수 있으며, 인터넷선거보도심의위원회는 이를 심의하여 각하·기각 또는 인용결정을 한 후 당해 정당·후보자 및 인터넷언론사에 그 결정내용을 통지하여야 한다. 이 경우 반론보도의 인용결정을 하는 때에는 그 형식·내용·크기·횟수 기타 필요한 사항을 함께 결정하여 통지하여야 하며, 통지를 받은 인터넷언론사는 지체없이 이를 이행하여야 한다. <개정 2005.8.4>
⑦「언론중재 및 피해구제 등에 관한 법률」 제15조(정정보도청구권의 행사)제1항·제4항 내지 제7항의 규정은 그 성질에 반하지 아니하는 한 인터넷언론사의 선거보도에 관한 반론보도청구에 이를 준용한다. 이 경우 "정정보도청구"는 "반론보도청구"로, "정정"은 "반론"으로, "정정보도청구권"은 "반론보도청구권"으로, "정정보도"는 "반론

보도"로, "정정보도문"은 "반론보도문"으로 본다. <개정 2005.8.4>
[본조신설 2004.3.12]

제8조의7 【선거방송토론위원회】 ①각급선거관리위원회(읍·면·동선거관리위원회를 제외한다. 이하 이 조에서 같다)는 제82조의2(선거방송토론위원회 주관 대담·토론회)의 규정에 의한 대담·토론회와 제82조의3(선거방송토론위원회 주관 정책토론회)의 규정에 의한 정책토론회(이하 이 조에서 "대담·토론회등"이라 한다)를 공정하게 주관·진행하기 위하여 각각 선거방송토론위원회(이하 이 조에서 "각급선거방송토론위원회"라 한다)를 설치·운영하여야 한다. 다만, 구·시·군선거관리위원회에 설치하는 구·시·군선거방송토론위원회(이하 "구·시·군선거방송토론위원회"라 한다)는 지역구국회의원선거구단위 또는 「방송법」에 의한 종합유선방송사업자의 방송권역단위로 설치·운영할 수 있다. <개정 2005.8.4>
②각급선거방송토론위원회는 다음 각 호에 따라 구성하며, 위원의 임기는 제2호 후단의 경우를 제외하고는 3년으로 한다. 이 경우 위원정수에 관하여는 제8조의2제2항 후단을 준용한다. <개정 2010.1.25>

1. 중앙선거관리위원회에 설치하는 중앙선거방송토론위원회(이하 "중앙선거방송토론위원회"라 한다) 및 특별시·광역시·도·특별자치도(이하 "시·도"라 한다)선거관리위원회에 설치하는 시·도선거방송토론위원회(이하 "시·도선거방송토론위원회"라 한다)

국회에 교섭단체를 구성한 정당과 공영방송사(한국방송공사와 「방송문화진흥회법」에 따른 방송문화진흥회가 최다출자자인 방송사업자를 말한다. 이하 같다)가 추천하는 각 1명, 방송통신심의위원회·학계·법조계·시민단체가 추천하는 사람 등 학식과 덕망이 있는 사람 중에서 중앙선거관리위원회 또는 시·도선거관리위원회가 각각 위촉하는 사람을 포함하여 중앙선거방송토론위원회는 11명 이내, 시·도선거방송토론위원회는 9명 이내의 위원

2. 구·시·군선거방송토론위원회

해당 구·시·군선거관리위원회의 위원장 및 정당추천위원을 포함한 위원 3명(정당추천위원의 수가 3명 이상인 경우에는 그 위원을 모두 포함한 수를 말한다), 학계·법조계·시민단체·전문언론인 중에서 해당 구·시·군선거관리위원회가 위촉하는 사람을 포함하여 9명 이내의 위원. 이 경우 구·시·군선거관리위원회 위원을 겸하는 위원의 임기는 「선거관리위원회법」 제8조에 따른 재임기간으로 한다.

③각급선거방송토론위원회에 위원장 1인을 두되, 위원장은 위원중에서 호선한다. 다만, 구·시·군선거방송토론위원회 위원장은 해당 구·시·군선거관리위원회 위원장이 겸한다.
<개정 2010.1.25>
④중앙선거방송토론위원회에 상임위원 1인을 두되, 중앙선거관리위원회가 중앙선거방송토론위원회의 위원중에서 지명한다.
⑤정당의 당원은 선거방송토론위원회의 위원이 될 수 없다.
⑥중앙선거방송토론위원회는 대담·토론회등의 주관·진행 기타 공정성을 보장하기 위하여 필요한 사항을 정하여 공표하여야 한다.
⑦각급선거방송토론위원회는 대담·토론회등의 업무수행을 위하여 필요한 때에는 공영방송사 또는 관련 기관·단체등에 대하여 협조요구를 할 수 있으며, 그 협조요구를 받은 공영방송사는 우선적으로 이에 응하여야 한다.
⑧중앙선거방송토론위원회 또는 시·도선거방송토론위원회에 그 사무를 처리하게 하기 위하여 선거관리위원회 소속 공무원으로 구성하는 사무국을 둔

다. <개정 2005.8.4, 2010.1.25>
⑨선거방송토론위원회는 업무수행을 위하여 필요하다고 인정하는 때에는 관계 행정기관 또는 관련 기관·단체 등의 장과 협의하여 그 소속 공무원 또는 임·직원을 파견받거나 관계 행정기관 소속 공무원으로 하여금 제8항의 규정에 의한 사무국의 소속 공무원의 직을 겸임하게 할 수 있다.
⑩각급선거방송토론위원회의 구성·운영, 위원 및 상임위원의 대우, 사무국의 조직·직무범위 기타 필요한 사항은 중앙선거관리위원회규칙으로 정한다.
[본조신설 2004.3.12]

제9조【공무원의 중립의무 등】 ①공무원 기타 정치적 중립을 지켜야 하는 자(기관·단체를 포함한다)는 선거에 대한 부당한 영향력의 행사 기타 선거결과에 영향을 미치는 행위를 하여서는 아니된다.
②검사(군검찰관을 포함한다) 또는 국가경찰공무원(검찰수사관 및 군사법경찰관리를 포함한다)은 이 법의 규정에 위반한 행위가 있다고 인정되는 때에는 신속·공정하게 단속·수사를 하여야 한다. <개정 2006.2.21>

제10조【사회단체 등의 공명선거추진활동】 ①사회단체 등은 선거부정을 감시하는 등 공명선거추진활동을 할 수 있다. 다만, 다음 각 호의 어느 하나에 해당하는 단체는 그 명의 또는 그 대표의 명의로 공명선거추진활동을 할 수 없다. <개정 2000.2.16, 2002.3.7, 2004.3.12, 2005.8.4>

1. 특별법에 의하여 설립된 국민운동단체로서 국가 또는 지방자치단체의 출연 또는 보조를 받는 단체(바르게살기운동협의회·새마을운동협의회·한국자유총연맹을 말한다)
2. 법령에 의하여 정치활동이나 공직선거에의 관여가 금지된 단체
3. 후보자(후보자가 되고자 하는 자를 포함한다. 이하 이 조에서 같다), 후보자의 배우자와 후보자 또는 그 배우자의 직계존·비속과 형제자매나 후보자의 직계비속 및 형제자매의 배우자(이하 "후보자의 가족"이라 한다)가 설립하거나 운영하고 있는 단체
4. 특정 정당(창당준비위원회를 포함한다. 이하 이 조에서 같다) 또는 후보자를 지원하기 위하여 설립된 단체
5. 삭제 <2005.8.4>
6. 선거운동을 하거나 할 것을 표방한 노동조합 또는 단체

②사회단체 등이 공명선거추진활동을 함에 있어서는 항상 공정한 자세를 견지하여야 하며, 특정 정당이나 후보자의 선거운동에 이르지 아니하도록 유의하여야 한다.
③각급선거관리위원회(읍·면·동선거관리위원회를 제외한다)는 사회단체 등이 불공정한 활동을 하는 때에는 경고·중지 또는 시정명령을 하여야 하며, 그 행위가 선거운동에 이르거나 선거관리위원회의 중지 또는 시정명령을 이행하지 아니하는 때에는 고발 등 필요한 조치를 하여야 한다.
<개정 2005.8.4>

제10조의2【선거부정감시단】 ①각급선거관리위원회(읍·면·동선거관리위원회는 제외한다)는 선거부정을 감시하기 위하여 선거부정감시단을 둔다.
<개정 2008.2.29>
②선거부정감시단은 선거운동을 할 수 있는 자로서 정당의 당원이 아닌 중립적이고 공정한 자 중에서 중앙선거관리위원회규칙으로 정하는 바에 따라 10명 이내로 구성한다. 다만, 선거일 전 60일(선거일 전 60일 후에 실시사유가 확정된 보궐선거등의 경우 그 선

거의 실시사유가 확정된 때)부터 선거일 후 10일까지는 중앙선거관리위원회 및 시·도선거관리위원회는 10인 이내의, 구·시·군선거관리위원회는 20인 이내의 인원을 추가하여 구성할 수 있다. <개정 2008.2.29, 2010.1.25>
③삭제 <2008.2.29>
④삭제 <2008.2.29>
⑤삭제 <2008.2.29>
⑥선거부정감시단은 관할 선거관리위원회의 지휘를 받아 이 법에 위반되는 행위에 대하여 증거자료를 수집하거나 조사활동을 할 수 있다.
<개정 2008.2.29>
⑦선거부정감시단의 소속원에 대하여는 예산의 범위 안에서 수당 또는 실비를 지급할 수 있다.
⑧선거부정감시단의 구성·활동방법 및 수당·실비의 지급 기타 필요한 사항은 중앙선거관리위원회규칙으로 정한다.
[본조신설 2000.2.16]

제10조의3 【사이버선거부정감시단】
①중앙선거관리위원회는 인터넷을 이용한 선거부정을 감시하기 위하여 중앙선거관리위원회규칙으로 정하는 바에 따라 5인 이상 10인 이하로 구성된 사이버선거부정감시단을 설치·운영하여야 한다. 다만, 선거일 전 60일(선거일 전 60일 후에 실시사유가 확정된 보궐선거등의 경우 그 선거의 실시사유가 확정된 때)부터 선거일 후 10일까지는 10인 이내의 인원을 추가하여 구성할 수 있다. <신설 2008.2.29>
②시·도선거관리위원회는 인터넷을 이용한 선거부정을 감시하기 위하여 선거일전 120일(선거일전 120일후에 실시사유가 확정된 보궐선거등에 있어서는 그 선거의 실시사유가 확정된 후 5일)부터 선거일까지 30인 이내로 구성된 사이버선거부정감시단을 설치·운영하여야 한다. <개정 2008.2.29>
③사이버선거부정감시단은 정당의 당원이 아닌 중립적이고 공정한 자로 구성한다. <개정 2008.2.29>
④제10조의2제6항부터 제8항까지의 규정은 사이버선거부정감시단에 준용한다. 이 경우 "선거부정감시단"은 "사이버선거부정감시단"으로 본다.
<개정 2008.2.29>
[본조신설 2004.3.12]

제11조 【후보자 등의 신분보장】 ①대통령선거의 후보자는 후보자의 등록이 끝난 때부터 개표종료시까지 사형·무기 또는 장기 7년 이상의 징역이나 금고에 해당하는 죄를 범한 경우를 제외하고는 현행범인이 아니면 체포 또는 구속되지 아니하며, 병역소집의 유예를 받는다. <개정 1995.5.10>
②국회의원선거, 지방의회의원 및 지방자치단체의 장의 선거의 후보자는 후보자의 등록이 끝난 때부터 개표종료시까지 사형·무기 또는 장기 5년 이상의 징역이나 금고에 해당하는 죄를 범하였거나 제16장 벌칙에 규정된 죄를 범한 경우를 제외하고는 현행범인이 아니면 체포 또는 구속되지 아니하며, 병역소집의 유예를 받는다.
<신설 1995.5.10>
③선거사무장·선거연락소장·선거사무원·회계책임자·투표참관인·부재자투표참관인과 개표참관인(예비후보자가 선임한 선거사무장·선거사무원 및 회계책임자는 제외한다)은 해당 신분을 취득한 때부터 개표종료시까지 사형·무기 또는 장기 3년 이상의 징역이나 금고에 해당하는 죄를 범하였거나 제230조부터 제235조까지 및 제237조부터 제259조까지의 죄를 범한 경우를 제외하고는 현행범인이 아니면 체포 또는 구속되지 아니하며, 병역소집의 유예를 받는다. <개정 2011.7.28>

제12조 【선거관리】 ①중앙선거관리위원회는 이 법에 특별한 규정이 있는

경우를 제외하고는 선거사무를 통할·관리하며, 하급선거관리위원회(투표관리관을 포함한다. 이하 이 조에서 같다) 및 제218조에 따른 재외선거관리위원회와 제218조의2에 따른 재외투표관리관의 위법·부당한 처분에 대하여 이를 취소하거나 변경할 수 있다.
<개정 2005.8.4, 2009.2.12>
②시·도선거관리위원회는 지방의회의원 및 지방자치단체의 장의 선거에 관한 하급선거관리위원회의 위법·부당한 처분에 대하여 이를 취소하거나 변경할 수 있다. <개정 1995.4.1, 2005.8.4>
③구·시·군선거관리위원회는 당해 선거에 관한 하급선거관리위원회의 위법·부당한 처분에 대하여 이를 취소하거나 변경할 수 있다.

제13조 【선거구선거관리】 ①선거구선거사무를 행할 선거관리위원회(이하 "선거구선거관리위원회"라 한다)는 다음 각호와 같다.
<개정 2000.2.16, 2005.8.4>

1. 대통령선거 및 비례대표전국선거구국회의원(이하 "비례대표국회의원"이라 한다)선거의 선거구선거사무는 중앙선거관리위원회
2. 특별시장·광역시장·도지사(이하 "시·도지사"라 한다)선거와 비례대표선거구시·도의회의원(이하 "비례대표시·도의원"이라 한다)선거의 선거구선거사무는 시·도선거관리위원회
3. 지역선거구국회의원(이하 "지역구국회의원"이라 한다)선거, 지역선거구시·도의회의원(이하 "지역구시·도의원"이라 한다)선거, 지역선거구자치구·시·군의회의원(이하 "지역구자치구·시·군의원"이라 한다)선거, 비례대표선거구자치구·시·군의회의원(이하 "비례대표자치구·시·군의원"이라 한다)선거 및 자치구의 구청장·시장·군수(이하 "자치구·시·군의 장"이라 한다)선거의 선거구선거사무는 그 선거구역을 관할하는 구·시·군선거관리위원회[제29조(지방의회의원의 증원선거)제3항 또는 「선거관리위원회법」 제2조(설치)제6항의 규정에 의하여 선거구선거사무를 행할 구·시·군선거관리위원회가 지정된 경우에는 그 지정을 받은 구·시·군선거관리위원회를 말한다]

②제1항에서 "선거구선거사무"라 함은 선거에 관한 사무중 후보자등록 및 당선인결정 등과 같이 당해 선거구를 단위로 행하여야 하는 선거사무를 말한다.
③선거구선거관리위원회 또는 직근 상급선거관리위원회는 선거관리를 위하여 특히 필요하다고 인정하는 때에는 중앙선거관리위원회가 정하는 바에 따라 당해 선거에 관하여 관할선거구안의 선거관리위원회가 행할 선거사무의 범위를 조정하거나 하급선거관리위원회 또는 그 위원으로 하여금 선거구선거관리위원회의 직무를 행하게 할 수 있다.
④제3항의 규정에 의하여 선거구선거사무를 행하는 하급선거관리위원회의 위원은 선거구선거관리위원회위원의 정수에 산입하지 아니하며, 선거구선거관리위원회의 의결에 참가할 수 없다.
⑤구·시·군선거관리위원회 또는 읍·면·동선거관리위원회가 천재·지변 기타 부득이한 사유로 그 기능을 수행할 수 없는 때에는 직근 상급선거관리위원회는 직접 또는 다른 선거관리위원회로 하여금 당해 선거관리위원회의 기능이 회복될 때까지 그 선거사무를 대행하거나 대행하게 할 수 있다. 다른 선거관리위원회로 하여금 대행하게 하는 경우에는 대행할 업무의 범위도 함께 정하여야 한다. <개정 2005.8.4>
⑥제5항의 규정에 의하여 선거사무를

대행하거나 대행하게 한 때에는 대행할 선거관리위원회와 그 업무의 범위를 지체없이 공고하고, 상급선거관리위원회에 보고하여야 한다.

제14조 【임기개시】 ①대통령의 임기는 전임대통령의 임기만료일의 다음날 0시부터 개시된다. 다만, 전임자의 임기가 만료된 후에 실시하는 선거와 궐위로 인한 선거에 의한 대통령의 임기는 당선이 결정된 때부터 개시된다. <개정 2003.2.4>
②국회의원과 지방의회의원(이하 이 항에서 "의원"이라 한다)의 임기는 총선거에 의한 전임의원의 임기만료일의 다음 날부터 개시된다. 다만, 의원의 임기가 개시된 후에 실시하는 선거와 지방의회의원의 증원선거에 의한 의원의 임기는 당선이 결정된 때부터 개시되며 전임자 또는 같은 종류의 의원의 잔임기간으로 한다.
③지방자치단체의 장의 임기는 전임지방자치단체의 장의 임기만료일의 다음날부터 개시된다. 다만, 전임지방자치단체의 장의 임기가 만료된 후에 실시하는 선거와 제30조(지방자치단체의 폐치·분합시의 선거 등)제1항제1호 내지 제3호에 의하여 새로 선거를 실시하는 지방자치단체의 장의 임기는 당선이 결정된 때부터 개시되며 전임자 또는 같은 종류의 지방자치단체의 장의 잔임기간으로 한다.

제2장 선거권과 피선거권

제15조 【선거권】 ① 19세 이상의 국민은 대통령 및 국회의원의 선거권이 있다. 다만, 지역구국회의원의 선거권은 19세 이상의 국민으로서 제37조제1항에 따른 선거인명부작성기준일 현재 다음 각 호의 어느 하나에 해당하는 사람에 한하여 인정된다. <개정 2011.11.7>

1. 해당 국회의원지역선거구 안에 주민등록이 되어 있는 사람
2. 「재외동포의 출입국과 법적 지위에 관한 법률」 제6조제1항에 따라 해당 국회의원지역선거구의 선거구역 안에 거소를 두고 그 국내거소신고인명부에 3개월 이상 계속하여 올라 있는 사람

②19세 이상으로서 제37조제1항에 따른 선거인명부작성기준일 현재 다음 각 호의 어느 하나에 해당하는 사람은 그 구역에서 선거하는 지방자치단체의 의회의원 및 장의 선거권이 있다. <개정 2009.2.12, 2011.11.7>

1. 해당 지방자치단체의 관할 구역에 주민등록이 되어 있는 사람
2. 「재외동포의 출입국과 법적 지위에 관한 법률」 제6조제1항에 따라 해당 지방자치단체의 국내거소신고인명부(이하 이 장에서 "국내거소신고인명부"라 한다)에 3개월 이상 계속하여 올라 있는 국민
3. 「출입국관리법」 제10조에 따른 영주의 체류자격 취득일 후 3년이 경과한 외국인으로서 같은 법 제34조에 따라 해당 지방자치단체의 외국인등록대장에 올라 있는 사람

[2009.2.12 법률 제9466호에 의하여 2007.6.28 헌법재판소에서 헌법불합치결정된 이 조 제2항제1호를 개정함.]

제16조 【피선거권】 ①선거일 현재 5년 이상 국내에 거주하고 있는 40세 이상의 국민은 대통령의 피선거권이 있다. 이 경우 공무로 외국에 파견된 기간과 국내에 주소를 두고 일정기간 외국에 체류한 기간은 국내거주기간으로 본다. <개정 1997.1.13>
②25세 이상의 국민은 국회의원의 피선거권이 있다.

③선거일 현재 계속하여 60일 이상(공무로 외국에 파견되어 선거일전 60일 후에 귀국한 자는 선거인명부작성기준일부터 계속하여 선거일까지) 당해 지방자치단체의 관할구역안에 주민등록(국내거소신고인명부에 올라 있는 경우를 포함한다. 이하 이 조에서 같다)이 되어 있는 주민으로서 25세 이상의 국민은 그 지방의회의원 및 지방자치단체의 장의 피선거권이 있다. 이 경우 60일의 기간은 그 지방자치단체의 설치·폐지·분할·합병 또는 구역변경(제28조 각 호의 어느 하나에 따른 구역변경을 포함한다)에 의하여 중단되지 아니한다. <개정 2009.2.12>
④제3항 전단의 경우에 지방자치단체의 사무소 소재지가 다른 지방자치단체의 관할 구역에 있어 해당 지방자치단체의 장의 주민등록이 다른 지방자치단체의 관할 구역에 있게 된 때에는 해당 지방자치단체의 관할 구역에 주민등록이 되어 있는 것으로 본다.
<개정 2009.2.12>
[2009.2.12 법률 제9466호에 의하여 2007.6.28 헌법재판소에서 헌법불합치 결정된 이 조 제3항을 개정함.]

제17조【연령산정기준】 선거권자와 피선거권자의 연령은 선거일 현재로 산정한다.

제18조【선거권이 없는 자】 ①선거일 현재 다음 각 호의 어느 하나에 해당하는 자는 선거권이 없다.
<개정 2004.3.12, 2005.8.4>
1. 금치산선고를 받은 자
2. 금고 이상의 형의 선고를 받고 그 집행이 종료되지 아니하거나 그 집행을 받지 아니하기로 확정되지 아니한 자
3. 선거범, 「정치자금법」 제45조(정치자금부정수수죄) 및 제49조(선거비용관련 위반행위에 관한 벌칙)에 규정된 죄를 범한 자 또는 대통령·국회의원·지방의회의원·지방자치단체의 장으로서 그 재임중의 직무와 관련하여 「형법」(「특정범죄가중처벌 등에 관한 법률」 제2조에 의하여 가중처벌되는 경우를 포함한다) 제129조(수뢰, 사전수뢰) 내지 제132조(알선수뢰)·「특정범죄가중처벌 등에 관한 법률」 제3조(알선수재)에 규정된 죄를 범한 자로서, 100만원이상의 벌금형의 선고를 받고 그 형이 확정된 후 5년 또는 형의 집행유예의 선고를 받고 그 형이 확정된 후 10년을 경과하지 아니하거나 징역형의 선고를 받고 그 집행을 받지 아니하기로 확정된 후 또는 그 형의 집행이 종료되거나 면제된 후 10년을 경과하지 아니한 자(형이 실효된 자도 포함한다)
4. 법원의 판결 또는 다른 법률에 의하여 선거권이 정지 또는 상실된 자

②제1항제3호에서 "선거범"이라 함은 제16장 벌칙에 규정된 죄와 「국민투표법」 위반의 죄를 범한 자를 말한다. <개정 2005.8.4>
③「형법」 제38조에도 불구하고 제1항제3호에 규정된 죄와 다른 죄의 경합범에 대하여는 이를 분리 선고하고, 선거사무장·선거사무소의 회계책임자(선거사무소의 회계책임자로 선임·신고되지 아니한 사람으로서 후보자와 통모(通謀)하여 해당 후보자의 선거비용으로 지출한 금액이 선거비용제한액의 3분의 1 이상에 해당하는 사람을 포함한다) 또는 후보자(후보자가 되려는 사람을 포함한다)의 직계존비속 및 배우자에게 제263조 및 제265조에 규정된 죄와 이 조 제1항제3호에 규정된 죄의 경합범으로 징역형 또는 300만원 이상의 벌금형을 선고하는 때(선거사무장, 선거사무소의 회계책임자에 대

하여는 선임·신고되기 전의 행위로 인한 경우를 포함한다)에는 이를 분리 선고하여야 한다. <개정 2010.1.25>

제19조 【피선거권이 없는 자】 선거일 현재 다음 각호의 1에 해당하는 자는 피선거권이 없다.

1. 제18조(선거권이 없는 자)제1항제1호·제3호 또는 제4호에 해당하는 자
2. 금고 이상의 형의 선고를 받고 그 형이 실효되지 아니한 자
3. 법원의 판결 또는 다른 법률에 의하여 피선거권이 정지되거나 상실된 자

제3장 선거구역과 의원정수

제20조 【선거구】 ①대통령 및 비례대표국회의원은 전국을 단위로 하여 선거한다. <개정 2000.2.16, 2005.8.4>
②비례대표시·도의원은 당해 시·도를 단위로 선거하며, 비례대표자치구·시·군의원은 당해 자치구·시·군을 단위로 선거한다. <신설 2005.8.4>
③지역구국회의원, 지역구지방의회의원(지역구시·도의원 및 지역구자치구·시·군의원을 말한다. 이하 같다)은 당해 의원의 선거구를 단위로 하여 선거한다. <개정 2000.2.16, 2005.8.4>
④지방자치단체의 장은 당해 지방자치단체의 관할구역을 단위로 하여 선거한다.

제21조 【국회의 의원정수】 ①국회의 의원정수는 지역구국회의원과 비례대표국회의원을 합하여 299인으로 하되, 각 시·도의 지역구 국회의원 정수는 최소 3인으로 한다.
<개정 2000.2.16, 2004.3.12>
②하나의 국회의원지역선거구에서 선출할 국회의원의 정수는 1인으로 한다.

제22조 【시·도의회의 의원정수】 ①시·도별 지역구시·도의원의 총 정수는 그 관할구역안의 자치구·시·군(하나의 자치구·시·군이 2 이상의 국회의원지역선거구로 된 경우에는 국회의원지역선거구를 말하며, 행정구역의 변경으로 국회의원지역선거구와 행정구역이 합치되지 아니하게 된 때에는 행정구역을 말한다)수의 2배수로 하되, 인구·행정구역·지세·교통, 그 밖의 조건을 고려하여 100분의 11의 범위에서 조정할 수 있다. 다만, 자치구·시·군의 지역구시·도의원정수는 최소 1명으로 한다.
<개정 1998.4.30, 2010.1.25, 2010.3.12>
②제1항에도 불구하고 「지방자치법」 제7조제2항에 따라 시와 군을 통합하여 도농복합형태의 시로 한 경우에는 시·군통합후 최초로 실시하는 임기만료에 의한 시·도의회의원선거에 한하여 해당 시를 관할하는 도의회의원의 정수 및 해당 시의 도의회의원의 정수는 통합 전의 수를 고려하여 이를 정한다.
<개정 1998.4.30, 2005.8.4, 2010.1.25>
③제1항 및 제2항의 기준에 의하여 산정된 의원정수가 19명 미만이 되는 광역시 및 도는 그 정수를 19명으로 한다.
<개정 1998.4.30, 2002.3.7, 2010.1.25>
④비례대표시·도의원정수는 제1항 내지 제3항의 규정에 의하여 산정된 지역구시·도의원정수의 100분의 10으로 한다. 이 경우 단수는 1로 본다. 다만, 산정된 비례대표시·도의원정수가 3인 미만인 때에는 3인으로 한다.
[2010.1.25 법률 제9974호에 의하여 2007. 3. 29. 헌법재판소에서 헌법불합치 결정된 이 조를 개정함]

제23조 【자치구·시·군의회의 의원정수】 ①시·도별 자치구·시·군의회 의원의 총정수는 별표 3과 같이 하며, 자치구·시·군의회의 의원정수는 당해 시·도의 총정수 범위 내에서 제24조(선거구획정위원회)의 규정에 따른 당해

시·도의 자치구·시·군의원선거구획정위원회가 자치구·시·군의 인구와 지역대표성을 고려하여 중앙선거관리위원회규칙이 정하는 기준에 따라 정한다.
②자치구·시·군의회의 최소정수는 7인으로 한다.
③비례대표자치구·시·군의원정수는 자치구·시·군의원 정수의 100분의 10으로 한다. 이 경우 단수는 1로 본다.
[전문개정 2005.8.4]

제24조 【선거구획정위원회】 ①국회의원지역선거구와 자치구·시·군의원지역선거구(이하 "자치구·시·군의원지역구"라 한다)의 공정한 획정을 위하여 국회에 국회의원선거구획정위원회를, 시·도에 자치구·시·군의원선거구획정위원회를 각각 둔다. <개정 2005.8.4>
②국회의원선거구획정위원회는 국회의장이 교섭단체대표의원과 협의하여 11인 이내의 위원으로 구성하되, 학계·법조계·언론계·시민단체 및 선거관리위원회가 추천하는 자중에서 위촉하여야 한다. <신설 2004.3.12, 2005.8.4>
③자치구·시·군의원선거구획정위원회는 11인 이내의 위원으로 구성하되, 학계·법조계·언론계·시민단체와 시·도의회 및 시·도선거관리위원회가 추천하는 자 중에서 시·도지사가 위촉하여야 한다. <신설 2005.8.4>
④국회의원·지방의회의원 및 정당의 당원은 국회의원선거구획정위원회 및 자치구·시·군의원선거구획정위원회(이하 "선거구획정위원회"라 한다)의 위원이 될 수 없다. <개정 2005.8.4>
⑤선거구획정위원회의 위원은 명예직으로 하되, 일비·여비 기타의 실비를 받을 수 있다.
⑥선거구획정위원회로부터 선거구획정업무에 필요한 자료의 요청을 받은 국가기관 및 지방자치단체는 지체없이 이에 따라야 한다.
⑦선거구획정위원회는 제25조제1항 및 제26조제2항에 규정된 기준에 따라 선거구획정안을 마련하고, 그 이유 그 밖의 필요한 사항을 기재한 보고서를 당해 국회의원 또는 자치구·시·군의원의 임기만료에 의한 선거의 선거일 전 6개월까지 국회의원선거구획정위원회는 국회의장에게, 자치구·시·군의원선거구획정위원회는 시·도지사에게 제출하여야 한다.
<개정 2005.8.4, 2010.1.25>
⑧국회의원선거구획정위원회는 선거구획정안을 마련함에 있어서 국회에 의석을 가진 정당에게 선거구획정에 대한 의견진술의 기회를 부여하여야 한다. <신설 2004.3.12, 2005.8.4>
⑨자치구·시·군의원선거구획정위원회는 선거구획정안을 마련함에 있어서 국회에 의석을 가진 정당과 당해 자치구·시·군의 의회 및 장에 대하여 의견진술의 기회를 부여하여야 한다.
<신설 2005.8.4>
⑩국회가 국회의원지역선거구에 관한 규정을 개정하거나, 시·도의회가 자치구·시·군의원지역구에 관한 조례를 개정하는 때에는 선거구획정위원회의 선거구획정안을 존중하여야 한다.
<개정 2005.8.4>
⑪국회의원선거구획정위원회의 구성 및 운영 그 밖에 필요한 사항은 국회규칙으로 정하며, 자치구·시·군의원선거구획정위원회의 구성 및 운영 그 밖에 필요한 사항은 대통령령으로 정한다.
<개정 2005.8.4>

제25조 【국회의원지역구의 획정】
①국회의원지역선거구(이하 "국회의원지역구"라 한다)는 시·도의 관할구역안에서 인구·행정구역·지세·교통 기타 조건을 고려하여 이를 획정하되, 구(자치구를 포함한다)·시(구가 설치되지 아니한 시를 말한다)·군(이하 "구·시·군"이라 한다)의 일부를 분할하여 다른 국회의원지역구에 속하게 하지 못한다.

다만, 제21조(국회의 의원정수)제1항 후단의 요건을 갖추기 위하여 부득이 한 경우에는 그러하지 아니하다.
<개정 2004.3.12>
②국회의원지역구의 명칭과 그 구역은 별표 1과 같이 한다.
[95헌마224·239·285·373(병합) 1995.12.27 (1996.2.6. 법률 제5149호)]

제26조【지방의회의원선거구의 획정】 ①시·도의회의원지역선거구(이하 "시·도의원지역구"라 한다)는 인구·행정구역·지세·교통 그 밖의 조건을 고려하여 자치구·시·군(하나의 자치구·시·군이 2 이상의 국회의원지역구로 된 경우에는 국회의원지역구를 말하며, 행정구역의 변경으로 국회의원지역구와 행정구역이 합치되지 아니하게 된 때에는 행정구역을 말한다)을 구역으로 하거나 분할하여 이를 획정하되, 하나의 시·도의원지역구에서 선출할 지역구시·도의원정수는 1명으로 하며, 그 시·도의원지역구의 명칭과 관할구역은 별표 2와 같이 한다.
<개정 1995.4.1, 2010.1.25>
②자치구·시·군의원지역구는 인구·행정구역·지세·교통 그 밖의 조건을 고려하여 획정하되, 하나의 자치구·시·군의원지역구에서 선출할 지역구자치구·시·군의원정수는 2인 이상 4인 이하로 하며, 그 자치구·시·군의원지역구의 명칭·구역 및 의원정수는 시·도조례로 정한다. <개정 2005.8.4>
③제1항 또는 제2항의 규정에 따라 시·도의원지역구 또는 자치구·시·군의원지역구를 획정하는 경우 하나의 읍·면(「지방자치법」 제4조의2제3항에 따라 행정면을 둔 경우에는 행정면을 말한다. 이하 같다)·동(「지방자치법」 제4조의2제4항에 따라 행정동을 둔 경우에는 행정동을 말한다. 이하 같다)의 일부를 분할하여 다른 시·도의원지역구 또는 자치구·시·군의원지역구에 속하게 하지 못한다.
<개정 1995.4.1, 2005.8.4, 2010.1.25>
④자치구·시·군의원지역구는 하나의 시·도의원지역구 내에서 획정하여야 하며, 하나의 시·도의원지역구에서 지역구자치구·시·군의원을 4인 이상 선출하는 때에는 2개 이상의 지역선거구로 분할할 수 있다. <신설 2005.8.4>

제27조【임기중 국회의원지역구를 변경한 때의 선거유예】 인구의 증감 또는 행정구역의 변경에 따라 별표 1의 개정에 의한 국회의원지역구의 변경이 있더라도 임기만료에 의한 총선거를 실시할 때까지는 그 증감된 국회의원지역구의 선거는 이를 실시하지 아니한다.

제28조【임기중 지방의회의 의원정수의 조정 등】 인구의 증감 또는 행정구역의 변경에 따라 지방의회의 의원정수·선거구 또는 그 구역의 변경이 있더라도 임기만료에 의한 총선거를 실시할 때까지는 그 증감된 선거구의 선거는 이를 실시하지 아니한다. 다만, 지방자치단체의 구역변경이나 설치·폐지·분할 또는 합병이 있는 때에는 다음 각호에 의하여 당해 지방의회의 의원정수를 조정하고, 제3호 단서·제5호 또는 제6호의 경우에는 증원선거를 실시한다. <개정 1995.4.1, 2005.8.4>
1. 지방자치단체의 구역변경으로 선거구에 해당하는 구역의 전부가 다른 지방자치단체에 편입된 때에는 그 편입된 선거구에서 선출된 지방의회의원은 종전의 지방의회의원의 자격을 상실하고 새로운 지방의회의원의 자격을, 선거구에 해당하는 구역의 일부가 다른 지방자치단체에 편입된 때에는 그 편입된 구역이 속하게 된 선거구에서 선출된 지방의회의원은 그 구역이 변경된 날부터 14일 이내에 자신이 속할 지방의회를 선택하여 당해 지방의

회에 서면으로 신고하여야 하며 그 선택한 지방의회가 종전의 지방의회가 아닌 때에는 종전의 지방의회의원의 자격을 상실하고 새로운 지방의회의원의 자격을 취득하되, 그 임기는 종전의 지방의회의원의 잔임기간으로 하며, 그 재임기간에는 제22조(시·도의회의 의원정수) 또는 제23조(자치구·시·군의회의 의원정수)의 규정에 불구하고 그 재직의원수를 각각 의원정수로 한다. 이 경우 새로운 지방의회의원의 자격을 취득한 지방의회의원의 주민등록이 종전의 지방자치단체의 관할구역안에 되어 있는 때에는 그 구역이 변경된 날부터 14일 이내에 새로운 지방자치단체의 관할구역으로 주민등록을 이전하여야 하며, 그 구역이 변경된 날부터 14일 이내에 자신이 속할 지방의회를 신고하지 아니한 때에는 그 구역이 변경된 날부터 14일이 되는 날 현재 당해 지방의회의원의 주민등록지를 관할하는 지방자치단체의 지방의회에 신고한 것으로 본다.

2. 2 이상의 지방자치단체가 합하여 새로운 지방자치단체가 설치된 때에는 종전의 지방의회의원은 같은 종류의 새로운 지방자치단체의 지방의회의원으로 되어 잔임기간 재임하며, 그 잔임기간에는 제22조 또는 제23조의 규정에 불구하고 그 재직의원수를 각각 의원정수로 한다.

3. 하나의 지방자치단체가 분할되어 2이상의 지방자치단체가 설치된 때에는 종전의 지방의회의원은 후보자등록당시의 선거구를 관할하게 되는 지방자치단체의 지방의회의원으로 되어 잔임기간 재임하며, 그 잔임기간에는 제22조 또는 제23조의 규정에 불구하고 그 재직의원수를 각각 의원정수로 한다. 이 경우 비례대표시·도의원은 당해 시·도가 분할·설치된 날부터 14일이내에 자신이 속할 시·도의회를 선택하여 당해 시·도의회에 서면으로 신고하여야 하고, 비례대표자치구·시·군의원은 당해 자치구·시·군이 분할·설치된 날부터 14일 이내에 자신이 속할 자치구·시·군의회를 선택하여 당해 자치구·시·군의회에 서면으로 신고하여야 한다. 다만, 재직의원수가 제22조 또는 제23조의 규정에 의한 새로운 의원정수의 3분의 2에 미달하는 때에는 의원정수에 미달하는 수만큼의 증원선거를 실시한다.

4. 시가 광역시로 된 때에는 종전의 시의회의원과 당해 지역에서 선출된 도의회의원은 종전의 지방의회의원의 자격을 각각 상실하고 광역시의회의원의 자격을 취득하되, 그 임기는 종전의 도의회의원의 잔임기간으로 하며, 그 잔임기간에는 제22조의 규정에 불구하고 그 재직의원수를 의원정수로 한다.

5. 읍 또는 면이 시로 된 때에는 시의회를 새로 구성하되, 최초로 선거하는 의원의 수는 당해 시·도의 자치구·시·군의원선거구획정위원회가 새로 정한 의원정수로부터 당해 지역에서 이미 선출된 군의회의원정수를 뺀 수로 하고, 종전의 당해 지역에서 선출된 군의회의원은 시의회의원이 된다. 이 경우 새로 선출된 의원정수를 합한 수를 제23조의 규정에 따른 시·도별 자치구·시·군의회의원의 총정수로 한다.

6. 제4호의 경우 자치구가 아닌 구가 자치구로 된 때에는 자치구의회를 새로 구성하며, 그 의원정수는 당해 시·도의 자치구·시·군의원선거구획정위원회가 새로 정한다. 이 경우 새로 정한 의원 정수를 합한 수를 제23조의 규정에 따른 시·도별자치구·시·군의회의원의 총정수로 한다.

제29조 【지방의회의원의 증원선거】

①제28조(임기중 지방의회의 의원정수의 조정 등)제3호 단서·제5호 또는 제6호의 규정에 의한 증원선거는 제22조

(시·도의회의 의원정수)·제23조(자치구·시·군의회의 의원정수) 또는 제26조(지방의회의원선거구의 획정)의 규정에 의하여 새로 획정한 선거구에 의하되, 종전 지방의회의원이 없거나 종전 지방의회의원의 수가 그 선거구의 의원정수에 미달되는 선거구에 대하여 실시한다.

②제1항의 선거구획정에 있어서 종전 지방의회의원의 선거구는 그 의원의 후보자등록 당시의 주소지를 관할하는 선거구로 하며, 새로 획정한 하나의 선거구안에 종전 지방의회의원의 수가 그 선거구의 새로 정한 의원정수를 넘는 때에는 임기만료에 의한 총선거를 실시할 때까지 제22조 또는 제23조의 규정에 불구하고 그 넘는 의원수를 합한 수를 당해 선거구의 의원정수로 한다.

③제1항의 증원선거에 관한 사무는 당해 구·시·군선거관리위원회가 설치되지 아니한 경우에는 시·도선거관리위원회가 지정하거나 그 구역을 관할하던 종전의 구·시·군선거관리위원회로 하여금 그 선거사무를 행하게 할 수 있다.

제30조【지방자치단체의 폐치·분합시의 선거 등】 ①지방자치단체의 설치·폐지·분할 또는 합병이 있는 때에는 다음 각호에 의하여 당해 지방자치단체의 장을 선거한다. <개정 1995.4.1>

1. 시·자치구 또는 광역시가 새로 설치된 때에는 당해 지방자치단체의 장은 새로 선거를 실시한다.

2. 하나의 지방자치단체가 분할되어 2 이상의 같은 종류의 지방자치단체로 된 때에는 종전의 지방자치단체의 장은 새로 설치된 지방자치단체중 종전의 지방자치단체의 사무소가 위치한 지역을 관할하는 지방자치단체의 장으로 되며, 그 다른 지방자치단체의 장은 새로 선거를 실시한다. 이 경우 종전의 지방자치단체의 사무소가 다른 지방자치단체의 관할구역안에 있는 때에는 지방자치단체의 분할에 관한 법률제정시 새로 선거를 실시할 지방자치단체를 정하여야 한다.

3. 2 이상의 같은 종류의 지방자치단체가 합하여 새로운 지방자치단체가 설치된 때에는 종전의 지방자치단체의 장은 그 직을 상실하고, 새로운 지방자치단체의 장에 대해서는 새로 선거를 실시한다.

4. 지방자치단체가 다른 지방자치단체에 편입됨으로 인하여 폐지된 때에는 그 폐지된 지방자치단체의 장은 그 직을 상실한다.

②지방자치단체의 명칭만 변경된 경우에는 종전의 지방자치단체의 장은 변경된 지방자치단체의 장이 되며, 변경당시의 잔임기간 재임한다.

③이 법에서 "같은 종류의 지방자치단체"라 함은 「지방자치법」 제2조(지방자치단체의 종류)제1항에 의한 같은 종류의 지방자치단체를 말한다.
<개정 2005.8.4>

제31조【투표구】 ①읍·면·동에 투표구를 둔다.

②구·시·군선거관리위원회는 하나의 읍·면·동에 2 이상의 투표구를 둘 수 있다. 이 경우 읍·면의 리(「지방자치법」 제4조의2제4항에 따라 행정리를 둔 경우에는 행정리를 말한다. 이하 같다)의 일부를 분할하여 다른 투표구에 속하게 할 수 없다.
<개정 2005.8.4, 2010.1.25>

③투표구를 설치 또는 변경하거나 선거를 실시하는 때에는 구·시·군선거관리위원회는 중앙선거관리위원회규칙이 정하는 바에 따라 투표구의 명칭과 그 구역을 공고하여야 한다.

제32조【구역의 변경 등】 ①제37조(명부작성)제1항의 선거인명부작성기

준일부터 선거일까지의 사이에 선거구의 구역·행정구역 또는 투표구의 구역이 변경된 경우에도 당해 선거에 관한 한 그 구역은 변경되지 아니한 것으로 본다. <개정 2005.8.4>

②지방자치단체나 그 행정구역의 관할구역의 변경없이 그 명칭만 변경된 경우에는 별표 1·별표 2·별표 3 및 제26조(지방의회의원선거구의 획정)제2항의 규정에 의한 시·도조례중 국회의원지역구명·선거구명 및 그 구역의 행정구역명은 변경된 지방자치단체명이나 행정구역명으로 변경된 것으로 본다. <개정 2005.8.4>

제4장 선거기간과 선거일

제33조【선거기간】 ①선거별 선거기간은 다음 각호와 같다.
<개정 2002.3.7, 2004.3.12>

1. 대통령선거는 23일
2. 국회의원선거와 지방자치단체의 의회의원 및 장의 선거는 14일
3. 삭제 <2002.3.7>

②삭제 <2004.3.12>

③"선거기간"이란 다음 각 호의 기간을 말한다. <개정 2011.7.28>

1. 대통령선거: 후보자등록마감일의 다음 날부터 선거일까지
2. 국회의원선거와 지방자치단체의 의회의원 및 장의 선거: 후보자등록마감일 후 6일부터 선거일까지

제34조【선거일】 ①임기만료에 의한 선거의 선거일은 다음 각호와 같다. <개정 1998.2.6, 2004.3.12>

1. 대통령선거는 그 임기만료일전 70일 이후 첫번째 수요일
2. 국회의원선거는 그 임기만료일전 50일 이후 첫번째 수요일
3. 지방의회의원 및 지방자치단체의 장의 선거는 그 임기만료일전 30일 이후 첫번째 수요일

②제1항의 규정에 의한 선거일이 국민생활과 밀접한 관련이 있는 민속절 또는 공휴일인 때와 선거일전일이나 그 다음날이 공휴일인 때에는 그 다음주의 수요일로 한다. <개정 2004.3.12>

제35조【보궐선거 등의 선거일】 ①대통령의 궐위로 인한 선거 또는 재선거(제3항의 규정에 의한 재선거를 제외한다. 이하 제2항에서 같다)는 그 선거의 실시사유가 확정된 때부터 60일 이내에 실시하되, 선거일은 늦어도 선거일 전 50일까지 대통령 또는 대통령 권한대행자가 공고하여야 한다.
<개정 2009.2.12>

②보궐선거·재선거·증원선거와 지방자치단체의 설치·폐지·분할 또는 합병에 의한 지방자치단체의 장 선거는 다음 각 호에 따른다. <개정 2000.2.16, 2004.3.12, 2005.8.4, 2011.7.28>

1. 지역구국회의원·지방의회의원 및 지방자치단체의 장의 보궐선거·재선거, 지방의회의원의 증원선거는 전년도 10월 1일부터 3월 31일까지의 사이에 그 선거의 실시사유가 확정된 때에는 4월중 마지막 수요일에 실시하고, 4월 1일부터 9월 30일까지의 사이에 그 선거의 실시사유가 확정된 때에는 10월중 마지막 수요일에 실시한다. 이 경우 선거일에 관하여는 제34조(선거일)제2항의 규정을 준용한다.
2. 지방자치단체의 설치·폐지·분할 또는 합병에 의한 지방자치단체의 장 선거는 그 선거의 실시사유가 확정된 때부터 60일 이내에 실시하되, 선거일은 관할선거구선거관리위원회위원장이 해당 지방자치단체의 장(직무대행자를 포함한다)과 협의하여 선거일 전 30일까지 공고하여야 한다.

③제197조(선거의 일부무효로 인한 재선거)의 규정에 의한 재선거는 확정판결 또는 결정의 통지를 받은 날부터

30일 이내에 실시하되, 관할선거구선거관리위원회가 그 재선거일을 정하여 공고하여야 한다.
④이 법에서 "보궐선거 등"이라 함은 제1항 내지 제3항 및 제36조(연기된 선거 등의 선거일)의 규정에 의한 선거를 말한다.
⑤이 법에서 "선거의 실시사유가 확정된 때"라 함은 다음 각호에 해당하는 날을 말한다.
<개정 2000.2.16, 2004.3.12>
1. 대통령의 궐위로 인한 선거는 그 사유가 발생한 날
2. 지역구국회의원의 보궐선거는 중앙선거관리위원회가, 지방의회의원 및 지방자치단체의 장의 보궐선거는 관할선거구선거관리위원회가 그 사유의 통지를 받은 날
3. 재선거는 그 사유가 확정된 날(법원의 판결 또는 결정에 의하여 확정된 경우에는 관할선거구선거관리위원회가 그 판결이나 결정의 통지를 받은 날). 이 경우 제195조(재선거)제2항의 규정에 의한 재선거에 있어서는 보궐선거의 실시사유가 확정된 때를 재선거의 실시사유가 확정된 때로 본다.
4. 지방의회의원의 증원선거는 새로 정한 선거구에 관한 별표 2 또는 시·도조례의 효력이 발생한 날
5. 지방자치단체의 설치·폐지·분할 또는 합병에 의한 지방자치단체의 장 선거는 당해 지방자치단체의 설치·폐지·분할 또는 합병에 관한 법률의 효력이 발생한 날
6. 연기된 선거는 제196조(선거의 연기)제3항의 규정에 의하여 그 선거의 연기를 공고한 날
7. 재투표는 제36조의 규정에 의하여 그 재투표일을 공고한 날

제36조 【연기된 선거 등의 선거일】 제196조(선거의 연기)의 규정에 의한 연기된 선거를 실시하는 때에는 대통령선거 및 국회의원선거에 있어서는 대통령이, 지방의회의원 및 지방자치단체의 장의 선거에 있어서는 관할선거구선거관리위원회위원장이 각각 그 선거일을 정하여 공고하여야 하며, 제198조(천재·지변 등으로 인한 재투표)의 규정에 의한 재투표를 실시하는 때에는 관할선거구선거관리위원회위원장이 재투표일을 정하여 공고하여야 한다. <개정 2000.2.16>

제5장 선거인명부

제37조 【명부작성】 ①선거를 실시하는 때마다 구청장(자치구가 아닌 구의 구청장을 포함한다)·시장(구가 설치되지 아니한 시의 시장을 말한다)·군수(이하 "구·시·군의 장"이라 한다)는 대통령선거에서는 선거일 전 28일, 국회의원선거와 지방자치단체의 의회의원 및 장의 선거에서는 선거일 전 19일(이하 "선거인명부작성기준일"이라 한다) 현재 제15조에 따라 그 관할 구역에 주민등록 또는 국내거소신고가 되어 있는 선거권자(지방자치단체의 의회의원 및 장의 선거의 경우 제15조제2항제3호에 따른 외국인을 포함하고, 제218조의13에 따라 확정된 재외선거인명부 또는 다른 구·시·군의 국외부재자신고인명부에 올라 있는 사람은 제외한다)를 투표구별로 조사하여 선거인명부작성기준일부터 5일 이내(이하 "선거인명부작성기간"이라 한다)에 선거인명부를 작성하여야 한다. 이 경우 제218조의13에 따라 확정된 국외부재자신고인명부에 올라 있는 사람은 선거인명부의 비고란에 그 사실을 표시하여야 한다. <개정 2009.2.12, 2011.7.28>
②선거인명부에는 선거권자의 성명·주소·성별 및 생년월일 기타 필요한 사항을 기재하여야 한다.
③누구든지 같은 선거에 있어 2 이상

의 선거인명부에 오를 수 없다.
④구·시·군의 장은 선거인명부를 작성한 때에는 즉시 그 등본(선거인명부작성 전산자료 복사본을 포함한다) 1통을 관할구·시·군선거관리위원회에 송부하여야 한다. <개정 2009.2.12>
⑤하나의 투표구의 선거권자의 수가 1천인을 넘는 때에는 그 선거인명부를 선거인수가 서로 엇비슷하게 분철할 수 있다.
⑥제1항의 규정에 의한 선거인명부의 작성은 전산조직에 의할 수 있다.
<개정 2005.8.4>
⑦선거인명부의 서식 기타 필요한 사항은 중앙선거관리위원회규칙으로 정한다.
[2009.2.12 법률 제9466호에 의하여 2007.6.28 헌법재판소에서 헌법불합치 결정된 이 조 제1항을 개정함.]

제38조【부재자신고】 ① 선거인명부에 오를 자격이 있는 국내거주자로서 선거일에 투표소에서 투표할 수 없는 사람(제15조제2항제3호에 따른 외국인은 제외한다)은 선거인명부작성기간 중 구·시·군의 장에게 서면으로 부재자신고를 할 수 있다. 이 경우 우편에 의한 부재자신고는 등기우편으로 처리하되, 그 우편요금은 국가 또는 해당 지방자치단체가 부담한다.
<개정 2009.2.12>
②제1항의 규정에 의하여 부재자신고를 하고자 하는 자는 부재자신고서에 다음 각 호의 사항을 기재하여야 하며, 제3항제1호 또는 제2호에 해당하는 자는 소속기관이나 시설의 장의, 제3항제3호에 해당하는 자(「장애인복지법」 제32조에 따라 등록된 장애인은 제외한다)는 통·리 또는 반의 장의 확인을 받아야 한다. 이 경우 구·시·군의 장은 선거인명부작성기준일 전 10일까지 제3항제3호에 해당하는 자 중에서 「장애인복지법」 제32조에 따라 등록된 장애인에게 부재자신고에 관한 안내문과 부재자신고서를 발송하여야 한다. <개정 2004.3.12, 2005.8.4, 2008.2.29, 2009.2.12>

1. 부재자투표사유(거소에서 투표를 하고자 하는 자는 거소투표사유를 말한다)
2. 성명, 성별, 생년월일
3. 주소, 거소

③다음 각 호의 어느 하나에 해당하는 자는 거소에서 투표할 수 있다.
<개정 2004.3.12, 2005.8.4>

1. 법령에 따라 영내 또는 함정에 장기기거하는 군인이나 경찰공무원 중 부재자투표소에 가서 투표할 수 없을 정도로 멀리 떨어진 영내(營內) 또는 함정에 근무하는 자
2. 병원 또는 요양소에 장기기거하는 자로서 거동할 수 없는 자
3. 신체에 중대한 장애가 있어 거동할 수 없는 자
4. 선거일에 투표소에 가기 어려운 멀리 떨어진 외딴 섬 중 중앙선거관리위원회규칙으로 정하는 섬에 거주하는 자
5. 부재자투표소를 설치할 수 없는 지역에 장기기거하는 자로서 중앙선거관리위원회규칙으로 정하는 자

④제1항의 규정에 의한 신고가 있는 때에는 구·시·군의 장은 부재자신고서의 신고사항을 확인한 후 정당한 부재자신고인 때에는 선거인명부에 이를 표시하고 부재자신고인명부를 따로 작성하되, 부재자신고인이 제3항의 규정에 의하여 거소에서 투표할 수 있는 자(이하 "거소투표자"라 한다)인 경우에는 부재자신고인명부에 이를 표시하여야 한다.
<개정 2004.3.12, 2009.2.12>
⑤구·시·군의 장은 부재자신고인명부를 작성한 때에는 즉시 그 등본(부재자신고인명부작성 전산자료 복사본을 포함한다) 1통을 관할구·시·군선거관리

위원회에 송부하여야 한다. <개정 2009.2.12>
⑥제37조(명부작성)제6항의 규정은 부재자신고인명부의 작성에 이를 준용한다.
⑦부재자신고서·부재자신고인명부의 서식 및 거소투표사유의 확인절차 기타 필요한 사항은 중앙선거관리위원회규칙으로 정한다.
[2009.2.12 법률 제9466호에 의하여 2007.6.28 헌법재판소에서 헌법불합치 결정된 이 조 제1항을 개정함.]
[2005헌마772 2007.6.28 공직선거법(2005. 8. 4. 법률 제7681호로 개정된 것) 제38조제3항은 헌법에 합치되지 아니한다. 위 법률조항들은 입법자가 개정할 때까지 계속 적용된다.]

제39조【명부작성의 감독 등】 ①선거인명부(부재자신고인명부를 포함한다. 이하 이 조에서 같다)의 작성에 관하여는 관할구·시·군선거관리위원회 및 읍·면·동선거관리위원회가 이를 감독한다. <개정 2005.8.4>
②선거인명부작성에 종사하는 공무원이 임면된 때에는 당해 구·시·군의 장은 지체없이 관할구·시·군선거관리위원회에 그 사실을 통보하여야 한다. <개정 2009.2.12>
③선거인명부작성기간중에 선거인명부작성에 종사하는 공무원을 해임하고자 하는 때에는 그 임면권자는 관할구·시·군선거관리위원회 또는 직근 상급선거관리위원회와 협의하여야 한다.
④선거인명부작성에 종사하는 공무원이 정당한 사유없이 선거인명부작성에 관하여 관할구·시·군선거관리위원회 또는 읍·면·동선거관리위원회의 지시·명령 또는 시정요구에 불응하거나 그 직무를 태만히 한 때 또는 위법·부당한 행위를 한 때에는 관할구·시·군선거관리위원회 또는 직근 상급선거관리위원회는 임면권자에게 그 교체를 요구할 수 있다. <개정 2005.8.4>
⑤제4항의 교체요구가 있는 때에는 임면권자는 정당한 사유가 없는 한 이에 따라야 한다.
⑥삭제 <1998.4.30>
⑦삭제 <1998.4.30>
⑧누구든지 선거인명부작성사무를 방해하거나 기타 어떠한 방법으로든지 선거인명부작성에 영향을 주는 행위를 하여서는 아니된다. <개정 1998.4.30>
⑨선거인명부작성에 종사하는 공무원의 임면사항 통보 등 기타 필요한 사항은 중앙선거관리위원회규칙으로 정한다. <개정 1998.4.30>

제40조【명부열람】 ①구·시·군의 장은 선거인명부작성기간 만료일의 다음 날부터 3일간 장소를 정하여 선거인명부를 열람할 수 있도록 하여야 한다. 이 경우 구·시·군의 장은 해당 구·시·군이 개설·운영하는 인터넷 홈페이지에서 선거권자가 선거인명부를 열람할 수 있도록 기술적 조치를 하여야 한다. <개정 2009.2.12>
②선거권자는 누구든지 선거인명부를 자유로이 열람할 수 있다. 다만, 제1항의 규정에 따른 인터넷홈페이지에서의 열람은 선거권자 자신의 정보에 한한다. <개정 2005.8.4>
③구·시·군의 장은 열람개시일전 3일까지 제1항의 장소, 기간, 인터넷홈페이지 주소 및 열람방법을 공고하여야 한다. <개정 2005.8.4, 2009.2.12>

제41조【이의신청과 결정】 ①선거권자는 누구든지 선거인명부에 누락 또는 오기가 있거나 자격이 없는 선거인이 올라 있다고 인정되는 때에는 열람기간내에 구술 또는 서면으로 당해 구·시·군의 장에게 이의를 신청할 수 있다. <개정 2009.2.12>
②제1항의 신청이 있는 때에는 구·시·군의 장은 그 신청이 있는 날의 다음

날까지 심사·결정하되, 그 신청이 이유있다고 결정한 때에는 즉시 선거인명부를 정정하고 신청인·관계인과 관할구·시·군선거관리위원회에 통지하여야 하며, 이유없다고 결정한 때에는 그 뜻을 신청인과 관할구·시·군선거관리위원회에 통지하여야 한다.
<개정 2009.2.12>

제42조【불복신청과 결정】 ①제41조(이의신청과 결정)제2항의 결정에 대하여 불복이 있는 이의신청인이나 관계인은 그 통지를 받은 날의 다음날까지 관할구·시·군선거관리위원회에 서면으로 불복을 신청할 수 있다.
②제1항의 신청이 있는 때에는 관할구·시·군선거관리위원회는 그 신청이 있는 날의 다음 날까지 심사·결정하되, 그 신청이 이유있다고 결정한 때에는 즉시 관계 구·시·군의 장에게 통지하여 선거인명부를 정정하게 하고 신청인과 관계인에게 통지하여야 하며, 이유없다고 결정한 때에는 그 뜻을 신청인과 관계 구·시·군의 장에게 통지하여야 한다. <개정 2009.2.12>

제43조【명부누락자의 구제】 ①제41조제1항의 이의신청기간만료일의 다음 날부터 제44조제1항의 선거인명부 확정일 전일까지 구·시·군의 장의 착오 등의 사유로 인하여 정당한 선거권자가 선거인명부에 누락된 것이 발견된 때에는 해당 선거권자 또는 구·시·군의 장은 주민등록표등본 등 소명자료를 첨부하여 관할구·시·군선거관리위원회에 서면으로 선거인명부 등재신청을 할 수 있다. <개정 2009.2.12, 2011.7.28>
②제1항의 신청이 있는 때에는 관할구·시·군선거관리위원회는 그 신청이 있는 날의 다음 날까지 심사·결정하되, 그 신청이 이유있다고 결정한 때에는 즉시 관계 구·시·군의 장에게 통지하여 선거인명부를 정정하게 하고 신청인에게 통지하여야 하며, 이유없다고 결정한 때에는 그 뜻을 신청인과 관계 구·시·군의 장에게 통지하여야 한다.
<개정 2009.2.12>

제44조【명부의 확정과 효력】 ①선거인명부는 선거일 전 7일에, 부재자신고인명부는 부재자신고기간만료일의 다음 날에 각각 확정되며 해당 선거에 한하여 효력을 가진다.
②구·시·군의 장은 선거권자가 선거인명부확정일의 다음 날부터 선거일의 투표마감시각까지 해당 구·시·군이 개설·운영하는 인터넷 홈페이지에서 자신이 선거인명부에 올라 있는지 여부, 선거인명부 등재번호 및 투표소의 위치를 확인할 수 있도록 기술적 조치를 하여야 한다.
③구·시·군의 장은 제40조제3항에 따른 공고를 할 때 제2항에 따른 확인에 필요한 인터넷 홈페이지 주소, 확인기간 및 확인방법을 함께 공고하여야 한다.
[전문개정 2011.7.28]

제45조【명부의 재작성】 ①천재·지변 기타의 사고로 인하여 선거인명부(부재자신고인명부를 포함한다. 이하 이 조에서 같다)가 멸실·훼손된 경우 선거의 실시를 위하여 필요한 때에는 구·시·군의 장은 다시 선거인명부를 작성하여야 한다. 다만, 제37조(명부작성)제4항 및 제38조(부재자신고)제5항의 규정에 의하여 송부한 선거인명부 등본이 있는 때에는 선거인명부를 다시 작성하지 아니할 수 있다.
<개정 2009.2.12>
②제1항 본문의 규정에 의한 선거인명부의 재작성·열람·확정 및 유효기간 기타 필요한 사항은 중앙선거관리위원회규칙으로 정한다.

제46조【명부사본의 교부】 ①구·시·군의 장은 후보자[비례대표국회의원후보자 및 비례대표지방의회의원(비례대표시·도의원 및 비례대표자치구·시·군의원을 말한다. 이하 같다)후보자를 제외한다]·선거사무장(비례대표국회의원선거 및 비례대표지방의회의원선거의 선거사무장을 제외한다) 또는 선거연락소장의 신청이 있는 때에는 작성된 선거인명부 또는 부재자신고인명부의 사본이나 전산자료복사본을 후보자별로 1통씩 24시간 이내에 신청인에게 교부하여야 한다.
<개정 1995.4.1, 2000.2.16, 2002.3.7, 2005.8.4, 2009.2.12>
②제1항에 따른 선거인명부 또는 부재자신고인명부의 사본이나 전산자료복사본의 교부신청은 선거기간개시일까지 해당 구·시·군의 장에게 서면으로 하여야 한다. <개정 2011.7.28>
③제2항의 규정에 의하여 선거인명부 또는 부재자신고인명부의 사본이나 전산자료복사본의 교부신청을 하는 자는 그 사본작성비용을 교부신청과 함께 납부하여야 한다. <개정 2000.2.16>
④누구든지 제1항의 규정에 의하여 교부된 선거인명부 또는 부재자신고인명부의 사본 또는 전산자료복사본을 다른 사람에게 양도 또는 대여할 수 없으며 재산상의 이익 기타 영리를 목적으로 사용할 수 없다.
<개정 2000.2.16>
⑤선거인명부 및 부재자신고인명부의 사본이나 전산자료복사본의 교부신청과 비용납부 기타 필요한 사항은 중앙선거관리위원회규칙으로 정한다.
<개정 2000.2.16>

제6장 후보자

제47조【정당의 후보자추천】 ①정당은 선거에 있어 선거구별로 선거할 정수범위안에서 그 소속당원을 후보자(이하 "정당추천후보자"라 한다)로 추천할 수 있다. 다만, 비례대표자치구·시·군의원의 경우에는 그 정수 범위를 초과하여 추천할 수 있다.
<개정 1995.4.1, 2000.2.16, 2005.8.4>
②정당이 제1항의 규정에 따라 후보자를 추천하는 때에는 민주적인 절차에 따라야 한다. <개정 2005.8.4>
③정당이 비례대표국회의원선거 및 비례대표지방의회의원선거에 후보자를 추천하는 때에는 그 후보자 중 100분의 50 이상을 여성으로 추천하되, 그 후보자명부의 순위의 매 홀수에는 여성을 추천하여야 한다.
<개정 2005.8.4>
④정당이 임기만료에 따른 지역구국회의원선거 및 지역구지방의회의원선거에 후보자를 추천하는 때에는 각각 전국지역구총수의 100분의 30 이상을 여성으로 추천하도록 노력하여야 한다.
<신설 2005.8.4>
⑤정당이 임기만료에 따른 지역구지방의회의원선거에 후보자를 추천하는 때에는 지역구시·도의원선거 또는 지역구자치구·시·군의원선거 중 어느 하나의 선거에 국회의원지역구(군지역을 제외하며, 자치구의 일부지역이 다른 자치구 또는 군지역과 합하여 하나의 국회의원지역구로 된 경우에는 그 자치구의 일부지역도 제외한다)마다 1명 이상을 여성으로 추천하여야 한다.
<신설 2010.1.25, 2010.3.12>

제47조의2【정당의 후보자추천 관련 금품수수금지】 ①누구든지 정당이 특정인을 후보자로 추천하는 일과 관련하여 금품이나 그 밖의 재산상의 이익 또는 공사의 직을 제공하거나 그 제공의 의사를 표시하거나 그 제공을 약속하는 행위를 하거나, 그 제공을 받거나 그 제공의 의사표시를 승낙할 수 없다.
②누구든지 제1항에 규정된 행위에 관

하여 지시·권유 또는 요구하거나 알선하여서는 아니 된다.
[본조신설 2008.2.29]

제48조 【선거권자의 후보자추천】 ①관할선거구 안에 주민등록이 된 선거권자는 각 선거(비례대표국회의원선거 및 비례대표지방의회의원선거를 제외한다)별로 정당의 당원이 아닌 자를 당해 선거구의 후보자(이하 "무소속후보자"라 한다)로 추천할 수 있다.
<개정 2005.8.4>
②무소속후보자가 되고자 하는 자는 관할선거구선거관리위원회가 후보자등록신청개시일전 5일(대통령의 임기만료에 의한 선거에 있어서는 후보자등록신청개시일전 30일, 대통령의 궐위로 인한 선거 등에 있어서는 그 사유가 확정된 후 3일)부터 검인하여 교부하는 추천장을 사용하여 다음 각호에 의하여 선거권자의 추천을 받아야 한다.
<개정 1995.4.1, 2000.2.16, 2005.8.4>
1. 대통령선거
5 이상의 시·도에 나누어 하나의 시·도에 주민등록이 되어 있는 선거권자의 수를 500인 이상으로 한 2천500인 이상 5천인이하
2. 지역구국회의원선거 및 자치구·시·군의 장 선거
300인 이상 500인 이하
3. 지역구시·도의원선거
100인 이상 200인 이하
4. 시·도지사선거
당해 시·도안의 3분의 1 이상의 자치구·시·군에 나누어 하나의 자치구·시·군에 주민등록이 되어 있는 선거권자의 수를 50인 이상으로 한 1천인 이상 2천인 이하
5. 지역구자치구·시·군의원선거
50인 이상 100인 이하. 다만, 인구 1천인 미만의 선거구에 있어서는 30인 이상 50인 이하

③제2항의 경우 검인되지 아니한 추천장에 의하여 추천을 받거나 추천선거권자수의 상한수를 넘어 추천을 받아서는 아니된다.
④제2항에 따른 추천장 검인·교부신청은 공휴일에도 불구하고 매일 오전 9시부터 오후 6시까지 할 수 있다.
<신설 2011.7.28>
⑤선거권자의 추천장의 서식·교부신청 및 교부 기타 필요한 사항은 중앙선거관리위원회규칙으로 정한다. <개정 2011.7.28>

제49조 【후보자등록 등】 ①후보자의 등록은 대통령선거에서는 선거일 전 24일, 국회의원선거와 지방자치단체의 의회의원 및 장의 선거에서는 선거일 전 20일(이하 "후보자등록신청개시일"이라 한다)부터 2일간(이하 "후보자등록기간"이라 한다) 관할선거구선거관리위원회에 서면으로 신청하여야 한다. <개정 2011.7.28>
②정당추천후보자의 등록은 대통령선거와 비례대표국회의원선거 및 비례대표지방의회의원선거에 있어서는 그 추천정당이, 지역구국회의원선거와 지역구지방의회의원 및 지방자치단체의 장의 선거에 있어서는 정당추천후보자가 되고자 하는 자가 신청하되, 추천정당의 당인(黨印) 및 그 대표자의 직인이 날인된 추천서와 본인승낙서(대통령선거와 비례대표국회의원선거 및 비례대표지방의회의원선거에 한한다)를 등록신청서에 첨부하여야 한다. 이 경우 비례대표국회의원후보자와 비례대표지방의회의원후보자의 등록은 추천정당이 그 순위를 정한 후보자명부를 함께 첨부하여야 한다. <개정 2011.7.28>
③무소속후보자가 되고자 하는 자는 제48조에 따라 선거권자가 기명하고 날인(무인을 허용하지 아니한다)한 추천장[단기(單記) 또는 연기(連記)로 하며 간인(間印)을 요하지 아니한다]을

등록신청서에 첨부하여야 한다. <개정 2011.7.28>

④제1항부터 제3항까지의 규정에 따라 후보자등록을 신청하는 자는 다음 각 호의 서류를 제출하여야 하며, 제56조제1항에 따른 기탁금을 납부하여야 한다. <개정 2000.2.16, 2002.3.7, 2004.3.12, 2005.8.4, 2006.3.2, 2008.2.29, 2010.1.25, 2011.7.28>

1. 중앙선거관리위원회규칙이 정하는 피선거권에 관한 증명서류
2. 「공직자윤리법」 제10조의2(공직선거후보자 등의 재산공개)제1항의 규정에 의한 등록대상재산에 관한 신고서
3. 「공직자 등의 병역사항신고 및 공개에 관한 법률」 제9조(공직선거후보자의 병역사항신고 및 공개)제1항의 규정에 의한 병역사항에 관한 신고서
4. 최근 5년간의 후보자, 그의 배우자와 직계존비속(혼인한 딸과 외조부모 및 외손자녀를 제외한다)의 소득세(「소득세법」 제127조제1항에 따라 원천징수하는 소득세는 제출하려는 경우에 한정한다)·재산세·종합부동산세의 납부 및 체납(10만원 이하 또는 3월 이내의 체납은 제외한다)에 관한 신고서. 이 경우 후보자의 직계존속은 자신의 세금납부 및 체납에 관한 신고를 거부할 수 있다.
5. 금고 이상의 형(제18조제1항제3호에 규정된 죄의 경우에는 100만원 이상 벌금형을 포함한다)의 범죄경력(실효된 형을 포함하며, 이하 "전과기록"이라 한다)에 관한 증명서류
6. 「초·중등교육법」 및 「고등교육법」에서 인정하는 정규학력(이하 "정규학력"이라 한다)에 관한 최종학력 증명서와 국내 정규학력에 준하는 외국의 교육기관에서 이수한 학력에 관한 각 증명서(한글번역문을 첨부한다). 이 경우 증명서의 제출이 요구되는 학력은 제60조의3제1항제4호의 예비후보자홍보물, 제60조의4의 예비후보자공약집, 제64조의 선거벽보, 제65조의 선거공보(같은 조 제8항의 후보자정보공개자료를 포함한다), 제66조의 선거공약서 및 후보자가 운영하는 인터넷 홈페이지에 게재하였거나 게재하고자 하는 학력에 한한다.

⑤후보자등록을 신청하는 자는 제60조의2제2항에 따라 예비후보자등록을 신청하는 때에 제출한 서류는 제4항에도 불구하고 제출하지 아니할 수 있다. 다만, 그 서류 중 변경사항이 있는 경우에는 후보자등록을 신청하는 때까지 추가하거나 보완하여야 한다. <개정 2010.1.25>

⑥정당의 당원인 자는 무소속후보자로 등록할 수 없으며, 후보자등록기간중(후보자등록신청시를 포함한다) 당적을 이탈·변경하거나 2 이상의 당적을 가지고 있는 때에는 당해 선거에 후보자로 등록될 수 없다. 소속정당의 해산이나 그 등록의 취소 또는 중앙당의 시·도당창당승인취소로 인하여 당원자격이 상실된 경우에도 또한 같다. <개정 2004.3.12>

⑦후보자등록신청서의 접수는 공휴일에 불구하고 매일 오전 9시부터 오후 6시까지로 한다. <개정 2011.7.28>

⑧관할선거구선거관리위원회는 후보자등록신청이 있는 때에는 즉시 이를 수리하여야 하되, 등록신청서·정당의 추천서와 본인승낙서·선거권자의 추천장·기탁금 및 제4항제2호 내지 제5호의 규정에 의한 서류를 갖추지 아니하거나 제47조제3항의 규정에 따른 여성후보자 추천의 비율과 순위(비례대표지방의회의원선거에 한한다)를 위반한 등록신청은 이를 수리할 수 없다. 다만, 후보자의 피선거권에 관한 증명서류가 첨부되지 아니한 경우에는 이를 수리하되, 당해 선거구선거관리위원회가 그 사항을 조사하여야 하며, 그 조사를 의뢰받은 기관 또는 단체는 지체

없이 그 사실을 확인하여 당해 선거구선거관리위원회에 회보하여야 한다.
<개정 2000.2.16, 2002.3.7, 2004.3.12, 2005.8.4, 2006.10.4>

⑨관할선거구선거관리위원회는 당선인 결정후 15일 이내에 당해 당선인이 제4항제2호의 규정에 의하여 제출한 등록대상재산에 관한 신고서의 사본을 「공직자윤리법」 제9조(공직자윤리위원회)의 규정에 의한 해당공직자윤리위원회에 송부하여야 한다.
<신설 2000.2.16, 2005.8.4>

⑩후보자가 되고자 하는 자 또는 정당은 선거기간개시일 전 150일부터 본인 또는 후보자가 되고자 하는 소속 당원의 전과기록을 국가경찰관서의 장에게 조회할 수 있으며, 그 요청을 받은 국가경찰관서의 장은 지체없이 그 전과기록을 회보(回報)하여야 한다. 이 경우 회보받은 전과기록은 후보자등록시 함께 제출하여야 하며 관할선거구선거관리위원회는 그 확인이 필요하다고 인정되는 후보자에 대하여는 후보자등록마감 후 지체없이 해당 선거구를 관할하는 검찰청의 장에게 그 후보자의 전과기록을 조회할 수 있고, 당해 검찰청의 장은 그 전과기록의 진위여부를 지체없이 회보하여야 한다. <개정 2002.3.7, 2004.3.12, 2005.8.4, 2006.2.21, 2011.7.28>

⑪누구든지 선거기간중 관할선거구선거관리위원회가 제10항의 규정에 의하여 회보받은 전과기록을 열람할 수 있다. <신설 2000.2.16>

⑫관할선거구선거관리위원회는 제4항제2호 내지 제6호와 제10항의 규정에 의하여 제출받거나 회보받은 서류를 선거구민이 알 수 있도록 공개하여야 한다. 다만, 선거일 후에는 이를 공개하여서는 아니된다.
<신설 2002.3.7, 2004.3.12>

⑬삭제 <2005.8.4>

⑭삭제 <2005.8.4>

⑮후보자의 등록신청서와 추천서의 서식, 세금납부 및 체납에 관한 선고서의 서식, 제출·회보받은 서류의 공개방법 그 밖에 필요한 사항은 중앙선거관리위원회규칙으로 정한다.
<개정 2004.3.12, 2005.8.4, 2010.1.25>
[제목개정 2000.2.16]

제50조 【후보자추천의 취소와 변경의 금지】 ①정당은 후보자등록후에는 등록된 후보자에 대한 추천을 취소 또는 변경할 수 없으며, 비례대표국회의원후보자명부(비례대표지방의회의원후보자명부를 포함한다. 이하 이 항에서 같다)에 후보자를 추가하거나 그 순위를 변경할 수 없다. 다만, 후보자등록기간중 정당추천후보자가 사퇴·사망하거나, 소속정당의 제명이나 중앙당의 시·도당창당승인취소외의 사유로 인하여 등록이 무효로 된 때에는 예외로 하되, 비례대표국회의원후보자명부에 후보자를 추가할 경우에는 그 순위는 이미 등록된 자의 다음으로 한다.
<개정 1995.4.1, 2000.2.16, 2004.3.12, 2005.8.4>

②선거권자는 후보자에 대한 추천을 취소 또는 변경할 수 없다.
<개정 1995.4.1, 2005.8.4>

제51조 【추가등록】 대통령선거에 있어서 정당추천후보자가 후보자등록기간중 또는 후보자등록기간이 지난 후에 사망한 때에는 후보자등록마감일 후 5일까지 제47조(정당의 후보자추천) 및 제49조(후보자등록 등)의 규정에 의하여 후보자등록을 신청할 수 있다. <개정 2000.2.16>

제52조 【등록무효】 ①후보자등록후에 다음 각 호의 어느 하나에 해당하는 사유가 있는 때에는 그 후보자의 등록은 무효로 한다. <개정 1998.4.30, 2000.2.16, 2002.3.7, 2004.3.12, 2005.8.4,

2006.10.4, 2010.1.25>

1. 후보자의 피선거권이 없는 것이 발견된 때
2. 제47조(정당의 후보자추천)제1항 본문의 규정에 위반하여 선거구별로 선거할 정수범위를 넘어 추천하거나, 비례대표지방의회의원선거에 있어 같은 조 제3항의 규정에 의한 여성후보자 추천의 비율과 순위를 위반하거나, 제48조(선거권자의 후보자추천)제2항의 규정에 의한 추천인수에 미달한 것이 발견된 때
3. 제49조제4항제2호부터 제5호까지의 규정에 따른 서류를 제출하지 아니한 것이 발견된 때
4. 제49조제6항의 규정에 위반하여 등록된 것이 발견된 때
5. 제53조제1항부터 제3항까지 또는 제5항을 위반하여 등록된 것이 발견된 때
6. 정당추천후보자가 당적을 이탈·변경하거나 2 이상의 당적을 가지고 있는 때(후보자등록신청시에 2 이상의 당적을 가진 경우를 포함한다), 소속정당의 해산이나 그 등록의 취소 또는 중앙당의 시·도당창당승인취소가 있는 때
7. 무소속후보자가 정당의 당원이 된 때
8. 제57조의2제2항 또는 제266조제2항·제3항을 위반하여 등록된 것이 발견된 때
9. 정당이 그 소속 당원이 아닌 사람이나 「정당법」 제22조에 따라 당원이 될 수 없는 사람을 추천한 것이 발견된 때
10. 다른 법률에 따라 공무담임이 제한되는 사람이나 후보자가 될 수 없는 사람에 해당하는 것이 발견된 때
11. 정당 또는 후보자가 정당한 사유 없이 제65조제8항을 위반하여 후보자정보공개자료(점자형 후보자정보공개자료는 제외한다)를 제출하지 아니한 것이 발견된 때

②제47조제5항을 위반하여 등록된 것이 발견된 때에는 그 정당이 추천한 해당 국회의원지역구의 지역구시·도의원후보자 및 지역구자치구·시·군의원후보자의 등록은 모두 무효로 한다. 다만, 제47조제5항에 따라 여성후보자를 추천하여야 하는 지역에서 해당 정당이 추천한 지역구시·도의원후보자의 수와 지역구자치구·시·군의원후보자의 수를 합한 수가 그 지역구시·도의원정수와 지역구자치구·시·군의원 정수를 합한 수의 100분의 50에 해당하는 수(1 미만의 단수는 1로 본다)에 미달하는 경우와 그 여성후보자의 등록이 무효로 된 경우에는 그러하지 아니하다. <신설 2010.3.12>

③후보자가 같은 선거의 다른 선거구나 다른 선거의 후보자로 등록된 때에는 그 등록은 모두 무효로 한다.
<개정 2000.2.16, 2010.3.12>

④후보자의 등록이 무효로 된 때에는 관할선거구선거관리위원회는 지체없이 그 후보자와 그를 추천한 정당에 등록무효의 사유를 명시하여 이를 통지하여야 한다. <개정 2010.3.12>

제53조【공무원 등의 입후보】 ①다음 각 호의 어느 하나에 해당하는 사람으로서 후보자가 되려는 사람은 선거일 전 90일까지 그 직을 그만두어야 한다. 다만, 대통령선거와 국회의원선거에 있어서 국회의원이 그 직을 가지고 입후보하는 경우와 지방의회의원선거와 지방자치단체의 장의 선거에 있어서 당해 지방자치단체의 의회의원이나 장이 그 직을 가지고 입후보하는 경우에는 그러하지 아니하다.
<개정 1995.4.1, 1995.12.30, 1997.11.14, 1998.4.30, 2000.2.16, 2002.3.7, 2005.8.4, 2010.1.25>

1. 「국가공무원법」 제2조(공무원의 구분)에 규정된 국가공무원과 「지방공무원법」 제2조(공무원의 구분)에 규정된 지방공무원. 다만, 「정당법」 제22조(발기인 및 당원의 자격)제1항제1호 단서의 규정에 의하여 정당의 당원이 될 수 있는 공무원(정무직공무원을 제외한다)은 그러하지 아니하다.
2. 각급선거관리위원회위원 또는 교육위원회의 교육위원
3. 다른 법령의 규정에 의하여 공무원의 신분을 가진 자
4. 「공공기관의 운영에 관한 법률」 제4조제1항제3호에 해당하는 기관 중 정부가 100분의 50 이상의 지분을 가지고 있는 기관(한국은행을 포함한다)의 상근 임원
5. 「농업협동조합법」·「수산업협동조합법」·「산림조합법」·「엽연초생산협동조합법」에 의하여 설립된 조합의 상근 임원과 이들 조합의 중앙회장
6. 「지방공기업법」 제2조(적용범위)에 규정된 지방공사와 지방공단의 상근 임원
7. 「정당법」 제22조제1항제2호의 규정에 의하여 정당의 당원이 될 수 없는 사립학교교원
8. 대통령령으로 정하는 언론인
9. 특별법에 의하여 설립된 국민운동단체로서 국가 또는 지방자치단체의 출연 또는 보조를 받는 단체(바르게살기운동협의회·새마을운동협의회·한국자유총연맹을 말하며, 시·도조직 및 구·시·군조직을 포함한다)의 대표자

②제1항 본문에도 불구하고 다음 각 호의 어느 하나에 해당하는 경우에는 후보자등록신청 전까지 그 직을 그만두어야 한다. <신설 2010.1.25>

1. 비례대표국회의원선거나 비례대표지방의회의원선거에 입후보하는 경우
2. 보궐선거등에 입후보하는 경우
3. 국회의원이 지방자치단체의 장의 선거에 입후보하는 경우
4. 지방의회의원이 다른 지방자치단체의 의회의원이나 장의 선거에 입후보하는 경우

③제1항 단서에도 불구하고 비례대표국회의원이 지역구국회의원 보궐선거등에 입후보하는 경우 및 비례대표지방의회의원이 해당 지방자치단체의 지역구지방의회의원 보궐선거등에 입후보하는 경우에는 후보자등록신청 전까지 그 직을 그만두어야 한다.
<신설 2010.1.25>

④제1항부터 제3항까지의 규정을 적용하는 경우 그 소속기관의 장 또는 소속위원회에 사직원이 접수된 때에 그 직을 그만 둔 것으로 본다.
<개정 2010.1.25>

⑤제1항 및 제2항에도 불구하고, 지방자치단체의 장은 선거구역이 당해 지방자치단체의 관할구역과 같거나 겹치는 지역구국회의원선거에 입후보하고자 하는 때에는 당해 선거의 선거일전 120일까지 그 직을 그만두어야 한다. 다만, 그 지방자치단체의 장이 임기가 만료된 후에 그 임기만료일부터 90일 후에 실시되는 지역구국회의원선거에 입후보하려는 경우에는 그러하지 아니하다.
<개정 2000.2.16, 2003.10.30, 2010.1.25>
[95헌마172 1995.6.12 (1995.12.30 법률 제5127호)]

제54조【후보자사퇴의 신고】 후보자가 사퇴하고자 하는 때에는 자신이 직접 당해 선거구선거관리위원회에 가서 서면으로 신고하되, 정당추천후보자가 사퇴하고자 하는 때에는 추천정당의 사퇴승인서를 첨부하여야 한다.

第55조【후보자등록 등에 관한 공고】 후보자가 등록·사퇴·사망하거나 등록이 무효로 된 때에는 당해 선거구선거관리위원회는 지체없이 이를 공고하고, 상급선거관리위원회에 보고하여야 하며, 하급선거관리위원회에 통지하여야 한다.

第56조【기탁금】 ①후보자등록을 신청하는 자는 등록신청 시에 후보자 1명마다 다음 각 호의 기탁금을 중앙선거관리위원회규칙으로 정하는 바에 따라 관할선거구선거관리위원회에 납부하여야 한다. 이 경우 예비후보자가 해당 선거의 같은 선거구에 후보자등록을 신청하는 때에는 제60조의2제2항에 따라 납부한 기탁금을 제외한 나머지 금액을 납부하여야 한다.
<개정 1997.11.14, 2000.2.16, 2001.10.8, 2002.3.7, 2010.1.25>

1. 대통령선거는 5억원
2. 국회의원선거는 1천500만원
3. 시·도의회의원선거는 300만원
4. 시·도지사선거는 5천만원
5. 자치구·시·군의 장 선거는 1천만원
6. 자치구·시·군의원선거는 200만원

②제1항의 기탁금은 체납처분이나 강제집행의 대상이 되지 아니한다.
③제261조에 따른 과태료 및 제271조에 따른 불법시설물 등에 대한 대집행비용은 제1항의 기탁금(제60조의2제2항의 기탁금을 포함한다)에서 부담한다. <개정 2010.1.25>
[2007헌마1024, 2008.11.27, 공직선거법(1997. 11. 14. 법률 제5412호로 개정된 것) 제56조제1항제1호는 헌법에 합치되지 아니한다. 위 법률조항은 2009. 12. 31.을 시한으로 입법자가 개정할 때까지 계속 적용한다.]

第57조【기탁금의 반환 등】 ①관할선거구선거관리위원회는 다음 각 호의 구분에 따른 금액을 선거일 후 30일 이내에 기탁자에게 반환한다. 이 경우 반환하지 아니하는 기탁금은 국가 또는 지방자치단체에 귀속한다.
<개정 2004.3.12, 2005.8.4, 2010.1.25>

1. 대통령선거, 지역구국회의원선거, 지역구지방의회의원선거 및 지방자치단체의 장선거
   가. 후보자가 당선되거나 사망한 경우와 유효투표총수의 100분의 15 이상을 득표한 경우에는 기탁금 전액
   나. 후보자가 유효투표총수의 100분의 10 이상 100분의 15 미만을 득표한 경우에는 기탁금의 100분의 50에 해당하는 금액
   다. 예비후보자가 사망하거나 제57조의2제2항 본문에 따라 후보자로 등록될 수 없는 경우에는 제60조의2제2항에 따라 납부한 기탁금 전액
2. 비례대표국회의원선거 및 비례대표지방의회의원선거
   당해 후보자명부에 올라 있는 후보자중 당선인이 있는 때에는 기탁금 전액. 다만, 제189조 및 제190조의2에 따른 당선인의 결정 전에 사퇴하거나 등록이 무효로 된 후보자의 기탁금은 제외한다.

②제56조제3항에 따라 기탁금에서 부담하여야 할 비용은 제1항에 따라 기탁금을 반환하는 때에 공제하되, 그 부담비용이 반환할 기탁금을 넘는 사람은 그 차액을, 기탁금 전액이 국가 또는 지방자치단체에 귀속되는 사람은 그 부담비용 전액을 해당 선거구선거관리위원회의 고지에 따라 그 고지를 받은 날부터 10일 이내에 납부하여야 한다. <개정 2010.1.25>
③관할선거구선거관리위원회는 제2항의 납부기한까지 해당자가 그 금액을

납부하지 아니한 때에는 관할세무서장에게 징수를 위탁하고, 관할세무서장은 국세 체납처분의 예에 따라 이를 징수하여 국가 또는 해당 지방자치단체에 납입하여야 한다. 이 경우 제271조에 따른 불법시설물 등에 대한 대집행비용은 우선 해당 선거관리위원회가 지출한 후 관할세무서장에게 그 징수를 위탁할 수 있다. <신설 2010.1.25>
④삭제 <2000.2.16>
⑤기탁금의 반환 및 귀속 기타 필요한 사항은 중앙선거관리위원회규칙으로 정한다. <개정 2000.2.16>

제6장의2 정당의 후보자 추천을 위한 당내경선

<신설 2005.8.4>

제57조의2【당내경선의 실시】 ①정당은 공직선거후보자를 추천하기 위하여 경선(이하 "당내경선"이라 한다)을 실시할 수 있다.
②정당이 당내경선[당내경선의 후보자로 등재된 자(이하 "경선후보자"라 한다)를 대상으로 정당의 당헌·당규 또는 경선후보자간의 서면합의에 따라 실시한 당내경선을 대체하는 여론조사를 포함한다]을 실시하는 경우 경선후보자로서 당해 정당의 후보자로 선출되지 아니한 자는 당해 선거의 같은 선거구에서는 후보자로 등록될 수 없다. 다만, 후보자로 선출된 자가 사퇴·사망·피선거권 상실 또는 당적의 이탈·변경 등으로 그 자격을 상실한 때에는 그러하지 아니하다.
③「정당법」 제22조(발기인 및 당원의 자격)의 규정에 따라 당원이 될 수 없는 자는 당내경선의 선거인이 될 수 없다.
[본조신설 2005.8.4]

제57조의3【당내경선운동】 ①정당이 당원과 당원이 아닌 자에게 투표권을 부여하여 실시하는 당내경선에서는 다음 각 호의 어느 하나에 해당하는 방법 외의 방법으로 경선운동을 할 수 없다. <개정 2008.2.29>

1. 제60조의3(예비후보자 등의 선거운동)제1항제1호 내지 제3호의 규정에 따른 방법
2. 정당이 경선후보자가 작성한 1종의 홍보물(이하 이 조에서 "경선홍보물"이라 한다)을 1회에 한하여 발송하는 방법
3. 정당이 합동연설회 또는 합동토론회를 옥내에서 개최하는 방법(경선후보자가 중앙선거관리위원회규칙으로 정하는 바에 따라 그 개최장소에 경선후보자의 홍보에 필요한 현수막 등 시설물을 설치·게시하는 방법을 포함한다)

②정당이 제1항제2호 또는 제3호의 규정에 따른 방법으로 경선홍보물을 발송하거나 합동연설회 또는 합동토론회를 개최하는 때에는 당해 선거의 관할선거구선거관리위원회에 신고하여야 한다.
③제1항의 규정에 위반되는 경선운동에 소요되는 비용은 제119조(선거비용 등의 정의)의 규정에 따른 선거비용으로 본다.
④제1항제2호의 경선홍보물의 작성 및 제2항의 신고 그 밖에 필요한 사항은 중앙선거관리위원회규칙으로 정한다.
[본조신설 2005.8.4]

제57조의4【당내경선사무의 위탁】 ①「정치자금법」 제27조(보조금의 배분)의 규정에 따라 보조금의 배분대상이 되는 정당은 당내경선사무 중 경선운동, 투표 및 개표에 관한 사무의 관리를 당해 선거의 관할선거구선거관리위원회에 위탁할 수 있다.
②관할선거구선거관리위원회가 제1항에 따라 당내경선의 투표 및 개표에

관한 사무를 수탁관리하는 경우에는 그 비용은 국가가 부담한다. 다만, 투표 및 개표참관인의 수당은 당해 정당이 부담한다. <개정 2008.2.29>
③제1항의 규정에 따라 정당이 당내경선사무를 위탁하는 경우 그 구체적인 절차 및 필요한 사항은 중앙선거관리위원회규칙으로 정한다.
[본조신설 2005.8.4]

제57조의5【당원 등 매수금지】 ①누구든지 당내경선에 있어 후보자로 선출되거나 되게 하거나 되지 못하게 할 목적으로 경선선거인(당내경선의 선거인명부에 등재된 자를 말한다) 또는 그의 배우자나 직계존·비속에게 명목여하를 불문하고 금품 그 밖의 재산상의 이익 또는 공사의 직을 제공하거나 그 제공의 의사를 표시하거나 그 제공을 약속하는 행위를 할 수 없다. 다만, 중앙선거관리위원회규칙이 정하는 의례적인 행위는 그러하지 아니하다.
②누구든지 당내경선에 있어 후보자가 되지 아니하게 하거나 후보자가 된 것을 사퇴하게 할 목적으로 후보자(후보자가 되고자 하는 자를 포함한다. 이하 이 항에서 같다)에게 제1항의 규정에 따른 이익제공행위 등을 하여서는 아니되며, 후보자는 그 이익이나 직의 제공을 받거나 제공의 의사표시를 승낙하여서는 아니된다.
③누구든지 제1항 및 제2항에 규정된 행위에 관하여 지시·권유 또는 요구를 하여서는 아니된다.
[본조신설 2005.8.4]

제57조의6【공무원 등의 당내경선운동 금지】 ①제60조제1항에 따라 선거운동을 할 수 없는 사람은 당내경선에서 경선운동을 할 수 없다. 다만, 소속 당원만을 대상으로 하는 당내경선에서 당원이 될 수 있는 사람이 경선운동을 하는 경우에는 그러하지 아니하다.
②공무원은 그 지위를 이용하여 당내경선에서 경선운동을 할 수 없다.
[본조신설 2010.1.25]
[종전 제57조의6은 제57조의7로 이동 <2010.1.25>]

제57조의7【위탁하는 당내경선에 있어서의 이의제기】 정당이 제57조의4에 따라 당내경선을 위탁하여 실시하는 경우에는 그 경선 및 선출의 효력에 대한 이의제기는 당해 정당에 하여야 한다. <개정 2010.1.25>
[본조신설 2005.8.4]
[제57조의6에서 이동 <2010.1.25>]

제7장 선거운동

제58조【정의 등】 ①이 법에서 "선거운동"이라 함은 당선되거나 되게 하거나 되지 못하게 하기 위한 행위를 말한다. 다만, 다음 각호의 1에 해당하는 행위는 선거운동으로 보지 아니한다. <개정 2000.2.16>

1. 선거에 관한 단순한 의견개진 및 의사표시
2. 입후보와 선거운동을 위한 준비행위
3. 정당의 후보자 추천에 관한 단순한 지지·반대의 의견개진 및 의사표시
4. 통상적인 정당활동

②누구든지 자유롭게 선거운동을 할 수 있다. 그러나 이 법 또는 다른 법률의 규정에 의하여 금지 또는 제한되는 경우에는 그러하지 아니하다.

제59조【선거운동기간】 선거운동은 선거기간개시일부터 선거일 전일까지에 한하여 할 수 있다. 다만, 다음 각호의 어느 하나에 해당하는 경우에는 그러하지 아니하다. <개정 2004.3.12, 2005.8.4, 2011.7.28>

1. 제60조의3(예비후보자 등의 선거운동)제1항 및 제2항의 규정에 따라 예비후보자 등이 선거운동을 하는 경우
2. 삭제 <2005.8.4>
3. 후보자, 후보자가 되고자 하는 자가 자신이 개설한 인터넷 홈페이지를 이용하여 선거운동을 하는 경우

제60조 【선거운동을 할 수 없는 자】 ①다음 각 호의 어느 하나에 해당하는 사람은 선거운동을 할 수 없다. 다만, 제1호에 해당하는 사람이 예비후보자·후보자의 배우자인 경우와 제4호부터 제8호까지의 규정에 해당하는 사람이 예비후보자·후보자의 배우자이거나 후보자의 직계존비속인 경우에는 그러하지 아니하다.
<개정 1995.12.30, 1997.1.13, 2000.2.16, 2002.3.7, 2004.3.12, 2005.8.4, 2010.1.25>

1. 대한민국 국민이 아닌 자
2. 미성년자(19세 미만의 자를 말한다. 이하 같다)
3. 제18조(선거권이 없는 자)제1항의 규정에 의하여 선거권이 없는 자
4. 「국가공무원법」 제2조(공무원의 구분)에 규정된 국가공무원과 「지방공무원법」 제2조(공무원의 구분)에 규정된 지방공무원. 다만, 「정당법」 제22조(발기인 및 당원의 자격)제1항제1호 단서의 규정에 의하여 정당의 당원이 될 수 있는 공무원(국회의원과 지방의회의원외의 정무직공무원을 제외한다)은 그러하지 아니하다.
5. 제53조(공무원 등의 입후보)제1항 제2호 내지 제8호에 해당하는 자(제4호 내지 제6호의 경우에는 그 상근직원을 포함한다)
6. 향토예비군 소대장급 이상의 간부
7. 통·리·반의 장 및 읍·면·동주민자치센터(그 명칭에 관계없이 읍·면·동사무소 기능전환의 일환으로 조례에 의하여 설치된 각종 문화·복지·편익시설을 총칭한다. 이하 같다)에 설치된 주민자치위원회(주민자치센터의 운영을 위하여 조례에 의하여 읍·면·동사무소의 관할구역별로 두는 위원회를 말한다. 이하 같다)위원
8. 특별법에 의하여 설립된 국민운동단체로서 국가 또는 지방자치단체의 출연 또는 보조를 받는 단체(바르게살기운동협의회·새마을운동협의회·한국자유총연맹을 말한다)의 상근 임·직원 및 이들 단체 등(시·도조직 및 구·시·군조직을 포함한다)의 대표자
9. 삭제 <2005.8.4>

②각급선거관리위원회위원·향토예비군 소대장급 이상의 간부·주민자치위원회위원 또는 통·리·반의 장이 선거사무장, 선거연락소장, 선거사무원, 제62조제4항에 따른 활동보조인, 회계책임자, 연설원, 대담·토론자 또는 투표참관인이나 부재자투표참관인이 되고자 하는 때에는 선거일 전 90일(선거일 전 90일 후에 실시사유가 확정된 보궐선거등에서는 그 선거의 실시사유가 확정된 때부터 5일 이내)까지 그 직을 그만두어야 하며, 선거일 후 6월 이내(주민자치위원회위원은 선거일까지)에는 종전의 직에 복직될 수 없다. 이 경우 그만둔 것으로 보는 시기에 관하여는 제53조제4항을 준용한다.
<개정 2002.3.7, 2008.2.29, 2010.1.25, 2011.7.28>

제60조의2 【예비후보자등록】 ①예비후보자가 되려는 사람(비례대표국회의원선거 및 비례대표지방의회의원선거는 제외한다)은 다음 각 호에서 정하는 날(그 날후에 실시사유가 확정된

보궐선거등에 있어서는 그 선거의 실시사유가 확정된 때)부터 관할선거구선거관리위원회에 예비후보자등록을 서면으로 신청하여야 한다.
<개정 2005.8.4, 2010.1.25>

1. 대통령선거
   선거일 전 240일
2. 지역구국회의원선거 및 시·도지사선거
   선거일 전 120일
3. 지역구시·도의회의원선거, 자치구·시의 지역구의회의원 및 장의 선거
   선거기간개시일 전 90일
4. 군의 지역구의회의원 및 장의 선거
   선거기간개시일 전 60일

②제1항에 따라 예비후보자등록을 신청하는 사람은 다음 각 호의 서류를 제출하여야 하며, 제56조제1항 각 호에 따른 해당 선거 기탁금의 100분의 20에 해당하는 금액을 중앙선거관리위원회규칙으로 정하는 바에 따라 관할선거구선거관리위원회에 기탁금으로 납부하여야 한다. <신설 2010.1.25>

1. 중앙선거관리위원회규칙으로 정하는 피선거권에 관한 증명서류
2. 전과기록에 관한 증명서류
3. 제49조제4항제6호에 따른 학력에 관한 증명서(한글번역문을 첨부한다)

③제1항의 등록신청을 받은 선거관리위원회는 지체없이 이를 수리하되, 제2항에 따른 기탁금과 전과기록에 관한 증명서류를 갖추지 아니한 등록신청은 수리할 수 없다. 이 경우 피선거권에 관한 증명서류가 첨부되지 아니한 경우에는 이를 수리하되, 피선거권에 관하여 확인이 필요하다고 인정되는 예비후보자에 대하여는 관계기관의 장에게 필요한 사항을 조회할 수 있으며, 그 조회를 받은 관계기관의 장은 지체없이 해당 사항을 조사하여 회보하여야 한다. <개정 2010.1.25>

④예비후보자등록후에 다음 각 호의 어느 하나에 해당하는 사유가 있는 때에는 그 예비후보자의 등록은 무효로 한다. <개정 2005.8.4, 2010.1.25>

1. 피선거권이 없는 것이 발견된 때

1의2. 제2항제2호에 따른 전과기록에 관한 증명서류를 제출하지 아니한 것이 발견된 때

2. 제53조제1항부터 제3항까지 또는 제5항에 따라 그 직을 가지고 입후보할 수 없는 자에 해당하는 것이 발견된 때
3. 제57조의2제2항 본문 또는 제266조제2항·제3항에 따라 후보자가 될 수 없는 자에 해당하는 것이 발견된 때
4. 다른 법률에 따라 공무담임이 제한되는 사람이나 후보자가 될 수 없는 사람에 해당하는 것이 발견된 때

⑤제52조제3항의 규정은 예비후보자등록에 준용한다. 이 경우 "후보자"는 "예비후보자"로 본다. <개정 2010.3.12>

⑥예비후보자가 사퇴하고자 하는 때에는 직접 당해 선거구선거관리위원회에 서면으로 신고하여야 한다.
<개정 2010.1.25>

⑦제49조에 따라 후보자로 등록한 자는 선거기간개시일 전일까지 예비후보자를 겸하는 것으로 본다. 이 경우 선거운동은 예비후보자의 예에 따른다.
<신설 2005.8.4, 2010.1.25, 2011.7.28>

⑧예비후보자의 전과기록조회 및 회보에 관하여는 제49조제10항을 준용한다. 이 경우 "선거기간개시일 전 150일"은 "선거기간개시일 전 150일(대통령선거의 경우 예비후보자등록신청개시일 전 60일을 말한다)"로 본다.
<신설 2010.1.25>

⑨예비후보자등록신청서의 서식, 피선거권에 관한 증명서류 기타 필요한 사항은 중앙선거관리위원회규칙으로 정

한다. <개정 2010.1.25>
[본조신설 2004.3.12]

제60조의3【예비후보자 등의 선거운동】 ①예비후보자는 다음 각호의 어느 하나에 해당하는 방법으로 선거운동을 할 수 있다.
<개정 2005.8.4, 2008.2.29, 2010.1.25>
① 예비후보자는 다음 각호의 어느 하나에 해당하는 방법으로 선거운동을 할 수 있다. <개정 2005.8.4, 2008.2.29, 2010.1.25, 2011.7.28>

1. 제61조(선거운동기구의 설치)제1항 및 제6항 단서의 규정에 의하여 선거사무소를 설치하거나 그 선거사무소에 간판·현판 또는 현수막을 설치·게시하는 행위
2. 자신의 성명·사진·전화번호·학력(정규학력과 이에 준하는 외국의 교육과정을 이수한 학력을 말한다. 이하 제4호에서 같다)·경력, 그 밖에 홍보에 필요한 사항을 게재한 길이 9센티미터 너비 5센티미터 이내의 명함을 직접 주거나 지지를 호소하는 행위. 다만, 지하철역구내 그 밖에 중앙선거관리위원회규칙으로 정하는 다수인이 왕래하거나 집합하는 공개된 장소에서 주거나 지지를 호소하는 행위는 그러하지 아니하다.
3. 전자우편(컴퓨터 이용자끼리 네트워크를 통하여 문자·음성·화상 또는 동영상 등의 정보를 주고받는 통신시스템을 말한다. 이하 같다)을 이용하여 문자·음성·화상 또는 동영상 기타의 정보를 전송하는 행위
4. 선거구안에 있는 세대수의 100분의 10에 해당하는 수 이내에서 자신의 사진·성명·전화번호·학력·경력, 그 밖에 홍보에 필요한 사항을 게재한 인쇄물(이하 "예비후보자홍보물"이라 한다)을 작성하여 관할 선거관리위원회로부터 발송대상·매수 등을 확인받은 후 선거기간개시일 전 3일까지 중앙선거관리위원회규칙이 정하는 바에 따라 우편발송하는 행위. 이 경우 대통령선거 및 지방자치단체의 장선거의 예비후보자는 표지를 포함한 전체면수의 100분의 50 이상의 면수에 선거공약 및 이에 대한 추진계획으로 각 사업의 목표·우선순위·이행절차·이행기한·재원조달방안을 게재하여야 하며, 이를 게재한 면에는 다른 정당이나 후보자가 되려는 자에 관한 사항을 게재할 수 없다.
5. 선거운동을 위하여 어깨띠 또는 예비후보자임을 나타내는 표지물을 착용하는 행위
6. 전화를 이용하여 송·수화자 간 직접 통화하는 방식으로 지지를 호소하는 행위
7. 문자(문자 외의 음성·화상·동영상 등은 제외한다. 이하 이 호에서 같다)메시지를 이용하여 선거운동정보를 전송하는 행위. 이 경우 문자메시지를 컴퓨터 및 컴퓨터 이용기술을 활용한 자동 동보통신(同報通信)의 방법으로 전송할 수 있는 횟수는 5회를 넘을 수 없다.

②다음 각 호의 어느 하나에 해당하는 사람은 예비후보자의 선거운동을 위하여 제1항제2호에 따른 예비후보자의 명함을 직접 주거나 예비후보자에 대한 지지를 호소할 수 있다.
<개정 2010.1.25>

1. 예비후보자의 배우자와 직계존비속
2. 예비후보자와 함께 다니는 선거사무장·선거사무원 및 제62조제4항에 따른 활동보조인
3. 예비후보자 또는 그의 배우자가 그와 함께 다니는 사람 중에서

지정한 각 1명
③제1항제4호에 따라 예비후보자홍보물을 우편발송하고자 하는 예비후보자는 그 발송통수 이내의 범위 안에서 선거권자인 세대주의 성명·주소(이하 이 조에서 "세대주명단"이라 한다)의 교부를 구·시·군의 장에게 신청할 수 있으며, 신청을 받은 구·시·군의 장은 다른 법률의 규정에 불구하고 지체 없이 그 세대주명단을 작성·교부하여야 한다. <신설 2005.8.4, 2008.2.29>
④제3항의 규정에 따른 세대주명단의 교부신청은 후보자등록기간개시일 전 5일까지 서면으로 신청하여야 하며, 그 작성비용을 함께 납부하여야 한다. <신설 2005.8.4>
⑤제3항의 규정에 따라 교부된 세대주명단의 양도·대여 및 사용의 금지에 관하여는 제46조(명부사본의 교부)제4항의 규정을 준용한다. 이 경우 "선거인명부 또는 부재자신고인명부"는 "세대주명단"으로 본다. <신설 2005.8.4>
⑥예비후보자홍보물의 규격·면수와 작성근거 등의 표시, 어깨띠·표지물의 규격, 세대주명단의 교부신청과 비용납부 그 밖에 필요한 사항은 중앙선거관리위원회규칙으로 정한다.
<신설 2005.8.4, 2008.2.29, 2010.1.25>
[본조신설 2004.3.12]
[제목개정 2005.8.4]

제60조의4【예비후보자공약집】 ①대통령선거 및 지방자치단체의 장선거의 예비후보자는 선거공약 및 이에 대한 추진계획으로 각 사업의 목표·우선순위·이행절차·이행기한·재원조달방안을 게재한 공약집(도서의 형태로 발간된 것을 말하며, 이하 "예비후보자공약집"이라 한다) 1종을 발간·배부할 수 있으며, 이를 배부하려는 때에는 통상적인 방법으로 판매하여야 한다. 다만, 방문판매의 방법으로 판매할 수 없다.
②제1항의 예비후보자가 선거공약 및 그 추진계획에 관한 사항 외에 자신의 사진·성명·학력(정규학력과 이에 준하는 외국의 교육과정을 이수한 학력을 말한다)·경력, 그 밖에 홍보에 필요한 사항을 예비후보자공약집에 게재하는 경우 그 게재면수는 표지를 포함한 전체면수의 100분의 10을 넘을 수 없으며, 다른 정당이나 후보자가 되려는 자에 관한 사항은 예비후보자공약집에 게재할 수 없다.
③예비후보자가 제1항에 따라 예비후보자공약집을 발간하여 판매하려는 때에는 발간 즉시 관할 선거구선거관리위원회에 2권을 제출하여야 한다.
④예비후보자공약집의 작성근거 등의 표시와 제출, 그 밖에 필요한 사항은 중앙선거관리위원회규칙으로 정한다.
[본조신설 2008.2.29]

제61조【선거운동기구의 설치】 ①정당 또는 후보자는 선거운동 기타 선거에 관한 사무를 처리하기 위하여 다음 각호에 따라 선거사무소와 선거연락소를, 예비후보자는 선거사무소를 설치할 수 있다.
<개정 1995.4.1, 1995.5.10, 2000.2.16, 2004.3.12, 2005.8.4>
1. 대통령선거
정당 또는 후보자가 설치하되, 선거사무소 1개소와 시·도 및 구·시·군(하나의 구·시·군이 2 이상의 국회의원지역구로 된 경우에는 국회의원지역구를 말한다. 이하 이 조에서 같다)마다 선거연락소 1개소
2. 지역구국회의원선거
후보자가 설치하되, 당해 국회의원지역구안에 선거사무소 1개소. 다만, 하나의 국회의원지역구가 2 이상의 구·시·군으로 된 경우에는 선거사무소를 두지 아니하는 구·시·군마다 선거연락소 1개소
3. 비례대표국회의원선거 및 비례대표지방의회의원선거

정당이 설치하되, 선거사무소 1개소(비례대표시·도의원선거의 경우에는 비례대표시·도의원후보자명부를 제출한 시·도마다, 비례대표자치구·시·군의원선거의 경우에는 비례대표자치구·시·군의원후보자명부를 제출한 자치구·시·군마다 선거사무소 1개소)

4. 지역구지방의회의원선거
   후보자가 설치하되, 당해 선거구안에 선거사무소 1개소
5. 시·도지사선거
   후보자가 설치하되, 당해 시·도안에 선거사무소 1개소와 당해 시·도안의 구·시·군마다 선거연락소 1개소
6. 자치구·시·군의 장 선거
   후보자가 설치하되, 당해 자치구·시·군안에 선거사무소 1개소. 다만, 자치구가 아닌 구가 설치된 시에 있어서는 선거사무소를 두지 아니하는 구마다 선거연락소 1개소를 둘 수 있으며, 하나의 구·시·군이 2 이상의 국회의원지역구로 된 경우에는 선거사무소를 두지 아니하는 국회의원지역구마다 선거연락소 1개소를 둘 수 있다.

②선거사무소 또는 선거연락소는 시·도 또는 구·시·군의 사무소 소재지가 다른 시·도 또는 구·시·군의 구역안에 있는 때에는 제1항의 규정에 불구하고 그 시·도 또는 구·시·군의 사무소 소재지를 관할하는 시·도 또는 구·시·군의 구역안에 설치할 수 있다.

③정당·정당추천후보자 또는 정당소속 예비후보자의 선거사무소와 선거연락소는 그에 대응하는 정당[제61조의2(정당선거사무소의 설치)의 규정에 의한 정당선거사무소를 포함한다]의 사무소가 있는 때에는 그 사무소에 둘 수 있다. <개정 2004.3.12>

④예비후보자가 제49조(후보자등록 등)의 규정에 의하여 후보자등록을 마친 때에는 당해 예비후보자의 선거사무소는 후보자의 선거사무소로 본다.
<신설 2004.3.12>

⑤선거사무소와 선거연락소는 고정된 장소 또는 시설에 두어야 하며, 「식품위생법」에 의한 식품접객영업소 또는 「공중위생관리법」에 의한 공중위생영업소안에 둘 수 없다.
<개정 2000.2.16, 2005.8.4>

⑥선거사무소와 선거연락소에는 중앙선거관리위원회규칙으로 정하는 바에 따라 선거운동을 위한 간판·현판 및 현수막, 제64조의 선거벽보, 제65조의 선거공보, 제66조의 선거공약서 및 후보자의 사진을 첩부할 수 있다. 다만, 예비후보자의 선거사무소에는 간판·현판 및 현수막에 한하여 설치·게시할 수 있다. <개정 2010.1.25>

⑦예비후보자가 그 신분을 상실한 때에는 제1항의 규정에 의하여 설치한 선거사무소를 폐쇄하여야 하며, 이를 폐쇄하지 아니한 경우 선거구선거관리위원회는 당해 예비후보자에게 즉시 선거사무소의 폐쇄를 명하여야 한다.
<신설 2004.3.12>

제61조의2 【정당선거사무소의 설치】

①정당은 선거에 있어서 당해 선거에 관한 정당의 사무를 처리하기 위하여 다음 각 호에서 정하는 날(그 날후에 실시사유가 확정된 보궐선거등에 있어서는 그 선거의 실시사유가 확정된 때)부터 선거일후 30일까지 선거구안에 있는 구·시·군(하나의 구·시·군이 2 이상의 국회의원 지역구로 된 경우에는 국회의원지역구)마다 1개소의 정당선거사무소를 설치할 수 있다.
<개정 2005.8.4>

1. 대통령선거
   선거일 전 240일
2. 국회의원선거 및 시·도지사선거
   선거일 전 120일
3. 지방의회의원선거 및 자치구·시·

군의 장선거
선거기간개시일 전 60일

②정당선거사무소에는 당원중에서 소장 1인을 두어야 하며, 2인 이내의 유급사무직원을 둘 수 있다.

③중앙당 또는 시·도당의 대표자는 정당선거사무소를 설치하는 때에는 지체없이 관할선거관리위원회에 다음 각호의 사항을 서면으로 신고하여야 한다. 이 경우 신고사항의 변경이 있는 때에는 지체없이 그 변경사항을 신고하여야 한다. <개정 2005.8.4>

1. 설치연월일
2. 사무소의 소재지와 명칭
3. 소장의 성명·주소·주민등록번호
4. 사무소인(印)

④정당선거사무소에는 중앙선거관리위원회규칙으로 정하는 바에 따라 정당의 홍보에 필요한 사항을 게재한 간판·현판·현수막을 설치·게시할 수 있다. <개정 2010.1.25>

⑤정당선거사무소의 소장은 이 법 또는 다른 법률의 규정에 의한 신고·신청·제출·보고·추천 등에 관하여 당해 정당을 대표한다.

⑥정당은 선거일후 30일이 지난 때에는 제1항의 규정에 의한 정당선거사무소를 즉시 폐쇄하여야 한다.

⑦제61조(선거운동기구의 설치)제2항 및 제5항의 규정은 정당선거사무소에 이를 준용한다. 이 경우 "선거사무소 또는 선거연락소"와 "선거사무소와 선거연락소"는 "정당선거사무소"로 본다.
[본조신설 2004.3.12]

第62條 【선거사무관계자의 선임】

①제61조(선거운동기구의 설치)의 선거사무소와 선거연락소를 설치한 자는 선거운동을 할 수 있는 자중에서 선거사무소에 선거사무장 1인을, 선거연락소에 선거연락소장 1인을 두어야 한다.

②선거사무장 또는 선거연락소장은 선거에 관한 사무를 처리하기 위하여 선거운동을 할 수 있는 자중에서 다음 각호에 의하여 선거사무원(제135조제1항 본문에 따른 수당과 실비를 지급받는 선거사무원을 말한다. 이하 같다)을 둘 수 있다.
<개정 1995.4.1, 1995.12.30, 1997.1.13, 1998.4.30, 2000.2.16, 2005.8.4, 2010.1.25>

1. 대통령선거
선거사무소에 시·도수의 6배수 이내와 시·도선거연락소에 당해 시·도안의 구·시·군(하나의 구·시·군이 2 이상의 국회의원지역구로 된 경우에는 국회의원지역구를 말한다. 이하 이 항에서 같다)수(그 구·시·군수가 10 미만인 때에는 10인)이내 및 구·시·군선거연락소에 당해 구·시·군안의 읍·면·동수 이내
2. 지역구국회의원선거 및 자치구·시·군의 장선거
선거사무소와 선거연락소를 두는 구·시·군 안의 읍·면·동수의 3배수에 5를 더한 수 이내(선거연락소를 두지 아니하는 경우에는 선거연락소에 둘 수 있는 선거사무원의 수만큼 선거사무소에 더 둘 수 있다)
3. 비례대표국회의원선거
선거사무소에 시·도수의 2배수 이내
4. 지역구시·도의원선거
선거사무소에 10인 이내
5. 비례대표시·도의원선거
선거사무소에 당해 시·도안의 구·시·군의 수(산정한 수가 20 미만인 때에는 20인) 이내
6. 시·도지사선거
선거사무소에 당해 시·도안의 구·시·군의 수(그 구·시·군수가 10 미만인 때에는 10인) 이내와 선거연락소에 당해 구·시·군안의 읍·면·동수 이내

7. 지역구자치구·시·군의원선거
   선거사무소에 8명 이내
8. 비례대표자치구·시·군의원선거
   선거사무소에 당해 자치구·시·군 안의 읍·면·동수 이내

③예비후보자는 선거운동을 할 수 있는 자중에서 제1항에 따른 선거사무장을 포함하여 다음 각 호에 따른 수의 선거사무원을 둘 수 있다.
<신설 2004.3.12, 2005.8.4, 2010.1.25>

1. 대통령선거
   10인 이내
2. 시·도지사선거
   5인 이내
3. 지역구국회의원선거 및 자치구·시·군의 장선거
   3인 이내
4. 지역구지방의회의원선거
   2인 이내

④중앙선거관리위원회규칙으로 정하는 장애인 예비후보자·후보자는 그의 활동을 보조하기 위하여 선거운동을 할 수 있는 사람 중에서 1명의 활동보조인(이하 "활동보조인"이라 한다)을 둘 수 있다. 이 경우 활동보조인은 제2항 및 제3항에 따른 선거사무원수에 산입하지 아니한다. <신설 2010.1.25>

⑤제135조제1항 단서의 규정에 의하여 수당을 지급받을 수 없는 정당의 유급사무직원, 국회의원과 그 보좌관·비서관·비서 또는 지방의회의원은 선거사무원이 된 경우에도 제2항의 선거사무원수에는 산입하지 아니한다.
<개정 2000.2.16, 2010.1.25>

⑥선거사무장을 두지 아니한 경우에는 후보자(제2항제1호·제3호·제5호 및 제8호의 경우에는 정당의 회계책임자) 또는 예비후보자가 선거사무장을 겸한 것으로 본다.
<개정 2004.3.12, 2005.8.4, 2010.1.25>

⑦같은 선거에 있어서는 2 이상의 정당·예비후보자 또는 후보자가 동일인을 함께 선거사무장·선거연락소장 또는 선거사무원으로 선임할 수 없다.
<개정 1995.4.1, 2004.3.12, 2010.1.25>

⑧누구든지 이 법에 규정되지 아니한 방법으로 인쇄물·시설물, 그 밖의 광고물을 이용하여 선거운동을 하는 사람을 모집할 수 없다. <개정 2010.1.25>

제63조 【선거운동기구 및 선거사무관계자의 신고】 ①정당·후보자 또는 예비후보자가 선거사무소와 선거연락소를 설치·변경한 때와 정당·후보자·예비후보자·선거사무장 또는 선거연락소장이 선거사무장·선거연락소장·선거사무원 또는 활동보조인(이하 이 조에서 "선거사무장등"이라 한다)을 선임하거나 해임한 때에는 지체없이 관할선거관리위원회에 서면으로 신고하여야 한다. 이 경우 교체선임할 수 있는 선거사무원수는 최초의 선임을 포함하여 제62조제2항 또는 제3항에 따른 선거사무원수의 2배수를 넘을 수 없다.
<개정 2004.3.12, 2010.1.25>

②선거사무장등(회계책임자를 포함한다)은 해당 선거관리위원회가 교부하는 표지를 패용하고 선거운동을 하여야 한다. <개정 2010.1.25>

③선거관리위원회는 제2항에 따른 표지의 교부신청을 받은 때에는 즉시 이를 교부하여야 한다.
<개정 2010.1.25>

④선거사무소와 선거연락소의 설치신고서, 선거사무장등의 선임신고서, 선거사무장등(회계책임자를 포함한다)의 표지 및 그 표지 분실 시 처리절차, 그 밖에 필요한 사항은 중앙선거관리위원회규칙으로 정한다.
<개정 2010.1.25>

제64조 【선거벽보】 ①선거운동에 사용하는 선거벽보에는 후보자의 사진(후보자만의 사진을 말한다)·성명·기호(제150조에 따라 투표용지에 인쇄할 정당 또는 후보자의 게재순위를 말한

다. 이하 같다)·정당추천후보자의 소속정당명(무소속후보자는 "무소속"이라 표시한다)·경력[학력을 게재하는 경우에는 정규학력과 이에 준하는 외국의 교육과정을 이수한 학력외에는 게재할 수 없다. 이 경우 정규학력을 게재하는 경우에는 졸업 또는 수료당시의 학교명(중퇴한 경우에는 수학기간을 함께 기재하여야 한다)을 기재하고, 정규학력에 준하는 외국의 교육과정을 이수한 학력을 게재하는 때에는 그 교육과정명과 수학기간 및 학위를 취득한 때의 취득학위명을 기재하여야 하며, 정규학력의 최종학력과 외국의 교육과정을 이수한 학력은 제49조제4항제6호에 따라 학력증명서를 제출한 학력에 한하여 게재할 수 있다. 이하 같다]·정견 및 소속정당의 정강·정책 그 밖의 홍보에 필요한 사항(지역구국회의원선거에 있어서는 비례대표국회의원후보자명단을, 지역구시·도의원선거에 있어서는 비례대표시·도의원후보자 명단을, 지역구자치구·시·군의원선거에 있어서는 비례대표자치구·시·군의원후보자명단을 포함하며, 후보자외의 자의 인물사진을 제외한다)을 게재하여 동에 있어서는 인구 500명에 1매, 읍에 있어서는 인구 250명에 1매, 면에 있어서는 인구 100명에 1매의 비율을 한도로 작성·첩부한다. 다만, 인구밀집상태 및 첩부장소등을 감안하여 중앙선거관리위원회규칙으로 정하는 바에 따라 인구 1천명에 1매의 비율까지 조정할 수 있다. <개정 1995.4.1, 1995.12.30, 1997.1.13, 1997.11.14, 1998.4.30, 2000.2.16, 2002.3.7, 2004.3.12, 2005.8.4, 2010.1.25>

②제1항에 따른 선거벽보는 후보자(비례대표국회의원후보자와 비례대표지방의회의원후보자를 제외하며, 대통령선거에 있어서 정당추천후보자의 경우에는 그 추천정당을 말한다. 이하 이 조에서 같다)가 작성하여 대통령선거는 후보자등록마감일 후 3일(제51조에 따른 추가등록의 경우에는 추가등록마감일 후 2일 이내를 말한다)까지, 국회의원선거와 지방자치단체의 의회의원 및 장의 선거는 후보자등록마감일 후 7일까지 첩부할 지역을 관할하는 구·시·군선거관리위원회에 제출하고, 해당 구·시·군선거관리위원회가 이를 확인하여 선거벽보 제출마감일후 2일(대통령선거와 섬 및 산간오지지역의 경우는 3일)까지 첩부한다. 이 경우 선거벽보의 일부를 제출하지 아니할 때에는 선거벽보를 첩부하지 아니할 지역(투표구를 단위로 한다)을 지정하여 선거벽보의 제출시에 서면으로 신고하여야 하고, 선거벽보를 첩부하지 아니할 지역을 신고하지 아니한 때에는 해당 구·시·군선거관리위원회가 그 지역을 지정한다. <개정 1995.4.1, 2000.2.16, 2005.8.4, 2010.1.25, 2011.7.28>

③관할선거구선거관리위원회는 제2항에 따라 후보자가 작성하여 보관 또는 제출할 선거벽보의 수량을 선거기간개시일전 10일까지 공고하여야 한다. 이 경우 중앙선거관리위원회규칙으로 정하는 바에 따라 일정한 수량을 가산할 수 있다.
<개정 1995.12.30, 2004.3.12, 2010.1.25>

④후보자가 제2항에 따른 제출마감일까지 선거벽보를 제출하지 아니한 때와 규격을 넘거나 미달하는 선거벽보를 제출한 때에는 그 선거벽보는 첩부하지 아니한다. <개정 2010.1.25>

⑤제2항에 따라 제출된 선거벽보는 정정 또는 철회할 수 없다. 다만, 후보자는 선거벽보에 게재된 후보자의 성명·기호·소속 정당명과 경력·학력·학위·상벌(이하 "경력등"이라 한다)이 거짓으로 게재되어 있거나 이 법에 위반되는 내용이 게재되어 있음을 이유로 해당 선거구선거관리위원회에 서면으로 정정 또는 삭제를 요청할 수 있으며, 그 요청을 받은 선거구선거관리위원회는 제2항에 따른 선거벽보 제출마감일까

지 그 내용을 정정 또는 삭제하게 할 수 있다. 이 경우 해당 내용을 정정 또는 삭제하는 외에 새로운 내용을 추가하거나 종전의 배열방법·색상·규격 등을 변경할 수 없다.
<개정 2010.1.25>
⑥누구든지 선거벽보의 내용 중 경력 등에 관한 거짓 사실의 게재를 이유로 이의제기를 하는 때에는 해당 선거구 선거관리위원회를 거쳐 직근 상급선거관리위원회에 서면으로 하여야 하고, 이의제기를 받은 상급선거관리위원회는 후보자와 이의제기자에게 그 증명서류의 제출을 요구할 수 있으며, 그 증명서류의 제출이 없거나 거짓 사실임이 판명된 때에는 그 사실을 공고하여야 한다. <신설 2010.1.25>
⑦관할선거구선거관리위원회는 제1항의 선거벽보에 다른 후보자, 그의 배우자 또는 직계존·비속이나 형제자매의 사생활에 대한 사실을 적시하여 비방하는 내용이 이 법에 위반된다고 인정하는 때에는 이를 고발하고 공고하여야 한다. <개정 2010.1.25>
⑧선거벽보를 인쇄하는 인쇄업자는 제3항의 선거벽보의 수량외에는 이를 인쇄하여 누구에게도 제공할 수 없다.
<개정 2010.1.25>
⑨후보자는 관할구·시·군선거관리위원회가 첩부한 선거벽보가 오손되거나 훼손되어 보완첩부하고자 하는 때에는 제3항에 따라 공고된 수량의 범위에서 그 선거벽보 위에 덧붙여야 한다.
<신설 1995.12.30, 2010.1.25>
⑩제1항에 따라 선거벽보를 첩부하는 경우에 첩부장소가 있는 토지·건물 그 밖의 시설물의 소유자 또는 관리자는 특별한 사유가 없는 한 선거벽보의 첩부에 협조하여야 한다.
<개정 2010.1.25>
⑪선거벽보 내용의 정정·삭제 신청, 수량공고·규격·작성·제출·확인·첩부·경력 등에 관한 허위사실이나 사생활비방으로 인한 고발사실의 공고 그 밖에 필요한 사항은 중앙선거관리위원회규칙으로 정한다.
<개정 2000.2.16, 2010.1.25>
[제목개정 2010.1.25]

제65조【선거공보】 ①후보자(대통령선거에 있어서 정당추천후보자와 비례대표국회의원선거 및 비례대표지방의회의원선거의 경우에는 그 추천정당을 말한다. 이하 이 조에서 같다)는 선거운동을 위하여 책자형 선거공보 1종(대통령선거에서는 전단형 선거공보 1종을 포함한다)을 작성할 수 있다.
<개정 2010.1.25>
②제1항의 규정에 따른 책자형 선거공보는 대통령선거에 있어서는 16면 이내로, 국회의원선거 및 지방자치단체의 장선거에 있어서는 12면 이내로, 지방의회의원선거에 있어서는 8면 이내로 작성하고, 전단형 선거공보는 1매(양면에 게재할 수 있다)로 작성한다.
③제1항의 규정에 따른 책자형 선거공보의 수량은 당해 선거구 안의 세대수와 부재자신고인명부에 올라 있는 선거인수를 합한 수에 상당하는 수 이내로, 전단형 선거공보의 수량은 당해 선거구 안의 세대수에 상당하는 수 이내로 한다.
④후보자는 제1항의 규정에 따른 선거공보 외에 시각장애선거인(선거인으로서 「장애인복지법」 제32조에 따라 등록된 시각장애인을 말한다. 이하 이 조에서 같다)을 위한 선거공보(이하 "점자형 선거공보"라 한다) 1종을 작성할 수 있다. 이 경우 제2항에 따른 책자형 선거공보의 면수 이내에서 작성하여야 한다.<
개정 2008.2.29, 2010.1.25>
⑤선거공보의 제출과 발송은 다음 각 호에 따른다.
<개정 2010.1.25, 2011.7.28>

1. 대통령선거
   가. 책자형 선거공보(점자형 선거공보를 포함한다)
   후보자가 후보자등록마감일 후 6일(제51조에 따른 추가등록의 경우에는 추가등록마감일 후 2일)까지 배부할 지역을 관할하는 구·시·군선거관리위원회에 제출하고 당해 선거관리위원회가 이를 확인하여 관할 구역 안의 매세대에는 제출마감일 후 3일까지 우편으로 발송하고, 부재자신고인명부에 올라 있는 선거인에게는 제154조에 따른 부재자투표용지를 발송하는 때에 이를 동봉하여 발송한다.
   나. 전단형 선거공보
   후보자가 후보자등록마감일 후 12일까지 배부할 지역을 관할하는 구·시·군선거관리위원회에 제출하고 당해 선거관리위원회가 이를 확인하여 제153조(투표안내문의 발송)의 규정에 따른 투표안내문을 발송하는 때에 이를 동봉하여 발송한다. 이 경우 선거인명부 확정결과 책자형 선거공보를 발송하지 아니한 세대가 있는 때에는 그 세대에 이를 전단형 선거공보와 함께 추가로 발송하여야 한다.
2. 국회의원선거, 지방자치단체의 의회의원 및 장의 선거
   가. 부재자신고인명부에 올라 있는 선거인
   후보자가 후보자등록마감일 후 3일까지 배부할 지역을 관할하는 구·시·군선거관리위원회에 제출하고 당해 선거관리위원회가 이를 확인하여 제154조의 규정에 따라 부재자투표용지를 발송하는 때에 이를 동봉하여 발송한다.
   나. 매세대
   후보자가 후보자등록마감일 후 6일까지 배부할 지역을 관할하는 구·시·군선거관리위원회에 제출하고 당해 선거관리위원회가 이를 확인하여 제153조의 규정에 따라 투표안내문을 발송하는 때에 이를 동봉하여 발송한다.

⑥구·시·군의 장은 제4항의 규정에 따른 시각장애선거인과 그 세대주의 성명·주소를 조사하여 선거기간개시일 전 20일까지 관할구·시·군선거관리위원회에 통보하여야 한다.

⑦대통령선거, 지역구국회의원선거, 지역구지방의회의원선거 및 지방자치단체의 장선거에서 책자형 선거공보(점자형 선거공보를 포함한다)를 제출하는 경우에는 중앙선거관리위원회규칙으로 정하는 바에 따라 다음 각 호에 따른 내용(이하 이 조에서 "후보자정보공개자료"라 한다)을 그 둘째 면에 게재하여야 하며, 후보자정보공개자료에 대하여 소명이 필요한 사항은 그 소명자료를 함께 게재할 수 있다. 이 경우 그 둘째 면에는 후보자정보공개자료와 그 소명자료만을 게재하여야 하며, 점자형 선거공보에 게재하는 후보자정보공개자료의 내용은 책자형 선거공보에 게재하는 내용과 똑같아야 한다. <개정 2006.3.2, 2010.1.25, 2011.7.28>

1. 재산상황
   후보자, 후보자의 배우자 및 직계존·비속(혼인한 딸과 외조부모 및 외손자녀를 제외한다. 이하 제3호에서 같다)의 각 재산총액
2. 병역사항
   후보자 및 후보자의 직계비속의 군별·계급·복무기간·복무분야·병역처분사항 및 병역처분사유
   [「공직자 등의 병역사항 신고 및 공개에 관한 법률」 제8조(신고사항의 공개)제3항의 규정에 따라 질병명 또는 심신장애내용의 비공

개를 요구하는 경우에는 이를 제외한다]

3. 최근 5년간 소득세·재산세·종합부동산세 납부 및 체납실적
후보자, 후보자의 배우자 및 직계존·비속의 연도별 납부액, 연도별 체납액(10만원 이하 또는 3월 이내의 체납은 제외한다) 및 완납시기[제49조(후보자등록 등)제4항제4호의 규정에 따라 제출한 원천징수소득세를 포함하되, 증명서의 제출을 거부한 후보자의 직계존속의 납부 및 체납실적은 제외한다]

4. 전과기록
죄명과 그 형 및 확정일자

5. 직업·학력·경력 등 인적사항
후보자등록신청서에 기재된 사항

⑧후보자가 제11항에 따라 공고한 책자형 선거공보 제출수량의 전부 또는 일부를 제출하지 아니하는 때에는 후보자정보공개자료를 별도로 작성하여 제5항에 따라 책자형 선거공보의 제출마감일까지 제출하여야 하며, 제출받은 후보자정보공개자료는 제5항에 따라 책자형 선거공보를 발송하는 때에 함께 발송한다. 이 경우 별도로 작성한 후보자정보공개자료를 그 제출마감일까지 제출하지 못한 정당한 사유가 있는 때에는 책자형 선거공보의 발송전까지 이를 제출할 수 있으며, 점자형 선거공보의 전부 또는 일부를 제출하지 아니하는 때에는 점자형 선거공보의 제출마감일까지 점자형 후보자정보공개자료를 별도로 작성하여 제출할 수 있다. <개정 2010.1.25>

⑨제1항의 규정에 불구하고 관할선거구선거관리위원회는 후보자로 하여금 책자형선거공보 원고를 제49조의 규정에 따라 후보자등록을 신청하는 때에 당해 선거관리위원회가 제공하는 서식에 따라 컴퓨터의 자기디스크 그 밖에 이와 유사한 매체에 기록하여 제출하게 하거나 당해 선거관리위원회가 지정하는 인터넷홈페이지에 입력하는 방법으로 제출하게 한 후 제150조(투표용지의 정당·후보자의 게재순위등)의 규정에 따라 투표용지에 게재할 후보자의 기호순에 따라 선거공보를 1책으로 작성하여 발송할 수 있다. 이 경우 선거공보의 인쇄비용은 후보자가 부담하여야 한다. <개정 2008.2.29>

⑩구·시·군선거관리위원회는 제7항을 위반하여 책자형 선거공보(점자형 선거공보는 제외한다. 이하 이 항에서 같다)에 후보자정보공개자료를 게재하지 아니하거나, 책자형 선거공보의 둘째 면이 아닌 다른 면(둘째 면이 부족하여 셋째 면에 연이어 게재한 경우는 제외한다)에 후보자정보공개자료를 게재하거나, 그 둘째 면에 후보자정보공개자료와 그 소명자료 외의 다른 내용을 게재하거나, 선거공보의 규격·제출기한을 위반한 때에는 이를 접수하지 아니한다. <신설 2010.1.25>

⑪제64조제2항 후단부터 제8항까지의 규정은 선거공보에 이를 준용한다. 이 경우 "선거벽보"는 "선거공보"로, "첩부하지 아니할 지역"은 "발송하지 아니할 대상 및 지역"으로, "첩부"는 "발송"으로, "규격을 넘거나 미달하는"은 "규격을 넘는"으로, "경력·학력·학위·상벌(이하 "경력등"이라 한다)"은 "경력등이나 후 보자정보공개자료"로 본다. <개정 2008.2.29, 2010.1.25>

⑫선거공보의 규격·작성·제출·확인·발송 및 공고, 후보자정보공개자료의 게재방법과 선거공보의 원고 및 인쇄비용의 산정·납부 그 밖에 필요한 사항은 중앙선거관리위원회규칙으로 정한다. <개정 2008.2.29, 2010.1.25>

[전문개정 2005.8.4]

제66조【선거공약서】 ①대통령선거 및 지방자치단체의 장선거의 후보자(대통령선거에 있어서 정당추천후보자

의 경우에는 그 추천정당을 말한다. 이하 제2항 및 제5항을 제외하고 이 조에서 같다)는 선거운동을 위하여 선거공약 및 그 추진계획을 게재한 인쇄물(이하 "선거공약서"라 한다) 1종을 작성할 수 있다. <개정 2008.2.29>
②선거공약서에는 선거공약 및 이에 대한 추진계획으로 각 사업의 목표·우선순위·이행절차·이행기한·재원조달방안을 게재하여야 하며, 다른 정당이나 후보자에 관한 사항을 게재할 수 없다. 이 경우 선거공약 및 그 추진계획에 관한 사항 외의 후보자의 사진·성명·기호·학력·경력, 그 밖에 홍보에 필요한 사항은 제3항에 따른 면수 중 1면 이내에서 게재할 수 있다.
<개정 2008.2.29>
③선거공약서는 대통령선거에 있어서는 32면 이내로, 시·도지사선거에 있어서는 16면 이내로, 자치구·시·군의 장선거에 있어서는 12면 이내로 작성한다. <개정 2008.2.29>
④선거공약서의 수량은 해당 선거구안에 있는 세대수의 100분의 10에 해당하는 수 이내로 한다.
<개정 2008.2.29>
⑤후보자와 그 가족, 선거사무장, 선거연락소장, 선거사무원, 회계책임자 및 후보자와 함께 다니는 활동보조인은 선거공약서를 배부할 수 있다. 다만, 우편발송(점자형 선거공약서는 제외한다)·호별방문이나 살포(특정 장소에 비치하는 방법을 포함한다)의 방법으로 선거공약서를 배부할 수 없다.
<개정 2008.2.29, 2010.1.25>
⑥후보자가 선거공약서를 배부하고자 하는 때에는 배부일 전일까지 2부를 첨부하여 작성수량·작성비용 및 배부방법 등을 관할선거구선거관리위원회에 서면으로 신고하여야 하며, 배부전까지 배부할 지역을 관할하는 구·시·군선거관리위원회에 각 2부를 제출하여야 한다. <개정 2008.2.29>
⑦관할선거구선거관리위원회는 선거공약서를 선거관리위원회의 인터넷홈페이지에 게시하는 등 선거구민이 알 수 있도록 이를 공개할 수 있으며, 당선인 결정 후에는 당선인의 선거공약서를 그 임기만료일까지 선거관리위원회의 인터넷홈페이지 또는 중앙선거관리위원회가 지정하는 인터넷홈페이지에 게시할 수 있다. 이 경우 후보자로 하여금 그 전산자료 복사본을 제출하게 하거나 그 내용을 요약하여 제출하게 할 수 있다. <개정 2008.2.29>
⑧제64조제3항·제8항 및 제65조제4항은 선거공약서에 관하여 각각 이를 준용한다. 이 경우 "선거벽보" 또는 "책자형 선거공보"는 "선거공약서"로, "작성하여 보관 또는 제출할"은 "작성할"로, "점자형 선거공보"는 "점자형 선거공약서"로 보며, 점자형 선거공약서는 선거공약서와 같은 종류로 본다.
<개정 2010.1.25>
⑨선거공약서의 규격, 작성근거 등의 표시, 신고 및 제출 그 밖의 필요한 사항은 중앙선거관리위원회규칙으로 정한다.
[본조신설 2007.1.3]

제67조【현수막】 ①후보자(비례대표국회의원후보자 및 비례대표지방의회의원후보자를 제외하며, 대통령선거에 있어서 정당추천후보자의 경우에는 그 추천정당을 말한다)는 선거운동을 위하여 당해 선거구안의 읍·면·동마다 1매의 현수막을 게시할 수 있다.
<개정 2005.8.4>
②삭제 <2005.8.4>
③제1항의 현수막의 규격 및 게시방법 등에 관하여 필요한 사항은 중앙선거관리위원회규칙으로 정한다.
[본조신설 2002.3.7]

제68조【어깨띠 등 소품】 ①후보자와 그 배우자(배우자 대신 후보자가

그의 직계존비속 중에서 신고한 1인을 포함한다), 선거사무장, 선거연락소장, 선거사무원, 후보자와 함께 다니는 활동보조인 및 회계책임자는 선거운동기간 중 후보자의 사진·성명·기호 및 소속 정당명, 그 밖의 홍보에 필요한 사항을 게재한 어깨띠나 중앙선거관리위원회규칙으로 정하는 규격 또는 금액 범위의 윗옷(상의)·표찰(標札)·수기(手旗)·마스코트, 그 밖의 소품을 붙이거나 입거나 지니고 선거운동을 할 수 있다.
②누구든지 제1항의 경우를 제외하고는 선거운동기간 중 어깨띠, 모양과 색상이 동일한 모자나 옷, 표찰·수기·마스코트·소품, 그 밖의 표시물을 사용하여 선거운동을 할 수 없다.
③제1항에 따른 어깨띠의 규격 또는 그 밖에 필요한 사항은 중앙선거관리위원회규칙으로 정한다.
[전문개정 2010.1.25]

제69조【신문광고】 ①선거운동을 위한 신문광고는 후보자(대통령선거에 있어서 정당추천후보자와 비례대표국회의원선거의 경우에는 후보자를 추천한 정당을 말한다. 이하 이 조에서 같다)가 다음 각호에 의하여 선거기간개시일부터 선거일전 2일까지 소속정당의 정강·정책이나 후보자의 정견, 정치자금모금(대통령선거에 한한다) 기타 홍보에 필요한 사항을 「신문 등의 진흥에 관한 법률」 제2조(정의)제1호가목 및 나목에 따른 일간신문에 게재할 수 있다. 이 경우 일간신문에의 광고회수의 계산에 있어서는 하나의 일간신문에 1회 광고하는 것을 1회로 본다. <개정 1997.11.14, 2004.3.12, 2005.8.4, 2009.7.31>

1. 대통령선거
   총 70회 이내
2. 비례대표국회의원선거
   총 20회 이내
3. 시·도지사선거
   총 5회 이내. 다만, 인구 300만을 넘는 시·도에 있어서는 300만을 넘는 매 100만까지마다 1회를 더 한다.

②제1항의 광고에는 광고근거와 광고주명을 표시하여야 한다.
<개정 2010.1.25>
③시·도지사선거에 있어서 같은 정당의 추천을 받은 2인 이상의 후보자는 합동으로 광고를 할 수 있다. 이 경우 광고회수는 해당 후보자가 각각 1회의 광고를 한 것으로 보며, 그 비용은 해당 후보자 간의 약정에 의하여 분담하되, 그 분담내역을 광고계약서에 명시하여야 한다. <개정 2010.1.25>
④삭제 <2010.1.25>
⑤후보자가 광고를 하고자 하는 때에는 광고전에 이 법에 의한 광고임을 인정하는 관할선거구선거관리위원회의 인증서를 교부받아 광고를 하여야 하며, 일간신문을 경영·관리하는 자 또는 광고업무를 담당하는 자는 인증서가 첨부되지 아니한 후보자의 광고를 게재하여서는 아니된다.
⑥삭제 <2010.1.25>
⑦삭제 <2000.2.16>
⑧제1항의 규정에 의한 신문광고를 게재하는 일간신문을 경영·관리하는 자는 그 광고비용을 산정함에 있어 선거기간중에 같은 지면에 같은 규격으로 게재하는 상업·문화 기타 각종 광고의 요금중 최저요금을 초과하여 후보자에게 청구하거나 받을 수 없다.
<신설 1998.4.30>
⑨인증서의 서식, 광고근거의 표시, 그 밖에 필요한 사항은 중앙선거관리위원회규칙으로 정한다. <개정 2010.1.25>

제70조【방송광고】 ①선거운동을 위한 방송광고는 후보자(대통령선거에 있어서 정당추천후보자와 비례대표국회의원선거의 경우에는 후보자를 추천

한 정당을 말한다. 이하 이 조에서 같다)가 다음 각 호에 따라 선거운동기간중 소속정당의 정강·정책이나 후보자의 정견 그 밖의 홍보에 필요한 사항을 텔레비전 및 라디오 방송시설[「방송법」에 의한 방송사업자가 관리·운영하는 무선국 및 종합유선방송국(보도전문편성의 방송채널사용사업자의 채널을 포함한다)을 말한다. 이하 이 조에서 같다]을 이용하여 실시할 수 있되, 광고시간은 1회 1분을 초과할 수 없다. 이 경우 광고회수의 계산에 있어서는 재방송을 포함하되, 하나의 텔레비전 또는 라디오 방송시설을 선정하여 당해 방송망을 동시에 이용하는 것은 1회로 본다. <개정 1997.1.13, 1997.11.14, 1998.4.30, 2000.2.16, 2004.3.12, 2005.8.4, 2010.1.25>

1. 대통령선거
   텔레비전 및 라디오 방송별로 각 30회 이내
2. 비례대표국회의원선거
   텔레비전 및 라디오 방송별로 각 15회 이내
3. 시·도지사선거
   지역방송시설을 이용하여 텔레비전 및 라디오 방송별로 각 5회 이내

②삭제 <2000.2.16>

③제1항의 규정에 의한 광고를 실시하는 방송시설의 경영자는 방송광고의 일시와 광고내용 등을 중앙선거관리위원회규칙이 정하는 바에 따라 관할선거구선거관리위원회에 통보하여야 한다.

④제1항의 방송광고는 「방송법」 제73조(방송광고 등)제2항 및 제5항의 규정을 적용하지 아니한다.
<개정 2000.2.16, 2005.8.4>

⑤방송시설을 경영 또는 관리하는 자는 제1항의 방송광고를 함에 있어서 방송시간대와 방송권역 등을 고려하여 모든 후보자에게 공평하게 하여야 하며, 후보자가 신청한 방송시설의 이용일시가 서로 중첩되는 경우에 방송일시의 조정은 중앙선거관리위원회규칙이 정하는 바에 의한다.
<개정 1997.11.14>

⑥후보자는 제1항의 규정에 의한 방송광고에 있어서 청각장애선거인을 위한 수화 또는 자막을 방영할 수 있다.
<신설 2000.2.16>

⑦삭제 <2000.2.16>

⑧제1항의 규정에 의한 방송광고를 행하는 방송시설을 경영·관리하는 자는 그 광고비용을 산정함에 있어 선거기간중 같은 방송시간대에 광고하는 상업·문화 기타 각종 광고의 요금중 최저요금을 초과하여 후보자에게 청구하거나 받을 수 없다. <신설 1998.4.30>

제71조 【후보자 등의 방송연설】 ①후보자와 후보자가 지명하는 연설원은 소속정당의 정강·정책이나 후보자의 정견 기타 홍보에 필요한 사항을 발표하기 위하여 다음 각호에 의하여 선거운동기간중 텔레비전 및 라디오 방송시설[제70조(방송광고)제1항의 규정에 의한 방송시설을 말한다. 이하 이 조에서 같다]을 이용한 연설을 할 수 있다.
<개정 1995.4.1, 1997.1.13, 1997.11.14, 1998.4.30, 2000.2.16, 2004.3.12>

1. 대통령선거
   후보자와 후보자가 지명한 연설원이 각각 1회 20분 이내에서 텔레비전 및 라디오 방송별 각 11회 이내
2. 비례대표국회의원선거
   정당별로 비례대표국회의원후보자중에서 선임된 대표 2인이 각각 1회 10분 이내에서 텔레비전 및 라디오 방송별 각 1회
3. 지역구국회의원선거 및 자치구·시·군의 장 선거
   후보자가 1회 10분 이내에서 지역

방송시설을 이용하여 텔레비전 및 라디오 방송별 각 2회 이내

4. 비례대표시·도의원선거
정당별로 비례대표시·도의원선거구마다 당해 선거의 후보자중에서 선임된 대표 1인이 1회 10분 이내에서 지역방송시설을 이용하여 텔레비전 및 라디오 방송별 각 1회

5. 시·도지사선거
후보자가 1회 10분 이내에서 지역방송시설을 이용하여 텔레비전 및 라디오 방송별 각 5회 이내

②이 법에서 "지역방송시설"이란 해당 시·도의 관할구역 안에 있는 방송시설(도의 경우 해당 도의 구역을 방송권역으로 하는 인접한 특별시 또는 광역시 안에 있는 방송시설을 포함한다)을 말하며, 해당 시·도의 관할 구역 안에 지역방송시설이 없는 시·도로서 서울특별시에 인접한 시·도의 경우 서울특별시 안에 있는 방송시설을 말한다.
<신설 2000.2.16, 2004.3.12, 2007.1.3, 2011.7.28>

③제70조(방송광고)제1항 후단·제6항 및 제8항의 규정은 후보자 등의 방송연설에 이를 준용한다.
<개정 1998.4.30, 2000.2.16>

④제1항에 따라 텔레비전 방송시설을 이용한 방송연설을 하는 경우에는 후보자 또는 연설원이 연설하는 모습, 후보자의 성명·기호·소속 정당명(해당 정당을 상징하는 마크나 심벌의 표시를 포함한다)·경력, 연설요지 및 통계자료 외의 다른 내용이 방영되게 하여서는 아니되며, 후보자 또는 연설원이 방송연설을 녹화하여 방송하고자 하는 때에는 당해 방송시설을 이용하여야 한다.
<신설 1998.4.30, 2000.2.16, 2010.1.25>

⑤방송시설을 경영 또는 관리하는 자는 제1항의 규정에 의한 후보자 또는 연설원의 연설을 위한 방송시설명·이용일시·시간대 등을 선거일전 30일(보궐선거 등에 있어서는 선거인명부작성기간개시일)까지 관할선거구선거관리위원회에 통보하여야 한다.
<개정 2000.2.16, 2004.3.12>

⑥선거구선거관리위원회는 후보자등록신청개시일전 3일까지 제1항의 규정에 의한 연설에 이용할 수 있는 방송시설과 일정을 선거구단위로 미리 지정·공고하고 후보자등록신청시 후보자에게 통지하여야 한다.
<개정 2000.2.16, 2004.3.12>

⑦대통령선거에 있어서 후보자가 제1항의 규정에 의하여 방송시설을 이용한 연설을 하고자 하는 때에는 이용할 방송시설명·이용일시·연설을 할 사람의 성명·소요시간·이용방법 등을 기재한 신청서를 후보자등록마감일후 3일(추가등록의 경우에는 추가등록마감일)까지 중앙선거관리위원회에 서면으로 제출하여야 한다.

⑧제7항의 규정에 의하여 후보자(정당추천후보자는 그 추천정당을 말한다)가 신청한 방송시설의 이용일시가 서로 중첩되는 경우에는 중앙선거관리위원회가 그 일시를 정하되, 그 일시는 모든 후보자에게 공평하여야 한다. 이 경우 후보자가 그 지정된 일시의 24시간 전까지 방송시설이용계약을 하지 아니한 때에는 당해 방송시설을 경영·관리하는 자는 그 시간대에 다른 방송을 할 수 있다.
<개정 1998.4.30, 2000.2.16>

⑨중앙선거관리위원회가 제8항의 규정에 의하여 방송일시를 결정한 때에는 이를 공고하고, 정당 또는 후보자에게 통지하여야 한다.
<개정 1998.4.30, 2000.2.16>

⑩국회의원선거, 비례대표시·도의원선거, 지방자치단체의 장 선거에 있어서 후보자가 제1항제2호 내지 제5호의 규정에 의하여 방송시설을 이용한 연설을 하고자 하는 때에는 당해 방송시설을 경영 또는 관리하는 자와 체결한

방송시설이용계약서 사본을 첨부하여 이용할 방송시설명·이용일시·소요시간·이용방법 등을 방송일전 3일까지 당해 선거구선거관리위원회에 서면으로 신고하여야 한다.
<개정 1995.4.1, 1997.1.13, 1998.4.30>
⑪방송시설을 경영 또는 관리하는 자는 제1항의 방송시설을 이용한 연설에 협조하여야 하며, 방송시간대와 방송권역 등을 고려하여 모든 후보자에게 공평하게 하여야 한다.
<개정 1997.11.14>
⑫「방송법」에 따른 종합유선방송사업자(보도전문편성의 방송채널사용사업자를 포함한다)·중계유선방송사업자 및 인터넷언론사는 후보자 등의 방송연설을 중계방송할 수 있다. 이 경우 방송연설을 행한 모든 후보자에게 공평하게 하여야 한다.
<개정 2000.2.16, 2005.8.4, 2008.2.29>
⑬방송시설을 이용한 연설신청서의 서식·중첩된 방송일시의 조정방법 기타 필요한 사항은 중앙선거관리위원회규칙으로 정한다. <개정 2000.2.16>

제72조 【방송시설주관 후보자연설의 방송】 ①텔레비전 및 라디오 방송시설[제70조(방송광고)제1항의 규정에 의한 방송시설을 말한다. 이하 이 조에서 같다]이 그의 부담으로 제71조(후보자 등의 방송연설)의 규정에 의한 후보자 등의 방송연설외에 선거운동기간중 정당 또는 후보자를 선거인에게 알리기 위하여 후보자(비례대표국회의원선거 및 비례대표지방의회의원선거에 있어서는 그 추천정당이 당해 선거의 후보자중에서 선임한 자를 말한다. 이하 제3항에서 같다)의 연설을 방송하고자 하는 때에는 내용을 편집하지 아니한 상태에서 방송하여야 하며, 선거구단위로 모든 정당 또는 후보자에게 공평하게 하여야 한다. 다만, 정당 또는 후보자가 그 연설을 포기한 때에는 그러하지 아니하다.
<개정 1995.4.1, 1997.11.14, 2000.2.16, 2002.3.7, 2004.3.12, 2005.8.4>
②제1항의 규정에 의한 후보자 연설의 방송에 있어서는 청각장애선거인을 위하여 수화 또는 자막을 방영할 수 있다. <신설 2000.2.16>
③방송시설을 경영 또는 관리하는 자가 제1항의 규정에 의하여 후보자의 연설을 방송하고자 하는 때에는 그 방송일전 2일까지 방송시설명·방송일시·소요시간 등을 중앙선거관리위원회규칙이 정하는 바에 따라 관할선거구선거관리위원회에 통보하여야 한다.
④제71조제12항의 규정은 방송시설주관 후보자연설의 방송에 이를 준용한다. <개정 1998.4.30>

제73조 【경력방송】 ①한국방송공사는 대통령선거·국회의원선거 및 지방자치단체의 장 선거에 있어서 선거운동기간중 텔레비전과 라디오 방송시설을 이용하여 후보자마다 매회 2분 이내의 범위안에서 관할선거구선거관리위원회가 제공하는 후보자의 사진·성명·기호·연령·소속정당명(무소속후보자는 "무소속"이라 한다) 및 직업 기타 주요한 경력을 선거인에게 알리기 위하여 방송하여야 한다. 이 경우 대통령선거가 아닌 선거에 있어서는 그 지역방송시설을 이용하여 실시할 수 있다. <개정 1997.1.13, 2000.2.16>
②제1항의 경력방송 회수는 텔레비전 및 라디오 방송별로 다음 각호의 1에 의한다. <개정 2000.2.16>
1. 대통령선거
   각 8회 이상
2. 국회의원선거 및 자치구·시·군의 장 선거
   각 2회 이상
3. 시·도지사선거
   각 3회 이상

③경력방송을 하는 때에는 그 회수와

내용이 선거구 단위로 모든 후보자에게 공평하게 하여야 하며, 그 비용은 한국방송공사가 부담한다.
④제71조(후보자 등의 방송연설)제12항 및 제72조(방송시설주관 후보자연설의 방송)제2항의 규정은 경력방송에 이를 준용한다. <개정 2000.2.16>
⑤경력방송 원고의 관할선거구선거관리위원회에의 제출 및 경력방송실시의 통보 기타 필요한 사항은 중앙선거관리위원회규칙으로 정한다.

제74조 【방송시설주관 경력방송】
①한국방송공사외의 텔레비전 및 라디오 방송시설[제70조(방송광고)제1항의 규정에 의한 방송시설을 말한다. 이하 이 조에서 같다]이 그의 부담으로 후보자의 경력을 방송하고자 하는 때에는 관할선거구선거관리위원회가 제공하는 내용에 의하되, 선거구 단위로 모든 후보자에게 공평하게 하여야 한다. <개정 1997.11.14, 2000.2.16>
②제71조(후보자 등의 방송연설)제12항 및 제72조(방송시설주관 후보자연설의 방송)제2항 및 제3항의 규정은 방송시설주관 경력방송에 이를 준용한다. <개정 1998.4.30, 2000.2.16>

제75조 삭제 <2004.3.12>

제76조 삭제 <2004.3.12>

제77조 삭제 <2004.3.12>

제78조 삭제 <2004.3.12>

제79조 【공개장소에서의 연설·대담】
①후보자(비례대표국회의원후보자 및 비례대표지방의회의원후보자는 제외한다. 이하 이 조에서 같다)는 선거운동기간 중에 소속 정당의 정강·정책이나 후보자의 정견, 그 밖에 필요한 사항을 홍보하기 위하여 공개장소에서의 연설·대담을 할 수 있다.
<개정 2010.1.25>
②제1항에서 "공개장소에서의 연설·대담"이라 함은 후보자·선거사무장·선거연락소장·선거사무원(이하 이 조에서 "후보자등"이라 한다)과 후보자등이 선거운동을 할 수 있는 사람 중에서 지정한 사람이 도로변·광장·공터·주민회관·시장 또는 점포, 그 밖에 중앙선거관리위원회규칙으로 정하는 다수인이 왕래하는 공개장소를 방문하여 정당이나 후보자에 대한 지지를 호소하는 연설을 하거나 청중의 질문에 대답하는 방식으로 대담하는 것을 말한다.
<개정 2010.1.25>
③공개장소에서의 연설·대담을 위하여 다음 각 호의 구분에 따라 자동차와 이에 부착된 확성장치 및 휴대용 확성장치를 각각 사용할 수 있다.
<개정 1995.4.1, 1995.12.30, 1997.11.14, 1998.4.30, 2000.2.16, 2005.8.4, 2010.1.25>

1. 대통령선거
   후보자와 시·도 및 구·시·군선거연락소마다 각 1대·각 1조
2. 지역구국회의원선거 및 시·도지사선거
   후보자와 구·시·군선거연락소마다 각 1대·각 1조
3. 지역구지방의회의원선거 및 자치구·시·군의 장선거
   후보자마다 1대·1조

④제3항의 확성장치는 연설·대담을 하는 경우에만 사용할 수 있으며, 휴대용 확성장치는 연설·대담용 차량이 정차한 외의 다른 지역에서 사용할 수 없다. 이 경우 차량 부착용 확성장치와 동시에 사용할 수 없다.
<개정 1995.12.30, 2005.8.4, 2010.1.25>
⑤자동차에 부착된 확성장치를 사용함에 있어 확성나발의 수는 1개를 넘을 수 없다. <개정 2004.3.12>
⑥자동차와 확성장치에는 중앙선거관

리위원회규칙으로 정하는 바에 따라 표지를 부착하여야 하고, 제64조의 선거벽보, 제65조의 선거공보, 제66조의 선거공약서 및 후보자 사진을 붙일 수 있다. <개정 2010.1.25>
⑦후보자등은 다른 사람이 개최한 옥내모임에 일시적으로 참석하여 연설·대담을 할 수 있으며, 이 경우 그 장소에 설치된 확성장치를 사용하거나 휴대용 확성장치를 사용할 수 있다.
<개정 2010.1.25>
⑧삭제 <2010.1.25>
⑨삭제 <2010.1.25>
⑩후보자 등이 공개장소에서의 연설·대담을 하는 때에는 녹음기 또는 녹화기(비디오 및 오디오 기기를 포함한다. 이하 이 조에서 같다)를 사용하여 음악(당가 등 정당이나 후보자를 홍보하는 내용의 음악을 포함한다)을 방송하거나 소속정당의 정강·정책이나 후보자의 경력·정견·활동상황을 방송 또는 방영할 수 있다.
<개정 1997.11.14, 2010.1.25>
⑪삭제 <2010.1.25>
⑫녹화기의 규격 기타 필요한 사항은 중앙선거관리위원회규칙으로 정한다.
<개정 1997.11.14, 2004.3.12>

제80조【연설금지장소】 다음 각호의 1에 해당하는 시설이나 장소에서는 제79조(공개장소에서의 연설·대담)의 연설·대담을 할 수 없다.
<개정 2004.3.12>
1. 국가 또는 지방자치단체가 소유하거나 관리하는 건물·시설. 다만, 공원·문화원·시장·운동장·주민회관·체육관·도로변·광장 또는 학교 기타 다수인이 왕래하는 공개된 장소는 그러하지 아니하다.
2. 선박·여객자동차·열차·전동차·항공기의 안과 그 터미널구내 및 지하철역구내
3. 병원·진료소·도서관·연구소 또는 시험소 기타 의료·연구시설

제81조【단체의 후보자 등 초청 대담·토론회】 ①제87조(단체의 선거운동금지)제1항제1호 내지 제6호의 규정에 해당하지 아니하는 단체는 후보자 또는 대담·토론자(대통령선거 및 시·도지사선거의 경우에 한하며, 정당 또는 후보자가 선거운동을 할 수 있는 자중에서 선거사무소 또는 선거연락소마다 지명한 1인을 말한다. 이하 이 조에서 같다) 1인 또는 수인을 초청하여 소속정당의 정강·정책이나 후보자의 정견 기타사항을 알아보기 위한 대담·토론회를 이 법이 정하는 바에 따라 옥내에서 개최할 수 있다. 다만, 제10조제1항제6호의 노동조합과 단체는 그러하지 아니하다.
<개정 1995.4.1, 1997.11.14, 2000.2.16, 2002.3.7, 2004.3.12, 2005.8.4>
1. 삭제 <2004.3.12>
2. 삭제 <2004.3.12>
3. 삭제 <2004.3.12>

②제1항에서 "대담"이라 함은 1인의 후보자 또는 대담자가 소속정당의 정강·정책이나 후보자의 정견 기타사항에 관하여 사회자 또는 질문자의 질문에 대하여 답변하는 것을 말하고, "토론"이라 함은 2인 이상의 후보자 또는 토론자가 사회자의 주관하에 소속정당의 정강·정책이나 후보자의 정견 기타사항에 관한 주제에 대하여 사회자를 통하여 질문·답변하는 것을 말한다.
<개정 1997.11.14>
③제1항의 규정에 의하여 대담·토론회를 개최하고자 하는 단체는 중앙선거관리위원회규칙이 정하는 바에 따라 주최단체명·대표자성명·사무소 소재지·회원수·설립근거 등 단체에 관한 사항과 초청할 후보자 또는 대담·토론자의 성명, 대담 또는 토론의 주제, 사회자의 성명, 진행방법, 개최일시와 장소 및 참석예정자수 등을 개최일전 2일까

지 관할선거구선거관리위원회 또는 그 개최장소의 소재지를 관할하는 구·시·군선거관리위원회에 서면으로 신고하여야 한다. 이 경우 초청할 후보자 또는 대담·토론자의 참석승낙서를 첨부하여야 한다.

④제1항의 규정에 의한 대담·토론회를 개최하는 때에는 중앙선거관리위원회규칙이 정하는 바에 따라 제1항에 의한 대담·토론회임을 표시하는 표지를 게시 또는 첩부하여야 한다.

⑤제1항의 대담·토론은 모든 후보자에게 공평하게 실시하여야 하되, 후보자가 초청을 수락하지 아니한 경우에는 그러하지 아니하며, 대담·토론회를 개최하는 단체는 대담·토론이 공정하게 진행되도록 하여야 한다.

⑥정당, 후보자, 대담·토론자, 선거사무장, 선거연락소장, 선거사무원, 회계책임자 또는 제114조(정당 및 후보자의 가족 등의 기부행위제한)제2항의 후보자 또는 그 가족과 관계있는 회사 등은 제1항의 규정에 의한 대담·토론회와 관련하여 대담·토론회를 주최하는 단체 또는 사회자에게 금품·향응 기타의 이익을 제공하거나 제공할 의사의 표시 또는 그 제공의 약속을 할 수 없다.

⑦제1항의 대담·토론회를 개최하는 단체는 그 비용을 후보자에게 부담시킬 수 없다.

⑧제71조(후보자 등의 방송연설)제12항의 규정은 후보자 등 초청 대담·토론회에 이를 준용한다.
<신설 1998.4.30>

⑨대담·토론회의 개최신고서와 표지의 서식 기타 필요한 사항은 중앙선거관리위원회규칙으로 정한다.
<개정 1997.11.14>
[제목개정 2000.2.16]

제82조 【언론기관의 후보자 등 초청 대담·토론회】 ①텔레비전 및 라디오 방송시설(제70조제1항에 따른 방송시설을 말한다. 이하 이 조에서 같다)·「신문 등의 진흥에 관한 법률」 제2조제3호에 따른 신문사업자·「잡지 등 정기간행물의 진흥에 관한 법률」 제2조제2호에 따른 정기간행물사업자(정보간행물·전자간행물·기타간행물을 발행하는 자를 제외한다)·「뉴스통신진흥에 관한 법률」 제2조제3호에 따른 뉴스통신사업자 및 인터넷언론사(이하 이 조에서 "언론기관"이라 한다)는 선거운동기간중 후보자 또는 대담·토론자(후보자가 선거운동을 할 수 있는 자중에서 지정하는 자를 말한다)에 대하여 후보자의 승낙을 받아 1명 또는 여러 명을 초청하여 소속정당의 정강·정책이나 후보자의 정견, 그 밖의 사항을 알아보기 위한 대담·토론회를 개최하고 이를 보도할 수 있다. 다만, 제59조에도 불구하고 대통령선거에서는 선거일 전 1년부터, 국회의원선거 또는 지방자치단체의장선거에 있어서는 선거일전 60일부터 선거기간개시일전일까지 후보자가 되고자 하는 자를 초청하여 대담·토론회를 개최하고 이를 보도할 수 있다. 이 경우 방송시설이 대담·토론회를 개최하고 이를 방송하고자 하는 때에는 내용을 편집하지 않은 상태에서 방송하여야 하며, 대담·토론회의 방송일시와 진행방법등을 중앙선거관리위원회규칙이 정하는 바에 따라 관할선거구선거관리위원회에 통보하여야 한다. <개정 1997.11.14, 1998.4.30, 2000.2.16, 2005.8.4, 2007.1.3, 2008.2.29, 2009.7.31, 2010.1.25>

②제1항의 대담·토론회는 언론기관이 방송시간·신문의 지면 등을 고려하여 자율적으로 개최한다.

③제1항의 대담·토론의 진행은 공정하여야 하며, 이에 관하여 필요한 사항은 중앙선거관리위원회규칙으로 정한다.

④제71조(후보자 등의 방송연설)제12

항, 제72조(방송시설주관 후보자 연설의 방송)제2항 및 제81조(단체의 후보자 등 초청 대담·토론회)제2항·제6항·제7항의 규정은 언론기관의 후보자 등 초청 대담·토론회에 이를 준용한다. <개정 2000.2.16>
[제목개정 2000.2.16]

제82조의2 【선거방송토론위원회 주관 대담·토론회】 ①중앙선거방송토론위원회는 대통령선거 및 비례대표국회의원선거에 있어서 선거운동기간중 다음 각호에서 정하는 바에 따라 대담·토론회를 개최하여야 한다.
<개정 2010.1.25>

1. 대통령선거
   후보자 중에서 1인 또는 수인을 초청하여 3회 이상
2. 비례대표국회의원선거
   해당 정당의 대표자가 비례대표국회의원후보자 또는 선거운동을 할 수 있는 사람(지역구국회의원후보자는 제외한다) 중에서 지정하는 1명 또는 여러 명을 초청하여 2회 이상

②시·도선거방송토론위원회는 시·도지사선거 및 비례대표시·도의원선거에 있어서 선거운동기간 중 다음 각 호에서 정하는 바에 따라 대담·토론회를 개최하여야 한다.
<개정 2005.8.4, 2010.1.25>

1. 시·도지사선거
   후보자 중에서 1인 또는 수인을 초청하여 1회 이상
2. 비례대표시·도의원선거
   해당 정당의 대표자가 비례대표시·도의원후보자 또는 선거운동을 할 수 있는 사람(지역구시·도의원후보자는 제외한다) 중에서 지정하는 1명 또는 여러 명을 초청하여 1회 이상

③구·시·군선거방송토론위원회는 선거운동기간 중 지역구국회의원선거 및 자치구·시·군의 장선거의 후보자를 초청하여 1회 이상의 대담·토론회 또는 합동방송연설회를 개최하여야 한다.
이 경우 합동방송연설회의 연설시간은 후보자마다 10분이내의 범위에서 균등하게 배정하여야 한다.
<개정 2005.8.4>

④각급선거방송토론위원회는 제1항 내지 제3항의 대담·토론회를 개최하는 때에는 다음 각 호의 어느 하나에 해당하는 후보자를 대상으로 개최한다. 이 경우 각급선거방송토론위원회로부터 초청받은 후보자는 정당한 사유가 없는 한 그 대담·토론회에 참석하여야 한다. <개정 2005.8.4, 2010.1.25>

1. 대통령선거
   가. 국회에 5인 이상의 소속의원을 가진 정당이 추천한 후보자
   나. 직전 대통령선거, 비례대표국회의원선거, 비례대표시·도의원선거 또는 비례대표자치구·시·군의원선거에서 전국 유효투표총수의 100분의 3 이상을 득표한 정당이 추천한 후보자
   다. 중앙선거관리위원회규칙이 정하는 바에 따라 언론기관이 선거기간개시일전 30일부터 선거기간개시일전일까지의 사이에 실시하여 공표한 여론조사결과를 평균한 지지율이 100분의 5 이상인 후보자
2. 비례대표국회의원선거 및 비례대표시·도의원선거
   가. 제1호 가목 또는 나목에 해당하는 정당의 대표자가 지정한 후보자
   나. 제1호 다목에 의한 여론조사결과를 평균하여 100분의 5 이상의 지지를 얻은 정당의 대표자가 지정한 후보자
3. 지역구국회의원선거 및 지방자치

단체의 장선거
가. 제1호 가목 또는 나목에 해당하는 정당이 추천한 후보자
나. 최근 4년 이내에 해당 선거구(선거구의 구역이 변경되어 변경된 구역이 직전 선거의 구역과 겹치는 경우를 포함한다)에서 실시된 대통령선거, 지역구국회의원선거 또는 지방자치단체의 장선거(그 보궐선거등을 포함한다)에 입후보하여 유효투표총수의 100분의 10 이상을 득표한 후보자
다. 제1호 다목에 의한 여론조사결과를 평균한 지지율이 100분의 5 이상인 후보자

⑤각급선거방송토론위원회는 제4항의 초청대상에 포함되지 아니하는 후보자를 대상으로 대담·토론회를 개최할 수 있다. 이 경우 대담·토론회의 시간이나 횟수는 중앙선거관리위원회규칙이 정하는 바에 따라 제4항의 초청대상 후보자의 대담·토론회와 다르게 정할 수 있다. <신설 2005.8.4>

⑥각급선거방송토론위원회는 제4항 후단의 규정을 위반하여 정당한 사유 없이 대담·토론회에 참석하지 아니한 초청 후보자가 있는 때에는 그 사실을 선거인이 알 수 있도록 당해 후보자의 소속 정당명(무소속후보자는 "무소속"이라 한다)·기호·성명과 불참사실을 제10항 또는 제11항의 중계방송을 시작하는 때에 방송하게 하여야 한다. <신설 2005.8.4>

⑦각급선거방송토론위원회는 제1항 내지 제3항 및 제5항의 대담·토론회(합동방송연설회를 포함하며, 이하 이 조에서 "대담·토론회"라 한다)를 개최하는 때에는 공정하게 하여야 한다. <개정 2005.8.4>

⑧각급선거방송토론위원회위원장 또는 그가 미리 지명한 위원은 대담·토론회에서 후보자가 이 법에 위반되는 내용을 발표하거나 배정된 시간을 초과하여 발언하는 때에는 이를 제지하거나 자막안내하는 등 필요한 조치를 할 수 있다.

⑨각급선거방송토론위원회위원장 또는 그가 미리 지명한 위원은 대담·토론회장에서 진행을 방해하거나 질서를 문란하게 하는 자가 있는 때에는 그 중지를 명하고, 그 명령에 불응하는 때에는 대담·토론회장밖으로 퇴장시킬 수 있다.

⑩공영방송사는 그의 부담으로 대담·토론회를 텔레비전방송을 통하여 중계방송하여야 하되, 대통령선거에 있어서 중앙선거방송토론위원회가 주관하는 대담·토론회는 오후 8시부터 당일 오후 11시까지의 사이에 중계방송하여야 한다. 다만, 지역구국회의원선거 및 자치구·시·군의 장선거에 있어서 전국을 방송권역으로 하는 등 정당한 사유가 있는 경우에는 그러하지 아니하다. <개정 2005.8.4, 2008.2.29>

⑪구·시·군선거방송토론위원회는 지역구국회의원선거 및 자치구·시·군의 장선거에 있어서 제10항 단서의 규정에 의하여 공영방송사가 중계방송을 할 수 없는 때에는 다른 지상파방송사업자나 종합유선방송사업자의 방송시설을 이용하여 대담·토론회를 텔레비전방송을 통하여 중계방송하게 할 수 있다. 이 경우 그 방송시설이용료는 국가 또는 당해 지방자치단체가 부담한다. <개정 2005.8.4>

⑫각급선거방송토론위원회는 대담·토론회를 개최하는 때에는 청각장애선거인을 위하여 자막방송 또는 수화통역을 할 수 있다. <개정 2005.8.4>

⑬「방송법」 제2조(용어의 정의)의 규정에 의한 방송사업자·중계유선방송사업자 및 인터넷언론사는 그의 부담으로 대담·토론회를 중계방송할 수 있다. 이 경우 편집없이 중계방송하여야 한다. <개정 2005.8.4, 2008.2.29>

⑭대담·토론회의 진행절차, 개최홍보, 방송시설이용료의 산정·지급 기타 필요한 사항은 중앙선거관리위원회규칙으로 정한다.
[전문개정 2004.3.12]

제82조의3 【선거방송토론위원회 주관 정책토론회】 ①중앙선거방송토론위원회는 정당이 방송을 통하여 정강·정책을 알릴 수 있도록 하기 위하여 임기만료에 의한 선거(대통령의 궐위로 인한 선거 및 재선거를 포함한다)의 선거일전 90일(대통령의 궐위로 인한 선거 및 재선거에 있어서는 그 선거의 실시사유가 확정된 날의 다음달)부터 후보자등록신청개시일전일까지 다음 각호에 해당하는 정당(선거에 참여하지 아니할 것을 공표한 정당을 제외한다)의 대표자 또는 그가 지정하는 자를 초청하여 정책토론회(이하 이 조에서 "정책토론회"라 한다)를 월 1회 이상 개최하여야 한다.

1. 국회에 5인 이상의 소속의원을 가진 정당
2. 직전 대통령선거, 비례대표국회의원선거 또는 비례대표시·도의원선거에서 전국 유효투표총수의 100분의 3 이상을 득표한 정당

②제82조의2(선거방송토론위원회 주관 대담·토론회)제7항 내지 제9항·제10항 본문·제12항 및 제13항의 규정은 정책토론회에 이를 준용한다. 이 경우 "대담·토론회"는 "정책토론회"로, "각급선거방송토론위원회"는 "중앙선거방송토론위원회"로 본다. <개정 2005.8.4>
③정책토론회의 운영·진행절차·개최홍보 기타 필요한 사항은 중앙선거관리위원회규칙으로 정한다.
[본조신설 2004.3.12]
[종전 제82조의3은 제82조의4로 이동 <2004.3.12>]

제82조의4 【정보통신망을 이용한 선거운동】 ① 선거운동을 할 수 있는 자는 선거운동기간 중에 「정보통신망 이용촉진 및 정보보호 등에 관한 법률」 제2조제1항제1호에 따른 정보통신망(이하 "정보통신망"이라 한다)을 이용하여 다음 각 호의 어느 하나에 해당하는 방법으로 선거운동을 할 수 있다. <개정 2010.1.25>

1. 인터넷 홈페이지 또는 그 게시판·대화방 등에 선거운동을 위한 내용의 정보를 게시하거나 전자우편을 전송하는 방법
2. 전화를 이용하여 송·수화자 간 직접 통화하는 방식으로 선거운동을 하는 방법
3. 문자(문자 외의 음성·화상·동영상 등은 제외한다)메시지를 이용하여 선거운동정보를 전송하는 방법. 이 경우 컴퓨터 및 컴퓨터 이용기술을 활용한 자동 동보통신의 방법으로 전송할 수 있는 사람은 후보자에 한정하며, 그 횟수는 예비후보자로서 행한 횟수를 포함하여 5회를 넘을 수 없다.

②누구든지 정보통신망을 이용하여 후보자(후보자가 되고자 하는 자를 포함한다), 그의 배우자 또는 직계존·비속이나 형제자매에 관하여 허위의 사실을 유포하여서는 아니되며, 공연히 사실을 적시하여 이들을 비방하여서는 아니된다. 다만, 진실한 사실로서 공공의 이익에 관한 때에는 그러하지 아니하다.
③각급선거관리위원회(읍·면·동선거관리위원회를 제외한다)는 이 법의 규정에 위반되는 정보가 인터넷 홈페이지 또는 그 게시판·대화방 등에 게시되거나, 정보통신망을 통하여 전송되는 사실을 발견한 때에는 당해 정보가 게시된 인터넷 홈페이지를 관리·운영하는 자에게 해당 정보의 삭제를 요청하거나, 전송되는 정보를 취급하는 인터넷 홈페이지의 관리·운영자 또는 「정보

통신망 이용촉진 및 정보보호 등에 관한 법률」 제2조제1항제3호의 규정에 의한 정보통신서비스제공자(이하 "정보통신서비스제공자"라 한다)에게 그 취급의 거부·정지·제한을 요청할 수 있다. <개정 2005.8.4>
④제3항의 규정에 의한 요청을 받은 인터넷 홈페이지 관리·운영자 또는 정보통신서비스제공자는 지체없이 이에 따라야 한다.
⑤제3항의 규정에 의한 요청을 받은 인터넷 홈페이지 관리·운영자 또는 정보통신서비스제공자는 그 요청을 받은 날부터, 해당 정보를 게시하거나 전송한 자는 당해 정보가 삭제되거나 그 취급이 거부·정지 또는 제한된 날부터 3일 이내에 그 요청을 한 선거관리위원회에 이의신청을 할 수 있다.
⑥위법한 정보의 게시에 대한 삭제 등의 요청, 이의신청 기타 필요한 사항은 중앙선거관리위원회규칙으로 정한다.
[전문개정 2004.3.12]
[제82조의3에서 이동 <2004.3.12>]

제82조의5【선거운동정보의 전송제한】 ①누구든지 정보수신자의 명시적인 수신거부의사에 반하여 선거운동 목적의 정보를 전송하여서는 아니된다.
②제1항의 규정에 의한 선거운동 목적의 정보(이하 "선거운동정보"라 한다)를 전자우편으로 전송하거나 전화를 이용하여 전송(송·수화자간 직접 통화하는 경우를 제외한다. 이하 이 조에서 같다)하는 자는 다음 각호의 사항을 선거운동정보에 명시하여야 한다. <개정 2005.8.4, 2010.1.25>
1. 선거운동정보에 해당하는 사실
2. 예비후보자·후보자가 문자메시지를 전송하는 경우 그의 전화번호
3. 삭제 <2005.8.4>
4. 수신거부의 의사표시를 쉽게 할 수 있는 조치 및 방법에 관한 사항

③전화를 이용하여 음성으로 선거운동정보를 전송하는 자는 접속 즉시 수신자에게 수신여부에 관한 의사를 물어 동의하는 경우에 한하여 전송할 수 있다.
④선거운동정보를 전송하는 자는 수신자의 수신거부를 회피하거나 방해할 목적으로 기술적 조치를 하여서는 아니된다.
⑤선거운동정보를 전송하는 자는 수신자가 수신거부를 할 때 발생하는 전화요금 기타 금전적 비용을 수신자가 부담하지 아니하도록 필요한 조치를 하여야 한다.
⑥누구든지 숫자·부호 또는 문자를 조합하여 전화번호·전자우편주소 등 수신자의 연락처를 자동으로 생성하는 프로그램 그 밖의 기술적 장치를 이용하여 선거운동정보를 전송하여서는 아니된다.
[본조신설 2004.3.12]

제82조의6【인터넷언론사 게시판·대화방 등의 실명확인】 ①인터넷언론사는 선거운동기간 중 당해 인터넷홈페이지의 게시판·대화방 등에 정당·후보자에 대한 지지·반대의 문자·음성·화상 또는 동영상 등의 정보(이하 이 조에서 "정보등"이라 한다)를 게시할 수 있도록 하는 경우에는 행정안전부장관 또는 「신용정보의 이용 및 보호에 관한 법률」 제2조제4호에 따른 신용정보업자(이하 이 조에서 "신용정보업자"라 한다)가 제공하는 실명인증방법으로 실명을 확인받도록 하는 기술적 조치를 하여야 한다. 다만, 인터넷언론사가 「정보통신망 이용촉진 및 정보보호 등에 관한 법률」 제44조의5에 따른 본인확인조치를 한 경우에는 그 실명을 확인받도록 하는 기술적 조치를 한 것으로 본다.
<개정 2008.2.29, 2010.1.25>

②정당이나 후보자는 자신의 명의로 개설·운영하는 인터넷홈페이지의 게시판·대화방 등에 정당·후보자에 대한 지지·반대의 정보등을 게시할 수 있도록 하는 경우에는 제1항의 규정에 따른 기술적 조치를 할 수 있다.
<개정 2010.1.25>
③행정안전부장관 및 신용정보업자는 제1항 및 제2항의 규정에 따라 제공한 실명인증자료를 실명인증을 받은 자 및 인터넷홈페이지별로 관리하여야 하며, 중앙선거관리위원회가 그 실명인증자료의 제출을 요구하는 경우에는 지체 없이 이에 따라야 한다.
<개정 2008.2.29>
④인터넷언론사는 제1항의 규정에 따라 실명인증을 받은 자가 정보등을 게시한 경우 당해 인터넷홈페이지의 게시판·대화방 등에 "실명인증" 표시가 나타나도록 하는 기술적 조치를 하여야 한다. <개정 2010.1.25>
⑤인터넷언론사는 당해 인터넷홈페이지의 게시판·대화방 등에서 정보등을 게시하고자 하는 자에게 주민등록번호를 기재할 것을 요구하여서는 아니된다. <개정 2010.1.25>
⑥인터넷언론사는 당해 인터넷홈페이지의 게시판·대화방 등에 "실명인증"의 표시가 없는 정당이나 후보자에 대한 지지·반대의 정보등이 게시된 경우에는 지체 없이 이를 삭제하여야 한다. <개정 2010.1.25>
⑦인터넷언론사는 정당·후보자 및 각급선거관리위원회가 제6항의 규정에 따른 정보등을 삭제하도록 요구한 경우에는 지체 없이 이에 따라야 한다.
<개정 2010.1.25>
[전문개정 2005.8.4]

제82조의7【인터넷광고】 ①후보자(대통령선거의 정당추천후보자와 비례대표국회의원선거 및 비례대표지방의회의원선거에 있어서는 후보자를 추천한 정당을 말한다. 이하 이 조에서 같다)는 인터넷언론사의 인터넷홈페이지에 선거운동을 위한 광고(이하 "인터넷광고"라 한다)를 할 수 있다.
②제1항의 인터넷광고에는 광고근거와 광고주명을 표시하여야 한다.
③같은 정당의 추천을 받은 2인 이상의 후보자는 합동으로 제1항의 규정에 따른 인터넷광고를 할 수 있다. 이 경우 그 비용은 당해 후보자간의 약정에 따라 분담하되, 그 분담내역을 광고계약서에 명시하여야 한다.
④삭제 <2010.1.25>
⑤누구든지 제1항의 경우를 제외하고는 선거운동을 위하여 인터넷광고를 할 수 없다.
⑥광고근거의 표시방법 그 밖에 필요한 사항은 중앙선거관리위원회규칙으로 정한다. <개정 2010.1.25>
[본조신설 2005.8.4]

제83조【교통편의의 제공】 ①대통령선거에 있어서 철도청장은 중앙선거관리위원회규칙이 정하는 바에 따라 선거운동기간중에 선거운동용으로 계속하여 사용할 수 있는 전국용 무료승차권 50매를 각 후보자에게 발급하여야 한다.
②제1항의 규정에 의하여 전국용 무료승차권을 발급받은 후보자가 사퇴·사망하거나 등록이 무효로 된 때에는 그 후 이를 사용할 수 없으며, 철도청장에게 지체없이 반환하여야 한다.

제84조【무소속후보자의 정당표방제한】 무소속후보자는 특정 정당으로부터의 지지 또는 추천받음을 표방할 수 없다. 다만, 다음 각 호의 어느 하나에 해당하는 행위는 그러하지 아니하다.
<개정 1995.4.1, 2000.2.16, 2004.3.12, 2010.1.25>
1. 정당의 당원경력을 표시하는 행위

2. 해당 선거구에 후보자를 추천하지 아니한 정당이 무소속후보자를 지지하거나 지원하는 경우 그 사실을 표방하는 행위

[제목개정 2010.1.25]

第85条【지위를 이용한 선거운동금지】

①공무원은 그 지위를 이용하여 선거운동을 할 수 없다. 이 경우 공무원이 그 소속직원이나 제53조제1항제4호부터 제6호까지에 규정된 기관 등의 임직원 또는 「공직자윤리법」 제17조에 따른 영리사기업체 및 협회의 임·직원을 대상으로 한 선거운동은 그 지위를 이용하여 하는 선거운동으로 본다. <개정 2001.1.26, 2005.8.4, 2010.3.12>

②누구든지 교육적·종교적 또는 직업적인 기관·단체 등의 조직내에서의 직무상 행위를 이용하여 그 구성원에 대하여 선거운동을 하거나 하게 하거나, 계열화나 하도급 등 거래상 특수한 지위를 이용하여 기업조직·기업체 또는 그 구성원에 대하여 선거운동을 하거나 하게 할 수 없다.

③누구든지 교육적인 특수관계에 있는 선거권이 없는 자에 대하여 교육상의 행위를 이용하여 선거운동을 할 수 없다.

第86条【공무원 등의 선거에 영향을 미치는 행위금지】 ①공무원(국회의원과 그 보좌관·비서관·비서 및 지방의회의원을 제외한다), 제53조제1항제4호 및 제6호에 규정된 기관 등의 상근 임·직원, 통·리·반의 장, 주민자치위원회위원과 향토예비군소대장급 이상의 간부, 특별법에 의하여 설립된 국민운동단체로서 국가나 지방자치단체의 출연 또는 보조를 받는 단체(바르게살기운동협의회·새마을운동협의회·한국자유총연맹을 말한다)의 상근 임·직원 및 이들 단체 등(시·도조직 및 구·시·군조직을 포함한다)의 대표자는 다음 각 호의 어느 하나에 해당하는 행위를 하여서는 아니된다. <개정 1997.11.14, 2000.2.16, 2002.3.7, 2004.3.12, 2005.8.4, 2010.1.25>

1. 소속직원 또는 선거구민에게 교육 기타 명목여하를 불문하고 특정 정당이나 후보자(후보자가 되고자 하는 자를 포함한다. 이하 이 항에서 같다)의 업적을 홍보하는 행위
2. 지위를 이용하여 선거운동의 기획에 참여하거나 그 기획의 실시에 관여하는 행위
3. 정당 또는 후보자에 대한 선거권자의 지지도를 조사하거나 이를 발표하는 행위
4. 삭제 <2010.1.25>
5. 선거기간중 국가 또는 지방자치단체의 예산으로 시행하는 사업중 즉시 공사를 진행하지 아니할 사업의 기공식을 거행하는 행위
6. 선거기간중 정상적 업무외의 출장을 하는 행위
7. 선거기간중 휴가기간에 그 업무와 관련된 기관이나 시설을 방문하는 행위

②지방자치단체의 장(제4호의 경우 소속공무원을 포함한다)은 선거일전 60일(선거일전 60일후에 실시사유가 확정된 보궐선거등에 있어서는 선거의 실시사유가 확정된 때)부터 선거일까지 다음 각 호의 어느 하나에 해당하는 행위를 하여서는 아니된다. <신설 1995.12.30, 1997.11.14, 1998.4.30, 2000.2.16, 2002.3.7, 2004.3.12, 2010.1.25, 2011.7.28>

1. 삭제 <2004.3.12>
2. 정당의 정강·정책과 주의·주장을 선거구민을 대상으로 홍보·선전하는 행위. 다만, 당해 지방자치단체의 장의 선거에 예비후보자 또는 후보자가 되는 경우에는 그러하지 아니하다.
3. 창당대회·합당대회·개편대회 및

후보자선출대회를 제외하고는 정당이 개최하는 시국강연회, 정견·정책발표회, 당원연수·단합대회 등 일체의 정치행사에 참석하거나 선거대책기구, 선거사무소, 선거연락소를 방문하는 행위. 다만, 해당 지방자치단체의 장선거에 예비후보자 또는 후보자가 된 경우와 당원으로서 소속 정당이 당원만을 대상으로 개최하는 정당의 공개행사에 의례적으로 방문하는 경우에는 그러하지 아니하다.

4. 다음 각 목의 1을 제외하고는 교양강좌, 사업설명회, 공청회, 직능단체모임, 체육대회, 경로행사, 민원상담 기타 각종 행사를 개최하거나 후원하는 행위
   가. 법령에 의하여 개최하거나 후원하도록 규정된 행사를 개최·후원하는 행위
   나. 특정일·특정시기에 개최하지 아니하면 그 목적을 달성할 수 없는 행사
   다. 천재·지변 기타 재해의 구호·복구를 위한 행위
   라. 직업지원교육 또는 유상(有償)으로 실시하는 교양강좌를 개최·후원하는 행위 또는 주민자치센터가 개최하는 교양강좌를 후원하는 행위. 다만, 종전의 범위를 넘는 새로운 강좌를 개설하거나 수강생을 증원하거나 장소를 이전하여 실시하는 주민자치센터의 교양강좌를 후원하는 행위를 제외한다.
   마. 집단민원 또는 긴급한 민원이 발생하였을 때 이를 해결하기 위한 행위
   바. 가목 내지 마목에 준하는 행위로서 중앙선거관리위원회규칙으로 정하는 행위

5. 통·리·반장의 회의에 참석하는 행위. 다만, 천재·지변 기타 재해가 있거나 집단민원 또는 긴급한 민원이 발생하였을 때에는 그러하지 아니하다.

③삭제 <2010.1.25>

④삭제 <2010.1.25>

⑤지방자치단체의 장(소속 공무원을 포함한다)은 다음 각 호의 어느 하나에 해당하는 경우를 제외하고는 지방자치단체의 사업계획·추진실적 그 밖에 지방자치단체의 활동상황을 알리기 위한 홍보물(홍보지·소식지·간행물·시설물·녹음물·녹화물 그 밖의 홍보물 및 신문·방송을 이용하여 행하는 경우를 포함한다)을 분기별로 1종 1회를 초과하여 발행·배부 또는 방송하여서는 아니되며 당해 지방자치단체의 장(소속 공무원을 포함한다)의 선거의 선거일전 180일(보궐선거 등에 있어서는 그 선거의 실시사유가 확정된 때, 이하 제6항에서 같다)부터 선거일까지는 홍보물을 발행·배부 또는 방송할 수 없다. <신설 1998.4.30, 2000.2.16, 2004.3.12, 2006.3.2, 2010.1.25>

1. 법령에 의하여 발행·배부 또는 방송하도록 규정된 홍보물을 발행·배부 또는 방송하는 행위
2. 특정사업을 추진하기 위하여 그 사업과 이해관계가 있는 자나 관계주민의 동의를 얻기 위한 행위
3. 집단민원 또는 긴급한 민원이 발생하였을 때 이를 해결하기 위한 행위
4. 기타 위 각호의 1에 준하는 행위로서 중앙선거관리위원회규칙이 정하는 행위

⑥지방자치단체의 장은 당해 지방자치단체의 장의 선거의 선거일전 180일부터 선거일까지 주민자치센터가 개최하는 교양강좌에 참석할 수 없으며, 근무시간중에 공공기관이 아닌 단체 등이 주최하는 행사(해당 지방자치단체

의 청사에서 개최하는 행사를 포함한다)에는 참석할 수 없다. 다만, 제2항 제3호에 따라 참석 또는 방문할 수 있는 행사의 경우에는 그러하지 아니하다.
<신설 1998.4.30, 2002.3.7, 2010.1.25>
⑦지방자치단체의 장은 소관 사무나 그 밖의 명목 여하를 불문하고 방송·신문·잡지나 그 밖의 광고에 출연할 수 없다. <신설 2010.1.25>
[2006헌마1096, 2008.5.29 헌법재판소 한정위헌결정으로 이 호는 공무원의 지위를 이용하지 아니한 행위에 대하여 적용하는 한 헌법에 위반]

제87조【단체의 선거운동금지】 ① 다음 각 호의 어느 하나에 해당하는 기관·단체(그 대표자와 임직원 또는 구성원을 포함한다)는 그 기관·단체의 명의 또는 그 대표의 명의로 선거운동을 할 수 없다.
<개정 2005.8.4, 2010.1.25>
1. 국가·지방자치단체
2. 제53조(공무원 등의 입후보)제1항 제4호 내지 제6호에 규정된 기관·단체
3. 향우회·종친회·동창회, 산악회 등 동호인회, 계모임 등 개인간의 사적모임
4. 특별법에 의하여 설립된 국민운동단체로서 국가 또는 지방자치단체의 출연 또는 보조를 받는 단체(바르게살기운동협의회·새마을운동협의회·한국자유총연맹을 말한다)
5. 법령에 의하여 정치활동이나 공직선거에의 관여가 금지된 단체
6. 후보자 또는 후보자의 가족(이하 이 항에서 "후보자등"이라 한다)이 임원으로 있거나, 후보자등의 재산을 출연하여 설립하거나, 후보자등이 운영경비를 부담하거나 관계법규나 규약에 의하여 의사결정에 실질적으로 영향력을 행사하는 기관·단체
7. 삭제 <2005.8.4>
8. 구성원의 과반수가 선거운동을 할 수 없는 자로 이루어진 기관·단체

②누구든지 선거에 있어서 후보자(후보자가 되고자 하는 자를 포함한다)의 선거운동을 위하여 연구소·동우회·향우회·산악회·조기축구회, 정당의 외곽단체 등 그 명칭이나 표방하는 목적 여하를 불문하고 사조직 기타 단체를 설립하거나 설치할 수 없다.
[전문개정 2004.3.12]

제88조【타후보자를 위한 선거운동금지】 후보자, 선거사무장, 선거연락소장, 선거사무원, 회계책임자, 연설원, 대담·토론자는 다른 정당이나 후보자를 위한 선거운동을 할 수 없다. 다만, 정당이나 후보자를 위한 선거운동을 함에 있어서 그 일부가 다른 정당이나 후보자의 선거운동에 이른 경우와 같은 정당이나 같은 정당의 추천후보자를 지원하는 경우 및 이 법의 규정에 의하여 공동선임된 선거사무장 등이 선거운동을 하는 경우에는 그러하지 아니하다.

제89조【유사기관의 설치금지】 ① 누구든지 제61조(선거운동기구의 설치)제1항·제2항의 규정에 의한 선거사무소 또는 선거연락소외에는 후보자(후보자가 되고자 하는 자를 포함한다. 이하 이 조에서 같다)를 위하여 선거추진위원회·후원회·연구소·상담소 또는 휴게소 기타 명칭의 여하를 불문하고 이와 유사한 기관·단체·조직 또는 시설을 새로이 설립 또는 설치하거나 기존의 기관·단체·조직 또는 시설을 이용할 수 없다. 다만, 정당의 중앙당 및 시·도당의 사무소에 설치되는 각 1개의 선거대책기구 및 「정치자금법」에 의한 후원회는 그러하지 아니하다.

<개정 1997.11.14, 2000.2.16, 2004.3.12, 2005.8.4>
②정당이나 후보자가 설립·운영하는 기관·단체·조직 또는 시설은 선거일전 180일(보궐선거 등에 있어서는 그 선거의 실시사유가 확정된 때)부터 선거일까지 당해 선거구민을 대상으로 선거에 영향을 미치는 행위를 하거나, 그 기관·단체 또는 시설의 설립이나 활동내용을 선거구민에게 알리기 위하여 정당 또는 후보자의 명의나 그 명의를 유추할 수 있는 방법으로 벽보·현수막·방송·신문·통신·잡지 또는 인쇄물을 이용하거나 그 밖의 방법으로 선전할 수 없다. 다만, 「정치자금법」 제15조(후원금 모금 등의 고지·광고)의 규정에 따른 모금을 위한 고지·광고는 그러하지 아니하다.
<개정 1997.11.14, 2004.3.12, 2005.8.4>

제89조의2 삭제 <2004.3.12>

제90조【시설물설치 등의 금지】 ①누구든지 선거일 전 180일(보궐선거등에서는 그 선거의 실시사유가 확정된 때)부터 선거일까지 선거에 영향을 미치게 하기 위하여 이 법의 규정에 의한 것을 제외하고는 다음 각 호의 어느 하나에 해당하는 행위를 할 수 없다. 이 경우 정당(창당준비위원회를 포함한다)의 명칭이나 후보자(후보자가 되려는 사람을 포함한다. 이하 이 조에서 같다)의 성명·사진 또는 그 명칭·성명을 유추할 수 있는 내용을 명시한 것은 선거에 영향을 미치게 하기 위한 것으로 본다.

1. 화환·풍선·간판·현수막·애드벌룬·기구류 또는 선전탑, 그 밖의 광고물이나 광고시설을 설치·진열·게시·배부하는 행위
2. 표찰이나 그 밖의 표시물을 착용 또는 배부하는 행위
3. 후보자를 상징하는 인형·마스코트 등 상징물을 제작·판매하는 행위

②제1항에도 불구하고 다음 각 호의 어느 하나에 해당하는 행위는 선거에 영향을 미치게 하기 위한 행위로 보지 아니한다.

1. 선거기간이 아닌 때에 행하는 「정당법」 제37조제2항에 따른 통상적인 정당활동
2. 의례적이거나 직무상·업무상의 행위 또는 통상적인 정당활동으로서 중앙선거관리위원회규칙으로 정하는 행위

[전문개정 2010.1.25]

제91조【확성장치와 자동차 등의 사용제한】 ①누구든지 이 법의 규정에 의한 공개장소에서의 연설·대담장소 또는 대담·토론회장에서 연설·대담·토론용으로 사용하는 경우를 제외하고는 선거운동을 위하여 확성장치를 사용할 수 없다. <개정 2004.3.12>
②삭제 <2004.3.12>
③누구든지 자동차를 사용하여 선거운동을 할 수 없다. 다만, 제79조에 따른 연설·대담장소에서 자동차에 승차하여 선거운동을 하는 경우와 같은 조 제6항에 따른 선거벽보 등을 자동차에 부착하여 사용하는 경우에는 그러하지 아니하다.
<개정 2004.3.12, 2005.8.4, 2010.1.25>
④정당·후보자·선거사무장 또는 선거연락소장은 제3항 단서에 따른 경우외에 다음 각 호에 따른 수 이내에서 관할선거관리위원회가 교부한 표지를 부착한 자동차와 선박에 제64조의 선거벽보, 제65조의 선거공보 및 제66조의 선거공약서를 부착하여 운행하거나 운행하게 할 수 있다.
<개정 1995.4.1, 1997.11.14, 2000.2.16, 2005.8.4, 2007.1.3, 2010.1.25>

1. 대통령선거와 시·도지사선거
선거사무소와 선거연락소마다 각 5대·5척 이내

2. 지역구국회의원선거와 자치구·시·군의 장 선거
후보자마다 각 5대·5척 이내
3. 지역구시·도의원선거
후보자마다 각 2대·2척 이내
4. 지역구자치구·시·군의원선거
후보자마다 각 1대·1척

제92조【영화 등을 이용한 선거운동 금지】 누구든지 선거기간중에는 선거운동을 위하여 저술·연예·연극·영화 또는 사진을 이 법에 규정되지 아니한 방법으로 배부·공연·상연·상영 또는 게시할 수 없다.

제93조【탈법방법에 의한 문서·도화의 배부·게시 등 금지】 ①누구든지 선거일전 180일(보궐선거 등에 있어서는 그 선거의 실시사유가 확정된 때)부터 선거일까지 선거에 영향을 미치게 하기 위하여 이 법의 규정에 의하지 아니하고는 정당(창당준비위원회와 정당의 정강·정책을 포함한다. 이하 이 조에서 같다) 또는 후보자(후보자가 되고자 하는 자를 포함한다. 이하 이 조에서 같다)를 지지·추천하거나 반대하는 내용이 포함되어 있거나 정당의 명칭 또는 후보자의 성명을 나타내는 광고, 인사장, 벽보, 사진, 문서·도화, 인쇄물이나 녹음·녹화테이프 그 밖에 이와 유사한 것을 배부·첩부·살포·상영 또는 게시할 수 없다. 다만, 다음 각 호의 어느 하나에 해당하는 행위는 그러하지 아니하다.
<개정 1997.11.14, 1998.4.30, 2002.3.7, 2004.3.12, 2005.8.4, 2010.1.25>
1. 선거운동기간 중 후보자, 제60조의3제2항 각 호의 어느 하나에 해당하는 사람(같은 항 제2호의 경우 선거연락소장을 포함하며, 이 경우 "예비후보자"는 "후보자"로 본다)이 제60조의3제1항제2호에 따른 후보자의 명함을 직접 주는 행위
2. 선거기간이 아닌 때에 행하는 「정당법」 제37조제2항에 따른 통상적인 정당활동

②누구든지 선거일전 90일부터 선거일까지는 정당 또는 후보자의 명의를 나타내는 저술·연예·연극·영화·사진 그 밖의 물품을 이 법에 규정되지 아니한 방법으로 광고할 수 없으며, 후보자는 방송·신문·잡지 기타의 광고에 출연할 수 없다. 다만, 선거기간이 아닌 때에 「신문 등의 진흥에 관한 법률」 제2조제1호에 따른 신문 또는 「잡지 등 정기간행물의 진흥에 관한 법률」 제2조에 따른 정기간행물의 판매를 위하여 통상적인 방법으로 광고하는 경우에는 그러하지 아니하다.
<개정 1998.4.30, 2005.8.4, 2010.1.25>
③누구든지 선거운동을 하도록 권유·약속하기 위하여 선거구민에 대하여 신분증명서·문서 기타 인쇄물을 발급·배부 또는 징구하거나 하게 할 수 없다. <신설 1995.12.30>

제94조【방송·신문 등에 의한 광고의 금지】 누구든지 선거기간중 선거운동을 위하여 이 법에 규정되지 아니한 방법으로 방송·신문·통신 또는 잡지 기타의 간행물 등 언론매체를 통하여 광고할 수 없다. <개정 2000.2.16>

제95조【신문·잡지 등의 통상방법외의 배부금지】 ①누구든지 이 법의 규정에 의한 경우를 제외하고는 선거에 관한 기사를 게재한 신문·통신·잡지 또는 기관·단체·시설의 기관지 기타 간행물을 통상방법외의 방법으로 배부하거나 그 기사를 복사하여 배부할 수 없다.
②제1항에서 "선거에 관한 기사"라 함은 후보자[후보자가 되고자 하는 자를 포함한다. 이하 제96조(허위논평·보도의 금지) 및 제97조(방송·신문의 불법

이용을 위한 행위 등의 제한)에서 같다]의 당락이나 특정 정당(창당준비위원회를 포함한다)에 유리 또는 불리한 기사를 말하며, "통상방법에 의한 배부"라 함은 종전의 방법과 범위안에서 발행·배부하는 것을 말한다.

제96조 【허위논평·보도의 금지】 방송·신문·통신·잡지 기타의 간행물을 경영·관리하는 자 또는 편집·취재·집필·보도하는 자는 특정 후보자를 당선되게 하거나 되지 못하게 할 목적으로 선거에 관하여 허위사실을 보도하거나 사실을 왜곡하여 보도 또는 논평을 할 수 없다.

제97조 【방송·신문의 불법이용을 위한 행위 등의 제한】 ①누구든지 선거운동을 위하여 방송·신문·통신·잡지 기타의 간행물을 경영·관리하는 자 또는 편집·취재·집필·보도하는 자에게 금품·향응 기타의 이익을 제공하거나 제공할 의사의 표시 또는 그 제공을 약속할 수 없다.

②정당, 후보자, 선거사무장, 선거연락소장, 선거사무원, 회계책임자, 연설원, 대담·토론자 또는 제114조(정당 및 후보자의 가족 등의 기부행위제한)제2항의 후보자 또는 그 가족과 관계있는 회사 등은 선거에 관한 보도·논평이나 대담·토론과 관련하여 당해 방송·신문·통신·잡지 기타 간행물을 경영·관리하거나 편집·취재·집필·보도하는 자 또는 그 보조자에게 금품·향응 기타 이익을 제공하거나 제공할 의사의 표시 또는 그 제공을 약속할 수 없다.

③방송·신문·통신·잡지 기타 간행물을 경영·관리하거나 편집·취재·집필·보도하는 자는 제1항 및 제2항의 규정에 의한 금품·향응 기타의 이익을 받거나 권유·요구 또는 약속할 수 없다.

제98조 【선거운동을 위한 방송이용의 제한】 누구든지 이 법의 규정에 의하지 아니하고는 그 방법의 여하를 불문하고 방송시설을 이용하여 선거운동을 위한 방송을 하거나 하게 할 수 없다. <개정 1997.11.14, 2000.2.16>

제99조 【구내방송 등에 의한 선거운동금지】 누구든지 이 법의 규정에 의하지 아니하고는 선거기간중 교통수단·건물 또는 시설안의 방송시설을 이용하여 선거운동을 할 수 없다.

제100조 【녹음기 등의 사용금지】 누구든지 선거기간중 이 법의 규정에 의하지 아니하고는 녹음기나 녹화기(비디오 및 오디오기기를 포함한다)를 사용하여 선거운동을 할 수 없다. <개정 2004.3.12, 2005.8.4>

제101조 【타연설회 등의 금지】 누구든지 선거기간중 선거에 영향을 미치게 하기 위하여 이 법의 규정에 의한 연설·대담 또는 대담·토론회를 제외하고는 다수인을 모이게 하여 개인정견발표회·시국강연회·좌담회 또는 토론회 기타의 연설회나 대담·토론회를 개최할 수 없다. <개정 2004.3.12>

제102조 【야간연설 등의 제한】 ① 이 법의 규정에 의한 연설·대담과 대담·토론회(방송시설을 이용하는 경우를 제외한다)는 오후 11시부터 다음날 오전 6시까지는 개최할 수 없으며, 공개장소에서의 연설·대담은 오후 10시부터 다음날 오전 7시까지는 이를 할 수 없다. 다만, 공개장소에서의 연설·대담에 있어서 휴대용 확성장치만을 사용하는 경우에는 오전 6시부터 오후 11시까지 할 수 있다.
<개정 1995.12.30, 1997.1.13, 2004.3.12, 2010.1.25>

②제79조에 따른 공개장소에서의 연설·대담을 하는 경우 오후 9시부터 다

음 날 오전 8시까지 같은 조 제10항에 따른 녹음기와 녹화기(비디오 및 오디오 기기를 포함한다)를 사용할 수 없다. <신설 2010.1.25>

제103조【각종집회 등의 제한】
①삭제 <2010.1.25>
②특별법에 따라 설립된 국민운동단체로서 국가나 지방자치단체의 출연 또는 보조를 받는 단체(바르게살기운동협의회·새마을운동협의회·한국자유총연맹을 말한다) 및 주민자치위원회는 선거기간 중 회의 그 밖에 어떠한 명칭의 모임도 개최할 수 없다.
<신설 2005.8.4>
③누구든지 선거기간 중 선거에 영향을 미치게 하기 위하여 향우회·종친회·동창회·단합대회 또는 야유회, 그 밖의 집회나 모임을 개최할 수 없다.
<개정 2010.1.25>
④선거기간중에는 특별한 사유가 없는 한 반상회를 개최할 수 없다.
⑤누구든지 선거일전 90일(선거일전 90일후에 실시사유가 확정된 보궐선거등에 있어서는 그 선거의 실시사유가 확정된 때)부터 선거일까지 후보자(후보자가 되고자 하는 자를 포함한다)와 관련있는 저서의 출판기념회를 개최할 수 없다. <신설 2004.3.12>

제104조【연설회장에서의 소란행위 등의 금지】 누구든지 이 법의 규정에 의한 공개장소에서의 연설·대담장소, 대담·토론회장 또는 정당의 집회장소에서 폭행·협박 기타 어떠한 방법으로도 연설·대담장소 등의 질서를 문란하게 하거나 그 진행을 방해할 수 없으며, 연설·대담 등의 주관자가 연단과 그 주변의 조명을 위하여 사용하는 경우를 제외하고는 횃불을 사용할 수 없다. <개정 2004.3.12>

제105조【행렬 등의 금지】 ①누구든지 선거운동을 위하여 5명(후보자와 함께 있는 경우에는 후보자를 포함하여 10명)을 초과하여 무리를 지어 다음 각 호의 어느 하나에 해당하는 행위를 할 수 없다. 다만, 제2호의 행위를 하는 경우에는 후보자와 그 배우자(배우자 대신 후보자가 그의 직계존비속 중에서 신고한 1인을 포함한다), 선거사무장, 선거연락소장, 선거사무원, 후보자와 함께 있는 활동보조인 및 회계책임자는 그 수에 산입하지 아니한다.
<개정 2004.3.12, 2005.8.4, 2010.1.25>
1. 거리를 행진하는 행위
2. 다수의 선거구민에게 인사하는 행위
3. 연달아 소리지르는 행위. 다만, 제79조(공개장소에서의 연설·대담)의 규정에 의한 공개장소에서의 연설·대담에서 당해 정당 또는 후보자에 대한 지지를 나타내기 위하여 연달아 소리지르는 경우에는 그러하지 아니하다.

②삭제 <2010.1.25>

제106조【호별방문의 제한】 ①누구든지 선거운동을 위하여 또는 선거기간중 입당의 권유를 위하여 호별로 방문할 수 없다.
②선거운동을 할 수 있는 자는 제1항의 규정에 불구하고 관혼상제의 의식이 거행되는 장소와 도로·시장·점포·다방·대합실 기타 다수인이 왕래하는 공개된 장소에서 정당 또는 후보자에 대한 지지를 호소할 수 있다.
③누구든지 선거기간중 공개장소에서의 연설·대담의 통지를 위하여 호별로 방문할 수 없다. <개정 2004.3.12>

제107조【서명·날인운동의 금지】 누구든지 선거운동을 위하여 선거구민에 대하여 서명이나 날인을 받을 수 없다.

제108조【여론조사의 결과공표금지 등】 ①누구든지 선거일 전 6일부터 선거일의 투표마감시각까지 선거에 관하여 정당에 대한 지지도나 당선인을 예상하게 하는 여론조사(모의투표나 인기투표에 의한 경우를 포함한다. 이하 이 조에서 같다)의 경위와 그 결과를 공표하거나 인용하여 보도할 수 없다. <개정 1997.11.14, 2005.8.4>

②누구든지 선거일전 60일(선거일전 60일 후에 실시사유가 확정된 보궐선거등에서는 그 선거의 실시사유가 확정된 때)부터 선거일까지 선거에 관한 여론조사를 투표용지와 유사한 모형에 의한 방법을 사용하거나 후보자(후보자가 되고자 하는 자를 포함한다. 이하 이 조에서 같다) 또는 정당(창당준비위원회를 포함한다. 이하 이 조에서 같다)의 명의로 선거에 관한 여론조사를 할 수 없다. 다만, 제57조의2제2항에 따른 여론조사는 그러하지 아니하다.
<개정 1997.11.14, 2008.2.29, 2010.1.25>

③다음 각 호의 어느 하나에 해당하는 자를 제외하고는 누구든지 선거일 전 180일부터 선거일의 투표마감시각까지 선거에 관하여 정당에 대한 지지도나 당선인을 예상하게 하는 여론조사(공표·보도를 목적으로 하지 아니하는 여론조사를 포함한다)를 실시하려면 중앙선거관리위원회규칙으로 정하는 바에 따라 여론조사의 목적, 표본의 크기, 조사지역·일시·방법, 전체 설문내용 등을 여론조사 개시일 전 2일까지 해당 선거구선거관리위원회에 서면으로 신고하여야 한다.
<신설 2010.1.25>

1. 제3자로부터 여론조사를 의뢰받은 여론조사 기관·단체(제3자의 의뢰 없이 직접 하는 경우는 제외한다)
2. 정당(창당준비위원회와 「정당법」 제38조에 따른 정책연구소를 포함한다)
3. 「방송법」 제2조에 따른 방송사업자
4. 「신문 등의 진흥에 관한 법률」 제2조에 따른 신문사업자 및 인터넷신문사업자
5. 「잡지 등 정기간행물의 진흥에 관한 법률」 제2조에 따른 정기간행물사업자
6. 「뉴스통신진흥에 관한 법률」 제2조에 따른 뉴스통신사업자

④누구든지 공표 또는 보도를 목적으로 선거에 관한 여론조사를 하는 경우에는 피조사자에게 여론조사기관·단체의 명칭, 주소 또는 전화번호와 조사자의 신분을 밝혀야 하고, 당해 조사대상의 전계층을 대표할 수 있도록 피조사자를 선정하여야 하며, 다음 각호의 1에 해당하는 행위를 하여서는 아니된다. <신설 1997.11.14, 2010.1.25>

1. 특정 정당 또는 후보자에게 편향되도록 하는 어휘나 문장을 사용하여 질문하는 행위
2. 피조사자에게 응답을 강요하거나 조사자의 의도에 따라 응답을 유도하는 방법으로 질문하거나, 피조사자의 의사를 왜곡하는 행위
3. 오락 기타 사행성을 조장할 수 있는 방법으로 조사하는 행위
4. 피조사자의 성명이나 성명을 유추할 수 있는 내용을 공개하는 행위

⑤누구든지 선거에 관한 여론조사의 결과를 공표 또는 보도하는 때에는 조사의뢰자와 조사기관·단체명, 피조사자의 선정방법, 표본의 크기, 조사지역·일시·방법, 표본오차율, 응답률, 질문내용 등을 함께 공표 또는 보도하여야 하며, 선거에 관한 여론조사를 실시한 기관 ·단체는 조사설계서·피조사자선정·표본추출·질문지작성·결과분석 등 조사의 신뢰성과 객관성의 입증에 필요한 자료와 수집된 설문지 및 결과분

석자료 등 당해 여론조사와 관련있는 자료일체를 당해 선거의 선거일후 6월까지 보관하여야 한다.
<신설 1997.11.14, 2010.1.25>
⑥누구든지 야간(오후 10시부터 다음 날 오전 7시까지를 말한다)에는 전화를 이용하여 선거에 관한 여론조사를 실시할 수 없다. <신설 2010.1.25>

제108조의2 【정책·공약에 관한 비교평가결과의 공표제한 등】 ①언론기관(제82조의 언론기관을 말한다) 및 제87조제1항 각 호의 어느 하나에 해당하지 아니하는 단체(이하 이 조에서 "언론기관등"이라 한다)는 정당·후보자(후보자가 되려는 자를 포함한다. 이하 이 조에서 "후보자등"이라 한다)의 정책이나 공약에 관하여 비교평가하고 그 결과를 공표할 수 있다.
②언론기관등이 후보자등의 정책이나 공약에 관한 비교평가를 하거나 그 결과를 공표하는 때에는 다음 각 호의 어느 하나에 해당하는 행위를 하여서는 아니 된다.

1. 특정 후보자등에게 유리 또는 불리하게 평가단을 구성·운영하는 행위
2. 후보자등별로 점수부여 또는 순위나 등급을 정하는 등의 방법으로 서열화하는 행위

③언론기관등이 후보자등의 정책이나 공약에 관한 비교평가의 결과를 공표하는 때에는 평가주체, 평가단 구성·운영, 평가지표·기준·방법 등 평가의 신뢰성·객관성을 입증할 수 있는 내용을 공표하여야 하며, 비교평가와 관련있는 자료 일체를 해당 선거의 선거일 후 6개월까지 보관하여야 한다. 이 경우 선거운동을 하거나 할 것을 표방한 단체는 지지하는 후보자등을 함께 공표하여야 한다.
[본조신설 2008.2.29]

제109조 【서신·전보 등에 의한 선거운동의 금지】 ①누구든지 선거기간중 이 법에 규정되지 아니한 방법으로 선거권자에게 서신·전보·모사전송 그 밖에 전기통신의 방법을 이용하여 선거운동을 할 수 없다.
<개정 1997.1.13, 1997.11.14, 2004.3.12, 2005.8.4, 2010.1.25>
②제60조의3제1항제6호·제7호 또는 제82조의4제1항제2호·제3호에 따른 전화 또는 문자메시지를 이용한 선거운동은 야간(오후 11시부터 다음 날 오전 6시까지를 말한다)에는 이를 할 수 없다.
<개정 2010.1.25>
③누구든지 선거운동을 위하여 후보자, 선거사무장, 선거연락소장, 선거사무원, 회계책임자, 연설원, 대담·토론자 또는 선거권자 등을 전화 기타의 방법으로 협박할 수 없다.

제110조 【후보자 등의 비방금지】 누구든지 선거운동을 위하여 후보자(후보자가 되고자 하는 자를 포함한다. 이하 이 조에서 같다), 후보자의 배우자와 직계존·비속이나 형제자매의 출생지·신분·직업·경력 등·재산·인격·행위·소속단체 등에 관하여 허위의 사실을 공표할 수 없으며, 공연히 사실을 적시하여 사생활을 비방할 수 없다. 다만, 진실한 사실로서 공공의 이익에 관한 때에는 그러하지 아니하다.
[전문개정 2000.2.16]

제111조 【의정활동 보고】 ①국회의원 또는 지방의회의원은 보고회 등 집회, 보고서(인쇄물, 녹음·녹화물 및 전산자료 복사본을 포함한다), 인터넷, 문자메시지, 송·수화자 간 직접 통화방식의 전화 또는 축사·인사말(게재하는 경우를 포함한다)을 통하여 의정활동(선거구활동·일정고지, 그 밖에 업적의 홍보에 필요한 사항을 포함한다)을 선거구민(행정구역 또는 선거구역의 변

경으로 새로 편입된 구역의 선거구민을 포함한다. 이하 이 조에서 같다)에게 보고할 수 있다. 다만, 대통령선거·국회의원선거·지방의회의원선거 및 지방자치단체의 장선거의 선거일전 90일부터 선거일까지 직무상의 행위 그 밖에 명목여하를 불문하고 인터넷에 의정활동보고서를 게재하는 외의 방법으로 의정활동을 보고할 수 없다.
<개정 2004.3.12, 2005.8.4, 2010.1.25>
②국회의원 또는 지방의회의원이 의정보고회를 개최하는 때에는 고지벽보와 의정보고회 장소표지를 첩부·게시할 수 있으며, 고지벽보와 표지에는 보고회명과 개최일시·장소 및 보고사항(후보자가 되고자 하는 자를 선전하는 내용을 제외한다)을 게재할 수 있다. 이 경우 의정보고회를 개최한 국회의원 또는 지방의회의원은 고지벽보와 표지를 의정보고회가 끝난 후 지체없이 철거하여야 한다.
③제1항의 규정에 따라 보고서를 우편으로 발송하고자 하는 국회의원 또는 지방의회의원은 그 발송수량의 범위안에서 선거구민인 세대주의 성명·주소(이하 이 조에서 "세대주명단"이라 한다)의 교부를 연 1회에 한하여 구·시·군의 장에게 서면으로 신청할 수 있으며, 신청을 받은 구·시·군의 장은 다른 법률의 규정에도 불구하고 지체없이 그 세대주명단을 작성·교부하여야 한다. <신설 2005.8.4>
④제3항의 규정에 따른 세대주명단의 작성비용의 납부, 교부된 세대주명단의 양도·대여 및 사용의 금지에 관하여는 제46조(명부사본의 교부)제3항 및 제4항의 규정을 준용한다. 이 경우 "선거인명부 또는 부재자신고인명부"는 "세대주명단"으로 본다.
<신설 2005.8.4>
⑤의정보고회의 고지벽보와 표지의 규격·수량, 세대주의 명단의 교부신청 그 밖의 의정활동보고에 관하여 필요한 사항은 중앙선거관리위원회규칙으로 정한다. <개정 2005.8.4>
[전문개정 2000.2.16]

제112조【기부행위의 정의 등】 ① 이 법에서 "기부행위"라 함은 당해 선거구안에 있는 자나 기관·단체·시설 및 선거구민의 모임이나 행사 또는 당해 선거구의 밖에 있더라도 그 선거구민과 연고가 있는 자나 기관·단체·시설에 대하여 금전·물품 기타 재산상 이익의 제공, 이익제공의 의사표시 또는 그 제공을 약속하는 행위를 말한다. <개정 2004.3.12>

1. 삭제 <2004.3.12>
2. 삭제 <2004.3.12>
3. 삭제 <2004.3.12>
4. 삭제 <2004.3.12>
5. 삭제 <2004.3.12>
6. 삭제 <2004.3.12>
7. 삭제 <2004.3.12>
8. 삭제 <2004.3.12>
9. 삭제 <2004.3.12>
10. 삭제 <2004.3.12>
11. 삭제 <2004.3.12>

②제1항의 규정에 불구하고 다음 각 호의 어느 하나에 해당하는 행위는 기부행위로 보지 아니한다.
<개정 2004.3.12, 2005.8.4, 2008.2.29, 2010.1.25>

1. 통상적인 정당활동과 관련한 행위
   가. 정당이 각급당부에 당해 당부의 운영경비를 지원하거나 유급사무직원에게 보수를 지급하는 행위
   나. 정당의 당헌·당규 기타 정당의 내부규약에 의하여 정당의 당원이 당비 기타 부담금을 납부하는 행위
   다. 정당이 소속 국회의원, 이 법에 따른 공직선거의 후보자·예비후보자에게 정치자금을

지원하는 행위

라. 제140조제1항에 따른 창당대회 등과 제141조제2항에 따른 당원집회 및 당원교육, 그 밖에 소속 당원만을 대상으로 하는 당원집회에서 참석당원 등에게 정당의 경비로 교재, 그 밖에 정당의 홍보인쇄물, 싼 값의 정당의 배지 또는 상징마스코트나 통상적인 범위에서 차·커피 등 음료(주류는 제외한다)를 제공하는 행위

마. 통상적인 범위안에서 선거사무소·선거연락소 또는 정당의 사무소를 방문하는 자에게 다과·떡·김밥·음료(주류는 제외한다) 등 다과류의 음식물을 제공하는 행위

바. 중앙당의 대표자가 참석하는 당직자회의(구·시·군단위 이상의 지역책임자급 간부와 시·도수의 10배수에 상당하는 상위직의 간부가 참석하는 회의를 말한다) 또는 시·도당의 대표자가 참석하는 당직자회의(읍·면·동단위 이상의 지역책임자급 간부와 관할 구·시·군의 수에 상당하는 상위직의 간부가 참석하는 회의를 말한다)에 참석한 당직자에게 통상적인 범위에서 식사류의 음식물을 제공하는 행위

사. 정당이 소속 유급사무직원을 대상으로 실시하는 교육·연수에 참석한 유급사무직원에게 정당의 경비로 숙식·교통편의 또는 실비의 여비를 제공하는 행위

아. 정당의 대표자가 소속 당원만을 대상으로 개최하는 신년회·송년회에 참석한 사람에게 정당의 경비로 통상적인 범위에서 다과류의 음식물을 제공하는 행위

자. 정당이 그 명의로 재해구호·장애인돕기·농촌일손돕기 등 대민 자원봉사활동을 하거나 그 자원봉사활동에 참석한 당원에게 정당의 경비로 교통편의(여비는 제외한다)와 통상적인 범위에서 식사류의 음식물을 제공하는 행위

차. 정당의 대표자가 개최하는 정당의 정책개발을 위한 간담회·토론회에 참석한 직능·사회단체의 대표자, 주제발표자, 토론자 등에게 정당의 경비로 식사류의 음식물을 제공하는 행위

카. 정당의 대표자가 개최하는 정당의 각종 행사에서 모범·우수당원에게 정당의 경비로 상장과 통상적인 부상을 수여하는 행위

타. 제57조의5제1항 단서에 따른 의례적인 행위

파. 정당의 대표자가 주관하는 당무에 관한 회의에서 참석한 각급 당부의 대표자·책임자 또는 유급당직자에게 정당의 경비로 식사류의 음식물을 제공하는 행위

하. 정당의 중앙당의 대표자가 당무파악 및 지역여론을 수렴하기 위하여 시·도당을 방문하는 때에 정당의 경비로 방문지역의 기관·단체의 장 또는 사회단체의 간부나 언론인 등 제한된 범위의 인사를 초청하여 간담회를 개최하고 식사류의 음식물을 제공하는 행위

2. 의례적 행위

가. 민법 제777조(친족의 범위)의 규정에 의한 친족의 관혼상제의식 기타 경조사에 축의·부의금품을 제공하는 행위

나. 정당의 대표자가 중앙당 또는 시·도당에서 근무하는 해당 유급사무직원(중앙당 대표자의 경우 시·도당의 대표자와 상근 간부를 포함한다)·그 배우자 또는 그 직계존비속이 결혼하거나 사망한 때에 통상적인 범위에서 축의·부의금품(화환 또는 화분을 포함한다)을 제공하거나 해당 유급사무직원(중앙당 대표자의 경우 시·도당 대표자를 포함한다)에게 연말·설·추석·창당기념일 또는 그의 생일에 정당의 경비로 의례적인 선물을 정당의 명의로 제공하는 행위

다. 국가유공자의 위령제, 국경일의 기념식, 「각종 기념일 등에 관한 규정」 제2조에 규정된 정부가 주관하는 기념일의 기념식, 공공기관·시설의 개소·이전식, 합동결혼식, 합동분향식, 산하 기관·단체의 준공식, 정당의 창당대회·합당대회·후보자선출대회, 그 밖에 이에 준하는 행사에 의례적인 화환·화분·기념품을 제공하는 행위

라. 공익을 목적으로 설립된 재단 또는 기금이 선거일 전 4년 이전부터 그 설립목적에 따라 정기적으로 지급하여 온 금품을 지급하는 행위. 다만, 선거일 전 120일(선거일 전 120일 후에 실시사유가 확정된 보궐선거등에 있어서는 그 선거의 실시사유가 확정된 때)부터 선거일까지 그 금품의 금액과 지급 대상·방법 등을 확대·변경하거나 후보자(후보자가 되려는 사람을 포함한다. 이하 이 조에서 같다)가 직접 주거나 후보자 또는 그 소속 정당의 명의를 추정할 수 있는 방법으로 지급하는 행위는 제외한다.

마. 친목회·향우회·종친회·동창회 등 각종 사교·친목단체 및 사회단체의 구성원으로서 당해 단체의 정관·규약 또는 운영관례상의 의무에 기하여 종전의 범위안에서 회비를 납부하는 행위

바. 종교인이 평소 자신이 다니는 교회·성당·사찰 등에 통상의 예에 따라 헌금(물품의 제공을 포함한다)하는 행위

사. 선거운동을 위하여 후보자와 함께 다니는 자나 국회의원·후보자·예비후보자가 관할구역안의 지역을 방문하는 때에 함께 다니는 자에게 통상적인 범위에서 식사류의 음식물을 제공하는 행위. 이 경우 함께 다니는 자의 범위에 관하여는 중앙선거관리위원회규칙으로 정한다.

아. 기관·단체·시설의 대표자가 소속 상근직원(「지방자치법」 제6장제3절과 제4절에서 규정하고 있는 소속 행정기관 및 하부행정기관과 그 밖에 명칭 여하를 불문하고 이에 준하는 기관·단체·시설의 직원은 제외한다. 이하 이 목에서 같다)이나 소속 또는 차하급기관·단체·시설의 대표자·그 배우자 또는 그 직계존비속이 결혼하거나 사망한 때에 통상적인 범위에서 축의·부의금품(화환 또는 화분을 포함한다)을 제공하는 행위와 소속 상근직원이나 소속 또는 차하급기관·단체·시설의 대표자에게 연말·설·추석·창립기념일 또는 그의 생일에 자체사업계획과

예산에 따라 의례적인 선물을 해당 기관·단체·시설의 명의로 제공하는 행위

자. 읍·면·동 이상의 행정구역단위의 정기적인 문화·예술·체육행사, 각급학교 의 졸업식 또는 공공의 이익을 위한 행사에 의례적인 범위에서 상장(부상은 제외한다. 이하 이 목에서 같다)을 수여하는 행위와 구·시·군단위 이상의 조직 또는 단체(향우회·종친회·동창회, 동호인회, 계모임 등 개인간의 사적모임은 제외한다)의 정기총회에 의례적인 범위에서 연 1회에 한하여 상장을 수여하는 행위. 다만, 제60조의2(예비후보자등록)제1항의 규정에 따른 예비후보자등록신청개시일부터 선거일까지 후보자(후보자가 되고자 하는 자를 포함한다)가 직접 수여하는 행위를 제외한다.

차. 의정활동보고회, 정책토론회, 출판기념회, 그 밖의 각종 행사에 참석한 사람에게 통상적인 범위에서 차·커피 등 음료(주류는 제외한다)를 제공하는 행위

카. 선거사무소·선거연락소 또는 정당선거사무소의 개소식·간판게시식 또는 현판식에 참석한 정당의 간부·당원들이나 선거사무관계자들에게 해당 사무소 안에서 통상적인 범위의 다과류의 음식물(주류를 제외한다)을 제공하는 행위

타. 제114조제2항에 따른 후보자 또는 그 가족과 관계있는 회사등이 개최하는 정기적인 창립기념식·사원체육대회 또는 사옥준공식 등에 참석한 소속 임직원이나 그 가족, 거래선, 한정된 범위의 내빈 등에게 회사등의 경비로 통상적인 범위에서 유공자를 표창(지방자치단체의 경우 소속 직원이 아닌 자에 대한 부상의 수여는 제외한다)하거나 식사류의 음식물 또는 싼 값의 기념품을 제공하는 행위

파. 제113조 및 제114조에 따른 기부행위를 할 수 없는 자의 관혼상제에 참석한 하객이나 조객 등에게 통상적인 범위에서 음식물 또는 답례품을 제공하는 행위

3. 구호적·자선적 행위
   가. 법령에 의하여 설치된 사회보호시설중 수용보호시설에 의연금품을 제공하는 행위
   나. 「재해구호법」의 규정에 의한 구호기관(전국재해구호협회를 포함한다) 및 「대한적십자사 조직법」에 의한 대한적십자사에 천재·지변으로 인한 재해의 구호를 위하여 금품을 제공하는 행위
   다. 「장애인복지법」 제58조에 따른 장애인복지시설(유료복지시설을 제외한다)에 의연금품·구호금품을 제공하는 행위
   라. 「국민기초생활 보장법」에 의한 수급권자인 중증장애인에게 자선·구호금품을 제공하는 행위
   마. 자선사업을 주관·시행하는 국가·지방자치단체·언론기관·사회단체 또는 종교단체 그 밖에 국가기관이나 지방자치단체의 허가를 받아 설립된 법인 또는 단체에 의연금품·구호금품을 제공하는 행위. 다만, 광범위한 선거구민을 대상으로 하는 경우 제공하는 개별 물품 또는 그 포장지에

직명·성명 또는 그 소속 정당의 명칭을 표시하여 제공하는 행위는 제외한다.

바. 자선·구호사업을 주관·시행하는 국가·지방자치단체, 그 밖의 공공기관·법인을 통하여 소년·소녀가장과 후원인으로 결연을 맺고 정기적으로 제공하여 온 자선·구호금품을 제공하는 행위

사. 국가기관·지방자치단체 또는 구호·자선단체가 개최하는 소년·소녀가장, 장애인, 국가유공자, 무의탁노인, 결식자, 이재민, 「국민기초생활 보장법」에 따른 수급자 등을 돕기 위한 후원회 등의 행사에 금품을 제공하는 행위. 다만, 개별 물품 또는 그 포장지에 직명·성명 또는 그 소속 정당의 명칭을 표시하여 제공하는 행위는 제외한다.

아. 근로청소년을 대상으로 무료학교(야학을 포함한다)를 운영하거나 그 학교에서 학생들을 가르치는 행위

4. 직무상의 행위

가. 국가기관 또는 지방자치단체가 자체사업계획과 예산으로 행하는 법령에 의한 금품제공행위(지방자치단체가 표창·포상을 하는 경우 부상의 수여를 제외한다. 이하 나목에서 같다)

나. 지방자치단체가 자체사업계획과 예산으로 대상·방법·범위 등을 구체적으로 정한 당해 지방자치단체의 조례에 의한 금품제공행위

다. 구호사업 또는 자선사업을 행하는 국가기관 또는 지방자치단체가 자체사업계획과 예산으로 당해 국가기관 또는 지방자치단체의 명의를 나타내어 행하는 구호행위·자선행위

라. 선거일전 60일까지 국가·지방자치단체 또는 공공기관(「공공기관의 운영에 관한 법률」 제4조에 따라 지정된 기관이나 그 밖에 중앙선거관리위원회규칙으로 정하는 기관을 말한다)의 장이 업무파악을 위한 초도순시 또는 연두순시차 하급기관을 방문하여 업무보고를 받거나 주민여론 등을 청취하면서 자체사업계획과 예산에 따라 참석한 소속공무원이나 임·직원, 유관기관·단체의 장과 의례적인 범위안의 주민대표에게 통상적인 범위안에서 식사류(지방자치단체의 장의 경우에는 다과류를 말한다)의 음식물을 제공하는 행위

마. 국가기관 또는 지방자치단체가 긴급한 현안을 해결하기 위하여 자체사업계획과 예산으로 해당 국가기관 또는 지방자치단체의 명의로 금품이나 그 밖에 재산상의 이익을 제공하는 행위

바. 선거기간이 아닌 때에 국가기관이 효자·효부·모범시민·유공자등에게 포상을 하거나, 국가기관·지방자치단체가 관할구역 안의 환경미화원·구두미화원·가두신문판매원·우편집배원 등에게 위문품을 제공하는 행위

사. 국회의원 및 지방의회의원이 자신의 직무 또는 업무를 수행하는 상설사무소에서 행하거나, 정당이 해당 당사에서 행하는 무료의 민원상담행위

아. 변호사·의사 등 법률에서 정하는 일정한 자격을 가진 전문

직업인이 업무활동을 촉진하기 위하여 자신이 개설한 인터넷 홈페이지를 통하여 법률·의료 등 자신의 전문분야에 대한 무료상담을 하는 행위

자. 제114조제2항에 따른 후보자 또는 그 가족과 관계있는 회사가 영업활동을 위하여 달력·수첩·탁상일기·메모판 등 홍보물(후보자의 성명이나 직명 또는 사진이 표시된 것은 제외한다)을 그 명의로 종업원이나 제한된 범위의 거래처, 영업활동에 필요한 유관기관·단체·시설에 배부하거나 영업활동에 부가하여 해당 기업의 영업범위에서 무료강좌를 실시하는 행위

차. 물품구매·공사·역무의 제공 등에 대한 대가의 제공 또는 부담금의 납부 등 채무를 이행하는 행위

5. 제1호부터 제4호까지의 행위 외에 법령의 규정에 근거하여 금품등을 찬조·출연 또는 제공하는 행위
6. 그 밖에 위 각 호의 어느 하나에 준하는 행위로서 중앙선거관리위원회규칙으로 정하는 행위

③제2항에서 "통상적인 범위에서 제공하는 음식물 또는 음료"라 함은 중앙선거관리위원회규칙으로 정하는 금액범위안에서 일상적인 예를 갖추는데 필요한 정도로 현장에서 소비될 것으로 제공하는 것을 말하며, 기념품 또는 선물로 제공하는 것은 제외한다.
<신설 1997.11.14, 2010.1.25>

④제2항제4호 각 목 중 지방자치단체의 직무상 행위는 법령·조례에 따라 표창·포상하는 경우를 제외하고는 해당 지방자치단체의 명의로 하여야 하며, 해당 지방자치단체의 장의 직명 또는 성명을 밝히거나 그가 하는 것으로 추정할 수 있는 방법으로 하는 행위는 기부행위로 본다. 이 경우 다음 각 호의 어느 하나에 해당하는 경우에는 "그가 하는 것으로 추정할 수 있는 방법"에 해당하는 것으로 본다.
<신설 2010.1.25>

1. 종전의 대상·방법·범위·시기 등을 법령 또는 조례의 제정 또는 개정 없이 확대 변경하는 경우
2. 해당 지방자치단체의 장의 업적을 홍보하는 등 그를 선전하는 행위가 부가되는 경우

⑤각급선거관리위원회(읍·면·동선거관리위원회를 제외한다)는 기부행위제한의 주체·내용 및 기간 그 밖에 필요한 사항을 광고등의 방법으로 홍보하여야 한다.
<개정 1997.11.14, 2004.3.12, 2005.8.4>
[제목개정 2004.3.12]

제113조【후보자 등의 기부행위제한】 ①국회의원·지방의회의원·지방자치단체의 장·정당의 대표자·후보자(후보자가 되고자 하는 자를 포함한다)와 그 배우자는 당해 선거구안에 있는 자나 기관·단체·시설 또는 당해 선거구의 밖에 있더라도 그 선거구민과 연고가 있는 자나 기관·단체·시설에 기부행위(결혼식에서의 주례행위를 포함한다)를 할 수 없다.
②누구든지 제1항의 행위를 약속·지시·권유·알선 또는 요구할 수 없다.
[전문개정 2004.3.12]

제114조【정당 및 후보자의 가족 등의 기부행위제한】 ①정당[「정당법」 제37조제3항에 따른 당원협의회(이하 "당원협의회"라 한다)와 창당준비위원회를 포함한다. 이하 이 조에서 같다], 정당선거사무소의 소장, 후보자(후보자가 되고자 하는 자를 포함한다. 이하 이 조에서 같다)나 그 배우자의 직계

존·비속과 형제자매, 후보자의 직계비속 및 형제자매의 배우자, 선거사무장, 선거연락소장, 선거사무원, 회계책임자, 연설원, 대담·토론자나 후보자 또는 그 가족(가족의 범위는 제10조제1항제3호에 규정된 "후보자의 가족"을 준용한다)과 관계있는 회사 그 밖의 법인·단체(이하 "회사 등"이라 한다) 또는 그 임·직원은 선거기간전에는 당해 선거에 관하여, 선거기간에는 당해 선거에 관한 여부를 불문하고 후보자 또는 그 소속정당을 위하여 일체의 기부행위를 할 수 없다. 이 경우 후보자 또는 그 소속정당의 명의를 밝혀 기부행위를 하거나 후보자 또는 그 소속정당이 기부하는 것으로 추정할 수 있는 방법으로 기부행위를 하는 것은 당해 선거에 관하여 후보자 또는 정당을 위한 기부행위로 본다.
<개정 2004.3.12, 2010.1.25>

②제1항에서 "후보자 또는 그 가족과 관계있는 회사 등"이라 함은 다음 각 호의 어느 하나에 해당하는 회사 등을 말한다. <개정 2005.8.4>

1. 후보자가 임·직원 또는 구성원으로 있거나 기금을 출연하여 설립하고 운영에 참여하고 있거나 관계법규나 규약에 의하여 의사결정에 실질적으로 영향력을 행사할 수 있는 회사 기타 법인·단체
2. 후보자의 가족이 임원 또는 구성원으로 있거나 기금을 출연하여 설립하고 운영에 참여하고 있거나 관계법규 또는 규약에 의하여 의사결정에 실질적으로 영향력을 행사할 수 있는 회사 기타 법인·단체
3. 후보자가 소속한 정당이나 후보자를 위하여 설립한 「정치자금법」에 의한 후원회

제115조 【제삼자의 기부행위제한】 제113조(후보자 등의 기부행위제한) 또는 제114조(정당 및 후보자의 가족 등의 기부행위제한)에 규정되지 아니한 자라도 누구든지 선거에 관하여 후보자(후보자가 되고자 하는 자를 포함한다. 이하 이 조에서 같다) 또는 그 소속정당(창당준비위원회를 포함한다. 이하 이 조에서 같다)을 위하여 기부행위를 하거나 하게 할 수 없다. 이 경우 후보자 또는 그 소속정당의 명의를 밝혀 기부행위를 하거나 후보자 또는 그 소속정당이 기부하는 것으로 추정할 수 있는 방법으로 기부행위를 하는 것은 당해 선거에 관하여 후보자 또는 정당을 위한 기부행위로 본다. <개정 2004.3.12>

제116조 【기부의 권유·요구 등의 금지】 누구든지 선거에 관하여 제113조부터 제115조까지에 규정된 기부행위가 제한되는 자로부터 기부를 받거나 기부를 권유 또는 요구할 수 없다.
[전문개정 2010.1.25]

제117조 【기부받는 행위 등의 금지】 누구든지 선거에 관하여 「정치자금법」 제31조(기부의 제한)의 규정에 따라 정치자금을 기부할 수 없는 자에게 기부를 요구하거나 그로부터 기부를 받을 수 없다. <개정 2005.8.4>

제117조의2 삭제 <2004.3.12>

제118조 【선거일후 답례금지】 후보자와 후보자의 가족 또는 정당의 당직자는 선거일후에 당선되거나 되지 아니한데 대하여 선거구민에게 축하 또는 위로 그 밖의 답례를 하기 위하여 다음 각 호의 어느 하나에 해당하는 행위를 할 수 없다. <개정 2010.1.25>

1. 금품 또는 향응을 제공하는 행위
2. 방송·신문 또는 잡지 기타 간행물에 광고하는 행위
3. 자동차에 의한 행렬을 하거나 다수인이 무리를 지어 거리를 행진

하거나 거리에서 연달아 소리지르는 행위. 다만, 제79조(공개장소에서의 연설·대담)제3항의 규정에 의한 자동차를 이용하여 당선 또는 낙선에 대한 거리인사를 하는 경우에는 그러하지 아니하다.

4. 일반선거구민을 모이게 하여 당선축하회 또는 낙선에 대한 위로회를 개최하는 행위
5. 현수막을 게시하는 행위. 다만, 선거일의 다음 날부터 13일 동안 해당 선거구 안의 읍·면·동마다 1매의 현수막을 게시하는 행위는 그러하지 아니하다.

제8장 선거비용

제119조【선거비용 등의 정의】 ①이 법에서 "선거비용"이라 함은 당해 선거에서 선거운동을 위하여 소요되는 금전·물품 및 채무 그 밖에 모든 재산상의 가치가 있는 것으로서 당해 후보자(후보자가 되려는 사람을 포함하며, 대통령선거에 있어서 정당추천후보자와 비례대표국회의원선거 및 비례대표지방의회의원선거에 있어서는 그 추천정당을 포함한다. 이하 이 항에서 같다)가 부담하는 비용과 다음 각 호의 어느 하나에 해당되는 비용을 말한다." <개정 1995.4.1, 2000.2.16, 2004.3.12, 2005.8.4, 2010.1.25>

1. 후보자가 이 법에 위반되는 선거운동을 위하여 지출한 비용과 기부행위제한규정을 위반하여 지출한 비용
2. 정당, 정당선거사무소의 소장, 후보자의 배우자 및 직계존비속, 선거사무장·선거연락소장·회계책임자가 해당 후보자의 선거운동(위법선거운동을 포함한다. 이하 이 항에서 같다)을 위하여 지출한 비용과 기부행위제한규정을 위반하여 지출한 비용
3. 선거사무장·선거연락소장·회계책임자로 선임된 사람이 선임·신고되기 전까지 해당 후보자의 선거운동을 위하여 지출한 비용과 기부행위제한규정을 위반하여 지출한 비용
4. 제2호 및 제3호에 규정되지 아니한 사람이라도 누구든지 후보자, 제2호 또는 제3호에 규정된 자와 통모하여 해당 후보자의 선거운동을 위하여 지출한 비용과 기부행위제한규정을 위반하여 지출한 비용

②이 법에서 "수입"이라 함은 선거비용의 충당을 위한 금전 및 금전으로 환가할 수 있는 물품 기타 재산상의 이익을 받거나 받기로 한 약속을 말한다.

③이 법에서 "지출"이라 함은 선거비용의 제공·교부 또는 그 약속을 말한다.

④이 법에서 "회계책임자"라 함은 「정치자금법」 제34조(회계책임자의 선임신고 등)제1항제5호·제6호 또는 제3항의 규정에 의하여 선임신고된 각각의 회계책임자를 말한다. <신설 2005.8.4>

제120조【선거비용으로 인정되지 아니하는 비용】 다음 각 호의 어느 하나에 해당하는 비용은 이 법에 따른 선거비용으로 보지 아니한다. <개정 1995.12.30, 1997.11.14, 2004.3.12, 2010.1.25>

1. 선거권자의 추천을 받는데 소요된 비용 등 선거운동을 위한 준비행위에 소요되는 비용
2. 정당의 후보자선출대회비용 기타 선거와 관련한 정당활동에 소요되는 정당비용
3. 선거에 관하여 국가·지방자치단체 또는 선거관리위원회에 납부하거나 지급하는 기탁금과 모든 납부

금 및 수수료

4. 선거사무소와 선거연락소의 전화료·전기료 및 수도료 기타의 유지비로서 선거기간전부터 정당 또는 후보자가 지출하여 온 경비
5. 선거사무소와 선거연락소의 설치 및 유지비용
6. 정당, 후보자, 선거사무장, 선거연락소장, 선거사무원, 회계책임자, 연설원 및 대담·토론자가 승용하는 자동차[제91조(확성장치와 자동차 등의 사용제한)제4항의 규정에 의한 자동차와 선박을 포함한다]의 운영비용
7. 제삼자가 정당·후보자·선거사무장·선거연락소장 또는 회계책임자와 통모함이 없이 특정 후보자의 선거운동을 위하여 지출한 전신료 등의 비용
8. 제112조제2항에 따라 기부행위로 보지 아니하는 행위에 소요되는 비용. 다만, 같은 항 제1호마목(정당의 사무소를 방문하는 사람에게 제공하는 경우는 제외한다) 및 제2호사목(후보자·예비후보자가 아닌 국회의원이 제공하는 경우는 제외한다)의 행위에 소요되는 비용은 선거비용으로 본다.
9. 선거일후에 지출원인이 발생한 잔무정리비용

제121조 【선거비용제한액의 산정】
①선거비용제한액은 선거별로 다음 각 호에 의하여 산정되는 금액으로 한다. 이 경우 100만원 미만의 단수는 100만원으로 한다.
<개정 2005.8.4, 2008.2.29>

1. 대통령선거
   인구수×950원
2. 지역구국회의원선거
   1억원+(인구수×200원)+(읍·면·동수×200만원)
3. 비례대표국회의원선거
   인구수× 90원
4. 지역구시·도의원선거
   4천만원+(인구수×100원)
5. 비례대표시·도의원선거
   4천만원+(인구수×50원)
6. 시·도지사선거
   가. 특별시장·광역시장 선거
      4억원(인구수 200만 미만인 때에는 2억원)+(인구수×300원)
   나. 도지사 선거
      8억원(인구수 100만 미만인 때에는 3억원)+(인구수×250원)
7. 지역구자치구·시·군의원선거
   3천500만원+(인구수×100원)
8. 비례대표자치구·시·군의원선거
   3천5백만원+(인구수×50원)
9. 자치구·시·군의 장 선거
   9천만원+(인구수×200원)+(읍·면·동수×100만원)

②제1항의 규정에 의한 선거비용제한액을 산정하는 때에는 당해 선거의 직전 임기만료에 의한 선거의 선거일이 속하는 달의 말일부터 제122조(선거비용제한액의 공고)의 규정에 의한 공고일이 속하는 달의 전전달 말일까지의 전국소비자물가변동률(「통계법」 제3조의 규정에 의하여 통계청장이 매년 고시하는 전국소비자물가변동률을 말한다)을 감안하여 정한 비율(이하 "제한액산정비율"이라 한다)을 적용하여 증감할 수 있다. 이 경우 그 제한액산정비율은 관할선거구선거관리위원회가 해당 선거 때마다 정한다.
<개정 2005.8.4>
③선거비용제한액 산정을 위한 인구수의 기준일, 제한액산정비율의 결정 기타 필요한 사항은 중앙선거관리위원회 규칙으로 정한다.
[본조신설 2004.3.12]

제122조 【선거비용제한액의 공고】
선거구선거관리위원회는 선거별로 제121조(선거비용제한액의 산정)의 규정

에 의하여 산정한 선거비용제한액을 중앙선거관리위원회규칙이 정하는 바에 따라 공고하여야 한다.
[전문개정 2004.3.12]

제122조의2【선거비용의 보전 등】
①선거구선거관리위원회는 다음 각호의 규정에 따라 후보자(대통령선거의 정당추천후보자와 비례대표국회의원선거 및 비례대표지방의회의원선거에 있어서는 후보자를 추천한 정당을 말한다. 이하 이 조에서 같다)가 이 법의 규정에 의한 선거운동을 위하여 지출한 선거비용[「정치자금법」 제40조(회계보고)의 규정에 따라 제출한 회계보고서에 보고된 선거비용으로서 정당하게 지출한 것으로 인정되는 선거비용을 말한다]을 제122조(선거비용제한액의 공고)의 규정에 의하여 공고한 비용의 범위안에서 대통령선거 및 국회의원선거에 있어서는 국가의 부담으로, 지방자치단체의 의회의원 및 장의 선거에 있어서는 당해 지방자치단체의 부담으로 선거일후 보전한다.
<개정 2004.3.12, 2005.8.4>

1. 대통령선거, 지역구국회의원선거, 지역구지방의회의원선거 및 지방자치단체의 장선거
   가. 후보자가 당선되거나 사망한 경우 또는 후보자의 득표수가 유효투표총수의 100분의 15 이상인 경우
   후보자가 지출한 선거비용의 전액
   나. 후보자의 득표수가 유효투표총수의 100분의 10 이상 100분의 15 미만인 경우
   후보자가 지출한 선거비용의 100분의 50에 해당하는 금액
2. 비례대표국회의원선거 및 비례대표지방의회의원선거
   후보자명부에 올라 있는 후보자중 당선인이 있는 경우에 당해 정당이 지출한 선거비용의 전액

②제1항에 따른 선거비용의 보전에 있어서 다음 각 호의 어느 하나에 해당하는 비용은 이를 보전하지 아니한다.
<신설 2005.8.4, 2010.1.25, 2011.7.28>

1. 예비후보자의 선거비용
2. 「정치자금법」 제40조(회계보고)의 규정에 따라 제출한 회계보고서에 보고되지 아니하거나 허위로 보고된 비용
3. 이 법에 위반되는 선거운동을 위하여 또는 기부행위제한규정을 위반하여 지출된 비용
4. 제64조 또는 제65조에 따라 선거벽보와 선거공보를 관할 구·시·군선거관리위원회에 제출한 후 그 내용을 정정하거나 삭제하는데 소요되는 비용
5. 이 법에 따라 제공하는 경우 외에 선거운동과 관련하여 지출된 수당·실비 그 밖의 비용
6. 정당한 사유 없이 지출을 증빙하는 적법한 영수증 그 밖의 증빙서류가 첨부되지 아니한 비용
7. 후보자가 자신의 차량·장비·물품등을 사용하거나 후보자의 가족·소속 정당 또는 제3자의 차량·장비·물품 등을 무상으로 제공 또는 대여받는 등 정당 또는 후보자가 실제로 지출하지 아니한 비용
8. 청구금액이 중앙선거관리위원회규칙으로 정하는 기준에 따라 산정한 통상적인 거래가격 또는 임차가격과 비교하여 정당한 사유 없이 현저하게 비싸다고 인정되는 경우 그 초과하는 가액의 비용
9. 선거운동에 사용하지 아니한 차량·장비·물품 등의 임차·구입·제작비용
10. 휴대전화 통화료와 정보이용요금. 다만, 후보자와 그 배우자, 선거사무장, 선거연락소장 및 회계

책임자가 선거운동기간 중 선거운동을 위하여 사용한 휴대전화 통화료 중 후보자가 부담하는 통화료는 보전한다.

11. 그 밖에 위 각 호의 어느 하나에 준하는 비용으로서 중앙선거관리위원회규칙으로 정하는 비용

③다음 각 호의 어느 하나에 해당하는 비용은 국가 또는 지방자치단체가 후보자를 위하여 부담한다. 이 경우 제3호의2 및 제5호의 비용은 국가가 부담한다. <개정 2004.3.12, 2005.8.4, 2007.1.3, 2008.2.29, 2010.1.25>

1. 제64조에 따른 선거벽보의 첩부 및 철거의 비용
2. 제65조에 따른 점자형 선거공보(같은 조 제8항의 점자형 후보자정보공개자료를 포함한다. 이하 이 호에서 같다)의 작성비용과 책자형 선거공보(점자형 선거공보 및 같은 조 제8항의 후보자정보공개자료를 포함한다) 및 전단형 선거공보의 발송비용과 우편요금
3. 제66조(선거공약서)제8항의 규정에 따른 점자형 선거공약서의 작성비용

3의2. 활동보조인의 수당과 실비

4. 제82조의2(선거방송토론위원회 주관 대담·토론회)의 규정에 의한 대담·토론회(합동방송연설회를 포함한다)의 개최비용
5. 제82조의3(선거방송토론위원회 주관 정책토론회)의 규정에 의한 정책토론회의 개최비용
6. 제161조(투표참관)의 규정에 의한 투표참관인 및 제162조(부재자투표참관)의 규정에 의한 부재자투표참관인의 수당과 식비
7. 제181조(개표참관)의 규정에 의한 개표참관인의 수당과 식비

④제1항 내지 제3항의 규정에 따른 비용의 산정 및 보전청구 그 밖에 필요한 사항은 중앙선거관리위원회규칙으로 정한다. <개정 2005.8.4>
[본조신설 2000.2.16]

제123조 삭제 <2005.8.4>

제124조 삭제 <2005.8.4>

제125조 삭제 <2005.8.4>

제126조 삭제 <2005.8.4>

제127조 삭제 <2005.8.4>

제128조 삭제 <2005.8.4>

제129조 삭제 <2005.8.4>

제130조 삭제 <2005.8.4>

제131조 삭제 <2005.8.4>

제132조 삭제 <2005.8.4>

제133조 삭제 <2005.8.4>

제134조 삭제 <2005.8.4>

제135조【선거사무관계자에 대한 수당과 실비보상】 ①선거사무장·선거연락소장·선거사무원·활동보조인 및 회계책임자(이하 이 조에서 "선거사무장등"이라 한다)에 대하여는 수당과 실비를 지급할 수 있다. 다만, 정당의 유급사무직원, 국회의원과 그 보좌관·비서관·비서 또는 지방의회의원이 선거사무장등을 겸한 때에는 실비만을 보상할 수 있으며, 후보자등록신청개시일부터 선거기간개시일 전일까지는 후보자로서 신고한 선거사무장등에게 수당과 실비를 지급할 수 없다. <개정 2000.2.16, 2010.1.25, 2011.7.28>

②제1항의 수당과 실비의 종류와 금액은 중앙선거관리위원회가 정한다.

③이 법의 규정에 의하여 수당·실비 기타 이익을 제공하는 경우를 제외하고는 수당·실비 기타 자원봉사에 대한 보상 등 명목여하를 불문하고 누구든지 선거운동과 관련하여 금품 기타 이익의 제공 또는 그 제공의 의사를 표시하거나 그 제공의 약속·지시·권유·알선·요구 또는 수령할 수 없다. <개정 1996.2.6, 1997.1.13, 1997.11.14, 2000.2.16>
④삭제 <2005.8.4>
⑤삭제 <2000.2.16>

제135조의2 【선거비용보전의 제한】
①선거구선거관리위원회는 이 법의 규정에 의하여 선거비용을 보전함에 있어서 선거사무소의 회계책임자가 정당한 사유없이 「정치자금법」 제40조(회계보고)의 규정에 따른 회계보고서를 그 제출마감일까지 제출하지 아니한 때에는 그 비용을 보전하지 아니한다. <개정 2005.8.4>
②선거구선거관리위원회는 후보자·예비후보자·선거사무장 또는 선거사무소의 회계책임자가 당해 선거와 관련하여 이 법 또는 「정치자금법」 제49조(선거비용관련위반행위에 관한 벌칙)에 규정된 죄를 범함으로 인하여 유죄의 판결이 확정되거나 선거비용제한액을 초과하여 지출한 경우에는 이 법의 규정에 의하여 보전할 비용중 그 위법행위에 소요된 비용 또는 선거비용제한액을 초과하여 지출한 비용의 2배에 해당하는 금액은 이를 보전하지 아니한다. <개정 2004.3.12, 2005.8.4>
③선거구선거관리위원회는 제2항에도 불구하고 정당, 후보자(예비후보자를 포함한다) 및 그 가족, 선거사무장, 선거연락소장, 선거사무원, 회계책임자 또는 연설원으로부터 기부를 받은 자가 제261조제6항에 따른 과태료를 부과받은 경우 이 법에 따라 보전할 비용 중 그 기부행위에 사용된 비용의 5배에 해당하는 금액을 보전하지 아니한다. <신설 2008.2.29, 2010.1.25>
④제2항에 규정된 자가 당해 선거와 관련하여 이 법 또는 「정치자금법」 제49조에 규정된 죄를 범함으로 인하여 기소되거나 선거관리위원회에 의하여 고발된 때에는 판결이 확정될 때까지 그 위법행위에 소요된 비용의 2배에 해당하는 금액의 보전을 유예한다. <개정 2005.8.4, 2008.2.29>
⑤선거구선거관리위원회는 정당 또는 후보자에게 선거비용을 보전한 후에 제1항부터 제3항까지의 규정에 따라 보전하지 아니할 사유가 발견된 때에는 당해 정당 또는 후보자에게 그 사실을 통지하고, 보전비용액중 제1항부터 제3항까지의 규정의 규정에 해당하는 금액의 반환을 명하여야 한다. 이 경우 정당 또는 후보자는 그 반환명령을 받은 날부터 30일 이내에 당해 선거구선거관리위원회에 이를 반환하여야 한다. <개정 2008.2.29>
⑥선거구선거관리위원회는 정당 또는 후보자가 제5항 후단의 기한 안에 해당금액을 반환하지 아니한 때에는 대통령선거와 국회의원선거에 있어서는 관할세무서장에게 징수를 위탁하고 관할세무서장이 국세체납처분의 예에 따라 이를 징수하여 국가에 납입하여야 하며, 지방자치단체의 의회의원 및 장의 선거에 있어서는 당해 지방자치단체의 장에게 징수를 위탁하고 지방자치단체의 장이 지방세체납처분의 예에 따라 이를 징수하여 지방자치단체에 납입하여야 한다. <개정 2008.2.29>
⑦보전하지 아니할 비용의 산정 기타 필요한 사항은 중앙선거관리위원회규칙으로 정한다. <개정 2008.2.29>
[본조신설 2000.2.16]

제136조 삭제 <2005.8.4>

제9장 선거와관련있는

정당활동의규제

제137조 【정강·정책의 신문광고 등의 제한】 ①선거가 임박한 시기에 있어서 정당이 행하는 「신문 등의 진흥에 관한 법률」 제2조제1호에 따른 신문과 「잡지 등 정기간행물의 진흥에 관한 법률」 제2조제1호에 따른 정기간행물(이하 이 조에서 "일간신문 등"이라 한다)에 의한 정강·정책의 홍보, 당원·후보지망자의 모집, 당비모금, 정치자금모금(대통령선거에 한한다) 또는 선거에 있어 당해 정당이나 추천후보자가 사용할 구호·도안·정책 그 밖에 선거에 관한 의견수집을 위한 광고는 다음 각호의 범위안에서 하여야 하며, 그 선거기간중에는 이를 할 수 없다.
<개정 1995.12.30, 1997.11.14, 2004.3.12, 2005.8.4, 2010.1.25>

1. 임기만료에 의한 선거
   정당의 중앙당이 행하되, 선거일전 90일부터 선거기간개시일전일까지 일간신문 등에 총 70회 이내
2. 대통령의 궐위로 인한 선거·재선거 [제197조(선거의 일부무효로 인한 재선거)의 규정에 의한 재선거를 제외한다. 이하 이 항에서 같다] 및 연기된 선거정당의 중앙당이 행하되, 그 선거의 실시사유가 확정된 때부터 선거기간개시일전일까지 일간신문 등에 총 20회 이내
3. 제2호외의 보궐선거·재선거 및 연기된 선거
   정당의 중앙당이 행하되, 그 선거의 실시사유가 확정된 때부터 선거기간개시일전일까지 일간신문 등에 총 10회 이내

②제1항의 규정에 의한 일간신문 등의 광고 1회의 규격은 가로 37센티미터 세로 17센티미터 이내로 하여야 하며, 후보자가 되고자 하는 자의 사진·성명(성명을 유추할 수 있는 내용을 포함한다) 기타 선거운동에 이르는 내용을 게재할 수 없다.
③제69조제1항 후단(광고횟수를 말한다)·제2항·제5항·제8항 및 제9항은 제1항의 규정에 의한 일간신문 등의 광고에 이를 준용한다. 이 경우 "후보자"는 "정당"으로 본다.
<개정 1997.1.13, 1998.4.30, 2010.1.25>

제137조의2 【정강·정책의 방송연설의 제한】 ①정당이 방송연설[제70조(방송광고)제1항의 규정에 의한 방송시설을 말한다. 이하 이 조에서 같다]을 이용하여 정강·정책을 알리기 위한 방송연설을 하는 때에는 다음 각호의 범위 안에서 하여야 한다.
<개정 2004.3.12>

1. 임기만료에 의한 선거
   정당의 중앙당 대표자 또는 그가 선거운동을 할 수 있는 자중에서 지명한 자가 행하되, 선거일전 90일이 속하는 달의 초일부터 선거기간개시일전일까지 1회 20분 이내에서 텔레비전 및 라디오방송별로 월 2회(선거기간개시일전일이 해당 달의 10일이내에 해당하는 경우에는 1회) 이내
2. 대통령의 궐위로 인한 선거, 재선거[제197조(선거의 일부무효로 인한 재선거)의 규정에 의한 재선거를 제외한다] 및 연기된 선거
   정당의 중앙당 대표자 또는 그가 선거운동을 할 수 있는 자 중에서 지명한 자가 행하되, 그 선거의 실시사유가 확정된 때부터 선거기간개시일전일까지 1회 10분 이내에서 텔레비전 및 라디오 방송별 각 5회 이내

②제1항에 따라 텔레비전 방송시설을 이용한 방송연설을 하는 때에는 연설하는 모습, 정당명(해당 정당을 상징하는 마크나 심벌의 표시를 포함한다), 연설의 요지 및 통계자료 외의 다른

내용이 방영되게 하여서는 아니되며, 방송연설을 녹화하여 방송하고자 하는 때에는 당해 방송시설을 이용하여야 한다. <개정 2010.1.25>
③제1항의 규정에 의한 방송연설을 함에 있어서는 선거운동에 이르는 내용의 연설을 하여서는 아니된다.
④제1항의 규정에 의한 방송연설의 비용은 당해 정당이 부담하되, 국회에 교섭단체를 구성한 정당이 공영방송사를 이용하여 방송연설을 하는 때에는 각 공영방송사마다 텔레비전 및 라디오 방송별로 행하는 월 1회의 방송연설비용(제작비용을 제외한다)은 당해 공영방송사가 이를 부담하여야 한다.
<개정 2004.3.12>
⑤제4항의 규정에 의하여 공영방송사가 비용을 부담하는 방송연설을 하고자 하는 경우 그 방송연설의 일시·시간대 기타 필요한 사항은 당해 공영방송사와 당해 정당이 협의하여 정한다.
⑥제70조(방송광고)제1항 후단·제6항 및 제8항과 제71조제10항 및 제12항의 규정은 제1항의 규정에 의한 방송연설에 이를 준용한다.
⑦제6항의 규정에 의한 방송연설신고서의 서식 기타 필요한 사항은 중앙선거관리위원회규칙으로 정한다.
[본조신설 2000.2.16]

제138조【정강·정책홍보물의 배부제한 등】 ①정당이 선거기간중에 후보자를 추천한 선거구의 소속당원에게 배부할 수 있는 정강·정책홍보물은 정당의 중앙당이 제작한 책자형 정강·정책홍보물 1종으로 한다.
<개정 1997.11.14>
②제1항의 규정에 의한 정강·정책홍보물을 배부할 수 있는 수량은 후보자를 추천한 선거구의 소속당원에 상당하는 수를 넘지 못한다.
<개정 1997.11.14>
③제1항의 규정에 의한 정강·정책홍보물을 제작·배부하는 때에는 그 표지에 "당원용"이라 표시하여야 한다.
④정당이 제1항의 정강·정책홍보물을 배부하고자 하는 때에는 배부전까지 중앙선거관리위원회에 2부를 제출하여야 하되, 전자적 파일로 대신 제출할 수 있다. <개정 2010.1.25>
⑤제1항에 따른 정강·정책홍보물에는 해당 정당이 추천한 후보자의 기호·성명·사진·경력등을 제외하고는 후보자와 관련된 사항을 게재할 수 없다.
<개정 2010.1.25>
⑥제1항의 규정에 따른 정강·정책홍보물은 길이 27센티미터 너비19센티미터 이내에서 대통령선거의 경우에는 16면 이내로, 지역구국회의원선거, 지역구지방의회의 원선거 및 지방자치단체의 장선거의 경우에는 8면 이내로 작성한다. <개정 2005.8.4>

제138조의2【정책공약집의 배부제한 등】 ①정당이 자당의 정책과 선거에 있어서 공약을 게재한 정책공약집(도서의 형태로 발간된 것을 말하며, 이하 "정책공약집"이라 한다)을 배부하고자 하는 때에는 통상적인 방법으로 판매하여야 한다. 다만, 방문판매의 방법으로 정책공약집을 판매할 수 없다.
②정당은 제1항의 규정에 따른 통상적인 방법에 의한 판매 외에 해당 정당의 당사와 제79조에 따라 소속 정당추천후보자가 개최한 공개장소에서의 연설·대담 장소에서 정책공약집을 판매할 수 있다. 이 경우 정당의 당사에서 판매할 때에는 공개된 장소에 별도의 판매대를 설치하는 등 정책공약집의 판매사실을 공개적으로 확인할 수 있는 방법으로 판매하여야 한다.
<개정 2008.2.29, 2010.1.25>
③정당이 제1항 및 제2항의 규정에 따라 정책공약집을 판매하고자 하는 때에는 발간 즉시 「정당법」의 규정에

따라 해당 정당의 등록사무를 처리하는 관할선거관리위원회에 2권을 제출하여야 하되, 전자적 파일로 대신 제출할 수 있다. <개정 2010.1.25>
④정책공약집에는 후보자의 기호·성명·사진·학력·경력 등 후보자와 관련된 사항 및 다른 정당에 관한 사항을 게재할 수 없다.
⑤정책공약집의 작성근거 등의 표시, 제출 그 밖의 필요한 사항은 중앙선거관리위원회규칙으로 정한다.
[본조신설 2007.1.3]

제139조 【정당기관지의 발행·배부제한】 ①정당의 중앙당은 선거기간중 기관지를 통상적인 방법외의 방법으로 발행·배부할 수 없다. 다만, 선거기간중 통상적인 주기에 의한 발행회수가 2회 미만인 때에는 2회(증보·호외·임시판을 포함하며, 배부되는 지역에 따라 게재내용중 일부를 달리하더라도 동일한 것으로 본다)이내로 한다. 이 경우 정당의 중앙당외의 당부가 발행하거나 공개장소에서의 연설·대담장소 또는 대담·토론회장에서의 배부, 거리에서의 판매·배부, 첩부, 게시, 살포는 통상적인 방법에 의한 배부로 보지 아니한다. <개정 2004.3.12>
②제1항의 기관지에는 당해 정당이 추천한 후보자의 기호·성명·사진·학력·경력 등외에 후보자의 홍보에 관한 사항을 게재할 수 없다. <신설 2000.2.16>
③제1항의 기관지를 발행·배부하고자 하는 때에는 발행 즉시 2부를 중앙선거관리위원회에 제출하여야 하되, 전자적 파일로 대신 제출할 수 있다.
<개정 2010.1.25>

제140조 【창당대회 등의 개최와 고지의 제한】 ①정당이 선거일전 120일(선거일전 120일후에 실시사유가 확정된 보궐선거 등에 있어서는 그 선거의 실시사유가 확정된 때)부터 선거일까지 창당대회·합당대회·개편대회 및 후보자선출대회(이하 이 조에서 "창당대회 등"이라 한다)를 개최하는 때에는 다수인이 왕래하는 공개된 장소가 아닌 장소에서 소속당원(후보자선출대회의 경우에는 당해 정당의 공직선거후보자를 선출하기 위한 투표권이 있는 당원이 아닌 자를 포함한다)만을 대상으로 개최하여야 하되, 사회통념상 인정되는 범위안에서 당원이 아닌 자를 초청할 수 있다.
<개정 2004.3.12, 2005.8.4>
②제1항의 창당대회등을 주관하는 정당은 「정당법」 제10조(창당집회의공개)제2항의 신문공고를 하는 외에 창당대회등의 장소에 5매이내의 표지를 게시할 수 있다. 이 경우 신문공고·표지에는 후보자(후보자가 되고자 하는 자를 포함한다. 이하 이 항에서 같다)의 사진·성명(성명을 유추할 수 있는 내용을 포함한다) 또는 선전구호등 후보자를 선전하는 내용을 게재할 수 없다. <개정 2004.3.12, 2005.8.4>
③제1항에서 "개편대회"라 함은 정당의 대표자의 변경 등 당헌·당규상의 조직개편에 관한 안건을 처리하기 위하여 개최하는 당원총회 또는 그 대의기관의 회의 등 집회를 말하고, "후보자선출대회"라 함은 정당의 각급 당부가 이 법에 의한 선거의 당해 정당추천후보자를 선출하기 위하여 제57조의2(당내경선의 실시)의 규정에 의하여 개최하는 집회를 말한다.
<신설 2000.2.16, 2005.8.4>
④제2항의 규정에 의한 표지는 당해 집회종료후 지체없이 주최자가 철거하여야 한다. <개정 2004.3.12>

제141조 【당원집회의 제한】 ①정당(당원협의회를 포함한다)은 선거일전 30일부터 선거일까지 소속당원의 단합·수련·연수·교육 그 밖에 명목여하를 불문하고 선거가 실시중인 선거구안이

나 선거구민인 당원을 대상으로 당원 수련회 등(이하 이 조에서 "당원집회"라 한다)을 개최할 수 없다. 다만, 당무에 관한 연락·지시 등을 위하여 일시적으로 이루어지는 당원간의 면접은 당원집회로 보지 아니한다.
<개정 1995.12.30, 2000.2.16, 2004.3.12, 2010.1.25>
②정당이 선거일 전 90일(선거일 전 90일 후에 실시사유가 확정된 보궐선거등에서는 그 선거의 실시사유가 확정된 때)부터 당원집회를 개최하는 때(중앙당이 그 연수시설에서 개최하는 경우를 제외한다)에는 개최지역을 관할하는 구·시·군선거관리위원회에 신고한 후 당해 정당의 사무소, 주민회관, 공공기관·단체의 사무소 그 밖의 공공시설 또는 다수인이 왕래하는 장소가 아닌 공개된 장소에서 개최하여야 한다. <개정 2004.3.12, 2010.1.25>
③「정치자금법」 제27조(보조금의 배분)의 규정에 의하여 보조금의 배분대상이 되는 정당은 중앙선거관리위원회 규칙이 정하는 바에 따라 국가 또는 지방자치단체[제53조(공무원등의 입후보)제1항제4호 또는 제6호에 규정된 기관을 포함한다]가 소유하거나 관리하는 주민회관·체육관 또는 문화원 기타 다수인이 모일 수 있는 시설이나 장소를 당원집회의 장소로써 무료로 사용할 수 있다. 이 경우 시설의 손괴 또는 전력의 사용 등 재산상의 손실을 끼친 때에는 당해 정당이 보상하여야 한다. <신설 2004.3.12, 2005.8.4>
④제2항의 당원집회 장소의 외부에는 이 법에 의한 당원집회임을 표시하는 표지를 첩부 또는 게시하여야 하되, 그 개최자는 당해 집회종료후에는 지체없이 철거하여야 한다. 이 경우 그 표지에는 후보자가 되고자 하는 자의 사진·성명 또는 선전구호 기타 후보자가 되고자 하는 자를 선전하는 내용을 게재하여서는 아니된다.
<개정 2004.3.12>
⑤제3항의 규정에 의한 사용신청을 받은 공공시설의 관리자는 정당한 사유가 있는 경우를 제외하고는 그 사용을 거부할 수 없다. <신설 2004.3.12>
⑥당원집회의 신고, 표지의 매수, 그 밖에 필요한 사항은 중앙선거관리위원회규칙으로 정한다.
<개정 2004.3.12, 2010.1.25>
[제목개정 2000.2.16]

제142조 삭제 <2004.3.12>

제143조 삭제 <2004.3.12>

제144조 【정당의 당원모집 등의 제한】
①정당은 선거기간중 당원을 모집하거나 입당원서를 배부할 수 없다. 다만, 시·도당의 창당 또는 개편을 위하여 창당대회·개편대회를 개최하는 경우에는 그 집회일까지는 그러하지 아니하다. <개정 2004.3.12>
②삭제 <2006.3.2>

제145조 【당사게시 선전물 등의 제한】
①정당은 선거기간 중 구호, 그 밖에 정당의 홍보에 필요한 사항과 당해 당부명 및 그 대표자 성명, 해당 정당이 추천한 후보자의 기호·성명·사진·경력 등에 관한 사항을 게재한 간판·현판 또는 현수막을 중앙선거관리위원회규칙으로 정하는 바에 따라 당해 당사의 외벽면 또는 옥상에 설치·게시할 수 있다. <개정 2010.1.25>
②정당의 중앙당 및 시·도당에 설치되는 각 1개의 선거대책기구와 「정치자금법」에 의한 후원회의 사무소에는 중앙선거관리위원회규칙으로 정하는 바에 따라 간판을 달 수 있다.
<개정 2004.3.12, 2005.8.4, 2010.1.25>

제10장 투표

제146조 【선거방법】 ①선거는 기표방법에 의한 투표로 한다.
②투표는 직접 또는 우편으로 하되, 1인 1표로 한다. 다만, 국회의원선거, 시·도의원선거 및 자치구·시·군의원선거에 있어서는 지역구의원선거 및 비례대표의원선거마다 1인 1표로 한다. <개정 2002.3.7, 2004.3.12, 2005.8.4>
③투표를 함에 있어서는 선거인의 성명 기타 선거인을 추정할 수 있는 표시를 하여서는 아니된다.
[2002.3.7 법률 제6663호에 의하여 2001.7.19 헌법재판소에서 헌법불합치 결정된 제2항을 개정함.]

제146조의2 【투표관리관】 ①구·시·군선거관리위원회는 투표에 관한 사무를 관리하게 하기 위하여 투표구마다 투표관리관 1인을 둔다.
②투표관리관은 국가 또는 지방자치단체의 소속 공무원 또는 각급학교의 교직원 중에서 위촉한다.
③투표관리관의 위촉 및 해촉, 수당 그 밖에 필요한 사항은 중앙선거관리위원회규칙으로 정한다.
[본조신설 2005.8.4]

제147조 【투표소의 설치】 ①읍·면·동선거관리위원회는 선거일 전일까지 관할 구역 안의 투표구마다 투표소를 설치하여야 한다. <개정 2005.8.4>
②투표소는 투표구안의 학교, 읍·면·동사무소 등 관공서, 공공기관·단체의 사무소, 주민회관 기타 선거인이 투표하기 편리한 곳에 설치한다. 다만, 당해 투표구안에 투표소를 설치할 적당한 장소가 없는 경우에는 인접한 다른 투표구안에 설치할 수 있다.
<개정 2004.3.12, 2005.8.4>
③학교·관공서 및 공공기관·단체의 장은 선거관리위원회로부터 투표소 설치를 위한 장소사용 협조요구를 받은 때에는 우선적으로 이에 응하여야 한다. <신설 2004.3.12>
④병영 안과 종교시설 안에는 투표소를 설치하지 못한다. 다만, 종교시설의 경우 투표소를 설치할 적합한 장소가 없는 부득이한 경우에는 그러하지 아니하다. <개정 2010.1.25>
⑤투표소에는 기표소·투표함·참관인의 좌석 그 밖의 투표관리에 필요한 시설을 설비하여야 한다. <개정 2005.8.4>
⑥기표소는 그 안을 다른 사람이 엿볼 수 없도록 설비하여야 하며 어떠한 표지도 하여서는 아니된다.
⑦정당·후보자·선거사무장 또는 선거연락소장은 투표소의 설비에 대하여 그 시정을 요구할 수 있다.
⑧제1항의 규정에 의하여 투표소를 설치하는 때에는 읍·면·동선거관리위원회는 선거일전 10일까지 그 명칭과 소재지를 공고하여야 한다. 다만, 천재·지변 기타 부득이한 사유가 있는 때에는 이를 변경할 수 있으며, 이 경우에는 즉시 공고하여 선거인에게 알려야 한다. <개정 2005.8.4>
⑨읍·면·동선거관리위원회는 투표사무를 보조하게 하기 위하여 다음 각 호의 어느 하나에 해당하는 자중에서 투표사무원을 위촉하되, 선거일전 3일까지 그 성명을 공고하여야 한다. <개정 2000.2.16, 2002.3.7, 2004.3.12, 2005.8.4, 2007.1.3, 2010.1.25, 2010.5.17>

1. 「국가공무원법」 제2조에 규정된 국가공무원과 「지방공무원법」 제2조에 규정된 지방 공무원. 다만, 일반직공무원의 행정직군 중 교정·보호·검찰사무·마약수사·출입국관리·철도공안 직렬의 공무원과 교육공무원 외의 특정직공무원 및 정무직공무원을 제외한다.
2. 각급학교의 교직원
3. 「은행법」 제2조의 규정에 의한 은행의 직원
4. 제53조제1항제4호 내지 제6호에

규정된 기관 등의 직원
5. 투표사무를 보조할 능력이 있는 공정하고 중립적인 자

⑩투표소의 설비 및 투표사무원 성명의 공고 기타 필요한 사항은 중앙선거관리위원회규칙으로 정한다.

제148조 【부재자투표소의 설치】 ①관할구·시·군선거관리위원회는 선거일전 6일부터 2일간(이하 "부재자투표기간"이라 한다) 부재자신고인명부에 올라 있는 선거인이 투표할 투표소(이하 "부재자투표소"라 한다)를 당해 사무소 소재지에 설치·운영하되, 2 이상의 구·시·군선거관리위원회가 같은 건물 또는 시설안에 있는 때에는 부재자투표소를 공동으로 설치·운영할 수 있다. <개정 2002.3.7, 2004.3.12>
②구·시·군선거관리위원회는 관할구역안의 부재자투표예상자의 수와 분포등을 고려하여 필요하다고 인정하는 때에는 부재자투표기간중 부재자투표예상자가 투표를 마칠 수 있는 상당한 기간을 정하여 투표관리관에게도 부재자투표소를 설치·운영하게 할 수 있다. <개정 2005.8.4>
③제1항 및 제2항의 규정에 의하여 부재자투표소를 설치하는 때에는 선거일전 9일까지 그 명칭·소재지 및 설치·운영기간을 공고하고, 선거사무장 또는 선거연락소장에게 이를 통지하여야 하며, 관할구역안의 투표구마다 5개소에 공고문을 첩부하여야 한다. 부재자투표소의 설치장소를 변경한 때에도 또한 같다. <개정 2004.3.12>
④구·시·군선거관리위원회가 설치·운영하는 부재자투표소의 투표관리는 해당 구·시·군선거관리위원회위원 중 정당추천위원이 아닌 1명의 위원(이하 "부재자투표관리관"이라 한다)을 지정하여 행하게 한다.
<개정 2005.8.4, 2010.1.25>
⑤구·시·군선거관리위원회는 제1항 및 제2항의 규정에 따라 설치된 부재자투표소의 부재자투표사무를 보조하게 하기 위하여 제147조제9항 각 호의 어느 하나에 해당하는 자 중에서 부재자투표사무원을 두어야 한다.
<개정 2005.8.4>
⑥제147조(투표소의 설치)제3항 내지 제7항의 규정은 제1항 및 제2항의 부재자투표소에 이를 준용한다.
<개정 2004.3.12>
⑦부재자투표소의 설치·공고·통보 및 부재자투표사무원의 위촉 기타 필요한 사항은 중앙선거관리위원회규칙으로 정한다.

제149조 【기관·시설안의 부재자투표소】 ①부재자투표기간중 부재자신고인이 소속한 병원·요양소·수용소·교도소(구치소를 포함한다)의 장은 관할구·시·군선거관리위원회의 허가를 받아 당해 기관 또는 시설에 부재자투표소를 설치할 수 있다. <개정 2005.8.4>
②제1항의 규정에 의하여 기관 또는 시설의 장이 부재자투표소를 설치하고자 하는 때에는 그 부재자신고인수·설치사유·소재지 등을 명시하여 선거일전 10일까지 관할구·시·군선거관리위원회에 허가신청을 하여야 하며, 관할구·시·군선거관리위원회는 그 사유가 정당하다고 인정하는 때에는 당해 기관 또는 시설의 장과 협의하여 부재자투표일시와 장소를 정하여 이를 허가하고 선거사무장 또는 선거연락소장에게 통지하여야 한다. <개정 2004.3.12>
③제1항의 규정에 의한 부재자투표소의 투표관리는 제148조제4항에 준하여 지정한 부재자투표관리관이나 투표관리관이 출장하여 행한다.
<개정 2005.8.4, 2010.1.25>
④제1항의 규정에 의하여 부재자투표소를 설치한 기관 또는 시설의 장은 당해 선거관리위원회의 요구가 있는 때에는 그 소속직원중에서 부재자투표

사무를 보조하게 하기 위하여 부재자투표사무원을 두어야 한다.
⑤제147조(투표소의 설치)제5항 내지 제7항의 규정은 제1항의 부재자투표소에 이를 준용한다. <개정 2004.3.12>
⑥제1항의 부재자투표소설치의 신청 및 허가 기타 필요한 사항은 중앙선거관리위원회규칙으로 정한다.

제149조의2【장애인생활시설 안의 기표소】 ①제38조제3항제2호의 거소투표사유에 해당하는 부재자신고인을 수용하고 있는 「장애인복지법」에 따른 장애인복지시설 중 장애인생활시설(제149조에 따라 부재자투표소를 설치한 기관 또는 시설은 제외하며, 이하 이 조에서 "장애인생활시설"이라 한다)의 장은 그 명칭과 소재지 및 거소투표부재자신고인 수 등을 부재자신고마감일 후 3일까지 관할구·시·군선거관리위원회에 신고하여야 한다.
②제1항의 신고를 받은 관할구·시·군선거관리위원회는 거소투표부재자신고인을 수용하고 있는 장애인생활시설의 명칭과 소재지 및 거소투표부재자신고인 수 등을 공고하여야 한다.
③30명 이상의 거소투표부재자신고인을 수용하고 있는 장애인생활시설의 장은 일시·장소를 정하여 해당 부재자신고인의 거소투표를 위한 기표소를 설치하여야 한다.
④후보자(대통령선거에서는 후보자를 추천한 정당을 말한다. 이하 이 조에서 같다)·선거사무장 또는 선거연락소장은 30명 미만의 부재자신고인을 수용하고 있는 장애인생활시설의 장에게 제2항에 따른 공고일 후 2일 이내에 거소투표를 위한 기표소 설치를 요청할 수 있다. 이 경우 정당한 사유가 없는 한 장애인생활시설의 장은 이에 따라야 한다.
⑤제3항 및 제4항에 따라 기표소를 설치하는 장애인생활시설의 장은 기표소 설치·운영 일시 및 장소를 정하여 그 기표소설치일 전 2일까지 관할구·시·군선거관리위원회에 신고하여야 하며, 신고를 받은 관할구·시·군선거관리위원회는 이를 공고하여야 한다.
⑥장애인생활시설의 장이 설치·운영하는 기표소에의 참관을 원하는 후보자·선거사무장·선거연락소장은 선거권자 중에서 1명을 선정하여 참관하게 할 수 있다.
⑦장애인생활시설의 장은 기표소를 설치하는 장소에 기표소·참관좌석, 그 밖에 필요한 시설을 설비하여야 한다.
⑧장애인생활시설의 거소투표부재자신고인 수 공고 서식과 그 밖에 필요한 사항은 중앙선거관리위원회규칙으로 정한다.
[본조신설 2010.1.25]

제150조【투표용지의 정당·후보자의 게재순위 등】 ①투표용지에는 후보자의 기호·정당추천후보자의 소속정당명 및 성명을 표시하여야 한다. 다만, 무소속후보자는 후보자의 정당추천후보자의 소속정당명의 난에 "무소속"으로 표시하고, 비례대표국회의원선거 및 비례대표지방의회의원선거에 있어서는 후보자를 추천한 정당의 기호와 정당명을 표시하여야 한다.
<개정 1995.4.1, 2000.2.16, 2002.3.7, 2004.3.12, 2005.8.4>
②기호는 투표용지에 게재할 정당 또는 후보자의 순위에 의하여 "1, 2, 3" 등으로 표시하여야 하며, 정당명과 후보자의 성명은 한글로 기재한다. 다만, 한글로 표시된 성명이 같은 후보자가 있는 경우에는 괄호속에 한자를 함께 기재한다. <개정 2002.3.7>
③후보자의 게재순위를 정함에 있어서는 후보자등록마감일 현재 국회에서 의석을 갖고 있는 정당의 추천을 받은 후보자, 국회에서 의석을 갖고 있지 아니한 정당의 추천을 받은 후보자,

무소속후보자의 순으로 하고, 정당의 게재순위를 정함에 있어서는 후보자등록마감일 현재 국회에서 의석을 가지고 있는 정당, 국회에서 의석을 가지고 있지 아니한 정당의 순으로 한다. <개정 1995.4.1, 2000.2.16, 2002.3.7, 2005.8.4>

④제3항의 경우 국회에서 의석을 가지고 있는 정당의 게재순위를 정함에 있어 다음 각 호의 어느 하나에 해당하는 정당은 전국적으로 통일된 기호를 우선하여 부여한다. <개정 2010.1.25>

1. 국회에 5명 이상의 소속 지역구 국회의원을 가진 정당
2. 직전 대통령선거, 비례대표국회의원선거 또는 비례대표지방의회의원선거에서 전국 유효투표총수의 100분의 3 이상을 득표한 정당

⑤제3항 및 제4항에 따라 관할선거구선거관리위원회가 정당 또는 후보자의 게재순위를 정함에 있어서는 다음 각 호에 따른다. <개정 2010.1.25>

1. 후보자등록마감일 현재 국회에 의석을 가지고 있는 정당이나 그 정당의 추천을 받은 후보자 사이의 게재순위는 국회에서의 다수의석순. 다만, 같은 의석을 가진 정당이 둘 이상인 때에는 최근에 실시된 비례대표국회의원선거에서의 득표수 순
2. 후보자등록마감일 현재 국회에서 의석을 가지고 있지 아니한 정당이나 그 정당의 추천을 받은 후보자 사이의 게재순위는 그 정당의 명칭의 가나다순
3. 무소속후보자 사이의 게재순위는 관할선거구선거관리위원회에서 추첨하여 결정하는 순

⑥제5항의 경우에 같은 게재순위에 해당하는 정당 또는 후보자가 2 이상이 있을 때에는 소속정당의 대표자나 후보자 또는 그 대리인의 참여하에 관할선거구선거관리위원회에서 후보자등록마감후에 추첨하여 결정한다. 다만, 추첨개시시각에 소속정당의 대표자나 후보자 또는 그 대리인이 참여하지 아니하는 경우에는 관할선거구선거관리위원회위원장 또는 그가 지명한 자가 그 정당 또는 후보자를 대리하여 추첨할 수 있다. <개정 2002.3.7, 2010.1.25>

⑦지역구자치구·시·군의원선거에서 정당이 같은 선거구에 2명 이상의 후보자를 추천한 경우 그 정당이 추천한 후보자 사이의 투표용지 게재순위는 해당 정당이 정한 순위에 따르되, 정당이 정하지 아니한 경우에는 관할선거구선거관리위원회에서 추첨하여 결정한다. 이 경우 그 게재순위는 "1-가, 1-나, 1-다" 등으로 표시한다. <신설 2010.1.25>

⑧후보자등록기간이 지난 후에 후보자가 사퇴·사망하거나 등록이 무효로 된 때라도 투표용지에서 그 기호·정당명 및 성명을 말소하지 아니한다. <개정 2002.3.7, 2010.1.25>

⑨대통령선거에 있어서 제51조(추가등록)의 규정에 의한 추가등록이 있는 경우에 그 정당의 후보자의 게재순위는 이미 결정된 종전의 당해 정당추천 후보자의 게재순위로 한다. <개정 2010.1.25>

⑩투표용지에는 일련번호를 인쇄하여야 한다. <개정 2010.1.25>

[제목개정 2002.3.7]

제151조 【투표용지와 투표함의 작성】

①투표용지와 투표함은 구·시·군선거관리위원회가 작성하여 선거일 전일까지 읍·면·동선거관리위원회에 송부하며, 이를 송부받은 읍·면·동선거관리위원회위원장은 투표용지를 봉함하여 보관하였다가 투표함과 함께 투표관리관에게 인계하여야 한다. <개정 2005.8.4>

②하나의 선거에 관한 투표에 있어서 투표구마다 선거구별로 동시에 2개의

투표함을 사용할 수 없다.
<개정 2004.3.12>
③부재자투표소의 투표함(이하 "부재자투표함"이라 한다)과 우편으로 접수한 투표를 보관하는 투표함(이하 "우편투표함"이라 한다)은 따로 작성하되, 그 수는 부재자신고인수를 감안하여 당해 구·시·군선거관리위원회가 정한다.
④투표용지에는 중앙선거관리위원회규칙이 정하는 바에 따라 관할구·시·군선거관리위원회의 청인을 날인하여야 한다. 이 경우 그 청인의 날인은 인쇄날인으로 갈음할 수 있다.
⑤구·시·군선거관리위원회는 투표용지의 인쇄·납품 및 읍·면·동선거관리위원회에 송부하는 과정에, 읍·면·동선거관리위원회는 투표용지의 수령·보관 및 투표관리관에게 인계하는 과정에 당해 선거관리위원회의 정당추천위원이 각각 참여하여 입회할 수 있도록 하여야 한다. 이 경우 정당추천위원이 참여하지 아니한 때에는 입회를 포기한 것으로 본다. <개정 2005.8.4>
⑥삭제 <1998.4.30>
⑦구·시·군선거관리위원회는 시각장애로 인하여 자신이 기표를 할 수 없는 선거인을 위하여 필요한 경우에는 중앙선거관리위원회규칙이 정하는 바에 따라 특수투표용지 또는 투표보조용구를 제작·사용할 수 있다.
⑧투표용지와 투표함의 규격 및 투표용지의 봉함·보관·인계 그 밖에 필요한 사항은 중앙선거관리위원회규칙으로 정한다. <신설 2005.8.4>

第152조【투표용지모형 등의 공고】
①구·시·군선거관리위원회는 투표용지의 모형을 선거일전 7일까지 공고하여야 한다. <개정 2004.3.12>
②구·시·군선거관리위원회는 투표용지를 인쇄할 인쇄소를 결정한 때에는 지체없이 그 인쇄소의 명칭과 소재지를 공고하여야 한다.

第153조【투표안내문의 발송】
①구·시·군선거관리위원회는 세대별로 선거인의 성명·선거인명부등재번호·투표소의 위치·투표할 수 있는 시간·투표할 때 가지고 가야 할 지참물 그 밖에 투표참여를 권유하는 내용 등이 기재된 투표안내문을 작성하여 선거인명부확정일 후 2일까지 관할구역안의 매세대에 발송하여야 한다. 이 경우 제65조제6항에 따라 통보받은 세대에는 점자형 투표안내문을 동봉하여 발송하여야 한다.
<개정 2005.8.4, 2011.7.28>
②제1항의 투표안내문의 발송을 위한 우편요금은 국가 또는 당해 지방자치단체가 부담한다. <개정 2005.8.4>
③투표안내문의 작성은 전산조직에 의할 수 있다.
④투표안내문의 서식·규격·게재사항 및 우편발송절차 기타 필요한 사항은 중앙선거관리위원회규칙으로 정한다.

第154조【부재자신고인에 대한 투표용지의 발송】 ①부재자신고인명부에 올라 있는 선거인에게 발송할 투표용지(이하 "부재자투표용지"라 한다)는 구·시·군선거관리위원회에서 당해 구·시·군선거관리위원회 정당추천위원의 참여하에 투표용지의 일련번호를 절취한 후 바코드(부재자투표의 접수에 필요한 부재자신고인의 거소·성명·선거인명부등재번호 등이 기록되어 컴퓨터가 인식할 수 있도록 표시한 막대 모양의 기호를 말한다)가 표시된 회송용 봉투에 넣고 다시 발송용 봉투에 넣어 봉함한 후 선거일 전 9일까지 부재자신고인명부에 올라 있는 선거인에게 발송하여야 한다. 이 경우 정당추천위원이 그 시각까지 참석하지 아니한 때에는 참여를 포기한 것으로 본다.
<개정 2005.8.4>

②제1항의 규정에 불구하고 허위로 신고한 자 및 자신의 의사에 의하여 신고된 것으로 인정되지 아니한 부재자신고인에게는 당해 구·시·군선거관리위원회의 의결로 부재자투표용지를 발송하지 아니할 수 있다. 이 경우 부재자투표발송록에 그 사실을 기재하여야 한다.
③구·시·군선거관리위원회는 제2항의 규정에 의하여 부재자투표용지를 발송하지 아니한 부재자신고인과 선거일전 2일까지 부재자투표용지가 반송된 부재자신고인의 명단을 작성하여 선거일 전일까지 읍·면·동선거관리위원회에 통지하여야 하며, 읍·면·동선거관리위원회는 지체 없이 이를 투표관리관에게 통지하여야 한다. <개정 2005.8.4>
④부재자투표용지의 발송과 회송은 등기우편으로 하되, 그 우편요금은 국가 또는 당해 지방자치단체가 부담한다.
⑤구·시·군선거관리위원회는 투표방법 기타 선거에 관한 안내문을 부재자투표용지와 동봉하여 발송하여야 한다.
⑥부재자투표용지의 발송용 봉투 및 회송용 봉투의 규격·게재사항 그 밖에 필요한 사항은 중앙선거관리위원회규칙으로 정한다. <신설 2005.8.4>

제155조 【투표시간】 ①투표소는 선거일 오전 6시에 열고 오후 6시(보궐선거등에 있어서는 오후 8시)에 닫는다. 다만, 마감할 때에 투표소에서 투표하기 위하여 대기하고 있는 선거인에게는 번호표를 부여하여 투표하게 한 후에 닫아야 한다.
<개정 2004.3.12>
②제148조(부재자투표소의 설치)의 규정에 의한 부재자투표소는 부재자투표기간중 매일 오전 10시에 열고 오후 4시에 닫는다. 이 경우 제1항 단서의 규정은 부재자투표소에 이를 준용한다.
③투표를 개시하는 때에는 투표관리관은 투표함 및 기표소내외의 이상유무에 관하여 검사하여야 하며, 이에는 투표참관인이 참관하여야 한다. 다만, 투표개시시각까지 투표참관인이 참석하지 아니한 때에는 최초로 투표하러 온 선거인으로 하여금 참관하게 하여야 한다. <개정 2005.8.4>
④부재자투표소에서 투표를 개시하는 때에는 부재자투표관리관 또는 투표관리관은 부재자투표함 및 기표소내외의 이상유무에 관하여 검사하여야 하며, 이에는 부재자투표참관인이 참관하여야 한다. 다만, 부재자투표개시시각까지 부재자투표참관인이 참석하지 아니한 때에는 최초로 투표하러 온 부재자신고인으로 하여금 참관하게 하여야 한다. <개정 2005.8.4, 2010.1.25>
⑤부재자투표는 선거일 오후 6시(보궐선거등에 있어서는 오후 8시)까지 관할구·시·군선거관리위원회에 도착되어야 한다. <개정 2004.3.12>

제156조 【투표의 제한】 ①선거인명부에 올라 있지 아니한 자는 투표할 수 없다. 다만, 제41조(이의신청과 결정)제2항·제42조(불복신청과 결정)제2항 또는 제43조(명부누락자의 구제)제2항의 이유있다는 결정통지서를 가지고 온 자는 투표할 수 있다.
②선거인명부에 올라 있더라도 선거일에 선거권이 없는 자는 투표할 수 없다.
③부재자신고인명부에 올라 있는 선거인은 제158조에 따라 부재자투표를 하여야 한다. 다만, 다음 각 호의 어느 하나에 해당하는 사람은 선거일에 해당 투표소에서 투표할 수 있다.
<개정 2010.1.25>

1. 제154조제2항에 해당하여 부재자투표용지를 송부받지 못한 사람
2. 부재자투표용지가 반송되어 부재자투표용지를 송부받지 못한 사람

3. 부재자투표용지를 송부받았으나 부재자투표를 하지 못한 사람으로서 선거일에 해당 투표소에서 투표관리관에게 부재자투표용지와 회송용 봉투를 반납한 사람

④제3항 단서에 따라 부재자신고인이 선거일에 해당 투표소에서 투표하는 경우 투표관리관은 선거인명부 또는 제154조제3항에 따라 통지받은 부재자신고인의 명단과 대조·확인하고 선거인명부 비고란에 그 사실을 적어야 한다. <신설 2010.1.25>

제157조 【투표용지수령 및 기표절차】 ① 선거인은 자신이 투표소에 가서 투표참관인의 참관하에 주민등록증(주민등록증이 없는 경우에는 관공서 또는 공공기관이 발행한 증명서로서 사진이 첩부되어 본인임을 확인할 수 있는 여권·운전면허증·공무원증 또는 중앙선거관리위원회규칙으로 정하는 신분증명서를 말한다. 이하 "신분증명서"라 한다)을 제시하고 본인임을 확인받은 후 선거인명부에 서명이나 날인 또는 무인하고 투표용지를 받아야 한다. <개정 2011.7.28>

②투표관리관은 선거일에 선거인에게 투표용지를 교부하는 때에는 사인날인란에 사인을 날인한 후 선거인이 보는 앞에서 일련번호지를 떼어서 교부하되, 필요하다고 인정되는 때에는 100매 이내의 범위안에서 그 사인을 미리 날인해 놓은 후 이를 교부할 수 있다. <개정 1998.4.30, 2004.3.12, 2005.8.4>

③투표관리관은 신분증명서를 제시하지 아니한 선거인에게 투표용지를 교부하여서는 아니된다. <개정 2005.8.4>

④선거인은 투표용지를 받은 후 기표소에 들어가 투표용지에 1인의 후보자(비례대표국회의원선거와 비례대표지방의회의원선거에 있어서는 하나의 정당을 말한다)를 선택하여 투표용지의 해당 란에 기표한 후 그 자리에서 기표내용이 다른 사람에게 보이지 아니하게 접어 투표참관인의 앞에서 투표함에 넣어야 한다. <개정 2002.3.7, 2004.3.12, 2005.8.4>

⑤투표용지를 교부받은 후 그 선거인에게 책임이 있는 사유로 훼손 또는 오손된 때에는 다시 이를 교부하지 아니한다.

⑥선거인은 투표소의 질서를 해하지 아니하는 범위 안에서 초등학생 이하의 어린이와 함께 투표소(초등학생인 어린이의 경우에는 기표소를 제외한다)안에 출입할 수 있으며, 시각 또는 신체의 장애로 인하여 자신이 기표할 수 없는 선거인은 그 가족 또는 본인이 지명한 2인을 동반하여 투표를 보조하게 할 수 있다. <개정 2000.2.16, 2004.3.12>

⑦제6항의 경우를 제외하고는 같은 기표소안에 2인 이상이 동시에 들어갈 수 없다.

⑧투표용지의 날인·교부방법 및 기표절차 그 밖에 필요한 사항은 중앙선거관리위원회규칙으로 정한다. <개정 2005.8.4>

제158조 【부재자투표】 ①부재자신고인명부에 올라 있는 선거인은 부재자투표기간중 부재자투표소에 가서 부재자투표관리관 또는 투표관리관(이하 이 조에서 "부재자투표관리관등"이라 한다)과 부재자투표참관인앞에서 구·시·군선거관리위원회로부터 송부받은 발송용 봉투·부재자투표용지 및 신분증명서(중앙선거관리위원회규칙이 정하는 관공서 또는 공공기관이 발행한 증명서로서 사진이 첩부되어 본인임을 확인할 수 있는 것을 포함한다. 이하 이 조에서 같다)를 제시하고 본인임을 확인받은 후 기표소에 들어가 부재자투표용지에 1인의 후보자(비례대표국회의원선거 및 비례대표지방의회의원선거에 있어서는 하나의 정당을 말한

다. 이하 이 조에서 같다)를 선택하여 부재자투표용지의 해당 난에 기표한 후 그 자리에서 기표내용이 다른 사람에게 보이지 아니하게 접어 이를 회송용 봉투에 넣어 봉함하고 부재자투표참관인의 앞에서 부재자투표함에 넣어야 한다. 이 경우 부재자투표소에서 투표하기 전에 미리 기표를 하여 가지고 온 부재자투표용지는 무효로 하며, 본인임을 확인할 수 있는 신분증명서를 제시하지 아니한 부재자신고인에게 투표를 하게 하여서는 아니된다.
<개정 1995.5.10, 2002.3.7, 2004.3.12, 2005.8.4, 2010.1.25>
②부재자투표관리관등은 부재자투표기간 중 매일의 부재자투표마감 후 부재자투표참관인의 참관하에 부재자투표함을 개함하고 부재자투표자수를 계산한 후 관할 우체국장에게 인계하여 등기우편으로 발송하여야 한다.
<개정 2005.8.4, 2010.1.25>
③제157조(투표용지수령 및 기표절차) 제6항 및 제7항의 규정은 부재자투표소에서의 투표에 이를 준용한다.
④거소투표자는 거소에서 관할구·시·군선거관리위원회로부터 송부받은 부재자투표용지에 1인의 후보자를 선택하여 부재자투표용지의 해당 난에 기표한 후 회송용봉투에 넣어 봉함하여 등기우편으로 발송하여야 한다.
<개정 2005.8.4>
⑤삭제 <2004.3.12>
⑥무효투표지의 처리방법 및 신분증명서의 종류 그 밖에 필요한 사항은 중앙선거관리위원회규칙으로 정한다.
<개정 2004.3.12, 2005.8.4>
[2005헌마772 2007.6.28 공직선거법(2005. 8. 4. 법률 제7681호로 개정된 것) 제158조제4항은 헌법에 합치되지 아니한다. 위 법률조항들은 입법자가 개정할 때까지 계속 적용된다.]

제159조 【기표방법】 선거인이 투표용지에 기표를 하는 때에는 "( )"표가 각인된 기표용구를 사용하여야 한다. 다만, 거소투표자가 거소투표를 하는 경우에는 "○"표를 할 수 있다.

제160조 삭제 <2005.8.4>

제161조 【투표참관】 ①투표관리관은 투표참관인으로 하여금 투표용지의 교부상황과 투표상황을 참관하게 하여야 한다. <개정 2005.8.4>
②투표참관인은 정당·후보자·선거사무장 또는 선거연락소장이 후보자마다 투표소별로 2인을 선정하여 선거일 전 2일까지 읍·면·동선거관리위원회에 서면으로 신고하여야 한다.
<개정 2005.8.4>
③투표참관인은 투표소마다 8명으로 하되, 제2항의 규정에 의하여 선정·신고한 인원수가 8명을 넘는 때에는 읍·면·동선거관리위원회가 추첨에 의하여 지정한 자를 투표참관인으로 한다. 다만, 투표참관인의 선정이 없거나 선정·신고한 인원수가 4명에 미달하는 때에는 읍·면·동선거관리위원회가 그 투표구를 관할하는 구·시·군의 구역안에 거주하는 선거권자중에서 본인의 승낙을 얻어 4명에 달할 때까지 선정한 자를 투표참관인으로 한다.
<개정 2004.3.12, 2005.8.4, 2010.1.25>
④읍·면·동선거관리위원회가 제3항의 규정에 의하여 투표참관인을 지정하는 경우에 후보자수가 8명을 넘는 때에는 후보자별로 1명씩 우선 선정한 후 추첨에 의하여 8명을 지정하고, 후보자수가 8명에 미달하되 후보자가 선정·신고한 인원수가 8명을 넘는 때에는 후보자별로 1명씩 선정한 자를 우선 지정한 후 나머지 인원은 추첨에 의하여 지정한다.
<개정 2005.8.4, 2010.1.25>
⑤정당·후보자·선거사무장 또는 선거연락소장은 그가 선정한 투표참관인에

대하여는 필요한 경우에는 언제든지 읍·면·동선거관리위원회에 신고하고 교체할 수 있으며, 선거일에는 투표소에서 교체신고할 수 있다.
<개정 2005.8.4>
⑥제3항 단서의 규정에 의하여 읍·면·동선거관리위원회가 선정한 투표참관인은 정당한 사유없이 참관을 거부하거나 그 직을 사임할 수 없다.
<개정 2005.8.4>
⑦대한민국 국민이 아닌 자·미성년자·제18조(선거권이 없는 자)제1항 각호의 1에 해당하는 자·제53조(공무원 등의 입후보)제1항 각호의 1에 해당하는 자·후보자 또는 후보자의 배우자는 투표참관인이 될 수 없다.
<개정 2004.3.12>
⑧투표관리관은 원활한 투표관리를 위하여 필요하다고 인정하는 경우에는 투표참관인을 교대로 참관하게 할 수 있다. 이 경우 정당·후보자별로 참관인 수의 2분의 1씩 교대하여 참관하게 하여야 한다. <개정 2004.3.12, 2005.8.4>
⑨투표관리관은 투표용지의 교부상황과 투표상황을 쉽게 볼 수 있는 장소에 투표참관인석을 마련하여야 한다.
<개정 2005.8.4>
⑩투표참관인은 투표에 간섭하거나 투표를 권유하거나 기타 어떠한 방법으로든지 선거에 영향을 미치는 행위를 하여서는 아니된다.
⑪투표관리관은 투표참관인이 투표간섭 또는 부정투표 그 밖에 이 법의 규정에 위반되는 사실을 발견하고 그 시정을 요구한 경우에 그 요구가 정당하다고 인정하는 때에는 이를 시정하여야 한다. <개정 2005.8.4>
⑫투표참관인은 투표소안에서 사고가 발생한 때에는 투표상황을 촬영할 수 있다.
⑬삭제 <2000.2.16>
⑭투표참관인신고서의 서식 기타 필요한 사항은 중앙선거관리위원회규칙으로 정한다.

제162조 【부재자투표참관】 ①부재자투표소를 설치·운영하는 구·시·군선거관리위원회 또는 투표관리관은 부재자투표참관인으로 하여금 부재자투표상황을 참관하게 하여야 한다.
<개정 2005.8.4>
②부재자투표참관인은 정당·후보자·선거사무장 또는 선거연락소장이 후보자마다 부재자투표소별로 2인을 선정하여 선거일전 8일[제149조(기관·시설안의 부재자투표소)의 규정에 의한 부재자투표소의 부재자투표참관인은 그 부재자투표소의 투표일전 2일]까지 관할 구·시·군선거관리위원회에 서면으로 신고하여야 하고, 필요한 경우에는 언제든지 신고한 후 교체할 수 있으며 부재자투표기간중에는 부재자투표소에서 교체신고를 할 수 있다.
<개정 2004.3.12, 2005.8.4>
③제2항의 규정에 의한 부재자투표참관인의 선정이 없거나 한 후보자가 선정한 부재자투표참관인밖에 없는 때에는 관할구·시·군선거관리위원회가 선거권자중에서 본인의 승낙을 얻어 4인에 달할 때까지 선정한 자를 부재자투표참관인으로 한다. <개정 2005.8.4>
④제161조제6항·제7항·제9항부터 제12항까지의 규정은 부재자투표참관에 이를 준용한다. 이 경우 "읍·면·동선거관리위원회"는 "관할구·시·군선거관리위원회"로, "투표관리관"은 "부재자투표관리관" 또는 "투표관리관"으로, "투표참관인"은 "부재자투표참관인"으로 본다.
<개정 2000.2.16, 2005.8.4, 2010.1.25>
⑤부재자투표참관인신고서의 서식 기타 필요한 사항은 중앙선거관리위원회규칙으로 정한다.

제163조 【투표소 등의 출입제한】 ①투표하려는 선거인·투표참관인·투표관리관, 읍·면·동선거관리위원회 및 그

상급선거관리위원회의 위원과 직원 및 투표사무원을 제외하고는 누구든지 투표소에 들어갈 수 없다.
<개정 2005.8.4>
②선거관리위원회의 위원·직원·투표관리관·투표사무원 및 투표참관인이 투표소에 출입하는 때에는 중앙선거관리위원회규칙이 정하는 바에 따라 표지를 달거나 붙여야 하며, 이 규정에 의한 표지외에는 선거와 관련한 어떠한 표시물도 달거나 붙일 수 없다.
<개정 2005.8.4>
③제2항의 표지는 다른 사람에게 양도·양여할 수 없다.
④제1항부터 제3항까지의 규정은 부재자투표소(제149조의2제3항 및 제4항에 따른 기표소가 설치된 장소를 포함한다)에 이를 준용한다. <개정 2010.1.25>

제164조 【투표소 등의 질서유지】
①투표관리관 또는 투표사무원은 투표소의 질서가 심히 문란하여 공정한 투표가 실시될 수 없다고 인정하는 때에는 투표소의 질서를 유지하기 위하여 정복을 한 경찰공무원 또는 경찰관서장에게 원조를 요구할 수 있다.
<개정 2005.8.4>
②제1항의 규정에 의하여 원조요구를 받은 경찰공무원 또는 경찰관서장은 즉시 이에 따라야 한다.
③제1항의 요구에 의하여 투표소안에 들어간 경찰공무원 또는 경찰관서장은 투표관리관의 지시를 받아야 하며, 질서가 회복되거나 투표관리관의 요구가 있는 때에는 즉시 투표소안에서 퇴거하여야 한다. <개정 2005.8.4>
④제1항 내지 제3항의 규정은 부재자투표소에 이를 준용한다. 이 경우 "투표관리관"은 "부재자투표관리관" 또는 "투표관리관"으로, "투표사무원"은 "부재자투표사무원"으로, "경찰공무원 또는 경찰관서장"은 "경찰공무원·헌병 또는 경찰관서장"으로 본다.
<개정 2005.8.4, 2010.1.25>

제165조 【무기나 흉기 등의 휴대금지】
①제164조(투표소 등의 질서유지)제1항의 경우를 제외하고는 누구든지 투표소안에서 무기나 흉기 또는 폭발물을 지닐 수 없다.
②제1항의 규정은 부재자투표소(제149조의2제3항 및 제4항에 따른 기표소가 설치된 장소를 포함한다)에 이를 준용한다. <개정 2010.1.25>

제166조 【투표소내외에서의 소란언동금지 등】 ①투표소안에서 또는 투표소로부터 100미터안에서 소란한 언동을 하거나 특정 정당이나 후보자를 지지 또는 반대하는 언동을 하는 자가 있는 때에는 투표관리관 또는 투표사무원은 이를 제지하고, 그 명령에 불응하는 때에는 투표소 또는 그 제한거리 밖으로 퇴거하게 할 수 있다. 이 경우 투표관리관 또는 투표사무원은 필요하다고 인정하는 때에는 정복을 한 경찰공무원 또는 경찰관서장에게 원조를 요구할 수 있다.
<개정 2005.8.4>
②제1항의 규정에 의하여 퇴거당한 선거인은 최후에 투표하게 한다. 다만, 투표관리관은 투표소의 질서를 문란하게 할 우려가 없다고 인정하는 때에는 그 전에라도 투표하게 할 수 있다.
<개정 2005.8.4>
③누구든지 제163조(투표소 등의 출입제한)제2항의 규정에 의하여 표지를 달거나 붙이는 경우를 제외하고는 선거일에 완장·흉장 등의 착용 기타의 방법으로 선거에 영향을 미칠 우려가 있는 표지를 할 수 없다.
④제164조(투표소 등의 질서유지)제2항 및 제3항의 규정은 투표소내외에서의 소란언동금지 등에 이를 준용한다.
⑤제1항 내지 제4항의 규정은 부재자투표소에 이를 준용한다. 이 경우 "투

표관리관"은 "부재자투표관리관 또는 투표관리관"으로, "투표사무원"은 "부재자투표사무원"으로, "경찰공무원 또는 경찰관서장"은 "경찰공무원·헌병 또는 경찰관서장"으로, "선거일에"는 "부재자투표소안에서"로 본다.
<개정 2005.8.4, 2010.1.25>

제166조의2 【투표지 등의 촬영행위 금지】 ①누구든지 기표소 안에서 투표지를 촬영하여서는 아니 된다.
②투표관리관 또는 부재자투표관리관은 선거인이 기표소 안에서 투표지를 촬영한 경우 해당 선거인으로부터 그 촬영물을 회수하고 투표록에 그 사유를 기록한다.
[본조신설 2010.1.25]

제167조 【투표의 비밀보장】 ①투표의 비밀은 보장되어야 한다.
②선거인은 투표한 후보자의 성명이나 정당명을 누구에게도 또한 어떠한 경우에도 진술할 의무가 없으며, 누구든지 선거일의 투표마감시각까지 이를 질문하거나 그 진술을 요구할 수 없다. 다만, 텔레비전방송국·라디오방송국·「신문 등의 진흥에 관한 법률」 제2조제1호가목 및 나목에 따른 일간신문사가 선거의 결과를 예상하기 위하여 선거일에 투표소로부터 100미터 밖에서 투표의 비밀 이 침해되지 않는 방법으로 질문하는 경우에는 그러하지 아니하며 이 경우 투표마 감시각까지 그 경위와 결과를 공표할 수 없다.
<개정 1995.12.30, 2000.2.16, 2004.3.12, 2005.8.4, 2010.1.25>
③선거인은 자신이 기표한 투표지를 공개할 수 없으며, 공개된 투표지는 무효로 한다.

제168조 【투표함 등의 봉쇄·봉인】 ①투표관리관은 투표소를 닫는 시각이 된 때에는 투표소의 입구를 닫아야 하며, 투표소안에 있는 선거인의 투표가 끝나면 투표참관인의 참관하에 투표함의 투입구와 그 자물쇠를 봉쇄·봉인하여야 한다. 다만, 정당한 사유없이 참관을 거부하는 투표참관인이 있는 때에는 그 권한을 포기한 것으로 보고, 투표록에 그 사유를 기재한다.
<개정 2005.8.4>
②투표함의 열쇠와 잔여투표용지 및 번호지는 제1항의 규정에 의하여 각각 봉인하여야 한다.

제169조 【투표록의 작성】 투표관리관은 투표록을 작성하여 기명하고 서명 또는 날인하여야 한다. <개정 2011.7.28>
[전문개정 2005.8.4]

제170조 【투표함 등의 송부】 ①투표관리관은 투표가 끝난 후 지체없이 투표함 및 그 열쇠와 투표록 및 잔여투표용지를 관할구·시·군선거관리위원회에 송부하여야 한다.
<개정 2005.8.4>
②제1항의 규정에 의하여 투표함을 송부하는 때에는 후보자별로 투표참관인 1인과 호송에 필요한 정복을 한 경찰공무원을 2인에 한하여 동반할 수 있다. <개정 2005.8.4, 2010.3.12>

제171조 【투표관계서류의 인계】 투표관리관은 투표가 끝난 후 선거인명부 기타 선거에 관한 모든 서류를 관할구·시·군선거관리위원회위원장에게 인계하여야 한다. <개정 2005.8.4>

제11장 개표

제172조 【개표관리】 ①개표사무는 구·시·군선거관리위원회가 이를 행한다.
②제173조(개표소)제2항의 규정에 의하여 2개 이상의 개표소를 설치하는

때에는 당해 구·시·군선거관리위원회 위원을 각 개표소에 비등하게 지정·배치하되, 이 법에 의한 개표관리에 관하여 당해 구·시·군선거관리위원회의 의결을 요하는 사항은 당해 개표소에 배치된 위원[「선거관리위원회법」 제4조(위원의 임명 및 위촉)제13항의 규정에 의한 보조위원을 포함한다. 이하 이 장에서 같다]수의 과반수의 의결로 결정하고, 구·시·군선거관리위원회위원장의 직무는 각각 당해 위원장과 부위원장 또는 위원장이 지명한 위원이 행한다. <신설 2000.2.16, 2005.8.4>

③개표를 개시한 이후에는 개표소에 구·시·군선거관리위원회 재적위원(제173조제2항의 규정에 의하여 2개 이상의 개표소를 설치한 때에는 당해 개표소에 배치된 위원을 말한다)의 과반수가 참석하여야 한다.
<개정 1995.12.30, 2000.2.16>

④「선거관리위원회법」 제4조제13항 및 동법 제5조(위원장)제4항의 규정은 2개 이상의 개표소를 설치하는 선거의 경우에 관하여 이를 준용한다.
<신설 2000.2.16, 2005.8.4>

제173조【개표소】 ①구·시·군선거관리위원회는 선거일전 5일까지 그 구·시·군의 사무소 소재지 또는 당해 관할구역(당해 구역안에 적정한 장소가 없는 때에는 인접한 다른 구역을 포함한다)안에 설치할 개표소를 공고하여야 한다. 다만, 천재·지변 기타 부득이한 사유가 있는 때에는 이를 변경할 수 있으며, 이 경우에는 즉시 공고하여야 한다. <개정 1998.4.30>

②구·시·군선거관리위원회는 2개 이상의 개표소를 설치할 수 있다.
<신설 2000.2.16>

③제147조(투표소의 설치)제3항의 규정은 개표소에 준용한다.
<신설 2004.3.12>

④2개 이상의 개표소를 설치하는 때의 개표의 절차 및 방법 기타 필요한 사항은 중앙선거관리위원회규칙으로 정한다. <신설 2000.2.16>

제174조【개표사무원】 ①구·시·군선거관리위원회는 개표사무를 보조하게 하기 위하여 개표사무원을 두되, 선거일전 3일까지 그 성명을 공고하여야 한다.

②개표사무원은 제147조제9항제1호 내지 제4호에 해당하는 자 또는 공정하고 중립적인 자중에서 위촉한다.
<개정 2004.3.12>

③삭제 <2005.8.4>

④삭제 <2004.3.12>

제175조【개표개시】

①삭제 <2004.3.12>

②구·시·군선거관리위원회는 관할구역안에 2이상의 선거구가 있는 경우에는 선거구 단위로 개표한다.
<개정 2000.2.16, 2004.3.12>

제176조【부재자투표의 개표】 ①구·시·군선거관리위원회는 우편으로 송부된 부재자투표를 접수한 때에는 당해 구·시·군선거관리위원회의 정당추천위원의 참여하에 이를 즉시 우편투표함에 투입·보관하여야 한다.
<개정 2005.8.4>

②우편투표함은 개표참관인의 참관하에 선거일 오후 6시(보궐선거등에 있어서는 오후 8시)후에 개표소로 옮겨서 일반투표함의 투표지와 별도로 먼저 개표할 수 있다.
<개정 1998.4.30, 2004.3.12>

제177조【투표함의 개함】 ①투표함을 개함하는 때에는 구·시·군선거관리위원회위원장은 개표참관인의 참관하에 투표함의 봉쇄와 봉인을 검사한 후 이를 열어야 한다. 다만, 정당한 사유없이 참관을 거부하는 개표참관인이

있는 때에는 그 권한을 포기한 것으로 보고, 개표록에 그 사유를 기재한다. <개정 2005.8.4>
②구·시·군선거관리위원회위원장은 투표함을 개함한 후 투표수를 계산하여 투표록에 기재된 투표용지 교부수와 대조하여야 한다. 이 경우 정당한 사유없이 개표사무를 지연시키는 위원이 있는 때에는 그 권한을 포기한 것으로 보고, 개표록에 그 사유를 기재한다.

제178조 【개표의 진행】 ①개표는 투표구별로 구분하여 투표수를 계산한다. <개정 2002.3.7>
②후보자별 득표수(비례대표국회의원선거 및 비례대표지방의회의원선거에 있어서는 정당별 득표수를 말한다. 이하 이 조에서 같다)의 공표는 구·시·군선거관리위원회위원장이 투표구별로 집계·작성된 개표상황표에 의하여 투표구 단위로 하되, 출석한 구·시·군선거관리위원회위원 전원은 공표 전에 득표수를 검열하고 개표상황표에 서명하거나 날인하여야 한다. 다만, 정당한 사유없이 개표사무를 지연시키는 위원이 있는 때에는 그 권한을 포기한 것으로 보고, 개표록에 그 사유를 기재한다. <개정 2002.3.7, 2004.3.12, 2005.8.4, 2011.7.28>
③누구든지 제2항의 규정에 의한 후보자별 득표수의 공표전에는 이를 보도할 수 없다. 다만, 선거관리위원회가 제공하는 개표상황 자료를 보도하는 경우에는 그러하지 아니하다.
<개정 2002.3.7>
④개표절차 및 개표상황표의 서식 기타 필요한 사항은 중앙선거관리위원회규칙으로 정한다.

제179조 【무효투표】 ①다음 각 호의 어느 하나에 해당하는 투표는 무효로 한다.
<개정 2002.3.7, 2004.3.12, 2005.8.4>
1. 정규의 투표용지를 사용하지 아니한 것
2. 어느 란에도 표를 하지 아니한 것
3. 2 이상의 란에 표를 한 것
4. 어느 란에 표를 한 것인지 식별할 수 없는 것
5. 표를 하지 아니하고 문자 또는 물형을 기입한 것
6. 표 외에 다른 사항을 기입한 것
7. 선거관리위원회의 기표용구가 아닌 용구로 표를 한 것

②부재자투표의 경우에는 제1항의 규정에 의하는 외에 다음 각 호의 어느 하나에 해당하는 투표도 이를 무효로 한다. <개정 2000.2.16, 2005.8.4>
1. 정규의 회송용 봉투를 사용하지 아니한 것
2. 회송용 봉투가 봉함되지 아니한 것
3. 삭제 <2005.8.4>
4. 부재자투표소에서 투표하기로 신고한 자가 거소투표의 방법으로 투표한 것

③다음 각 호의 어느 하나에 해당하는 투표는 무효로 하지 아니한다.
<개정 2000.2.16, 2005.8.4>
1. 표가 일부분 표시되거나 표안이 메워진 것으로서 선거관리위원회의 기표용구를 사용하여 기표를 한 것이 명확한 것
2. 한 후보자(비례대표국회의원선거 및 비례대표지방의회의원선거에 있어서는 정당을 말한다. 이하 이 항에서 같다)란에만 2 이상 기표된 것
3. 후보자란 외에 추가 기표되었으나 추가 기표된 것이 어느 후보자에게도 기표한 것으로 볼 수 없는 것
4. 두 후보자란의 구분선상에 기표된 것으로서 어느 후보자에게 기표한 것인지가 명확한 것

5. 기표한 것이 전사된 것으로서 어느 후보자에게 기표한 것인지가 명확한 것
6. 인육으로 오손되거나 훼손되었으나 정규의 투표용지임이 명백하고 어느 후보자에게 기표한 것인지가 명확한 것
7. 거소투표의 경우 이 법에 규정된 방법외의 다른 방법[인장(무인을 제외한다)의 날인·성명기재 등 누가 투표한 것인지 알 수 있는 것을 제외한다]으로 표를 하였으나 어느 후보자에게 기표한 것인지가 명확한 것
8. 회송용 봉투에 성명 또는 거소가 기재되거나 사인이 날인된 것
9. 부재자신고인이 투표후 선거일의 투표개시전에 사망한 경우 그 부재자투표

제180조【투표의 효력에 관한 이의에 대한 결정】 ①투표의 효력에 관하여 이의가 있는 때에는 구·시·군선거관리위원회는 재적위원 과반수의 출석과 출석위원 과반수의 의결로 결정한다. <개정 1995.12.30>
②투표의 효력을 결정함에 있어서는 선거인의 의사가 존중되어야 한다.

제181조【개표참관】 ①구·시·군선거관리위원회는 개표참관인으로 하여금 개표소안에서 개표상황을 참관하게 하여야 한다.
②제1항의 개표참관인은 구·시·군선거관리위원회의 관할구역안에서 실시되는 선거에 후보자를 추천하는 정당은 6인을, 무소속후보자는 3인을 선정하여 선거일전일까지 당해 구·시·군선거관리위원회에 서면으로 신고하여 참관하게 하되, 신고후 언제든지 교체할 수 있으며 개표일에는 개표소에서 교체신고를 할 수 있다. <개정 1995.4.1, 2000.2.16, 2004.3.12, 2005.8.4>
③제2항의 규정에 의한 개표참관인의 신고가 없거나 한 정당 또는 한 후보자가 선정한 개표참관인밖에 없는 때에는 구·시·군선거관리위원회가 선거권자 중에서 본인의 승낙을 얻어 12인(지역구자치구·시·군의원선거에 있어서는 6인)에 달할 때까지 선정한 자를 개표참관인으로 한다.
<개정 1995.4.1, 2004.3.12, 2005.8.4>
④제3항의 규정에 의하여 구·시·군선거관리위원회가 선정한 개표참관인은 정당한 사유없이 참관을 거부하거나 그 직을 사임할 수 없다.
⑤개표참관인은 투표구에서 송부된 투표함의 인계·인수절차를 참관하고 투표함의 봉쇄·봉인을 검사하며 그 관리상황을 참관할 수 있다.
⑥구·시·군선거관리위원회는 개표참관인이 개표내용을 식별할 수 있는 가까운 거리(1미터 이상 2미터 이내)에서 참관할 수 있도록 개표참관인석을 마련하여야 한다.
⑦구·시·군선거관리위원회는 개표참관인이 개표에 관한 위법사항을 발견하여 그 시정을 요구한 경우에 그 요구가 정당하다고 인정되는 때에는 이를 시정하여야 한다.
⑧개표참관인은 개표소안에서 개표상황을 언제든지 순회·감시 또는 촬영할 수 있으며, 당해 구·시·군선거관리위원회위원장이 개표소안 또는 일반관람인석에 지정한 장소에 전화·컴퓨터 기타의 통신설비를 설치하고, 이를 이용하여 개표상황을 후보자 또는 정당에 통보할 수 있다.
⑨구·시·군선거관리위원회는 원활한 개표관리를 위하여 필요한 경우에는 개표참관인을 교대하여 참관하게 할 수 있다. 이 경우 정당·후보자별로 참관인수의 2분의 1씩 교대하여 참관하게 하여야 한다. <개정 2004.3.12>
⑩삭제 <2000.2.16>
⑪제161조(투표참관)제7항의 규정은

개표참관인에 이를 준용한다. 이 경우 "투표참관인"은 "개표참관인"으로 본다.
⑫개표참관인신고서의 서식 기타 필요한 사항은 중앙선거관리위원회규칙으로 정한다.

제182조 【개표관람】 ①누구든지 구·시·군선거관리위원회가 발행하는 관람증을 받아 구획된 장소에서 개표상황을 관람할 수 있다.
②제1항의 관람증의 매수는 개표장소를 참작하여 적당한 수로 하되, 후보자별로 균등하게 배부되도록 하여야 한다.
③구·시·군선거관리위원회는 일반관람인석에 대하여 질서유지에 필요한 설비를 하여야 한다.

제183조 【개표소의 출입제한과 질서유지】 ①구·시·군선거관리위원회와 그 상급선거관리위원회의 위원·직원, 개표사무원·개표사무협조요원 및 개표참관인을 제외하고는 누구든지 개표소에 들어갈 수 없다. 다만, 관람증을 배부받은 자와 방송·신문·통신의 취재·보도요원이 일반관람인석에 들어가는 경우는 그러하지 아니하다.
<개정 2002.3.7>
②선거관리위원회의 위원·직원, 개표사무원·개표사무협조요원 및 개표참관인이 개표소에 출입하는 때에는 중앙선거관리위원회규칙이 정하는 바에 따라 표지를 달거나 붙여야 하며, 이를 다른 사람에게 양도·양여할 수 없다.
<개정 2002.3.7>
③구·시·군선거관리위원회위원장이나 위원은 개표소의 질서가 심히 문란하여 공정한 개표가 진행될 수 없다고 인정하는 때에는 개표소의 질서유지를 위하여 정복을 한 경찰공무원 또는 경찰관서장에게 원조를 요구할 수 있다.
④제3항의 규정에 의하여 원조요구를 받은 경찰공무원 또는 경찰관서장은 즉시 이에 따라야 한다.
⑤제3항의 요구에 의하여 개표소안에 들어간 경찰공무원 또는 경찰관서장은 구·시·군선거관리위원회위원장의 지시를 받아야 하며, 질서가 회복되거나 위원장의 요구가 있는 때에는 즉시 개표소에서 퇴거하여야 한다.
⑥제3항의 경우를 제외하고는 누구든지 개표소안에서 무기나 흉기 또는 폭발물을 지닐 수 없다.

제184조 【투표지의 구분】 개표가 끝난 때에는 투표구별로 개표한 투표지를 유효·무효로 구분하고, 유효투표지는 다시 후보자(비례대표국회의원선거 및 비례대표지방의회의원선거에 있어서는 후보자를 추천한 정당을 말한다)별로 구분하여 각각 포장하여 구·시·군선거관리위원회 위원장이 봉인하여야 한다. <개정 2002.3.7, 2004.3.12, 2005.8.4, 2010.1.25>

제185조 【개표록·집계록 및 선거록의 작성 등】 ①구·시·군선거관리위원회는 개표결과를 즉시 공표하고 개표록을 작성하여 관할선거구선거관리위원회(대통령선거 및 비례대표국회의원선거에 있어서는 시·도선거관리위원회)에 송부하여야 한다. <개정 2004.3.12>
②제1항의 개표록을 송부받은 관할선거구선거관리위원회는 지체없이 후보자(비례대표지방의회의원선거에 있어서는 정당을 말한다)별 득표수를 계산·공표하고 선거록을 작성하여야 한다.
<개정 1995.4.1, 2000.2.16, 2002.3.7, 2004.3.12, 2005.8.4>
③시·도선거관리위원회가 제1항의 개표록을 송부받은 때에는 대통령선거에 있어서는 후보자별 득표수를, 비례대표국회의원선거에 있어서는 정당별 득표수를 계산·공표하고 집계록을 작성하여 중앙선거관리위원회에 송부하여

야 한다. <개정 2004.3.12>
④중앙선거관리위원회가 제3항의 집계록을 송부받은 때에는 대통령선거에 있어서는 후보자별 득표수를, 비례대표국회의원선거에 있어서는 정당별 득표수를 계산·공표하고, 선거록을 작성하여야 한다.
<개정 2000.2.16, 2004.3.12>
⑤개표록·집계록 및 선거록에는 위원장과 출석한 위원 전원이 기명하고 서명 또는 날인하여야 한다. 다만, 정당한 사유없이 서명 또는 날인을 거부하는 위원이 있는 때에는 그 권한을 포기한 것으로 보고, 개표록·집계록 및 선거록에 그 사유를 기재한다. <개정 2011.7.28>
⑥개표록·집계록 및 선거록의 서식 기타 필요한 사항은 중앙선거관리위원회규칙으로 정한다.

제186조【투표지·개표록 및 선거록 등의 보관】 구·시·군선거관리위원회는 투표지·투표함·투표록·개표록·선거록 기타 선거에 관한 모든 서류를, 시·도선거관리위원회는 집계록 및 선거록 기타 선거에 관한 모든 서류를, 중앙선거관리위원회는 선거록 기타 선거에 관한 모든 서류를 그 당선인의 임기중 각각 보관하여야 한다. 다만, 제219조(선거소청)·제222조(선거소송) 및 제223조(당선소송)의 규정에 의한 선거에 관한 쟁송이 제기되지 아니하거나 계속되지 아니하게 된 때에는 중앙선거관리위원회규칙이 정하는 바에 따라 그 보존기간을 단축할 수 있다.
<개정 1995.4.1, 2000.2.16, 2002.3.7>

제12장 당선인

제187조【대통령당선인의 결정·공고·통지】 ①대통령선거에 있어서는 중앙선거관리위원회가 유효투표의 다수를 얻은 자를 당선인으로 결정하고, 이를 국회의장에게 통지하여야 한다. 다만, 후보자가 1인인 때에는 그 득표수가 선거권자총수의 3분의 1 이상에 달하여야 당선인으로 결정한다.
②최고득표자가 2인 이상인 때에는 중앙선거관리위원회의 통지에 의하여 국회는 재적의원 과반수가 출석한 공개회의에서 다수표를 얻은 자를 당선인으로 결정한다.
③제1항의 규정에 의하여 당선인이 결정된 때에는 중앙선거관리위원회위원장이, 제2항의 규정에 의하여 당선인이 결정된 때에는 국회의장이 이를 공고하고, 지체없이 당선인에게 당선증을 교부하여야 한다.
④천재·지변 기타 부득이한 사유로 인하여 개표를 모두 마치지 못하였다 하더라도 개표를 마치지 못한 지역의 투표가 선거의 결과에 영향을 미칠 염려가 없다고 인정되는 때에는 중앙선거관리위원회는 우선 당선인을 결정할 수 있다.

제188조【지역구국회의원당선인의 결정·공고·통지】 ①지역구국회의원선거에 있어서는 선거구선거관리위원회가 당해 국회의원지역구에서 유효투표의 다수를 얻은 자를 당선인으로 결정한다. 다만, 최고득표자가 2인 이상인 때에는 연장자를 당선인으로 결정한다.
②후보자등록마감시각에 지역구국회의원후보자가 1인이거나 후보자등록마감후 선거일 투표개시시각전까지 지역구국회의원후보자가 사퇴·사망하거나 등록이 무효로 되어 지역구국회의원후보자수가 1인이 된 때에는 지역구국회의원후보자에 대한 투표를 실시하지 아니하고, 선거일에 그 후보자를 당선인으로 결정한다.
③선거일의 투표개시시각부터 투표마감시각까지 지역구국회의원후보자가 사퇴·사망하거나 등록이 무효로 되어

지역구국회의원후보자수가 1인이 된 때에는 나머지 투표는 실시하지 아니하고 그 후보자를 당선인으로 결정한다.
④선거일의 투표마감시각후 당선인결정전까지 지역구국회의원후보자가 사퇴·사망하거나 등록이 무효로 된 경우에는 개표결과 유효투표의 다수를 얻은 자를 당선인으로 결정하되, 사퇴·사망하거나 등록이 무효로 된 자가 유효투표의 다수를 얻은 때에는 그 국회의원지역구는 당선인이 없는 것으로 한다.
⑤제2항 및 제3항의 규정에 의하여 투표를 실시하지 아니하는 때에는 당해 선거구선거관리위원회는 지체없이 이를 공고하고 상급선거관리위원회에 보고하여야 하며, 하급선거관리위원회에 통지하여야 한다.
⑥제1항 내지 제4항의 규정에 의하여 국회의원지역구의 당선인이 결정된 때에는 당해 선거구선거관리위원회위원장은 이를 공고하고 지체없이 당선인에게 당선증을 교부하여야 하며, 상급선거관리위원회에 보고하여야 한다.
⑦제187조(대통령당선인의 결정·공고·통지)제4항의 규정은 지역구국회의원당선인의 결정에 이를 준용한다.

제189조【비례대표국회의원의석의 배분과 당선인의 결정·공고·통지】 ①중앙선거관리위원회는 비례대표국회의원선거에서 유효투표총수의 100분의 3 이상을 득표하였거나 지역구국회의원총선거에서 5석 이상의 의석을 차지한 각 정당(이하 이 조에서 "의석할당정당"이라 한다)에 대하여 당해 의석할당정당이 비례대표국회의원선거에서 얻은 득표비율에 따라 비례대표국회의원의석을 배분한다.
②제1항의 득표비율은 각 의석할당정당의 득표수를 모든 의석할당정당의 득표수의 합계로 나누어 산출한다.
③비례대표국회의원의석은 각 의석할당정당의 득표비율에 비례대표국회의원 의석정수(이하 이 조에서 "의석정수"라 한다)를 곱하여 산출된 수의 정수(整數)의 의석을 당해 정당에 먼저 배분하고 잔여의석은 소수점 이하 수가 큰 순으로 각 정당에 1석씩 배분하되, 그 수가 같은 때에는 당해 정당 사이의 추첨에 의한다.
④중앙선거관리위원회는 제출된 정당별 비례대표국회의원후보자명부에 기재된 당선인으로 될 순위에 따라 정당에 배분된 비례대표국회의원의 당선인을 결정한다.
⑤정당에 배분된 비례대표국회의원의 석수가 그 정당이 추천한 비례대표국회의원후보자수를 넘는 때에는 그 넘는 의석은 공석으로 한다.
⑥중앙선거관리위원회는 비례대표국회의원선거에 있어서 제198조(천재·지변등으로 인한 재투표)의 규정에 의한 재투표 사유가 발생한 경우에는 그 투표구의 선거인수를 전국선거인수로 나눈 수에 의석정수를 곱하여 얻은 수의 정수(1 미만의 단수는 1로 본다)를 의석정수에서 뺀 다음 제1항 내지 제4항의 규정에 따라 비례대표국회의원의석을 배분하고 당선인을 결정한다. 다만, 재투표결과에 따라 의석할당정당이 추가될 것으로 예상되는 경우에는 추가가 예상되는 정당마다 의석정수의 100분의 3에 해당하는 정수(1미만의 단수는 1로 본다)의 의석을 별도로 빼야 한다.
⑦비례대표국회의원의 당선인이 결정된 때에는 중앙선거관리위원회위원장은 그 명단을 공고하고 지체없이 각 정당에 통지하며, 당선인에게 당선증을 교부하여야 한다.
⑧제187조(대통령당선인의 결정·공고·통지)제4항의 규정은 비례대표국회의원당선인의 결정에 이를 준용한다.
[전문개정 2004.3.12]

제190조【지역구지방의회의원당선인의 결정·공고·통지】 ①지역구시·도의원 및 지역구자치구·시·군의원의 선거에 있어서는 선거구선거관리위원회가 당해 선거구에서 유효투표의 다수를 얻은 자(지역구자치구·시·군의원선거에 있어서는 유효투표의 다수를 얻은 자 순으로 의원정수에 이르는 자를 말한다. 이하 이 조에서 같다)를 당선인으로 결정한다. 다만, 최고득표자가 2인 이상인 때에는 연장자순에 의하여 당선인을 결정한다.
<개정 1995.4.1, 2000.2.16, 2005.8.4>
②후보자등록마감시각에 후보자가 당해 선거구에서 선거할 의원정수를 넘지 아니하거나 후보자등록마감후 선거일 투표개시시각까지 후보자가 사퇴·사망하거나 등록이 무효로 되어 후보자수가 당해 선거구에서 선거할 의원정수를 넘지 아니하게 된 때에는 투표를 실시하지 아니하고, 선거일에 그 후보자를 당선인으로 결정한다.
③제187조(대통령당선인의 결정·공고·통지)제4항 및 제188조(지역구국회의원당선인의 결정·공고·통지)제3항 내지 제6항의 규정은 지역구지방의회의원의 당선인의 결정·공고·통지에 이를 준용한다. 이 경우 "지역구국회의원후보자"는 "지역구지방의회의원후보자"로, "1인이 된 때"는 "의원정수를 넘지 아니하게 된 때"로, "그 국회의원지역구"는 "그 선거구"로 본다.
<개정 1995.4.1, 2000.2.16, 2005.8.4>
④삭제 <2005.8.4>
⑤삭제 <2005.8.4>
⑥삭제 <2005.8.4>
⑦삭제 <2005.8.4>
⑧삭제 <2005.8.4>
⑨삭제 <2005.8.4>
[제목개정 2005.8.4]

제190조의2【비례대표지방의회의원당선인의 결정·공고·통지】 ①비례대표지방의회의원선거에 있어서는 당해 선거구선거관리위원회가 유효투표총수의 100분의 5 이상을 득표한 각 정당(이하 이 조에서 "의석할당정당"이라 한다)에 대하여 당해 선거에서 얻은 득표비율에 비례대표지방의회의원정수를 곱하여 산출된 수의 정수의 의석을 그 정당에 먼저 배분하고 잔여의석은 단수가 큰 순으로 각 의석할당정당에 1석씩 배분하되, 같은 단수가 있는 때에는 그 득표수가 많은 정당에 배분하고 그 득표수가 같은 때에는 당해 정당 사이의 추첨에 의한다. 이 경우 득표비율은 각 의석할당 정당의 득표수를 모든 의석할당정당의 득표수의 합계로 나누고 소수점 이하 제5위를 반올림하여 산출한다.
②비례대표시·도의원선거에 있어서 하나의 정당에 의석정수의 3분의 2 이상의 의석이 배분될 때에는 그 정당에 3분의 2에 해당하는 수의 정수(整數)의 의석을 먼저 배분하고, 잔여의석은 나머지 의석할당정당간의 득표비율에 잔여의석을 곱하여 산출된 수의 정수(整數)의 의석을 각 나머지 의석할당정당에 배분한 다음 잔여의석이 있는 때에는 그 단수가 큰 순위에 따라 각 나머지 의석할당정당에 1석씩 배분한다. 다만, 의석정수의 3분의 2에 해당하는 수의 정수(整數)에 해당하는 의석을 배분받는 정당 외에 의석할당정당이 없는 경우에는 의석할당정당이 아닌 정당간의 득표비율에 잔여의석을 곱하여 산출된 수의 정수(整數)의 의석을 먼저 그 정당에 배분하고 잔여의석이 있을 경우 단수가 큰 순으로 각 정당에 1석씩 배분한다. 이 경우 득표비율의 산출 및 같은 단수가 있는 경우의 의석배분은 제1항의 규정을 준용한다.
③관할선거구선거관리위원회는 비례대표지방의회의원선거에 있어서 제198조(천재·지변 등으로 인한 재투표)의 규

정에 의한 재투표 사유가 발생한 때에는 그 투표구의 선거인수를 당해 선거구의 선거인수로 나눈 수에 비례대표지방의회의원의석정수를 곱하여 얻은 수의 정수(1 미만의 단수는 1로 본다)를 비례대표지방의회의원의석정수에서 뺀 다음 제1항 및 제2항의 규정에 따라 비례대표지방의회의원의석을 배분하고 당선인을 결정한다. 다만, 비례대표지방의회의원의석배분이 배제된 정당 중재투표결과에 따라 의석할당정당이 추가될 것으로 예상되는 때에는 추가가 예상되는 정당마다 비례대표지방의회의원정수의 100분의 5에 해당하는 정수(1 미만의 단수는 1로 본다)의 의석을 별도로 빼야 한다.
④제187조(대통령당선인의 결정·공고·통지)제4항, 제189조(비례대표국회의원의석의 배분과 당선인의 결정·공고·통지)제4항·제5항 및 제7항의 규정은 비례대표지방의회의원 당선인의 결정에 이를 준용한다. 이 경우 "중앙선거관리위원회"는 "관할선거구선거관리위원회"로, "비례대표국회의원"은 "비례대표지방의회의원"으로 본다.
[본조신설 2005.8.4]

제191조 【지방자치단체의 장의 당선인의 결정·공고·통지】 ①지방자치단체의 장 선거에 있어서는 선거구선거관리위원회가 유효투표의 다수를 얻은 자를 당선인으로 결정하고, 이를 당해 지방의회의장에게 통지하여야 한다. 다만, 최고득표자가 2인 이상인 때에는 연장자를 당선인으로 결정한다.
②삭제 <2010.1.25>
③제187조제4항 및 제188조제2항부터 제6항까지의 규정은 지방자치단체의 장의 당선인의 결정에 이를 준용한다. <개정 2010.1.25>

제191조의2 【지당선인사퇴의 신고】 당선인이 임기개시 전에 사퇴하려는 때에는 직접 해당 선거구선거관리위원회에 서면으로 신고하여야 하고, 비례대표국회의원선거 또는 비례대표지방의회의원선거의 당선인이 사퇴하려는 때에는 소속정당의 사퇴승인서를 첨부하여야 한다.
[본조신설 2011.7.28]

제192조 【피선거권상실로 인한 당선무효 등】 ①선거일에 피선거권이 없는 자는 당선인이 될 수 없다.
②당선인이 임기개시전에 피선거권이 없게 된 때에는 당선의 효력이 상실된다.
③당선인이 임기개시전에 다음 각 호의 어느 하나에 해당되는 때에는 그 당선을 무효로 한다.
<개정 1995.4.1, 2000.2.16, 2005.8.4, 2010.1.25, 2010.3.12>

1. 당선인이 제1항의 규정에 위반하여 당선된 것이 발견된 때
2. 당선인이 제52조제1항 각 호의 어느 하나 또는 같은 조 제2항·제3항의 등록무효사유에 해당하는 사실이 발견된 때
3. 비례대표국회의원 또는 비례대표지방의회의원의 당선인이 소속정당의 합당·해산 또는 제명외의 사유로 당적을 이탈·변경하거나 2 이상의 당적을 가지고 있는 때(당선인결정시 2 이상의 당적을 가진 자를 포함한다)

④비례대표국회의원 또는 비례대표지방의회의원이 소속정당의 합당·해산 또는 제명외의 사유로 당적을 이탈·변경하거나 2 이상의 당적을 가지고 있는 때에는 「국회법」 제136조(퇴직) 또는 「지방자치법」 제78조(의원의 퇴직)의 규정에 불구하고 퇴직된다. 다만, 비례대표국회의원이 국회의장으로 당선되어 「국회법」 규정에 의하여 당적을 이탈한 경우에는 그러하지 아니하다. <개정 1995.4.1, 2000.2.16,

2002.3.7, 2005.8.4, 2007.5.11>
⑤제2항 및 제3항의 경우 관할선거구선거관리위원회[제187조(대통령당선인의 결정·공고 ·통지)제2항의 규정에 의하여 국회에서 대통령당선인을 결정한 경우에는 국회]는 그 사실을 공고하고 당해 당선인 및 그 당선인의 추천정당에 통지하여야 하며, 당선의 효력이 상실되거나 무효로 된 자가 대통령당선인 및 국회의원당선인인 때에는 국회의장에게, 지방자치단체의 의회의원 및 장의 당선인인 때에는 당해 지방의회의장에게 통지하여야 한다.

제193조 【당선인결정의 착오시정】
①선거구선거관리위원회[제187조(대통령당선인의 결정·공고·통지)제2항의 규정에 의하여 국회에서 대통령당선인을 결정하는 경우에는 국회]는 당선인결정에 명백한 착오가 있는 것을 발견한 때에는 선거일후 10일 이내에 당선인의 결정을 시정하여야 한다.
②선거구선거관리위원회(중앙선거관리위원회를 제외한다)가 제1항의 규정에 의한 시정을 하는 때에는 지역구국회의원선거, 비례대표시·도의원선거 및 시·도지사선거에 있어서는 중앙선거관리위원회의, 지역구시·도의원선거 및 자치구·시·군의 의회의원과 장의 선거에 있어서는 시·도선거관리위원회의 심사를 받아야 한다.
<개정 1995.4.1, 2002.3.7>

제194조 【당선인의 재결정과 비례대표국회의원의석 및 비례대표지방의회의원의석의 재배분】 ①제187조(대통령당선인의 결정·공고·통지)·제188조(지역구국회의원당선인의 결정·공고·통지)·제190조제1항 내지 제3항 또는 제191조(지방자치단체의 장의 당선인의 결정·공고·통지)의 규정에 의한 당선인결정의 위법을 이유로 당선무효의 판결이나 결정이 확정된 때에는 당해 선거구선거관리위원회(제187조제2항의 규정에 의하여 국회에서 대통령당선인을 결정한 경우에는 국회)는 지체없이 당선인을 다시 결정하여야 한다.
<개정 2002.3.7>
②제189조 및 제190조의2(비례대표지방의회의원당선인의 결정·공고·통지)의 규정에 따른 비례대표국회의원의석 또는 비례대표지방의회의원의석의 배분 및 그 당선인결정의 위법을 이유로 당선무효의 판결이나 결정이 있는 때 또는 제197조의 사유로 인한 재선거를 실시한 때에는 관할선거구선거관리위원회는 지체없이 의석을 재배분하고 다시 당선인을 결정하여야 한다.
<개정 2000.2.16, 2002.3.7, 2005.8.4>
③선거구선거관리위원회는 비례대표국회의원선거 또는 비례대표지방의회의원선거의 당선인이 그 임기개시전에 사퇴·사망하거나 제192조(피선거권상실로 인한 당선무효 등)제2항의 규정에 의하여 당선의 효력이 상실되거나 같은조제3항의 규정에 의하여 당선이 무효로 된 때에는 그 선거 당시의 소속정당이 추천한 후보자를 비례대표국회의원후보자명부 또는 비례대표지방의회의원후보자명부에 기재된 순위에 따라 당선인으로 결정한다.
<개정 1995.4.1, 2000.2.16, 2005.8.4>
④선거구선거관리위원회는 비례대표국회의원선거 또는 비례대표지방의회의원선거에 있어서 제198조의 사유로 인한 재투표를 실시한 때에는 당초 선거에서의 득표수와 재투표에서의 득표수를 합하여 득표비율을 산출하고 그 득표비율에 당해 선거구의 의석정수를 곱하여 얻은 수에서 각 정당이 이미 배분받은 의석수를 뺀 수가 큰 순위에 따라 잔여의석을 배분하고 당선인을 결정한다. 이 경우 비례대표국회의원선거에 있어서는 제189조제1항 내지 제5항의 규정을, 비례대표지방의회의원선거에 있어서는 제190조의2의 규정

을 준용한다.
<개정 2002.3.7, 2004.3.12, 2005.8.4>
[제목개정 2002.3.7, 2005.8.4]

제13장 재선거와 보궐선거

제195조 【재선거】 ①다음 각호의 1에 해당하는 사유가 있는 때에는 재선거를 실시한다. <개정 2000.2.16, 2002.3.7, 2004.3.12, 2005.8.4>

1. 당해 선거구의 후보자가 없는 때
2. 당선인이 없거나 지역구자치구·시·군의원선거에 있어 당선인이 당해 선거구에서 선거할 지방의 회의원정수에 달하지 아니한 때
3. 선거의 전부무효의 판결 또는 결정이 있는 때
4. 당선인이 임기개시전에 사퇴하거나 사망한 때
5. 당선인이 임기개시전에 제192조(피선거권상실로 인한 당선무효등)제2항의 규정에 의하여 당선의 효력이 상실되거나 같은조제3항의 규정에 의하여 당선이 무효로 된 때
6. 제263조(선거비용의 초과지출로 인한 당선무효) 내지 제265조(선거사무장 등의 선거범죄로 인한 당선무효)의 규정에 의하여 당선이 무효로 된 때

②하나의 선거의 같은 선거구에 제200조(보궐선거)의 규정에 의한 보궐선거의 실시사유가 확정된 후 재선거 실시사유가 확정된 경우로서 그 선거일이 같은 때에는 재선거로 본다.
<신설 2004.3.12>

제196조 【선거의 연기】 ①천재·지변 기타 부득이한 사유로 인하여 선거를 실시할 수 없거나 실시하지 못한 때에는 대통령선거와 국회의원선거에 있어서는 대통령이, 지방의회의원 및 지방자치단체의 장의 선거에 있어서는 관할선거구선거관리위원회위원장이 당해 지방자치단체의 장(직무대행자를 포함한다)과 협의하여 선거를 연기하여야 한다. <개정 2000.2.16>
②제1항의 경우 선거를 연기한 때에는 처음부터 선거절차를 다시 진행하여야 하고, 선거일만을 다시 정한 때에는 이미 진행된 선거절차에 이어 계속하여야 한다.
③제1항의 규정에 의하여 선거를 연기하는 때에는 대통령 또는 관할선거구선거관리위원회위원장은 연기할 선거명과 연기사유 등을 공고하고, 지체없이 대통령은 관할선거구선거관리위원회위원장에게, 관할선거구선거관리위원회위원장은 당해 지방자치단체의 장에게 각각 통보하여야 한다.
<개정 2000.2.16>

제197조 【선거의 일부무효로 인한 재선거】 ①선거의 일부무효의 판결 또는 결정이 확정된 때에는 관할선거구선거관리위원회는 선거가 무효로 된 당해 투표구의 재선거를 실시한 후 다시 당선인을 결정하여야 한다.
②제1항의 재선거를 실시함에 있어서 판결 또는 결정에 특별한 명시가 없는 한 제44조제1항에도 불구하고 당초 선거에 사용된 선거인명부를 사용한다.
<개정 2011.7.28>
③제1항의 재선거를 실시함에 있어서 정당이 합당한 경우 합당된 정당은 그 재선거의 선거기간개시일부터 그 다음날까지 당해 선거구선거관리위원회에 합당전 후보자중 1인을 후보자로 추천하고, 비례대표국회의원선거 및 비례대표지방의회의원선거에 있어서는 하나의 후보자명부를 제출하되 합당전 각 정당이 제출한 후보자명부에 등재되지 아니한 자를 추가할 수 없다.
<개정 1995.4.1, 2002.3.7, 2004.3.12, 2005.8.4>
④제3항의 기간내에 추천이 없는 때에

는 합당전 정당의 당해 선거구의 후보자의 등록은 모두 무효로 한다.
⑤합당된 정당의 후보자(비례대표국회의원선거 및 비례대표지방의회의원선거에 있어서는 후보자를 추천한 정당을 말한다)의 기호는 당초 선거 당시의 그 후보자의 기호로 한다.
<개정 2002.3.7, 2004.3.12, 2005.8.4>
⑥제3항의 규정에 의하여 추천된 후보자의 득표계산에 있어서는 합당으로 인하여 추천을 받지 못한 후보자의 득표는 이를 계산하지 아니한다.
⑦비례대표국회의원선거 및 비례대표지방의회의원선거에 있어서 제1항의 규정에 의한 재선거 사유가 확정된 경우에는 그 투표구의 선거인수를 당해 선거구의 선거인수로 나눈 수에 당해 선거구의 의석정수를 곱하여 얻은 수의 정수(1 미만의 단수는 1로 본다)를 의석정수에서 뺀 다음 제189조제1항 내지 제4항 또는 제190조의2의 규정에 따라 의석을 재배분하고, 그 재배분에서 제외된 비례대표국회의원 및 비례대표지방의회의원의 당선은 무효로 한다. <신설 2004.3.12, 2005.8.4>
⑧비례대표국회의원선거 및 비례대표지방의회의원선거에 있어서 제1항의 규정에 의한 재선거를 실시한 때의 의석 재배분 및 당선인결정에 있어서는 제194조제4항의 규정을 준용한다.
<신설 2004.3.12, 2005.8.4>
⑨제1항의 규정에 의한 재선거에 있어서의 선거운동 및 선거비용 기타 필요한 사항은 이 법의 범위안에서 중앙선거관리위원회규칙으로 정한다.

제198조 【천재·지변 등으로 인한 재투표】 ①천재·지변 기타 부득이한 사유로 인하여 어느 투표구의 투표를 실시하지 못한 때와 투표함의 분실·멸실 등의 사유가 발생한 때에는 관할선거구선거관리위원회는 당해 투표구의 재투표를 실시한 후 당해 선거구의 당선인을 결정한다.
<개정 1995.4.1, 2002.3.7, 2004.3.12>
②제1항의 규정에 의한 재투표가 당해 선거구의 선거결과에 영향을 미칠 염려가 없다고 인정되는 때에는 재투표를 실시하지 아니하고 당선인을 결정한다. <개정 2002.3.7, 2004.3.12>
③제1항의 재투표를 실시함에 있어서 합당된 정당이 있는 경우 제194조의 비례대표국회의원 및 비례대표지방의회의원의 의석재배분을 위한 득표수의 계산은 그 후보자의 합당전 정당의 득표수에 합산한다. <개정 2000.2.16, 2002.3.7, 2004.3.12, 2005.8.4>
④제197조(선거의 일부무효로 인한 재선거)제3항 내지 제6항의 규정은 천재·지변 등으로 인한 재투표에 이를 준용한다.
⑤제1항의 규정에 의한 재투표에 있어서의 선거운동 및 선거비용 기타 필요한 사항은 이 법의 범위안에서 중앙선거관리위원회규칙으로 정한다.

제199조 【연기된 선거 등의 실시】 제196조(선거의 연기)제1항의 연기된 선거 또는 제198조(천재·지변 등으로 인한 재투표)제1항의 재투표는 가능한 한 제35조(보궐선거 등의 선거일)의 규정에 의한 선거와 함께 실시하여야 한다. <개정 2004.3.12>

제200조 【보궐선거】 ①지역구국회의원·지역구지방의회의원 및 지방자치단체의 장에 궐원 또는 궐위가 생긴 때에는 보궐선거를 실시한다.
<개정 1995.4.1, 2000.2.16, 2005.8.4>
②비례대표국회의원 및 비례대표지방의회의원에 궐원이 생긴 때에는 선거구선거관리위원회는 궐원통지를 받은 후 10일이내에 그 궐원된 의원이 그 선거 당시에 소속한 정당의 비례대표국회의원후보자명부 및 비례대표지방의회의원후보자명부에 기재된 순위에

따라 궐원된 국회의원 및 지방의회의원의 의석을 승계할 자를 결정하여야 한다. 다만, 그 정당이 해산되거나 임기만료일 전 120일 이내에 궐원이 생긴 때에는 그러하지 아니하다.
<개정 1995.4.1, 2000.2.16, 2005.8.4, 2010.1.25>

③대통령권한대행자는 대통령이 궐위된 때에는 지체없이 중앙선거관리위원회에 이를 통보하여야 한다.

④국회의장은 국회의원에 궐원이 생긴 때에는 대통령 및 중앙선거관리위원회에 이를 통보하여야 한다.

⑤지방의회의장은 당해 지방의회의원에 궐원이 생긴 때에는 당해 지방자치단체의 장과 관할선거구선거관리위원회에 이를 통보하여야 하며, 지방자치단체의 장이 궐위된 때에는 궐위된 지방자치단체의 장의 직무를 대행하는 자가 당해 지방의회의장과 관할선거구선거관리위원회에 이를 통보하여야 한다.

⑥국회의원 또는 지방의회의원이 제53조(공무원 등의 입후보)의 규정에 의하여 그 직을 그만두었으나 후보자등록신청시까지 제4항 또는 제5항의 규정에 의한 궐원통보가 없는 경우에는 후보자로 등록된 때에 그 통보를 받은 것으로 본다. <신설 2004.3.12>

[2007헌마40, 2009.6.25 공직선거법(2005. 8. 4. 법률 제7681호로 개정된 것) 제200조 제2항 단서 중 '비례대표지방의회의원 당선인이 제264조(당선인의 선거범죄로 인한 당선무효)의 규정에 의하여 당선이 무효로 된 때' 부분은 헌법에 위반된다.]

[2008헌마413, 2009.6.25 1. 공직선거법(2005. 8. 4. 법률 제7681호로 개정된 것) 제200조 제2항 단서 중 '임기만료일 전 180일 이내에 비례대표국회의원에 궐원이 생긴 때' 부분은 헌법에 합치되지 아니한다. 2. 위 법률조항은 2010. 12. 31.을 시한으로 입법자가 개정할 때까지 계속 적용된다.]

[단순위헌, 2009헌마350, 386(병합), 2009.10.29, 공직선거법(2005. 8. 4. 법률 제7681호로 개정된 것) 제200조 제2항 단서 중 "비례대표국회의원 당선인이 제264조(당선인의 선거범죄로 인한 당선무효)의 규정에 의하여 당선이 무효로 된 때" 부분은 헌법에 위반된다.]

제201조【보궐선거 등에 관한 특례】

①보궐선거 등(대통령선거·비례대표국회의원선거 및 비례대표지방의회의원선거를 제외한다. 이하 이 항에서 같다)은 그 선거일부터 임기만료일까지의 기간이 1년 미만이거나, 지방의회의 의원정수의 4분의 1 이상이 궐원(임기만료일까지의 기간이 1년 이상인 때에 재선거·연기된 선거 또는 재투표 사유로 인한 경우를 제외한다)되지 아니한 경우에는 실시하지 아니할 수 있다. 이 경우 지방의회의 의원정수의 4분의 1 이상이 궐원되어 보궐선거 등을 실시하는 때에는 그 궐원된 의원 전원에 대하여 실시하여야 한다.
<개정 1995.12.30, 2000.2.16, 2001.7.24, 2005.8.4>

②제219조(선거소청)제2항 또는 제223조(당선소송)의 규정에 의하여 당선의 효력에 관한 쟁송이 계속중인 때에는 보궐선거를 실시하지 아니한다.

③지방의회의원의 보궐선거·재선거·연기된 선거 또는 재투표를 실시하는 경우에 지방자치단체의 관할구역의 변경에 따라 그 선거구의 구역이 그 지방의회의원이 속하는 지방자치단체에 상응하는 다른 지방자치단체의 관할구역에 걸치게 된 때에는 당해 지방자치단체에 속한 구역만을 그 선거구의 구역으로 한다.

④보궐선거 등의 사유가 발생하였으나 제1항 전단의 규정에 해당되어 보궐선거 등을 실시하지 아니하고자 하는 때

에는 보궐선거 등의 실시사유가 확정된 날부터 10일 이내에 그 뜻을 공고하고, 국회의원보궐선거 등에 있어서는 대통령이 관할선거구선거관리위원회에, 지방자치단체의 의회의원 및 장의 보궐선거 등에 있어서는 관할선거구선거관리위원회위원장이 당해 지방의회의장 및 지방자치단체의 장에게 통보하여야 한다. 이 경우에는 제35조제5항의 규정에 불구하고 선거의 실시사유가 확정되지 아니한 것으로 본다.
<개정 2000.2.16>
⑤제1항 후단에 따라 보궐선거등을 실시하게 된 때에는 제35조제2항제1호에도 불구하고 그 실시사유가 확정된 때부터 60일 이내에 실시하여야 하며, 관할선거구선거관리위원회 위원장은 선거일 전 20일까지 선거일을 정하여 공고하여야 한다. 다만, 그 보궐선거등의 선거일이 제35조제2항제1호에 따른 4월 또는 10월의 마지막 수요일에 실시되는 보궐선거등의 선거기간개시일 전 40일부터 선거일 후 30일까지의 사이에 있는 경우에는 각각 그 보궐선거등과 함께 선거를 실시한다.
<개정 2010.1.25>
⑥제1항 후단 및 제5항에 따라 실시하는 보궐선거등의 "선거의 실시사유가 확정된 때"란 제35조제5항에도 불구하고 관할선거구선거관리위원회가 해당 지방의회의장으로부터 그 지방의회 의원정수의 4분의 1이상의 궐원에 해당하는 의원의 궐원을 통보받은 날을 말한다. <신설 2010.1.25>
⑦보궐선거 등[대통령선거에 있어 궐위로 인한 선거·제195조(재선거)의 규정에 의한 재선거 및 연기된 선거와 제203조(동시선거의 범위와 선거일)제2항의 규정에 의하여 임기만료에 의한 선거와 동시에 실시하는 보궐선거 등을 제외한다]에 있어 부재자투표에 관하여는 제158조(부재자투표)제1항 내지 제3항의 규정에 불구하고 같은 조 제4항의 규정에 의한 거소투표자의 예에 의한다.
<개정 1995.12.30, 2004.3.12, 2010.1.25>

1. 삭제 <1995.12.30>
2. 삭제 <1995.12.30>
3. 삭제 <1995.12.30>
4. 삭제 <1995.12.30>

제14장 동시선거에 관한 특례

제202조 【동시선거의 정의와 선거기간】 ①이 법에서 "동시선거"라 함은 선거구의 일부 또는 전부가 서로 겹치는 구역에서 2 이상의 다른 종류의 선거를 같은 선거일에 실시하는 것을 말한다.
②동시선거에 있어 선거기간 및 선거사무일정이 서로 다른 때에는 이 법의 다른 규정에 불구하고 선거기간이 긴 선거의 예에 의한다.

제203조 【동시선거의 범위와 선거일】
①임기만료일이 같은 지방의회의원 및 지방자치단체의 장의 선거는 그 임기만료에 의한 선거의 선거일에 동시실시한다.
②제35조(보궐선거 등의 선거일)제2항제2호의 규정에 의한 지방자치단체의 장의 보궐선거 등이 다음 각호에 해당되는 때에는 임기만료에 의한 선거의 선거일에 동시실시한다.
<개정 1998.4.30, 2000.2.16>

1. 임기만료에 의한 선거의 선거기간중에 그 선거를 실시할 수 있는 기간의 만료일이 있는 보궐선거 등
2. 선거를 실시할 수 있는 기간의 만료일이 임기만료에 의한 선거의 선거일후에 해당되나 그 선거의 실시사유가 임기만료에 의한 선거의 선거일 30일전까지 확정

된 보궐선거 등
③제35조제2항제1호에 따른 보궐선거 등 가운데 다음 각호의 보궐선거 등은 임기만료에 의한 선거의 선거일에 동시 실시한다. 다만, 그 보궐선거 등의 선거일이 임기만료에 의한 지방의회의원 및 지방자치단체의 장의 선거의 선거기간개시일전 40일부터 선거일후 50일까지의 사이에 있는 때에는 당해 임기만료에 의한 선거의 선거일부터 50일후 첫번째 수요일에 그 보궐선거 등(이하 이 조에서 "연기된 보궐선거 등"이라 한다)을 실시하되, 그 연기된 보궐선거 등의 선거일전 30일까지 선거의 실시사유가 확정된 보궐선거 등도 동시에 실시한다. <개정 2000.2.16, 2004.3.12, 2005.8.4, 2010.1.25>

1. 임기만료에 의한 선거의 선거기간개시일전 40일내에 선거일이 있는 보궐선거 등
2. 임기만료에 의한 선거의 선거일전 30일까지 그 실시사유가 확정된 보궐선거 등. 이 경우 당해 임기만료에 의한 선거의 선거일전 30일후에 그 선거의 실시사유가 확정된 보궐선거 등은 그 다음의 보궐선거 등의 선거일에 실시한다.

④삭제 <2000.2.16>

제204조【선거인명부에 관한 특례】
①동시선거에 있어서 선거인명부와 부재자신고인명부는 제44조제1항에도 불구하고 하나의 선거인명부와 부재자신고인명부에 의한다.
<개정 2011.7.28>
②삭제 <1998.4.30>
③동시선거에 사용할 선거인명부 및 부재자신고인명부의 표지서식 기타 필요한 사항은 중앙선거관리위원회규칙으로 정한다.

제205조【선거운동기구의 설치 및 선거사무관계자의 선임에 관한 특례】
①동시선거에 있어서 같은 정당의 추천을 받은 2인 이상의 후보자(비례대표지방의회의원선거에 있어서는 후보자를 추천한 정당을 포함한다. 이하 이 조에서 같다)는 선거사무소와 선거연락소를 공동으로 설치할 수 있다.
<개정 2002.3.7, 2005.8.4>
②동시선거에 있어서 같은 정당의 추천을 받은 2인 이상의 후보자는 선거사무장·선거연락소장 또는 선거사무원을 공동으로 선임할 수 있다.
③제1항 및 제2항의 경우 그 설치 또는 선임은 후보자가 각각 설치·선임한 것으로 보며, 그 설치·선임신고서에 그 사실을 명시하여야 하고 공동설치·선임에 따른 비용은 당해 후보자간의 약정에 의하여 분담할 수 있되, 그 분담내역을 설치·선임신고서에 명시하여야 한다.
④후보자는 다른 선거의 후보자의 선거사무장·선거연락소장·선거사무원 또는 회계책임자가 될 수 없다.
⑤선거사무소·선거연락소의 공동설치와 선거사무관계자의 공동선임에 따른 설치·선임신고 및 신분증명서의 서식 기타 필요한 사항은 중앙선거관리위원회규칙으로 정한다.

제206조【선거벽보에 관한 특례】
제203조제1항에 따라 동시선거를 실시하는 때의 선거벽보의 매수는 2개의 선거를 동시에 실시하는 때에는 제64조제1항에 따른 기준매수의 3분의 2, 3개 이상의 선거를 동시에 실시하는 때에는 기준매수의 2분의 1에 각 상당하는 수로 한다. <개정 2010.1.25>
[제목개정 2010.1.25]

제207조【책자형 선거공보에 관한 특례】 ①동시선거에 있어서 같은 정당의 추천을 받은 2인 이상의 후보자(대통령선거의 정당추천후보자와 비례

대표국회의원선거 및 비례대표지방의회의원선거에 있어서는 후보자를 추천한 정당을 말한다. 이하 이 조에서 같다)는 제65조(선거공보)의 규정에 따른 책자형 선거공보를 공동으로 작성할 수 있으며, 책자형 선거공보는 공동으로 작성한 때에는 후보자마다 각각 1종을 작 성한 것으로 본다.
<개정 2005.8.4>
②관할구역이 큰 선거구의 후보자가 책자형 선거공보의 일부 지면에 작은 선거구의 후보자에 관한 내용을 선거구에 따라 달리 게재하는 방법으로 공동작성하였을 경우 큰 선거구의 후보자에 관한 내용이 동일한 책자형 선거공보는 1종으로 본다. <개정 2005.8.4>
③제1항의 규정에 의하여 책자형 선거공보를 공동으로 작성하는 경우에는 후보자간의 약정에 의하여 그 비용을 분담할 수 있다. 이 경우 그 분담내역을 관할구·시·군선거관리위원회에 책자형 선거공보를 제출하는 때에 각각 서면으로 신고하여야 한다.
<개정 2005.8.4>
[제목개정 2005.8.4]

제208조 삭제 <2004.3.12>

제209조【공개장소에서의 연설·대담에 관한 특례】 동시선거에 있어서 같은 정당의 추천을 받은 2인 이상의 후보자는 한 장소에서 제79조에 따른 공개장소에서의 연설·대담을 공동으로 할 수 있다. <개정 1995.12.30, 1998.4.30, 2004.3.12, 2010.1.25>

제210조【선거와 관련있는 정당활동의 규제에 관한 특례】 동시선거에 있어서 제9장 선거와 관련있는 정당활동의 규제의 적용에 있어서 기준이 되는 선거는 동시에 실시하는 선거의 수에 불구하고 하나의 선거를 기준으로 하되, 임기만료에 의한 선거와 제35조(보궐선거 등의 선거일)제2항 및 제3항의 보궐선거 등이나 제36조(연기된 선거 등의 선거일)의 연기된 선거를 동시에 실시하는 경우에는 임기만료에 의한 선거를 기준으로 하고, 제35조제2항 및 제3항의 규정에 의한 보궐선거 등을 동시에 실시하는 때의 "그 선거의 실시사유가 확정된 때"는 "동시에 실시하는 보궐선거 등 가운데 최초로 그 선거의 실시사유가 확정된 보궐선거 등의 실시사유가 확정된 때"로 본다.

제211조【투표용지·투표안내문 등에 관한 특례】 ①동시선거에 있어서 투표용지는 색도 또는 지질 등을 달리하는 등 중앙선거관리위원회규칙이 정하는 바에 따라 선거별로 구분이 되도록 작성·교부할 수 있다.
②삭제 <2005.8.4>
③동시선거에 있어서 시·도지사선거 및 비례대표시·도의원선거의 투표용지는 제151조(투표용지와 투표함의 작성)제1항의 규정에 불구하고 중앙선거관리위원회규칙이 정하는 바에 따라 당해 시·도선거관리위원회가 작성한다. 이 경우 투표용지에는 당해 시·도선거관리위원회의 청인을 날인하되, 인쇄날인으로 갈음할 수 있다.
<개정 2005.8.4>
④동시선거에 있어서 투표안내문(점자형 투표안내문을 포함한다. 이하 이 항에서 같다)은 제153조에도 불구하고 중앙선거관리위원회규칙으로 정하는 바에 따라 하나의 투표안내문으로 할 수 있다. <개정 2011.7.28>
⑤동시선거에 있어서 투표소의 수·설치·설비와 투표용지의 작성·교부자와 교부방법 및 투표절차 기타 필요한 사항은 중앙선거관리위원회규칙으로 정한다.

제212조【부재자투표용지의 발송과 회송 등에 관한 특례】 동시선거에 있

어서 부재자투표용지의 발송 및 회송은 제154조(부재자신고인에 대한 투표용지의 발송)제1항 및 제158조(부재자투표)제1항의 규정의 범위안에서 부재자신고인명부에 올라 있는 선거인마다 하나의 회송용 봉투·발송용 봉투를 사용하여 행할 수 있다.
<개정 1998.4.30, 2005.8.4>

제213조 【투표참관인선정 및 지정등에 관한 특례】 ①동시선거에 있어 투표참관인은 제161조(투표참관)제2항의 규정에 의한 선정·신고인원수에 불구하고 후보자를 추천한 정당과 무소속후보자마다 2인을 선정·신고하여야 한다.
<개정 1995.4.1, 2000.2.16, 2005.8.4>
②동시선거의 투표참관인의 지정에 있어 제161조제4항의 "후보자"는 "정당 또는 후보자"로, "후보자별"은 "정당·후보자별"로 본다. <개정 2005.8.4>
③동시선거에 있어서 부재자투표참관인은 제162조(부재자투표참관)제2항의 규정에 의한 선정·신고인원수에 불구하고 당해 선거에 참여한 정당마다 2인을, 무소속후보자는 1인을 선정·신고하여야 한다.
<개정 1995.4.1, 2000.2.16, 2005.8.4>
④동시선거에 있어서 부재자투표참관인은 8명 이내로 하되, 제3항의 규정에 의하여 선정·신고한 인원수가 8명을 넘는 때에는 관할선거관리위원회는 정당이 선정·신고한 자를 우선 지정하고 나머지 인원은 무소속후보자가 선정·신고한 자중에서 8명에 달할 때까지 추첨에 의하여 지정한다. 이 경우 정당이 선정·신고한 인원수가 8명을 넘는 때에는 제150조제3항부터 제5항까지의 규정에 따른 정당순위의 앞순위의 정당이 선정·신고한 자부터 8명에 달할 때까지 지정한다.
<신설 1995.5.10, 1997.11.14, 2000.2.16, 2002.3.7, 2005.8.4, 2010.1.25>

제214조 【투표함의 개함등에 관한 특례】 동시선거에 있어서 제175조(개표개시)제2항의 규정에 의한 개표순서는 선거별 또는 그 선거구의 관할구역이 작은 선거구별로 구분하여 행한다.
<개정 2004.3.12, 2006.3.2>

제215조 【개표참관인 등에 관한 특례】 ①동시선거에 있어서 개표참관인은 제181조(개표참관)제2항의 규정에 의한 선정·신고인원수에 불구하고 후보자를 추천한 정당마다 8인을, 무소속후보자는 2인을 선정·신고하여야 한다. 다만, 구·시·군선거관리위원회는 부재자투표의 개표를 하는 때에는 정당 또는 후보자가 선정·신고한 자중에서 정당은 4인씩을, 무소속후보자는 1인씩을 참관하게 한다. <개정 1995.4.1, 1995.5.10, 2000.2.16, 2005.8.4>
②동시선거에 있어서 관람증의 매수는 제182조(개표관람)제2항의 규정에 불구하고 정당별로 균등하게 우선 배부한 후 무소속후보자로 균등하게 배부하되, 후보자마다 1매 이상 배부하여야 한다.
<개정 1995.5.10, 2000.2.16, 2005.8.4>

제216조 【4개 이상 선거의 동시실시에 관한 특례】 ①4개 이상 동시선거에 있어 지역구자치구·시·군의원선거의 후보자는 제79조(공개장소에서의 연설·대담)의 연설·대담을 위하여 자동차 1대와 휴대용 확성장치 1조를 사용할 수 있다.
<개정 1995.5.10, 2000.2.16, 2002.3.7, 2005.8.4>
②임기만료에 의한 지방자치단체의 의회의원 및 장의 선거를 동시에 실시하는 경우 개표진행 및 결과공표는 제178조제1항·제2항에도 불구하고 읍·면·동을 단위로 할 수 있다. <개정 2010.1.25, 2011.7.28>

1. 삭제 <2011.7.28>
2. 삭제 <2011.7.28>
3. 삭제 <2011.7.28>
4. 삭제 <2011.7.28>
5. 삭제 <2011.7.28>
6. 삭제 <2011.7.28>
7. 삭제 <2011.7.28>
8. 삭제 <2011.7.28>
9. 삭제 <2011.7.28>

③삭제 <2010.1.25>

④삭제 <2000.2.16>

⑤4개 이상 선거를 동시에 실시하는 경우 제1항 및 제2항 외에 투표소에 설치하는 투표함의 수, 투표와 개표의 절차·방법, 제2항의 개표절차 그 밖에 필요한 사항은 중앙선거관리위원회규칙으로 정한다.
<개정 2006.3.2, 2010.1.25, 2011.7.28>
[제목개정 2011.7.28]

제217조【투표록·개표록 등 작성에 관한 특례】 동시선거에 있어 투표록 및 개표록은 선거의 구분없이 하나의 투표록 및 개표록으로 각각 작성할 수 있다. <개정 2005.8.4>

제14장의2 재외선거에 관한 특례

<신설 2009.2.12>

제218조【재외선거관리위원회 설치·운영】 ①중앙선거관리위원회는 대통령선거와 임기만료에 따른 국회의원선거를 실시하는 때마다 선거일 전 180일부터 선거일 후 30일까지 「대한민국재외공관 설치법」 제2조에 따른 공관(같은 법 제3조에 따른 분관 또는 출장소를 포함하고, 영사사무를 수행하지 아니하거나 영사관할구역이 없는 공관 및 영사관할구역 안에 공관사무소가 설치되지 아니한 공관은 제외한다. 이하 이 장에서 "공관"이라 한다)마다 재외선거의 공정한 관리를 위하여 재외선거관리위원회를 설치·운영하여야 한다. 다만, 대통령의 궐위(闕位)로 인한 선거 또는 재선거는 그 선거의 실시사유가 확정된 날부터 10일 이내에 재외선거관리위원회를 설치하여야 한다. <개정 2011.7.28>

②재외선거관리위원회는 중앙선거관리위원회가 지명하는 2명 이내의 위원과 국회에 교섭단체를 구성한 정당이 추천하는 각 1명, 공관의 장 또는 공관의 장이 공관원 중에서 추천하는 1명을 중앙선거관리위원회가 위원으로 위촉하여 구성하되, 그 위원 정수는 홀수로 한다.

③다음 각 호의 어느 하나에 해당하는 사람은 재외선거관리위원회의 위원이 될 수 없다. <개정 2011.7.28>

1. 국회의원의 선거권이 없는 사람
2. 정당의 당원인 사람
3. 재외투표관리관

④재외선거관리위원회에 위원장과 부위원장 각 1명을 두되, 위원 중에서 호선한다. 다만, 공관의 장과 그가 추천하는 공관원은 위원장이 될 수 없다.

⑤재외선거관리위원회는 재외선거의 관리를 위하여 필요한 때에는 해당 공관의 장에게 협조를 요구할 수 있으며, 그 협조를 요구받은 공관의 장은 우선적으로 이에 따라야 한다.

⑥재외선거관리위원회위원장은 해당 공관의 장과 협의하여 해당 공관의 소속 직원 중에서 간사·서기 및 선거사무종사원을 위촉할 수 있다.

⑦새로이 구성된 재외선거관리위원회의 최초의 회의소집에 관하여는 공관의 장이 해당 재외선거관리위원회위원장의 직무를 대행한다.

⑧재외선거관리위원회의 관할 구역은 해당 공관의 영사관할구역(공관의 장이 다른 대사관의 장을 겸하는 경우에는 그 다른 대사관의 영사관할구역을

포함한다)으로 하고, 그 명칭은 해당 공관명을 붙여 표시하되 약칭을 사용할 수 있다. <개정 2011.7.28>
⑨중앙선거관리위원회는 재외선거관리위원회의 운영기간 중 또는 운영기간 만료 후 6개월 이내에 다른 선거의 재외선거관리위원회 설치·운영기간이 시작되는 경우에는 제1항에도 불구하고 다른 선거의 재외선거관리위원회를 설치하지 아니하고, 운영 중인 재외선거관리위원회를 다른 선거의 재외선거관리위원회로 본다. <신설 2011.7.28>
⑩「선거관리위원회법」 제4조제3항 단서, 제4조제7항부터 제11항까지, 제4조제12항 본문, 제5조제3항·제5항, 제7조, 제9조제1호부터 제4호까지, 제10조, 제11조제1항·제3항, 제12조제1항·제3항, 제13조 및 제14조의2는 재외선거관리위원회의 설치·운영에 준용한다. 이 경우 "관계선거관리위원회"·"하급선거관리위원회"·"각급선거관리위원회" 및 "구·시·군선거관리위원회"는 각각 "재외선거관리위원회"로, "선거기간개시일(위탁선거는 제외한다. 이하 같다) 또는 국민투표안공고일"·"선거기간개시일 또는 국민투표안공고일" 및 "선거인명부작성기준일 또는 국민투표안공고일"은 각각 "재외투표소 설치일"로, "당해 또는 읍·면·동선거관리위원회"는 "해당 재외선거관리위원회"로, "구·시·군선거관리위원회위원장"은 "재외선거관리위원회위원장"으로, "각 상급선거관리위원회"는 "중앙선거관리위원회"로, "상임위원 또는 부위원장"은 "부위원장"으로, "위원장·상임위원·부위원장"은 "위원장·부위원장"으로, "개표종료시"는 "재외투표 마감일"로 본다. <개정 2011.7.28>

제218조의2 【재외투표관리관의 임명】 ①재외선거에 관한 사무를 처리하기 위하여 공관마다 재외투표관리관을 둔다. <개정 2011.7.28>
②재외투표관리관은 공관의 장으로 한다. 다만, 공관의 장과 총영사를 함께 두고 있는 공관의 경우 그 공관의 장이 총영사를 재외투표관리관으로 지정할 수 있다. <신설 2011.7.28>
[본조신설 2009.2.12]

제218조의3 【재외선거관리위원회와 재외투표관리관의 직무】 ①재외선거관리위원회는 재외선거에 관한 다음 각 호의 사무를 처리한다.

1. 재외투표소 설치장소와 운영기간 등의 결정·공고
2. 재외투표소의 투표관리
3. 재외투표소 투표사무원 위촉 및 투표참관인 선정
4. 재외투표관리관이 행하는 선거관리사무 감독
5. 선거범죄 예방 및 단속에 관한 사무
6. 그 밖에 재외투표관리관이 필요하다고 인정하여 재외선거관리위원회에 부의하는 사항

②재외투표관리관은 다음 각 호의 사무를 처리한다.

1. 재외선거인 등록신청과 국외부재자 신고의 접수 및 처리
2. 재외국민의 선거권 행사에 필요한 사항의 홍보·지원
3. 재외투표소 설비
4. 재외투표 국내 회송 등 재외선거사무(국외부재자투표사무를 포함한다. 이하 같다) 총괄 관리
5. 재외선거관리위원회 운영 지원

[본조신설 2009.2.12]

제218조의4 【국외부재자 신고】 ①주민등록이 되어 있거나 국내거소신고를 한 사람으로서 다음 각 호의 어느 하나에 해당하여 외국에서 투표하려는 선거권자(지역구국회의원선거에서는 국내거소신고가 되어 있는 선거권자는 제외한다)는 대통령선거와 임기만료에

따른 국회의원선거를 실시하는 때마다 선거일 전 150일부터 선거일 전 60일까지(이하 이 장에서 "국외부재자 신고기간"이라 한다) 서면으로 관할 구·시·군의 장에게 국외부재자 신고를 하여야 한다. 이 경우 외국에 머물거나 거주하는 사람은 공관을 경유하여 신고하여야 한다. <개정 2011.11.7>

1. 부재자투표기간 개시일 전 출국하여 선거일 후에 귀국이 예정된 사람
2. 외국에 머물거나 거주하여 선거일까지 귀국하지 아니할 사람

②제1항에 따라 국외부재자 신고를 하려는 사람은 그 신고서에 다음 각 호의 사항을 적고 여권사본을 덧붙여야 한다. 다만, 외국에 파병되었거나 부재자투표기간 개시일 전에 파병될 군인(군무원을 포함한다. 이하 이 장에서 "파병군인"이라 한다)은 국방부장관이나 소속 부대장의 확인서로 여권사본을 갈음할 수 있다.

1. 성명
2. 주민등록번호(주민등록이 되어 있지 아니한 사람은 국내거소신고번호를 말한다)
3. 주소
4. 거소(로마자 대문자로 적되, 구체적인 방법은 중앙선거관리위원회규칙으로 정한다. 이하 제218조의5제2항제4호에서 같다)

[본조신설 2009.2.12]

제218조의5【재외선거인 등록신청】 ①주민등록이 되어 있지 아니하고 국내거소신고도 하지 아니한 사람으로서 외국에서 투표하려는 선거권자는 대통령선거와 임기만료에 따른 비례대표국회의원선거를 실시하는 때마다 선거일 전 150일부터 선거일 전 60일까지(이하 이 장에서 "재외선거인 등록신청기간"이라 한다) 공관을 직접 방문하여 중앙선거관리위원회에 재외선거인 등록신청을 하여야 한다.

②제1항에 따라 재외선거인 등록신청을 하려는 사람은 그 신청서에 다음 각 호의 사항을 적고 여권사본과 자신이 거주하는 지역을 관할하는 공관의 재외투표관리관이 제3항에 따라 공고한 서류의 사본을 덧붙여야 한다. 이 경우 여권원본과 재외투표관리관이 공고한 서류의 원본을 함께 제시하여야 하고, 재외투표관리관은 여권원본과 재외투표관리관이 공고한 서류의 원본을 제시하지 아니하고 재외선거인 등록신청을 한 경우 이를 접수하지 아니한다. <개정 2011.9.30>

1. 성명
2. 여권번호·생년월일 및 성별
3. 국내의 최종주소지(국내의 최종주소지가 없는 사람은 「가족관계의 등록 등에 관한 법률」에 따른 등록기준지)
4. 거소

③재외투표관리관은 재외선거인 등록신청기간 개시일 전 30일까지 비자·영주권증명서·장기체류증 또는 거류국의 외국인등록증 등 재외선거인의 국적확인에 필요한 서류의 종류를 공고하여야 한다. <신설 2011.9.30>

[본조신설 2009.2.12]

제218조의6【공관부재자신고인명부 등 작성】 ①재외투표관리관이 국외부재자신고서 또는 재외선거인 등록신청서를 접수하면 기재사항의 적정 여부, 덧붙여야 할 서류, 정당한 신고·신청 여부를 확인한 다음 제218조의4제1항 각 호의 어느 하나에 해당하는 사람을 대상으로는 공관부재자신고인명부를, 제218조의5제1항에 해당하는 사람을 대상으로는 재외선거인 등록신청자명부를 각각 작성(전산정보자료를 포함한다. 이하 이 장에서 같다)하여야 한다.

②재외투표관리관은 제1항에 따른 확인을 위하여 필요한 경우에는 「주민등록법」 제30조에 따른 주민등록전산정보자료또는 「가족관계의 등록 등에 관한 법률」 제11조에 따른 등록전산정보자료, 그 밖에 국가가 관리하는 전산정보자료를 이용할 수 있다.
③재외투표관리관이 공관부재자신고인명부와 재외선거인 등록신청자명부를 작성하는 때에는 신고서 또는 신청서의 내용에 따라 정확하게 작성하여야 한다.
[본조신설 2009.2.12]

第218조의7【공관부재자신고인명부 등의 송부】 ①재외투표관리관이 공관부재자신고인명부와 재외선거인 등록신청자명부를 작성하면 이를 즉시 구·시·군별로 분류하여 국외부재자신고서 및 재외선거인 등록신청서와 함께 외교통상부장관을 경유하여 중앙선거관리위원회에 보낸다.
②중앙선거관리위원회가 제1항에 따라 공관부재자신고인명부와 국외부재자신고서를 접수하면 이를 해당 구·시·군의 장에게 보낸다.
[본조신설 2009.2.12]
③ 제1항 및 제2항에 따른 공관부재자신고인명부, 재외선거인 등록신청자명부, 국외부재자신고서 및 재외선거인 등록신청서의 송부는 전산조직을 이용한 전산정보자료의 전송으로 갈음할 수 있다. 이 경우 해당 서류 원본의 보관, 그 밖에 필요한 사항은 중앙선거관리위원회규칙으로 정한다.
<신설 2011.7.28>

第218조의8【재외선거인명부의 작성】 ①중앙선거관리위원회는 재외선거인 등록신청기간 만료일 현재의 최종주소지 또는 등록기준지를 기준으로 선거일 전 49일부터 선거일 전 40일까지 10일간 재외투표관리관이 송부한 재외선거인 등록신청서에 따라 재외선거인명부를 작성한다. 이 경우 같은 사람이 2 이상의 재외선거인 등록신청을 한 사실이 발견된 때에는 그 중 가장 나중에 접수된 재외선거인 등록신청서에 따라 재외선거인명부를 작성한다.
<개정 2011.7.28>
②거짓으로 재외선거인 등록을 신청한 사람이나 자신의 의사에 따라 신청한 것으로 인정되지 아니하는 사람은 재외선거인명부에 올릴 수 없다.
③다음 각 호의 어느 하나에 해당하는 정보를 관리하는 기관의 장은 중앙선거관리위원회가 재외선거인명부를 작성하기 위하여 필요한 범위에서 해당 정보에 대하여 전산조직으로 조회할 수 있도록 필요한 조치를 하여야 한다.

1. 「주민등록법」 제30조에 따른 주민등록에 관한 정보
2. 「가족관계의 등록 등에 관한 법률」 제11조에 따른 가족관계 등록에 관한 정보
3. 제18조제1항제1호에 해당하는 금치산자에 관한 정보. 이 경우 행정안전부장관은 해당 정보를 관리하는 구·시·읍·면의 장으로부터 통보받은 자료를 데이터베이스로 구축하여 손쉽게 활용할 수 있도록 하여야 한다.
4. 제18조제1항제2호부터 제4호까지의 규정에 해당하는 사람에 관한 정보

④중앙선거관리위원회는 재외선거인 등록을 신청한 사람이 정당한 신청인인지를 확인하기 위하여 관계 행정기관에 필요한 지시를 할 수 있다.
[본조신설 2009.2.12]
⑤국가는 재외선거인명부의 정확한 작성을 위하여 필요한 제도적·재정적 조치를 하여야 한다. <신설 2011.7.28>

第218조의9【국외부재자신고인명부의

작성】 ①구·시·군의 장은 국외부재자 신고기간만료일 현재의 주소지 또는 국내거소신고지를 기준으로 선거일 전 49일부터 선거일 전 40일까지 10일간(이하 이 장에서 "국외부재자신고인명부 작성기간"이라 한다) 중앙선거관리위원회가 송부한 국외부재자신고서와 해당 구·시·군의 장이 직접 접수한 국외부재자신고서에 따라 국외부재자신고인명부를 작성한다. 이 경우 같은 사람이 2 이상의 국외부재자신고를 한 사실이 발견된 때에는 그 중 가장 나중에 접수된 국외부재자신고서에 따라 국외부재자신고인명부를 작성한다.
<개정 2011.7.28>

②거짓으로 국외부재자 신고를 한 사람이나 자신의 의사에 따라 신고한 것으로 인정되지 아니하는 사람은 국외부재자신고인명부에 올릴 수 없다.

③국외부재자신고인명부 작성의 감독 등에 관하여는 제39조를 준용한다. 이 경우 "선거인명부"는 "국외부재자신고인명부"로, "선거인명부작성기간"은 "국외부재자신고인명부 작성기간"으로 본다.

[본조신설 2009.2.12]

제218조의10 【재외선거인명부등의 열람】 ①중앙선거관리위원회와 구·시·군의 장(이하 이 장에서 "명부작성권자"라 한다)은 재외선거인명부 및 국외부재자신고인명부(이하 "재외선거인명부등"이라 한다)의 작성기간 만료일의 다음 날부터 5일간(이하 이 장에서 "재외선거인명부등의 열람기간"이라 한다) 장소를 정하여 재외선거인명부등을 열람할 수 있도록 하여야 한다. 다만, 재외선거인명부는 인터넷 홈페이지에서의 열람에 한한다.

②선거권자는 누구든지 재외선거인명부등의 열람기간 중 자유로이 재외선거인명부등을 열람할 수 있다.

③명부작성권자는 재외선거인명부등의 열람기간 동안 자신이 개설·운영하는 인터넷 홈페이지에서 국외부재자 신고를 한 사람이나 재외선거인등록을 신청한 사람이 자신의 정보에 한하여 재외선거인명부등을 열람할 수 있도록 하는 기술적 조치를 하여야 한다.

[본조신설 2009.2.12]

④행정안전부장관은 명부작성권자의 협조를 받아 재외선거인 및 국외부재자신고인(이하 "재외선거인등"이라 한다)이 재외선거인명부등의 열람기간 동안 행정안전부가 개설·운영하는 인터넷 홈페이지에서 자신이 재외선거인명부등에 올라 있는지 여부를 확인할 수 있도록 기술적 조치를 하여야 한다. <신설 2011.7.28>

⑤재외투표관리관은 재외선거인명부등의 열람기간 동안 중앙선거관리위원회가 전송하는 재외선거인명부등을 이용하여 재외선거인등이 재외선거인명부등에 올라 있는지 여부를 확인할 수 있도록 하여야 한다.
<신설 2011.7.28>

⑥재외선거인명부등의 사본은 교부하지 아니한다. <신설 2011.7.28>

제218조의11 【재외선거인명부등에 대한 이의 및 불복신청 등】 ①선거권자는 재외선거인명부등의 열람기간 중 재외선거인명부등에 정당한 선거권자가 빠져 있거나 잘못 써진 내용이 있거나 자격이 없는 사람이 올라 있으면 말 또는 서면으로 명부작성권자에게 이의를 신청할 수 있고, 해당 명부작성권자는 그 신청이 있는 날의 다음 날까지 심사·결정하여야 한다.

②제1항의 이의신청에 따른 구·시·군의 장의 결정에 대하여 불복이 있는 이의신청인이나 관계인은 그 통지를 받은 날의 다음 날까지 관할 구·시·군선거관리위원회에 서면으로 불복을 신청할 수 있다.

③제1항에 따른 이의신청기간 만료일

의 다음 날부터 재외선거인명부등의 확정일 전일까지 명부작성권자의 착오나 그 밖의 사유로 재외선거인 등록신청 또는 국외부재자 신고를 한 사람 중 정당한 선거권자가 재외선거인명부등에 빠진 것이 발견된 경우 해당 선거권자는 명부작성권자에게 소명자료를 붙여 서면으로 등재신청을 할 수 있다.
④이의신청·불복신청 또는 재외선거인명부등 등재신청에 대한 결정 내용의 통지는 명부작성권자가 개설·운영하는 인터넷 홈페이지에 게시하거나 전자우편을 전송하는 방법으로 갈음할 수 있다.
⑤명부작성권자가 재외선거인명부등의 확정일 전일까지 같은 사람이 재외선거인명부와 국외부재자신고인명부에 각각 올라 있는 사실을 발견한 때에는 그 중 나중에 접수된 재외선거인 등록신청서 또는 국외부재자신고서에 따라 재외선거인명부 또는 국외부재자신고인명부 중 어느 하나에 올려야 한다. <신설 2011.7.28>
[본조신설 2009.2.12]

제218조의12【대통령의 궐위선거 및 재선거에서 기간 등의 단축】 제218조의4부터 제218조의11까지의 규정에도 불구하고 대통령의 궐위로 인한 선거 또는 재선거를 실시하는 경우에 재외선거인 등록신청기간과 국외부재자 신고기간 등은 다음 각 호에 따른다. 이 경우 재외선거인명부등에 대한 열람과 이의신청을 위한 기간은 따로 두지 아니한다.

1. 재외선거인 등록신청기간 및 국외부재자 신고기간
   선거의 실시사유가 확정된 때부터 선거일 전 40일까지
2. 재외선거인명부등의 작성기간
   선거일 전 34일부터 선거일 전 30일까지

[본조신설 2009.2.12]

제218조의13【재외선거인명부등의 확정과 송부】 ①재외선거인명부등은 선거일 전 30일에 확정되며, 해당 선거에 한하여 효력을 가진다.
②명부작성권자는 재외선거인명부등이 확정되면 즉시 그 명부 사본 1부(전산자료 복사본을 포함한다)를 관할 구·시·군선거관리위원회에 보내야 한다. 이 경우 구·시·군의 장은 국외부재자 신고서(제218조의7제3항에 따라 전산정보자료로 전송받은 경우에는 그 전산정보자료 복사본을 포함한다)를 함께 보내야 한다. <개정 2011.7.28>
③중앙선거관리위원회는 제218조의18제3항 또는 제4항에 따라 투표용지를 작성·교부하는 경우에는 제1항에 따라 확정된 재외선거인명부등을 하나로 합하여 재외선거관리위원회에 송부하여야 하며, 그 절차와 방법, 그 밖에 필요한 사항은 중앙선거관리위원회규칙으로 정한다. <신설 2011.7.28>
④누구든지 재외선거인등이 투표한 후에는 그 재외선거인등의 해당 선거의 선거권 유무에 대하여 대한민국 국민이 아니라는 이유로 법적·행정적 이의를 제기할 수 없다. <신설 2011.7.28>
[본조신설 2009.2.12]

제218조의14【국외선거운동 방법에 관한 특례】 ①재외선거권자(재외선거인명부등에 올라 있거나 오를 자격이 있는 사람을 말한다. 이하 같다)를 대상으로 하는 선거운동은 다음 각 호에서 정한 방법으로만 할 수 있다. <개정 2010.1.25, 2011.7.28>

1. 제59조제3호에 따른 인터넷 홈페이지를 이용한 선거운동
2. 위성방송시설(「방송법」에 따른 방송사업자가 관리·운영하는 국외송출이 가능한 국내의 방송시

설을 말한다. 이하 이 장에서 같다)을 이용한 제70조에 따른 방송광고
3. 위성방송시설을 이용한 제71조에 따른 방송연설
4. 제82조의4에 따른 정보통신망을 이용한 선거운동
5. 제82조의7에 따른 인터넷광고
6. 전화를 이용하거나 말로 하는 선거운동

②제1항제2호에 따른 방송광고의 횟수는 다음 각 호에 따른다.
1. 대통령선거
   텔레비전 및 라디오 방송시설별로 각 10회 이내
2. 비례대표국회의원선거
   텔레비전 및 라디오 방송시설별로 각 5회 이내

③제1항제3호에 따른 방송연설의 횟수는 다음 각 호에 따른다.
1. 대통령선거
   후보자와 그가 지명한 연설원이 각각 텔레비전 및 라디오 방송시설별로 각 5회 이내
2. 비례대표국회의원선거
   정당별로 정당의 대표자가 선임한 2명이 각각 텔레비전 및 라디오 방송시설별로 각 1회

④중앙선거관리위원회는 대통령선거 및 임기만료에 따른 비례대표국회의원선거에서 정당·후보자에 대한 정보를 재외선거인등에게 알리기 위하여 중앙선거관리위원회규칙으로 정하는 바에 따라 정당·후보자 정보자료를 작성하여 다음 각 호에 따른 방법으로 재외선거인등에게 제공하여야 한다. <개정 2011.7.28>
1. 공관 게시판 게시
2. 중앙선거관리위원회, 외교통상부 및 공관의 인터넷 홈페이지 게시
3. 전자우편 전송(수신을 원하는 재외선거인등에 한한다)

⑤방송시설을 관리 또는 운영하는 자는 자신의 부담으로 제82조의2제1항에 따른 대담·토론회와 제82조의3에 따른 정책토론회를 중계방송할 수 있다.

⑥다음 각 호의 어느 하나에 해당하는 단체의 상근 임직원 및 이들 단체의 대표자는 재외선거권자를 대상으로 선거운동을 할 수 없다.
<신설 2010.1.25>
1. 「한국국제협력단법」에 따라 설립된 한국국제협력단
2. 「한국국제교류재단법」에 따라 설립된 한국국제교류재단
3. 「재외동포재단법」에 따라 설립된 재외동포재단

⑦제87조제1항에도 불구하고 단체(그 대표자와 임직원 또는 구성원을 포함한다)는 그 단체의 명의 또는 그 대표의 명의로 재외선거권자를 대상으로 선거운동을 할 수 없다.
<신설 2010.1.25>
[본조신설 2009.2.12]

제218조의15 【선거비용에 대한 특례】
제119조제1항에도 불구하고 재외선거권자를 대상으로 하는 선거운동을 위하여 국외에서 지출한 비용은 선거비용으로 보지 아니한다.
[본조신설 2009.2.12]

제218조의16 【재외선거의 투표방법】
①재외선거의 투표는 재외선거인등이 재외투표소에 가서 대통령선거와 지역구국회의원선거에서는 후보자의 성명이나 기호 또는 소속 정당의 명칭을, 비례대표국회의원선거에서는 정당의 명칭이나 그 기호를 한글 또는 아라비아숫자로 투표용지에 직접 적는 방법으로 한다. 다만, 제218조의18제3항 또는 제4항(대통령선거에 한한다)에 따라 투표용지를 작성·교부하는 경우에는 제159조 본문에 따른 기표에 의한 방법으로 투표한다.

<개정 2011.7.28>
② 재외투표는 선거일 오후 6시(대통령의 궐위로 인한 선거 또는 재선거는 오후 8시를 말한다)까지 관할 구·시·군선거관리위원회에 도착되어야 한다. <개정 2011.7.28>
③재외선거인등이 투표용지를 가지고 귀국한 경우에는 제148조 또는 제149조에 따른 부재자투표소에서 투표할 수 있다.
[본조신설 2009.2.12]

제218조의17 【재외투표소의 설치·운영】 ①재외선거관리위원회는 선거일 전 14일부터 선거일 전 9일까지의 기간 중 6일 이내의 기간(이하 이 장에서 "재외투표기간"이라 한다)을 정하여 공관에 재외투표소를 설치·운영하여야 한다.
②재외선거관리위원회는 제1항에도 불구하고 공관의 협소 등의 사유로 부득이 공관에 재외투표소를 설치할 수 없는 경우에는 공관의 대체시설에 재외투표소를 설치할 수 있다.
③재외선거관리위원회는 선거일 전 20일까지 제1항에 따른 재외투표소의 명칭·소재지와 운영기간 등을 인터넷 홈페이지 등에 공고하여야 한다.
④재외선거관리위원회는 공정하고 중립적인 사람 중에서 재외투표소에 투표사무원을 두되, 재외투표소의 명칭 등을 공고하는 때에 그 성명을 함께 공고하여야 한다.
⑤재외선거관리위원회가 재외투표를 관리하는 때에는 그 위원 중 3명 이상의 위원을 지정하여 관리하게 할 수 있다. 이 경우 재외선거관리위원회는 정당추천위원이 아닌 위원 중에서 책임위원 1명을 지명하여야 한다.
⑥재외투표소는 재외투표기간 중 공휴일에도 불구하고 매일 오전 8시에 열고 오후 5시에 닫는다.
<개정 2011.9.30>
⑦제163조·제166조·제166조의2 및 제167조(제2항 단서는 제외한다)는 재외투표소에 준용한다. 이 경우 "읍·면·동선거관리위원회 및 그 상급선거관리위원회"는 "중앙선거관리위원회 및 재외선거관리위원회"로, "투표소"는 "재외투표소"로, "투표관리관"은 "재외투표소의 책임위원"으로, "선거일에"는 "재외투표소 안에서"로 본다. <개정 2010.1.25, 2011.7.28>
[본조신설 2009.2.12]

제218조의18 【투표용지 작성 및 송부】 ①구·시·군선거관리위원회는 투표용지를 작성하여 선거일 전 25일까지 재외선거인명부등에 올라 있는 재외선거인등에게 해당 투표용지·재외선거안내문 및 회송용 봉투를 배달확인이 가능한 국제 특급우편으로 발송하여야 한다. 이 경우 우편요금은 국가가 부담한다.
②임기만료에 따른 국회의원선거를 실시하는 경우 구·시·군선거관리위원회가 제1항에 따라 재외선거인명부에 올라 있는 재외선거인과 국내거소신고가 되어 있는 국외부재자신고인에게 투표용지를 발송하는 때에는 지역구국회의원선거의 투표용지는 보내지 아니한다. <개정 2011.11.7>
③제1항에도 불구하고 중앙선거관리위원회는 그 의결로 재외투표소의 책임위원으로 하여금 재외투표소에서 기계장치를 이용하여 투표용지를 작성·교부하게 할 수 있다.
<신설 2011.7.28>
④재외투표소의 책임위원은 기계장치의 장애 등으로 인하여 제3항에 따른 방법으로 투표용지를 작성·교부할 수 없는 때에는 중앙선거관리위원회가 전산조직으로 송부한 투표용지원고를 이용하여 투표용지를 작성·교부한다.
<신설 2011.7.28>
⑤ 제3항 또는 제4항에 따른 투표용지 작성방법, 재외선거인등에 대한 투표

안내, 그 밖에 필요한 사항은 중앙선거관리위원회규칙으로 정한다. <신설 2011.7.28>
[본조신설 2009.2.12]

제218조의19【재외선거의 투표 절차】 ①재외선거인등은 재외투표소에 가서 재외선거관리위원회위원과 투표참관인 앞에서 구·시·군선거관리위원회로부터 받은 투표용지, 발송용 봉투, 회송용 봉투와 신분증명서(여권·주민등록증·공무원증·운전면허증 등 사진이 첩부되어 본인임을 확인할 수 있는 대한민국의 관공서나 공공기관이 발행한 증명서 또는 사진이 첩부되고 성명과 생년월일이 기재되어 본인임을 확인할 수 있는 거류국의 정부가 발행한 증명서를 말한다)를 제시하여 본인임을 확인받은 다음 기표소에 들어가 후보자의 성명(대통령선거와 지역구국회의원선거에 한한다)이나 정당의 명칭 또는 기호를 적은 다음 이를 회송용 봉투에 넣어 봉함(封緘)하고 투표참관인의 앞에서 투표함에 넣어야 한다. <개정 2011.7.28>
②재외투표소에서 투표하기 전에 후보자의 성명이나 정당의 명칭 또는 기호를 미리 적어온 투표용지는 무효로 한다.
③제1항에도 불구하고 제218조의18제3항 또는 제4항에 따라 투표용지를 작성·교부하는 경우 재외투표소의 책임위원은 제218조의13제3항에 따라 송부받은 재외선거인명부등을 이용하여 재외선거인등이 본인임을 확인하고 투표용지와 회송용봉투를 교부하여야 한다. <신설 2011.7.28>
④제3항에 따른 투표용지 교부, 투표절차와 방법, 그 밖에 필요한 사항은 중앙선거관리위원회규칙으로 정한다. <신설 2011.7.28>
[본조신설 2009.2.12]

제218조의20【재외투표소의 투표참관】 ①재외투표소의 책임위원은 투표참관인이 투표상황을 참관할 수 있도록 하여야 한다.
②대통령선거의 경우 후보자(정당추천후보자의 경우에는 후보자를 추천한 정당을 말한다)가, 국회의원선거의 경우 「정치자금법」 제27조에 따라 보조금의 배분 대상이 되는 정당이 선거일 전 17일까지 재외선거관리위원회에 재외투표소별로 재외선거인등 중 2명을 투표참관인으로 신고할 수 있다.
③제2항에 따라 신고한 투표참관인은 언제든지 교체할 수 있으며, 재외투표기간에는 그 재외투표소에서 교체신고를 할 수 있다.
④제2항에 따른 투표참관인의 선정이 없거나 한 후보자 또는 한 정당이 선정한 투표참관인밖에 없는 경우에는 재외선거관리위원회가 재외선거인등 중 2명을 본인의 승낙을 얻어 투표참관인으로 선정한다. <개정 2011.7.28>
⑤제4항에 따라 선정된 투표참관인은 정당한 사유 없이 참관을 거부하거나 그 직을 사임할 수 없다.
⑥재외투표소의 책임위원은 원활한 투표관리를 위하여 필요한 때에는 투표참관인을 교대로 참관하게 할 수 있다. 이 경우 정당·후보자별로 투표참관인 수의 2분의 1씩 교대하여 참관하게 하여야 한다. <신설 2011.7.28>
[본조신설 2009.2.12]

제218조의21【재외투표의 회송】 ①재외투표소의 책임위원은 매일의 재외투표 마감 후 투표참관인의 참관 아래 투표함을 열고 투표자수를 계산한 다음 재외투표를 포장·봉인(封印)하여 재외투표관리관에게 인계하여야 한다.
②재외투표관리관은 제1항에 따른 재외투표를 재외투표기간 만료일 후 지체 없이 국내로 회송하고, 외교통상부장관은 외교행낭의 봉함·봉인 상태를

확인한 후 중앙선거관리위원회에 보내야 한다. 이 경우 재외투표의 수가 많은 때에는 재외투표기간 중 그 일부를 먼저 보낼 수 있다.
<개정 2011.7.28>
③중앙선거관리위원회는 제2항에 따라 인수한 재외투표를 관할 구·시·군선거관리위원회에 등기우편으로 보내야 한다.
④제2항에 따른 재외투표의 국내 회송 방법, 그 밖에 필요한 사항은 중앙선거관리위원회규칙으로 정한다.
<신설 2011.7.28>
[본조신설 2009.2.12]

제218조의22 【재외투표소투표록 등의 작성·송부】 ①재외투표소의 책임위원은 재외투표소에 재외투표소투표록을 비치하고 매일의 투표자 수, 재외투표관리관에 대한 재외투표의 인계, 그 밖에 재외투표소의 투표관리에 관한 사항을 기록하여야 한다.
②재외투표소의 책임위원은 재외투표소의 투표가 모두 끝난 때에는 투표함과 그 열쇠, 재외투표소투표록, 그 밖에 재외투표소의 투표에 관한 모든 서류를 재외투표관리관에게 인계하여야 한다.
③재외투표관리관은 재외선거관리록을 비치하고 재외선거인 등록신청과 국외부재자 신고의 접수 및 처리, 재외투표소 설치·운영, 그 밖에 재외선거 및 국외부재자투표의 관리에 관한 사항을 적어야 한다.
④재외투표관리관이 제218조의21제2항 전단에 따라 재외투표를 중앙선거관리위원회에 보내는 때에는 재외투표소투표록을 함께 보내야 한다.
[본조신설 2009.2.12]

제218조의23 【재외투표의 접수】
①구·시·군선거관리위원회는 선거일 전 10일부터 재외투표의 투입과 보관을 위하여 국외부재자 투표함과 재외선거인 투표함(이하 이 조와 제218조의24에서 "재외투표함"이라 한다)을 각각 갖추어 놓아야 한다.
②구·시·군선거관리위원회가 접수한 재외투표는 정당추천위원의 참여하에 재외투표함에 넣어야 한다.
[본조신설 2009.2.12]

제218조의24 【재외투표의 개표】
①재외투표는 구·시·군선거관리위원회가 개표한다.
②재외투표함은 개표참관인의 참관 아래 선거일 오후 6시(대통령의 궐위로 인한 선거 또는 재선거는 오후 8시를 말한다. 이하 이 조에서 같다) 후에 개표소로 옮겨서 다른 투표함의 투표지와 별도로 먼저 개표할 수 있다.
<개정 2011.7.28>
③제1항에도 불구하고 중앙선거관리위원회는 천재지변 또는 전쟁·폭동, 그 밖에 부득이한 사유로 재외투표가 선거일 오후 6시까지 관할 구·시·군선거관리위원회에 도착할 수 없다고 인정하는 때에는 해당 재외선거관리위원회로 하여금 재외투표를 보관하였다가 개표하게 할 수 있다.
<신설 2011.7.28>
④재외선거관리위원회가 제3항에 따라 개표하는 때에는 선거일 오후 6시 이후에 개표참관인의 참관 아래 공관에서 개표하고, 그 결과를 중앙선거관리위원회에 보고하며, 중앙선거관리위원회는 관할 선거구선거관리위원회에 그 결과를 통지한다. <신설 2011.7.28>
⑤제3항에 따라 개표하는 경우 개표참관인 선정·신고 등에 관하여는 제218조의20제2항부터 제5항까지를 준용한다. 이 경우 "투표참관인"은 "개표참관인"으로, "선거일 전 17일"은 "선거일 전 3일"로, "재외투표기간에는 그 재외투표소에서"는 "개표일에는 개표소에서"로 본다. <신설 2011.7.28>

⑥재외선거관리위원회가 재외투표를 개표하는 경우 재외투표의 보관, 개표의 진행 및 절차, 개표결과의 보고·통지, 그 밖에 필요한 사항은 중앙선거관리위원회규칙으로 정한다.
<신설 2011.7.28>
[본조신설 2009.2.12]

제218조의25 【무효투표】 ①다음 각 호의 어느 하나에 해당하는 재외투표는 무효로 한다. <개정 2011.7.28>

1. 정규의 투표용지를 사용하지 아니한 것
2. 정규의 회송용 봉투를 사용하지 아니한 것
3. 회송용 봉투가 봉함되지 아니한 것
4. 어느 정당 또는 후보자에게 투표하였는지 알 수 없는 것
5. 재외투표소에서 투표하지 아니한 것(제218조의16제3항에 따라 부재자투표소에서 투표한 것은 제외한다)
6. 대통령선거와 지역구국회의원선거에서는 후보자의 성명이나 기호 또는 정당의 명칭을, 비례대표국회의원선거에서는 정당의 명칭이나 그 기호를 모두 한글 또는 아라비아숫자가 아닌 그 밖의 문자로 적은 것[한글 또는 아라비아숫자와 그 밖의 문자를 병기(倂記)한 것은 한글 또는 아라비아숫자로 적은 것으로 본다]

②비례대표국회의원선거에서 후보자의 성명을 적은 재외투표(정당의 명칭 또는 그 기호를 함께 적은 것을 포함한다)는 무효로 한다. <개정 2011.7.28>
③같은 선거에서 한 사람이 2회 이상 투표를 한 경우 해당 선거에서 본인이 한 재외투표는 모두 무효로 한다.
<신설 2011.7.28>
④다음 각 호의 어느 하나에 해당하는 재외투표는 무효로 하지 아니한다.
<개정 2011.7.28>

1. 같은 정당의 명칭이나 기호 또는 후보자의 성명을 2회 이상 적은 것
2. 성명·기호 또는 정당의 명칭이 일부 틀리게 적혀 있으나 어느 정당 또는 후보자에게 투표하였는지 명확한 것
3. 회송용 봉투에 성명·거소가 적혀 있거나 사인이 날인된 것
4. 재외선거인등이 투표 후 선거일의 투표개시 전에 사망한 경우 그 재외선거인등의 투표

[본조신설 2009.2.12]

제218조의26 【국외선거범에 대한 공소시효 등】 ①제268조제1항 본문에도 불구하고 국외에서 범한 이 법에 규정된 죄의 공소시효는 해당 선거일 후 5년을 경과함으로써 완성한다. <개정 2011.7.28>
②국외에서 이 법에 규정된 죄를 범한 자로서 「형사소송법」에 따라 법원의 관할을 특정할 수 없는 자의 제1심 재판 관할은 서울중앙지방법원으로 한다. <신설 2011.7.28>
[본조신설 2009.2.12]
[제목개정 2011.7.28]

제218조의27 【재외선거의 공정성 확보 의무】 ①중앙선거관리위원회와 재외투표관리관은 재외선거인 등록신청, 재외투표의 방법, 그 밖에 재외선거인의 선거권 행사를 위한 사항을 홍보하는 등 재외선거인의 투표참여와 재외선거의 공정성을 확보하기 위하여 노력하여야 한다.
②중앙선거관리위원회는 재외선거인이 전화 또는 인터넷을 통하여 후보자를 추천한 정당의 명칭, 후보자의 성명, 기호 및 선거공약 등을 알 수 있도록 필요한 조치를 하여야 한다.
③중앙선거관리위원회는 외국의 선거·

정당·정치자금제도와 그 운영현황, 정당 발전방안 등에 관한 조사·연구를 추진하여 재외선거제도의 개선과 정치발전을 위하여 필요한 노력을 하여야 한다.
[본조신설 2009.2.12]

제218조의28 【재외선거사무의 지원】 ①중앙선거관리위원회, 법무부, 경찰청 등은 재외선거관리위원회 또는 재외투표관리관이 행하는 재외선거사무를 지원하고 위법행위 예방 및 자료수집 등을 위하여 필요한 경우에는 공관에 소속 직원을 파견할 수 있다.
②제1항에 따라 공관에 파견된 중앙선거관리위원회 소속 직원이 제272조의2 또는 「정치자금법」 제52조에 따라 조사를 하는 경우에는 다른 법령에도 불구하고 중앙선거관리위원회의 지휘·감독을 받는다. 다만, 조사에 착수하는 때에는 조사와 관련하여 공관의 장과 협의하여야 한다.
[전문개정 2011.9.30]

제218조의29 【준용규정 등】 ①중앙선거관리위원회는 천재지변 또는 전쟁·폭동, 그 밖에 부득이한 사유로 해당 공관 관할구역에서 재외선거를 실시할 수 없다고 인정하는 때에는 해당 공관에 재외선거관리위원회를 설치하지 아니하거나 설치·운영 중인 재외선거관리위원회 및 재외투표관리관의 재외선거사무를 중지할 것을 결정할 수 있다.
②제1항에 따른 재외선거사무 중지결정에 따라 재외투표기간 중에 투표를 마치지 못한 경우에도 재외투표기간이 지난 후에는 다시 투표를 실시하지 아니한다. 이 경우 재외투표관리관은 이미 실시된 재외투표를 제218조의21제2항에 따라 국내로 회송하여야 한다.
③중앙선거관리위원회는 제1항에 따른 결정 후 재외투표기간 전에 사정 변경으로 재외선거를 실시할 수 있다고 인정하는 때에는 지체 없이 재외선거관리위원회를 설치하거나 재외선거사무가 중지된 해당 재외선거관리위원회 및 재외투표관리관으로 하여금 재외선거사무를 재개하도록 하여야 하고, 이 경우 처리기한이 경과된 재외선거사무는 이 법에 따라 처리한 것으로 본다. 다만, 재외선거관리위원회는 제218조의17에 따른 기한이 경과된 경우라도 지체 없이 재외투표소의 명칭·소재지와 운영기간 등을 공고하여야 한다.
[본조신설 2011.7.28]
[종전 제218조의29는 제218조의30으로 이동 <2011.7.28>]

제218조의30 【준용규정 등】 ①재외선거에 관하여 이 장에 정한 것을 제외하고는 그 성질에 반하지 아니하는 범위에서 이 법의 다른 규정을 준용한다.
②이 장에서 날짜로 정한 기간을 계산하는 때에는 대한민국 표준시를 기준으로 한다.
[본조신설 2009.2.12]
[제218조의29에서 이동 , 종전 제218조의30은 제218조의31로 이동 <2011.7.28>]

제218조의31 【시행세칙】 국외부재자투표와 재외선거의 실시를 위하여 필요한 사항은 중앙선거관리위원회규칙으로 정한다.
[본조신설 2009.2.12]
[제218조의30에서 이동 <2011.7.28>]

제15장 선거에 관한 쟁송

제219조 【선거소청】 ①지방의회의원 및 지방자치단체의 장의 선거에 있어서 선거의 효력에 관하여 이의가 있는 선거인·정당(후보자를 추천한 정당

에 한한다. 이하 이 조에서 같다) 또는 후보자는 선거일부터 14일 이내에 당해 선거구선거관리위원회위원장을 피소청인으로 하여 지역구시·도의원선거, 자치구·시·군의원선거 및 자치구·시·군의 장 선거에 있어서는 시·도선거관리위원회에, 비례대표시·도의원선거 및 시·도지사선거에 있어서는 중앙선거관리위원회에 소청할 수 있다.
<개정 2002.3.7>

②지방의회의원 및 지방자치단체의 장의 선거에 있어서 당선의 효력에 관하여 이의가 있는 정당 또는 후보자는 당선인결정일부터 14일 이내에 제52조제1항부터 제3항까지 또는 제192조제1항부터 제3항까지의 사유에 해당함을 이유로 하는 때에는 당선인을, 제190조(지역구지방의회의원당선인의 결정·공고·통지) 내지 제191조(지방자치단체의 장의 당선인의 결정·공고·통지)의 규정에 의한 결정의 위법을 이유로 하는 때에는 당해 선거구선거관리위원회위원장을 각각 피소청인으로 하여 지역구시·도의원선거, 자치구·시·군의원선거 및 자치구 ·시·군의 장 선거에 있어서는 시·도선거관리위원회에, 비례대표시·도의원선거와 시·도지사선거에 있어서는 중앙선거관리위원회에 소청할 수 있다. <개정 2002.3.7, 2005.8.4, 2010.1.25, 2010.3.12>

③제1항 및 제2항의 규정에 의하여 피소청인으로 될 당해 선거구선거관리위원회위원장이 궐위된 때에는 당해 선거구선거관리위원회위원 전원을 피소청인으로 한다.

④제2항의 규정에 의하여 피소청인으로 될 당선인이 사퇴 또는 사망하거나 제192조제2항의 규정에 의하여 당선의 효력이 상실되거나 같은조제3항의 규정에 의하여 당선이 무효로 된 때에는 당해 선거구선거관리위원회위원장을, 당해 선거구선거관리위원회위원장이 궐위된 때에는 당해 선거구선거관리위원회위원 전원을 피소청인으로 한다.

⑤제1항 및 제2항에 따른 소청은 서면으로 하여야 하되, 다음 각 호의 사항을 기재한 후 기명하고 날인하여야 한다. 이 경우 소청장에는 당사자수에 해당하는 부본을 첨부하여야 한다.
<개정 2011.7.28>

1. 소청인의 성명과 주소
2. 피소청인의 성명과 주소
3. 소청의 취지 및 이유
4. 소청의 대상이 되는 처분의 내용
5. 대리인 또는 선정대표자가 있는 경우에는 그 성명과 주소

⑥제5항의 규정에 의한 소청장을 접수한 중앙선거관리위원회 또는 시·도선거관리위원회는 지체없이 소청장 부본을 당사자에게 송달하여야 한다.

⑦제6항의 규정에 의하여 소청장 부본을 송달받은 피소청인은 중앙선거관리위원회 또는 시·도선거관리위원회가 지정한 기일까지 답변서를 제출하여야 한다. 이 경우 당사자수에 상응하는 부본을 첨부하여야 하며, 답변서를 접수한 중앙선거관리위원회 또는 시·도선거관리위원회는 그 부본을 당사자에게 송달하여야 한다.
[제목개정 2011.7.28]

제220조【소청에 대한 결정】 ①제219조(선거소청)제1항 또는 같은조제2항의 소청을 접수한 중앙선거관리위원회 또는 시·도선거관리위원회는 소청을 접수한 날부터 60일 이내에 그 소청에 대한 결정을 하여야 한다.

②제1항의 결정은 다음 각 호의 사항을 기재한 서면으로 하여야 하며, 결정에 참여한 위원이 기명하고 서명 또는 날인하여야 한다.
<개정 2011.7.28>

1. 사건번호와 사건명
2. 당사자·참가인 및 대리인의 성명과 주소
3. 주문

4. 소청의 취지
5. 이유
6. 결정한 날짜

③중앙선거관리위원회 또는 시·도선거관리위원회는 지체없이 제2항의 결정서의 정본을 소청인·피소청인 및 참가인에게 송달하여야 하며, 그 결정요지를 공고하여야 한다.

④소청의 결정은 소청인에게 제3항의 규정에 의한 송달이 있는 때에 그 효력이 생긴다.

[제목개정 2011.7.28]

제221조【「행정심판법」의 준용】

①선거소청에 관하여는 이 법에 규정된 것을 제외하고는 「행정심판법」 제10조(위원의 제척·기피·회피)(이 경우 "위원장"은 "중앙선거관리위원회 또는 시·도선거관리위원회"로 본다), 제15조(선정대표자), 제16조(청구인의 지위 승계)제2항부터 제4항까지(이 경우 "법인"은 "정당"으로 본다), 제17조(피청구인의 적격 및 경정)제2항부터 제6항까지, 제18조(대리인의 선임), 제19조(대표자 등의 자격), 제20조(심판참가), 제21조(심판참가의 요구), 제22조(참가인의 지위), 제29조(청구의 변경), 제30조(집행정지)제1항, 제32조(보정), 제33조(주장의 보충), 제34조(증거서류 등의 제출), 제35조(자료의 제출 요구 등)제1항부터 제3항까지, 제36조(증거조사), 제37조(절차의 병합 또는 분리), 제38조(심리기일의 지정과 변경), 제39조(직권심리), 제40조(심리의 방식), 제41조(발언 내용 등의 비공개), 제42조(심판청구 등의 취하), 제43조(재결의 구분)제1항·제2항, 제51조(행정심판 재청구의 금지), 제55조(증거서류 등의 반환), 제56조(주소 등 송달장소 변경의 신고의무), 제57조(서류의 송달) 및 제61조(권한의 위임)의 규정을 준용하고, 선거소청비용에 관하여는 「민사소송법」을 준용하되, 「행정심판법」을 준용하는 경우 "행정심판"은 "선거소청"으로, "청구인"은 "소청인"으로, "피청구인"은 "피소청인"으로, "심판청구 또는 심판"은 "소청"으로, "심판청구서"는 "소청장"으로, "재결"은 "결정"으로, "재결기간"은 "결정기간"으로, "위원회"는 "중앙선거관리위원회 또는 시·도선거관리위원회"로, "재결서"는 "결정서"로 본다.

<개정 1998.4.30, 2005.8.4, 2008.2.29, 2010.1.25>

②소청에 관하여 기타 필요한 사항은 중앙선거관리위원회규칙으로 정한다.

[제목개정 2005.8.4]

제222조【선거소송】 ①대통령선거 및 국회의원선거에 있어서 선거의 효력에 관하여 이의가 있는 선거인·정당(후보자를 추천한 정당에 한한다) 또는 후보자는 선거일부터 30일 이내에 당해 선거구선거관리위원회위원장을 피고로 하여 대법원에 소를 제기할 수 있다.

②지방의회의원 및 지방자치단체의 장의 선거에 있어서 선거의 효력에 관한 제220조의 결정에 불복이 있는 소청인(당선인을 포함한다)은 해당 소청에 대하여 기각 또는 각하 결정이 있는 경우(제220조제1항의 기간 내에 결정하지 아니한 때를 포함한다)에는 해당 선거구선거관리위원회 위원장을, 인용결정이 있는 경우에는 그 인용결정을 한 선거관리위원회 위원장을 피고로 하여 그 결정서를 받은 날(제220조제1항의 기간 내에 결정하지 아니한 때에는 그 기간이 종료된 날)부터 10일 이내에 비례대표시·도의원선거 및 시·도지사선거에 있어서는 대법원에, 지역구시·도의원선거, 자치구·시·군의원선거 및 자치구·시·군의 장 선거에 있어서는 그 선거구를 관할하는 고등법원에 소를 제기할 수 있다.

<개정 2002.3.7, 2010.1.25>

③제1항 또는 제2항에 따라 피고로 될 위원장이 궐위된 때에는 해당 선거관리위원회 위원 전원을 피고로 한다. <개정 2010.1.25>
④제1항 및 제2항의 규정에 의하여 피고로 될 당선인이 사퇴·사망하거나 제192조제2항의 규정에 의하여 당선의 효력이 상실되거나 같은조제3항의 규정에 의하여 당선이 무효로 된 때에는 대통령선거에 있어서는 법무부장관을, 국회의원선거·지방의회의원 및 지방자치단체의 장의 선거에 있어서는 관할고등검찰청검사장을 피고로 한다.

제223조 【당선소송】 ①대통령선거 및 국회의원선거에 있어서 당선의 효력에 이의가 있는 정당(후보자를 추천한 정당에 한한다) 또는 후보자는 당선인결정일부터 30일이내에 제52조제1항·제3항 또는 제192조제1항부터 제3항까지의 사유에 해당함을 이유로 하는 때에는 당선인을, 제187조(대통령당선인의 결정·공고·통지)제1항·제2항, 제188조(지역구국회의원당선인의 결정·공고·통지)제1항 내지 제4항, 제189조(비례대표국회의원의석의 배분과 당선인의 결정·공고·통지) 또는 제194조(당선인의 재결정과 비례대표국회의원의석 및 비례대표지방의회의원의석의 재배분)제4항의 규정에 의한 결정의 위법을 이유로 하는 때에는 대통령선거에 있어서는 그 당선인을 결정한 중앙선거관리위원회위원장 또는 국회의장을, 국회의원선거에 있어서는 당해 선거구선거관리위원회위원장을 각각 피고로 하여 대법원에 소를 제기할 수 있다. <개정 2000.2.16, 2002.3.7, 2005.8.4, 2010.1.25, 2010.3.12>
②지방의회의원 및 지방자치단체의 장의 선거에 있어서 당선의 효력에 관한 제220조의 결정에 불복이 있는 소청인 또는 당선인인 피소청인(제219조제2항 후단에 따라 선거구선거관리위원회 위원장이 피소청인인 경우에는 당선인을 포함한다)은 해당 소청에 대하여 기각 또는 각하 결정이 있는 경우(제220조제1항의 기간 내에 결정하지 아니한 때를 포함한다)에는 당선인(제219조제2항 후단을 이유로 하는 때에는 관할 선거구선거관리위원회 위원장을 말한다)을, 인용결정이 있는 경우에는 그 인용결정을 한 선거관리위원회 위원장을 피고로 하여 그 결정서를 받은 날(제220조제1항의 기간 내에 결정하지 아니한 때에는 그 기간이 종료된 날)부터 10일 이내에 비례대표시·도의원선거 및 시·도지사선거에 있어서는 대법원에, 지역구시·도의원선거, 자치구·시·군의원선거 및 자치구·시·군의 장 선거에 있어서는 그 선거구를 관할하는 고등법원에 소를 제기할 수 있다. <개정 2002.3.7, 2010.1.25>
③제1항 또는 제2항에 따라 피고로 될 위원장이 궐위된 때에는 해당 선거관리위원회 위원 전원을, 국회의장이 궐위된 때에는 부의장중 1인을 피고로 한다. <개정 2010.1.25>
④제1항 및 제2항의 규정에 의하여 피고로 될 당선인이 사퇴·사망하거나 제192조제2항의 규정에 의하여 당선의 효력이 상실되거나 같은조제3항의 규정에 의하여 당선이 무효로 된 때에는 대통령선거에 있어서는 법무부장관을, 국회의원선거·지방의회의원 및 지방자치단체의 장의 선거에 있어서는 관할고등검찰청검사장을 피고로 한다.

제224조 【선거무효의 판결 등】 소청이나 소장을 접수한 선거관리위원회 또는 대법원이나 고등법원은 선거쟁송에 있어 선거에 관한 규정에 위반된 사실이 있는 때라도 선거의 결과에 영향을 미쳤다고 인정하는 때에 한하여 선거의 전부나 일부의 무효 또는 당선의 무효를 결정하거나 판결한다.

제225조【소송 등의 처리】 선거에 관한 소청이나 소송은 다른 쟁송에 우선하여 신속히 결정 또는 재판하여야 하며, 소송에 있어서는 수소법원은 소가 제기된 날 부터 180일 이내에 처리하여야 한다.

제226조【소송 등에 관한 통지】 ①이 장의 규정에 의하여 소청이 제기된 때 또는 소청이 계속되지 아니하게 되거나 결정된 때에는 중앙선거관리위원회 또는 시·도선거관리위원회는 당해 지방자치단체와 지방의회 및 관할선거구선거관리위원회에 통지하여야 한다.
②이 장의 규정에 의하여 소가 제기된 때 또는 소송이 계속되지 아니하게 되거나 판결이 확정된 때에는 대법원장 또는 고등법원장은 대통령선거 및 국회의원선거에 있어서는 국회와 중앙선거관리위원회 및 관할선거구선거관리위원회에, 지방의회의원 및 지방자치단체의 장의 선거에 있어서는 당해 지방자치단체와 지방의회 및 관할선거구선거관리위원회에 통지하여야 한다.

제227조【「행정소송법」의 준용 등】 선거에 관한 소송에 관하여는 이 법에 규정된 것을 제외하고는 「행정소송법」 제8조(법적용례)제2항 및 제26조(직권심리)의 규정을 준용한다. 다만, 같은 법 제8조제2항에서 준용되는 「민사소송법」 제145조(화해의 권고), 제147조(제출기간의 제한)제2항, 제149조(실기한 공격·방어방법의 각하), 제150조(자백간주)제1항, 제220조(화해, 청구의 포기·인낙조서의 효력), 제225조(결정에 의한 화해권고), 제226조(결정에 대한 이의신청), 제227조(이의신청의 방식), 제228조(이의신청의 취하), 제229조(이의신청권의 포기), 제230조(이의신청의 각하), 제231조(화해권고결정의 효력), 제232조(이의신청에 의한 소송복귀 등), 제284조(변론준비절차의 종결)제1항, 제285조(변론준비기일을 종결한 효과) 및 제288조(불요증사실)의 규정을 제외한다.
<개정 2005.8.4>
[제목개정 2005.8.4]

제228조【증거조사】 ①정당(후보자를 추천한 정당에 한한다) 또는 후보자는 개표완료후에 선거쟁송을 제기하는 때의 증거를 보전하기 위하여 그 구역을 관할하는 지방법원 또는 그 지원에 투표함·투표지 및 투표록 등의 보전신청을 할 수 있다.
②법관은 제1항의 신청이 있는 때에는 현장에 출장하여 조서를 작성하고 적절한 보관방법을 취하여야 한다. 다만, 소청심사에 필요한 경우 중앙선거관리위원회 또는 시·도선거관리위원회는 증거보전신청자의 신청에 의하여 관여법관의 입회하에 증거보전물품에 대한 검증을 할 수 있다.
③제2항의 처분은 제219조(선거소청)의 규정에 의한 소청의 제기가 없거나 제222조(선거소송) 및 제223조(당선소송)의 규정에 의한 소의 제기가 없는 때에는 그 효력을 상실한다.
④선거에 관한 소송에 있어서는 대법원 및 고등법원은 고등법원·지방법원 또는 그 지원에 증거조사를 촉탁할 수 있다.

제229조【인지첩부에 관한 특례】 선거에 관한 소송에 있어서는 「민사소송 등 인지법」의 규정에 불구하고 소송서류에 첩부하여야 할 인지는 「민사소송 등 인지법」에 규정된 금액의 10배로 한다. <개정 2005.8.4>

제16장 벌칙

제230조【매수 및 이해유도죄】 ①다음 각 호의 어느 하나에 해당하는 자는 5년 이하의 징역 또는 1천만원

이하의 벌금에 처한다.
<개정 1997.1.13, 1997.11.14, 2000.2.16, 2004.3.12, 2009.2.12, 2010.1.25, 2011.7.28>

1. 투표를 하게 하거나 하지 아니하게 하거나 당선되거나 되게 하거나 되지 못하게 할 목적으로 선거인(선거인명부 또는 재외선거인명부등을 작성하기 전에는 그 선거인명부 또는 재외선거인명부등에 오를 자격이 있는 사람을 포함한다. 이하 이 장에서 같다) 또는 다른 정당이나 후보자(예비후보자를 포함한다)의 선거사무장·선거연락소장·선거사무원·회계책임자·연설원(제79조제1항·제2항에 따라 연설·대담을 하는 사람과 제81조제1항·제82조제1항 또는 제82조의2제1항·제2항에 따라 대담·토론을 하는 사람을 포함한다. 이하 이 장에서 같다) 또는 참관인(투표참관인·부재자투표참관인과 개표참관인을 말한다. 이하 이 장에서 같다)에게 금전·물품·차마·향응 그 밖에 재산상의 이익이나 공사의 직을 제공하거나 그 제공의 의사를 표시하거나 그 제공을 약속한 자
2. 선거운동에 이용할 목적으로 학교, 그 밖에 공공기관·사회단체·종교단체·노동단체·청년단체·여성단체·노인단체·재향군인단체·씨족단체 등의 기관·단체·시설에 금전·물품 등 재산상의 이익을 제공하거나 그 제공의 의사를 표시하거나 그 제공을 약속한 자
3. 선거운동에 이용할 목적으로 야유회·동창회·친목회·향우회·계모임 기타의 선거구민의 모임이나 행사에 금전·물품·음식물 기타 재산상의 이익을 제공하거나 그 제공의 의사를 표시하거나 그 제공을 약속한 자
4. 제135조(선거사무관계자에 대한 수당과 실비보상)제3항의 규정에 위반하여 수당·실비 기타 자원봉사에 대한 보상 등 명목여하를 불문하고 선거운동과 관련하여 금품 기타 이익의 제공 또는 그 제공의 의사를 표시하거나 그 제공을 약속한 자
5. 제1호 내지 제4호에 규정된 이익이나 직의 제공을 받거나 그 제공의 의사 표시를 승낙한 자

②정당·후보자(후보자가 되고자 하는 자를 포함한다) 및 그 가족·선거사무장·선거연락소장·선거사무원·회계책임자·연설원 또는 제114조(정당 및 후보자의 가족 등의 기부행위제한)제2항의 규정에 의한 후보자 또는 그 가족과 관계 있는 회사 등이 제1항 각호의 1에 규정된 행위를 한 때에는 7년 이하의 징역 또는 1천500만원 이하의 벌금에 처한다.

③제1항 각호의 1 또는 제2항에 규정된 행위에 관하여 지시·권유·요구하거나 알선한 자는 7년 이하의 징역 또는 1천500만원 이하의 벌금에 처한다.

④당선되거나 되게하거나 되지 못하게 할 목적으로 선거기간중 포장된 선물 또는 돈봉투 등 다수의 선거인에게 배부하도록 구분된 형태로 되어 있는 금품을 운반하는 자는 5년 이하의 징역 또는 1천만원 이하의 벌금에 처한다.

⑤선거관리위원회의 위원·직원(투표관리관을 포함한다. 이하 이 장에서 같다) 또는 선거사무에 관계있는 공무원이나 경찰공무원(사법경찰관리 및 군사법경찰관리를 포함한다)이 제1항 각호의 1 또는 제2항에 규정된 행위를 하거나 하게 한 때에는 7년 이하의 징역에 처한다. <개정 2005.8.4>

⑥제47조의2제1항 또는 제2항을 위반한 자는 5년 이하의 징역 또는 1천만원 이하의 벌금에 처한다.
<신설 2008.2.29>

⑦당내경선과 관련하여 다음 각 호의 어느 하나에 해당하는 자는 3년 이하의 징역 또는 600만원 이하의 벌금에 처한다. <신설 2005.8.4, 2008.2.29>

1. 제57조의5(당원 등 매수금지)제1항 또는 제2항의 규정을 위반한 자
2. 후보자로 선출되거나 되게 하거나 되지 못하게 하거나, 경선선거인(당내경선의 선거인명부에 등재된 자를 말한다. 이하 이 조에서 같다)으로 하여금 투표를 하게 하거나 하지 아니하게 할 목적으로 경선후보자·경선운동관계자·경선선거인 또는 참관인에게 금품·향응 그 밖의 재산상의 이익이나 공사의 직을 제공하거나 그 제공의 의사를 표시하거나 그 제공을 약속한 자
3. 제57조의5제1항 또는 제2항에 규정된 이익이나 직의 제공을 받거나 그 제공의 의사표시를 승낙한 자

⑧제7항제2호·제3호에 규정된 행위에 관하여 지시·권유·요구하거나 알선한 자 또는 제57조의5제3항의 규정을 위반한 자는 5년 이하의 징역 또는 1천만원 이하의 벌금에 처한다.
<신설 2005.8.4, 2008.2.29>
[제목개정 2011.7.28]

제231조 【재산상의 이익목적의 매수 및 이해유도죄】 ①다음 각 호의 어느 하나에 해당하는 사람은 7년 이하의 징역 또는 300만원 이상 2천만원 이하의 벌금에 처한다.
<개정 2010.1.25>

1. 재산상의 이익을 얻거나 얻을 목적으로 정당 또는 후보자(후보자가 되려는 사람을 포함한다)를 위하여 선거인·선거사무장·선거연락소장·선거사무원·회계책임자·연설원 또는 참관인에게 제230조제1항 각 호의 어느 하나에 해당하는 행위를 한 사람
2. 제1호에 규정된 행위의 대가로 또는 그 행위를 하게 할 목적으로 금전·물품, 그 밖에 재산상의 이익 또는 공사의 직을 제공하거나 그 제공의 의사를 표시하거나 그 제공을 약속한 사람
3. 제1호에 규정된 행위의 대가로 또는 그 행위를 약속하고 제2호에 규정된 이익 또는 직의 제공을 받거나 그 제공의 의사표시를 승낙한 사람

②제1항에 규정된 행위에 관하여 지시·권유·요구하거나 알선한 자는 10년 이하의 징역 또는 500만원 이상 3천만원 이하의 벌금에 처한다.

제232조 【후보자에 대한 매수 및 이해유도죄】 ①다음 각호의 1에 해당하는 자는 7년 이하의 징역 또는 500만원 이상 3천만원 이하의 벌금에 처한다.

1. 후보자가 되지 아니하게 하거나 후보자가 된 것을 사퇴하게 할 목적으로 후보자가 되고자 하는 자나 후보자에게 제230조(매수 및 이해유도죄)제1항제1호에 규정된 행위를 한 자 또는 그 이익이나 직의 제공을 받거나 제공의 의사표시를 승낙한 자
2. 후보자가 되고자 하는 것을 중지하거나 후보자를 사퇴한데 대한 대가를 목적으로 후보자가 되고자 하였던 자나 후보자이었던 자에게 제230조제1항제1호에 규정된 행위를 한 자 또는 그 이익이나 직의 제공을 받거나 제공의 의사표시를 승낙한 자

②제1항 각호의 1에 규정된 행위에 관하여 지시·권유·요구하거나 알선한 자는 10년 이하의 징역 또는 500만원 이상 3천만원 이하의 벌금에 처한다.

③선거관리위원회의 위원·직원 또는 선거사무에 관계있는 공무원이나 경찰공무원(사법경찰관리 및 군사법경찰관리를 포함한다)이 당해 선거에 관하여 제1항 각호의 1 또는 제2항에 규정된 행위를 한 때에는 10년 이하의 징역에 처한다.

제233조【당선인에 대한 매수 및 이해유도죄】 ①다음 각호의 1에 해당하는 자는 1년 이상 10년 이하의 징역에 처한다. <개정 2000.2.16>

1. 당선을 사퇴하게 할 목적으로 당선인에 대하여 금전·물품·차마·향응 기타 재산상의 이익 또는 공사의 직을 제공하거나 그 제공의 의사를 표시하거나 그 제공을 약속한 자
2. 제1호에 규정된 이익 또는 직의 제공을 받거나 그 제공의 의사표시를 승낙한 자

②제1항 각호의 1에 규정된 행위에 관하여 지시·권유·요구하거나 알선한 자는 1년 이상 10년 이하의 징역에 처한다.

제234조【당선무효유도죄】 제263조(선거비용의 초과지출로 인한 당선무효) 또는 제265조(선거사무장등의 선거범죄로 인한 당선무효)에 해당되어 후보자의 당선을 무효로 되게 할 목적으로 제263조 또는 제265조에 규정된 자를 유도 또는 도발하여 그 자로 하여금 제230조(매수 및 이해유도죄)제1항 내지 제5항·제231조(재산상의 이익목적의 매수 및 이해유도죄) 내지 제233조(당선인에 대한 매수 및 이해유도죄)·제257조(기부행위의 금지제한등위반죄)제1항 또는 제258조(선거비용부정지출등 죄)제1항에 규정된 행위를 하게 한 자는 1년이상 10년이하의 징역에 처한다. <개정 2005.8.4>

제235조【방송·신문 등의 불법이용을 위한 매수죄】 ①제97조(방송·신문의 불법이용을 위한 행위 등의 제한) 제1항·제3항의 규정에 위반한 자는 5년 이하의 징역 또는 1천만원 이하의 벌금에 처한다.
②제97조제2항의 규정에 위반한 자는 7년 이하의 징역 또는 2천만원 이하의 벌금에 처한다.

제236조【매수와 이해유도죄로 인한 이익의 몰수】 제230조(매수 및 이해유도죄) 내지 제235조(방송·신문 등의 불법이용을 위한 매수죄)의 죄를 범한 자가 받은 이익은 이를 몰수한다. 다만, 그 전부 또는 일부를 몰수할 수 없는 때에는 그 가액을 추징한다.

제237조【선거의 자유방해죄】 ①선거에 관하여 다음 각 호의 어느 하나에 해당하는 자는 10년 이하의 징역 또는 500만원 이상 3천만원 이하의 벌금에 처한다. <개정 2010.1.25>

1. 선거인·후보자·후보자가 되고자 하는 자·선거사무장·선거연락소장·선거사무원·활동보조인·회계책임자·연설원 또는 당선인을 폭행·협박 또는 유인하거나 불법으로 체포·감금하거나 이 법에 의한 선거운동용 물품을 탈취한 자
2. 집회·연설 또는 교통을 방해하거나 위계·사술 기타 부정한 방법으로 선거의 자유를 방해한 자
3. 업무·고용 기타의 관계로 인하여 자기의 보호·지휘·감독하에 있는 자에게 특정 정당이나 후보자를 지지·추천하거나 반대하도록 강요한 자

②검사 또는 경찰공무원(사법경찰관리를 포함한다)이 제1항 각호의 1에 규정된 행위를 하거나 하게 한 때에는 1년 이상 10년 이하의 징역과 5년 이하의 자격정지에 처한다.

③이 법에 규정된 연설·대담장소 또는 대담·토론회장에서 위험한 물건을 던지거나 후보자 또는 연설원을 폭행한 자는 다음 각호의 구분에 따라 처벌한다. <개정 2004.3.12>

1. 주모자는 5년 이상의 유기징역
2. 다른 사람을 지휘하거나 다른 사람에 앞장서서 행동한 자는 3년 이상의 유기징역
3. 부화하여 행동한 자는 7년 이하의 징역

④제1항 내지 제3항의 죄를 범한 경우에 그 범행에 사용하기 위하여 지닌 물건은 이를 몰수한다.

⑤당내경선과 관련하여 다음 각 호의 어느 하나에 해당하는 자는 5년 이하의 징역 또는 1천만원 이하의 벌금에 처한다. <신설 2005.8.4>

1. 경선후보자(경선후보자가 되고자 하는 자를 포함한다) 또는 후보자로 선출된 자를 폭행·협박 또는 유인하거나 체포·감금한 자
2. 경선운동 또는 교통을 방해하거나 위계·사술 그 밖의 부정한 방법으로 당내경선의 자유를 방해한 자
3. 업무·고용 그 밖의 관계로 인하여 자기의 보호·지휘·감독을 받는 자에게 특정 경선후보자를 지지·추천하거나 반대하도록 강요한 자

⑥당내경선과 관련하여 다수인이 경선운동을 위한 시설·장소 등에서 위험한 물건을 던지거나 경선후보자를 폭행한 자는 다음 각 호의 구분에 따라 처벌한다. <신설 2005.8.4>

1. 주모자는 3년 이상의 유기징역
2. 다른 사람을 지휘하거나 다른 사람에 앞장서서 행동한 자는 7년 이하의 징역
3. 다른 사람의 의견에 동조하여 행동한 자는 2년 이하의 징역

제238조【군인에 의한 선거자유방해죄】 군인(군수사기관소속 군무원을 포함한다) 이 제237조(선거의 자유방해죄)제1항 각호의 1에 규정된 행위를 하거나, 특정한 후보자를 당선되게 하거나 되지 못하게 하기 위하여 그 영향하에 있는 군인 또는 군무원의 선거권행사를 폭행·협박 또는 그밖의 방법으로 방해하거나 하게 한 때에는 1년 이상 10년 이하의 징역과 5년 이하의 자격정지에 처한다.

제239조【직권남용에 의한 선거의 자유방해죄】 선거에 관하여 선거관리위원회의 위원·직원, 선거사무에 종사하는 공무원 또는 선거인명부(재외선거인명부등을 포함한다. 이하 이 장에서 같다)작성에 관계있는 자나 경찰공무원(사법경찰관리 및 군사법경찰관리를 포함한다)이 직권을 남용하여 다음 각 호의 어느 하나에 해당하는 행위를 하거나 하게 한 때에는 7년 이하의 징역에 처한다.
<개정 2005.8.4, 2009.2.12>

1. 선거인명부의 열람을 방해하거나 그 열람에 관한 직무를 유기한 때
2. 정당한 사유없이 후보자를 미행하거나 그 주택·선거사무소 또는 선거연락소에 승낙없이 들어가거나 퇴거요구에 불응한 때

제240조【벽보 기타 선전시설 등에 대한 방해죄】 ①정당한 사유없이 이 법에 의한 벽보·현수막 기타 선전시설의 작성·게시·첩부 또는 설치를 방해하거나 이를 훼손·철거한 자는 2년 이하의 징역 또는 400만원 이하의 벌금에 처한다.

②선거관리위원회의 위원·직원 또는 선거사무에 관계있는 공무원이나 경찰공무원(사법경찰관리 및 군사법경찰관리를 포함한다)이 제1항에 규정된 행

위를 하거나 하게 한 때에는 3년 이하의 징역 또는 600만원 이하의 벌금에 처한다.
③선거관리위원회의 위원·직원 또는 선거사무에 종사하는 자가 제64조의 선거벽보·제65조의 선거공보(같은 조 제8항의 후보자정보공개자료를 포함한다) 또는 제153조의 투표안내문(점자형 투표안내문을 포함한다)을 부정하게 작성·첩부·발송하거나 정당한 사유없이 이에 관한 직무를 행하지 아니한 때에는 3년 이하의 징역 또는 600만원 이하의 벌금에 처한다.
<개정 1997.11.14, 2004.3.12, 2005.8.4, 2008.2.29, 2010.1.25, 2011.7.28>
[제목개정 2011.7.28]

제241조 【투표의 비밀침해죄】 ①제167조(제218조의17제7항에서 준용하는 경우를 포함한다)의 규정에 위반하여 투표의 비밀을 침해하거나 선거일의 투표마감시각 종료 이전에 선거인에 대하여 그 투표하고자 하는 정당이나 후보자 또는 투표한 정당이나 후보자의 표시를 요구한 자와 투표결과를 예상하기 위하여 투표소(재외투표소를 포함한다. 이하 이 장에서 같다)로부터 100미터 이내에서 질문하거나 투표마감시각전에 그 경위와 결과를 공표한 자는 3년 이하의 징역 또는 600만원 이하의 벌금에 처한다.
<개정 1995.12.30, 2000.2.16, 2004.3.12, 2009.2.12>
②선거관리위원회의 위원·직원, 선거사무에 관계있는 공무원, 검사, 경찰공무원(사법경찰관리를 포함한다) 또는 군인(군수사기관소속 군무원을 포함한다)이 제1항에 규정된 행위를 하거나 하게 한 때에는 5년 이하의 징역에 처한다.

제242조 【투표·개표의 간섭 및 방해죄】 ①다음 각 호의 어느 하나에 해당하는 사람은 3년 이하의 징역에 처한다. <개정 2010.1.25, 2011.7.28>
1. 투표를 방해하기 위하여 이 법에서 규정한 투표에 필요한 신분증명서를 맡기게 하거나 이를 인수한 사람 또는 투표소(재외투표소와 부재자투표소를 포함한다. 이하 이 장에서 같다)나 개표소에서 정당한 사유 없이 투표나 개표에 간섭한 사람 또는 투표소에서 특정 정당이나 후보자에게 투표를 권유하거나 투표를 공개하는 등 투표 또는 개표에 영향을 미치는 행위를 한 사람
2. 정당한 사유 없이 거소투표자의 투표를 간섭하거나 방해한 사람, 거소투표자의 투표를 공개하기나 하게 하는 등 거소투표에 영향을 미치는 행위를 한 사람

②개표소에서 제181조(개표참관)의 규정에 의하여 개표참관인이 설치한 통신설비를 파괴 또는 훼손한 자는 5년 이하의 징역에 처한다.
③검사·경찰공무원(사법경찰관리를 포함한다) 또는 군인(군수사기관소속 군무원을 포함한다)이 제1항에 규정된 행위를 하거나 하게 한 때에는 1년 이상 10년 이하의 징역에 처한다.
[제목개정 2011.7.28]

제243조 【투표함 등에 관한 죄】 ①법령에 의하지 아니하고 투표함을 열거나 투표함(빈 투표함을 포함한다)이나 투표함안의 투표지를 취거·파괴·훼손·은닉 또는 탈취한 자는 1년 이상 10년 이하의 징역에 처한다.
②검사·경찰공무원(사법경찰관리를 포함한다) 또는 군인(군수사기관소속 군무원을 포함한다)이 제1항에 규정된 행위를 하거나 하게 한 때에는 2년 이상 10년 이하의 징역에 처한다.

제244조 【선거사무관리관계자나 시설

등에 대한 폭행·교란죄】 ①선거관리위원회의 위원·직원, 선거부정감시단원·사이버선거부정감시단원, 투표사무원·부재자투표사무원·개표사무원, 참관인 기타 선거사무에 종사하는 자를 폭행·협박·유인 또는 불법으로 체포·감금하거나, 폭행이나 협박을 가하여 투표소·개표소 또는 선거관리위원회 사무소(재외선거사무를 수행하는 공관과 그 분관 및 출장소의 사무소를 포함한다. 이하 제245조제1항에서 같다)를 소요·교란하거나, 투표용지·투표지·투표보조용구·전산조직등 선거관리 및 단속사무와 관련한 시설·설비·장비·서류·인장 또는 선거인명부(부재자신고인명부를 포함한다)를 은닉·손괴·훼손 또는 탈취한 자는 1년이상 10년이하의 징역 또는 500만원이상 3천만원이하의 벌금에 처한다.
<개정 2004.3.12, 2009.2.12>
②제57조의4(당내경선사무의 위탁)의 규정에 따라 위탁한 당내경선에 있어 제1항에 규정된 행위를 한 자는 10년이하의 징역 또는 2천만원 이하의 벌금에 처한다. <신설 2005.8.4>

제245조 【투표소 등에서의 무기휴대죄】 ①무기·흉기·폭발물, 그 밖에 사람을 살상할 수 있는 물건을 지니고 투표소(제149조의2제3항 및 제4항에 따른 기표소가 설치된 장소를 포함한다)·개표소 또는 선거관리위원회 사무소에 함부로 들어간 자는 7년 이하의 징역에 처한다. <개정 2010.1.25>
②정당한 사유없이 제1항에 규정된 물건을 지니고 이 법에 규정된 연설·대담장소 또는 대담·토론회장에 들어간 자는 3년이하의 징역 또는 600만원이하의 벌금에 처한다. <개정 2004.3.12>
③제1항 또는 제2항의 죄를 범한 경우에는 그 지닌 무기 등 사람을 살상할 수 있는 물건은 이를 몰수한다.

제246조 【다수인의 선거방해죄】 ① 다수인이 집합하여 제243조(투표함 등에 관한 죄) 내지 제245조(투표소 등에서의 무기휴대죄)에 규정된 행위를 한 때에는 다음 각호의 구분에 따라 처벌한다.
1. 주모자는 3년 이상의 유기징역
2. 다른 사람을 지휘하거나 다른 사람에 앞장서서 행동한 자는 2년 이상 10년 이하의 징역
3. 부화하여 행동한 자는 5년 이하의 징역

②제243조 내지 제245조에 규정된 행위를 할 목적으로 집합한 다수인이 관계공무원으로부터 3회 이상의 해산명령을 받았음에도 불구하고 해산하지 아니한 때에는 그 주도적 행위자는 5년 이하의 징역에 처하고, 기타의 자는 1년 이하의 징역 또는 200만원 이하의 벌금에 처한다.

제247조 【사위등재·허위날인죄】 ① 사위(詐僞)의 방법으로 선거인명부(부재자신고인명부를 포함한다. 이하 이 조에서 같다)에 오르게 한 자, 거짓으로 부재자신고(국외부재자신고를 포함한다. 이하 이 조에서 같다)를 하거나 재외선거인 등록신청을 한 자, 특정한 선거구에서 투표할 목적으로 선거인명부작성기준일 전 180일부터 선거인명부작성만료일까지 주민등록에 관한 허위의 신고를 한 자 또는 제157조제1항의 경우에 있어서 허위의 서명이나 날인 또는 무인을 한 자는 3년 이하의 징역 또는 500만원 이하의 벌금에 처한다. <개정 2011.7.28>
②선거관리위원회의 위원·직원, 선거사무에 종사하는 공무원 또는 선거인명부작성에 관계있는 자가 선거인명부에 고의로 선거권자를 기재하지 아니하거나 허위의 사실을 기재하거나 하게 한 때에는 5년 이하의 징역 또는 1천만원 이하의 벌금에 처한다.

[제목개정 2011.7.28]

제248조【사위투표죄】 ①성명을 사칭하거나 신분증명서를 위조·변조하여 사용하거나 기타 사위의 방법으로 투표하거나 하게 하거나 또는 투표를 하려고 한 자는 5년 이하의 징역 또는 1천만원 이하의 벌금에 처한다.
②선거관리위원회의 위원·직원 또는 선거사무에 관계있는 공무원(투표사무원·부재자투표사무원 및 개표사무원을 포함한다)이 제1항에 규정된 행위를 하거나 하게 한 때에는 7년 이하의 징역에 처한다.

제249조【투표위조 또는 증감죄】
①투표를 위조하거나 그 수를 증감한 자는 1년 이상 7년 이하의 징역에 처한다.
②선거관리위원회의 위원·직원 또는 선거사무에 관계있는 공무원(투표사무원·부재자투표사무원 및 개표사무원을 포함한다)이나 종사원이 제1항에 규정된 행위를 한 때에는 3년 이상 10년 이하의 징역에 처한다.

제250조【허위사실공표죄】 ①당선되거나 되게 할 목적으로 연설·방송·신문·통신·잡지·벽보·선전문서 기타의 방법으로 후보자(후보자가 되고자 하는 자를 포함한다. 이하 이 조에서 같다)에게 유리하도록 후보자, 그의 배우자 또는 직계존·비속이나 형제자매의 출생지·신분·직업·경력등·재산·인격·행위·소속단체 등에 관하여 허위의 사실[학력을 게재하는 경우 제64조제1항의 규정에 의한 방법으로 게재하지 아니한 경우를 포함한다]을 공표하거나 공표하게 한 자와 허위의 사실을 게재한 선전문서를 배포할 목적으로 소지한 자는 5년이하의 징역 또는 3천만원이하의 벌금에 처한다. <개정 1995.12.30, 1997.1.13, 1997.11.14, 1998.4.30, 2000.2.16, 2004.3.12, 2010.1.25>
②당선되지 못하게 할 목적으로 연설·방송·신문·통신·잡지·벽보·선전문서 기타의 방법으로 후보자에게 불리하도록 후보자, 그의 배우자 또는 직계존·비속이나 형제자매에 관하여 허위의 사실을 공표하거나 공표하게 한 자와 허위의 사실을 게재한 선전문서를 배포할 목적으로 소지한 자는 7년 이하의 징역 또는 500만원 이상 3천만원 이하의 벌금에 처한다. <개정 1997.1.13>
③당내경선과 관련하여 제1항(제64조제1항의 규정에 따른 방법으로 학력을 게재하지 아니한 경우를 제외한다)에 규정된 행위를 한 자는 3년 이하의 징역 또는 6백만원 이하의 벌금에, 제2항에 규정된 행위를 한 자는 5년 이하의 징역 또는 1천만원 이하의 벌금에 처한다. 이 경우 "후보자" 또는 "후보자(후보자가 되고자 하는 자를 포함한다)"는 "경선후보자"로 본다.
<신설 2005.8.4>

제251조【후보자비방죄】 당선되거나 되게 하거나 되지 못하게 할 목적으로 연설·방송·신문·통신·잡지·벽보·선전문서 기타의 방법으로 공연히 사실을 적시하여 후보자(후보자가 되고자 하는 자를 포함한다), 그의 배우자 또는 직계존·비속이나 형제자매를 비방한 자는 3년 이하의 징역 또는 500만원 이하의 벌금에 처한다. 다만, 진실한 사실로서 공공의 이익에 관한 때에는 처벌하지 아니한다.

제252조【방송·신문 등 부정이용죄】
①제82조의7(인터넷광고)제5항·제94조(방송·신문 등에 의한 광고의 금지)·제95조(신문·잡지 등의 통상방법외의 배부금지)제1항·제96조(허위논평·보도의 금지)·제98조(선거운동을 위한 방송이용의 제한) 또는 제99조(구내방송 등에 의한 선거운동금지)의 규정에 위반

한 자는 3년 이하의 징역 또는 600만원 이하의 벌금에 처한다.
<개정 2005.8.4>
②제71조(후보자등의 방송연설)제12항[제72조(방송시설주관 후보자연설의 방송)제4항, 제73조(경력방송)제4항, 제74조(방송시설주관경력방송)제2항, 제81조(단체의 후보자등 초청 대담·토론회)제8항, 제82조(언론기관의 후보자등 초청 대담·토론회)제4항, 제137조의2(정강·정책의 방송연설의 제한)제6항에서 준용하는 경우를 포함한다] 및 제82조의2(선거방송토론위원회 주관 대담·토론회)제13항 후단[제82조의3(선거방송토론위원회 주관 정책토론회)제2항에서 준용하는 경우를 포함한다]의 규정에 위반한 자는 2년이하의 징역 또는 400만원이하의 벌금에 처한다. <개정 1998.4.30, 2000.2.16, 2004.3.12, 2005.8.4>

제253조 【성명 등의 허위표시죄】 당선되거나 되게 하거나 되지 못하게 할 목적으로 진실에 반하는 성명·명칭 또는 신분의 표시를 하여 우편이나 전보 또는 전화 기타 전기통신의 방법에 의한 통신을 한 자는 3년 이하의 징역 또는 600만원 이하의 벌금에 처한다.

제254조 【선거운동기간위반죄】 ①선거일에 투표마감시각전까지 선거운동을 한 자는 3년 이하의 징역 또는 600만원 이하의 벌금에 처한다.
②선거운동기간 전에 이 법에 규정된 방법을 제외하고 선전시설물·용구 또는 각종 인쇄물, 방송·신문·뉴스통신·잡지, 그 밖의 간행물, 정견발표회·좌담회·토론회·향우회·동창회·반상회, 그 밖의 집회, 정보통신, 선거운동기구나 사조직의 설치, 호별방문, 그 밖의 방법으로 선거운동을 한 자는 2년 이하의 징역 또는 400만원 이하의 벌금에 처한다. <개정 2010.1.25>
③삭제 <2010.1.25>

제255조 【부정선거운동죄】 ①다음 각 호의 어느 하나에 해당하는 자는 3년 이하의 징역 또는 600만원 이하의 벌금에 처한다. <개정 1995.12.30, 1997.11.14, 1998.4.30, 2000.2.16, 2002.3.7, 2004.3.12, 2005.8.4, 2009.2.12, 2010.1.25>

1. 제57조의6제1항을 위반하여 당내경선에서 경선운동을 한 사람
2. 제60조(선거운동을 할 수 없는 자)제1항의 규정에 위반하여 선거운동을 하거나 하게 한 자 또는 같은조제2항이나 제205조(선거운동기구의 설치 및 선거사무관계자의 선임에 관한 특례)제4항의 규정에 위반하여 선거사무장 등으로 되거나 되게 한 자
3. 제61조(선거운동기구의 설치)제1항의 규정에 위반하여 선거운동기구를 설치하거나 이를 설치하여 선거운동을 한 자
4. 제62조제1항부터 제4항까지의 규정을 위반하여 선거사무장·선거연락소장·선거사무원 또는 활동보조인을 선임한 자
5. 제68조제2항 또는 제3항(어깨띠의 규격을 말한다)을 위반하여 어깨띠, 모자나 옷, 표찰·수기·마스코트·소품, 그 밖의 표시물을 사용하여 선거운동을 한 사람
6. 제80조(연설금지장소)의 규정에 위반하여 선거운동을 위한 연설·대담을 한 자
7. 제81조(단체의 후보자 등 초청 대담·토론회)제1항의 규정에 위반하여 후보자 등 초청 대담·토론회를 개최한 자
8. 제81조제7항[제82조(언론기관의 후보자등 초청 대담·토론회)제4항에서 준용하는 경우를 포함한다]

의 규정에 위반하여 대담·토론회를 개최한 자

9. 제85조(지위를 이용한 선거운동금지)제2항 또는 제3항의 규정에 위반한 행위를 하거나 하게 한 자
10. 제86조제1항제1호부터 제3호까지·제2항 또는 제5항을 위반한 사람 또는 같은 조 제6항을 위반한 행위를 한 사람
11. 제87조(단체의 선거운동금지)제1항의 규정을 위반하여 선거운동을 하거나 하게 한 자 또는 동조 제2항의 규정을 위반하여 사조직 기타 단체를 설립·설치하거나 하게 한 자
12. 제88조(타후보자를 위한 선거운동금지)본문의 규정에 위반하여 다른 정당이나 후보자를 위한 선거운동을 한 자
13. 제89조(유사기관의 설치금지)제1항 본문의 규정에 위반하여 유사기관을 설립·설치하거나 기존의 기관·단체·조직 또는 시설을 이용한 자
14. 삭제 <2004.3.12>
15. 제92조(영화 등을 이용한 선거운동금지)의 규정에 위반하여 저술·연예·연극·영화나 사진을 배부·공연·상연·상영 또는 게시하거나 하게 한 자
16. 제105조(행렬등의 금지)제1항의 규정에 위반하여 무리를 지어 거리행진·인사 또는 연달아 소리지르는 행위를 한 사람
17. 제106조(호별방문의 제한)제1항 또는 제3항의 규정에 위반하여 호별로 방문하거나 하게 한 자
18. 제107조(서명·날인운동의 금지)의 규정에 위반하여 서명이나 날인을 받거나 받게 한 자
19. 제109조제1항 또는 제2항을 위반하여 서신·전보·모사전송·전화 그 밖에 전기통신의 방법을 이용하여 선거운동을 하거나 하게 한 자나 같은 조 제3항을 위반하여 협박하거나 하게 한 자
20. 제218조의14제1항·제6항 또는 제7항을 위반하여 재외선거권자를 대상으로 선거운동을 한 자

②다음 각 호의 어느 하나에 해당하는 자는 2년 이하의 징역 또는 400만원 이하의 벌금에 처한다.
<개정 1995.12.30, 1997.11.14, 1998.4.30, 2000.2.16, 2002.3.7, 2004.3.12, 2005.8.4, 2007.1.3, 2008.2.29, 2010.1.25>

1. 제60조의3제1항제4호 후단을 위반하여 예비후보자홍보물을 작성한 자

1의2. 대통령선거 및 지방자치단체의 장선거의 예비후보자가 아닌 자로서 제60조의4제1항의 예비후보자공약집을 발간·배부한 자, 같은 항을 위반하여 1종을 넘어 예비후보자공약집을 발간·배부한 자, 같은 항을 위반하여 예비후보자공약집을 통상적인 방법으로 판매하지 아니하거나 방문판매의 방법으로 판매한 자, 같은 조 제2항을 위반하여 예비후보자공약집을 발간·배부한 자

1의3. 제64조제1항·제9항, 제65조제1항·제2항, 제66조제1항부터 제5항까지를 위반하여 선거벽보·선거공보 또는 선거공약서를 선거운동을 위하여 작성·사용하거나 하게 한 자

2. 삭제 <2010.1.25>
3. 제57조의3(당내경선운동)제1항의 규정을 위반하여 경선운동을 한 자
4. 제91조(확성장치와 자동차 등의 사용제한)제1항·제3항 또는 제216조(4개 이상 선거의 동시실시에 관한 특례)제1항의 규정에 위반하여 확성장치나 자동차를 사용

하여 선거운동을 하거나 하게 한 자
5. 제93조(탈법방법에 의한 문서·도화의 배부·게시 등 금지)제1항의 규정에 위반하여 문서·도화 등을 배부·첩부·살포·게시·상영하거나 하게 한 자, 같은 조제2항의 규정에 위반하여 광고 또는 출연을 하거나 하게 한 자 또는 제3항의 규정에 위반하여 신분증명서·문서 기타 인쇄물을 발급·배부 또는 징구하거나 하게 한 자
6. 제100조(녹음기 등의 사용금지)의 규정에 위반하여 녹음기 또는 녹화기를 사용하여 선거운동을 하거나 하게 한 자
7. 삭제 <1995.12.30>
8. 제271조의2(선거에 관한 광고의 제한)제1항의 규정에 의한 광고중지요청에 불응하여 광고를 하거나 광고게재를 의뢰한 자

③다음 각 호의 어느 하나에 해당하는 사람은 5년 이하의 징역에 처한다. <개정 2010.1.25>
1. 제57조의6제2항을 위반하여 경선운동을 한 사람
2. 제85조제1항을 위반하여 선거운동을 한 사람

④제82조의5(선거운동정보의 전송제한)제1항의 규정을 위반하여 선거운동정보를 전송한 자, 동조제2항의 규정을 위반하여 선거운동정보에 해당하는 사실 등을 선거운동정보에 명시하지 아니하거나 허위로 명시한 자, 동조제3항의 규정을 위반하여 수신자의 동의를 얻지 아니하고 선거운동정보를 전송한 자, 동조제4항의 규정을 위반하여 기술적 조치를 한 자, 동조제5항의 규정을 위반하여 비용을 수신자에게 부담하도록 한 자, 동조제6항의 규정을 위반하여 선거운동정보를 전송한 자는 1년 이하의 징역 또는 100만원 이하의 벌금에 처한다.
<신설 2004.3.12, 2005.8.4>
[2006헌마1096, 2008.05.29, 공직선거법(2005. 8. 4. 법률 제7681호로 개정된 것) 제255조제1항제10호 중 '제86조 제1항 제2호' 부분은 공무원의 지위를 이용하지 아니한 행위에 대하여 적용하는 한 헌법에 위반된다.]

第256조【각종제한규정위반죄】 ①제103조제2항을 위반하여 모임을 개최한 자는 3년 이하의 징역 또는 600만원 이하의 벌금에 처한다.
<신설 2000.2.16, 2005.8.4, 2010.1.25>
②다음 각 호의 어느 하나에 해당하는 자는 2년 이하의 징역 또는 400만원 이하의 벌금에 처한다.
<개정 1995.4.1, 1995.12.30, 1997.11.14, 1998.4.30, 2000.2.16, 2002.3.7, 2004.3.12, 2005.8.4, 2008.2.29, 2009.2.12, 2010.1.25>
1. 선거운동과 관련하여 다음 각 목의 어느 하나에 해당하는 자
가. 제67조의 규정에 위반하여 현수막을 게시한 자
나. 삭제 <2004.3.12>
다. 제79조제10항을 위반하여 소속 정당의 정강·정책, 후보자의 경력·정견·활동상황 외의 내용을 방송 또는 방영한 사람
라. 제84조를 위반하여 특정 정당으로 부터의 지지 또는 추천 받음을 표방한 자
마. 제82조의4(정보통신망을 이용한 선거운동)제4항의 규정에 위반하여 각급선거관리위원회의 요청을 이행하지 아니한 자
바. 제86조제1항제5호부터 제7호까지 또는 제7항을 위반한 행위를 한 사람
사. 제89조(유사기관의 설치금지)제2항의 규정에 위반하여 선

거에 영향을 미치는 행위 또는 선전행위를 하거나 하게 한 자
아. 제90조(시설물설치 등의 금지)의 규정에 위반하여 선전물을 설치·진열·게시·배부하거나 하게 한 자 또는 상징물을 제작·판매하거나 하게 한 자
자. 제101조(타연설회 등의 금지)의 규정에 위반하여 타연설회 등을 개최하거나 하게 한 자
차. 제102조제1항 또는 제2항을 위반하여 연설·대담 또는 대담·토론회를 개최하거나 녹음기 또는 녹화기를 사용한 자
카. 제103조(각종집회등의 제한)제3항 내지 제5항의 규정에 위반하여 각종집회등을 개최하거나 하게 한 자
타. 제104조(연설회장에서의 소란행위등의 금지)의 규정에 위반하여 연설·대담장소등에서 질서를 문란하게 하거나 횃불을 사용하거나 하게 한 자
파. 제108조제1항을 위반하여 여론조사의 경위와 그 결과를 공표 또는 인용하여 보도한 자, 같은 조 제2항 및 제4항을 위반하여 여론조사를 한 자, 같은 조 제5항을 위반하여 여론조사의 결과를 공표 또는 보도한 자나 여론조사와 관련 있는 자료일체를 해당 선거의 선거일 후 6개월까지 보관하지 아니한 자 또는 같은 조 제6항을 위반하여 여론조사를 한 자
하. 제108조의2를 위반하여 비교평가를 하거나 그 결과를 공표한 자 또는 비교평가와 관련 있는 자료 일체를 해당 선거의 선거일 후 6개월까지 보관하지 아니한 자
거. 제111조(의정활동 보고)제1항 단서의 규정에 위반하여 선거일전 90일부터 선거일까지 의정활동을 보고한 자

2. 선거질서와 관련하여 다음 각 목의 어느 하나에 해당하는 자
가. 제39조제8항(제218조의9제3항에서 준용하는 경우를 포함한다)의 규정에 위반하여 선거인명부작성사무를 방해하거나 영향을 주는 행위를 한 자
나. 제46조(명부사본의 교부)제4항[제60조의3(예비후보자 등의 선거운동)제5항 및 제111조(의정활동 보고)제4항에서 준용하는 경우를 포함한다]의 규정을 위반하여 선거인명부·부재자신고인명부(전산자료복사본을 포함한다)의 사본이나 세대주명단을 다른 사람에게 양도·대여 또는 재산상의 이익 기타 영리를 목적으로 사용하거나 하게 한 자
다. 삭제
라. 제161조(투표참관)제7항[제162조(부재자투표참관)제4항 및 제181조(개표참관)제11항에서 준용하는 경우를 포함한다]의 규정에 위반하여 참관인이 되거나 되게 한 자
마. 제163조(제218조의17제7항에서 준용하는 경우를 포함한다)를 위반하여 투표소(제149조의2제3항 및 제4항에 따른 기표소가 설치된 장소를 포함한다)에 들어가거나, 표지를 하지 아니하거나, 표지 외의 표시물을 달거나 붙이거나, 표지를 양도·양여하거나 하게 한 자
바. 제166조(제218조의17제7항에서 준용하는 경우를 포함한다)에 따른 명령에 불응한 자 또는

같은 규정을 위반한 표지를 하거나 하게 한 자

사. 제166조의2제1항(제218조의17제7항에서 준용하는 경우를 포함한다)을 위반하여 투표지를 촬영한 사람

아. 제183조(개표소의 출입제한과 질서유지)제1항의 규정에 위반하여 개표소에 들어간 자 또는 같은조제2항의 규정에 위반하여 표지를 하지 아니하거나 표지외의 표시물을 달거나 붙이거나 표지를 양도·양여하거나 하게 한 자

3. 다음 각 목의 어느 하나에 해당하는 통보를 받고 지체없이 이를 이행하지 아니한 자

가. 제8조의2(선거방송심의위원회)제5항 및 제6항 [제8조의3(선거기사심의위원회)제6항에서 준용하는 경우를 포함한다]의 규정에 의한 제재조치 등

나. 제8조의3제3항의 규정에 의한 사과문 또는 정정보도문의 게재

다. 제8조의4(선거보도에 대한 반론보도청구)제3항의 규정에 의한 반론보도의 결정

라. 제8조의6(인터넷언론사의 정정보도 등)제1항 또는 제3항의 규정에 의한 조치 또는 동조제6항의 규정에 의한 반론보도의 결정

4. 제262조의2(선거범죄신고자 등의 보호)제2항의 규정을 위반한 자

③정당(당원협의회를 포함한다)이 다음 각 호의 어느 하나에 해당하는 행위를 한 때에는 해당 정당에 대하여는 1천만원 이하의 벌금에 처하고, 해당 정당의 대표자·간부 또는 소속 당원으로서 위반행위를 하거나 하게 한 자는 2년 이하의 징역 또는 400만원 이하의 벌금에 처한다. <개정 2000.2.16, 2004.3.12, 2006.3.2, 2007.1.3, 2010.1.25>

1. 제137조(정강·정책의 신문광고 등의 제한)의 규정에 위반하여 일간신문 등에 광고를 한 자
2. 제137조의2(정강·정책의 방송연설의 제한)제1항 내지 제3항의 규정에 위반하여 정강·정책의 방송연설을 한 자
3. 제138조(정강·정책홍보물의 배부제한 등)의 규정(제4항을 제외한다)에 위반하여 정강·정책홍보물을 제작·배부한 자

3의2. 제138조의2(정책공약집의 배부제한 등)의 규정(제3항을 제외한다)을 위반하여 정책공약집을 발간·배부한 자

4. 제139조(정당기관지의 발행·배부제한)의 규정(제3항을 제외한다)에 위반하여 정당기관지를 발행·배부한 자
5. 제140조(창당대회 등의 개최와 고지의 제한)제1항 및 제2항의 규정에 위반하여 창당대회 등을 개최한 자
6. 제141조(당원집회의 제한)제1항 및 제4항(철거하지 아니한 경우를 제외한다)의 규정에 위반하여 당원집회를 개최한 자
7. 삭제 <2004.3.12>
8. 삭제 <2004.3.12>
9. 제144조(정당의 당원모집 등의 제한)제1항의 규정에 위반하여 당원을 모집하거나 입당원서를 배부한 자
10. 제61조의2(정당선거사무소의 설치)제1항의 규정을 위반하여 정당선거사무소를 설치하거나, 동조제2항의 규정을 위반하여 소장 또는 유급사무직원을 둔 자

④다음 각 호의 어느 하나에 해당하는 자는 1년 이하의 징역 또는 200만원 이하의 벌금에 처한다.

<개정 1995.12.30, 1997.1.13, 1997.11.14, 1998.4.30, 2000.2.16, 2004.3.12, 2005.8.4, 2007.1.3, 2008.2.29, 2010.1.25>

1. 제48조(선거권자의 후보자추천)제3항의 규정에 위반하여 검인받지 아니한 추천장에 의하여 선거권자의 추천을 받거나 받게 한 자 또는 선거운동을 위하여 추천선거권자수의 상한수를 넘어 선거권자의 추천을 받거나 받게 한 자
2. 제61조(선거운동기구의 설치)제5항[제61조의2(정당선거사무소의 설치)제7항에서 준용하는 경우를 포함한다]의 규정에 위반하여 선거사무소나 선거연락소를 설치한 자

2의2. 제61조(선거운동기구의 설치)제7항의 규정에 의하여 선거사무소의 폐쇄명령을 받고도 이를 이행하지 아니한 자

3. 제62조제7항을 위반하여 선거사무장·선거연락소장 또는 선거사무원을 선임한 자 또는 같은 조 제8항을 위반하여 선거운동을 하는 자를 모집한 자
4. 제63조(선거운동기구 및 선거사무관계자의 신고)제1항 후단의 규정에 위반하여 선거사무원수의 2배수를 넘어 두거나 두게 한 자
5. 제64조제8항(제65조제11항 및 제66조제8항에서 준용하는 경우를 포함한다)을 위반하여 선거벽보·선거공보 또는 선거공약서의 수량을 넘게 인쇄하여 제공한 자
6. 제69조제1항의 횟수에 관한 규정을 위반하지 아니하였으나 같은 조 제5항을 위반하여 광고한 사람
7. 삭제 <2010.1.25>
8. 제79조제1항·제3항부터 제5항까지·제6항(표지를 부착하지 아니한 경우는 제외한다)·제7항을 위반하여 공개장소에서의 연설·대담을 한 자
9. 제81조(단체의 후보자 등 초청 대담·토론회)제3항 또는 제4항의 규정에 위반하여 대담·토론회의 개최신고를 하지 아니하거나 표지를 게시 또는 첩부하지 아니한 자
10. 삭제 <2004.3.12>
11. 제118조(선거일후 답례금지)의 규정에 위반한 자
12. 제272조의2(선거범죄의 조사 등) 제3항의 규정에 위반하여 출입을 방해하거나 자료제출요구에 응하지 아니한 자 또는 허위의 자료를 제출한 자

⑤삭제 <2004.3.12>

제257조【기부행위의 금지제한 등 위반죄】 ①다음 각호의 1에 해당하는 자는 5년 이하의 징역 또는 1천만원 이하의 벌금에 처한다.
<개정 1996.2.6, 1997.1.13, 1997.11.14, 2000.2.16, 2004.3.12>

1. 제113조(후보자 등의 기부행위제한)·제114조(정당 및 후보자의 가족 등의 기부행위제한)제1항 또는 제115조(제삼자의 기부행위제한)의 규정에 위반한 자
2. 제81조(단체의 후보자 등 초청 대담·토론회)제6항[제82조(언론기관의 후보자 등 초청 대담·토론회) 제4항에서 준용하는 경우를 포함한다]의 규정을 위반한 자

②제81조제6항·제82조제4항·제113조·제114조제1항 또는 제115조에서 규정하고 있는 정당(창당준비위원회를 포함한다)·정당의 대표자·정당선거사무소의 소장, 국회의원·지방의회의원·지방자치단체의 장, 후보자(후보자가 되고자 하는 자를 포함한다. 이하 이 조에서 같다), 후보자의 배우자, 후보자나 그 배우자의 직계존비속과 형제자매, 후보

자의 직계비속 및 형제자매의 배우자, 선거사무장, 선거연락소장, 선거사무원, 회계책임자, 연설원,대담·토론자, 후보자 또는 그 가족과 관계있는 회사 등이나 그 임·직원과 제삼자[제116조(기부의 권유·요구 등의 금지)에 규정된 행위의 상대방을 말한다]에게 기부를 지시·권유·알선·요구하거나 그로부터 기부를 받은 자(제261조제6항에 해당하는 사람은 제외한다)는 3년 이하의 징역 또는 500만원 이하의 벌금에 처한다. <개정 1997.1.13, 2000.2.16, 2004.3.12, 2008.2.29, 2010.1.25>

③제117조(기부받는 행위 등의 금지)의 규정에 위반한 자는 3년 이하의 징역 또는 500만원 이하의 벌금에 처한다. <신설 1995.5.10>

④제1항 내지 제3항의 죄를 범한 자가 받은 이익은 이를 몰수한다. 다만, 그 전부 또는 일부를 몰수할 수 없을 때에는 그 가액을 추징한다.
<신설 1995.5.10>

제258조 【선거비용부정지출 등 죄】
①다음 각 호의 어느 하나에 해당하는 때에는 5년 이하의 징역 또는 2천만원 이하의 벌금에 처한다.
<개정 2004.3.12, 2005.8.4>

1. 정당·후보자·선거사무장·선거연락소장·회계책임자 또는 회계사무보조자가 제122조(선거비용제한액의 공고)의 규정에 의하여 공고한 선거비용제한액의 200분의 1이상을 초과하여 선거비용을 지출한 때
2. 삭제 <2005.8.4>

②삭제 <2005.8.4>

제259조 【선거범죄선동죄】 연설·벽보·신문 기타 어떠한 방법으로든지 제230조(매수 및 이해유도죄) 내지 제235조(방송·신문 등의 불법이용을 위한 매수죄)·제237조(선거의 자유방해죄)의 죄(당내경선과 관련한 죄를 제외한다)를 범할 것을 선동한 자는 3년 이하의 징역 또는 600만원 이하의 벌금에 처한다. <개정 2005.8.4>

제260조 【양벌규정】 ①정당·회사, 그 밖의 법인·단체(이하 이 조에서 "단체등"이라 한다)의 대표자, 그 대리인·사용인, 그 밖의 종업원과 정당의 간부인 당원이 그 단체등의 업무에 관하여 제230조제1항부터 제4항까지·제6항부터 제8항까지, 제231조, 제232조제1항·제2항, 제235조, 제237조제1항·제5항, 제240조제1항, 제241조제1항, 제244조, 제245조제2항, 제246조제2항, 제247조제1항, 제248조제1항, 제250조부터 제254조까지, 제255조제1항·제2항·제4항, 제256조, 제257조제1항부터 제3항까지, 제258조, 제259조의 어느 하나에 해당하는 위반행위를 하면 그 행위자를 벌하는 외에 그 단체등에도 해당 조문의 벌금형을 과(科)한다. 다만, 단체등이 그 위반행위를 방지하기 위하여 해당 업무에 관하여 상당한 주의와 감독을 게을리하지 아니한 경우에는 그러하지 아니하다.

②단체등의 대표자, 그 대리인·사용인, 그 밖의 종업원과 정당의 간부인 당원이 그 단체등의 업무에 관하여 제233조, 제234조, 제237조제3항·제6항, 제242조제1항·제2항, 제243조제1항, 제245조제1항, 제246조제1항, 제249조제1항, 제255조제3항의 어느 하나에 해당하는 위반행위를 하면 그 행위자를 벌하는 외에 그 단체등에도 3천만원 이하의 벌금에 처한다. 다만, 단체등이 그 위반행위를 방지하기 위하여 해당 업무에 관하여 상당한 주의와 감독을 게을리하지 아니한 경우에는 그러하지 아니하다.
[전문개정 2010.1.25]

제261조 【과태료의 부과·징수등】

①다음 각 호의 어느 하나에 해당하는 행위를 한 자에게는 1천만원 이하의 과태료를 부과한다. <개정 2010.1.25>

1. 제82조의6제1항을 위반하여 기술적 조치를 하지 아니한 자
2. 제108조제3항을 위반하여 해당 선거구선거관리위원회에 신고하지 아니하거나 신고내용과 다르게 여론조사를 실시한 자

②제82조의2제4항 각 호 외의 부분 후단을 위반하여 정당한 사유 없이 대담·토론회에 참석하지 아니한 사람에게는 400만원 이하의 과태료를 부과한다. <신설 2010.1.25>

③다음 각 호의 어느 하나에 해당하는 행위를 한 자는 300만원 이하의 과태료를 부과한다.
<개정 2004.3.12, 2005.8.4, 2010.1.25>

1. 제70조(방송광고)제3항·제71조(후보자 등의 방송연설)제10항·제72조(방송시설주관 후보자연설의 방송)제3항[제74조(방송시설주관 경력방송)제2항에서 준용하는 경우를 포함한다]·제73조(경력방송)제1항(관할선거구선거관리위원회가 제공하는 내용에 한한다) 및 제2항·제272조의3(통신관련선거범죄의 조사)제3항 또는 제275조(선거운동의 제한·중지)의 규정을 위반한 자
2. 「형사소송법」 제211조(현행범인과 준현행범인)에 규정된 현행범인 또는 준현행범인으로서 제272조의2제4항의 규정에 의한 동행요구에 응하지 아니한 자
3. 제82조의6제6항을 위반하여 실명인증의 표시가 없는 문자·음성·화상 또는 동영상 등의 정보를 삭제하지 아니한 자

④다음 각 호의 어느 하나에 해당하는 행위를 한 자는 이 법에 다른 규정이 있는 경우를 제외하고는 200만원 이하의 과태료를 부과한다. <개정 1995.4.1, 1998.4.30, 2000.2.16, 2004.3.12, 2005.8.4, 2008.2.29, 2010.1.25>

1. 선거에 관하여 이 법이 규정하는 신고·제출의 의무를 해태한 자
2. 다음 각목의 어느 하나에 해당하는 자
   가. 제205조(선거운동기구의 설치 및 선거사무관계자의 선임에 관한 특례)제3항의 규정에 위반하여 그 분담내역을 선거사무소·선거연락소의 설치신고서에 명시하지 아니한 자
   나. 제205조제3항의 규정에 위반하여 그 분담내역을 선거사무장·선거연락소장·선거사무원의 선임신고서에 명시하지 아니한 자
   다. 제207조(책자형 선거공보에 관한 특례)제3항 후단의 규정을 위반하여 그 분담내역을 선거공보를 제출하는 때에 서면으로 신고하지 아니한 자
   라. 삭제 <2010.1.25>
   마. 제69조(신문광고)제3항 후단 및 제82조의7(인터넷광고)제3항 후단의 규정에 위반하여 그 분담내역을 광고계약서에 명시하지 아니한 자
   바. 삭제 <2010.1.25>
   사. 제147조(투표소의 설치)제3항[제148조(부재자투표소의 설치)제6항 및 제173조(개표소)제3항에서 준용하는 경우를 포함한다]의 규정을 위반하여 정당한 사유없이 협조요구에 응하지 아니한 자
   아. 제149조의2제3항·제4항을 위반한 사람
3. 삭제 <2005.8.4>
4. 제152조(투표용지모형 등의 공고)제1항의 규정에 의하여 첩부한 투표용지모형을 훼손·오손한 자
5. 제271조(불법시설물 등에 대한 조

치 및 대집행)제1항의 규정에 의한 대집행을 한 것으로서 사안이 경미한 행위를 한 자. 이 경우 과태료를 부과하지 아니한 때에는 관할수사기관에 고발 또는 수사의뢰 등을 하여야 한다.

6. 제276조(선거일후 선전물 등의 철거)의 규정에 위반하여 선전물 등을 철거하지 아니 한 자

⑤다음 각 호의 어느 하나에 해당하는 행위를 한 자는 100만원 이하의 과태료를 부과한다. <개정 2000.2.16, 2002.3.7, 2004.3.12, 2005.8.4, 2007.1.3, 2008.2.29, 2009.2.12, 2010.1.25>

1. 제161조제3항 단서, 제162조제3항, 제181조제3항 또는 제218조의20제4항에 따라 선거관리위원회·재외선거관리위원회가 선정한 참관인이 정당한 사유 없이 참관을 거부하거나 게을리한 경우

2. 다음 각 목의 어느 하나에 해당하는 자
   가. 제61조(선거운동기구의 설치)제6항의 규정에 위반하여 선거사무소나 선거연락소에 간판·현판·현수막을 설치·게시하거나 하게 한 자
   나. 제61조의2(정당선거사무소의 설치)제4항의 규정을 위반하여 정당선거사무소에 간판·현판·현수막을 설치 또는 게시하거나 하게 한 자
   다. 제63조제2항을 위반하여 표지를 패용하지 아니하고 선거운동을 하거나 하게 한 자
   라. 제79조제6항을 위반하여 자동차와 확성장치에 표지를 부착하지 아니하고 연설·대담을 한 사람
   마. 제91조(확성장치와 자동차 등의 사용제한)제4항의 규정에 위반하여 표지를 부착하지 아니하고 자동차 또는 선박을 운행한 자
   바. 제147조제9항, 제148조제5항 또는 제174조(개표사무원)제2항의 규정에 의하여 투표사무원·부재자투표사무원 또는 개표사무원으로 위촉된 자가 정당한 사유없이 그 직무수행을 거부·유기하거나 해태한 자

2의2. 다음 각 목의 어느 하나에 해당하는 자
   가. 제60조의4제3항을 위반하여 예비후보자공약집을 제출하지 아니한 자
   나. 제66조제6항을 위반하여 선거공약서를 제출하지 아니한 자

3. 제111조(의정활동 보고)제2항의 규정에 위반하여 고지벽보와 표지를 게시하거나, 의정보고회가 끝난후 지체없이 고지벽보와 표지를 철거하지 아니한 자

4. 다음 각 목의 어느 하나에 해당하는 자
   가. 제138조(정강·정책홍보물의 배부·제한 등)제4항의 규정에 위반하여 정강·정책홍보물을 제출하지 아니한 자
   나. 제138조의2(정책공약집의 배부제한 등)제3항의 규정을 위반하여 정책공약집을 제출하지 아니한 자
   다. 제139조(정당기관지의 발행·배부제한)제3항의 규정에 위반하여 기관지를 제출하지 아니한 자
   라. 제140조(창당대회등의 개최와 고지의 제한)제4항의 규정에 위반하여 창당대회등의 표지를 지체없이 철거하지 아니한 자
   마. 제141조(당원집회의 제한)제2항에 규정된 장소가 아닌 장소에서 당원집회를 개최하거나 동조제4항의 규정에 위반

하여 당원집회의 표지를 지체 없이 철거하지 아니한 자

바. 삭제 <2004.3.12>

사. 제145조(당사게시 선전물 등의 제한)의 규정에 위반하여 당사 또는 선거대책기구와 후원회의 사무소에 선전물 등을 설치·게시한 자

5. 제8조의3제4항의 규정에 위반하여 정당한 사유없이 정기간행물 등을 제출하지 아니한 자

6. 제272조의2제4항의 규정에 의한 출석요구에 정당한 사유없이 응하지 아니한 자

⑥제116조를 위반하여 다음 각 호의 어느 하나에 해당하는 자(그 제공받은 금액 또는 음식물·물품 가액이 100만원을 초과하는 자는 제외한다)는 그 제공받은 금액 또는 음식물·물품 가액의 10배 이상 50배 이하에 상당하는 금액(주례의 경우에는 200만원)의 과태료를 부과하되, 그 상한은 3천만원으로 한다. 다만, 제1호 및 제2호에 해당하는 자가 그 제공받은 금액 또는 음식물·물품(제공받은 것을 반환할 수 없는 경우에는 그 가액에 상당하는 금액을 말한다)을 선거관리위원회에 반환하고 자수한 경우에는 중앙선거관리위원회규칙으로 정하는 바에 따라 그 과태료를 감경 또는 면제할 수 있다. <신설 2004.3.12, 2008.2.29, 2010.1.25>

1. 물품·음식물·서적·관광 기타 교통편의를 제공받은 자
2. 제1호 외에 다음 각 목의 어느 하나에 해당하는 자

가. 입당의 대가로 금전을 제공받은 자

나. 출판기념회, 의정활동보고회, 공개장소에서의 연설·대담, 대담·토론회, 그 밖에 정당 또는 후보자(후보자가 되려는 자를 포함한다. 이하 이 목에서 같다)가 개최하거나 정당의 대표자, 정당선거사무소의 소장 또는 후보자가 참석한 모임·집회에 참석한 대가로 금전을 제공받은 자

다. 제113조에 규정된 자로부터 야유회·관광모임·체육대회·등산대회 등 각종 행사에서 금전을 제공받은 자

라. 제113조에 규정된 자로부터 관혼상제의식이나 그 밖의 경조사에서 축의·부의금을 제공받은 자

3. 삭제 <2008.2.29>
4. 삭제 <2008.2.29>
5. 삭제 <2008.2.29>
6. 제113조에 규정된 자로부터 주례행위를 제공받은 자

⑦과태료는 중앙선거관리위원회규칙으로 정하는 바에 따라 당해 선거관리위원회(이하 이 조에서 "부과권자"라 한다)가 부과한다. 이 경우 제1항부터 제5항까지에 따른 과태료는 당사자(「질서위반행위규제법」 제2조제3호에 따른 당사자를 말한다. 이하 이 조에서 같다)가 정당·후보자(예비후보자를 포함한다. 이하 이 조에서 같다) 및 그 가족·선거사무장·선거연락소장·선거사무원·회계책임자·연설원 또는 활동보조인인 때에는 제57조에 따라 해당 후보자의 기탁금 중에서 공제하여 국가 또는 지방자치단체에 납입하고, 그 밖의 자와 제6항에 따른 과태료의 과태료처분대상자에 대하여는 위반자가 납부하도록 하며, 납부기한까지 납부하지 아니한 때에는 관할세무서장에게 위탁하고 관할세무서장이 국세체납처분의 예에 따라 이를 징수하여 국가 또는 지방자치단체에 납입하여야 한다. <개정 2004.3.12, 2010.1.25>

⑧이 법에 따른 과태료의 부과·징수 등의 절차에 관하여는 「질서위반행위규제법」 제5조에도 불구하고 다음 각 호에서 정하는 바에 따른다.

<개정 2010.1.25>

1. 당사자는 「질서위반행위규제법」 제16조제1항 전단에도 불구하고 부과권자로부터 사전통지를 받은 날부터 3일까지 의견을 제출하여야 한다.
2. 「질서위반행위규제법」 제17조제3항에도 불구하고 이 조 제7항 후단에 따라 해당 후보자의 기탁금에서 공제하는 과태료에 대하여는 「국세징수법」 제15조부터 제20조까지의 규정을 준용하지 아니한다.
3. 이 조 제7항 전단에 따른 과태료 처분에 불복이 있는 당사자는 「질서위반행위규제법」 제20조제1항 및 제2항에도 불구하고 그 처분의 고지를 받은 날부터 20일 이내에 부과권자에게 이의를 제기하여야 하며, 이 경우 그 이의 제기는 과태료 처분의 효력이나 그 집행 또는 절차의 속행에 영향을 주지 아니한다.
4. 「질서위반행위규제법」 제24조에도 불구하고 이 조 제7항 후단에 따라 해당 후보자의 기탁금에서 공제하지 아니하는 과태료를 당사자가 납부기한까지 납부하지 아니한 경우 부과권자는 체납된 과태료에 대하여 100분의 5에 상당하는 가산금을 더하여 관할세무서장에게 징수를 위탁하고, 관할세무서장은 국세 체납처분의 예에 따라 이를 징수하여 국가 또는 지방자치단체에 납입하여야 한다.
5. 「질서위반행위규제법」 제21조제1항 본문에도 불구하고 이 조 제7항에 따라 과태료 처분을 받은 당사자가 제3호에 따라 이의를 제기한 경우 부과권자는 지체없이 관할 법원에 그 사실을 통보하여야 한다.

⑨삭제 <2010.1.25>
[헌법 불합치, 2007헌가22, 2009. 3. 26. 공직선거법(2008. 2. 29. 법률 제8879호로 개정된 것) 제261조제5항제1호는 헌법에 합치되지 아니한다. 법원 기타 국가기관과 지방자치단체는 입법자가 위 법률조항을 개정할 때까지 그 적용을 중지하여야 한다.]

제262조【자수자에 대한 특례】 ①제230조제1항·제2항,·제231조(재산상의 이익목적의 매수 및 이해유도죄)제1항 및 제257조(기부행위의 금지제한 등 위반죄)제2항의 규정에 위반한 자중 금전·물품 기타 이익 등을 받거나 받기로 승낙한 자(후보자와 그 가족 또는 사위의 방법으로 이익 등을 받거나 받기로 승낙한 자를 제외한다)가 자수한 때에는 그 형을 감경 또는 면제한다.
<개정 1995.4.1, 2000.2.16, 2008.2.29>
②제1항에 규정된 자가 각급선거관리위원회(읍·면·동선거관리위원회를 제외한다)에 자신의 선거범죄사실을 신고하여 선거관리위원회가 관계수사기관에 이를 통보한 때에는 선거관리위원회에 신고한 때를 자수한 때로 본다.
<신설 2000.2.16, 2005.8.4>

제262조의2【선거범죄신고자 등의 보호】 ①선거범죄[제16장 벌칙에 규정된 죄(제261조제6항의 과태료에 해당하는 위법행위를 포함한다)와 「국민투표법」 위반의 죄를 말한다. 이하 같다]에 관한 신고·진정·고소·고발 등 조사 또는 수사단서의 제공, 진술 또는 증언 그 밖의 자료제출행위 및 범인검거를 위한 제보 또는 검거활동을 한 자가 그와 관련하여 피해를 입거나 입을 우려가 있다고 인정할 만한 상당한 이유가 있는 경우 그 선거범죄에 관한 형사절차 및 선거관리위원회의 조사과정에서는 「특정범죄신고자 등 보호법」 제5조·제7조·제9조부터 제12

조까지 및 제16조를 준용한다.
<개정 2005.8.4, 2008.2.29, 2010.1.25>
②누구든지 제1항의 규정에 의하여 보호되고 있는 선거범죄신고자 등이라는 정을 알면서 그 인적사항 또는 선거범죄신고자등임을 알 수 있는 사실을 다른 사람에게 알려주거나 공개 또는 보도하여서는 아니된다.
[본조신설 2004.3.12]

第262조의3【선거범죄신고자에 대한 포상금 지급】 ①각급선거관리위원회(읍·면·동선거관리위원회를 제외한다. 이하 이 조에서 같다)는 선거범죄에 대하여 선거관리위원회가 인지하기 전에 그 범죄행위의 신고를 한 자에 대하여 중앙선거관리위원회규칙이 정하는 바에 따라 포상금을 지급할 수 있다. <개정 2005.8.4, 2008.2.29>
②각급선거관리위원회는 제1항에 따라 포상금을 지급한 후 담합 등 거짓의 방법으로 신고한 사실이 발견된 경우 해당 신고자에게 반환할 금액을 통지하여야 하고, 해당 신고자는 그 통지를 받은 날부터 30일 이내에 해당 선거관리위원회에 이를 납부하여야 한다. <신설 2008.2.29>
③각급선거관리위원회는 해당 신고자가 제2항의 납부기한까지 반환할 금액을 납부하지 아니한 때에는 해당 신고자의 주소지를 관할하는 세무서장에게 징수를 위탁하고 관할 세무서장이 국세 체납처분의 예에 따라 징수한다.
<신설 2008.2.29>
④제2항 또는 제3항에 따라 납부 또는 징수된 금액은 국가에 귀속된다. <신설 2008.2.29>
[본조신설 2004.3.12]

제17장 보칙

第263조【선거비용의 초과지출로 인한 당선무효】 ①제122조(선거비용제한액의 공고)의 규정에 의하여 공고된 선거비용제한액의 200분의 1이상을 초과지출한 이유로 선거사무장, 선거사무소의 회계책임자가 징역형 또는 300만원 이상의 벌금형의 선고를 받은 때에는 그 후보자의 당선은 무효로 한다. 다만, 다른 사람의 유도 또는 도발에 의하여 당해 후보자의 당선을 무효로 되게 하기 위하여 지출한 때에는 그러하지 아니하다.
<개정 2004.3.12, 2005.8.4>
②「정치자금법」 제49조(선거비용관련 위반행위에 관한 벌칙)제1항 또는 제2항제6호의 죄를 범함으로 인하여 선거사무소의 회계책임자가 징역형 또는 300만원 이상의 벌금형의 선고를 받은 때에는 그 후보자(대통령후보자, 비례대표국회의원후보자 및 비례대표지방의회의원후보자를 제외한다)의 당선은 무효로 한다. 이 경우 제1항 단서의 규정을 준용한다.
<신설 2004.3.12, 2005.8.4>

第264조【당선인의 선거범죄로 인한 당선무효】 당선인이 당해 선거에 있어 이 법에 규정된 죄 또는 「정치자금법」 제49조의 죄를 범함으로 인하여 징역 또는 100만원이상의 벌금형의 선고를 받은 때에는 그 당선은 무효로 한다. <개정 2005.8.4, 2010.1.25>

第265조【선거사무장등의 선거범죄로 인한 당선무효】 선거사무장·선거사무소의 회계책임자(선거사무소의 회계책임자로 선임·신고되지 아니한 자로서 후보자와 통모하여 당해 후보자의 선거비용으로 지출한 금액이 선거비용제한액의 3분의 1 이상에 해당되는 자를 포함한다) 또는 후보자(후보자가 되려는 사람을 포함한다)의 직계존비속 및 배우자가 해당 선거에 있어서 제230조부터 제234조까지, 제257조제1항 중 기부행위를 한 죄 또는 「정치자금법」 제45조제1항의 정치자금 부정수수죄를 범함으로 인하여 징역형 또는 300만원 이상의 벌금형의 선고를 받은 때(선거사무장, 선거사무소의 회계책임자에 대하여는 선임·신고되기 전의 행위로 인한 경우를 포함한다)에는 그 선거구 후보자(대통령후보자, 비례대표국회의원후보자 및 비례대표지방의회의원후보자를 제외한다)의 당선은 무효로 한다. 다만, 다른 사람의 유도 또는 도발에 의하여 당해 후보자의 당선을 무효로 되게 하기 위하여 죄를 범한 때에는 그러하지 아니하다.
<개정 1995.5.10, 2000.2.16, 2004.3.12, 2005.8.4, 2010.1.25>

제265조의2 【당선무효된 자 등의 비용반환】 ①제263조부터 제265조까지의 규정에 따라 당선이 무효로 된 사람(그 기소 후 확정판결 전에 사직한 사람을 포함한다)과 당선되지 아니한 사람으로서 제263조부터 제265조까지에 규정된 자신 또는 선거사무장 등의 죄로 당선무효에 해당하는 형이 확정된 사람은 제57조와 제122조의2에 따라 반환·보전받은 금액을 반환하여야 한다. 이 경우 대통령선거의 정당추천후보자는 그 추천 정당이 반환하며, 비례대표국회의원선거 및 비례대표지방의회의원선거의 경우 후보자의 당선이 모두 무효로 된 때에 그 추천 정당이 반환한다. <개정 2010.1.25>
②관할선거구선거관리위원회는 제1항의 규정에 의한 반환사유가 발생한 때에는 지체없이 당해 정당·후보자에게 반환하여야 할 금액을 고지하여야 하고, 당해 정당·후보자는 그 고지를 받은 날부터 30일 이내에 선거구선거관리위원회에 이를 납부하여야 한다.
③관할선거구선거관리위원회는 제2항의 납부기한까지 당해 정당·후보자가 납부하지 아니한 때에는 당해 후보자의 주소지(정당에 있어서는 중앙당의 사무소 소재지를 말한다)를 관할하는 세무서장에게 징수를 위탁하고 관할세무서장이 국세체납처분의 예에 따라 이를 징수한다.
④제2항 또는 제3항의 규정에 의하여 납부 또는 징수된 금액은 국가 또는 지방자치단체에 귀속된다.
⑤제2항의 규정에 따른 고지방법·절차 기타 필요한 사항은 중앙선거관리위원회규칙으로 정한다.
[본조신설 2004.3.12]

제266조 【선거범죄로 인한 공무담임 등의 제한】 ①다른 법률의 규정에도 불구하고 제230조부터 제234조까지, 제237조부터 제255조까지, 제256조제1항·제2항, 제257조부터 제259조까지의 죄(당내경선과 관련한 죄는 제외한다) 또는 「정치자금법」 제49조의 죄를 범함으로 인하여 징역형의 선고를 받은 자는 그 집행을 받지 아니하기로 확정된 후 또는 그 형의 집행이 종료되거나 면제된 후 10년간, 형의 집행유예의 선고를 받은 자는 그 형이 확정된 후 10년간, 100만원이상의 벌금형의 선고를 받은 자는 그 형이 확정된 후 5년간 다음 각 호의 어느 하나에 해당하는 직에 취임하거나 임용될 수 없으며, 이미 취임 또는 임용된 자의 경우에는 그 직에서 퇴직된다.
<개정 2009.2.3, 2010.1.25>

1. 제53조제1항 각 호의 어느 하나에 해당하는 직(같은 항 제5호의 경우 각 조합의 조합장 및 상근 직원을, 같은 항 제1호의 경우 「고등교육법」 제14조제1항·제2항에 따른 총장·학장·교수·부교수·조교수·전임강사인 교원을 포함한다)
2. 제60조(선거운동을 할 수 없는 자)제1항제6호 내지 제8호에 해당하는 직
3. 「공직자윤리법」 제3조제1항제

12호 또는 제13호에 해당하는 기관·단체의 임·직원
4. 「사립학교법」 제53조(학교의 장의 임면) 또는 같은 법 제53조의2(학교의 장이 아닌 교원의 임면)의 규정에 의한 교원
5. 방송통신심의위원회의 위원

②다음 각 호의 어느 하나에 해당하는 사람은 당선인의 당선무효로 실시사유가 확정된 재선거(당선인이 그 기소 후 확정판결 전에 사직함으로 인하여 실시사유가 확정된 보궐선거를 포함한다)의 후보자가 될 수 없다.
<개정 2010.1.25>
1. 제263조 또는 제265조에 따라 당선이 무효로 된 사람(그 기소 후 확정판결 전에 사직한 사람을 포함한다)
2. 당선되지 아니한 사람(후보자가 되려던 사람을 포함한다)으로서 제263조 또는 제265조에 규정된 선거사무장 등의 죄로 당선무효에 해당하는 형이 확정된 사람

③다른 공직선거(교육의원선거 및 교육감선거를 포함한다)에 입후보하기 위하여 임기 중 그 직을 그만 둔 국회의원·지방의회의원 및 지방자치단체의 장은 그 사직으로 인하여 실시사유가 확정된 보궐선거의 후보자가 될 수 없다. <신설 2010.1.25>

제267조 【기소·판결에 관한 통지】 ①선거에 관한 범죄로 당선인, 후보자, 후보자의 직계존·비속 및 배우자, 선거사무장, 선거사무소의 회계책임자를 기소한 때에는 당해 선거구선거관리위원회에 이를 통지하여야 한다.
②제230조(매수 및 이해유도죄) 내지 제235조(방송·신문 등의 불법이용을 위한 매수죄)·제237조(선거의 자유방해죄) 내지 제259조(선거범죄선동죄)의 범죄에 대한 확정판결을 행한 재판장은 그 판결서등본을 당해 선거구선거관리위원회에 송부하여야 한다.

제268조 【공소시효】 ①이 법에 규정한 죄의 공소시효는 당해 선거일후 6월(선거일후에 행하여진 범죄는 그 행위가 있는 날부터 6월)을 경과함으로써 완성한다. 다만, 범인이 도피한 때나 범인이 공범 또는 범죄의 증명에 필요한 참고인을 도피시킨 때에는 그 기간은 3년으로 한다.
<개정 2004.3.12>
②삭제 <2005.8.4>

제269조 【재판의 관할】 선거범과 그 공범에 관한 제1심재판은 「법원조직법」 제32조(합의부의 심판권)제1항의 규정에 의한 지방법원합의부 또는 그 지원의 합의부의 관할로 한다. 다만, 군사법원이 재판권을 갖는 선거범과 그 공범에 관한 제1심재판은 「군사법원법」 제11조(보통군사법원의 심판사항)의 규정에 의한 보통군사법원의 관할로 한다. <개정 2005.8.4>

제270조 【선거범의 재판기간에 관한 강행규정】 선거범과 그 공범에 관한 재판은 다른 재판에 우선하여 신속히 하여야 하며, 그 판결의 선고는 제1심에서는 공소가 제기된 날부터 6월 이내에, 제2심 및 제3심에서는 전심의 판결의 선고가 있은 날부터 각각 3월 이내에 반드시 하여야 한다.
<개정 2000.2.16>
[제목개정 2000.2.16]

제270조의2 【피고인의 출정】 ①선거범에 관한 재판에서 피고인이 공시송달에 의하지 아니한 적법한 소환을 받고서도 공판기일에 출석하지 아니한 때에는 다시 기일을 정하여야 한다.
②피고인이 정당한 사유없이 다시 정한 기일 또는 그 후에 열린 공판기일에 출석하지 아니한 때에는 피고인의

출석없이 공판절차를 진행할 수 있다.
③제2항의 규정에 의하여 공판절차를 진행할 경우에는 출석한 검사 및 변호인의 의견을 들어야 한다.
④법원은 제2항의 규정에 따라 판결을 선고한 때에는 피고인 또는 변호인(변호인이 있는 경우에 한한다)에게 전화 기타 신속한 방법으로 그 사실을 통지하여야 한다.
[본조신설 2004.3.12]

제271조【불법시설물 등에 대한 조치 및 대집행】 ①각급선거관리위원회는 이 법의 규정에 위반되는 선거에 관한 벽보·인쇄물·현수막 기타 선전물(정당의 당사게시선전물을 포함한다)이나 유사기관·사조직 또는 시설 등을 발견한 때에는 지체없이 그 첩부 등의 중지 또는 철거·수거 ·폐쇄 등을 명하고, 이에 불응하는 때에는 대집행을 할 수 있다. 이 경우 대집행은 「행정대집행법」에 의하되, 그 절차는 「행정대집행법」 제3조(대집행의 절차)의 규정에 불구하고 중앙선거관리위원회 규칙이 정하는 바에 의할 수 있다.
<개정 1997.11.14, 2005.8.4>
②각급선거관리위원회는 제1항의 불법시설물 등에 중앙선거관리위원회규칙이 정하는 바에 따라 불법시설물임을 표시하는 표지를 하거나 공고할 수 있다.
③제56조제3항에 따라 기탁금에서 부담하는 대집행비용의 공제·납입·징수위탁 등에 관하여는 제261조제7항을 준용한다. <개정 2010.1.25>

제271조의2【선거에 관한 광고의 제한】 ①선거관리위원회는 방송·신문·잡지 기타 간행물에 방영·게재하고자 하는 광고내용이 이 법에 위반된다고 인정되는 때에는 당해 방송사 또는 일간신문사 등을 경영·관리하는 자와 광고주에게 광고중지를 요청할 수 있다.
②제1항의 규정에 의한 중지요청을 받은 자는 이에 따라야 하며, 당해 선거관리위원회는 중지요청에 불응하고 광고를 하는 때에는 지체없이 관할수사기관에 수사의뢰 또는 고발하여야 한다.
③제1항의 "광고"라 함은 후보자(후보자가 되고자 하는 자를 포함한다)의 당락이나 특정정당(창당준비위원회를 포함한다)에 유리 또는 불리한 광고(이 법의 규정에 의한 광고를 제외한다)를 말한다.
[본조신설 1998.4.30]

제272조【불법선전물의 우송중지】
①각급선거관리위원회(읍·면·동선거관리위원회를 제외한다. 이하 이 조에서 같다)는 직권 또는 정당·후보자의 요청에 의하여 이 법에 규정된 죄에 해당하는 범죄의 혐의가 있는 선전물을 우송하려 하거나 우송중임을 발견한 때에는 당해 우체국장에게 그 선전물에 대한 우송의 금지 또는 중지를 요청할 수 있다.
<개정 1998.4.30, 2000.2.16, 2005.8.4>
②우체국장이 제1항의 우송금지 또는 중지를 요청받은 때에는 그 우편물의 우송을 즉시 중지하고, 발송인에 대하여 그 사실을 통보하여야 한다. 다만, 발송인의 주소가 기재되지 아니한 때에는 발송우체국 게시판에 우송중지의 사실을 공고하여야 한다.
③제1항의 규정에 의한 우송의 금지 또는 중지를 요청한 때에는 당해 선거관리위원회는 지체없이 수사기관에 조사를 의뢰하거나 고발하고, 해당 우편물의 압수를 요청하여야 한다.
④제3항의 경우 수사기관은 「형사소송법」 제200조의4(긴급체포와 영장청구기간)의 기간내에 해당 우편물에 대한 압수영장의 발부여부를 당해 선거관리위원회 및 우체국장에게 통보하여

야 하되, 이 기간내에 압수영장을 발부받지 못한 때에는 우체국장은 즉시 그 우편물의 우송중지를 해제하여야 한다. <개정 1997.11.14, 2005.8.4>
⑤각급선거관리위원회는 이 법에 규정된 죄에 해당하는 범죄의 혐의가 있는 선전물이 우송된 것을 발견한 때에는 그 선전물의 우송에 관련된 자의 성명·주소 등 인적사항과 발송통수·배달지역 기타 선거범죄의 조사에 필요한 자료의 제출을 관계 우체국장에게 요구할 수 있다. 이 경우 자료제출의 요구를 받은 우체국장은 이에 응하여야 한다. <신설 2000.2.16, 2002.3.7>
⑥우체국장이 각급선거관리위원회의 요청에 의하여 우편물의 우송을 중지하거나 선전물의 우송에 관련된 자의 인적사항 등 자료를 제출한 때에는 「우편법」 제3조(우편물의 비밀보장)·제50조(우편취급거부의 죄)·제51조(신서의 비밀침해의 죄)·제51조의2(비밀누설의 죄), 「우편환법」 제19조(비밀의 보장) 및 「통신비밀보호법」 제3조(통신 및 대화비밀의 보호)의 규정을 적용하지 아니한다.
<개정 2000.2.16, 2002.3.7, 2005.8.4>
⑦각급선거관리위원회는 우편관서에서 취급중에 있는 우편물중 이 법에 규정된 죄에 해당하는 범죄의 혐의가 있는 불법선전물이 있다고 판단되는 때에는 당해 우체국장에게 제1항의 조치와 함께 「우편법」 제28조(법규위반우편물의 개피)의 규정에 의한 조치를 하여 줄 것을 요청할 수 있다. 이 경우 「우편법」 제48조(우편물개피 훼손의 죄) 및 「통신비밀보호법」 제16조(벌칙)의 규정은 적용하지 아니한다.
<신설 2000.2.16, 2005.8.4>

제272조의2【선거범죄의 조사등】
①각급선거관리위원회(읍·면·동선거관리위원회를 제외한다. 이하 이 조에서 같다)위원·직원은 선거범죄에 관하여 그 범죄의 혐의가 있다고 인정되거나, 후보자(경선후보자를 포함한다)·예비후보자·선거사무장·선거연락소장 또는 선거사무원이 제기한 그 범죄의 혐의가 있다는 소명이 이유있다고 인정되는 경우 또는 현행범의 신고를 받은 경우에는 그 장소에 출입하여 관계인에 대하여 질문·조사를 하거나 관련서류 기타 조사에 필요한 자료의 제출을 요구할 수 있다.
<개정 2004.3.12, 2005.8.4>
②각급선거관리위원회 위원·직원은 선거범죄 현장에서 선거범죄에 사용된 증거물품으로서 증거인멸의 우려가 있다고 인정되는 때에는 조사에 필요한 범위 안에서 현장에서 이를 수거할 수 있다. 이 경우 당해 선거관리위원회위원·직원은 수거한 증거물품을 그 관련된 선거범죄에 대하여 고발 또는 수사의뢰한 때에는 관계수사기관에 송부하고, 그러하지 아니한 때에는 그 소유·점유·관리하는 자에게 지체없이 반환하여야 한다.
<신설 2000.2.16, 2004.3.12>
③누구든지 제1항의 규정에 의한 장소의 출입을 방해하여서는 아니되며 질문·조사를 받거나 자료의 제출을 요구받은 자는 이에 응하여야 한다.
④각급선거관리위원회위원·직원은 선거범죄 조사와 관련하여 관계자에게 질문·조사하기 위하여 필요하다고 인정되는 때에는 선거관리위원회에 동행 또는 출석할 것을 요구할 수 있다. 다만, 선거기간중 후보자에 대하여는 동행 또는 출석을 요구할 수 없다.
<신설 2000.2.16, 2004.3.12>
⑤각급선거관리위원회위원·직원은 선거의 자유와 공정을 현저히 해할 우려가 있는 이 법에 위반되는 행위가 눈앞에 행하여지고 있거나, 행하여질 것이 명백하다고 인정되는 경우에는 그 현장에서 행위의 중단 또는 예방에 필요한 조치를 할 수 있다.

<신설 2002.3.7>
⑥각급선거관리위원회위원·직원이 제1항의 규정에 의한 장소에 출입하거나 질문·조사 ·자료의 제출을 요구하는 경우에는 관계인에게 그 신분을 표시하는 증표를 제시하고 소속과 성명을 밝히고 그 목적과 이유를 설명하여야 한다.
⑦제1항 내지 제6항의 규정에 의한 소명절차·방법, 증거자료의 수거, 증표의 규격 기타 필요한 사항은 중앙선거관리위원회규칙으로 정한다.
<개정 2000.2.16, 2002.3.7>
[본조신설 1997.11.14]

제272조의3【통신관련 선거범죄의 조사】 ①각급선거관리위원회(읍·면·동선거관리위원회를 제외한다. 이하 이 조에서 같다)직원은 정보통신망을 이용한 이 법 위반행위의 혐의가 있다고 인정되는 상당한 이유가 있는 때에는 당해 선거관리위원회의 소재지를 관할하는 고등법원(구·시·군선거관리위원회의 경우에는 지방법원을 말한다) 수석부장판사 또는 이에 상당하는 부장판사의 승인을 얻어 정보통신서비스제공자에게 당해 정보통신서비스 이용자의 성명(이용자를 식별하기 위한 부호를 포함한다)·주민등록번호·주소(전자우편주소·인터넷 로그기록자료 및 정보통신망에 접속한 정보통신기기의 위치를 확인할 수 있는 자료를 포함한다)·이용기간·이용요금에 대한 자료의 열람이나 제출을 요청할 수 있다.
<개정 2005.8.4>
②각급선거관리위원회 직원은 전화를 이용한 이 법 위반행위의 혐의가 있다고 인정되는 상당한 이유가 있는 때에는 당해 선거관리위원회의 소재지를 관할하는 고등법원(구·시·군선거관리위원회의 경우에는 지방법원을 말한다) 수석부장판사 또는 이에 상당하는 부장판사의 승인을 얻어 정보통신서비스제공자에게 이용자의 성명·주민등록번호·주소·이용기간·이용요금, 송화자 또는 수화자의 전화번호, 설치장소·설치대수에 대한 자료의 열람이나 제출을 요청할 수 있다.
③제1항 및 제2항의 규정에 의한 요청을 받은 자는 지체없이 이에 응하여야 한다.
④각급선거관리위원회 직원은 정보통신서비스제공자로부터 제1항 또는 제2항의 규정에 의하여 제출받은 자료를 이 법 위반행위에 대한 조사목적외의 용도로 사용하여서는 아니되며, 관계수사기관에 고발 또는 수사의뢰하는 경우를 제외하고는 이를 공개하여서는 아니된다.
⑤제1항 또는 제2항의 규정에 의한 요청 기타 필요한 사항은 중앙선거관리위원회규칙으로 정한다.
[본조신설 2004·3·12]

제273조【재정신청】 ①제230조부터 제234조까지, 제237조부터 제239조까지, 제248조부터 제250조까지, 제255조제1항제1호·제2호·제10호·제11호 및 제3항, 제257조 또는 제258조의 죄에 대하여 고발을 한 후보자와 정당(중앙당에 한한다) 및 해당 선거관리위원회는 그 검사 소속의 지방검찰청 소재지를 관할하는 고등법원에 그 당부에 관한 재정을 신청할 수 있다.
<개정 2010.1.25>
②제1항의 규정에 의한 재정신청에 관하여는 「형사소송법」 제260조제2항부터 제4항까지, 제261조, 제262조, 제262조의4제2항, 제264조 및 제264조의2의 규정을 적용한다.
<개정 2005.8.4, 2007.6.1>
③제1항의 규정에 의한 재정신청서가 「형사소송법」 제260조제3항에 따른 지방검찰청검사장 또는 지청장에게 접수된 때에는 그때부터 「형사소송법」 제262조제2항의 결정이 있을 때까지

공소시효의 진행이 정지된다. <개정 2005.8.4, 2007.12.21>

④제1항의 규정에 의한 재정신청에 관하여는 검사가 당해 선거범죄의 공소시효만료일전 10일까지 공소를 제기하지 아니한 때에는 그 때, 선거관리위원회가 고발한 선거범죄에 대하여 고발을 한 날부터 3월까지 검사가 공소를 제기하지 아니한 때에는 그 3월이 경과한 때 각각 검사로부터 공소를 제기하지 아니한다는 통지가 있는 것으로 본다. <개정 2000.2.16>

제274조 【선거에 관한 신고 등】 ①이 법 또는 이 법의 시행을 위한 중앙선거관리위원회규칙에 의하여 선거기간 중 각급행정기관과 각급선거관리위원회에 대하여 행하는 신고·신청·제출·보고 등은 이 법에 특별한 규정이 있는 경우를 제외하고는 공휴일에도 불구하고 매일 오전 9시부터 오후 6시까지 하여야 한다. <개정 2011.7.28>

②각급선거관리위원회는 이 법 또는 이 법의 시행을 위한 중앙선거관리위원회규칙에 따른 신고·신청·제출·보고 등을 당해 선거관리위원회가 제공하는 서식에 따라 컴퓨터의 자기디스크 그 밖에 이와 유사한 매체에 기록하여 제출하게 하거나 당해 선거관리위원회가 지정하는 인터넷홈페이지에 입력하는 방법으로 제출하게 할 수 있다. <신설 2005.8.4>

[제목개정 2011.7.28]

제275조 【선거운동의 제한·중지】 지역구국회의원선거, 지방의회의원선거 및 지방자치단체의 장선거에서 후보자등록마감후 후보자가 사퇴·사망하거나 등록이 무효로 된 경우 해당 선거구의 후보자가 그 선거구에서 선거할 정수범위를 넘지 아니하게 되어 투표를 하지 아니하게 된 때에는 그 사유가 확정된 때부터 이 법에 의한 해당 지역구국회의원선거, 해당 지방의회의원선거 및 지방자치단체의 장선거의 선거운동은 이를 중지한다. <개정 2010.1.25>

제276조 【선거일후 선전물 등의 철거】 선거운동을 위하여 선전물이나 시설물을 첩부·게시 또는 설치한 자는 선거일후 지체없이 이를 철거하여야 한다.

제277조 【선거관리경비】 ①대통령선거 및 국회의원선거의 관리준비와 실시에 필요한 다음 각호에 해당하는 경비와 지방의회의원 및 지방자치단체의 장의 선거에 관한 사무중 통일적인 수행을 위하여 중앙선거관리위원회 및 시·도선거관리위원회가 집행하는 경비는 국가가 부담한다. 이 경우 임기만료에 의한 선거에 있어서는 당해 선거의 선거기간개시일이 속하는 연도(제2호에 해당하는 경비는 당해 선거의 선거일전 180일이 속하는 연도를 포함한다)의 본예산에 편성하여야 하되 늦어도 선거기간개시일전 60일(제2호에 해당하는 경비는 당해 선거의 선거일전 240일)까지 중앙선거관리위원회에 배정하여야 하며, 보궐선거등에 있어서는 그 사무의 수행에 지장이 없도록 그 선거의 실시사유가 확정된 때부터 15일[제197조(선거의 일부무효로 인한 재선거)의 재선거에 있어서는 그 사유확정일부터 5일을, 연기된 선거와 재투표에 있어서는 늦어도 선거일공고일전일을 말한다. 이하 이 조에서 같다]까지 중앙선거관리위원회에 배정하여야 한다. <개정 2000.2.16, 2004.3.12>

1. 이 법의 규정에 의한 선거의 관리준비와 실시에 필요한 경비
2. 선거에 관한 계도·홍보 및 단속사무에 필요한 경비
3. 선거에 관한 소송에 필요한 경비
4. 선거에 관한 소송의 결과로 부담하여야 할 경비

5. 선거결과에 대한 자료의 정리에 필요한 경비
6. 선거관리를 위한 선거관리위원회의 운영 및 사무처리에 필요한 경비
7. 예측할 수 없는 경비 또는 예산초과지출에 충당하기 위한 경비로서 제1호 및 제2호의 규정에 의한 경비의 합계금액의 100분의 1에 상당하는 금액

②지방의회의원 및 지방자치단체의 장의 선거의 관리준비와 실시에 필요한 다음 각호에 해당하는 경비는 당해 지방자치단체가 부담한다. 이 경우 임기만료에 의한 선거에 있어서는 당해 선거의 선거기간개시일이 속하는 연도(제1항제2호에 해당하는 경비는 당해 선거의 선거일전 180일이 속하는 연도를 포함한다)의 본예산에 편성하여야 하되 늦어도 선거기간개시일전 60일(제1항제2호에 해당하는 경비는 당해 선거의 선거일전 240일)까지 시·도의 의회의원 및 장의 선거에 있어서는 당해 시·도선거관리위원회에, 자치구·시·군의 의회의원 및 장의 선거에 있어서는 당해 선거구선거관리위원회에 납부하여야 하며, 보궐선거등에 있어서는 그 사무의 수행에 지장이 없도록 그 선거의 실시사유가 확정된 때부터 15일까지 시·도의 의회의원 및 장의 선거에 있어서는 해당 시·도선거관리위원회에, 자치구·시·군의회의원 및 장의 선거에 있어서는 당해 선거구선거관리위원회에 납부하여야 한다.
<개정 2000.2.16, 2004.3.12>

1. 제1항 각호의 경비
2. 선거에 관한 소청에 필요한 경비
3. 선거에 관한 소청의 결과로 부담하여야 할 경비

③제1항 및 제2항의 규정에 의하여 국가나 지방자치단체가 선거관리경비를 배정 또는 납부한 후에 이미 그 경비를 배정 또는 납부한 선거와 동시에 선거를 실시하여야 할 새로운 사유가 발생하거나 배정 또는 납부한 경비에 부족액이 발생한 때에는 제4항의 구분에 따른 당해 선거관리위원회의 요구에 의하여 지체없이 추가로 배정 또는 납부하여야 한다.

④제1항 내지 제3항의 규정에 의한 경비외의 경비로서 이 법에 의하여 국가 또는 지방자치단체가 부담하는 경비중 국가가 부담하는 경비는 중앙선거관리위원회의, 시·도의 의회의원 및 장의 선거에 따른 경비는 시·도선거관리위원회의, 자치구·시·군의 의회의원 및 장의 선거에 따른 경비는 당해 선거구선거관리위원회의 요구에 의하여 당해 선거의 선거일부터 15일안에 당해 선거관리위원회에 배정 또는 납부하여야 한다.

⑤제2항 내지 제4항의 규정에 의한 경비의 산출기준·납부절차와 방법·집행·검사 및 반환 기타 필요한 사항은 중앙선거관리위원회규칙으로 정한다.

제277조의2【질병·부상 또는 사망에 대한 보상】 ①중앙선거관리위원회는 각급선거관리위원회위원, 투표관리관, 선거부정감시단원, 투표 및 개표사무원(공무원인 자를 제외한다)이 선거기간(선거부정감시단원의 경우 선거부정감시단을 두는 기간을 말한다)중에 선거업무로 인하여 질병·부상 또는 사망한 때에는 중앙선거관리위원회규칙이 정하는 바에 의하여 보상금을 지급하여야 한다. <개정 2004.3.12, 2005.8.4>

②중앙선거관리위원회는 제1항의 규정에 의한 보상을 위하여 매년 예산에 재해보상준비금을 계상하여야 한다.

③제1항의 보상금 지급사유가 제3자의 행위로 인하여 발생한 경우에는 중앙선거관리위원회는 이미 지급한 보상금의 지급 범위안에서 수급권자가 제3자에 대하여 가지는 손해배상청구권을 취득한다. 다만, 제3자가 공무수행중의

공무원인 경우에는 손해배상청구권의 전부 또는 일부를 행사하지 아니할 수 있다. <신설 2004.3.12>
④제3항의 경우 보상금의 수급권자가 그 제3자로부터 동일한 사유로 인하여 이미 손해배상을 받은 경우에는 그 배상액의 범위안에서 보상금을 지급하지 아니한다. <신설 2004.3.12>
⑤제1항의 보상금 지급사유가 그 수급권자의 고의 또는 중대한 과실로 인하여 발생한 경우에는 해당 보상금의 전부 또는 일부를 지급하지 아니할 수 있다. <신설 2010.1.25>
⑥제5항의 고의 또는 중대한 과실에 의한 보상금의 감액, 중대한 과실의 적용범위, 그 밖에 필요한 사항은 중앙선거관리위원회규칙으로 정한다.
<신설 2010.1.25>
[본조신설 2002.3.7]

第278조【전산조직에 의한 투표·개표】 ①중앙선거관리위원회는 투표 및 개표 기타 선거사무의 정확하고 신속한 관리를 위하여 사무전산화를 추진하여야 한다.
②투표사무관리의 전산화에 있어서는 투표의 비밀이 보장되고 선거인의 투표가 용이하여야 하며, 정당 또는 후보자의 참관이 보장되어야 하고, 기표착오의 시정, 무효표의 방지 기타 투표의 정확을 기할 수 있도록 하여야 한다.
③개표사무관리의 전산화에 있어서는 정당 또는 후보자별 득표수의 계산이 정확하고, 투표결과를 검증할 수 있어야 하며, 정당 또는 후보자의 참관이 보장되어야 한다.
④중앙선거관리위원회는 투표 및 개표사무관리를 전산화하여 실시하고자 하는 때에는 이를 선거인이 알 수 있도록 안내문 배부·언론매체를 이용한 광고 기타의 방법으로 홍보하여야 하며, 그 실시여부에 대하여는 국회에 교섭단체를 구성한 정당과 협의하여 결정하여야 한다. <개정 2002.3.7, 2005.8.4>
⑤중앙선거관리위원회는 제4항의 협의를 위하여 국회에 교섭단체를 구성한 정당이 참여하는 전자선거추진협의회를 설치·운영할 수 있다.
<신설 2005.8.4>
⑥투표 및 개표 기타 선거사무관리의 전산화에 있어서 투표 및 개표절차와 방법, 전산전문가의 투표 및 개표사무원 위촉과 전산조직운영프로그램의 작성·검증 및 보관, 전자선거추진협의회의 구성·기능 및 운영 그 밖에 필요한 사항은 중앙선거관리위원회규칙으로 정한다. <개정 2005.8.4>
[본조신설 2000.2.16]

第279조【정당·후보자의 선전물의 공익목적 활용 등】 ①각급선거관리위원회(읍·면·동선거관리위원회는 제외한다. 이하 이 조에서 같다)는 이 법(대통령선거·국회의원선거·지방의회의원선거 및 지방자치단체의 장선거에 관한 각 폐지법률을 포함한다)에 따라 정당 또는 후보자(후보자가 되려는 자를 포함한다. 이하 이 조에서 같다)가 선거관리위원회에 제출한 벽보·공보·소형인쇄물 등 각종 인쇄물, 광고, 사진, 그 밖의 선전물을 공익을 목적으로 출판·전시하거나 인터넷홈페이지 게시, 그 밖의 방법으로 활용할 수 있다.
②제1항에 따라 각급선거관리위원회가 공익을 목적으로 활용하는 정당 또는 후보자의 벽보·공보·소형인쇄물 등 각종 인쇄물, 광고, 사진, 그 밖의 선전물에 대하여는 누구든지 각급선거관리위원회에 대하여 「저작권법」상의 권리를 주장할 수 없다.
[본조신설 2008.2.29]

부칙

<제11071호, 2011. 11.7>

제1조 【시행일】 이 법은 공포한 날부터 시행한다.

제2조 【선거권에 관한 적용례】 제15조제1항 및 제2항의 개정규정은 이 법 시행 후 최초로 실시하는 임기만료에 의한 선거부터 적용한다.

제3조 【다른 법령과의 관계】 이 법 시행 당시 다른 법령에서 종전의 규정을 인용하고 있는 경우에 이 법 중 그에 해당하는 규정이 있는 때에는 종전의 규정을 갈음하여 이 법의 해당 규정을 인용한 것으로 본다.

공직선거법 시행령

[시행 2010. 2. 1]
[대통령령 제22003호, 2010. 1.27, 타법개정]

제1조 【목적】 이 영은 「공직선거법」에서 위임된 사항과 그 시행에 관하여 필요한 사항을 규정함을 목적으로 한다. <개정 2005.9.14>

제2조 【자치구·시·군의원선거구획정위원회의 구성 및 운영 등】 ①「공직선거법」(이하 "법"이라 한다) 제24조제11항의 규정에 의하여 특별시·광역시·도(이하 "시·도"라 한다)에 두는 자치구·시·군의원선거구획정위원회(이하 "위원회"라 한다)는 위원장 1인을 포함한 11인의 비상근 위원으로 구성하되, 위원은 시·도의회에서 추천하는 자 2인, 시·도선거관리위원회에서 추천하는 자 1인, 학계·법조계·언론계 및 시민단체가 추천하는 자 중에서 각각 2인을 위촉하고, 위원장은 위원 중에서 호선한다.
②위원의 임기는 위원으로 위촉된 날부터 위원회가 법 제24조제7항의 규정에 의한 보고서를 특별시장·광역시장·도지사(이하 "시·도지사"라 한다)에게 제출하는 날까지로 한다.
③위원장은 위원회를 대표하고 위원회의 직무를 총괄하며, 위원장이 부득이한 사유로 직무를 수행할 수 없는 때에는 미리 위원장이 지명한 위원이 그 직무를 대행한다.
④위원회는 시·도지사 또는 위원장이 필요하다고 인정하는 때에 위원장이 이를 소집하며, 재적위원 과반수의 찬성으로 의결한다.
⑤위원회는 선거구획정업무와 직접 관련된 서류의 제출을 위원장의 명의로 해당 지방자치단체의 장에게 요청할 수 있다.
⑥제5항의 규정에 의하여 자료의 제출을 요구받은 지방자치단체의 장은 특별한 사유가 없는 한 위원회가 정하는 기간 내에 자료를 제출하여야 하며, 그 기간 내에 요구 받은 자료를 제출할 수 없는 경우에는 그 사유를 소명하는 자료를 제출하여야 한다.
⑦위원에게는 당해 시·도의 예산의 범위 안에서 일비·여비 그 밖에 필요한 경비를 지급할 수 있다.
⑧위원회의 사무를 처리하기 위하여 위원회에 간사 1인을 두되, 간사는 해당 시·도 소속공무원중에서 당해 시·도지사가 지정하는 공무원이 된다.
⑨이 영에 규정된 사항 외에 위원회의 운영에 관하여 필요한 사항은 위원회의 의결로 정한다.
[전문개정 2005.9.14]

제3조 【자치구·시·군의원지역선거구 명칭】 법 제26조제2항의 규정에 의한 자치구·시·군의원지역선거구의 명칭은 자치구·시·군의 명칭 뒤에 가, 나, 다를 붙여 표시한다.
[전문개정 2005.9.14]

제4조 【현직을 가지고 입후보할 수 없는 언론인의 범위】 법 제53조제1항 제8호에서 "대통령령으로 정하는 언론인"이라 함은 다음 각호의 1에 해당하는 언론인을 말한다.
<개정 1998.4.30, 2000.3.13, 2005.9.14, 2008.6.5, 2010.1.27>

1. 「신문 등의 진흥에 관한 법률」 제9조에 따라 등록한 신문 및 인터넷신문과 「잡지 등 정기간행물의 진흥에 관한 법률」 제15조에 따라 등록하거나 같은 법 제16조에 따라 신고한 정기간행물(분기별 1회 이상 발행하는 것으로 등록된 것만 해당한다) 중 다음 각 목의 어느 하나에 해당하는 것을 제외한 신문, 인터넷신

문 및 정기간행물을 발행·경영하는 자와 이에 상시 고용되어 편집·취재 또는 집필의 업무에 종사하는 자
가. 정당의 기관지와 「고등교육법」 제2조의 규정에 의한 대학, 산업대학, 교육대학, 전문대학, 원격대학, 기술대학 및 각종학교의 학보
나. 산업·경제·사회·과학·종교·교육·문화·체육등 전문분야에 관한 순수한 학술 및 정보의 제공·교환을 목적으로 발행하는 것
다. 기업체가 소속원에게 그 동정 또는 공지사항을 알리거나 기업의 홍보 또는 제품의 소개를 위하여 발행하는 것
라. 법인·단체등이 소속원에게 그 동정이나 공지사항을 알릴 목적으로 발행하는 것
마. 정치에 관한 보도·논평의 목적없이 발행하는 것
바. 기타 여론형성의 목적없이 발행하는 것
2. 「방송법」에 의한 방송사업(방송채널사용사업은 보도에 관한 전문편성을 행하는 방송채널사용사업에 한한다)을 경영하는 자와 이에 상시고용되어 편집·제작·취재·집필 또는 보도의 업무에 종사하는 자

제5조 삭제 <2005.9.14>

제6조 삭제 <2000.2.28>

부칙

<제22003호, 2010. 1.27>

(신문 등의 진흥에 관한 법률 시행령)

제1조 【시행일】 이 영은 2010년 2월 1일부터 시행한다.

제2조 및 제3조 생략

제4조 【다른 법령의 개정】
①부터 ④까지 생략
⑤공직선거법 시행령 일부를 다음과 같이 개정한다.
제4조제1호 각 목 외의 부분 중 "「신문 등의 자유와 기능보장에 관한 법률」 제12조의 규정에 의하여 등록한 정기간행물(분기별 1회 이상 발행하는 것으로 등록된 것에 한한다) 및 인터넷신문"을 "「신문 등의 진흥에 관한 법률」 제9조에 따라 등록한 신문 및 인터넷신문과 「잡지 등 정기간행물의 진흥에 관한 법률」 제15조에 따라 등록하거나 같은 법 제16조에 따라 신고한 정기간행물(분기별 1회 이상 발행하는 것으로 등록된 것만 해당한다)"로, "정기간행물 및 인터넷신문"을 "신문, 인터넷신문 및 정기간행물"로 한다.
⑥부터 <45>까지 생략

제5조 생략

국민투표법

[시행 2009. 2.12]
[법률 제9467호, 2009. 2.12, 일부개정]

제1장 총칙

제1조 【목적】 이 법은 헌법 제72조의 규정에 의한 외교·국방·통일 기타 국가안위에 관한 중요정책과 헌법 제130조의 규정에 의한 헌법개정안에 대한 국민투표에 관하여 필요한 사항을 규정함을 목적으로 한다.

제2조 【투표인의 정의】 이 법에서 "투표인"이라 함은 투표권이 있는 자로서 투표인명부에 등재된 자를 말한다.

제3조 【국민투표사무의 협조】 관공서 기타의 공공기관은 국민투표관리기관으로부터 국민투표의 실시에 관하여 필요한 협조의 요구를 받은 때에는 우선적으로 이에 응하여야 한다.

제4조 【투표권행사에 대한 보장】 공무원·학생 또는 다른 사람에게 고용된 자가 투표인명부의 열람 또는 투표에 필요한 시간은 휴무 또는 휴업으로 보지 아니한다.

제5조 【인구의 기준】 이 법에 규정된 인구의 기준은 주민등록법의 규정에 의한 주민등록표에 의하여 조사한 최근의 인구통계 및 「재외동포의 출입국과 법적 지위에 관한 법률」에 따른 국내거소신고대장에 등재된 재외국민의 수에 의한다. <개정 2009.2.12>

제6조 【국민투표관리】 국민투표사무는 이 법에 특별한 규정이 있는 경우를 제외하고는 중앙선거관리위원회가 통할·관리하며, 하급선거관리위원회의 위법·부당한 처분에 대하여 이를 취소하거나 변경할 수 있다.

제2장 투표권

제7조 【투표권】 19세 이상의 국민은 투표권이 있다. <개정 2007.5.17>

제8조 【연령산정기준】 투표권자의 연령은 국민투표일 현재로 산정한다.

제9조 【투표권이 없는 자】 투표일 현재 「공직선거법」 제18조의 규정에 따라 선거권이 없는 자는 투표권이 없다. [전문개정 2007.5.17]

제3장 국민투표에 관한 구역

제10조 【국민투표의 단위】 국민투표는 전국을 단위로 하여 이를 행한다.

제11조 【투표구】 투표구는 국민투표일공고일 현재의 공직선거및선거부정방지법에 의한 투표구로 한다.
<개정 1994.3.16>

제12조 【개표구】 구·시·군을 개표구로 한다. 다만, 국민투표일공고일 현재로 구·시 군안에 2 이상의 구·시 군선거관리위원회가 있는 경우에는 당해 선거관리위원회의 관할구역을 각각 개표구로 한다.

제13조 【행정구역의 변경】 국민투표일공고일로부터 투표일까지의 사이에는 행정구역의 변경, 투표구의 변경 또는 제12조의 구·시·군선거관리위원회의 관할구역의 변경이 있어도 국민투표에 관한 구역은 변경되지 아니한다.

제4장 투표인명부

제14조 【투표인명부의 작성】 ①국민투표를 실시할 때에는 그때마다 구청장(자치구의 구청장을 포함하며, 도농복합형태의 시에 있어서는 동지역에 한한다)·시장(구가 설치되지 아니한 시의 시장을 말하며, 도농복합형태의 시에 있어서는 동지역에 한한다)·읍장·면장(이하 "구·시·읍·면의 장"이라 한다)은 국민투표일공고일 현재로 그 관할구역 안에 주민등록이 되어 있는 투표권자 및 「재외동포의 출입국과 법적지위에 관한 법률」 제2조에 따른 재외국민으로서 같은 법 제6조에 따른 국내거소신고가 되어 있는 투표권자를 투표구별로 조사하여 국민투표일공고일로부터 5일 이내에 투표인명부를 작성하여야 한다. <개정 2009.2.12>
②투표인명부에 등재된 국내거주자중 다음 각호의 1에 해당하는 자로서 국민투표일 현재에 스스로 투표소에서 투표할 수 없는 때에는 대통령령이 정하는 바에 따라 국민투표일공고일로부터 5일 이내에 구·시·읍·면의 장에게 부재자신고를 할 수 있다. 이 경우 우편은 무료로 한다.

1. 투표인명부에 등재된 개표구밖에 장기 여행하는 자
2. 법령에 의하여 영내 또는 함정에 장기 기거하는 군인
3. 병원·요양소·수용소·교도소 또는 선박등에 장기 기거하는 자

③구·시·읍·면의 장은 제2항의 규정에 의한 신고가 있을 때에는 투표인명부에 이를 표시하는 동시에 부재자신고인명부를 투표구별로 따로 작성하여야 한다.
④투표인명부 및 부재자신고인명부에는 투표권자의 성명·주소·성별과 생년월일 기타 필요한 사항을 기재하여야 한다.
⑤누구든지 2 이상의 투표인명부에 등재될 수 없다.
⑥투표인명부 및 부재자신고인명부의 작성 등 필요한 사항은 대통령령으로 정한다.
⑦구·시·읍·면의 장은 투표인명부 및 부재자신고인명부를 작성한 때에는 즉시 그 등본 1통을 관할구·시·군선거관리위원회에 송부하여야 한다.
⑧1투표구의 투표권자의 수가 2천인을 넘을 때에는 그 투표인명부를 2개로 분철할 수 있다.
[2009.2.12 법률 제9467호에 의하여 2007.6.28 헌법재판소에서 헌법불합치 결정된 이 조 제1항을 개정함.]

제15조 【명부작성의 감독】 ①투표인명부의 작성에 관하여는 관할구·시·군선거관리위원회가 이를 감독한다.
②구·시·읍·면의 장과 투표인명부작성에 종사하는 공무원이 임면된 때에는 당해 구·시·읍·면의 장은 지체없이 관할구·시·군선거관리위원회에 통보하여야 한다. 구·시·읍·면의 장이 사고로 인하여 다른 자가 그 직무를 대리하게 된 때에도 또한 같다.
③투표인명부의 작성기간중에 구·시·읍·면의 장과 투표인명부작성에 종사하는 공무원을 해임하고자 하는 때에는 그 임면권자는 관할구·시·군선거관리위원회 또는 특별시·광역시·도선거관리위원회(이하 "시·도선거관리위원회"라 한다)와 협의하여야 한다.
<개정 1997.12.13>
④구·시·읍·면의 장과 투표인명부작성에 종사하는 공무원이 정당한 이유없이 투표인명부작성에 관하여 관할구·시·군선거관리위원회의 지시·명령 또는 시정요구에 불응하거나 그 직무를 태만히 하거나 위법·부당한 행위를 한 때에는 관할구·시·군선거관리위원회 또는 시·도선거관리위원회는 임면권자에게 그 체임을 요구할 수 있다.

⑤제4항의 체임요구가 있는 때에는 임면권자는 정당한 이유를 제시하지 아니하는 한 이에 응하여야 한다.

제16조 【명부열람】 ①구·시·읍·면의 장은 투표인명부작성만료일의 다음날로부터 3일간 장소를 정하여 투표인명부를 열람하게 하여야 하며, 투표권자의 편의를 위하여 열람기간중 구·시에 있어서는 통별, 읍·면에 있어서는 리별의 투표인명부등본을 통·리의 장이 지정하는 장소에 비치하여 공람하게 하여야 한다.
②투표권자는 누구든지 투표인명부를 자유로이 열람할 수 있다.
③제1항의 장소와 열람시간은 열람개시일 3일전에 이를 공고하여야 한다.

제17조 【이의신청】 ①투표권자는 누구든지 투표인명부에 누락·오기 또는 자격이 없는 투표인이 등재되어 있다고 인정하는 때에는 열람기간내에 구술 또는 서면으로 당해 구·시·읍·면의 장에게 이의를 신청하여 그 수정을 요구할 수 있다.
②구·시·읍·면의 장이 제1항의 요구를 받은 때에는 2일 이내에 심사·결정하되 이의가 정당하다고 결정한 때에는 즉시 투표인명부를 수정하고 신청인·관계인과 관할구·시·군선거관리위원회에 서면으로 통지하여야 하며, 정당하지 아니하다고 결정한 때에는 그 뜻을 신청인·관계인과 관할구·시·군선거관리위원회에 서면으로 통지하여야 한다.

제18조 【이의결정에 대한 불복신청】 ①제17조에 의한 결정에 대하여 불복이 있는 신청인이나 관계인은 그 통지를 받은 날의 다음날까지 관할구·시·군선거관리위원회에 서면으로 재심을 요구할 수 있다.
②관할구·시·군선거관리위원회가 제1항의 재심요구를 받은 때에는 2일 이내에 심사·결정하되 그 요구가 정당하다고 결정한 때에는 즉시 관계 구·시·읍·면의 장에게 통지하여 투표인명부를 수정하게 하고 즉시 신청인과 관계인에게 서면으로 통지하여야 하며, 정당하지 아니하다고 결정한 때에는 그 뜻을 신청인·관계인과 관계 구·시·읍·면의 장에게 서면으로 통지하여야 한다.

제19조 【명부의 확정과 효력】 투표인명부는 투표일전 5일에, 부재자신고인명부는 그 신청기간만료일의 다음날에 각각 확정되며, 당해 국민투표에 한하여 효력을 가진다.

제20조 【투표인명부의 재작성】 ①천재·지변 기타의 사고로 인하여 필요한 때에는 구·시·읍·면의 장은 다시 투표인명부를 작성하여야 한다. 다만, 제14조제7항의 규정에 의하여 송부한 투표인명부등본이 있는 때에는 투표인명부를 다시 작성하지 아니하고 그 투표인명부등본에 의한다.
②제1항의 투표인명부의 작성·열람·확정·유효기간 기타 필요한 사항에 관하여는 대통령령으로 정한다.

제21조 【명부사본의 교부】 ①구·시·읍·면의 장은 국민투표일공고일 현재 국회에 교섭단체를 구성한 정당(이하 "정당"이라 한다)의 신청이 있는 때에는 확정된 투표인명부 또는 부재자신고인명부의 사본 1통을 그 명부가 확정된 후 지체없이 신청인에게 교부하여야 한다.
②제1항의 규정에 의한 투표인명부사본 및 부재자신고인명부사본의 교부신청은 투표인명부 또는 부재자신고인명부의 확정일전일까지 당해 구·시·읍·면의 장에게 하여야 한다.
③투표인명부사본 또는 부재자신고인명부사본의 교부신청 및 비용납부등에

관하여 필요한 사항은 대통령령으로 정한다.

제5장 국민투표안의 게시등

제22조 【국민투표안의 게시】 ①중앙선거관리위원회는 공고된 국민투표안을 투표권자에게 주지시키기 위하여 게시하여야 한다.
②국민투표안의 게시는 인구 100인에 1매의 비율로 한다. 다만, 구·시에 있어서는 인구밀집상태 및 첩부장소등을 감안하여 중앙선거관리위원회가 정하는 바에 따라 인구 500인에 1매의 비율까지 조정하여 첩부할 수 있다.
③국민투표안의 게시문에는 국민투표안만을 기재하여야 한다.
④국민투표안의 게시문의 규격·서식 기타 필요한 사항은 중앙선거관리위원회가 정한다.

제23조 【국민투표공보의 발행】 ①구·시·군선거관리위원회는 국민투표안의 제안이유·주요골자와 그 내용·국민투표절차 기타 필요한 사항을 게재한 국민투표공보를 1회 이상 발행하여야 한다.
②국민투표공보의 규격·작성 기타 필요한 사항에 관하여는 중앙선거관리위원회가 정한다.

제24조 【국민투표공보의 배부】 ①구·시·군선거관리위원회는 국민투표공보를 부재자신고인명부에 등재된 투표인에게는 부재자신고인명부확정일로부터 5일 이내에, 개표구내 매세대에 대하여는 투표일전 4일까지 각각 우편으로 송부하여야 한다. 이 경우 우편은 무료로 한다.
②부재자신고인명부에 등재된 투표인에게는 국민투표공보를 우편투표의 투표용지와 동봉하여 송부할 수 있다.

제6장 국민투표에 관한 운동

제25조 【정의】 ①이 법에서 "국민투표에 관한 운동"이라 함은 국민투표의 대상이 되는 사항에 관하여 찬성하게 하거나 반대하게 하는 행위를 말한다.
②국민투표의 대상이 되는 사항에 관한 단순한 의견의 개진, 의사의 표시는 국민투표에 관한 운동으로 보지 아니한다.

제26조 【국민투표에 관한 운동의 기간】 국민투표에 관한 운동(이하 "운동"이라 한다)은 국민투표일공고일로부터 투표일 전일까지에 한하여 이를 할 수 있다.

제27조 【운동의 한계】 운동은 이 법에 규정된 이외의 방법으로는 이를 할 수 없다.

제28조 【운동을 할 수 없는 자】 ①정당법상의 당원의 자격이 없는 자는 운동을 할 수 없다.
②향토예비군 소대장급 이상의 간부 및 리·동·통·반의 장은 국민투표일공고일 이전에 그 직에서 해임되지 아니하고는 운동을 할 수 없으며 연설원 또는 투·개표참관인이 될 수 없다.

제29조 【운동관계자등의 신분보장】 연설원·투표참관인 및 개표참관인의 신분보장에 관하여는 선거관리위원회법 제13조를 준용한다.

제30조 【방송시설을 이용한 연설】 ①정당이 지명한 연설원은 운동기간중에 운동을 위하여 텔레비전 및 라디오 방송시설(이하 "방송시설"이라 한다)을 이용하여 연설을 할 수 있다.
②제1항의 규정에 의한 연설은 찬성·반대별로 각각 텔레비전 및 라디오 방

송시설을 각 3회(재방송을 포함한다. 이하 같다) 이내에서 이용할 수 있으며, 그 시간은 매회 20분을 초과할 수 없다. 이 경우 회수의 계산에 있어서 하나의 방송시설을 선정하여 당해 방송망을 동시에 이용하는 것은 1회로 본다.
③중앙선거관리위원회는 국민투표일공고일후 2일 이내에 연설원이 이용할 수 있는 방송시설을 미리 지정하고 이를 정당에 통지하여야 한다.
④정당은 찬성·반대를 구분하여 이용할 방송시설의 명칭·이용일시·연설원의 성명·소요시간·이용방법 등을 기재한 신청서를 국민투표일공고일로부터 3일 이내에 중앙선거관리위원회에 제출하여야 한다.
⑤제4항의 규정에 의하여 정당이 신청한 방송시설의 이용일시가 서로 중첩되는 경우에는 중앙선거관리위원회가 모든 정당에게 공평하게 그 일시와 순서를 정하여야 한다.
⑥중앙선거관리위원회가 제5항의 규정에 의하여 방송일시와 순서등을 결정한 때에는 이를 공고하고 정당에 통지하여야 한다.
⑦방송시설을 경영하는 자는 중앙선거관리위원회로부터 방송시설의 이용요청이 있는 때에는 우선적으로 이에 응하여야 한다.
⑧방송시설을 이용하여 연설하는 때의 비용은 국고에서 부담한다.
⑨방송시설의 이용에 관한 신청서등 필요한 사항은 중앙선거관리위원회가 정한다.

제31조 【방송시설을 이용한 대담·토론】 ①정당이 지명한 연설원은 방송시설을 이용하여 대담 또는 토론을 할 수 있다.
②제1항의 "대담·토론"이라 함은 정당이 지정한 2인 이상의 연설원이 참여하여 실시하는 것을 말한다.
③제1항의 대담 또는 토론은 방송시설을 경영하는 자가 주관하여 행하되, 대담 또는 토론을 하고자 하는 정당과 협의하여 결정하여야 하며, 그 시간은 매회 120분을 초과할 수 없다.
④제3항의 경우 한국방송공사는 당해 공사가 경영하는 텔레비전과 라디오 방송시설을 통하여 각 2회 이상 대담 또는 토론회를 개최하여야 한다.
⑤제3항의 대담 또는 토론은 공정하여야 하며, 이에 필요한 사항은 대통령령으로 정한다.
⑥방송시설을 이용한 대담 또는 토론의 비용은 이를 주관한 방송시설을 경영하는 자가 부담한다.
⑦제30조제2항 후단의 규정은 방송시설을 이용한 대담 또는 토론의 경우에 이를 준용한다.
⑧방송시설을 경영하는 자는 대담 또는 토론이 찬성·반대측의 정당에 공평하게 행하여야 하며, 그 일시·참가자·방법등이 결정된 때에는 방송·방영일전 2일까지 이를 중앙선거관리위원회에 신고하여야 한다.

제32조 【연설회】 ①정당은 운동기간중 운동을 위하여 연설회를 개최할 수 있다.
②제1항의 "연설회"라 함은 미리 일정한 장소와 시간을 정하여 다수인을 집합하게 하여 실시하는 옥내외집회를 말한다.
③제1항의 연설회를 개최하고자 할 때에는 정당은 대통령령이 정하는 바에 의하여 개최일 전일까지 구·시·군선거관리위원회에 서면으로 신고하여야 한다.
④제3항의 신고가 동일한 장소에 2 이상이 있을 때에는 구·시·군선거관리위원회는 신고서접수순위에 의하여 그 순위를 조정하여야 한다. 다만, 동시에 신고된 때에는 추첨에 의하여 구·시·군선거관리위원회가 우선하여 연설회

를 개최할 자를 결정한다.
⑤연설회의 장소사용은 1회에 5시간을 초과할 수 없다.
⑥연설회는 각정당별로 구·시에 있어서는 각각 3회를, 군에 있어서는 각각 읍·면수를 초과할 수 없다.
⑦연설회의 신고 기타 필요한 사항은 대통령령으로 정한다.
⑧정당은 연설회의 고지를 위하여 구·시·군선거관리위원회의 검인을 받아 벽보를 작성·첩부할 수 있다.
⑨제8항의 벽보의 매수는 연설회 1회에 100매로 하고, 그 규격과 기재사항은 중앙선거관리위원회규칙으로 정한다.

제33조 【공공시설등의 이용】 ①정당은 다음 각호의 1에 해당하는 시설을 대통령령이 정하는 바에 의하여 연설회의 장소로서 무료로 사용할 수 있다.

1. 학교·공회당·공단·운동장·시장·도로변광장
2. 기타 대통령령으로 정하는 건물이나 시설

②학교 기타 공공시설의 관리자는 제1항의 규정에 의한 사용신청이 있는 때에는 정당한 이유가 있는 경우를 제외하고는 다른 목적에 우선하여 그 사용을 허가하여야 하며, 학교에 있어서는 정상적인 수업시간이 아니면 그 사용을 거부하지 못한다.

제34조 【연설금지장소】 누구든지 다음 각호의 1에 해당하는 장소에서는 운동을 위한 연설을 할 수 없다.

1. 제33조에 규정된 이외의 국가·지방자치단체·정부투자기관관리기본법 제2조에 규정된 정부투자기관이 소유하거나 관리하는 건물·시설
2. 열차·전동차·항공기·선박·승합자동차의 정차장구내
3. 병원·진료소·도서관·연구소·시험소와 기타 의료·문화·연구시설

제35조 【소형인쇄물의 배포】 누구든지 운동을 위하여 국민투표안에 관한 의견을 표시한 소형인쇄물을 제작·배포할 수 있다.

제36조 【확성장치와 자동차등의 사용제한】 ①연설회와 연설회의 고지 이외에는 확성장치를 사용하여 운동을 할 수 없다.
②연설회를 개최할 때에는 연설회장소로부터 구·시에 있어서는 300미터, 군에 있어서는 500미터안의 거리에서는 누구든지 확성장치를 사용할 수 없다.
③정당은 연설회를 위하여 확성장치에 의한 고지를 하고자 할 때에는 고지구역과 시간을 정하여 연설회마다 1회에 한하여 당해 구·시·군선거관리위원회에 확성장치에 의한 고지를 신고하여야 한다. 이 경우에 차량은 연설회 1회에 2대에 한하며, 고지구역은 당해 구·시·군으로 한다.
④제3항의 고지용 차량 및 확성장치와 차량의 운행에 필요한 경비는 확성장치에 의한 고지를 신고한 정당이 부담한다.

제37조 【토론등의 게재금지】 국가 또는 지방자치단체는 그 발행하는 관보·공보등의 간행물에 국민투표안에 대한 찬성 또는 반대의 의견을 게재할 수 없다.

제38조 【허위방송등의 금지】 누구든지 운동을 위하여 방송 또는 간행물을 통하여 허위의 사실을 선전하거나 사실을 왜곡하는 선전을 하여 국민투표의 공정을 해하여서는 아니된다.

제39조 【신문·잡지등의 불법이용의 제한】 누구든지 국민투표안을 찬성

또는 반대하기 위하여 간행물을 경영·편집·취재 또는 집필하는 자에게 금품·향응 기타 이익을 제공하거나 제공할 의사의 표시 또는 약속을 하여 찬성 또는 반대의 보도·평론등을 게재하게 할 수 없다.

제40조 【특수관계를 이용한 운동의 금지】 누구든지 교육기관이나 종교적·직업적 단체에 대한 특수관계를 이용하여 운동을 할 수 없다.

제41조 【호별방문금지】 ①누구든지 운동을 위하여 호별로 방문할 수 없다.
②누구든지 연설회의 통지를 위하여 호별로 방문할 수 없다.

제42조 【서명·날인운동금지】 누구든지 운동의 목적으로 서명이나 날인을 받을 수 없다.

제43조 【음식물제공금지】 누구든지 운동을 위하여 어떠한 장소에서나 어떠한 명목으로도 음식물을 제공할 수 없다.

제44조 【각종 집회등의 제한】 누구든지 운동기간중 국민투표에 영향을 미치게 할 목적으로 단합대회(정당활동은 제외한다)·향우회·야유회·종친회 및 동창회등의 집회를 개최할 수 없다.

제45조 【공무원등의 출장제한】 운동기간중 공무원과 정부투자기관의 임·직원은 정상적인 업무외의 출장을 할 수 없다.

제46조 【연설회장에서의 소란행위의 금지】 누구든지 연설회장에서 폭행·협박 기타 어떠한 방법으로도 연설회장의 질서를 문란하게 하거나 그 진행을 방해하는 행위를 할 수 없다.

제47조 【야간연설금지】 야간(하오 11시부터 상오 6시까지를 말한다)에는 연설회를 개최할 수 없다.

제48조 【특정인 비방의 금지】 누구든지 국민투표의 결과에 영향을 미치게 하기 위하여 특정인의 신분·경력·인격 또는 그 소속정당에 관하여 허위의 사실을 진술하거나 유포할 수 없으며 공연히 사실을 적시하여 개인의 인신공격을 할 수 없다.

제7장 국민투표일과 투표

제49조 【국민투표일의 공고】 대통령은 늦어도 국민투표일전 18일까지 국민투표일과 국민투표안을 동시에 공고하여야 한다.

제50조 【투표방법】 ①국민투표는 기표방법에 의한 투표로써 한다.
②투표는 직접 또는 우편으로 하되, 1인 1표로 한다.
③투표를 함에 있어서는 투표인의 성명을 표시하여서는 아니된다.

제51조 【투표소의 설치와 공고】 ①투표소는 투표구마다 설치하되, 투표구선거관리위원회가 투표일전 10일까지 그 명칭과 소재지를 공고하여야 한다. 다만, 천재·지변 기타 불가피한 사유가 있을 때에는 이를 변경할 수 있다.
②제1항 단서의 경우에는 즉시 이를 공고하여 투표인에게 주지시켜야 한다.
③투표소는 학교, 읍·면 또는 리·동의 사무소와 공회당중에서 투표하기 편리한 곳에 설치한다. 다만 부득이한 사유로 인하여 기타의 장소에 설치할 때에는 관할구·시·군선거관리위원회의

결정에 의하여야 한다.
④병영안에는 투표소를 설치하지 못한다.
⑤투표소의 기표장소는 다른 사람이 엿볼 수 없도록 설비하여야 하며 어떠한 표지도 하여서는 아니된다.
⑥투표소에서는 투표사무를 보조하게 하기 위하여 투표사무종사원을 둔다.
⑦투표사무종사원은 당해 관계행정기관의 공무원 또는 교육공무원 중에서 투표구선거관리위원회가 위촉하되 투표일전 3일까지 그 성명을 공고하여야 한다.

제52조 【투표시간】 ①투표소는 오전 6시에 열고 오후6시에 닫는다. 그러나, 마감할 때에 투표소에서 투표를 하기 위하여 대기하고 있는 투표인에게는 투표를 시킨 후에 닫아야 한다. <개정 2007.5.17>
②투표를 개시할 때에는 투표구선거관리위원회위원은 투표함 및 기표장소 내외의 이상유무에 관하여 검사하여야 하며, 이에는 투표참관인이 관여하여야 한다.
③우편투표는 투표일의 오후 6시까지 관할구·시·군선거관리위원회에 도착하여야 한다. <개정 2007.5.17>

제53조 【투표용지】 ①투표용지에는 찬성과 반대의 양란을 두어야 한다.
②투표용지에는 일련번호를 기입하여야 하며, 그 서식과 규격은 중앙선거관리위원회규칙으로 정한다.

제54조 【투표용지·투표함의 작성등】 ①투표용지와 투표함은 관할구·시·군선거관리위원회에서 작성하여 투표일전일까지 투표구선거관리위원회에 송부하며, 투표함의 규격은 중앙선거관리위원회규칙으로 정한다.
②제1항의 규정에 의한 투표함의 수는 투표구마다 2개 이내로 한다. 그러나 투표에 있어서 동시에 2개의 투표함을 사용할 수 없다.
③우편투표용투표함은 따로 작성하여야 한다.
④투표용지에는 중앙선거관리위원회규칙이 정하는 바에 의하여 관할구·시·군선거관리위원회의 청인을 날인하여야 한다.
⑤투표용지에는 구·시·군선거관리위원회에서 정당이 추천한 각 1인중 추첨에 의한 2인의 정당대리인이 가인하여야 한다.
⑥제5항의 규정에 의한 정당대리인이 없거나 정당한 이유없이 가인을 거부하는 때에는 그 권한을 포기한 것으로 보고 그 사유를 기재하고 구·시·군선거관리위원회위원장이 가인하여야 한다.

제55조 【투표용지모형의 공고】 ①구·시·군선거관리위원회는 투표용지의 모형을 투표일전 7일까지 각 투표구마다 공고하여야 한다.
②구·시·군선거관리위원회는 투표용지를 인쇄할 인쇄소를 결정한 때에는 지체없이 그 인쇄소의 명칭과 소재지를 공고하여야 한다.

제56조 【투표통지표교부】 ①구·시·읍·면의 장은 투표통지표를 투표인명부에 등재된 투표인(투표인이 부재중인 때에는 세대주·가족·동거인의 순으로 사리를 분별할 수 있는 자)에게 투표일전 2일까지 교부하여야 한다. <개정 2005.3.31>
②제1항의 투표통지표에는 투표인의 주소·성명·성별·생년월일 및 투표인명부등재번호와 투표장소를 기재하여야 한다.
③투표통지표를 교부할 때에는 수령증을 받아야 하며, 투표통지표의 교부가 끝난 후 투표구별로 투표통지표교부록을 작성하여 수령증 및 교부되지 아니

한 잔여투표통지표와 함께 지체없이 투표구선거관리위원회에 송부하여야 한다.
④투표구선거관리위원회는 교부되지 아니한 잔여투표통지표를 제1항의 규정에 준하여 투표일 전일까지 수령증을 받고 교부한 후 투표통지표교부록을 작성하여야 하며, 교부하지 못한 투표통지표에 대하여는 투표통지표교부록에 그 사유를 명시하여야 한다.
⑤구·시·읍·면의 장과 투표구선거관리위원회는 투표통지표를 교부하는 때에는 당해 구·시·읍·면의 구역안에 거주하는 투표권자중에서 정당이 지명하는 자(이하 "투표통지표교부입회인"이라 한다)를 1인씩 입회하게 하여야 한다. 다만, 투표통지표교부입회인이 없거나 참여하지 아니한 때에는 그러하지 아니하다.
⑥투표통지표교부입회인은 투표통지표의 교부를 방해·간섭 또는 지연시키거나 국민투표안에 관한 찬성 또는 반대를 권유하거나 기타 어떠한 방법으로든지 국민투표에 영향을 주는 행위를 하여서는 아니되며, 완장·흉장 기타 국민투표에 관한 어떠한 표지도 부착 또는 휴대할 수 없다.
⑦투표통지표와 수령증은 1매로 인쇄하여 100매 단위로 철하고 일련번호를 붙이며 투표인에게 교부할 때마다 투표통지표를 절취하여야 한다.

제57조 【투표용지의 수령】 ①투표인은 자신이 투표소에 가서 투표참관인의 참여하에 주민등록증과 투표통지표를 제시하고 본인임을 확인받은 후 투표구선거관리위원회위원 앞에서 투표인명부에 날인 또는 무인하고 투표용지 1매를 받아야 한다.
②투표구선거관리위원회위원장은 관할 구·시·군선거관리위원회로부터 송부된 투표용지를 봉함하였다가 투표일에 투표인에게 교부할 때에는 그 때마다 사인을 날인하여야 한다.이 경우 투표구선거관리위원회는 추첨으로 결정된 2정당이 추천한 정당추천위원 각 1인으로 하여금 투표개시시각전까지 중앙선거관리위원회규칙으로 정하는 시간에 투표용지에 가인하도록 하여야 한다. 다만, 당해 정당에서 추천한 위원이 없거나 정당한 이유없이 가인을 거부하는 위원이 있을 때에는 그 권한을 포기한 것으로 보고 그 사유를 투표록에 기재하여야 한다.
③우편투표의 투표용지는 투표일전 9일 상오 9시부터 관할구·시·군선거관리위원회에서 정당이 추천한 자(이하 "우편투표참관인"이라 한다)의 참관하에 투표용지의 일련번호를 절취한 후 투표용지를 봉투에 넣어 회송용 외봉투에 넣고 다시 발송용 외봉투에 넣어 봉함 하고 2일 이내에 발송하여야 한다. 이 경우 우편투표참관인이 그 시각까지 참석하지 아니한 때에는 참관을 포기한 것으로 본다.
④우편투표의 투표용지의 발송과 회송은 무료등기우편으로 한다.
⑤투표구선거관리위원회위원장은 주민등록증을 제시하지 아니한 투표인에게 투표용지를 교부하여서는 아니된다.
⑥투표구선거관리위원회위원장은 제1항의 규정에 의한 투표통지표를 지참하지 아니한 투표인이라도 주민등록증에 의하여 투표인명부에 등재된 투표인임이 확인된 때에는 투표용지를 교부하여야 한다.

제58조 【투표의 제한】 ①투표인명부에 등재되지 아니한 자는 투표할 수 없다. 다만, 제17조제2항 또는 제18조제2항의 결정서를 지참한 자는 투표할 수 있다.
②투표인명부에 등재되었더라도 투표일에 투표권이 없는 자는 투표할 수 없다.
③부재자신고인명부에 등재된 투표인

은 우편투표에 의하지 아니하고는 투표할 수 없다.

제59조 【기표절차】 ①투표인은 투표용지를 받은 후 투표구선거관리위원회위원과 투표참관인의 면전에서 번호지를 떼어 번호지함에 넣은 다음 기표소에서 투표용지에 찬성·반대를 선택하는 표를 한 후 그 자리에서 보이지 아니하게 접어 투표구선거관리위원회위원과 투표참관인의 면전에서 투표함에 넣어야 한다.
②투표인이 투표용지를 오손한 때라도 이를 다시 교부하지 아니한다.
③맹인 기타 신체의 불구로 인하여 자신이 기표를 할 수 없는 투표인은 그 가족 또는 본인이 지정한 사람 2인을 동반하여 투표를 원조하게 할 수 있다.
④제3항의 경우를 제외하고는 동일 기표소안에 2인 이상이 동시에 들어갈 수 없다.
⑤제14조제2항제2호 및 제3호에 해당하는 자로서 제58조제3항의 규정에 의하여 우편투표를 하는 자가 소속하는 기관 또는 시설의 장은 우편투표를 하는 자가 투표용지에 기표를 하고 우편투표용 봉투를 봉함할 수 있도록 영내·함정·병원·요양소·수용소·교도소 또는 선박안에 기표소를 설치하고 이를 즉시 고시하여야 한다. 이 경우 기표소는 제51조제5항의 규정 적합하도록 하여야 한다.
⑥제5항의 규정에 의한 우편투표용기표소의 설치대상과 기준등에 관하여 필요한 사항은 대통령령으로 정한다.

제60조 【기표방법】 투표인이 투표용지에 찬성·반대의 선택을 하는 표를 할 때에는 "○"표를 하여야 한다.

제61조 【위원의 참석수】 투표소에는 투표구선거관리위원회위원 과반수가 참여하되 늦어도 투표개시 1시간전까지는 출석하여야 한다.

제62조 【투표참관】 ①투표구선거관리위원회는 투표참관인으로 하여금 투표용지의 교부상황과 투표상황을 참관하게 하여야 한다.
②투표참관인은 정당별로 3인을 투표권자중에서 각각 선정하여 투표일전 3일까지 투표구선거관리위원회에 신고하여야 한다.
③투표참관인은 12인으로 하되 제2항의 규정에 의하여 투표참관인을 지정하는 경우에 투표구선거관리위원회는 정당의 수가 12를 초과하는 때에는 정당별로 선정한 자중에서 1인씩 추첨하여 지정하고, 정당의 수가 12에 미달하되 선정한 인원수가 12인을 초과하는 때에는 정당별로 1인씩을 지정한 후 나머지 인원은 추첨에 의하여 지정하며, 정당이 선정한 인원수가 12인에 미달하는 때에는 그 투표구를 관할하는 구·시·군의 구역안에 거주하는 학식과 덕망이 있는 투표권자중에서 본인의 승낙을 받아 12인에 달할 때까지 선정한 자를 투표참관인으로 한다.
④제2항의 규정에 의하여 선정·신고된 자 또는 제3항의 규정에 의하여 지정된 자중 정당이 선정한 투표참관인에 대하여는 필요에 따라 투표구선거관리위원회에 신고후 언제든지 교체할 수 있으며, 투표일에는 투표소에서 신고할 수 있다.
⑤투표권이 없는 자 및 공직선거및선거부정방지법 제53조제1항 각호의 1에 해당하는 자는 투표참관인이 될 수 없다. <개정 1994.3.16>
⑥제3항의 규정에 의하여 투표구선거관리위원회가 선정한 투표참관인은 정당한 이유없이 참관을 거부하거나 그 직을 사임할 수 없다.
⑦투표구선거관리위원회는 투표참관인을 6인씩 교대하여 참관하게 하되, 한

정당이 선정한 투표참관인 전원을 동시에 참관하게 하여서는 아니된다.
⑧투표구선거관리위원회는 투표용지의 교부상황과 투표상황을 쉽게 볼 수 있는 장소에 투표참관인석을 설치하여야 한다.
⑨투표참관인은 투표사무에 간섭하거나 투표를 권유하거나 기타 어떠한 방법으로든지 투표에 영향을 미치는 행위를 하여서는 아니된다.
⑩투표구선거관리위원회는 투표참관인이 투표간섭·부정투표 기타 이 법의 규정에 위반되는 사실을 발견하여 그 시정을 요구한 경우에 그 요구가 정당하다고 인정될 때에는 이를 시정하여야 한다.
⑪투표참관인은 투표소안에서 사고가 발생한 때에는 투표상황을 촬영할 수 있다.
⑫투표참관인의 수당은 중앙선거관리위원회가 정하는 바에 따라 국고에서 부담한다.

제63조 【투표소의 출입금지】 ①투표인·투표참관인·투표구선거관리위원회와 그 상급선거관리위원회의 위원 및 직원과 투표사무종사원을 제외하고는 투표소에 들어갈 수 없다.
②선거관리위원회의 위원·직원·투표사무종사원 및 투표참관인이 투표소에 출입할 때에는 중앙선거관리위원회규칙이 정하는 바에 의하여 소속·직책 및 성명을 표시하는 기장을 가슴에 부착하여야 하며, 이 규정에 의한 부착물 이외는 투표에 관련한 어떠한 표시물도 부착할 수 없다.
③제2항의 부착물은 다른 사람에게 양도·양여할 수 없다.

제64조 【투표소의 질서유지】 ①투표구선거관리위원회위원장이나 위원 및 직원은 투표소의 질서가 심히 문란하여 공정한 투표가 실시될 수 없다고 인정될 때에는 투표소의 질서를 유지하기 위하여 정복을 한 경찰공무원에게 원조를 요구할 수 있다.
②제1항의 규정에 의한 원조요구를 받은 경찰공무원은 즉시 이에 응하여야 한다.
③제1항의 원조요구에 의하여 투표소안에 들어간 경찰공무원은 투표구선거관리위원회위원장의 지시를 받아야 하며, 질서가 회복되거나 위원장의 요구가 있는 때에는 즉시 투표소에서 퇴거하여야 한다.

제65조 【무기나 흉기등의 휴대금지】 제64조제1항의 경우를 제외하고는 투표소안에서 무기나 흉기 또는 폭발물을 휴대할 수 없다.

제66조 【투표소내외에서의 소란언동금지】 ①투표소안에서 또는 투표소로부터 100미터안에서 소란한 언동을 하는 자가 있을 때에는 투표구선거관리위원회위원장은 이를 제지하고, 그 명령에 불응한 때에는 투표소 또는 그 제한거리밖으로 퇴거시켜야 한다.
②제1항의 규정에 의하여 퇴거당한 투표인은 최후에 투표하게 한다. 그러나 투표구선거관리위원회위원장은 투표소의 질서를 문란하게 할 우려가 없다고 인정할 때에는 그 전에라도 투표하게 할 수 있다.
③누구든지 투표일에 있어서는 완장·흉장등의 착용 기타의 방법으로 국민투표에 영향을 미칠 우려가 있는 표지를 할 수 없다. 다만, 제63조제2항의 규정에 의한 기장은 그러하지 아니하다.
④제1항의 규정에 의한 투표소의 질서유지를 위하여 투표구선거관리위원회위원장이나 위원 및 직원으로부터 필요한 조치의 요구를 받은 경찰공무원은 즉시 이에 응하여야 한다.

第67조 【투표의 비밀보장】 ①투표의 비밀은 보장되어야 한다.
②투표인은 투표에 관하여 누구에게도 진술할 의무가 없으며 국가 또는 어떠한 기관이라도 이를 질문하거나 진술을 요구할 수 없다.
③투표인은 자신이 기표한 투표지의 내용을 공개할 수 없으며, 공개한 투표지는 무효로 한다.

第68조 【투표함등의 봉쇄】 ①투표구선거관리위원회위원장은 투표소를 닫는 시각이 된 때에는 투표소의 입구를 닫아야 하며, 투표소안에 있는 투표인의 투표가 끝나면 투표참관인의 참여하에 출석한 위원 전원과 함께 투표함과 그 자물쇠를 봉쇄·봉인하여야 한다. 다만, 정당한 이유없이 봉쇄·봉인을 거부하는 위원이나 참여를 거부하는 투표참관인이 있을 때에는 그 권한을 포기한 것으로 보고 그 사유를 투표록에 기재하여야 한다.
②투표함의 열쇠와 잔여투표용지·투표통지표 및 번호지는 제1항의 규정에 의하여 각각 봉인하여야 한다.

第69조 【투표록 작성】 투표구선거관리위원회는 투표록을 작성하여 위원장과 출석한 위원 전원이 함께 서명·날인하여야 한다. 다만, 정당한 이유없이 서명·날인을 거부하는 위원이 있을 때에는 그 권한을 포기한 것으로 보고 그 사유를 투표록에 기재하여야 한다.

第70조 【투표함등의 송부】 ①투표구선거관리위원회위원장은 투표가 끝난 후 지체없이 투표함 및 그 열쇠·투표록과 잔여투표용지를 관할구·시·군선거관리위원회에 송부하여야 한다.
②제1항의 규정에 의하여 투표함을 송부할 때에는 투표참관인을 동반할 수 있으며, 호송에 필요한 정복을 한 경찰공무원 2인에 한하여 동반할 수 있다.

第71조 【투표관계서류의 인계】 투표구선거관리위원회는 투표가 끝난 후 투표인명부 기타 투표에 관한 모든 서류를 관할구·시·군선거관리위원회위원장에게 인계하여야 한다.

제8장 개표

第72조 【개표관리】 ①개표사무는 관할구·시·군선거관리위원회가 이를 행한다.
②개표할 때에는 위원 과반수가 출석하여야 한다.

第73조 【개표소의 설치와 공고】 ①구·시·군선거관리위원회는 투표일전 5일까지 그 구·시·군청소재지에 설치할 개표장소를 공고하여야 한다.
②구·시·군선거관리위원회에 개표사무를 보조하게 하기 위하여 개표사무종사원을 둔다.
③개표사무종사원은 당해 관계행정기관이나 법원의 공무원 또는 교육공무원중에서 구·시·군선거관리위원회가 위촉하되, 투표일전 3일까지 그 성명을 공고하여야 한다. 다만, 관계행정기관의 공무원은 개표사무종사원 총수의 3분의 1을 초과하지 못한다. 그러나, 법원의 공무원 또는 교육공무원만으로써는 개표사무종사원 총수의 3분의 2에 미달하는 경우에는 그러하지 아니하다.

第74조 【개표소의 출입제한과 질서유지】 ①구·시·군선거관리위원회 및 그 상급선거관리위원회의 위원이나 직원·개표사무종사원·개표참관인 이외에는 개표소에 들어갈 수 없다.
②선거관리위원회의 위원·직원·개표사무종사원 및 개표참관인이 개표소에 출입할 때에는 중앙선거관리위원회규

칙이 정하는 바에 의하여 그 소속·직책 및 성명을 표시한 기장을 가슴에 부착하여야 한다.
③구·시·군선거관리위원회위원장은 위원회의 결의에 의하여 개표소의 질서가 심히 문란하여 공정한 개표가 실시될 수 없다고 인정될 때에는 개표소의 질서를 유지하기 위하여 정복을 한 경찰공무원의 원조를 요구할 수 있다.
④제3항의 요구에 의하여 개표소에 들어간 경찰공무원은 구·시·군선거관리위원회위원장의 지시를 받아야 하며, 질서가 회복되거나 위원장의 요구가 있을 때에는 즉시 개표소에서 퇴거하여야 한다.
⑤제3항의 경우를 제외하고는 누구든지 개표소안에서 무기나 흉기 또는 폭발물을 휴대할 수 없다.

제75조 【개표개시】 ①개표는 개표구선거관리위원회로부터 투표함이 전부 도착된 후에 특별한 사유가 없는 한 투표함의 도착순위에 따라 행한다. 다만, 교통 기타 부득이한 사정에 의하여 일부 투표함의 도착이 지연될 경우에는 투표함의 3분의 2 이상이 도착되면 개표를 개시할 수 있다.
②개표참관인은 투표함이 도착된 때에는 그 봉쇄·봉인을 검사하고 관리상황을 참관할 수 있다.
③구·시·군선거관리위원회는 우편투표를 접수할 때에는 이를 즉시 우편투표용투표함에 투입·보관하여야 하며, 투표일 하오 6시부터 개표참관인의 참여하에 본인이 발송한 여부를 확인하고 외봉투를 개봉하여 일반투표함의 투표지와 같이 혼합하여 개표한다.

제76조 【투표함의 개함】 ①투표함을 개함할 때에는 위원장은 그 뜻을 선포하고 출석한 위원 전원과 함께 투표함의 봉쇄와 날인을 검사한 후 이를 열어야 한다. 다만, 정당한 이유없이 검사를 거부하는 위원이나 참여를 거부하는 개표참관인이 있을 때에는 그 권한을 포기한 것으로 보고 개표록에 그 사유를 기재하여야 한다.
②위원장은 개함한 후 투표수를 계산하여 투표록에 기재된 투표용지교대수와 대조하여야 한다.
③개표는 투표구별로 하되, 투표함은 순차적으로 개함하며 동시에 개함하는 투표함은 2개 이내로 한다.
④찬성 및 반대투표수의 발표는 투표구 단위로 행하되, 출석한 구·시·군선거관리위원회위원은 발표전에 찬성·반대 및 무효의 표수를 검열하여야 한다. 다만, 정당한 이유없이 개표사무를 지연시키는 위원이 있을 때에는 그 권한을 포기한 것으로 보고 개표록에 그 사유를 기재하여야 한다.

제77조 【개표참관】 ①구·시·군선거관리위원회는 개표참관인으로 하여금 개표소안에서 개표상황을 참관하게 하여야 한다.
②제1항의 개표참관인은 각 정당이 6인을 선정하여 투표일전 3일까지 당해 구·시·군선거관리위원회에 신고하여야 한다.
③구·시·군선거관리위원회가 제2항의 규정에 의하여 개표참관인을 신고받은 때에는 정당별로 선정한 자중에서 3인씩을 교대하여 참관하게 하여야 한다.
④제2항의 규정에 의하여 선정·신고된 자중 정당은 그가 선정한 개표참관인에 대하여는 필요에 따라 구·시·군선거관리위원회에 신고한 후 언제든지 교체할 수 있으며 개표일에는 개표소에서 신고할 수 있다.
⑤투표권이 없는 자 및 공직선거및선거부정방지법 제53조제1항 각호의 1에 해당하는 자는 개표참관인이 될 수 없다. <개정 1994.3.16>
⑥구·시·군선거관리위원회는 개표참관인이 개표내용을 식별할 수 있는 가까

운 거리(1미터 이상 2미터 이내)에서 참관할 수 있도록 개표사무종사원의 맞은편에 개표참관인석을 설치하여야 한다.

⑦개표참관인은 언제든지 순회·감시할 수 있다.

⑧구·시·군선거관리위원회는 개표참관인이 개표에 관한 위법사항을 발견하여 그 시정을 요구한 경우에 그 요구가 정당하다고 인정될 때에는 이를 시정하여야 한다.

⑨개표참관인은 개표소안에서 개표상황을 촬영할 수 있다.

⑩일반인은 구·시·군선거관리위원회가 발행하는 관람증을 받아 구획된 장소에서 개표상황을 관람할 수 있다.

⑪제10항의 관람증의 매수는 개표장소를 참작하여 적당한 수로 하되 정당별로 균등하게 배부되도록 하여야 한다.

⑫구·시·군선거관리위원회는 일반관람인석에 대하여 질서유지에 필요한 설비를 하여야 한다.

⑬개표참관인의 수당은 중앙선거관리위원회가 정하는 바에 따라 국고에서 부담한다.

제78조 【무효투표】 ①다음 각호의 1에 해당하는 투표는 무효로 한다.

1. 정규의 투표용지를 사용하지 아니한 것
2. 찬성·반대 어느 난에도 표를 하지 아니한 것
3. 찬성·반대 모두 표를 한 것
4. 찬성·반대 어느 난에 표를 한 것인지 식별할 수 없는 것
5. ○표를 하지 아니하고 문자 또는 물형을 기입한 것
6. ○표 이외에 다른 사항을 기입한 것
7. 우편투표에 있어서 봉함되지 아니한 것 또는 투표인의 본인인 여부가 확인되지 아니한 것

②다음 각호의 1에 해당하는 투표는 무효로 하지 아니한다.

1. ○표가 일부분 표시되거나 ○표 안이 메워져 있어도 당해 투표구선거관리위원회의 기표용구를 사용하여 기표한 것이 명확한 것
2. 동일난에만 2개 이상 기표되거나 중첩기표된 것
3. 기표난외에 기표한 것이라도 어느 난에 기표한 것인가가 명확한 것
4. 찬성의 구분란선상에 기표되었으나 어느 난에 기표한 것인가가 명확한 것
5. 기표한 것이 전사된 것으로서 어느 난에 기표한 것인가가 명확한 것
6. 인육으로 오손되었으나 어느 난에 기표된 것인가가 명확한 것

제79조 【투표의 효력의 이의에 대한 결정】 투표의 효력에 관하여 이의가 있을 때에는 구·시·군선거관리위원회의 위원 과반수의 출석과 출석위원 과반수의 찬성으로 이를 결정하여야 한다.

제80조 【투표지의 구분】 개표가 끝난 때에는 투표구별로 투표를 유효·무효로 구별하고 유효투표지는 다시 찬성·반대별로 구분하여 각각 봉투에 넣고 구·시·군선거관리위원회위원장과 출석한 위원 전원이 봉인하여야 한다. 다만, 정당한 이유없이 봉인을 거부하는 위원이 있는 때에는 그 권한을 포기한 것으로 보고 그 사유를 개표록에 기재하여야 한다.

제81조 【개표록의 작성】 구·시·군선거관리위원회는 개표록을 작성하고 위원장과 출석한 위원 전원이 서명·날인하여야 한다. 다만, 정당한 이유없이 서명·날인을 거부하는 위원이 있는 때

에는 그 권한을 포기한 것으로 보고 그 사유를 개표록에 기재하여야 한다.

제82조 【개표결과의 공표와 보고】 구·시·군선거관리위원회는 개표의 결과를 즉시 공표하는 동시에 시·도선거관리위원회에 개표록을 첨부하여 보고하여야 한다.

제83조 【서류등의 보존】 구·시·군선거관리위원회는 투표지·투표록 및 개표록 기타 국민투표에 관한 모든 서류를 투표일로부터 1년간 보존하여야 한다.

제9장 확정

제84조 【중간집계】 ①시·도선거관리위원회는 구·시·군선거관리위원회로부터 제82조의 보고를 받은 때에는 즉시 투표인수, 투표한 자수, 찬성·반대와 무효의 투표수를 집계하여야 한다.
②제1항의 경우에는 위원 과반수가 출석하여야 한다.

제85조 【중간집계록의 작성】 시·도선거관리위원회는 중간집계록을 작성하고 위원장과 출석한 위원 전원이 서명·날인하여야 한다. 다만, 정당한 이유없이 서명·날인을 거부하는 위원이 있을 때에는 그 권한을 포기한 것으로 보고 그 사유를 중간집계록에 기재하여야 한다.

제86조 【집계결과의 공표와 보고】 시·도선거관리위원회는 집계의 결과를 즉시 공표하는 동시에 중앙선거관리위원회에 중간집계록을 첨부하여 보고하여야 한다.

제87조 【결과의 총집계】 ①중앙선거관리위원회는 시·도선거관리위원회로부터 제86조의 보고를 받은 때에는 즉시 투표인수, 투표한 자수, 찬성·반대와 무효의 투표총수를 집계하여야 한다.
②제1항의 경우에는 위원 과반수가 출석하여야 한다.

제88조 【국민투표록】 중앙선거관리위원회는 국민투표록을 작성하고 위원장과 출석한 위원 전원이 서명·날인하여야 한다. 다만, 정당한 이유없이 서명·날인을 거부하는 위원이 있을 때에는 그 권한을 포기한 것으로 보고 그 사유를 국민투표록에 기재하여야 한다.

제89조 【총결과의 공표와 통보】 중앙선거관리위원회는 제87조제1항의 집계가 끝난 후 즉시 그 결과를 공표하고 이를 대통령과 국회의장에게 통보하여야 한다.

제90조 【천재·지변 등으로 인한 재투표】 ①천재·지변 기타 불가피한 사유로 인하여 1투표구 또는 수개투표구의 투표를 실시하지 못하였거나, 투표함이 분실 또는 소실되어 국민투표의 결과에 이동이 미칠 우려가 있다고 인정할 때에는 중앙선거관리위원회는 그 투표구의 투표를 다시 실시한 후 국민투표의 총결과를 공표하고 이를 대통령과 국회의장에게 통보하여야 한다.
②제1항의 규정에 의한 투표는 그 원인이 제거된 날로부터 10일 이내에 실시하되, 중앙선거관리위원회는 투표일 5일전에 투표일을 공고하여야 한다.

제91조 【확정의 공포】 대통령이 제89조 또는 제90조의 규정에 의하여 국민투표의 결과를 통보받은 때에는 즉시 이를 공포하여야 한다.

제10장 소송

제92조 【국민투표무효의 소송】 국민투표의 효력에 관하여 이의가 있는 투표인은 투표인 10만인 이상의 찬성을 얻어 중앙선거관리위원회위원장을 피고로 하여 투표일로부터 20일 이내에 대법원에 제소할 수 있다.

제93조 【국민투표무효의 판결】 대법원은 제92조의 규정에 의한 소송에 있어서 국민투표에 관하여 이 법 또는 이 법에 의하여 발하는 명령에 위반하는 사실이 있는 경우라도 국민투표의 결과에 영향이 미쳤다고 인정하는 때에 한하여 국민투표의 전부 또는 일부의 무효를 판결한다.

제94조 【국민투표소송의 우선처리】 국민투표에 관한 소송은 다른 소송에 우선하여 신속히 재판하여야 한다.

제95조 【소송절차】 국민투표에 관한 소송에는 이 법에서 규정하는 외에 행정소송법 제8조의 규정을 준용한다. 다만, 민사소송법중 제145조·제147조제2항·제149조·제150조제1항·제220조·제225조 내지 제232조·제284조제1항·제285조 및 제288조의 규정은 준용하지 아니한다. <개정 2002.1.26>

제96조 【국민투표소송에 관한 통지】 이 법의 규정에 의하여 소송이 제기된 때에는 대법원장은 그 사실을 대통령·국회의장과 중앙선거관리위원회위원장에게 통지하여야 한다. 소송이 계속되지 아니하게 되었거나 판결이 확정된 때에도 또한 같다.

제11장 재투표

제97조 【재투표】 ①제93조의 규정에 의하여 국민투표의 전부 또는 일부의 무효판결이 있을 때에는 재투표를 실시하여야 한다.

②투표의 전부 무효판결이 있을 때에는 그 판결이 확정된 날로부터 30일 이내에 재투표를 실시하여야 하며, 투표일은 늦어도 투표일전 18일까지 대통령이 공고하여야 한다.

③투표의 일부 무효의 판결이 있을 때에는 중앙선거관리위원회는 투표가 무효로 된 당해 투표구의 재투표를 실시하여 총집계를 다시 한 후 이를 대통령과 국회의장에게 통보하여야 한다.

④제3항의 규정에 의한 투표는 판결이 확정된 날로부터 20일 이내에 실시하되, 중앙선거관리위원회는 7일전에 재투표일을 공고하여야 한다.

⑤제3항의 규정에 의한 투표는 판결에 명시가 없는 한 제19조의 규정에 불구하고 그 투표에 사용된 투표인명부를 사용한다. <개정 1997.12.13>

⑥대통령이 제3항의 규정에 의한 통보를 받은 때에는 지체없이 제91조의 규정에 의한 국민투표에 관한 확정의 공포를 다시 하여야 한다.

⑦제93조의 규정에 의하여 국민투표의 일부가 무효인 경우에라도 다시 투표를 하지 아니하고 국민투표의 결과를 결정할 수 있을 때에는 일부 재투표를 실시하지 아니한다.

⑧일부 재투표에 있어서의 운동에 관하여는 이 법의 범위안에서 중앙선거관리위원회가 정한다.

제12장 투표의 연기

제98조 【투표의 연기】 천재·지변으로 인하여 투표를 실시할 수 없거나, 실시하지 못한 때에는 대통령은 투표를 연기하거나 다시 투표일을 정하여야 한다. 이 경우에는 제49조의 규정에 의한 기간의 제한을 받지 아니한다.

제13장 벌칙

제99조 【매수 및 이해유도죄】 ① 다음 각호의 1에 해당하는 자는 3년 이하의 징역이나 금고 또는 150만원 이하의 벌금에 처한다.

1. 찬성하게 하거나 하지 못하게 할 목적으로 투표권자에게 금전·물품·차마·향응 기타 재산상의 이익이나 공사의 직을 제공하거나 그 제공의 의사를 표시 또는 약속한 자
2. 투표를 하거나 하지 아니하거나, 운동을 하거나 하지 아니하거나 또는 그 알선·권유에 대한 보수를 목적으로 투표권자에게 제1호에 규정된 행위를 한 자
3. 투표를 하였거나 아니하였다는 보수로서 투표권자에게 제1호에 규정된 행위를 한 자
4. 국민투표의 결과에 영향을 미치게 할 목적으로 학교 기타 공공기관·단체에게 금전·물품 기타 재산상의 이익을 제공하거나 그 제공의 의사를 표시한 자
5. 제1호 내지 제4호에 규정된 행위에 관하여 알선 또는 권유를 한 자
6. 제1호 내지 제4호에 규정된 이익 또는 직의 제공을 받거나 요구하거나 그 제공의 의사표시를 승낙한 자

②선거관리위원회의 위원이나 직원, 국민투표에 관계있는 공무원 또는 경찰공무원이 제1항 각호에 규정된 행위를 한 때에는 7년 이하의 징역이나 금고에 처한다.

제100조 【다수인매수 및 다수인이해유도죄】 다음 각호의 1에 해당하는 자는 5년 이하의 징역이나 금고 또는 50만원 이상 250만원 이하의 벌금에 처한다.

1. 재산상의 이익을 도모할 목적으로 국민투표의 결과에 영향을 미치게 하기 위하여 다수의 투표권자에 대하여 제99조제1항의 각호에 규정된 행위를 하거나 하게 한 자
2. 제1호에 규정된 행위를 할 것을 청탁받거나 청탁받게 한 자

제101조 【매수와 이해유도죄로 인한 이득의 몰수】 제99조 및 제100조의 죄를 범한 자가 받은 이익은 이를 몰수한다. 다만, 그 전부 또는 일부를 몰수할 수 없을 때에는 그 가액을 추징한다.

제102조 【투표자유방해죄】 ①국민투표에 관하여 다음 각호의 1에 해당하는 자는 5년 이하의 징역이나 금고 또는 50만원 이상 250만원 이하의 벌금에 처한다.

1. 투표인에 대하여 폭행·협박 또는 유인을 하거나 불법으로 체포 또는 감금한 자
2. 위계·사술 기타 부정한 방법으로 투표의 자유를 방해한 자

②검사·경찰공무원이나 군인이 제1항 각호에 규정된 행위를 한 때에는 1년 이상 10년 이하의 징역이나 금고와 5년 이상의 자격정지에 처한다.

제103조 【군인에 의한 투표자유방해죄】 군인이 운동을 하기 위하여 그 례하 군인 또는 군무원의 투표권행사를 폭행·협박 또는 그밖의 방법으로 방해한 자는 3년 이상의 징역 또는 금고에 처한다.

제104조 【직권남용에 의한 투표의 자유방해죄】 국민투표에 관하여 선거관리위원회의 위원이나 직원·경찰공무원 기타의 관계 공무원이나 투표인명부작성에 관계있는 자가 고의로 투표인명부의 열람을 방해하거나 그 직무

를 유기하거나 투표통지표를 교부하지 아니하는 등 직권을 남용하여 투표의 자유를 방해하는 때에는 7년 이하의 징역이나 금고에 처한다.

제105조 【국민투표안 등에 대한 방해죄】 ①제22조의 규정에 의한 국민투표안의 작성·게시를 방해하거나 훼손·철거한 자는 2년 이하의 징역이나 금고 또는 100만원 이하의 벌금에 처한다.
②선거관리위원회의 위원이나 직원·국민투표사무에 관계있는 공무원이나 경찰공무원이 제1항의 행위를 한 때에는 5년 이하의 징역이나 금고에 처한다.

제106조 【국민투표안등의 부정작성죄】 선거관리위원회의 위원이나 직원 또는 국민투표사무에 종사하는 자가 제22조의 규정에 의한 국민투표안 또는 제23조의 규정에 의한 국민투표공보 및 제32조의 규정에 의한 벽보를 부정·부당하게 작성·첩부 또는 배부하였거나 정당한 이유없이 이를 실시하지 아니한 때에는 3년 이하의 징역이나 금고 또는 150만원 이하의 벌금에 처한다.

제107조 【투표의 비밀침해죄】 ①누구든지 투표의 비밀을 침해하거나 투표인에 대하여 투표한 또는 투표하고자 하는 내용의 표시를 요구한 때에는 2년 이하의 징역이나 금고 또는 100만원 이하의 벌금에 처한다.
②선거관리위원회의 위원이나 직원·경찰공무원·군인 기타 공무원이 제1항의 죄를 범한 때에는 7년 이하의 징역이나 금고에 처한다.

제108조 【투표나 개표의 간섭죄】 ①투표소나 개표소에서 정당한 이유없이 투표나 개표에 간섭한 자 또는 투표를 권유하거나 기타 투표 또는 개표에 영향을 주는 행위를 한 자는 3년 이하의 징역 또는 금고에 처한다.
②선거관리위원회의 위원이나 직원 또는 검사·경찰공무원·군인이나 국민투표사무에 관계있는 공무원이 제1항의 죄를 범한 때에는 7년 이하의 징역이나 금고에 처한다.

제109조 【투표함등에 관한 죄】 ①법령에 의하지 아니하고 투표함을 열거나 또는 투표함안의 투표지를 취거·파괴·훼손·은닉 또는 탈취한 자는 1년 이상 7년 이하의 징역 또는 금고에 처한다.
②검사·경찰공무원 또는 군인이 제1항의 행위를 한 때에는 1년 이상 10년 이하의 징역 또는 금고에 처한다.

제110조 【국민투표사무관계자나 시설등에 대한 폭행교란죄】 선거관리위원회의 위원이나 직원 또는 국민투표사무에 관계있는 공무원에게 폭행 또는 협박을 하거나 투표소나 개표소를 교란하거나 투표용지·투표인명부 기타 국민투표에 관한 서류 또는 인장을 억류·훼손 또는 탈취한 자는 7년 이하의 징역이나 금고 또는 50만원 이상 350만원 이하의 벌금에 처한다.

제111조 【투표소등에의 무기휴대남입죄】 ①무기·흉기·폭발물 기타 사람을 살상할 수 있는 물건을 휴대하고 투표소나 개표소에 남입한 자는 5년 이하의 징역 또는 금고에 처한다.
②제1항의 죄를 범한 경우에 그 휴대한 물건은 이를 몰수한다.

제112조 【다수인의 투표방해죄】 ①다수인이 집합하여 제102조·제109조 제1항·제110조 또는 제111조의 죄를 범한 때에는 다음의 구별에 의하여 처벌한다.
1. 주모자는 3년 이상의 유기징역

또는 금고
2. 타인을 지휘하거나 타인에 솔선하여 행동한 자는 1년 이상 10년 이하의 징역 또는 금고
3. 부화하여 행동한 자는 1년 이하의 징역이나 금고 또는 50만원 이하의 벌금

②제102조·제109조제1항·제110조 또는 제111조의 행위를 할 목적으로 다수인이 집합한 때에 관계공무원으로부터 3회 이상의 해산명령을 받았음에도 불구하고 해산하지 아니한 때에는 그 주도적인 행위를 한 자는 5년 이하의 징역 또는 금고에 처하고 기타의 자는 6월 이하의 징역이나 금고 또는 30만원 이하의 벌금에 처한다.

제113조 【사위등재·허위날인죄등】 ①사위의 방법으로 투표인명부에 등재되게 한 자나 제57조제1항의 경우에 있어서 허위의 날인 또는 무인을 한 자는 6월 이하의 징역이나 금고 또는 30만원 이하의 벌금에 처한다.
②투표인명부작성에 관계있는 공무원이 투표인명부에 고의로 투표권자를 기재하지 아니하거나, 허위의 사실을 기재한 때에는 3년 이하의 징역이나 금고에 처한다.

제114조 【사위투표죄】 ①성명을 사칭하거나, 기타 사위의 방법으로 투표를 하거나 하려고 한 때 또는 투표인이 아닌 자가 투표를 하거나 하려고 한 때에는 2년 이하의 징역이나 금고 또는 100만원 이하의 벌금에 처한다.
②선거관리위원회의 위원이나 직원·국민투표사무에 관계있는 공무원이 제1항의 죄를 범하거나 범하게 한 때에는 5년 이하의 징역이나 금고에 처한다.

제115조 【투표위조 또는 증감죄】 ①투표를 위조하거나 그 수를 증감한 자는 1년 이상 7년 이하의 징역 또는 금고에 처한다.
②선거관리위원회의 위원이나 직원·국민투표사무에 관계있는 공무원이 제1항의 죄를 범한 때에는 1년 이상 10년 이하의 징역이나 금고에 처한다.

제116조 【각종 제한규정의 위반죄】 제28조, 제32조제3항·제5항·제6항·제8항·제9항·제33조제2항, 제34조, 제36조 내지 제47조의 규정에 위반한 자는 2년 이하의 징역이나 금고 또는 100만원 이하의 벌금에 처한다.

제117조 【특정인 비방죄】 제48조의 규정에 위반한 자는 3년 이하의 징역이나 금고 또는 150만원 이하의 벌금에 처한다.

제118조 【사전운동죄등】 제26조 및 제27조의 규정에 위반하여 운동을 한 자는 2년 이하의 징역이나 금고 또는 100만원 이하의 벌금에 처한다.

제119조 【참관인의 의무해태죄】 제62조제3항의 규정에 의하여 투표구선거관리위원회가 선정한 투표참관인이 정당한 이유없이 참관을 거부하거나 해태한 때에는 50만원 이하의 벌금에 처한다.

제120조 【각종제한위반죄】 제99조 내지 제119조외에 국민투표에 관하여 이 법에 규정된 각 제한규정에 위반한 자는 20만원 이하의 벌금에 처한다.

제121조 【국민투표에 관한 범죄선동죄】 누구든지 벽보·신문·잡지를 이용하거나 기타 어떠한 방법으로든지 이 장에 규정된 죄를 범할 것을 선동한 자는 3년 이하의 징역이나 금고 또는 150만원 이하의 벌금에 처한다.

제14장 보칙

제122조 【공소시효】 이 법에 규정된 죄의 공소시효는 투표일후 3월을 경과함으로써 완성한다. 다만, 범인이 도피한 때에는 그 기간을 1년으로 한다.

제123조 【재판의 관할】 국민투표사범과 그 공범에 관한 제1심재판은 지방법원합의부의 관할로 한다.

제124조 【고발의 의무】 각급선거관리위원회의 위원장·위원 및 직원은 그 직무를 행함에 있어서 제99조 내지 제121조의 규정에 위반되는 행위가 있다고 인정한 때에는 이를 고발하여야 한다.

제125조 【국민투표에 관한 신고등의 시간】 이 법 또는 이 법의 시행을 위한 대통령령 및 중앙선거관리위원회 규칙에 의하여 각급 행정기관과 각급 선거관리위원회에 대하여 행하는 신고·신청·제출·보고등은 이 법에 특별한 규정에 있는 경우를 제외하고는 공휴일에 불구하고 일반직국가공무원의 평일의 정규근무시간중에 하여야 한다.

부칙

<제9467호, 2009. 2.12>

이 법은 공포한 날부터 시행한다.

◈ 감 수 : 전 국회 의사국장 권 효 섭 ◈

지방자치의 회의진행과 의회관련 규정연구	정가 30,000원

2012년 1월 5일 1판 인쇄
2012년 1월 10일 1판 발행
감 수 : 권 효 섭
(송 원 판)
발행인 : 김 현 호
발행처 : 법문 북스
공급처 : 법률미디어

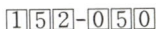

152-050
서울 구로구 구로동 636-62
TEL : 2636-2911~3, FAX : 2636~3012
등록 : 1979년 8월 27일 제5-22호
Home : www.lawb.co.kr

ISBN 978-89-7535-224-9 93360